国民核算手册：
国民账户中的金融生产、金融流量与存量

Financial Production, Flows and Stocks in the
System of National Accounts

联合国　欧洲中央银行　编
中国人民银行调查统计司　译

中国金融出版社

责任编辑：亓　霞
责任校对：孙　蕊
责任印制：张也男

© 2016 United Nations for the English edition
© 2019 United Nations for the Chinese edition
All rights reserved worldwide.
The present work is an unofficial translation for which the publisher accepts full responsibility.
The work is published for and on behalf of the United Nations.

图书在版编目（CIP）数据

国民核算手册：国民账户中的金融生产、金融流量与存量/联合国，欧洲中央银行编；中国人民银行调查统计司译．—北京：中国金融出版社，2018.12
书名原文：Financial Production, Flows and Stocks in the System of National Accounts
ISBN 978-7-5049-9922-1

Ⅰ．①国… Ⅱ．①联…②欧…③中… Ⅲ．①国民经济核算—手册 Ⅳ．①F222.33-62

中国版本图书馆 CIP 数据核字（2018）第 294459 号

国民核算手册：国民账户中的金融生产、金融流量与存量
Guomin Hesuan Shouce: Guomin Zhanghu zhong de Jinrong Shengchang, Jinrong Liuliang yu Cunliang

出版
发行　中国金融出版社

社址　北京市丰台区益泽路2号
市场开发部　（010）63266347，63805472，63439533（传真）
网上书店　http://www.chinafph.com
　　　　　（010）63286832，63365686（传真）
读者服务部　（010）66070833，62568380
邮编　100071
经销　新华书店
印刷　保利达印务有限公司
尺寸　185毫米×260毫米
印张　38
字数　733千
版次　2018年12月第1版
印次　2018年12月第1次印刷
定价　130.00元
ISBN 978-7-5049-9922-1
如出现印装错误本社负责调换　联系电话（010）63263947

译者说明

《国民核算手册：国民账户中的金融生产、金融流量与存量》（以下简称《手册》）是由联合国统计司和欧洲中央银行统计局联合发布，作为国民账户体系系列手册的一部分，用于协助各国及国际组织实施《2008年国民账户体系》（SNA2008）。《手册》的原则、概念与SNA2008保持一致，可以视为国民账户体系有关金融生产、流量与存量内容的延伸与具体化，对建立金融统计标准、构建金融统计框架有重要意义，是金融领域的SNA。《手册》与《货币与金融统计手册和编制指南》也相互补充，并更侧重从SNA的视角关注金融部门与经济体其他部门的关系。

《手册》有两个英文版本，分别是2014年版本和2015年版本。经联合国正式授权，中国人民银行调查统计司组成翻译组，承担了该手册的中文翻译工作。本书主要基于2015年版本翻译，由中国金融出版社出版。以下将相关事项做逐一说明：

首先，关于《手册》的中文译名。《手册》是SNA2008的补充，为充分说明其在国民账户体系中的作用，本书在中文译名中增加了国民核算手册，对于国内读者来说，这样更易理解其中的内涵。

其次，本书在关键性专业术语的处理上，绝大部分保持了SNA2008的译法，以便于读者阅读使用。《手册》还出现了很多新的专门词语，本书均参照国内相关领域的习惯用法斟酌给出了中文翻译。

最后，《手册》对图表在正文中位置的处理上，与2015年版本有所差异。本书为保持阅读的流畅性及中文的习惯，将大部分的图表位置保持与上下文衔接。针对翻译过程中发现的英文原版中的行文和用语不妥之处，本书在与联合国统计司沟通并确认后做了更正。

译者
2018年12月

致　谢

《国民核算手册：国民账户中的金融生产、金融流量与存量》（以下简称《手册》）由联合国统计司（UNSD）和欧洲中央银行（ECB）统计局联合起草，作为国民核算系列手册的一部分，用于协助国家及国际组织实施2008年国民账户体系（SNA2008）。

在2011年至2013年的会议和意见征询期间，来自国家统计部门、中央银行和国际组织国民账户和货币金融统计领域的专家组成的审核小组对《手册》的编写给予了有益的指导。审核小组的成员包括（按国家及国际组织名称字母顺序排序）：Derick Cullen（澳大利亚）、Michael Andreasch（奥地利）、Patrick O'Hagan（加拿大）、Feng Lu（中国）、Chihiro Sakuraba 及 Yoshiko Sato（日本）、Vetle Hvidsten（挪威）、Filipa Lima（葡萄牙）、Karen Kuhn（南非）、Susan Hume McIntosh 及 Marshall Reinsdorf（美国）、Artak Harutyunyan 及 Kimberly Zieschang（国际货币基金组织）、Nadim Ahmad、Michèle Chavoix-Mannato 及 Satoru Hagino（经济合作与发展组织）。

在2011年5月至6月和2013年6月至7月的全球意见征询期间，来自国家统计部门、中央银行、地区委员会和国际组织，以及联合国统计司和欧洲中央银行的同事与个别专家们给予了宝贵的意见和建议，《手册》因此获益良多。

在Viet Vu的全面监督和指导下，Vetle Hvidsten 和 Herman Smith（UNSD）初步起草了前三个章节。Benson Sim 在 Herman Smith 的全面监督和指导下完善了这些章节。在吕锋、邱琼（中国国家统计局）及 Nathan Menton、Leonardo Souza（UNSD）的协助下，Benson 也在金融服务生产的编制和分配方面引入了大量具有步步相扣指引的说明性案例。

在欧洲中央银行统计局同事的密切配合下，Reimund Mink（ECB）撰写了《手册》的余下七个章节。这些章节在"从谁到谁"这一背景下，阐述了部门金融账户、其他流通账户和资产负债表这一综合体系的设计、编制和应用。在起草过程中Reimund得到了Remigio Echeverría的广泛协助和支持。Andreas Hertkorn 及 Jorge Diz Dias（ECB）为起草工作提供了建设性意见。欧洲中央银行体系统计委员会的成员以定期书面意见的形式也给予了有益的意见。

Ivo Havinga（UNSD）和 Werner Bier（ECB）承担了总体的监督工作。

经济和社会事务部

联合国秘书处经济和社会事务部是经济、社会和环境领域的全球政策与国家行动之间的重要接口。该部门在三个相互关联的领域开展工作：(1) 汇编、生产和分析广泛的经济、社会与环境数据和信息，在此基础上联合国会员国审查共同的问题并评估政策选择；(2) 便利会员国在许多政府间机构就联合行动方针进行谈判，以解决正在持续的或即将出现的全球性挑战；(3) 就有关将联合国各次会议和首脑会议制定的政策框架转化为国家一级方案的方式方法向有关政府提供咨询意见，并通过技术援助帮助建设国家能力。

声　明

本出版物中使用的名称以及材料的编排并不代表联合国秘书处对任何国家、领土、城市或地区或其当局的法律地位或对其边界或界限的划分表示任何意见。

凡遇"国家或地区"这一名称时，其所指范围包括国家、领土或地区。

文中使用的"发达地区"和"发展中地区"的名称仅为统计方便，并不一定表示对发展过程中特定国家或地区阶段成果的判断。

联合国文件的符号由大写字母和编号组成。使用该标志即表明对联合国文件的引用。

缩略语

ABCP　Asset-backed commercial paper 资产抵押商业票据
ABO　Accrued benefit obligation 累积福利义务
ABS　Asset-backed securities 资产支持证券
BEA　Bureau of Economic Analysis 美国经济分析局
BIS　Bank for International Settlements 国际清算银行
BOP　Balance of payments 国际收支平衡
BPM　Balance of Payments and International Investment Position Manual 国际收支和国际投资头寸手册
CCD　Certificates of capital development 资本发展证书
CDO　Collateralized debt obligations 抵押债务凭证
CDR　Credit default risk 信用违约风险
CMBS　Commercial mortgage-backed securities 商业抵押贷款证券
CMO　Collateralized mortgage obligations 抵押担保凭证
CPI　Consumer price index 居民消费价格指数
ECB　European Central Bank 欧洲中央银行
EDP　Excessive debt procedure 超额债务过程
ELN　Equity-linked note 与股权挂钩的票据
ESA　European System of National and Regional Accounts 欧洲国家和地区账户体系
ESO　Employee stock option 雇员股票期权
ETF　Exchange-traded fund 交易所交易基金
EU　European Union 欧盟
FDI　Foreign direct investment 外国直接投资
FISIM　Financial intermediation services indirectly measured 间接测算的金融中介服务
FRA　Forward rate agreement 远期利率协议
FSI　Financial soundness indicator 金融稳健性指标
GAAP　Generally Accepted Accounting Principles 美国通用会计准则

GAB   General Arrangements to Borrow 借款总安排
GDP   Gross domestic product 国内生产总值
GFSM   Government Finance Statistics Manual 政府财政统计手册
GNI   Gross national income 国民总收入
HSS   Handbook on Securities Statistics 证券统计手册
IASB   International Accounting Standards Board 国际会计准则委员会
ICPF   Insurance corporations and pension funds 保险公司和养老基金
IFRS   International Financial Reporting Standards 国际财务报告准则
IIP   International investment position 国际投资头寸表
IMF   International Monetary Fund 国际货币基金组织
IPO   Initial public offering 首次公开募股
ISIC   International Standard Industrial Classification of All Economic Activities 所有经济活动的国际标准产业分类
ISIN   International securities identification number 国际证券识别码
ISO   International Organization for Standardization 国际标准化组织
ISWGNA Inter-Secretariat Working Group on National Accounts 秘书处间国民账户工作组
ITRS   International transactions reporting system 国际交易报告系统
LIBOR London Interbank Offered Rate 伦敦银行间同业拆借利率
MFI   Monetary financial institution 货币金融机构
MFSMCG Monetary and Financial Statistics Manual and Compilation Guide 货币与金融统计手册和编制指南
MMF   Money market fund 货币市场基金
MNE   Multinational enterprise 跨国公司
NAB   New Arrangements to Borrow 借款新安排
NACE   European Classification of Economic Activities 欧盟经济活动产业统计分类
NAV   Net asset value 资产净值
n. e. c. Not elsewhere classified 未另分类
NFA   Net financial assets 净金融资产
NPISH Non-profit institution serving households 为住户服务的非营利机构
NPV   Net present value 净现值
OECD   Organisation for Economic Cooperation and Development 经济合作与发展组织

OTC　Over-the-counter 场外交易

PBO　Projected benefit obligation 预计福利义务

PIM　Perpetual inventory method 永续盘存法

PPI　Producer price index 生产者价格指数

PSDSG　Public Sector Debt Securities：Guide for Compilers and Users 公共部门债务统计：编制及用户指南

REIT　Real estate investment trust 房地产投资信托

RMBS　Residential mortgage-backed securities 住房抵押贷款证券

RMSPE　Root mean square prediction error 均方根预测误差

SBS　Security-by-security (database) 证券数据库

SDMX　Statistical Data and Metadata Exchange 统计数据和元数据交换

SDR　Special drawing right 特别提款权

SNA　System of National Accounts 国民账户体系

SPE　Special purpose entity 特殊目的实体

STRIPS　Separate trading of registered interest and principal securities 本息分离债券

TFI　Table on financing and investment 投融资表

VAT　Value added tax 增值税

VRN　Variable-rate note 浮票息据

前　言

背景

在2008年2月、2009年2月召开的第三十九届和第四十届会议上，联合国统计委员会（UNSC）采用了2008年国民账户体系（SNA2008）作为国民账户的国际统计标准，并鼓励成员国、区域和次区域组织执行此标准，并支持贯彻SNA在各个方面的更新。联合国统计委员会同时鼓励各成员国使用SNA2008作为编制及整合国民经济及相关统计数据的框架，并在国民账户统计相关的国内外报送工作中加以应用。在第四十届会议上，联合国统计委员会同时要求秘书处间国民账户工作组（ISWGNA）协调各方力量，形成手册、实施指南、数据采集工具和标准化培训材料，并应用现代化和创新型工具，如远程教育和知识库，为更广泛的信息获取（包括最佳实践）拓宽渠道，以推动SNA的实施。考虑到各国对现有国际标准的执行和统计能力的不同水平，ISWGNA随后还制定了一个实现SNA2008和辅助统计的全球战略。

内容与目的

《国民核算手册：国民账户中的金融生产、金融流量与存量》（以下简称《手册》）是ISWGNA为加强国民账户编制的统计能力而制定的一系列手册和指南之一。它符合SNA2008和辅助统计的实施计划，也顺应了联合国统计委员会的要求。《手册》已由联合国统计司（UNSD）和欧洲中央银行（ECB）联合发布。《手册》对SNA2008及相关手册、指南进行了补充。《手册》中阐述和定义的概念与SNA2008保持一致。近年来已经制定或正在制定的与SNA2008相符合的手册或指南包括：《国际收支和国际投资头寸手册（第六版）》（BPM6）、《货币与金融统计手册和编制指南》（MFSMCG）、《2013年政府财政统计手册》（GFSM2013）、《证券统计手册》（HSS）和《公共部门债务统计：编制及用户指南》。特别指出的是，《手册》与MFSMCG是相互补充的，前者侧重于从SNA的视角关注金融公司部门与经济体中其他部门及国外部门的关系，而后者侧重关注作为政策目标构建基础的货币和金融统计。

在一些特定国家编制货币和金融统计时应考虑一些特殊情况。比如，由伊斯兰教教法和原则（sharī'ah）主导金融系统的国家禁止高利贷（riba），包括对一些特定项目事先确定回报的资金拆借等规定。《手册》不讨论伊斯兰金融机构的主要特征，也不涉及伊斯兰金融工具的主要类型，以及在货币和金融统计中如何处理的问题，这部分内容在 MFSMCG 和 HSS（第 1 部分：债务证券发行）中已有论述。

手册的结构

《手册》由 10 个章节构成。第 1 章概述 SNA2008 核算框架及账户序列、机构部门分类、估价和记录原则。第 2 章描述了 SNA2008 框架下金融公司部门的各个子部门。除 SNA2008 中主要遵循国际标准产业分类（ISIC）的子部门分类外，该章节还提供了其他指导这些子部门分类的方法。第 3 章讨论提供金融服务及收费的方式，以及如何计算和分配这些服务的收费与产出。此外，该章节也讨论了如何计算和分配包括社会保险计划在内的与社会保险相关的产出和交易。还讨论了 SNA2008 中的养老金附表，该表显示了 SNA2008 账户序列范围内和范围外的养老金方案。该章节在很多部分还介绍了金融服务和社会保障资金产出的估算方法，并在最后介绍了金融公司应收/应付款的财产性收入类型，以及可用于获取和分配财产性收入的数据源。

第 4 章阐述了在 SNA2008 中如何对金融资产和债务进行分类，并对这些金融工具的其他分类方法提供了指导。第 5 章研究了如何在 SNA2008 中进行金融资产和负债的评估，以及如何重估这些工具。正如将看到的，即使明确地定义了子部门和金融工具，也未能清晰地阐释这一框架。它显示了哪些部门和子部门获得了贷款、形成了存款，但并不能深刻揭示金融机构吸收资金、将资金重新打包，然后把它们作为另一种金融工具提供给其他单位的中介过程。为此，有必要建立一个三维的"从谁到谁"的展示框架，这一基础框架将在第 6 章予以阐述。

第 7 章论述如何为这一框架收集货币及其他统计数据。第 8 章研究在该框架下与账户相关的图表。第 9 章讨论这些账户在政策制定及其他方面的使用。第 10 章将超越经济领土的概念，研究如何编制某一经济和货币联盟的金融公司账户和资产负债表。

《手册》还适时提供了案例（特别是第 3 章），以便数据编制者和使用者更好地了解如何运用和理解各种概念。

引用说明

鉴于《手册》自身属性及其与 SNA2008 框架的紧密联系，它将不可避免地参照 SNA2008 的内容。特别是在很多实例中，为避免歧义，《手册》直接引用了 SNA2008 的表述。鉴于此，对 SNA2008 中特定段落的直接引用没有包含在《手册》正文，而是在适当情况下，在每章开头列明引用的章节。《手册》也并未就国民账户的定义和方法提供全面阐释，因为它假定读者已基本了解 SNA2008。然而，在如下情况下，《手册》对分类和概念提供了详尽解释：

（a） SNA2008 并未对金融服务、流量及其资产负债表的核算提供详细的解释；

（b） 数据编制者和使用者的需求在 SNA2008 中并未得到满足，如纵向与横向的平衡，流量与存量的平衡，或者金融工具更详细的划分，如按照期限、币种、利率、对手方部门、国家与活动类型。

目 录

第1章　2008年国民账户体系框架 ································· 1

  A. 引言 ··· 1

  B. 中心框架 ··· 1

  C. 中心框架的范围 ··· 2

    1. 机构单位和部门 ··· 2

    2. 常住性 ··· 3

    3. 公司和非营利机构 ·· 4

  D. 中心框架的核算原则 ··· 5

    1. 复式和四式记账原则 ······································ 5

    2. 记录时间 ··· 6

    3. 估价原则 ··· 7

    4. 汇总、总额和净额记录 ··································· 8

    5. 合并 ·· 8

  E. 综合经济账户 ·· 10

    1. 账户序列综合表述 ··· 11

    2. 生产账户 ··· 12

    3. 收入账户 ··· 13

    4. 资本账户 ··· 15

    5. 金融账户 ··· 16

    6. 资产物量其他变化账户 ··································· 16

    7. 重估价账户 ·· 17

    8. 资产负债表 ·· 18

  F. 金融交易和资产存量的三维账户 ······················ 22

第2章　SNA2008 框架中的金融公司 ························· 24

  A. 引言 ··· 24

  B. 金融公司部门及其子部门 ·································· 24

    1. 中央银行（S121） ·· 26

    2. 中央银行以外的存款性公司（S122） ············ 26

  3. 货币市场基金（S123） ········· 27
  4. 非货币市场投资基金（S124） ········· 27
  5. 保险公司和养老基金以外的其他金融中介机构（S125） ········· 28
  6. 金融辅助机构（S126） ········· 31
  7. 专属金融机构和贷款人（S127） ········· 32
  8. 保险公司（S128） ········· 33
  9. 养老基金（S129） ········· 35
 C. 金融公司部门的子部门分类 ········· 36
  1. 根据货币政策目的划分金融公司部门的子部门 ········· 36
  2. MFSMCG 中金融公司部门子部门的分类 ········· 37
  3. 金融中介机构、金融辅助机构和其他金融机构 ········· 38
  4. 基于控制权的金融公司分类 ········· 38
  5. BPM6 中金融公司部门的子部门分类 ········· 38

第3章 金融产出与收入 ········· 39

 A. 引言 ········· 39
 B. 金融服务的本质和产出度量 ········· 40
  1. 直接收费并提供相应金融服务 ········· 46
    直接收费的金融服务物量核算 ········· 47
  2. 与存贷款利息费用相关的金融服务 ········· 48
   （a）间接测算的金融中介服务 ········· 48
    FISIM 在用户部门中的分摊 ········· 54
    按行业分摊的 FISIM ········· 67
    FISIM 的物量核算 ········· 75
   （b）与使用自有资金或以赞助商提供资金发放贷款的机构单位相关的金融服务 ········· 81
    与使用自有资金或以赞助商提供的资金进行放贷的机构单位相关的金融服务产出的物量核算 ········· 86
   （c）中央银行提供的金融服务 ········· 86
    中央银行产出的物量核算 ········· 90
   （d）由中央银行和金融中介机构制定的利率水平 ········· 91
  3. 与金融资产和负债获得及处置相关的金融服务 ········· 100
    与金融资产和负债交易相关的金融服务产出的物量核算 ········· 106
  4. 与保险和养老金计划相关的金融服务 ········· 107
   （a）非寿险 ········· 108
    非寿险产出的计算方法 ········· 111

	期望法	111
	会计法	114
	成本加"正常利润"法	115
	非寿险公司产出以外的交易	116
	非寿险交易记录案例	117
	非寿险产出在用户部门的分摊	132
	非寿险产出的物量核算	140
(b)	标准化担保计划	144
	担保的类型	144
	与标准化担保计划相关的交易	145
	由政府提供的担保	146
	标准化担保产出的物量核算	147
(c)	寿险和年金	147
	寿险	147
	寿险产出及其他相关交易的测算	149
	寿险产出的物量核算	155
	年金	157
	与年金相关的产出	160
	年金产出的物量核算	163
(d)	再保险	164
	再保险产出和其他交易的测算	164
	再保险交易记录案例	167
	再保险产出的物量核算	177
(e)	社会保险计划	177
	社会保险计划的分类	178
	符合社会保险条件的个人保险保单	180
	社会福利概览	180
	社会缴款概览	182
	定额福利养老金计划的管理	184
	社会保险计划产出和其他交易测算的概览	185
	养老金缴款和收益的核算	189
	社会保障养老金	190
	社会保障以外的就业相关养老金计划	194
	定额缴款养老金计划	195
	关于定额缴款养老金计划的交易记录	195
	定额福利养老金计划	200

　　　　　　　使用累积和预计福利义务估算的定额福利养老金计划下养老金
　　　　　　　权益的计算 ·· 209
　　　　　　　支付养老金福利的社会保险计划产出的物量核算 ····················· 211
　　　　　　　社会保险养老金计划的补充表 ··· 213
　　　　　　　非养老金缴款和福利的核算 ·· 218
　　　　　　　养老金以外的备资社会保险 ·· 222
　　　　　　　支付非养老金福利社会保险计划产出的物量核算 ····················· 227
　　C. 金融公司的应付财产收入和应收财产收入 ·· 228
　　　　1. 财产收入 ·· 228
　　　　2. 投资收入 ·· 229
　　　　　　（a）利息（D41） ··· 229
　　　　　　（b）公司已分配收入（D42） ·· 229
　　　　　　　　红利（D421） ··· 229
　　　　　　　　准公司收入提取（D422） ··· 230
　　　　　　　　外国直接投资的再投资收益（D43） ····································· 230
　　　　　　（c）其他投资收入（D44） ·· 230
　　　　　　　　属于投保人的投资收入（D441） ··· 230
　　　　　　　　养老金权益估值中的应付投资收入（D442） ·························· 231
　　　　　　　　归属投资基金股东集体的投资收入（D443） ·························· 231
　　　　3. 租金（D45） ·· 231
　　　　4. 金融公司应收和应付财产性收入计算及分配的数据来源 ·················· 231

第 4 章　金融资产和负债 ·· 233
　　A. 引言 ··· 233
　　B. 金融资产、金融债权和负债的定义 ·· 233
　　C. 金融资产和负债的分类 ··· 234
　　D. 按金融工具类型分类 ·· 234
　　　　1. 货币黄金和特别提款权 ··· 237
　　　　　　（a）货币黄金 ·· 237
　　　　　　　　货币黄金的范围 ·· 237
　　　　　　　　黄金的货币化和非货币化 ·· 238
　　　　　　　　非货币黄金与货币黄金 ··· 240
　　　　　　　　以黄金计价的存款、贷款和证券 ·· 240
　　　　　　（b）特别提款权 ··· 240
　　　　2. 通货和存款 ·· 242
　　　　　　（a）通货 ··· 242

        (b) 存款 ·········· 243
        (c) 可转让存款 ·········· 243
        (d) 其他存款 ·········· 245
        (e) 结构性存款 ·········· 248
    3. 债务证券 ·········· 248
        (a) 债务证券的主要特征 ·········· 249
        (b) 按原始期限和币种划分 ·········· 249
        (c) 按利率类型划分 ·········· 249
            固定利率债务证券 ·········· 250
            浮动利率债务证券 ·········· 250
            混合利率债务证券 ·········· 251
        (d) 银行承兑汇票 ·········· 251
        (e) 私募 ·········· 251
        (f) 存托凭证 ·········· 251
        (g) 证券化 ·········· 252
        (h) 资产支持证券 ·········· 253
        (i) 资产担保债券 ·········· 253
        (j) 永续债券 ·········· 256
        (k) 拆分证券 ·········· 256
        (l) 结构化债务证券 ·········· 257
        (m) 被排除在债务证券以外的金融资产 ·········· 259
    4. 贷款 ·········· 259
        (a) 贷款的主要特点 ·········· 259
        (b) 按原始期限、币种和贷款用途进行分类 ·········· 259
        (c) 贷款类型 ·········· 260
        (d) 贷款与存款的区别 ·········· 260
        (e) 贷款和债务证券的区别 ·········· 261
        (f) 贷款、商业信用与商业汇票之间的区别 ·········· 264
        (g) 融资租赁 ·········· 264
        (h) 信用卡 ·········· 266
        (i) 贷款参与 ·········· 267
        (j) 汇票与承兑汇票 ·········· 267
        (k) 排除在贷款以外的金融资产 ·········· 267
        (l) 不良贷款 ·········· 267
    5. 股权和投资基金份额 ·········· 269
        (a) 股权 ·········· 269

(b) 权益性证券 ··· 270
　　　(c) 上市股票 ··· 270
　　　(d) 未上市股票 ··· 270
　　　(e) 股票的主要特征 ·· 271
　　　　　剩余索取权 ··· 271
　　　　　交易市场、上市和退市 ······································ 271
　　　　　发行时间 ··· 272
　　　　　发行价格 ··· 272
　　　　　无到期期限 ··· 273
　　　　　货币计价 ··· 273
　　　　　可转让性 ··· 273
　　　(f) 普通股和优先股 ·· 273
　　　　　普通股（或一般股） ··· 273
　　　　　优先股 ··· 274
　　　　　股东权利和认股权 ·· 275
　　　　　红利股 ··· 275
　　　(g) 股票中的其他金融工具 ···································· 276
　　　(h) 股票分割与反向分割 ······································· 276
　　　(i) 股票回购 ··· 277
　　　(j) 存托凭证 ··· 277
　　　(k) 极端案例 ··· 278
　　　(l) 排除在股票以外的金融资产 ······························ 282
　　　(m) 其他股权 ··· 283
　　　(n) 投资基金份额或单位 ······································· 283
　　　　　货币市场基金份额或单位 ································· 284
　　　　　非货币市场投资基金份额或单位 ······················ 284
　　　　　开放式和封闭式（非货币市场）投资基金份额或单位 ······ 284
6. 保险、养老金和标准化担保计划 ································· 288
　　　(a) 非寿险专门准备金 ··· 289
　　　(b) 寿险和年金权益 ·· 290
　　　(c) 养老金权益 ·· 290
　　　(d) 养老金经理人的养老基金债权 ························· 291
　　　(e) 非养老保险金权益 ··· 291
　　　(f) 标准化担保代偿准备金 ···································· 291
　　　　　标准化担保激活 ··· 295
7. 金融衍生工具和雇员股票期权 ···································· 297

                (a) 期权 ·· 298
                (b) 远期 ·· 307
                (c) 互换 ·· 312
                     互换的统计处理 ·· 312
                (d) 远期利率协议 ··· 319
                (e) 信用衍生品 ·· 322
                (f) 不包括在金融衍生工具内的金融工具 ···················· 322
                (g) 雇员股票期权 ·· 323
        8. 其他应收/应付账款 ·· 326
                (a) 商业信用和预付款 ··· 327
                (b) 不包括商业信用和预付款的其他应收/应付账款 ··· 327
    E. 金融资产和负债的其他分类 ·· 328
        1. 按可转让性分类 ·· 328
        2. 按收入类型分类 ·· 328
        3. 按利率分类 ·· 329
        4. 按到期日分类 ·· 330
        5. 按币种分类 ·· 330

第 5 章 估价和应计利息 ·· 333

    A. 引言 ·· 333
    B. 资产负债表 ··· 333
        1. 定义 ·· 333
        2. 金融资产负债表 ·· 334
        3. 资产负债表的平衡项 ·· 335
        4. 债务 ·· 335
    C. 存量与流量之间的关系 ·· 339
    D. 估价原则 ··· 340
    E. 金融资产和负债的估价 ·· 342
        1. 存量的估价 ·· 342
                (a) 货币黄金和特别提款权 ··· 342
                (b) 通货和存款 ·· 342
                (c) 债务证券 ·· 343
                (d) 贷款 ··· 349
                (e) 股权和投资基金份额或单位 ································· 349
                (f) 保险、养老金和标准化担保计划 ························· 353
                (g) 金融衍生工具和雇员股票期权 ···························· 355

    （h）其他应收/应付款 ································· 355
  2. 金融交易的估价 ··· 355
    （a）债务证券 ··· 356
    （b）股权 ··· 357
    （c）投资基金份额或单位 ···························· 357
    （d）金融衍生工具和雇员股票期权 ·················· 357
F. 重估价 ··· 359
  1. 不同类型持有损益的概念 ······························ 359
  2. 名义持有损益的重估价 ································· 359
  3. 作为累积重估价的资产价格 ··························· 360
G. 资产负债物量其他变化 ···································· 361
H. 应计利息 ·· 364
  1. 应计利息的记录 ··· 364
  2. 不同类型金融资产的应计利息 ······················· 366
    （a）存款、贷款和应收/应付账款 ··················· 366
      方法原则 ··· 367
      四种不同特点的贷款 ··························· 367
    （b）债务证券 ··· 371
    （c）利率互换和远期利率协议 ······················· 384
    （d）融资租赁 ··· 384
    （e）其他金融工具利息 ······························· 384
    （f）机构部门的应收/应付利息 ······················ 384

第 6 章　从投融资表到"从谁到谁"的金融账户及资产负债表 ·········· 386

A. 引言 ·· 386
B. 投融资表 ·· 388
  1. 投融资表及其数据来源 ································· 388
  2. 投融资表的组成要素 ··································· 390
  3. 非金融部门中与广义货币有关的金融投资 ········· 392
  4. 融资和债务总量 ··· 396
  5. 非金融部门投融资表的后续工作 ···················· 397
C. 逐步扩展投融资表 ··· 397
  1. 将投融资表扩展至七个部门 ··························· 398
    （a）七部门法 ··· 398
  2. 纳入所有金融资产和负债类别 ······················· 400
    （a）货币黄金和特别提款权 ·························· 400

(b) 通货、存款和贷款 ………………………………………… 401
  (c) 债务证券和权益性证券 ……………………………………… 401
  (d) 未上市股票和其他股权 ……………………………………… 403
  (e) 保险、养老金和标准化担保计划 …………………………… 403
  (f) 金融衍生工具和雇员股票期权 ……………………………… 403
  (g) 商业信用和预付款 …………………………………………… 404
  (h) 囊括所有金融资产和负债类别的七部门法 ………………… 404
 3. 整合储蓄和非金融投资 ……………………………………………… 404
 4. 部分"从谁到谁"的账户 …………………………………………… 409
D. 趋于机构部门账户综合体系 ………………………………………………… 410
 1. 用于进行经济、金融和货币分析的机构部门账户 ……………… 410
 2. "从谁到谁"关系背景下的金融流量和存量 ……………………… 410
 3. "从谁到谁"框架 …………………………………………………… 412
 4. "从谁到谁"账户 …………………………………………………… 416
 5. 交易者原则与债务人/债权人原则 ………………………………… 417
  (a) 交易者原则 …………………………………………………… 417
  (b) 债务人/债权人原则 …………………………………………… 419
E. 多维度累积账户和资产负债表体系 ………………………………………… 421
 1. 决定"从谁到谁"账户复杂性的构成要素 ……………………… 423
 2. 金融工具的具体特征 ……………………………………………… 423
 3. 作为债务人和债权人的两个机构单位之间的金融交易 ………… 426
 4. 二级市场金融交易 ………………………………………………… 427
 5. 三维账户体系中的货币变量 ……………………………………… 428
  (a) 货币发行部门与货币持有部门 ……………………………… 429
  (b) 合并要素 ……………………………………………………… 429

第7章 分机构部门编制金融账户、其他流量账户和资产负债表的数据来源 …… 430

A. 引言 …………………………………………………………………………… 430
B. 金融数据的采集 ……………………………………………………………… 431
 1. 引言 ………………………………………………………………… 431
  (a) 货币与金融统计 ……………………………………………… 431
  (b) 国际收支平衡表和国际投资头寸统计 ……………………… 432
  (c) 政府财政统计和其他非金融部门的统计 …………………… 432
 2. 直接从机构单位采集数据 ………………………………………… 433
  (a) 货币与金融统计 ……………………………………………… 433
   中央银行统计 ………………………………………………… 434

　　　　　　中央银行以外的存款性公司统计 ·················· 434
　　　　　　货币市场基金统计 ····························· 436
　　　　（b）非货币市场投资基金统计 ······················ 436
　　　　（c）保险公司和养老基金统计 ······················ 437
　　　　　　寿险公司 ····································· 438
　　　　　　非寿险公司 ··································· 438
　　　　　　再保险公司 ··································· 439
　　　　　　养老基金 ····································· 439
　　　　（d）其他金融公司的统计 ·························· 440
　　　　（e）国际收支与国际投资头寸统计 ·················· 440
　　　　（f）政府财政统计 ································ 442
　　3. 通过交易对手部门间接地采集数据 ····················· 445
　　4. 非金融公司和住户部门的直接与间接数据 ··············· 446
　　　　（a）非金融公司的数据 ···························· 446
　　　　（b）编制非金融公司金融账户和资产负债表的数据来源 ·· 447
　　　　　　企业资产负债表数据 ·························· 447
　　　　　　税收统计数据 ································ 448
　　　　　　企业调查数据 ································ 448
　　　　　　交易对手信息 ································ 449
　　　　（c）编制非金融公司的金融账户和资产负债表 ········ 450
　　　　　　根据损益账户的数据编制金融交易 ·············· 450
　　　　　　为非金融公司编制国民经济机构部门账户 ········ 452
　　　　（d）住户数据 ···································· 458
　　　　　　微观调查数据 ································ 458
　　　　　　宏观经济数据 ································ 459
　　5. 微观数据库收集的金融数据 ··························· 462
　　　　（a）证券统计 ···································· 462
　　　　　　证券发行统计 ································ 462
　　　　　　证券持有统计 ································ 462
　　　　　　证券数据库（SBS 数据库）····················· 463
　　　　（b）信用登记 ···································· 466
C. 机构部门账户编制 ··· 467
　　1. 构建模块的方法 ····································· 467
　　　　（a）构建模块的方法和相关手册 ···················· 468
　　　　（b）消除与金融公司部门中构建模块相关数据的不一致性 ·· 468
　　　　（c）关于由货币金融机构构建模块提供的数据的优先规则 ·· 469

|　　　　　（d）证券统计构建模块 ·· 470
|　　　　　（e）国外部门构建模块 ·· 470
|　　　　　（f）一般政府构建模块 ·· 471
|　　　　　（g）协调程序 ·· 471
|　　2. 编制策略 ·· 472
|　　3. 数据平衡 ·· 472
|　　　　（a）横向平衡 ·· 472
|　　　　（b）纵向平衡 ·· 474
|　　　　　资本账户和金融账户净贷出/净借入之间的差异 ··························· 474
|　　　　　导致差异的潜在原因 ·· 476
|　　　　　资本账户和金融账户间的调整 ·· 476
|　　　　（c）存量和流量的平衡 ·· 476
|　　4. 数据结构和数据处理 ··· 477
|　　　　（a）收集初始数据 ··· 477
|　　　　（b）数据传输、关键词系统、元数据 ·· 478

第 8 章　账户的呈现与披露 ·· 479

A. 引言 ·· 479
B. 统一的部门账户和资产负债表模板 ··· 479
C. 与用户交流国民账户数据 ··· 485
D. 文本使用 ·· 486
E. 图表设计 ·· 487
　　1. 源于国际可比的非金融交易模板数据的展示 ···································· 487
　　2. 源于国际可比的金融资产和负债的存量与流量模板数据的展示 ········· 489
　　3. 无交易对手信息的表格 ·· 489
　　4. 基于债权人常住性的表格 ·· 491
　　　　（a）按到期日、币种及利率类型划分的金融工具 ······························ 491
　　　　（b）作为头寸、交易、重估价和资产物量其他变化持有的金融
　　　　　　工具 ·· 492
　　5. 基于债务人常住性的表格 ·· 493
　　　　（a）按到期日、币种和利率类型分类的金融工具发行者 ··················· 493
　　　　（b）作为头寸、交易、重估价及资产负债物量其他变化而发行的
　　　　　　金融工具 ·· 494
　　6. "从谁到谁"表格 ·· 495
　　　　（a）按到期日、币种和利率类型分类的金融工具持有者和发行者 ··· 496
　　　　（b）作为头寸、交易、重估价以及资产物量其他变化而发行和持有的

　　　　　　　金融工具 ··· 497
　　　　　(c) 由金融公司部门的子部门发行和持有的金融工具 ············· 498
　　　　　(d) "从谁到谁"表格的扩展 ··· 500
　　7. 证券等金融工具的全球汇总表 ··· 502
　　8. 源于国际可比的非金融资产模板数据的展示 ····························· 503
　　9. 图 ·· 504
F. 国民账户统计数据的披露 ··· 507
　　1. 统计信息系统 ·· 507
　　2. 统计数据和元数据交换（SDMX）计划 ··································· 508

第9章　机构部门金融账户和资产负债表的运用 ································ 512

A. 引言 ·· 512
B. 货币和金融分析 ·· 513
　　1. 机构部门账户货币综合 ·· 513
　　2. 机构部门账户体系内的货币、信贷、金融投资与融资 ··············· 516
C. 融资结构分析 ··· 517
　　1. 货币金融机构和机构投资者 ·· 519
　　2. 公司融资 ··· 519
　　　　(a) 储蓄、投资和融资 ··· 519
　　　　(b) 描述非金融公司融资结构的指标 ··································· 521
　　　　(c) 非金融公司杠杆率、流动性和信誉 ······························· 521
　　　　(d) 不同的融资结构 ··· 522
　　3. 住户部门融资 ·· 522
　　　　(a) 住户部门的资产负债表和净值 ······································ 522
　　　　(b) 住户部门资产负债表的非金融资产部分 ························ 522
　　　　(c) 住户部门资产和负债重估价 ··· 523
　　　　(d) 住户部门债务和储蓄 ··· 524
　　4. 政府融资 ··· 524
　　　　(a) 政府赤字 ·· 525
　　　　(b) 政府债务 ·· 525
　　　　(c) 监测财政发展 ··· 526
　　5. 跨境金融投融资 ·· 526
D. 宏观审慎和金融稳定分析 ··· 528
　　1. 国民账户体系方法和公司集团方法 ·· 529
　　2. 应用于宏观审慎和金融稳定分析的 SNA 方法 ··························· 531
E. 季报部门账户的一些例子 ··· 532

1. 美国资金流量账户 ·· 532
　　2. 欧元区季度账户 ·· 535
　　3. IMF 资产负债表分析法 ·· 538

第 10 章　货币和经济联盟内金融账户和资产负债表的编制 ·································· 542

A. 引言 ·· 542
B. 货币联盟 ·· 543
　　1. 货币联盟的经济领土 ·· 543
　　2. 集中型和分散型货币联盟 ·· 544
　　3. 储备资产及其管理 ·· 544
　　4. 货币联盟中的本币定义 ·· 544
C. 经济联盟 ·· 545
D. 关税安排 ·· 546
E. 货币联盟的金融账户和资产负债表 ·· 546
　　1. 国民账户和货币联盟账户 ·· 546
　　2. 货币联盟内国际收支和投资头寸数据的编制 ·· 547
　　　　(a) 汇总国家数据并考虑联盟内部交易和头寸 ······································ 547
　　　　(b) 特定的内部交易和头寸 ·· 548
　　3. 不同货币的数据转换 ·· 548
F. 联盟汇总报表的编制 ·· 551
　　1. 货币联盟内货币金融机构的汇总资产负债表 ·· 551
　　2. 货币联盟内货币金融机构的合并资产负债表 ·· 551
　　3. 货币金融机构数据作为联盟的机构部门金融账户和资产负债表的
　　　　输入项 ·· 552
　　4. 不同统计数据来源的比较 ·· 552
　　5. 部门资产负债表 ·· 553
　　　　(a) "从谁到谁"账户 ·· 553
　　　　(b) 国外部门账户 ·· 553

参考文献 ·· 557

译者后记 ·· 563

表目录

表 1.1　机构部门 ··· 2
表 1.2　SNA2008 中的交易、其他流量和存量 ·· 10
表 1.3　账户序列综合介绍 ··· 11
表 1.4　生产账户 ·· 13
表 1.5　收入账户 ·· 14
表 1.6　资本账户 ·· 15
表 1.7　金融账户 ·· 16
表 1.8　资产物量其他变化账户 ·· 17
表 1.9　重估价账户 ··· 18
表 1.10　存量和流量的关系 ··· 19
表 1.11　资产负债表——反映资产、负债和净值的方法 ·································· 20
表 1.12　资产负债表 ··· 21
表 1.13　5 个常住部门和国外部门之间某金融工具交易的"从谁到谁"
　　　　框架（未合并）··· 23
表 2.1　金融公司部门及其子部门 ··· 25
表 2.2　根据货币政策目的划分金融机构部门子部门的分类 ··························· 37
表 3.1　金融公司各子部门产出计算方法汇总 ·· 42
表 3.2　常住存款公司的应收贷款利息和应付存款利息 ································· 56
表 3.3　常住存款公司的存贷款存量数据 ··· 57
表 3.4　常住存款公司的存贷款平均存量和变化量 ·· 58
表 3.5　常住存款公司的存贷款平均利率和参考利率的计算 ··························· 59
表 3.6　非常住存款公司发放给常住非金融公司的贷款 ································· 59
表 3.7　FISIM 的计算 ··· 60
表 3.8　SNA 利息的计算 ··· 62
表 3.9　FISIM 引起的金融资产和负债变化的计算 ·· 63
表 3.10　FISIM 和相关交易的记录 ··· 65
表 3.11　FISIM 产出和进口数据 ··· 68
表 3.12　按行业划分的存贷款存量数据 ··· 69
表 3.13　按行业划分的平均存贷款存量 ··· 71
表 3.14　按行业划分的 FISIM 中间消耗的分摊 ·· 73

表 3.15	常住存款公司贷款的应收利息和存款的应付利息数据	77
表 3.16	常住存款公司的平均存贷款存量数据	77
表 3.17	平均利率、参考利率以及 GDP 平减指数（扣除 FISIM）	78
表 3.18	按现价计算 FISIM	78
表 3.19	按上年价格计算存贷款平减后的平均存量	79
表 3.20	按上年价格计算非链式拉氏 FISIM 物量	80
表 3.21	按上年价格计算非链式拉氏 FISIM 物量的增长率	80
表 3.22	年度链式拉氏 FISIM 物量（参考年为 t 年）	81
表 3.23	贷款人发放贷款的应收利息数据	83
表 3.24	贷款人发放的贷款存量及其变化数据	83
表 3.25	计算贷款人发放贷款的平均利率	84
表 3.26	计算贷款人提供的金融服务产出	84
表 3.27	计算贷款人应收 SNA 利息	84
表 3.28	计算贷款人与其他机构金融资产和负债的变化	85
表 3.29	贷款人提供的金融服务产出、SNA 利息和其他相关交易的记录	85
表 3.30	中央银行非市场产出过程中产生的实际费用	88
表 3.31	计算中央银行及其他机构单位金融资产和负债的变化	89
表 3.32	记录与中央银行非市场产出相关的交易	90
表 3.33	准备金存款平均存量、银行同业拆借利率和实际支付利率数据	92
表 3.34	计算利息收入、其他生产税、FISIM 及金融资产负债的变化	93
表 3.35	记录中央银行为存款准备金率制定低于市场利率的相关交易	94
表 3.36	存款准备金平均存量、银行同业拆借利率和实际支付利率数据	95
表 3.37	计算利息收入、其他生产补贴、FISIM 及金融资产与负债的变化	96
表 3.38	与中央银行因货币贬值压力设定高于市场水平的利率相关的交易	97
表 3.39	平均贷款存量、银行同业拆借利率和实际利率数据	98
表 3.40	计算利息收入、其他生产补贴、FISIM 及金融资产与负债的变化	98
表 3.41	记录中央银行作为发展银行向优先发展支持产业提供低息贷款的交易	100
表 3.42	国库券交易数据	103
表 3.43	计算交易商产出和住户的国库券应计利息	104
表 3.44	计算国库券购买和处置交易相关的金融资产和负债的变化	104
表 3.45	记录短期国库券的交易	106
表 3.46	保险公司非寿险交易数据	118
表 3.47	当 α、$\beta=0.3$ 时，计算已生索赔率、投资损益率、预期索赔和预期追加保费	119

表3.48	当 α、β =（0.10，0.20，0.3）时，计算均方根预测误差（RMSPE）	120
表3.49	当 α、β = 0.3 时，计算第 t 年非寿险产出、非寿险净保费和已生索赔	120
表3.50	在无巨灾赔付的情况下，运用期望法计算第 t 年非寿险交易引起的金融资产和负债的变化	121
表3.51	在无巨灾赔付的情况下，运用期望法记录第 t 年的非寿险交易	122
表3.52	保险公司的非寿险交易数据	123
表3.53	在未减弱巨灾赔付影响的情况下，运用 α、β = 0.3 推导索赔率、投资损益率、期望赔付和预期追加保费	123
表3.54	在未减弱巨灾赔付影响的情况下，计算第 t 年非寿险产出、非寿险净保费和赔付	125
表3.55	在减弱巨灾赔付影响的情况下，运用 α、β = 0.3 推导索赔率和期望赔付	125
表3.56	在减弱巨灾赔付影响的情况下，运用 α、β = 0.3 计算第 t 年非寿险产出、非寿险净保费和已生索赔	126
表3.57	推导 $t+1$ 年被纳入资本转移项目的巨灾赔付与可支配收入	127
表3.58	在 $t+1$ 年巨灾赔付被记录为资本转移时，运用期望法计算非寿险交易引起的金融资产与负债的变化	127
表3.59	在 $t+1$ 年巨灾赔付被记录为资本转移时，运用期望法记录的非寿险交易	127
表3.60	保险公司的非寿险交易数据	129
表3.61	计算已生索赔、调整后已生索赔、非寿险产出及非寿险保费	129
表3.62	运用会计法计算非寿险相关交易引起的金融资产与负债的变化	130
表3.63	运用会计法记录非寿险交易	130
表3.64	运用成本加"正常利润"方法计算的非寿险产出	132
表3.65	保险公司的非寿险交易数据	134
表3.66	计算各部门的实际保费	135
表3.67	各部门的实际保费（百分比）	135
表3.68	计算和分摊非寿险产出、归属于投保人的投资收益和非寿险净保费	136
表3.69	计算非寿险产出的分摊所产生的金融资产与负债的变化	137
表3.70	运用"自上而下"的方式记录非寿险产出分配的交易	138
表3.71	保险公司的非寿险交易数据	141
表3.72	计算非寿险的现价产出	142
表3.73	构建非寿险产出物量核算的价格指数	142

表 3.74	按上年价格计算非寿险产出的非链式拉氏物量	143
表 3.75	计算非寿险产出的年度链式拉氏物量（参考年 = t 年）	144
表 3.76	保险公司的寿险交易数据	152
表 3.77	计算各部门的实际保费	152
表 3.78	各部门的实际保费（百分比）	152
表 3.79	计算和分摊归属于投保人的投资收益、寿险产出及净保费	153
表 3.80	计算寿险相关交易引起的金融资产和负债的变化	154
表 3.81	记录的寿险交易	155
表 3.82	寿险和 CPI 的数据	156
表 3.83	计算寿险产出的物量	156
表 3.84	年金的数据	158
表 3.85	假设从 t 年年中开始支付的情况下，计算年金服务费（产出）、年金投资收入及其他交易	159
表 3.86	保险公司的年金数据	162
表 3.87	计算年金产出及金融资产和负债的变化	162
表 3.88	记录与年金相关的交易	163
表 3.89	直接保险公司的数据	168
表 3.90	再保险公司的数据	168
表 3.91	计算各部门实际保费与应收再保险佣金的差额	169
表 3.92	分解各部门实际保费与应收再保险佣金的差额	169
表 3.93	计算和分摊再保险产出、归属于投保人的投资收入和再保险净保费	170
表 3.94	计算比例再保险引起的金融资产与负债的变动	170
表 3.95	记录比例再保险的交易	172
表 3.96	直接保险公司的赔付数据	173
表 3.97	再保险公司的数据	174
表 3.98	计算各部门的实际保费	174
表 3.99	分解各部门的实际保费	174
表 3.100	计算和分摊已生索赔与共享利润总和、再保险产出、归属于投保人的投资收入和再保险净保费	175
表 3.101	计算超额损失再保险引起的金融资产与负债的变化	175
表 3.102	记录超额损失再保险的交易	176
表 3.103	支付养老金收益的社会保障基金数据	192
表 3.104	支付养老金收益的社会保障基金的运营成本和产出	192
表 3.105	计算支付养老金收益的社会保障基金与其他机构单位之间交易引起的金融资产变化	192

表 3.106	记录与支付养老金福利的社会保障基金相关的交易	193
表 3.107	定额缴款养老基金数据	197
表 3.108	计算定额缴款养老基金经理人的产出和社会缴款净额	198
表 3.109	计算定额缴款基金经理人和其他机构单位的交易引起的金融资产和负债的变化	198
表 3.110	记录与定额缴款养老金经理人相关的交易	199
表 3.111	定额福利养老金计划数据	204
表 3.112	计算定额福利计划下的产出、雇主虚拟社会缴款、雇主养老基金债权的虚拟利息、社会缴款净额	205
表 3.113	计算定额福利计划和其他机构单位的交易引起的金融资产和负债的变化	206
表 3.114	记录与定额福利养老金相关的交易	207
表 3.115	SNA 账户序列中包括和未包括的养老金计划内容的补充表	215
表 3.116	其他经济流量的重估价及资产物量中的其他变化	218
表 3.117	支付非养老金福利的就业关联社会保险基金数据	220
表 3.118	计算支付非养老金福利的未备资就业关联社会保险基金的产出、雇主虚拟非养老金缴款及净社会缴款	220
表 3.119	计算支付非养老金福利的未备资就业关联社会保险基金与其他机构单位的交易引起的金融资产的变化	221
表 3.120	记录与支付非养老金福利的未备资就业关联社会保险基金相关的交易	221
表 3.121	保险公司经营的支付非养老金福利的备资就业关联社会保险基金的数据	224
表 3.122	计算支付非养老金福利的备资其他就业关联社会保险基金的产出和净社会缴款	225
表 3.123	计算保险公司经营的支付非养老金福利的备资就业关联社会保险计划和其他机构单位的交易引起的金融资产和债务的变化	225
表 3.124	记录支付非养老金福利的备资就业关联社会保险基金的交易	226
表 4.1	按金融工具类型对金融资产和负债交易进行分类	235
表 4.2	货币黄金在资产负债表中的处理	238
表 4.3	货币化的会计处理	239
表 4.4	非货币化的会计处理	239
表 4.5	货币黄金和非货币黄金	240
表 4.6	特别提款权分配、消失和转移的会计处理	241
表 4.7	货币的发行和持有	242
表 4.8	本币的发行与持有及居民持有的外币	243

表 4.9	结构化债务证券的特点	257
表 4.10	不良贷款的记录	268
表 4.11	股权与投资基金份额（AF5）	270
表 4.12	开放式投资基金和封闭式投资基金的特征	285
表 4.13	按年支付的标准化担保	293
表 4.14	发放标准化贷款	293
表 4.15	发放标准化担保——第 1 年	294
表 4.16	发放标准化担保——第 2 年	295
表 4.17	固定/浮动利率互换的现金流	314
表 4.18	支付模式是怎样的？	315
表 4.19	基于利率变动的交易与净现值	315
表 4.20	在第 1 年末的交易	316
表 4.21	在第 2 年末的交易	316
表 4.22	在第 3 年末的交易	317
表 4.23	在第 4 年末的交易	317
表 4.24	在第 5 年末的交易	318
表 4.25	雇员股票期权的记录	324
表 4.26	金融交易按收入类型分类	329
表 5.1	资产负债表是显示资产、负债和净值的一种方式	334
表 5.2	债务、净值和自有资金	336
表 5.3	基本会计恒等式	340
表 5.4	按面值发行的固定利率债券	345
表 5.5	按面值发行固定利率债券第 1 年的会计分录	345
表 5.6	折价发行的固定利率债券	347
表 5.7	零息债券	347
表 5.8	与居民消费价格指数（CPI）挂钩的债券	348
表 5.9	与黄金价格挂钩的指数型债券	349
表 5.10	四种不同特点的贷款	367
表 5.11	债务人法和债权人法记录的应计利息，零息债券存续期间的存量和流量	373
表 5.12	按面值发行的固定利率债券	376
表 5.13	折价发行的固定利率债券	376
表 5.14	零息债券	377
表 5.15	四种不同类型的债务证券	379
表 5.16	5 年期固定利率债券的"全价"和"净价"	382
表 5.17	按机构部门和金融工具划分的应收/应付利息	385

表 6.1	SNA2008 中作为金融账户和资产负债表子集的投融资表	388
表 6.2	非金融部门的投融资表	391
表 6.3	非金融部门的投融资表（按原始到期日和金融工具划分）	395
表 6.4	根据 SNA2008 划分的部门和子部门及按七部门法建议的金融公司子部门分组	398
表 6.5	七部门法	399
表 6.6	囊括所有金融资产和负债类别的七部门法	405
表 6.7	合并资本账户和金融账户的七部门法	406
表 6.8	"从谁到谁"方法（未合并）	412
表 6.9	债务证券"从谁到谁"的金融交易（未合并）	414
表 6.10	债务证券"从谁到谁"的金融交易（按时间序列格式）	415
表 6.11	按照交易者原则记录住户从金融公司获得的债务证券	418
表 6.12	按照债务人/债权人原则记录住户从金融公司获得的债务证券	419
表 6.13	按照债务人/债权人原则进行的详细记录	420
表 6.14	一整套"从谁到谁"金融账户需要编辑的单元格数量	423
表 6.15	由于金融工具的具体特征而产生的限制	424
表 6.16	金融工具 $F(i)$ 在五个常住部门和国外部门之间"从谁到谁"的交易	425
表 6.17	有交易对手的金融交易	426
表 6.18	涉及上市股票的"从谁到谁"金融交易	427
表 6.19	涉及债务证券的"从谁到谁"金融交易	428
表 7.1	金融资产分类和功能类别之间的联系	441
表 7.2	企业资产负债数据库中资产负债表和损益表的主要科目	448
表 7.3	非金融公司的数据来源	449
表 7.4	按会计科目分解的损益账户数据	450
表 7.5	各部门的资本和金融账户	475
表 7.6	国民账户数据分类方案的例子	477
表 8.1	非金融交易的季度模板	480
表 8.2	金融资产负债存量和流量的季度模板	483
表 8.3	非金融资产存量的年度模板	485
表 8.4	基于账户序列的机构部门非金融交易数据展示表	487
表 8.5	基于债权人常住性的表格（未合并）	490
表 8.6	基于债务人常住性的表格（未合并）	490
表 8.7	按持有者常住性、常住部门和常住金融子部门、发行者常住性及到期日分类的债务证券	491

表 8.8	按持有者常住性、常住部门和常住金融子部门及按发行者的头寸、交易、重估价和资产物量其他变化的常住分类的金融工具	493
表 8.9	按发行者/债务人及到期日分类的金融工具	494
表 8.10	作为头寸和流量的金融工具（按发行者/债务人分类）	494
表 8.11	反映"从谁到谁"方法的表格（未合并）	495
表 8.12	"从谁到谁"框架下按持有者常住性和常住部门、币种、到期日和利率及按发行者常住性和常住部门分类的金融工具持有情况	496
表 8.13	"从谁到谁"框架下金融工具的持有和发行：头寸和流量	497
表 8.14	在"从谁到谁"框架下按发行者的常住性和常住部门，以及按原始到期日划分的金融公司子部门的金融工具持有情况	499
表 8.15	按债权及债权人/债务人类型划分的金融公司资产和负债情况的"从谁到谁"（存量和流量）表格	500
表 8.16	按国别、常住部门、币种、到期日和利率分类的金融工具持有情况	502
表 8.17	按国别分类的金融工具持有和发行情况	503
表 8.18	按主要币种分类的金融工具持有情况	503
表 8.19	按机构部门分类的非金融资产数据表	504
表 9.1	机构部门账户框架下的广义货币	514
表 9.2	机构部门账户框架下广义货币的对手方	515
表 9.3	国际收支与广义货币外部对手方交易的联系	516
表 9.4	部分机构部门账户的广义货币和信贷	516
表 9.5	非金融公司的储蓄、投资和融资	520
表 9.6	非金融公司的交易、其他流量和头寸	521
表 9.7	住户储蓄、投资和融资	524
表 9.8	基于货币政策和金融稳定目的的统计要求	530
表 9.9	金融资产和负债部门间头寸的简化资产负债表	540

图目录

图 3.1　银行实际利息、SNA 利息和 FISIM 间的关系 ·················· 49
图 3.2　投保人、直接保险人和再保险人间的资金流动 ·················· 165
图 4.1　互换 ··· 313
图 4.2　货币互换与现金市场交易（初始借款和名义本金的交换）········ 319
图 4.3　货币互换与现金市场交易（债务还本付息与互换支付）·········· 319
图 4.4　货币互换与现货市场交易（实物偿还与名义本金的再交换）····· 319
图 5.1　5 年期固定利率债务证券的"全价"与"净价"（票息支付的影响）··· 383
图 6.1　交易者原则和债务人/债权人原则································· 418
图 6.2　按照债务人/债权人原则的交易····································· 421
图 6.3　对于一种金融工具而言，五个常住部门和国外部门之间"从谁到谁"的交易 ··· 422
图 7.1　SBS 数据库中储存统计数据的属性································· 463
图 7.2　SBS 数据库的建立步骤··· 464
图 7.3　机构部门账户的主要构成模块····································· 468
图 8.1　通过奥地利部门账户分析近期的金融危机························ 505
图 8.2　2010—2011 年部门间金融流量····································· 505
图 8.3　欧元区部门和国外部门的跨部门资产负债表风险敞口图（1999 年第一季度和 2009 年第二季度）··· 506
图 8.4　葡萄牙的资金流动情况（2007 年和 2010 年）··················· 507
图 8.5　一般政府债务··· 508
图 9.1　以银行为基础和以市场为基础的融资结构························ 518
图 9.2　住户部门净值增长和各类资产变化的贡献度（年度百分比变化和贡献度）··· 523
图 9.3　SNA 方法和公司集团法··· 529
图 9.4　国民账户在宏观审慎分析中的运用································· 532

案例目录

案例 3.1 按机构部门计算 FISIM 和 SNA 利息 ················· 56
案例 3.2 按行业分摊 FISIM 的中间消耗 ····················· 67
案例 3.3 FISIM 物量核算 ····················· 77
案例 3.4 计算贷款人提供的金融服务产出 ····················· 83
案例 3.5 计算与记录中央银行的非市场产出 ····················· 88
案例 3.6 记录中央银行对存款准备金的设定低于市场利率的交易 ········· 92
案例 3.7 记录中央银行因面临货币贬值压力而支付高于市场利率的交易 ········ 95
案例 3.8 记录中央银行执行发展银行职能时向优先发展产业提供低息
（低于市场利率）贷款的交易 ····················· 97
案例 3.9 记录与金融资产和负债获得及处置相关的金融服务交易 ·········· 103
案例 3.10 在无巨灾赔付的情况下，运用期望法计算非寿险产出 ·········· 118
案例 3.11 运用期望法计算非寿险产出（其中巨灾赔付被记录为资本
转移） ····················· 123
案例 3.12 运用会计法计算非寿险产出 ····················· 128
案例 3.13 运用成本加"正常利润"法计算非寿险产出 ············· 131
案例 3.14 非寿险产出在用户部门中的分摊 ····················· 133
案例 3.15 计算非寿险产出的物量 ····················· 141
案例 3.16 计算寿险产出及其相关交易 ····················· 151
案例 3.17 计算寿险产出的物量 ····················· 156
案例 3.18 年金的原理 ····················· 157
案例 3.19 记录与年金相关交易的案例 ····················· 161
案例 3.20 运用比例再保险计算再保险产出 ····················· 167
案例 3.21 计算超额损失再保险的产出 ····················· 173
案例 3.22 计算与支付养老金福利的社会保障计划相关的产出和其他
交易 ····················· 191
案例 3.23 计算与定额缴款养老金计划相关的产出和其他交易 ············ 197
案例 3.24 计算与定额福利计划相关的产出和其他交易 ············ 204
案例 3.25 计算与支付非养老金福利的社会保障以外的未备资就业关联
社会保险计划相关的产出和其他交易 ····················· 220

案例 3.26　计算与支付非养老金福利的备资就业关联社会保险计划相关
　　　　　 的产出和其他交易 ·· 224
案例 4.1　贷款销售的记录（由葡萄牙中央银行和欧洲中央银行提供） ········· 261
案例 4.2　不良贷款的记录 ·· 268
案例 4.3　标准化担保的会计处理 ·· 292
案例 4.4　雇员股票期权的处理（由日本银行提供） ···································· 323
案例 5.1　作为负债的债务证券的市场价值与名义价值的对比 ···················· 344
案例 5.2　贷款应付利息的记录 ·· 366
案例 5.3　债务人法与债权人法记录的应计利息 ·· 373
案例 5.4　不同类型债券的应计利息 ·· 379
案例 5.5　债券的"全价"和"净价" ·· 382
案例 6.1　按照债务人/债权人原则对债务证券的详细记录 ························· 420
案例 7.1　按照余额计算月度交易额 ·· 434

专栏目录

专栏2.1　总部和控股公司的定义和分类 ································· 30
专栏2.2　总部、控股公司和特殊目的实体的定义 ···················· 30
专栏2.3　保险的种类 ·· 34
专栏3.1　*SNA*2008对FISIM的研究议程 ·································· 51
专栏3.2　成本加上"正常利润"法与期望法之间的关系 ········· 116
专栏3.3　寿险和非寿险的比较 ··· 148
专栏3.4　计算多雇主养老金经理人的产出 ··· 186
专栏3.5　ABO和PBO方法的比较 ·· 211
专栏4.1　*SNA*2008中的或有资产、或有负债和担保 ················ 236
专栏4.2　电子货币 ··· 245
专栏4.3　保证金存款 ··· 247
专栏4.4　证券借贷、回购协议和买入返售/卖出回购 ··························· 254
专栏4.5　融资租赁和经营租赁 ··· 265
专栏4.6　与股权相关的操作 ··· 279
专栏4.7　非货币市场投资基金类型 ··· 286
专栏4.8　金融衍生工具中存量和流量的记录 ······································· 297
专栏4.9　期权处理 ··· 299
专栏4.10　期货的处理 ··· 307
专栏4.11　远期利率协议的处理 ··· 320
专栏4.12　国际财务报告准则下的金融资产与负债及金融工具 ········· 331
专栏5.1　一般政府债务 ··· 336
专栏5.2　股票价格与股价指数 ··· 350
专栏5.3　未上市股票估价 ··· 352
专栏5.4　养老金权益的概念 ··· 354
专栏5.5　债务重组 ··· 362
专栏5.6　欠款 ··· 365
专栏6.1　广义货币及其持有者和发行者：基准部门和负债 ············· 393
专栏6.2　统计误差 ··· 408
专栏7.1　对接国民账户、企业账户和监管数据 ··································· 435
专栏7.2　政府财政数据的质量检测 ··· 444

专栏7.3	加拿大构建关于非金融公司金融数据的宏观经济估计（由加拿大统计局提供）	452
专栏7.4	美国消费者财务状况调查和资金流量账户的数据使用（由美联储提供）	458
专栏7.5	加拿大构建住户金融统计的宏观估计（由加拿大统计局提供）	460
专栏8.1	国民账户的数据结构定义	509
专栏9.1	外国直接投资	528
专栏9.2	从美国资金流量账户推导出的预测、住户净值和债务增长（由美联储提供）	534
专栏9.3	近期金融危机期间部门账户的编制	537
专栏10.1	欧元区和欧元区成员国国内流通的货币	549
专栏10.2	欧洲货币联盟金融账户和资产负债表的编制	554

第 1 章
2008 年国民账户体系框架

A. 引言

1.1 本章提供了 SNA2008 中心框架的概览。首先，对反映账户结构的中心框架的概念性要素进行了介绍；接着对中心框架的范围和核算原则进行了阐述；本章后续部分描述了综合经济账户，它由一系列对经济运行过程的理解起关键作用的账户组成；最后对能够体现金融交易和金融资产存量的三维账户（"从谁到谁"）进行了介绍，该三维账户能充分表述金融机构吸收资金、重新打包资金并将它们以何种金融工具提供给其他部门的中介过程。

B. 中心框架

参考：
SNA2008，第 2 章，综述

1.2 SNA2008 的中心框架由以下五个概念性要素组成，它们反映了 SNA2008 的账户结构：

(a) 机构部门综合经济账户，它通过每个机构部门的财富积累来追踪产出和收入。

(b) 供给和使用框架，它通过各机构部门的中间投入或最终需求来追踪各产业的产出。

(c) 社会人口和就业表，它与 SNA2008 账户结构中关于人均资本和生产力的分析是一致的。

(d) 金融交易和金融资产存量的三维账户（"从谁到谁"）说明了部门之间的关系。

(e) 反映机构部门特定交易的功能性账户，根据它们提供的服务目的来命名，如一般政府支出（医疗、教育、国防等）、住户支出（住宿、食品、交通、卫生等）和公司支出（中间使用和投资）。

1.3 中心框架的账户结构可以用来创建一个分析和评估经济表现的宏观经济数据库；它还有一些其他特殊用途：如通过 GDP 和人均 GDP 等关键总量来监测经济活动；通过对经济内部的运行因果关系进行计量分析来分析宏观经济；通过 GDP、人均 GDP 进行跨国对比；通过投资率、税收或政府支出占国内生产总值的比重等进行结构统计。

1.4 根据不同的分析需求和数据可得性，中心框架还提供了多个不同方面的灵活性。因此，鉴于《手册》的宗旨，将对综合经济账户以及流量和存量的三维账户进行说明。

C. 中心框架的范围

参考：
*SNA*2008，第 2 章，综述
*SNA*2008，第 4 章，机构单位和部门
*SNA*2008，第 26 章，国外部门账户及其与国际收支平衡的联系

1. 机构单位和部门

1.5 机构部门和组成每个机构部门的单位是账户综合序列的组成模块。机构部门依据它们的基本功能、行为和目标集合归类机构单位。机构单位是指能够以自己的名义拥有资产、发生负债、从事经济活动并与其他实体进行交易的经济实体。具备成为机构单位条件的单位主要有两类：一类是以住户形式出现的个人或群体，另一类是法律或社会实体。

1.6 为描述生产、收入、支出或资金流量以及资产负债表，将机构单位根据自己的基本功能、行为和目标分成五个独立的机构部门：（a）非金融公司；（b）金融公司；（c）一般政府；（d）住户；（e）为住户服务的非营利机构（见表1.1）。五个机构部门一起构成了经济总体。这个系统可为每一个机构部门、经济总体以及国外部门编制一套完整的账户和资产负债表。根据不同的层级分类，每一个部门也可能包含大量的子部门。部门到子部门的划分取决于采用的分析类型、决策者的需要、数据的可得性和特定国家内部的经济环境和制度安排。

表 1.1　　　　　　　　　　　机构部门

经济总体
◆ 非金融公司
◆ 金融公司

续表

	◆ 一般政府
	◆ 住户
	◆ 为住户服务的非营利机构（NPISHs）
国外	

1.7 经济体内的机构单位也可能与经济体外的单位开展经济活动。经济体外的单位被称为"国外部门"。因此，只要是像编制经济总体账户一样编制机构部门账户，就要编制一个额外的账户来反映与国外部门的关系。从效果上看，记录与国外部门的交易时，事实上就好像把国外部门当成了第六个部门。国外部门在账户结构中的角色同机构部门类似。国外部门的来源或负债的变化对应的是对经济总体的使用或资产变化；反之亦然。国外部门账户中，如果平衡项是正的，这意味国外部门的盈余以及经济总体的赤字；如果平衡项是负的，则相反。

2. 常住性

1.8 所谓一个机构单位的常住性，是指它与其所在的经济领土有着最紧密的联系，换言之，在此经济领土上具有显著的经济利益中心。如果一个机构单位使用一个经济领土内的一些地点、住宅、生产场地或其他活动场所，从事而且有意持续（无限期或者相当长期限）从事具有显著规模的经济活动或交易，那么这个机构单位就是该经济领土上的常住单位。只要在同一经济领土内，具体地点可以不固定。判定常住性的操作性定义是，事实上或意向上住在一地的时间达一年或一年以上。当然，时间选择为一年具有一定的主观性，之所以如此，是为了避免不确定性，而且有利于国际一致性。大多数单位仅与一个经济体有紧密的联系，然而，在全球化背景下，越来越多的单位会与两个及两个以上经济体产生紧密联系。对与两个或两个以上经济体有密切联系的高流动性个体，是否常住要根据它一年内大部分时间在哪个领土度过来决定。另外，海外留学的学生、海外求医的患者、外交官、驻外军事人员和政府驻外公务员及家庭，以及轮船的船员，飞机、石油钻井平台、空间站或其他类似的在领土外或跨越几个领土的设备操作人员，都被认为是所属国家的常住单位，即使他们在外居住超过一年。

1.9 作为一般原则，当一个企业在经济领土内某个地点进行了有显著规模的货物和（或）服务生产活动时，该企业就是该经济领土的常住单位。与同两个或两个以上的经济体相关的个人和住户相比，企业几乎都是只与单个经济体相关。由于税收和其他法律上的需要，倾向于把每个法律管辖范围内的运营活动用一个单独的法律实体来代表。此外，如果一个单一法律实体在两个或两个以上的经济领土上有实质性运营活动（如前述的分支机构、处理土地所有权时虚拟的名义单位和跨国企业），那么鉴于统计目的，应该通过拆分来形成一个单独的机构单位。对此类法律实体进行拆分，通常能使由此而得的每个企业的常住性更为清楚。在某些情况下，如其管理完全外包给其他实体，企业几乎没有或完全没有物理存在，此时仅凭企业的物理场所就不足以确认其常住性。银行、保险、投资基金、证券化载体和一些特殊目的实体可能会以这种方式运营。许多持有私人财富的信托基金、法人团体或基金会也几乎没有或完全没有物理存在。如果企业没有任何重要的物理属性方面的信息，其常住性的确定方法是：企业是按哪个经济领土上的法律登记或注册成立的，它就是哪个经济领土上的常住单位。登记和注册与对企业存在和运营的管辖范围相关联，代表了企业与经济体关系的实质程度。相比而言，其他联系（如所有权、资产所处地点、其经理人或管理者所处地点）可能在判断关系的实质程度方面就不如登记和注册那么清晰[1]。

3. 公司和非营利机构

1.10 SNA 中所使用的"公司"概念，要比单纯法律意义上的概念更为宽泛。一般而言，所有实体如果满足以下条件：（a）能够为其所有者创造利润或其他财务收益；（b）在法律上被认定为独立于其承担有限责任的所有者的法律实体；（c）为从事市场生产而成立，即可作为 SNA 概念中的"公司"，而不论它们如何描述自己，或冠以何种称呼。"公司"这个术语，既包括依法成立的法人公司，也包括合作社、有限责任合伙企业、名义常住单位和准公司等。无论何时，只要使用"公司"这个术语，除非另有说明，就是指宽口径概念，而不是法律意义上的窄口径概念。根据定义，公司是市场生产商，它们可分为非金融和金融公司。《手册》关注的是金融公司以及它们和其他机构单位的经济联系。

1.11 金融公司部门包括所有的主要从事向其他机构单位提供金融服务（含保险、养老基金服务等）活动的常住公司。金融服务的产出是金融中介、金融风险管理、流动性转换或辅助金融活动的成果。

1.12 作为市场生产商的非营利机构也会提供一些金融服务，非营利机构是出于生产或分配货物和服务目的而创立的法律或社会实体，但其法律地位不允许那些建立它们、控制它们或为其提供资金的单位利用该实体获得收入、利润或其他财务收益。实践中，非营利机构的生产活动一定会有盈余或亏损，只不过产生的任何盈余都不能为其他机构单位占有。通常在建立非营利机构的章程中会有明文规定：控制或管理非营利机构的机构单位无权分享所产生的任何利润或其他收入。

---

[1] 举例来说，如果一个金融公司在一个避税天堂注册，但它的所有员工都在另一个经济体内，它就被定义为该避税天堂内的常住机构单位。该金融公司和员工之间的交易将被记录在国外部门账户的国际交易中。另一个例子，一家对冲基金的子基金在美国，但其主要投资基金在开曼群岛注册，则对冲基金定义为开曼群岛的常住机构单位，而子基金定义为美国的常住机构单位。

D. 中心框架的核算原则

参考：
SNA2008，第 2 章，综述
SNA2008，第 3 章，存量、流量和核算规则
SNA2008，第 6 章，生产账户
SNA2008，第 11 章，金融账户
BPM6，第 3 章，核算原则
MFSMCG，第 5 章，存量、流量和核算规则

1. 复式和四式记账原则

1.13 对于一个机构单位而言，国民经济核算如同工商会计一样，是以复式记账为基础的。每笔交易必须记录两次，一次作为来源（或负债变化），另一次作为使用（或资产变化）。记录为来源或负债变化的交易总额与记录为使用或资产变化的交易总额必须相等，这样才能检查账户的一致性。那些不是交易的经济流量拥有直接作为净值变化的对应部分。

1.14 原则上讲，记录一项活动对所有单位、所有部门的影响，应以四式记账原则为基础，因为大多数交易都会涉及两个机构单位，每项此类交易都必须由交易双方分别记录两次。但是，内部交易或者一个单位内的交易（如固定资产消耗和生产单位产出品的自身损耗）只需两笔记录即可，其交易价值需要估算，没有必要在对手方进行记录来展示这些交易的往来情况。

1.15 交易可分为金融交易和非金融交易。在 *SNA2008* 中，一笔金融交易总有一个对应条目，记录在非金融账户或自身金融账户中。当一笔交易及其对应项全是金融交易时，它们会改变金融资产和负债的组合构成，也可能会改变相关金融公司的金融资产总额和负债总额，但不会改变金融资产总额和负债总额相抵后的差额。

1.16 一个金融交易对应另一个金融交易的例子是债务证券的发行或赎回。这会导致四条记录——交易过程中所涉及的每个机构单位（债务人和债权人）各有两条。例如，金融公司（债务人）发行债务证券，住户（债权人）以现金或可转让存款为交换获得债务证券。在金融公司的金融账户中，记录负债（债务证券）和金融资产（通货或可转让存款）的增加。在住户的金融账户中，金融资产（债务证券）的增加与资产（通货或可转让存款）减少相互抵消，而负债没有变化。

1.17 一笔交易可能涉及金融工具之间的交换，但不会涉及通货或者可转让存款的交换。例如，这些行为包括债务证券转换为权益性证券。在"从谁到谁"账户的框架内，这种转换应该被视作两种金融交易行为，具体来看，一种是债务证券的赎回，另一种是权益性证券的发行。

1.18 金融交易的对应方是非金融交易的事例包括产品交易、分配交易或者非生产性非金融资产交易。如果一项金融交易的对应方不是金融交易，常住或非常住机构单位的净贷出/净借入将会改变。

1.19 金融交易的对应方也可以是经常项目或资本的转移。在这种情况下，金融交易涉及金融资产所有权的改变，涉及债务人承担债务（债务承担）或金融资产与其相应负债（包括债务免除或债务减免）的同时清算。债务承担和债务减免是分配性的交易，这类交易被分为资本转移类（D9），并记入资本账户。

1.20 金融交易的对应方也可能是利息形式的财产性收入（D41），公司已分配收入［红利（D421）和准公司收入提取（D422）］，外商直接投资的再投资收益（FDI）（D43），其他投资收入［属于投保人的投资收入（D441），养老金权益的应付投资收入（D442），属于投资基金份额或单位持有者的投资收入（D443）］或者地租（D45）。例如，某公司给一户家庭的现金分红，作为财产性收入的支出记入初始收入分配账户，同时作为金融资产的减少记入金融账户的通货和存款账户。在住户部门中，它作为财产性收入记入初始收入分配账户以及作为金融资产增加记入通货和存款账户。

1.21 四式记账原则旨在确保相关机构单位之间的核算报告相互平衡，因此允许跨部门和跨账户间获取的变量在账户内完全一致。这确保每一个部门的资产负债表完成时都是平衡的，也反映收入从一个部门转移到另一个部门，同时系统内的存流量是一致的。这对于分析和理解经济运行非常重要。这一特性是确保多类型分析都能提供一致结果的关键。

2. 记录时间

1.22 四式记账原则的含义之一就是交易或其他流量必须在同一时点上及时记入交易双方的有关账户中。

1.23 国民经济核算的总原则是机构单位间的交易必须在债权和债务产生、转换或取消之时进行记录。这种记录方式被称为权责发生制。在大多数情况下，实际交易与其相应的收付之间会存在时滞，所以交易是在现金收付实现制的基础上进行记录。这两个不同的核算方法会导致交易被记录时间的不同。

1.24 经济所有权的改变决定了商品、非生产性非金融资产和金融资产交易的记录时间。提供服务时其服务交易会被记录。

1.25 分配交易（收入和转移）在有关债权产生时会被记录下来。这意味着金融公司的应收或应付利息会在持续性基础上予以记录，分红应在股票除息时记录，分配利润应在实际发生时记录，再投资收益应在留存收益发生期间记录。

3. 估价原则

1.26 市场估价是评估交易及资产与负债状况的关键原则。市场价值指仅从商业角度考虑意愿双方获取或处置金融资产的价值，不包括佣金、费用和税收。无论收费是否明确，都应包括在购买者价格中，或者应从销售者收入中扣除，因为债务人和债权人双方针对相同金融工具的交易应该记录相同的数额。佣金、手续费和税收要从金融资产和负债交易中剥离出来，单独记录在适当的项目类别下。在确定市场价值时，交易方也要考虑应计利息。

1.27 市场价格通常适用于可交易性金融资产和负债，现有房地产（建筑和其他地上建筑结构），现有的运输设备、作物和牲畜，以及新生产的固定资产和库存。当无法获得直观的市场价格时（如有市场但没有近期售出的资产或者甚至没有这个市场），可以按照在资产负债表日该资产从市场购买的价格进行评估。

1.28 市场价格也应用于评估货物和服务的价格，该价格包含适当的税收和补贴，并将考虑所有回扣或退款。与金融工具不同，货物和服务的税收都包含在市场价格内，没有必要确保货物和服务的买卖双方在同一交易中记录相同金额。

1.29 名义价值反映了原始预付资金加上所有后续预付，减去所有偿还，再加上所有应计利息的总和。名义价值是指债务人欠债权人的未偿还金额，它由未偿还本金和全部应付利息组成。它通常被用于金融工具（如贷款和存款）。它是债务人欠债权人的债务总额，主要由包含所有应计利息的债务本金组成。

1.30 名义价值经常被错误地认为与票面价值一样。然而，这两个概念是有区别的：票面价值被定义为应偿还本金的金额，该金额等于扣除应计利息后债务证券的赎回价格。

1.31 在任何特定的时间点上，由于市场价格变化导致价值重估，一个金融工具的市场价值可能会偏离它的名义价值。市场价格的波动来自整体市场情况，如市场利率的改变；或某些具体情况，如金融工具的发行者信用等级变化、一般市场流动性变化及特定的金融工具变化等。

1.32 因此，以下基本方程适用于金融工具的头寸：
市场价值 = 名义价值 + 因市场价格变化导致的累积重估价
票面价值 = 名义价值 − 应计利息
市场价值 − 累积重估价 = 票面价值 + 应计利息

4. 汇总、总额和净额记录

1.33 汇总指属于一个子部门、部门或经济体中机构单位的所有总头寸、交易、重估价以及资产物量其他变化的加总。

1.34 取净额是在双方账户的核算分录下相同交易项目和相同的机构单位互相抵消的一个过程，这个过程也被称为净额记录。相比之下，将所有基础项目充分估值后组合起来被称为总额记录。总额记录过程符合法律对报表的描述要求（如列明票息的实际支付金额等），并且保持与市场数据描述的一致性。

1.35 SNA2008推荐按总额记录，除非分类本身具有取净额的内在性质。但事实上，取净额已经成为SNA2008诸多建议中的一个特征。这主要是为了突出在经济上的某些重要属性，用总额数据看这些属性是不明显的。

1.36 取净额隐含在许多交易类别中，最突出的例子是"存货变化"，以此强调其在整个资本形成中的分析意义，而不是追踪日常的入库和出库。同样，除了少数例外，金融账户和资产账户其他变化也是按净额记录其资产增加和负债增加，在核算期期末显示出此类流量的最终结果。当然，所有平衡项也是取净额。为避免混乱，SNA只在限制性很强的意义上使用"总额"和"净额"这两个词。除了若干项目（"净保费""净值"和"净贷出或净借入"）之外，"净额"一词在SNA分类中专指扣除了固定资本消耗之后的变量价值。

1.37 对金融资产和负债流量而言，"资产净变化"和"负债净变化"被用来反映金融流量的状况。金融流量反映核算期内全部贷方和借方记录引起的变化。也就是说，金融交易对每一种金融资产和负债都分别按净额进行记录。使用"资产净变化"和"负债净变化"等词语，可使金融账户与积累账户的惯例保持一致，由此成为金融账户、金融资产和负债其他变化账户的通用术语。使用这些术语，也可以简化对数据的说明。对于资产和负债来说，正值变化表示存量增加，负值变化表示存量减少。如果用贷方或借方概念表述增加或减少，其解释将取决于这些增加或减少是涉及资产还是负债（资产的借方是增加，负债的借方是减少）。金融账户交易并不重视对应的是借方还是贷方，而是认为确认并保持核算等式很重要；例如，从定义上看，贷方总是与相应的借方相匹配，后者要么是资产的增加，要么是负债的减少。

5. 合并

1.38 合并必须同取净额区分开。合并是指如果从事交易的单位被合并为一组，就要把这些单位间发生的交易从使用和来源两方面加以冲销，并把相互间存在的金融资产及其相应的负债予以冲销。合并可在不同层次的分组中发生。合并是监管机构用来呈现数据的一种方法,与用于编制金融账户的方法——汇总不同。

1.39 从原则上讲,处于同一子部门或部门范围内的机构单位之间的交易是不应当合并的。SNA2008关注于核算项目的未合并描述,其被建议用于货币和宏观经济分析。这样的数据呈现囊括了机构单位的所有头寸总额、交易、重估价以及资产物量其他变化,这些机构单位可以同属一个部门或子部门,也可以属于经济体的其他部门或者其他经济体部门。在实践中,由于数据的限制常常使得合并描述变得有必要。例如,与住户部门的交易可得到一个余额,所以这个部门内的流量和权益就不能基于总额来展示了。同样地,企业所得税数据是通过合并分支机构数据获得。此外,全球化导致出现了越来越多的跨国公司(MNES)。这意味着,统计人员必须确保国家和金融账户对跨国公司进行国内合并处理,从而将跨国公司的海外交易活动排除在外,这可以通过直接调查国内合并企业获得。

1.40 然而,合并账户可能用于补充说明和分析。在SNA2008中,机构单位被组合在一起,合并为一个子部门或部门。子部门或部门层次的合并剔除了子部门或部门内部间的头寸和流量。

1.41 不能认为合并会造成信息的完全损失,通过交易伙伴,仍然可以给出一些基本说明。在某些情况下,展现合并数据对分析来说是有用的。举例说明,在比较未合并与合并数据时,通过国内非金融公司部门间头寸的合并来展示一个部门的"外部需求"(另一个经济部门),合并使得分析信息更加丰富。

1.42 合并的第二种形式是一个(企业)集团层面上的合并,尽管在国民账户体系中并没有介绍,但实践中较为常见。现实经济中,存在大量金融或非金融公司或企业集团,母公司控制一些子公司,也有一些子公司可能由自己来控制。集团企业的概念已经与一个机构单位组成为一个机构部门相偏离了,因为集团机构单位是基于控制的概念。

1.43 集团层面上的合并冲销了在同一个金融集团或非金融公司的金融资产持有者所产生的负债的头寸和流量。如果相关机构单位组合在一起形成一个企业集团(如国内银行的海外分行与母银行组合在一起),那么在报告主体中集团内金融工具的头寸和流量将从报告信息中剔除,即分支机构间和母公司与分支机构间所有头寸和流量将被剔除。这种方法同时包含了居民和非居民数据,并有助于金融稳定和全球化分析。

1.44 出于金融稳定的目的,获得企业集团层面的金融资产合并信息是非常重要的,如企业集团按债务人、货币、期限和利率类型分类的明细数据包。通过对企业集团合并数据中广泛金融互联信息的分析,可以对金融体系的稳定性进行评估。然而,部门间较紧密的联系可能成为金融不稳定的来源,合并和未合并账户的比较能有助于提供关于这种联系的相关信息。一个金融系统的利弊也可以使用由国际货币基金组织(IMF)开发的金融稳健性指标(FSIs)来评估。如国际货币基金组织

（2006）所述，FSIs 是反映当前一个国家的金融机构以及企业、住户等对应方金融健康和稳健的指标。它们包括单个机构数据聚合和代表金融市场运行状况的指标。FSIs 的计算和应用是以支持宏观审慎分析为目的的。这是对以增强金融稳定（尤其是限制金融体系的可能性市场失灵）为目标而进行的对金融系统利弊开展的评估和监测。

E. 综合经济账户

参考：
SNA2008，第 2 章，综述
SNA2008，第 4 章，机构单位和部门
SNA2008，第 13 章，资产负债表
BPM6，第 3 章，核算原则

1.45 SNA2008 的核算模型用"账户序列"跟踪记录了从收入到财富的传递过程。账户序列的组成模块包括五个常住机构部门和国外部门。每个常住机构部门和国外部门从生产、收入、消费、通过资产积累的储蓄到净值头寸的整个经济过程都被记录下来。

1.46 表 1.2 阐明了 SNA2008 如何记录交易、重估价及资产和负债物量（volume）其他变化和存量变化。交易不仅展现在经常账户（包含生产和各种收入账户）中，而且展现在资本和金融账户中。其他流量包括重估价、资产和负债物量的其他变化；它们被记录在重估价账户和资产物量其他变化账户。资产和负债存量被记录在资产负债表中。

1.47 本节讨论账户的两个序列：交易账户的（垂直）序列（表 1.2 灰色边框区域）及积累账户的（水平）序列和资产负债表（表 1.2 灰色阴影区域）。与资产负债表记录一定时期内期初或期末的资产和负债情况一样，对经济生活的某一方面，在核算期内，账户是记录使用和来源（或资产和负债的变化）情况的一种手段。

表 1.2　SNA2008 中的交易、其他流量和存量

		交易	其他流量	存量
经常账户	生产账户	货物和服务的生产，以及形成、分配、再分配和收入的使用		
	收入形成账户			
	初始收入分配账户			
	收入再分配账户			
	收入使用账户			

		交易	其他流量	存量
积累账户	资本账户	非金融资产净获得、储蓄和资本转移		
	金融账户	金融资产净获得和负债净发生		
	资产物量其他变化账户		非金融资产、金融资产和负债总量的其他变化	
	重估价账户		非金融资产、金融资产和负债的持有损益	
资产负债表				作为平衡项目的非金融资产,金融资产,负债和净值

1. 账户序列综合表述

1.48 表1.3综合表述了机构部门的账户序列。它涵盖了生产账户和收入账户（通常称为经常账户）的形成、分配、再分配和使用，以及资本、金融、资产物量其他变化及重估价账户（通常称为积累账户）的变化，还包括资产负债表。

表1.3 账户序列综合介绍

	合计	货物和服务	国外	经济总体	NPISHs	住户	一般政府	金融公司	非金融公司	交易和平衡项	非金融公司	金融公司	一般政府	住户	NPISHs	经济总体	国外	货物和服务	合计
使用																			来源
Ⅰ.生产账户/对外货物和服务账户																			
Ⅱ.1 收入形成账户																			
Ⅱ.2 初始收入分配账户																			
Ⅱ.3 收入再分配账户																			
Ⅱ.4 收入使用账户																			
资产变化																			负债和净值变化
Ⅲ.1 资本账户																			
Ⅲ.2 金融账户																			
Ⅲ.3 资产物量其他变化账户																			
Ⅲ.4 重估价账户																			
资产																			负债和净值
Ⅳ.1 资产负债表																			

1.49 术语"来源"用于表示一个单位或一个部门经济价值量增加的交易。按照惯例，来源放在经常账户（Ⅰ和Ⅱ）的右侧。例如，工资与薪金是其接收单位或部门的来源。该账户的左侧称为"使用"。在经常账户里的,它用来记录一个单位

或部门经济价值量减少的交易。

1.50 仍以工资与薪金为例，对于支付单位或部门而言，它们是使用。术语"资产变化"用于一个单位或部门持有资产量变化的交易或流量。按照惯例，资产的变化显示在资本账户、金融账户、资产物量其他变化账户和重估价账户的左侧。右侧则显示"负债和净值的变化"。这用于记录一个单位或一个部门持有负债量变化的交易或流量。在金融工具的交易情况下，负债的变化通常是指负债（净）发生，资产的变化是指金融资产（净）获得。在资产负债表中，术语"资产"用来描述账户的左侧，而术语"负债和净值"用来描述账户的右侧。

1.51 账户序列综合介绍包括了每侧都标有"经济总体"的列。这些列中的条目代表了经济总体的五个部门[非金融公司、金融公司、一般政府、为住户服务的非营利机构（NPISHs）和住户]。

1.52 "经济总体"列的旁边是"国外部门"。该列包括常住机构单位与非常住机构单位之间发生的交易，以及有关的资产和负债存量。货物和服务进出口的科目记录在对外货物和服务账户，这与机构部门的生产账户位于同一个层次。国外部门在账户结构中的作用类似于机构单位，因此国外部门账户是从国外的角度设置的。国外的来源是经济总体的使用；反之，国外的使用是经济总体的来源。

1.53 账户序列综合介绍还包括了每侧都标有"货物和服务"的列。这两列记录了出现在机构部门账户中的各种货物和服务交易。机构部门账户中的货物服务使用记录在右方的货物和服务列下；机构部门账户中的货物服务来源记录在左方的货物和服务列下。在表的来源方，货物和服务纵列中显示的数值是各部门及国外记录为使用的对应部分。在表的使用方，货物和服务纵列中显示的数值是各部门及国外记录为来源的对应部分。

1.54 最后一列是前三列的合计（经济总体、国外部门、货物及服务）。该列没有什么经济意义，但它是确保表的完整性和一致性的关键，因为账户每一行的左方合计与右方合计必须相等。

1.55 许多宏观经济变量反映在交易账户序列的平衡项（如表1.4至表1.7所示）。在表格中，较粗一点的边框显示了金融公司的交易账户序列。平衡项目用总额表示，表明固定资本的消耗并没有被扣除。

2. 生产账户

1.56 生产账户总量上显示的"来源"是产出加税收扣减补贴，而"使用"显示了中间消耗（见表1.4）。*SNA2008* 建议对产出用基本价格计值。基本价格是生产者就其生产的每单位货物或服务产出从购买者那里所获得的、扣除生产或销售时应付的所有税再加上所获得的所有补贴后的金额。它不包括生产者在发票上单列的任何运输费用。产品税（减补贴）列在账户的"来源"侧。产出价值中未包含的那部分（或全部）产品税（减去产品补贴）在特定部门或产业中并不出现，它是经济总体的来源。在许多例子中，产品税减产品补贴直接显示在货物和服务纵列下。它们是货物和服务供给价值的组成部分，但却没有哪个机构部门的产出价值与其相对应。生产账户的平衡项是增加值。产品税减产品补贴加上所有常住单位的增加值就得到了国内生产总值（GDP）。特别重要的是存款类机构和其他金融机构提供的金融服务的计算［间接测算的金融中介服务（FISIM）的计算和分配，寿险和非寿险及养老金计划的测算］。《手册》的第3章将详细阐述用于计算金融公司产出的方法。

表 1.4　　　　　　　　　　　　　　　　生产账户

使用									交易和平衡项								来源
合计	货物和服务	国外	经济总体	NPISHs	住户	一般政府	金融公司	非金融公司		非金融公司	金融公司	一般政府	住户	NPISHs	经济总体	国外	货物和服务	合计
I．生产账户/对外货物和服务账户																		
499.0	499.0								货物和服务进口							499.0		499.0
540.0		540.0							货物和服务出口								540.0	540.0
3604.0	3604.0								总产出	2808.0	146.0	348.0	270.0	32.0	3604.0		3604.0	3604.0
1883.0			1883.0	17.0	115.0	222.0	52.0	1477.0	中间消耗								1883.0	1883.0
133.0	133.0								产品税减补贴						133.0			133.0
1854.0			1854.0	15.0	155.0	126.0	94.0	1331.0	总增加值/国内生产总值									
−41.0		−41.0							货物和服务对外差额									

1.57　对外货物和服务账户与机构单位的生产账户位于同一层次。货物和服务的进口属于国外部门的来源，出口则属于使用。货物和服务对外差额为负，表明经济总体对国外为顺差。

3．收入账户

1.58　SNA2008 有以下收入账户：收入形成账户、初始收入分配账户、收入再分配账户和可支配收入使用账户（见表1.5）。这些账户用来反映各种类型的收入。生产账户的平衡项（增加值）是第一个账户起点（收入形成账户）。

1.59　收入形成账户显示了如何将增加值分配给劳动力（雇员报酬）、资本和政府（就产出估值而言，生产和进口税减去生产和进口补贴）。出现在账户平衡项中分配给资本的收入，即营业盈余或混合收入。

1.60　初始收入分配账户记录了各部门应收和应付的财产收入，对于住户部门还要记录应收的雇员报酬，对于政府部门还要记录应收的生产和进口税减去生产和进口补贴。此类交易也可能出现在国外部门账户中，因此也必须把这些交易包括进来。初始收入分配账户的平衡项是初始收入。

表 1.5 收入账户

使用																		来源
合计	货物和服务	国外	经济总体	NPISHs	住户	一般政府	金融公司	非金融公司	交易和平衡项	非金融公司	金融公司	一般政府	住户	NPISHs	经济总体	国外	货物和服务	合计
Ⅱ.1 收入形成账户																		
									总增加值/国内生产总值	1331.0	94.0	126.0	155.0	15.0	1854.0			1854.0
1150.0			1150.0	11.0	11.0	98.0	44.0	986.0	雇员报酬									
133.0			133.0						产品税减补贴									
58.0			58.0	1.0	-1.0	1.0	4.0	53.0	其他生产和进口税减补贴									
513.0			513.0	3.0	145.0	27.0	46.0	292.0	营业盈余总额/混合收入总额									
Ⅱ.2 初始收入分配账户																		
									营业盈余总额/混合收入总额	292.0	46.0	27.0	145.0	3.0	513.0			513.0
6.0		6.0							雇员报酬				1154.0		1154.0	2.0		1156.0
									产品税减补贴			133.0			133.0			133.0
									其他生产税减补贴			58.0			58.0			58.0
435.0		44.0	391.0	6.0	41.0	42.0	168.0	134.0	财产收入	96.0	149.0	22.0	123.0	7.0	397.0	38.0		435.0
1864.0			1864.0	4.0	1381.0	198.0	27.0	254.0	初始收入总额/国民总收入									
Ⅱ.3 收入再分配账户																		
									初始收入总额/国民总收入	254.0	27.0	198.0	1381.0	4.0	1864.0			1864.0
213.0		1.0	212.0	0.0	178.0	0.0	10.0	24.0	所得税、财产税等经常税			213.0			213.0	0.0		213.0
333.0		0.0	333.0		333.0				净社会缴款	66.0	213.0	50.0	0.0	4.0	333.0	0.0		333.0
384.0		0.0	384.0	5.0	0.0	112.0	205.0	62.0	实物社会转移以外的社会福利				384.0		384.0	0.0		384.0
299.0		16.0	283.0	2.0	71.0	136.0	62.0	12.0	其他经常转移	6.0	62.0	104.0	36.0	36.0	244.0	55.0		299.0
1826.0			1826.0	37.0	1219.0	317.0	25.0	228.0	可支配收入总额									
Ⅱ.4 可支配收入使用账户																		
									可支配收入总额	228.0	25.0	317.0	1219.0	37.0	1826.0			1826.0
1399.0			1399.0	32.0	1015.0	352.0			最终消费支出									
11.0		0.0	11.0	0.0		0.0	11.0	0.0	养老金权益变动调整				11.0		11.0	0.0		11.0
427.0			427.0	5.0	215.0	-35.0	14.0	228.0	总储蓄									
-13.0		-13.0							对外经常项目差额									

1.61 收入再分配账户包括通过转移完成的收入再分配,但由政府和为住户服务的非营利机构(NPISHs)支付的实物社会转移除外。实物社会转移在实物收入再分配账户中记录。在收入再分配账户的来源方,除了初始收入之外,还要记录所得税和财产税等经常税及实物社会转移以外的其他经常转移。使用方也要记录同类的经常转移。由于这些转移对某些部门来说是来源,而对其他部门是使用,因此其

确切内容会随部门而异。收入再分配账户的平衡项是可支配收入。

1.62 可支配收入使用账户显示了进行最终消费的各部门（一般政府、NPISHs 和住户）是如何在最终消费和储蓄之间分配可支配收入的。此外，对住户和养老金而言，该账户还包括一个关于养老金权益变化的调整项，该调整与 SNA 对住户和养老金之间的交易的记录方式有关。《手册》的第 3 章将解释此调整项。可支配收入使用账户的平衡项是经济总体的储蓄额和对外经常项目差额。对外经常项目差额为负，说明国外部门是逆差，而经济总体是顺差。经常账户序列以这两个平衡项目作为终结。

4. 资本账户

1.63 资本账户显示了储蓄和资本转移如何转化为净资本形成和资本消耗，表 1.6 展示了广义资产项目的资本账户。来自收入账户"使用"方的总储蓄作为资本积累的资金来源，是资本账户的起始项。总储蓄代表机构单位可用于为更新报废资本资产提供资金来源、资本资产存量的净增加和不需要借款进行资本转移的净支付。资本账户的平衡项是净贷出/净借入。当其为正时，代表净贷出，衡量一个单位或一个部门可用来直接或间接地借给其他单位或部门的资金数额。当其为负时，代表净借入，衡量一个单位或一个部门不得不从其他单位或部门借入的资金数额。所有部门净贷出/净借入（包括国外部门）的总和为零，同样，经济总体中的净贷出/净借入必须与国外部门的净借入/净贷出相匹配。

表 1.6　　　　　　　　　　　　资本账户

资产变化										交易和平衡项	负债和净值变化								
合计	货物和服务	国外	经济总体	NPISHs	住户	一般政府	金融公司	非金融公司			非金融公司	金融公司	一般政府	住户	NPISHs	经济总体	国外	货物和服务	合计
										储蓄总额	228.0	14.0	-35.0	215.0	5.0	427.0			427.0
										对外经常差额							-13.0		-13.0
376.0			376.0	5.0	48.0	35.0	8.0	280.0		固定资本形成总额									
28.0			28.0		2.0	0.0	0.0	26.0		存货变化									
10.0			10.0	0.0	5.0	3.0	0.0	2.0		贵重物品获得减处置									
0.0			0.0	1.0	4.0	2.0	0.0	-7.0		非生产资产获得减处置									
										应收资本转移	33.0	0.0	6.0	23.0	0.0	62.0	4.0		66.0
										应付资本转移	-16.0	-7.0	-34.0	-5.0	-3.0	-65.0	-1.0		-66.0
										储蓄和资本转移引起的净值变化	245.0	7.0	-63.0	233.0	2.0	424.0	-10.0		414.0
0.0		-10.0	10.0	-4.0	174.0	-103.0	-1.0	-56.0		净贷出(+)/净借入(-)									

1.64 非金融资产净获得的主要部分是固定资本形成总额，等于固定资产的获得减去处置，它包括像土地这样非生产性资产价值的溢价。"总额"指的是在扣除固定资本消耗之前，而在扣除资本资产出售之后的数额。

1.65 其他非金融资产的净获得包含存货的变化、贵重物品的净获得和非金融非生产性资产的净获得。"净额"的意思是资产销售净值。库存的变化包括为了后续作为中间消耗所使用而持有存货的获得，减去存量存货产品的销售和消耗，以及半成品和完成品的存货变化。贵重物品的净获得是非金融货物的获得，这些非金融货物并不主要用于生产或消费，而是因价值储藏持有的，如贵金属或者艺术品。非金融非生产性资产的净获得包括用于生产货物和服务的非生产性资产的净获得，以及三种特殊性质的资产类型：自然资源，合约、租约和许可，商誉和营销资产。

1.66 应付和应收的资本转移包括由其他单位支付或收到的投资补助和其他资本转移，如那些被记录为经双方同意为对方承担的债务。在国民账户中，应付资本转移通常显示为负。

5. 金融账户

1.67 金融账户是记录机构单位间交易全系列账户中的最后一个账户。它显示了由金融资产和负债交易引起的变化，这些金融资产和负债按照金融工具的类型进行分类。金融账户的平衡项也是净贷出（+）/净借入（-），在概念上这和资本账户是一样的，从而可以检验整套账户数值的一致性。然而，在实践中，数据获得是相对独立的，由于误差和遗漏项的原因导致与资本账户获得数据存在较大偏差。在实践中，实现这种一致性是编制国民账户时最棘手的任务之一。

1.68 从金融公司部门看，净贷出（+）/净借入（-）是金融资产的净获得超出负债净发生的部分，或相反地，是金融公司部门的储蓄（包括净资本转移）超出其非金融投资的部分（见表1.7）。

表 1.7　　　　　　　　　　金融账户

资产变化																		负债和净值变化
合计	货物和服务	国外	经济总体	NPISHs	住户	一般政府	金融公司	非金融公司	交易和平衡项	非金融公司	金融公司	一般政府	住户	NPISHs	经济总体	国外	货物和服务	合计
									净贷出（+）/净借入（-）	-56.0	-1.0	-103.0	174.0	-4.0	10.0	-10.0		0.0
483.0		47.0	436.0	2.0	189.0	-10.0	172.0	83.0	金融资产净获得									
									负债净发生	139.0	173.0	93.0	15.0	6.0	426.0	57.0		483.0

6. 资产物量其他变化账户

1.69 资产物量其他变化账户记录了各种特殊事项的影响，这些事项不仅仅会导致资产和负债价值的变化，还导致资产和负债物量的变化。除了诸如战争或地震造成的事件，该账户还会记录一些调整项目，如分类和结构的变化，这种变化可能会、也可能不会影响净值。该账户的平衡项是由资产物量其他变化引起的净值变化，记录在账户右方。表1.8列举了资产物量其他变化的例子。由于此账户不记录交易，账户的起始项不是上一交易账户的平衡项目。

表 1.8　　资产物量其他变化账户

资产变化　　　　　　　　　　　　　　　　　　　　　　　　　　　　　　　负债和净值的变化

合计	货物和服务	国外	经济总体	NPISHs	住户	一般政府	金融公司	非金融公司	交易和平衡项	非金融公司	金融公司	一般政府	住户	NPISHs	经济总体	国外	货物和服务	合计
33.0			33.0	0.0	0.0	7.0	0.0	26.0	资产的经济出现									
-11.0			-11.0	0.0	0.0	-2.0	0.0	-9.0	资产的经济消失									
-11.0			-11.0	0.0	0.0	-6.0	0.0	-5.0	巨灾损失									
0.0			0.0	0.0	0.0	5.0	0.0	-5.0	无偿没收									
2.0			2.0	0.0	0.0	0.0	1.0	1.0	未另分类的其他物量变化	0.0	0.0	0.0	1.0	0.0	1.0			1.0
0.0			0.0	0.0	0.0	-4.0	-2.0	6.0	分类变化	0.0	0.0	2.0	0.0	0.0	2.0			2.0
13.0			13.0	0.0	0.0	0.0	-1.0	14.0	物量其他变化总计	0.0	0.0	2.0	1.0	0.0	3.0			3.0
-7.0			-7.0	0.0	0.0	-3.0	-2.0	-2.0	生产性非金融资产									
17.0			17.0	0.0	0.0	3.0	0.0	14.0	非生产性非金融资产									
3.0			3.0	0.0	0.0	0.0	1.0	2.0	金融资产	0.0	0.0	2.0	1.0	0.0	3.0			3.0
									由资产物量其他变化引起的净值变化	14.0	-1.0	-2.0	-1.0	0.0	10.0			

7. 重估价账户

1.70　重估价账户记录了持有损益。它以名义持有损益作为起始项。该项目记录了从核算期初（或是从资产或负债进入存量之时）到核算期末（或资产或负债退出存量之时）的时期内，由于资产和负债的价格变化而导致的资产或负债价值的全部变化。

1.71　正如资产的交易和其他流量出现在账户的左方、负债的交易出现在账户的右方一样，资产的名义持有损益记录在重估价账户的左方，而负债的名义持有损益记录在账户的右方。金融负债的重估价为正，相当于发生了名义持有损失；负债的重估价为负，则相当于获得了名义持有收益。

1.72　重估价账户的平衡项是名义持有损益引起的净值变化。

1.73　名义持有损益被分解为两个组成部分。第一部分是与一般价格水平同比例的重估价，它是通过运用同一时期内一般价格水平变化指数对全部资产或负债的初始价值进行重估而得到的重估价，那些货币价值固定的资产或负债也要包括在内。所有资产和负债的购买力在重估价后都保持不变，因此这个重估价结果被称为中性持有损益。

1.74 第二个部分是名义持有损益与中性持有损益之差。这个差值被称为实际持有损益。如果某些资产的名义持有损益大于中性持有损益，则产生实际持有收益，原因在于平均来说，这些资产的实际价格比一般价格水平提高得更快（或下降得更慢）。换言之，资产的相对价格提高了。同理，资产相对价格的下降会导致实际持有损失。

1.75 这三类持有损益应根据资产和负债的主要类别进行细分，即使是在简化的账户表述中，这种分解也是必要的。由名义持有损益引起的净值变化可以被分解为由中性持有损益引起的净值变化和由实际持有损益引起的净值变化。表1.9列举了按机构部门分类的非金融资产和金融资产/负债重估价账户的例子。

表1.9　　　　　　　　　重估价账户

资产变化									交易和平衡项									负债和净值的变化
合计	货物和服务	国外	经济总体	NPISHs	住户	一般政府	金融公司	非金融公司		非金融公司	金融公司	一般政府	住户	NPISHs	经济总体	国外	货物和服务	合计
名义持有损益																		
280.0			280.0	8.0	80.0	44.0	4.0	144.0	非金融资产									
91.0		7.0	84.0	2.0	16.0	1.0	57.0	8.0	金融资产/负债	18.0	51.0	7.0	0.0	0.0	76.0	15.0		91.0
									名义持有损益引起的净值变化	134.0	10.0	38.0	96.0	10.0	288.0	-8.0		280.0
中性持有损益																		
198.0			198.0	6.0	56.0	32.0	3.0	101.0	非金融资产									
148.0		12.0	136.0	3.0	36.0	8.0	71.0	18.0	金融资产/负债	37.0	68.0	13.0	5.0	3.0	126.0	22.0		148.0
									中性持有损益引起的净值变化	82.0	6.0	27.0	87.0	6.0	208.0	-10.0		198.0
实际持有损益																		
82.0			82.0	2.0	24.0	12.0	1.0	43.0	非金融资产									
-57.0		-5.0	-52.0	-1.0	-20.0	-7.0	-14.0	-10.0	金融资产/负债	-19.0	-17.0	-6.0	-5.0	-3.0	-50.0	-7.0		-57.0
									实际持有损益引起的净值变化	52.0	4.0	11.0	9.0	4.0	80.0	2.0		82.0

8. 资产负债表

1.76 资产负债表是在某一特定时点编制的、记录一个机构单位或一组机构单位所拥有的资产价值和承担的负债价值的报表。期初和期末资产负债表在左边记录资产，在右边记录负债和净值。资产负债表记录某一时点上资产和负债的价值。

1.77 资产负债表呈现某一特定时点非金融资产和金融资产及负债起始和结束的存量。金融资产和负债的存量组成金融账户资产负债表。

1.78 资产负债表的平衡项是净值，即资产和负债之差。净值相当于一个单位或部门持有的经济价值存量的现值。对于经济总体而言，资产负债表反映了非金融资产之和及对国外的净债权，该总和通常被称作国民财富。

1.79 资产负债表的变化概括了积累账户的内容，也就是说，在该账户中，每项资产或负债的登录应等于该资产或负债在四个积累账户中登录的总和。利用这些登录可以计算出净值变化，但是按照定义，它必须等于资本账户中由储蓄和资本转移引起的净值变化加上资产物量其他变化账户中由资产物量其他变化引起的净值变化，再加上重估价账户中由名义持有损益引起的净值变化。

1.80 从理论上看，逐项资产和逐项负债在期末资产负债账户上的登录应等于它们各自在期初资产负债账户上的登录加上在四个积累账户中所记录的变化。资产和负债的存量及流量间的关系可以用表 1.10 表示，总结如下：

$$存量_t - 存量_{t-1} = 流量_t$$

表 1.10 存量和流量的关系

在核算期 t 的初始阶段的资产和负债存量（ = 在 $t-1$ 期末存量）
+ 流量（核算时期 t 的资产和负债的变化取决于：
交易；
资产和负债物量其他变化；
以及重估价）
= 在核算时期 t 期末资产和负债的存量（ = 在 $t+1$ 期初的存量）。

1.81 术语存量$_t$是机构单位（或经济体、部门或子部门）在核算期 t 期末所拥有的（资产）或发生的（负债），术语存量$_{t-1}$是机构单位（或经济体、部门或子部门）在核算期 $t-1$ 期末所拥有的（资产）或发生的（负债）。

1.82 术语流量$_t$表示时间上两个连续的时点之间未偿还的头寸变化。它是核算期间 t 内资产和负债流量的总和。它由交易、资产和负债物量其他变化、重估价构成：

$$流量_t = 交易_t + 资产和负债物量其他变化_t + 重估价_t$$

1.83 术语交易$_t$是指在核算期间 t 发生的资产的净获得（总获得减去处置）或负债的净发生（总发生减去偿还）。金融资产的净获得或金融负债的净积累也包括应计未收利息和应计未付利息：[2]

$$资产_t 的交易 = 净获得_t = 总获得_t - 资产处置_t；或$$
$$负债_t 的交易 = 净发生_t = 总发生_t - 偿还_t$$

---

[2] 更多有关权责发生制记录应计利息的方法参见第 5 章。

1.84 术语重估价,代表在核算期间 t 内由于资产和负债价格水平变化而带来的存量变化。资产或负债的重估价是由于价格和/或汇率的变动引起。在 BPM6 中,资产和负债的重估价是由汇率的变动和其他价格变化引起的。

1.85 术语资产和负债物量其他变化,是指核算期 $t-1$ 期末到核算期 t 的期末所有并非由交易或重估价而引起头寸上的改变。

1.86 表 1.11 显示了 SNA2008 关于资产负债表中非金融资产、金融资产和负债的分类。非金融资产以生产性和非生产性来划分大类以及子类。金融资产和负债一同显示为金融资产负债表的组成部分。它们根据自己的法律特征、流动性和经济目的来分类。当金融创新导致新型金融资产需求时,为满足国际间的比较需要,分类被扩展为更宽泛的定义,并将新工具纳入现行的分类里来。制定这些条款主要是为了进一步的分类,特别是根据工具的原始期限和类型来分类。例如,股权被分类为上市和非上市股票以及其他股权。

表 1.11　　　　资产负债表——反映资产、负债和净值的方法

资产	负债和净值
非金融资产 生产资产 固定资产 存货 贵重物品 非生产资产 自然资源 合约,租约和许可 商誉和营销资产	
金融资产 货币黄金和特别提款权（SDRs） 通货和存款 债务证券 贷款 股权和投资基金份额/单位 保险、养老金和标准化担保计划 金融衍生工具和雇员股票期权 其他应收/应付款	货币黄金和特别提款权（SDRs） 通货和存款 债务证券 贷款 股权和投资基金份额/单位 保险、养老金和标准化担保计划 金融衍生工具和雇员股票期权 其他应收/应付款 净值

1.87 表 1.12 列举了机构部门的非金融资产、金融资产和负债的资产负债表例子。

表 1.12 资产存量及其变化

资产负债表

	资产存量及其变化							交易和平衡项	负债和净值存量及其变化						
合计	货物和服务	国外	经济总体	NPISHs	住户	一般政府	金融公司	非金融公司		非金融公司	金融公司	一般政府	住户	NPISHs	经济总体	国外	货物和服务	合计
期初资产负债表																		
4621.0			4621.0	159.0	1429.0	789.0	93.0	2151.0	非金融资产									
9036.0		805.0	8231.0	172.0	3260.0	396.0	3421.0	982.0	金融资产/负债	3221.0	3544.0	687.0	189.0	121.0	7762.0	1274.0		9036.0
									净值	−88.0	−30.0	498.0	4500.0	210.0	5090.0	−469.0		4621.0
资产变化合计																		
482.0			482.0	11.0	116.0	57.0	−2.0	300.0	非金融资产									
577.0		54.0	523.0	4.0	205.0	−9.0	230.0	93.0	金融资产/负债	157.0	224.0	102.0	16.0	6.0	505.0	72.0		577.0
									净值变化合计	236.0	4.0	−54.0	305.0	9.0	500.0	−18.0		482.0
期末资产负债表																		
5103.0			5103.0	170.0	1545.0	846.0	91.0	2451.0	非金融资产									
9613.0		859.0	8754.0	176.0	3465.0	387.0	3651.0	1075.0	金融资产/负债	3378.0	3768.0	789.0	205.0	127.0	8267.0	1346.0		9613.0
									净值	148.0	−26.0	444.0	4805.0	219.0	5590.0	−487.0		5103.0

F. 金融交易和资产存量的三维账户

参考：
SNA2008，第 2 章，综述
SNA2008，第 27 章，与货币统计和资金流量的联系
MFSMCG，第 8 章，金融统计

1.88 如上所述，积累账户和资产负债表的体系是二维的。由于它们不显示交易的对手方部门、资产的其他变化和资产负债表头寸，因而作用有限。换句话说，虽然它们显示哪些部门正在获得金融资产和持有哪些金融资产，但是它们并不区分发行资产的部门。同样地，尽管有可能显示出净借入部门并说明其如何产生负债，但金融账户和资产负债表上也体现不出哪些部门获取，并作为资产持有金融债权。这一点也适用于其他资产变动。因此，无法提供经济中资金流量和存量的全貌。

1.89 为获得经济中资金流量和头寸的全貌，需要一个积累账户和资产负债表的三维体系，该体系可以展示金融公司部门、金融资产和负债以及按交易对手分类的明细。这种依据 SNA2008 基本原则和框架的"从谁到谁"样式的展示，有时被称为资金流量矩阵。金融交易的三维表常被表示为一系列矩阵，每一种金融工具都有一个矩阵，可以反映从一个部门到另一个部门的流量。

1.90 SNA 在"从谁到谁"基础上为发展资金流量和头寸提供了一个综合框架，其基本原则是确保能掌握经济和经济体中金融活动之间的联系。但是，SNA 的标准报表在设计上没有明确展现部门内的联系，因为在传统上，它主要集中回答了谁做了什么，而不是谁和谁做了什么的问题。尽管 SNA 是国际公认的国民账户编制方法，但明显缺乏基于"从谁到谁"原则的数据编制和描述，这可能是这种数据编制方法尚未受到广泛应用的主要原因之一。

1.91 运用"从谁到谁"账户可以充分阐明机构部门之间的债权和债务关系，也就是说，它们可以被用来展示交易、重估价、金融资产和负债物量其他变化，和按债务和债权部门交叉分类的资产负债表头寸。因此，以"从谁到谁"为基础建立起来的综合框架可以回答如"谁从谁那里融资，有多少数量和使用了哪种类型的金融工具？"等问题。

1.92 要了解融资是如何运作、如何随着时间变化及如何影响金融市场和机构的长期发展的，详细的"从谁到谁"账户信息是不可或缺的。特别是在将金融交易与非金融经济体的行为联系起来时，"从谁到谁"账户和资产负债表会很有用。资本账户和金融账户的联立（显示了资产净获得与负债净发生交易的完整记录）为通过净储蓄、净资本转让和负债的净发生等将金融与非金融投资和多种融资来源的结合提供了一种方法，由此建立了金融活动与"实体"经济之间的联系。

1.93 通过对金融公司部门、金融资产和负债的分类及按对手方的分类，积累账户和资产负债表的三维体系开辟了利用矩阵识别经济总量的可能。这使得人们可以在一个尽可能广泛的金融框架中分析经济走势，并且更加容易地将它们与生产和收入账户记录的经济走势关联起来。收入分配账户还可以追踪谁支付给谁（谁从谁那里获得）收入（如利息）。

1.94 从统计角度看，基于"从谁到谁"建立的账户体系是提高数据质量和一致性的重要途径。它可以从债务人和债权人双方交叉核对信息，从而使交易、其他流量和存量的计值和时间记录上保持完全一致。

1.95 表1.13显示了基于"从谁到谁"建立的综合账户框架，该综合账户在一个矩阵里对某一个金融工具按机构部门和国外部门进行分类。对于一个经济体，它显示了居民（按部门或子部门分组）和非居民（对应的债务人是居民部门）获得（或持有）的某一金融工具的交易、重估价、资产和负债物量其他变化以及存量（表1.13灰色阴影的单元格）。

1.96 对居民而言，推荐采用未合并的数据。这就意味着部门内的存量、交易、重估价和资产负债物量其他变化并没有被消除（表1.13中带对角线标灰的单元格）。非居民持有的由非居民发行的金融资产（黑色单元格）不包括在内，因为从一国经济视角看，这是不相关的。

1.97 非常住者（对应的债务人是居民部门）持有的金融工具，在国外部门的资产负债表中的存量，而非常住者获得常住部门发行的金融工具在国外部门账户中作为金融交易被记录。重估价或资产负债物量其他变化则反映在国外部门积累账户中（表1.13中以交叉线显示的非居民这一列）。由于全球金融市场对经济的作用非常重要，了解交易对手方和非常住者的信息就变得十分必要。

表1.13 5个常住部门和国外部门之间某金融工具交易的"从谁到谁"框架（未合并）

债权人按常住性和常住部门划分	常住者					非常住者	所有债权人
债务人按常住性和常住部门划分	非金融公司	金融公司	一般政府	住户	NPISHs		
常住者 — 非金融公司							
常住者 — 金融公司							
常住者 — 一般政府							
常住者 — 住户							
常住者 — 为住户服务的非营利机构							
非常住者							
所有债务人							

资料来源：Shrestha and Mink (2011)。

第 2 章
SNA2008 框架中的金融公司

A. 引言

2.1 本章提供了 SNA2008 框架中金融公司部门及其子部门的概览。定义和描述了金融公司部门及其子部门，同时也描述了根据不同目的对金融公司分类的其他多种方式。

B. 金融公司部门及其子部门

参考：
SNA2008，第 4 章，机构单位和部门
SNA2008，第 11 章，金融账户
BPM6，第 4 章，经济领土、单位、机构部门和常住性
ESA2010，第 2 章，单位和单位分组
MFSMCG，第 3 章，机构单位和部门

2.2 金融公司部门包括所有主要从事向其他机构单位提供金融服务（含保险、养老基金服务等）活动的常住性公司。金融服务是金融中介、金融风险管理、流动性转换或辅助性金融活动的成果。由于提供金融服务通常要接受严格的监管，提供金融服务的单位通常不会提供其他的货物和服务，金融服务一般也不会作为次要产出来提供。

2.3 构成金融公司部门的常住机构单位包括如下类型：
（a）所有的常住金融公司（SNA 中所理解的公司，不限于依法成立的公司），无论其股东的常住性如何。
（b）非常住企业在经济领土内长期从事金融活动的分支机构。
（c）作为金融服务市场生产者的所有常住非营利机构（NPIs）。

2.4 金融公司可以分为三大类，即金融中介机构、金融辅助机构和其他金融公司。金融中介机构是以通过在市场上从事金融交易获得金融资产为目的、以自己

的名义发生负债的机构单位，其中包括保险公司和养老基金。金融辅助机构是主要为金融市场提供服务，但不获得所经手的金融资产和债务所有权的机构单位。其他金融公司是提供金融服务，但其大多数资产或负债并不在公开市场上交易的机构单位。本章稍后将分别提供这些金融公司分类的例子。

2.5 根据市场活动和其负债流动性，可以把金融公司部门分成九个子部门，如表2.1所示[3]。根据控制类型，每个子部门又可进一步分为以下几个子部门：

（a）公营金融公司。

（b）国内私营金融公司。

（c）国外控制的金融公司。

2.6 如果一家公司被另一单位持有超有50%的股权，那么这家公司便被另一单位所控制。但是，只要某个单位能够实施一些控制的权力，即使持有的股权低于50%也可能实施控制。这些权力包括控制董事会或其他治理实体，控制关键人事的任免，控制公司关键委员会，通过某主导消费者实施控制，以及拥有金股（golden shares）和期权。至于公营公司，政府也可以通过法规及向公司附加贷款条件来控制公司。

2.7 公营金融公司也可以与公营非金融公司合并，再与一般政府部门共同形成公共部门。

2.8 表2.1给出了 *SNA2008* 中子部门的代码。本部分接下来的段落对每一子部门提供了金融公司的清单。但是，各国之间金融公司部门的性质不尽相同，且金融公司名称或许各不相同，这取决于其主要业务和国家命名习惯。因此，这份清单既不详尽也并非规范。对于一个未列明的金融公司，编制机构可能需要研究其性质以确定其最后归入哪个子部门。

表 2.1 金融公司部门及其子部门

部门和子部门	经济总体	公共控制	本国私营控制	国外控制
金融公司	S12			
中央银行	S121			
中央银行以外的存款性公司	S122	S12201	S12202	S12203
货币市场基金	S123	S12301	S12302	S12303
非货币市场投资基金	S124	S12401	S12402	S12403
保险公司和养老基金以外的其他金融中介机构	S125	S12501	S12502	S12503
金融辅助机构	S126	S12601	S12602	S12603
专属金融机构和贷款人	S127	S12701	S12702	S12703
保险公司	S128	S12801	S12802	S12803
养老基金	S129	S12901	S12902	S12903

---

[3] 但是，取决于金融体系的历史发展，一些国家可能有多于或少于9个子部门，在子部门下会出现多种不一样的分类。

2.9 由于各国对货币定义的本质差异，*SNA2008* 没有对货币进行定义。然而，*MFSMCG* 包含了对货币的定义，该定义旨在帮助编制者在考虑自己国情的条件下确定广义货币的范围。金融公司和金融工具的分类与 *MFSMCG* 中广义货币的定义相一致。

1. 中央银行（S121）

2.10 中央银行是对金融系统的关键方面施以控制的国家金融机构。一般而言，如下金融中介机构归入此子部门：
（a）国家中央银行，包括中央银行系统的各个部分。
（b）发行由外汇储备完全支撑的国家货币的货币委员会或独立货币当局。
（c）有全套的账户但并未归为中央政府一部分的，在本质上具有公共性的中央货币机构（如外汇管理机构或银行票据、硬币发行机构）。作为独立机构单位的监管机构不归入中央银行，而是归入金融辅助机构。

2.11 只要中央银行是独立的机构单位，即使它基本上是一个非市场生产者，也总是把它归入金融公司部门。

2.12 少数经济体没有中央银行。典型的中央银行功能由一般政府部门执行，且不能被划分为特定机构单位，应被视为一般政府的一部分，且不归入中央银行子部门。

2. 中央银行以外的存款性公司（S122）

2.13 中央银行以外的存款性公司以金融中介活动为其主要活动。为达到这一目的，它通过存款或是作为存款近似替代物的金融工具（如短期存单）来形成负债。通常会把存款性公司的负债包括在广义货币的测算中。

2.14 一般而言，这类子部门包括：
（a）商业银行、"全能"银行、"通用"银行。
（b）储蓄银行（包括信托储蓄银行、储蓄与贷款协会）。
（c）邮政直接转账机构、邮政银行、直接转账银行。
（d）农村信贷银行、农业信贷银行。
（e）合作信贷银行和信用合作社。
（f）从事吸收存款或发行存款近似替代物的专业银行或其他金融公司（例如，发放抵押贷款的公司，包括建房互助协会和抵押贷款银行；商业银行和市政信用机构，其中包括吸收存款的地区或省级信用机构）。[4]

2.15 以下机构单位不是存款性公司：

（a）金融公司的总部，其主要对中央银行以外的、由存款性公司组成的其他单位进行监管，而其自身不是存款性公司，它们被归为金融辅助机构（S126）。

（b）为存款性公司服务且具独立法律实体地位，但不从事金融中介活动的非营利机构，它们被归为金融辅助机构（S126）。

（c）即使子公司为存款性公司，控股公司仍被划归为专属金融机构和贷款人子部门（S127）。

3. 货币市场基金（S123）

2.16 货币市场基金作为共同投资计划通过向社会发行份额或单位来融资，所得款项主要投资于货币市场工具、货币市场基金份额或单位、距到期时间不超过一年的可转让债务工具、银行存款和回报率接近于货币市场工具利率的工具。货币市场基金的份额或单位可以通过支票或其他直接第三方支付的方式转让。由于所投资工具的特性，其份额或单位可视为存款的近似替代物。

2.17 一般而言，投资基金，包括投资信托基金、单位信托基金以及其他共同投资计划，其份额或单位被视为存款的近似替代物，被划归为货币市场基金。

2.18 货币市场基金不包括下列：

（a）金融公司的总部，其主要监管由货币市场基金组成的集团，而其自身不是货币市场基金。它们被归为金融辅助机构（S126）。

（b）为货币市场基金服务，但不从事金融中介活动的非营利机构，它们被归为金融辅助机构（S126）。

4. 非货币市场投资基金（S124）

2.19 非货币市场投资基金是通过公开发行份额或单位来融资的共同投资计划。所得款项主要投资于金融资产（但不包括短期资产）和非金融资产（通常是房地产）。非货币市场投资基金的份额或单位一般不能作为存款的近似替代物，也不能通过支票或其他直接第三方支付方式转让。

2.20 非货币市场投资基金可分为开放式非货币市场投资基金和封闭式非货币市场投资基金。开放式投资基金可持续进行份额发行和赎回：每次进行一项新的投

---

[4] 在 ESA2010 的第 2.77 段，发放抵押贷款的公司，包括建房互助协会和抵押贷款银行，以及市政信用机构被归到除中央银行以外的存款性公司的子部门，而在该子部门中，从公众获得应偿还的资金是它们的业务，无论是以存款的形式还是以诸如长期债务证券等形式。除此之外，在 BPM6 的第 4.71 段中，主要从事金融活动的旅行支票公司是归到中央银行以外的存款性公司这一子部门的。

资，就会创造出新的份额或单位；当赎回份额时，必须卖出一部分投资，以满足赎回需要。封闭式投资基金只能在发布投资方案的特定时期内进行申购。此后，投资者只能向二级市场的其他投资者购买来获得份额。

2.21 非货币市场投资基金包括投资信托基金、单位信托基金以及其他不被视为存款近似替代物的共同投资计划。

2.22 它们可以根据以下几项设立：（a）合同法（作为共同基金由管理公司管理），（b）信托法（作为单位信托基金），（c）法令（作为投资公司），或者（d）其他具有相似效力的条款。

2.23 一般而言，以下金融中介机构归类为非货币市场投资基金：
（a）股权投资基金。
（b）证券投资基金。
（c）房地产投资信托（REITs）基金，其投资于购买房地产的公司的债务和股权证券。
（d）抵押房地产投资信托（REITs）[5]，其以抵押贷款或其他形式房地产贷款直接地、或通过抵押贷款证券的获得间接地为地产业主和经营者提供款项；
（e）投资于其他基金的投资基金（"基金的基金"）。
（f）包含各种共同投资计划的对冲基金，通常涉及门槛很高的最低投资额、较少的监管和投资范围广泛的投资策略。
（g）私募股权基金，从事公司（大多数为非上市公司）股权投资的共同投资计划。
（h）交易所交易基金（ETFs）。

2.24 非货币市场投资基金不包括：
（a）包括在养老基金子部门（S129）中的养老基金。
（b）特殊目的的政府基金，一般称为主权财富基金，归类于专属金融机构（S127），若要归类于金融公司，则要考虑其负债的特性。
（c）金融公司的总部，其主要监管由货币市场基金组成的集团，而其自身不是货币市场基金。它们被归为金融辅助机构（S126）。
（d）为非货币市场投资基金服务，但不从事金融中介活动的非营利机构，它们被归为金融辅助机构（S126）。

5. 保险公司和养老基金以外的其他金融中介机构（S125）

2.25 保险公司和养老基金以外的其他金融中介机构是指以下述方式提供金融

---

[5] 抵押的 REITs 不同于直接拥有和管理房地产的股权 REITs。后者不被视为金融中介，因此不属于金融公司部门。

服务的金融公司：以自己的名义发生负债——负债的形式不包括通货、存款、存款的近似替代物，进而在市场上通过从事金融交易来获得金融资产。此类金融中介机构的一个特点是：其资产负债表两边的交易项目都是在公开市场上进行的。

2.26 该子部门包括主要从事长期融资的金融中介机构，这个显著特征将该子部门与中央银行以外的存款性公司（S122）子部门和货币市场基金（S123）子部门区分开来。根据负债中不存在不被视为存款近似替代物的投资基金份额或单位、保险金、养老金或者标准化担保计划等特征，可以将该子部门与非货币市场投资基金（S124）、保险公司（S128）和养老基金（S129）子部门区分开来。

2.27 一般而言，此子部门可进一步细分为：

（a）从事资产证券化[6]的金融公司。

（b）证券和衍生品[7]交易商（以自身名义经营）。

（c）从事贷款的金融公司[8]，包括提供金融租赁[9]、分期购和为个人或商业用途提供融资服务的机构。

（d）中央对手方清算机构。这类机构提供证券和衍生产品的清算和结算交易。清算与交易双方的义务确认有关，而结算是指证券和衍生产品的交换及对应的支付。中央对手方清算机构本身也参与到交易中以降低交易对手风险。

（e）帮助其他公司在股票和债券市场筹集资金，以及为公司合并、收购和其他类型的金融交易提供咨询服务的专业金融机构，这些公司有时被称为"投资银行"。除了帮助公司客户筹集资金外，这类公司还用自己的资金进行投资，包括投资于私募股权、致力于风险资本的对冲基金和担保贷款。但如果这类公司接受存款或存款近似替代物的业务，则分类为存款性公司。

（f）提供下列服务的专业金融公司：

◆ 公司合并和收购所需的短期融资。

◆ 出口/进口融资。

◆ 代收账款（保理）服务。

◆ 风险投资公司和发展投资公司。

◆ 通过发行抵押债券进行房地产抵押贷款。[10]

2.28 子部门不包括：

（a）金融公司的总部，其主要监管由从事金融中介和/或附属金融活动的子公

---

[6] *ESA2010* 第2.90段将这些公司描述为金融载体公司。

[7] 衍生品是与一个与特定金融工具、指标或商品相关联的金融工具，通过该衍生品特定金融风险自身能在金融市场交易。

[8] 这些金融公司的具体例子包括房地产公司、专门从事飞机和其他交通工具金融租赁的租赁公司以及零售商的资金互助社。

[9] 金融租赁是指出租人作为某一资产的合法所有者将经济所有权转交给承租人，然后承租人接受操作风险并通过在生产活动中使用本资产获得经济效益。

[10] 这些被称看作是信贷抵押机构。

司组成的集团——这些被归为金融辅助机构（S126）。

（b）为其他金融中介机构服务，但不从事金融中介活动的非营利机构——这些被归为金融辅助机构（S126）。

专栏 2.1　总部和控股公司的定义和分类

SNA2008 和 BPM6 根据总部的主要活动，将其划分为非金融公司（S11），或者按照惯例，将其划分为金融辅助机构（S126）。控股公司总是被列入"专属金融机构和贷款人"（S127）这一金融公司的子分类中的，而不论它们所有的子公司是金融公司还是非金融公司。

	总部	控股公司
《国际标准产业分类》（ISIC）（修订第四版）和《欧盟经济活动产业统计分类》（NACE）（修订第二版）中的说明	ISIC 第四版第 7010 类（NACE 第二版第 70.10 类）： 本小类的活动是对公司或企业的其他单位进行监督和管理；负责公司或企业的决策以及战略或组织规划；进行运营控制；及对其相关单位的业务进行日常管理。	ISIC 第四版第 6420 类（NACE 第二版第 64.20 类）： 本小类是关于控股公司的活动：控股公司是指持有一群子公司的资产（拥有达到控制水平的股权），并将拥有这些子公司作为其主要活动的单位。本小类中的控股公司并不对所控股企业的业务提供任何其他的服务，换言之，它们对其他单位既没有行政上也没有经营上的管理。
部门/子部门分类	总部通常归入非金融公司部门（S11），但其所有或绝大多数子公司都为金融公司的情况除外。在这种情况下，应按惯例将它们作为金融辅助机构（S126）处理。持有和管理子公司的实体本身可能拥有大量业务，在这种情况下，控股公司的职能可能是次要的，因此应根据其主要业务加以分类。	即使其全部子公司都是非金融公司，控股公司也总是归入专属金融机构和贷款人子部门（S127）。

专栏 2.2　总部、控股公司和特殊目的实体的定义

总部（HOs）、控股公司（HCs）及通常具有特殊目的实体（SPEs）典型特征的类似实体，它们一般有着庞大的金融资产负债表，这些被视作机构单位的实体和它们的部门分类可能对未合并债务和股权评估的度量产生显著影响。这些单位通常是财产性收入的主要接受者和支付者，因此其分类可能在非金融部门账户的初次收入分配方面有重要的影响。

为了保证分析的有效性和由各部门及其他数据（如国外直接投资统计等）

编制的国民账户具有可解释性，以下关于总部和控股公司的国际间比较及特殊目的实体的类型和分类的建议与 SNA 最新规范保持一致：

（a）对于 HOs、HCs 和类似于 SPE 类型的实体，应该采用 SNA 中关于机构单位的标准。

（b）由非常住单位控制的实体通常被认为是机构单位，从这方面来说，控股公司不应该进行子公司的"下游整合"。

（c）对于由单个常住单位控制的实体，"没有员工和雇员报酬"并非是判断其缺乏机构独立性的充分理由；然而，它却能够被视为进一步考虑该机构是否缺乏独立性的指标。

（d）拥有多个母公司/股东，足以判定一个机构具有机构单位资格。

（e）总部一直被认为是独立的机构单位。

（f）经济活动类型是定义 HOs 和 HCs 的决定性因素，而且，从这方面来说，一个实体至少拥有其 50%（包括对应子公司的股权）资产，可以作为定义实体是 HOs 或 HCs 的实用指标。

（g）如果就业门槛被作为区别 HOs 和 HCs 界限的实用指标，那么使用此指标时要考虑该国国情。尤其是要考虑国家立法对 HCs 员工人数的要求。一般来说，判定一个单位是否是总部的最基本标准就是员工人数是否大于或等于三人。

（h）为得到对 SPEs 清晰的定义，这类机构的资产负债表上可以出现非金融资产。

（i）作为一般规则，SPEs 的资产所有权不可更改。对（经济体）所有权和 SPEs 某种特定资产的后续记录需要进行更清晰的阐明。

（j）对于参与市场上金融活动的 SPE 类型实体，在度量产值和附加价值时，可以遵照常用的方法。而涉及专属 SPEs 时，如果要度量产值和附加价值，总成本法是一个比较实际的选择。对于从事以租金、版税和许可证形式提供服务的持有非金融资产的 SPEs，和（经济体）所有权的问题相关，需要更长远的考虑。

6. 金融辅助机构（S126）

2.29 金融辅助机构是指这样一些金融公司：主要从事与金融资产和负债交易相关联的活动，或与监管这些交易相关联的活动，但在交易过程中并不获得所交易的金融资产和负债的所有权。

2.30 最常见的金融辅助机构的类型如下：

（a）保险经纪人、估价与理赔人员（他们或被保险公司雇用，或是独立的理赔师，或是保单持有者雇用的公共理赔师）、保险和养老基金顾问。

(b) 贷款经纪人、证券经纪人（安排证券买家和卖家之间交易，但不以自己账户名义购买和持有）、投资顾问等。

(c) 管理证券发行的发行公司。

(d) 主要功能是以背书、票据和类似工具提供担保的公司。

(e) 安排（不包括发行）衍生产品和对冲工具，如掉期、期权和期货等的公司。

(f) 为金融市场提供基础设施的公司，包括那些提供交易过程和结算活动的公司，如信用卡交易、证券存托公司、托管人、结算所[11]和托管公司。

(g) 养老基金[12]、共同基金等的管理人员（不是所管理的基金本身）。

(h) 提供股票交易、保险交易、商品及其衍生交易的公司。

(i) 外汇交易咨询公司[13]。

(j) 为金融公司服务且具独立法律实体地位的非营利机构，但自身不提供金融服务。

(k) 金融公司的总部，其主要从事对金融公司或金融公司集团实施控制，而不是自身从事金融公司业务。

(l) 具有独立机构单位身份的、监管金融中介机构和金融市场的中央机构。

7. 专属金融机构和贷款人（S127）

2.31 专属金融机构和贷款人是指这样一些机构单位：它们提供金融服务，其大部分资产或大部分负债不在公开市场上交易。它包括仅在成员有限的单位组（如子公司）的内部进行交易的实体，或属于同一个控股公司的子公司，或用来源于单一赞助者的资金或自有资金发放贷款的实体。一般而言，下列金融公司应归到此子部门[14]：

(a) 信托公司、不动产公司、会计代理记账公司或铜牌公司（brass plate companies）这样一些法律实体单位。

(b) 只持有一组子公司资产（拥有能进行控制的权益额）的控股公司，公司的主要活动就是拥有其持有权益的这组子公司，而并不向子公司提供任何服务，即不对其他单位进行行政和经营方面的管理。

(c) 具有机构单位资格，并为母公司在公开市场上融资的特殊目的实体或导管公司（conduits）。

(d) 特殊目的政府基金，如果它们是机构单位并且以市场为基础向政府提供金融服务，则通常被称作是主权财富基金。

---

[11] 结算所只促成交易但不作为交易对应方时被归类为金融辅助机构；相反地，中央对手方清算机构属于对应方，因此被划分为金融中介而不是金融辅助机构。

[12] 这些单位只管理养老基金的活动，并不获得它们的资产和债务的所有权，它们也被称作养老金管理者。

[13] 在一些国家，它们也被称作货币兑换商。

[14] 这个部门排除了从事资产证券化的金融公司，它们被归类在保险公司和养老基金以外的其他金融中介机构。

(e) 以自有资金或来源于单一赞助者的资金，向一定范围的客户提供排他性金融服务，并承担债务人违约金融风险的单位，此类单位包括：

◆ 贷款人[15]；

◆ 使用来自一家赞助者（如政府单位、非营利机构）的基金进行贷款活动（如学生贷款、出口/进口贷款）的公司；

◆ 主要从事放贷活动的典当行。

2.32 经常与其他公司相关联的专属金融机构只是被动持有资产和负债，通常是作为子公司而不是单独的机构单位；但是作为母公司的组成部分，它们不能脱离母公司独立行动。如果此类机构设于母公司的归属地之外，它们将被视为独立机构及机构注册成立所在地的经济领土常住单位。由一般政府设立的特殊目的实体，其特征和功能与专属金融机构相同。如果它们是常住单位，也被作为一般政府的必要组成部分，但是如果它们是非常住单位，则被作为独立机构。

2.33 专属金融机构和贷款人不包括主要经营活动为提供货物或非金融服务的SPEs。如果它们属于一个与母公司所在地不同的经济体，那么根据它们的主要经营活动将它们归类为非金融公司。

8. 保险公司（S128）

2.34 保险公司可以是法人公司、共同公司和其他形式的实体，其主要功能是向个体机构单位或团体单位提供人寿、意外事故、健康、火灾或其他险种的保险服务，或向其他保险公司提供再保险服务。保险公司大多为法人实体或共同实体。法人实体归股东所有，其中很多在证券交易所挂牌。共同实体归投保人所有，并将它们的利润通过分成或奖金分配给"利润共享"或"共同参与"的投保人。仅为其所有者服务的保险公司，即专属保险公司也包括在这一子部门中。开展存款保险[16]、存款担保及其他标准化担保的业者，若其是独立实体，且像保险公司一样收取保费、保有准备金，即可归入保险公司子部门。

2.35 保险公司提供以下服务：

(a) 个人或团体单位的人寿保险和非人寿保险。

(b) 其他保险公司的再保险。

2.36 非人寿保险公司可以提供下列保险服务：

(a) 火灾（包括商业和私有财产）。

(b) 债务（意外事故）。

---

[15] 住户所拥有的货币贷款人是非法人公司，不包括在内，因为它们被归到住户部门。

[16] 这些应只包括那些所花的费用代表了保险交易而不是税收支付的机构。保险式服务的付款（包括为风险因素付款）和税收支付之间的比例标准应逐个接受检查。在保险规则之下运营并具有一整套账户的基金会显示这种比例。相反，如果这些支付款项未被存储或可用于其他目的，这将表明可将这类支付视为一种税收。

(c) 汽车（自身损失和第三方责任）。

(d) 海运、空运及陆运（包括能源风险）。

(e) 事故和健康。

(f) 洪水。

(g) 农作物。

(h) 飓风。

(i) 金融（提供担保或保证担保）。

洪水、农作物和飓风保险一般由政府提供。因此，只有那些基于市场提供此类保险的政府机构才能被列为保险公司的范畴。另外，那些提供这种基于非市场类型保险的政府机构被列为一般政府部门。

2.37 保险公司不包括以下机构：

(a) 主要业务是提供社会福利且满足以下两个标准的机构单位：(i) 根据法律或法规，特定团体有义务参与计划或出资；(ii) 考虑到出资的结算或批准和以监管主体或雇主身份独立获取收益，一般政府要对机构的管理负责。这些被划分为社会保障基金（S1314）。

(b) 总部，主要监管由保险公司组成的集团，而其自身不是保险公司。这些被归为金融辅助机构（S126）。

(c) 为保险公司服务，但不从事金融中介活动的非营利机构。这些被归为金融辅助机构（S126）。

专栏 2.3 保险的种类

区分三个险种：直接保险、再保险和社会保险。直接保险包括（个人）人寿保险和非人寿保险，而社会保险则包括社会保障和与雇用有关的社会保险。

	直接保险		再保险	社会保险		
			由一家保险公司购买，用来保护自己以防止意外的大额索赔或者异常大额索赔	投保人/受益人被强制或被鼓励投保来防止第三方介入导致的突发事件。如果参与是强制缴纳的，那么是集体投保，而且无论员工是否参保，雇主都必须缴费		
保险种类	人寿保险	非人寿保险		社会保障	与就业相关的社会保险	
	投保人定期付款给保险公司，作为回报，保险公司在约定日期或更早时间向投保人提供约定金额或年金	保险涵盖的风险包括诸如事故、疾病、火灾等		由一般政府通过社会保障方案组织实施	由雇主代表员工及其家属或者其他个人组织代表特定群体组织实施	
				社会保障金	其他社会保障	就业相关的养老津贴	其他和就业相关的社会保险

续表

部门/ 子部门	保险公司	保险公司	一般政府 社会保障	雇主所在部门（在无自主资金的情况下）或保险公司和养老基金

9. 养老基金（S129）

2.38 雇主（或与雇主合作的工会）建立养老金计划来为特定员工群体（和个体经营者）提供退休福利。政府有时会为职工建立独立于社保系统之外的养老金计划。养老基金子部门只包括有机构单位身份且独立于其创建单位的社会保险养老基金。当某基金的准备金仅包括雇主自己的准备金或投资于雇主发行的证券时，雇主管理的非自主养老金计划、通过工资所得税提供资金的政府资助的养老金计划（量入为出计划）、社会保障基金和非政府雇主组织的养老金安排等不包含在养老基金子部门中。

2.39 养老金计划中特定群体参保者包括：单个公司或集团公司的员工、分支机构或行业职工，以及拥有相同职业的人员。保险合同中的收益可能包含投保人死亡后（主要为工作中意外死亡）向遗孀（鳏夫）和遗孤支付的遗属抚恤金，投保人退休后的养老金及投保人残疾后的抚恤金。

2.40 在一些国家，人寿保险公司能够提供和养老金一样好的对所有这些种类风险的保障。在其他国家，一部分风险等级由人寿保险公司承保。相比较于人寿保险公司，养老基金仅限于（根据法律）特定员工群体和个体经营者。

2.41 这类计划可由雇主或政府组织；还可由保险公司为雇员组织；或者建立单独的机构单位以持有和管理各种资产，来满足养老金支出要求和分发养老金。

2.42 这些包含在金融公司子部门中的养老基金是自主的。这些基金作为独立于其创建单位的机构单位进行运营。它们为特定员工群体提供退休福利，并有自己的资产和负债。它们还在市场中自行开展金融资产交易。这些基金由私营或国营企业的雇主个人或个体经营劳资双方共同组织和管理。雇主和/或员工应当按时缴纳基金费用。单独建立的国际组织的养老基金作为金融公司，也划入这一子部门。

2.43 被归到金融公司部门的养老基金不包含以下各项：

（a）非自主养老基金。这一养老基金指的是针对政府员工或私营部门实体的养老金安排，不包含一个单独组织的基金，但是包含非政府部门雇主的养老金安排，基金的准备金直接加到雇主自己的准备金中或者投入由该雇主发行的证券中。以上计划不作为独立主体，所以被划分在雇主部门。在许多国家，非自主养老金计划主要适用于政府部门员工（如公务员养老金计划）。

(b) 主要业务是提供社会福利且满足以下两条标准的机构单位：(i) 根据法律法规，特定团体有义务参与养老保险计划或为该计划出资；(ii) 考虑到出资的结算或批准和以监管主体或雇主身份独立获取收益，一般政府要对机构的管理负责。这些被划分为社会保障基金（S1314）。就社会保障基金而言，基金收益已根据基金收益公式计算出，并上缴政府，而员工对在养老金计划中已产生的收益享有财产权，即根据有关社会保障计划的法律，员工的权利可以被改变，但如若这些福利源自员工过去与就业有关的养老金计划的缴费，那么在没有事先协议的情况下员工的权利是不容更改的。

(c) 总部，主要控制和指导由养老基金组成的集团，并非养老金本身。这些总部机构归为金融辅助机构（S126）。

(d) 为养老基金服务且具有独立法律实体地位，但不从事金融中介活动的非营利机构。这些归为金融辅助机构（S126）。

C. 金融公司部门的子部门分类

参考：
SNA2008，第 27 章，与货币统计和资金流量的联系
BPM6，第 4 章，经济领土、单位、机构部门和常住性
MFSMCG，第 3 章，机构单位和部门

1. 根据货币政策目的划分金融公司部门的子部门

2.44 将机构部门账户体系同时区分为所有九个子部门并非总是有用的。可根据不同需求和可能性对它们进行灵活组合和编制。并且，有时对一个子部门进行进一步分解也是可以的，如划分不同类型的存款性公司和保险公司。

2.45 有多种有效的方法来组合金融公司部门的子部门，根据用户、分析者和政策制定者的需求，可采取其中的一种用于货币政策目的。这种组合分为货币金融机构（MFIs）、保险公司和养老基金（ICPFs）及其他金融公司，分组可见表 2.2。MFIs 包括中央银行（S121）、中央银行以外的存款性公司（S122）及货币市场基金（S123）。如果货币市场基金发行的负债被认为是广义货币的一部分，则其被列入货币金融机构。ICPFs 包括保险公司（S128）和养老基金（S129）。其他金融公司包括非货币市场投资基金（S124）、保险公司和养老基金以外的其他金融中介（S125）、金融辅助机构（S126）和专属金融机构和贷款人（S127）。这些类别对应基础数据集模板和扩展数据集模板中金融公司部门子部门的类别，基础数据集模板和扩展数据集模板可用于部门国民账户和资产负债表的国际比较。2008 年国际金融危机[17]后，G20各国财长和中央银行行长就数据缺口问题提出了20条建议，这些模板根据其中第15条建议进行了改进。第15条建议呼吁"从G20国家开始，探索有效策略推进更为全面的资产负债表分析法（BSA）、资金流量表和部门账户数据的编制和发布"。[18]

表2.2　　　　根据货币政策目的划分金融机构部门子部门的分类

金融公司（S12）									其中：公营金融公司（S12001）
货币金融机构			保险公司和养老基金		其他金融公司				
中央银行（S121）	中央银行以外的存款性公司（S122）	货币市场基金（S123）	保险公司（S128）	养老基金（S129）	非货币市场投资基金（S124）	保险公司和养老基金以外的其他金融中介（S125）	金融辅助机构（S126）	专属金融机构和贷款人（S127）	

　　＝基础模板
　　＝扩展模板

　　2.46　货币金融机构的业务是从货币金融机构之外的机构单位获取存款和（或）存款近似替代物，并在自身账户进行放贷和证券投资。来自货币金融机构以外的机构单位的存款和存款近似替代物被认为是广义货币的一部分。

　　2.47　其他货币金融机构（中央银行以外的存款性公司和货币市场基金）包括向其他经济实体传递中央银行货币政策影响的金融中介机构。

　　2.48　这一子部门组合有利于清楚地界定涉及MFIs及ICPFs的两类主要的金融中介机构。也可以通过不同的合理组合编制"从谁到谁"的金融账户和资产负债表。根据国家特点，如果货币市场基金份额或单位不是广义货币，那么非货币市场投资基金可以与货币市场基金合并。

2. MFSMCG中金融公司部门子部门的分类

　　2.49　MFSMCG中对金融公司部门子部门的划分与上述情况略有不同。如果中央银行（S121）及中央银行以外的存款性公司（S122）和货币市场基金（S123）发行的负债作为广义货币的一部分，那么它们就共同组成了"存款性公司子部门"。

---

[17] 20条建议由金融稳定委员会和IMF（2009）提出。
[18] Shrestha（2012）提供了更多关于模板的信息。

这一子部门相应地分为中央银行子部门和其他存款性公司子部门（包括中央银行以外的存款性公司和货币市场基金，如果它们发行的负债都是广义货币的一部分）。此外，剩下的金融公司部门的子部门组成"其他金融公司"子部门。

3. 金融中介机构、金融辅助机构和其他金融机构

2.50　另一种方式是通过组合不同的子部门分别对所有金融中介机构进行分类。金融中介包括大多数金融公司，如中央银行、除中央银行以外的存款性公司、投资基金（货币市场基金和非货币市场投资基金）、ICPFs 以及其他金融中介机构，而金融辅助机构（S126）或专属金融机构和贷款人（S127）不属于金融中介机构。

2.51　因此，金融公司分为三大类，即金融中介机构、金融辅助机构和其他金融公司。金融中介机构是以通过在市场上从事金融交易获得金融资产为目的、以自己的名义发生负债的机构单位，它们组成了除金融辅助机构（S126）和专属金融机构和贷款人（S127）以外的所有金融公司部门的子部门（如表 2.1 所示）。金融辅助机构（S126）主要为金融市场提供服务，但不获得所经手的金融资产和债务所有权。其他金融公司包括专属金融机构和贷款人（S127）。这类公司提供金融服务，但其大多数资产或负债并不在公开市场上交易。

4. 基于控制权的金融公司分类

2.52　与非金融公司一样，基于控制权，金融公司可分为：（a）公营金融公司；（b）本国私营金融公司；（c）国外控制的金融公司。相应的金融公司子部门划分见表 2.1。

5. *BPM6* 中金融公司部门的子部门分类

2.53　与 *SNA2008* 相比，*BMP6* 对金融公司子部门的划分略有不同。*BMP6* 的相关标准将金融公司分为以下三个子部门：中央银行[19]、中央银行以外的存款性公司和其他金融公司（包括 *SNA2008* 中金融公司部门下剩余的七个子部门），视情况可编制更多细节。

---

[19] 如果需要的话，可以额外增加一个子部门为货币当局，正如在 *BMP6* 第 4.70 段阐述的那样。

第 3 章
金融产出与收入

A. 引言

3.1 本章阐述了由金融公司部门中的企业提供的金融服务的本质,以及这些服务产出的计算方式,同时提供了计算产出的源数据概览。在很多例子中,用于计算金融服务产出的源数据可以从金融机构向相关政府机构(如中央银行)上报的数据中获得,或者从编制机构或其他政府机关对金融部门的调查中获得。《手册》第 7 章会更具体地描述如何搜集源数据。本章也提供了社会保障计划、用于计算其产出和其他交易的方法与数据来源的概览。本章还将对 SNA2008 中的补充表格进行描述,来说明养老金计划能否纳入 SNA2008 的账户序列和非核心账户序列。

3.2 使用源数据计算的金融服务产出,以当期普遍使用的现价为标准进行度量。如金融服务产出这样一个经济变量的现价由价格变化和交易量变化共同组成,是随着时间不断变化的。这表明,随着时间的推移,直接用现价对服务价值进行比较没有意义,因为它们可能会反映价格变动造成的全部影响。因此,有必要把价格因素从金融服务的现价产出中分离出来,以便可以产生相应的物量指标。本章还会就如何计算金融服务产出的物量指标提供指导。原则上,这些物量指标应当使账户产生质的变化。

3.3 本章列举了大量的案例来说明现价下各类金融服务的产出和其相应的物量指标是如何计算的,以及金融公司的产出和相关交易在 SNA 中是如何记录的。为方便起见,有些案例使用了 SNA2008 中的相关表格数据。同时考虑到不同国家金融公司部门的类型并不相同,编制机构可能需要根据国家实情进行调整。为了便于查阅,案例图表中的每个项目都编了相应的序号。此外,在适当的情况下,案例图表中的每个项目依据其在 SNA2008 账户中的编制顺序分配了相应的 SNA2008 代码。在每个案例中,表格里的序号要重新编制。此外,很多案例都说明了在金融账户中如何记录对应条目以阐明交易对手之间一些交易的支付方式。为简单起见,假设这些交易是以现金或可转让存款结算,则视为金融账户中"通货和存款"的一部分。在这些案例中,资本账户和金融账户中的净贷出/净借入是相同的。但实际上,不同的数据源和交易记录可能会造成资本账户和金融账户之间净贷出/净借入的估计存在差异。另外,这些案例虽反映的是年度交易,但其还是普遍适用于描述季度交易。本章在结尾部分还描述了金融公司应付和应收的不同种类财产收入，以及可能用于计算和分配财产收入的数据来源。

B. 金融服务的本质和产出度量

参考：
*SNA*2008，第4章，机构单位和部门
*SNA*2008，第6章，生产账户
*SNA*2008，第17章，账户的交叉和其他特殊问题

3.4 公司被划分为两类：一类主要提供金融服务；另一类则主要提供货物和其他服务。其中，金融公司的主要业务是提供金融服务。而金融服务产出是金融中介、金融风险管理、流动性转换或者辅助性金融活动的结果。

3.5 金融中介服务由金融中介机构提供，通常包括了金融公司部门提供的大部分服务。金融中介服务也包括金融风险管理和流动性转换。从事这些业务的金融公司不仅可以通过吸收存款，还可以通过发行票据、债券或者其他有价证券等方式来获得资金。它们通过向他人提供垫款或贷款、购买票据、债券或其他有价证券等方式，利用这些资金和自有资金获取主要的金融资产。

3.6 辅助性金融活动为金融中介、风险管理和流动性转换活动提供便利，金融辅助机构通常代表其他单位发生金融负债或获取金融资产，并将其作为中介服务的一部分，但自身并不承担风险。

3.7 其他金融服务包括机构单位提供的服务，它们大部分的资产或者负债不能通过公开金融市场获得。这些服务在有限的群体（如子公司之间）内或同一个控股公司之间的实体交易中产生，或由实体（该实体由一个发起人提供自有资金）通过贷款提供这一金融服务。

3.8 除了上述类型的金融服务，还有与保险和养老金计划相关的金融服务。这些机构单位通过同一时期内在不同单位之间再分配，或者对单个客户在不同时期间的收入进行再分配提供金融服务，这些服务同样包括风险管理和流动性转换。

3.9 根据金融公司部门分为九个子部门的分类（参见第2章表2.1），金融中介服务主要由中央银行（S121）、中央银行以外的存款公司（S122）、货币市场基金（S123）、非货币市场投资基金（S124）、除保险公司和养老基金以外的其他金融中介机构（S125）、保险公司（S128）和养老基金（S129）提供；金融辅助服务由金融辅助机构（S126）提供；其他金融服务主要由专属金融机构与贷款人（S127）提供。

3.10 金融服务费可能直接收取，也可能隐性收取。一些金融资产的交易可能既包含直接费用，也包含隐性费用。金融服务的提供和收费有以下四种主要途径：

（a）提供以直接收费作为回报的金融服务；

（b）提供与存贷款利息费用相关的金融服务；

（c）提供与金融市场上金融资产和负债的获得与处置相关的金融服务；

（d）提供与保险和养老金计划相关的金融服务。

直接收费的例子如支付银行汇票的费用、信用卡的年费和支付给经纪人购销证券和股票的佣金。隐性收费的例子如提供与存贷款利息相关的金融服务、金融市场中金融资产和负债的取得和处置、保险和养老金计划。在 SNA 中，提供与存贷款利息费用相关的金融服务被称为 FISIM。

3.11 当金融公司向其他机构单位提供金融服务时，需要收取服务费用。鉴于服务费和产出之间的密切联系，需要了解 SNA 中金融公司产出是如何计算的。由于金融服务的收费可能是直接或隐性的，这意味着金融公司的产出也分为直接与隐性的计算。作为预览，表 3.1 概括了 SNA 中用于计算各机构单位产出的方法，这些机构单位就属于前面段落中所讨论的子部门。可以看到，有很多方法可以用来计算金融公司子部门各个机构单位的产出。其中的一些方法是金融公司部门所特有的。此外，许多机构单位可以用多个方法来计算产出。一般来说，使用哪种方法取决于许多因素，包括产出是市场产出还是非市场产出、是不是自己最终使用的产出、机构单位所在子部门的类别以及数据可得性等。在许多国家，与直接服务费相关的产出可以直接从住户调查、企业调查或由金融机构上报货币当局的数据报表中获得。相比之下，与隐性服务费相关的产出并不直接反映在上述数据中。相反，它必须由编制机构通过数据源将这些信息汇总再计算得出。

3.12 正如表 3.1 中显示的那样，大多数金融公司都收取直接费用。这些直接费用可以用固定费率的形式或基于交易存量或流量的价值（从价费）进行表示。固定费率收费的一个例子是信用卡或签账卡的年费。从价费的一个例子是支付给股票经纪人的佣金，其支付的费用可以由股票交易价值的百分比计算得出。然而，在许多情况下，直接费用可能仅是许多金融公司产出的一小部分。例如，在表 3.1 中，从事贷款的金融公司，包括零售商的资金互助社（负责融资租赁和为个人或商业用途提供资金融通）提供的金融中介服务相关的服务产出只能通过隐性方式进行计算。当然，这些公司可能也会收取各种直接费用，但这些收费并不是其产出的重要部分。不过，编制机构应在计算这些公司的产出时将这些费用纳入考虑。

3.13 表 3.1 也表明，一些金融公司相关的金融服务产出可以采用成本加总的方法来计算。这些机构单位包括中央银行、金融控股公司的总部机构（其自身不经营金融公司的业务）、法人实体单位［如信托、不动产公司、会计代理记账公司或铜牌公司（brass plate companies）］、仅持有集团子公司资产的控股公司（其主要业务是持有系列子公司股权但不提供其他任何服务）、非寿险公司、寿险和养老基金。

但是，用来计算这些金融公司产出的成本构成项目是有差别的。实践中，有三种成本加总的方法来计算产出。第一种方法是根据中间消耗、雇员报酬、固定资本消耗与其他生产税净额（其他生产税减生产补贴）的总和来计算产出。这种方法适用于中央银行货币政策和监管服务等非市场产出的计算。第二种方法是根据中间消耗、雇员报酬、资本成本与其他生产税净额的总和来计算产出。资本成本是指固定资本消耗和固定资本收益的总和。这适用于计算金融控股公司的总部、法人实体单位（如信托、不动产公司、会计代理记账公司或铜牌公司）、仅持有集团子公司资产的控股公司和养老基金等的产出计算。这些产出是相关机构单位自身的最终使用。之所以使用成本加总的方法，主要是因为很难找到一个真正的市场价格来衡量产出。第一种方法和第二种方法的区别是，前者并不包括固定资本收益，因为按惯例，在国民账户中非市场产出的计算并不包括固定资本收益这一项目。第三种方法是根据中间消耗、雇员报酬、资本成本与其他生产税净额的总和，再加上一定的"正常利润"来计算产出。这适用于非寿险公司和寿险公司产出的计算。由于使用其他方法时存在数据缺失，故其产出的计算必须使用成本加总的方法。而第二种和第三种方法的区别是，后者包括"正常利润"。这是因为财产和人寿保险产出很可能是由不相关的机构单位购买。因此，需要加上通过以往利润进行平滑处理后估算出的税前"正常利润"这一项目。

3.14 本章稍后将详细说明表 3.1 中描述的方法，在适当的地方通过说明性案例以更好地解释如何计算各类金融公司的产出。鉴于不同国家金融公司性质的不同，表 3.1 所述方法并不十分详尽和规范。编制机构可能需要在决定如何计算产出之前先调查金融公司提供的金融服务的性质。

表 3.1　　　　　　　　　金融公司各子部门产出计算方法汇总

子部门	计算产出的方法
中央银行（S121）[a]	
货币政策服务	该服务属于非市场产出，利用成本总额来估算 [中间消耗、雇员报酬、固定资本消耗和其他生产税（减去补贴）]
金融中介服务	该服务属于市场产出，也叫作"间接测算的金融中介服务"（FISIM），计算方法为：FISIM = $(r_L - rr) \times Y_L + (rr - r_D) \times Y_D$。其中 r_L、r_D、rr、Y_L 和 Y_D 分别代表贷款利率、存款利率、参考利率、贷款平均存量和存款平均存量
临界情形，如监管服务	该服务可能是市场产出，也可能是非市场产出，这取决于直接收取的费用是否足以覆盖提供这些服务的成本。市场产出是直接费用的价值。非市场产出是利用成本总额来估算的 [中间消耗、雇员报酬、固定资本消耗和其他生产税（减去补贴）]

[a] 如果不能区分非市场产出和市场产出，整个中央银行的产出应该被视为非市场产出并根据成本总额来计算。

续表

子部门	计算产出的方法
中央银行以外的存款性公司（S122）	产出包括以下全部内容： (a) 根据所提供的服务收取的直接费用； (b) 间接测算的金融中介服务（FISIM），计算公式为$(r_L - rr) \times Y_L + (rr - r_D) \times Y_D$，其中$r_L$、$r_D$、$rr$、$Y_L$和$Y_D$分别代表贷款利率、存款利率、参考利率、贷款平均存量和存款平均存量； (c) 外汇交易，根据买入价（要价）与中间价的差异、中间价与卖出价（或报价）的差异来计算产出
货币市场基金（MMFs）（S123）	产出包括以下全部费用： (a) 按购买和赎回份额价值的一定比例计算的购买费和赎回费； (b) 交易费； (c) 开户费； (d) 年度常规性费用，如根据基金资产价值的一定比例计算得出的管理费用、销售或服务费用和其他费用
非货币市场投资基金（S124）	产出包括以下全部费用： (a) 按照购买或赎回份额价值的一定比例进行计算的购买费和赎回费； (b) 交易费； (c) 开户费； (d) 年度常规性费用，如根据基金资产价值的一定比例计算得出的管理费用、销售或服务费用和其他费用； (e) 绩效费用（可能更适用于对冲基金），按基金获利的百分比进行计算
保险公司和养老基金以外的其他金融中介机构（S125）	
从事资产证券化的金融公司	产出等于收取的直接费用
证券和衍生品交易商（以自有账户经营）	产出是用于交易的金融工具的买入价（或要价）和中间价，以及中间价和卖出价（或报价）之间存在的差额
从事贷款（包括金融租赁、分期付款、为个人或商业用途提供资金融通）的金融公司	产出包括以下全部内容： (a) 直接费用； (b) 隐性金融服务费用，计算公式为$(r_L - rr) \times Y_L$，其中r_L、rr和Y_L分别代表了贷款利率、参考利率和贷款平均存量
中央对手方清算机构	产出等于收取的直接费用
协助其他公司在股权和债务市场进行融资，以及为合并、收购和其他类型的金融交易提供战略性咨询服务的专业金融公司	产出等于收取的直接费用
提供下列服务的专业金融公司：公司合并和收购所需的短期融资；出口/进口融资；保理服务；风险投资公司和发展投资公司；通过发行抵押债券将实物资产作为担保物的抵押贷款	产出包括以下全部费用： (a) 直接费用； (b) 隐性金融服务费用，计算公式为$(r_L - rr) \times Y_L$，其中r_L、rr和Y_L分别代表贷款利率、参考利率和贷款平均存量

续表

子部门	计算产出的方法
金融辅助机构（S126）	
保险经纪人、估价与理赔人员（他们或为保险公司雇用，或是独立的理赔师，或是保单持有者雇用的公共理赔师）、保险和养老金顾问	产出等于收取的直接费用
贷款经纪人、证券经纪人（安排证券买家和卖家进行交易但不以自己账户购买和持有证券）、投资顾问等	产出等于收取的直接费用
管理证券发行的发行公司	产出等于收取的直接费用
主要功能是以背书、票据和类似工具提供担保的公司	产出等于收取的直接费用
处理（不包括发行）衍生品和对冲工具的公司	产出等于收取的直接费用
为金融市场提供基础设施的公司，包括提供事务处理和结算活动的公司，如信用卡交易、证券登记公司、托管人、清算中心和托管公司	产出等于收取的直接费用
养老基金、共同基金等经理人（不是它们所管理的基金本身）	产出计算如下： （a）对于养老基金经理人（养老金管理人），其产出等于收取的直接费用； （b）对于共同基金经理人，其产出值包括按基金价值的一定比例进行收取的管理费用、销售或服务费用，按基金所得利润的一定比例进行计算并提取的绩效费用
证券交易所、保险交易所、商品及其衍生品交易所	产出等于收取的直接费用
外汇交易咨询公司	产出为外汇交换的买入价（或要价）与中间价，以及中间价和卖出价（或报价）之间的差额
为金融公司服务且具有独立法律实体地位，但自身不提供金融服务的非营利机构	产出等于收取的直接费用
金融公司总部，主要从事控制金融公司或金融公司集团，但自身不提供金融服务的	产出等于收取的直接费用或各项成本总额［中间消耗、雇员报酬、资本成本与其他生产税（减去补贴）］
具有独立机构单位身份的、对金融中介机构和金融市场进行监管的中央机构	产出等于收取的直接费用
专属金融机构和贷款人（S127）	
法人实体单位，如信托公司、不动产公司、会计代理记账公司或铜牌公司	产出以成本总额进行估算［中间消费、雇员报酬、资本成本与其他生产税（减去补贴）］

续表

子部门	计算产出的方法
控股公司，其只持有子公司集团的资产（拥有控制能力的股权），它们的主要活动是组成集团以持有子公司的股权，但并不向子公司提供其他任何服务，也不对其他单位进行行政和经营方面的管理	产出等于收取的直接费用或各项成本总额［中间消耗、雇员报酬、资本成本与其他生产税（减去补贴）］
具有机构单位资格，并为母公司在公开市场上融资的特殊目的实体（SPEs）或导管公司	产出等于收取的直接费用或各项成本总额［中间消耗、雇员报酬、资本成本与其他生产税（减去补贴）］
以自有资金或来源于单一赞助者的资金，向一定范围的客户提供排他性金融服务，并承担债务人违约金融风险的单位。包括贷款人、使用来自一家赞助者（如政府单位、非营利机构）的基金从事贷款活动（如学生贷款、出口/进口贷款）的公司以及主要从事放贷活动的典当行	产出包括以下全部内容： (a) 隐性金融服务费用，计算公式为$(r_L - rr) \times Y_L$，其中r_L、rr和Y_L代表了贷款利率、参考利率和贷款平均存量； (b) 直接费用
保险公司（S128）	
非寿险	除了(d)以外，产出用(a)、(b)或者(c)进行计算： (a) 产出计算为满期保费加上预期追加保费减去预期已生索赔，其中预期索赔和追加保费是根据既往经验（期望法）估算而得； (b) 产出计算为满期保费加上追加保费减去调整后已生索赔，其中索赔调整是原索赔金额根据平衡准备金进行调整，在必要时还要考虑准备金的变化（核算方式）； (c) 产出等于各项成本总额［中间消耗、雇员报酬、资本成本与其他生产税（减去补贴）］加上"正常利润"； (d) 直接费用
寿险	除了(c)以外，产出用(a)或者(b)进行计算： (a) 实际产出计算为满期保费加上追加保费减去应付利益减去精算准备金和保险分红的增加量（或加上其减少量）； (b) 产出等于各项成本总额［中间消耗、雇员报酬、资本成本与其他生产税（减去补贴）］加上"正常利润"； (c) 直接费用
再保险	产出包括以下全部内容： (a) 产出计算为满期保费减去应付佣金加上追加保费减去调整后的已生索赔和共享利润； (b) 直接费用
养老基金（S129）	产出等于各项成本总额［中间消耗、雇员报酬、资本成本与其他生产税（减去补贴）］

1. 直接收费并提供相应金融服务

参考：
SNA2008，第6章，生产账户
SNA2008，第17章，账户的交叉和其他特殊问题，第四部分，金融资产和负债相关流量的记录
BPM6编制指南，第12章，服务

3.15 如表3.1所示，很多类别金融机构都提供直接收费的金融服务。存款公司可能会通过给住户发放抵押贷款、投资组合管理、税务咨询、不动产管理等服务来收费。专业金融机构可能会通过向非金融公司提供股票发行或企业重组管理等服务来收费。

3.16 最普遍的、也可能是数量最大的直接费用是信用卡发放机构向接受信用卡作为对其提供货物或服务的支付手段的那些单位所收取的费用。费用通常按销售额的一定百分比计算，对于零售商来说，销售额是指营业额而不是产出。尽管这一百分比通常很小，也许只有1%~2%，但由于营业额总数庞大，收费总额仍是非常可观的。该收费额代表了信用卡公司的产出和接受信用卡作为支付手段的公司的中间消耗。忽略信用卡公司的作用，不会影响有关商品和服务消耗费用（通常是最终消费或出口）的测算，但却会低估商品和服务供给者的成本和信用卡公司的产出，从而导致附加值错误地从信用卡公司分配给了货物和服务的供给者——这些货物和服务是用信用卡支付的。

3.17 信用卡公司的例子清楚地表明，金融公司可以针对不同客户或不同环境提供不同方式的付费服务。除了向以信用卡为支付方式的公司收取费用之外，信用卡持有者也可能需支付一定数额的直接费用，通常是按年收费。此外，如果持卡人使用信用卡提供的信贷便利，他将支付与未偿信贷（在SNA中作为贷款）应付利息相关的间接费用。

3.18 常住和非常住金融机构都可以提供直接收费的金融服务。直接费用通常应该记录为接受服务单位的应付，提供服务单位的应收。如果服务的对象是一家公司、政府或为住户服务的非营利机构（NPISHs），则该成本构成了中间消耗的一部分。如果是住户（包括对住宅的拥有和占用），除非金融服务的提供与非法人企业相关，否则该费用将被视为最终消费。如果是非居民，则该产出将被视为货物和服务的出口。为估算居民提供金融服务的直接费用，金融机构可以以相对简单的方式从各种渠道获得，包括对常住金融机构调查和常住金融机构上报货币当局的数据报表。如果可能的话，编制机构应该要求受访者将这些直接费用的具体构成在调查回执中提供或者上报给货币当局。如果上述方法不可用，编制机构应该考虑使用不同的数据来源分解部门数据，如利用家庭调查、企业调查和政府财务报表等。

3.19 由常住机构接受非常住金融机构提供的金融服务而支付的直接费用计入货物与服务的进口总额。这些直接费用的估算可以直接从国际收支统计中获得。然而，如果国际收支统计中没有这些项目估计值，编制机构可能需要通过整合多种渠道来源来对其进行评估，包括借助国际交易报告系统（ITRS）、企业国际服务贸易调查、住户调查或合作伙伴国的数据，其中 ITRS 可以通过国内银行和外国银行账户测算个人与企业的现金收支交易、非现金交易和股票交易的金额。以上这些数据也可以从国内银行和企业提交的数据中统计获得。此外，编制机构对直接收费的估算应与国际收支平衡表的编制者协商，以确保记录国民经济核算和国际收支统计数据的一致性。同时，在直接从国际收支统计或从上述其他来源获得数据后，编制机构仍然需要将全部的直接进口费用分摊到各个常住机构部门。如果 ITRS 可以提供值得信赖的部门分解数据，则编制机构可以根据 ITRS 提供的数据进行部门间的费用分解。或者，编制机构可以考虑按消费比例分摊常住用户部门的直接费用。

直接收费的金融服务物量核算

参考：
SNA2008，第 15 章，价格和物量核算
《国民账户价格和物量核算手册》，第 4 章，产品产出 A/B/C 方法

3.20 前面章节讨论的金融服务直接费用的估算是指核算期间的现价。而随着时间的推移，经济变量如直接费用现价的变化是由价格和物量的变化综合引起的。因此，需要从现价的直接费用中剔除价格因素，以获得与价格变化无关的直接费用的测算。在 SNA 中，剔除通胀因素的直接费用测度被称作直接费用的物量核算。

3.21 对于收取直接费用的金融服务，其物量核算方法取决于这些服务是由常住还是非常住金融机构提供。获得常住金融机构所收取直接费用的物量，其理想方法是以适当的价格指数来平减各类现价的直接费用，该指数尽可能地依照价值变化调整。例如，这个适当的价格指数可以用生产者价格指数（PPI）作为成分指数，因为该指数与产品产出的价格变化相关联。因此，为获得信用卡年费的物量，编制机构在原则上应该使用 PPI 作为信贷费用的平减指数。而当不可用 PPI 做成分指数时，可以考虑使用比 PPI 具有更广泛金融服务覆盖面的指数来替代价格指数。另外，如果金融服务主要或仅仅提供给住户，则居民消费价格指数（CPI）也可以作为合适的成分指数以用于平减指数。然而，在很多时候，金融服务价格指数并不存在，或因服务涉及的范围广泛而难以收集。因此，编制机构可能需要考虑使用适当的指标以构建直接费用的具体物量核算。例如，可用于构建信用卡年费的物量指标是信用卡的流通数量。

3.22 非常住金融机构提供的收取直接费用的金融服务，其现价的估算可能不足以分解，来满足编制机构用进口价格指数作为合适的成分指数来构建对应的物量核算。因此，编制机构可以考虑使用具有更广金融服务覆盖面的进口价格指数。如果无法获得合适的进口价格指数,编制机构可以考虑构建一个综合价格指数,该价格指数的编制需充分考虑因合作伙伴国家汇率变化而调整金融服务直接费用的情形。编制机构也可以考虑构建一个综合物量指数,该指数是出口直接费用的物量测度或是来自伙伴国家的各种直接费用总和的物量测度。该综合指数可以用来推断基期进口直接费用以获取相应的物量测度。但倘若无法获得来自合作伙伴国家的数据,编制机构可以考虑转而使用相关的价格指数(该价格指数可以通过平减国内现价的直接费用获得)。

2. 与存贷款利息费用相关的金融服务

(a) 间接测算的金融中介服务

参考:
*SNA*2008,第6章,生产账户
*SNA*2008,第7章,收入初次分配账户
*SNA*2008,第11章,金融账户
*SNA*2008,附录3,与1993年国民账户体系相比的变化
*BPM6*编制指南,附录3,间接测算的金融中介服务

3.23 提供金融服务的传统方式是通过金融中介机构。它是指这样一个过程:金融机构(如存款公司)向拥有闲置资金并希望从中获取利息的单位吸收存款,并将这些存款以更高的利率借给那些资金不足以满足其需求的单位。存款公司通过这种方式提供了隐性的金融服务以使得第一家单位可以借款给第二家单位,并靠存贷款正向利息差取得的净利息收入来支付其大部分运营成本。原则上,利息收入通常不被列入 SNA 中产出与增加值的计算,而是被归类为财产收入。然而,在存款公司的例子中,若没有将利息净收入纳入考虑,将会导致测算的金融服务产出无法包含大部分的服务(为客户提供)价值,因为在这里利息差异将被当作是直接服务费用的替代品。因此,如果存款公司增加值的计算方式与其他公司的相同,那它们计算出来的增加值和营业盈余将会很低,甚至为负数。而要避免这种错误的结果,就必须把存款公司所生产的隐性金融服务价值纳入 SNA 中。在 SNA 中,这些隐性的金融服务即为间接测算的金融中介服务,即 FISIM。

3.24 FISIM 是通过将与金融公司的利息交易分解为两种交易类型计算得到的。一种是在 SNA 中所体现的利息,另一种则是通过金融中介服务所产生的隐性费用。实际应付给金融公司的利息或者从金融公司那里应收的利息均被称为"银行利息",而金融公司的应付银行利息可以被分为两个部分:包括国民账户体系中的"SNA 利息"和金融中介服务中的隐性费用,即 FISIM。从金融公司获得的 SNA 利息可以被分为实际银行利息和 FISIM 两个部分。如 *SNA*2008 中所述,FISIM 仅适用于金融机

构的存贷款业务，并且只有当存贷款业务发生时才适用。

3.25 计算 FISIM 时，涉及的贷款类型包括超额透支、分期贷款、分期付款贷款、循环信贷、贸易融资贷款和抵押贷款。证券回购协议、黄金互换和融资租赁也可以被列为贷款。即使这些贷款是金融机构利用的自有资金，但它们仍然应该被列入 FISIM 的计算之中。

3.26 计算 FISIM 时，涉及的存款类型包括可转让存款和其他存款，其他存款通常包括储蓄存款、定期存款、不可转让存单、有限转让存单和隔夜或短期回购协议（如果它们被视为广义货币的一部分）。由储蓄和贷款协会、房屋互助协会、信用合作社或类似机构发行的股票或类似的存款证明，以及与金融衍生工具合约有关的应付现金保证金也包括在内。

3.27 此外，金融机构不必同时提供吸收存款和发放贷款服务以产生 FISIM。金融零售机构和专门的租赁公司（如物业公司或飞机租赁公司）及其子公司就是一个只发放贷款但不吸收存款的金融机构。拥有详细账目、被作为法人或准法人的贷款人往往可收取这类费用。事实上，由于贷款人通常收取非常高的利率，因此其收取的服务收费可能大大超过 SNA 利息。

3.28 图 3.1 展示了存款和贷款的实际银行利息、SNA 利息与 FISIM 之间的关系。它强调了 SNA 利息在 FISIM 计算中的关键作用。计算 SNA 利息时需要在贷款和存款利率间选用一个恰当的利率。这一利率在 *SNA*2008 中被称为"参考"利率。参考利率是在不包括任何服务费的情况下进行的贷款和借款的利率。参考利率是用于计算存款和贷款的 SNA 利息。SNA 利息算出后，图 3.1 显示了银行实际应收利息与 SNA 应收利息（由金融公司发放贷款时收取）之间的差额，以及 SNA 应付利息和银行实际应付利息（由金融公司吸收客户存款时支付）之间的差额。FISIM 是金融公司放贷的银行应收利息组成部分，一定程度上因为借款人愿意支付比 SNA 利息更多的钱，以获得金融公司所提供的相关服务。同样地，FISIM 也是金融公司吸收客户存款应付 SNA 利息的组成部分，因为后者愿意接受较低的银行存款利息，以获得它们所提供的服务。

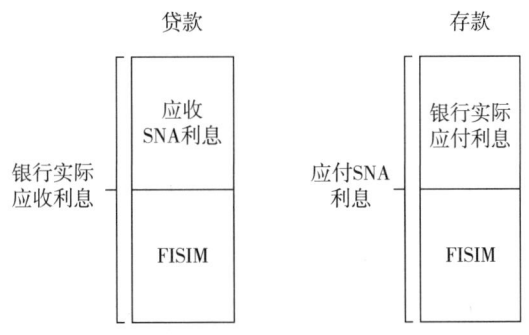

图 3.1 银行实际利息、SNA 利息和 FISIM 间的关系

3.29 数学上，FISIM 可以写成：

$$\text{FISIM} = \text{FISIM}_L + \text{FISIM}_D = \left(\frac{r_L - rr}{100.0}\right)Y_L + \left(\frac{r_L - r_D}{100.0}\right)Y_D \quad (3.1)$$

其中，FISIM_L、FISIM_D、r_L、r_D、rr、Y_L 和 Y_D 分别表示金融机构发放贷款中产生的 FISIM、金融机构持有存款时所产生的 FISIM、贷款和存款利率、参考利率、贷款平均存量和存款平均存量。各类利率均以百分比的形式表示。

3.30 然而，金融机构的贷款额与存款额完全匹配的情况是很少的，有些存款可能尚未贷出，而有些贷款可能来自银行的自有资金而非借入资金。但是，对于存款人来说，无论资金是否被贷出，它都会获得同等的利息和服务；对于贷款人来说，资金无论是来自中介资金还是银行的自有资金，它都要支付相同的利率并得到相同的服务。基于这个原因，金融机构提供的所有存贷款服务都要虚拟为 FISIM，而不考虑其资金来源。

3.31 这里所说的金融机构不一定是常住单位；金融机构的客户也不限于常住单位。因此，金融中介服务的进出口成为可能。

3.32 SNA2008 建议应将 FISIM 的产出和供给在各机构部门的使用者中分摊。由于提供 FISIM 金融服务的金融机构不需要为常住单位，那也就自然包括国外部门。分摊到常住机构单位的 FISIM 被分为中间或最终消耗，而分摊到国外部门的 FISIM 则被包括在服务出口中。而中间和最终消费之间的区别取决于机构部门使用该服务的目的。其中，中间消耗是由企业、政府、住户（其扮演的角色为住宅的业主和非法人的公司）和 NPISHs 产生。分摊到各机构部门作为其中间消费的 FISIM 还需要进一步分解到相应的工业产业中，以便可以在相应的账户记录它们的增加值。而最终消耗支出则由一般政府、住户（作为消费者角色）和 NPISHs 产生。此外，被分摊到政府和 NPISHs 部门作为中间或最终消耗的 FISIM 产出，通过其各项成本总和来计算其非市场产出。而分摊给这两个部门的中间消耗增加了其产出值，同时也增加了其最终消耗。

3.33 用于计算 SNA 利息的参考利率介于银行存款利率和贷款利率之间。参考利率应该不包含服务因素，但需反映存贷款的风险与期限结构。如果付给储户的 FISIM 平均利率等于借款人的 FISIM 平均利率，[20] 则可以用一种简单的方法来获得参考利率，方程（3.2）反映了以金融资产与负债的期限结构和利率为基准的参考利率计算方法。

$$rr_s = 0.5\left(\frac{R_L}{Y_L} + \frac{R_D}{Y_D}\right) \times 100.0 \quad (3.2)$$

其中，rr_s 是用百分比表示的简单平均利率，R_L 是金融机构应收贷款利息，R_D 是金融机构应付存款利息、Y_L 是贷款的平均存量，Y_D 是存款的平均存量。

---

[20] 这意味着贷款和存款的利润是相等的。

3.34 上述方法称为内生性参考利率法，该方法可能更适合于数据不太详细的国家。应仔细评估以确保结果的准确无误。理想情况下，在计算中应只使用有中介的贷款（如由银行提供的贷款）以避免可疑结果的出现。编制机构也可考虑使用下面的公式来计算存款和贷款利率的加权平均数以得出参考利率：

$$rr_W = \frac{R_L + R_D}{Y_L + Y_D} \times 100.0 \tag{3.3}$$

其中，rr_W是用百分比表示的加权平均利率，其他字母代表的意义则与公式（3.2）相同。

如果贷款利率和存款利率中的服务因素不相同，那么根据中点法，一半的差距要么被加到加权参考利率中，要么从加权参考利率中减去。如果差异显著，加权平均参考汇率可能比简单的平均参考汇率更可取。

3.35 编制机构也可以考虑用不同的指标（每个到期日存量贷款与存款的加权）以计算到期可观察外生性加权平均利率，以替代内生性存款和贷款利率的使用。

3.36 盛行的银行同业拆借利率也可以作为参考利率的另一选择，尽管它仅反映了短期的拆借情况，可能无法精确地反映存款与贷款的风险和期限结构。此外，其他潜在的备选参考利率还包括免服务费的金融工具利率，如政府债券利率。然而，不同币种的贷款和存款可能需要使用不同的参考利率进行计价，尤其是涉及非常住金融机构时。因此，编制机构除了需要与国内 FISIM 产出计算相关的参考利率外，还需要选择可适用于国际贸易中 FISIM 产出计算的参考利率。而 FISIM 出口的参考利率可以参照国内计算 FISIM 产出时所使用的参考利率。FISIM 进口的参考利率则可以根据 FISIM 提供国在计算其国内 FISIM 产出时所使用的参考利率。这是为了确保国际贸易统计的全球一致性。正如专栏 3.1 中指出的，不同国家需要根据国家的具体情况选择相应的参考利率。对于在同一经济范围内的银行，提供贷款和向其他银行贷款几乎没有任何服务上的差别。

专栏 3.1　*SNA2008* 对 FISIM 的研究议程

至少从 *SNA1953* 版本以来，金融服务的现价在间接测算中的重要性就一直被认可，它们的价值全部或者部分被金融机构金融资产的收益或负债的费用所覆盖。从 1968 年以来，各个版本的 SNA 中，也包括起草 *SNA2008*[a] 过程中，测算经济体的 FISIM 产出和供给都一直是改进的主题。虽然在 *SNA2008* 中指出，金融服务产出是金融中介、金融风险管理、流动性转换和辅助金融活动的产物，但以下几方面有关 FISIM 的声明和进一步研究还是得到国际认可的：

（a）FISIM 中所包括服务的构成——特别是风险管理和流动性转换——如何影响参考利率以及 FISIM 中价格和物量的分解。

(b) FISIM 中的金融工具和单位的范围。

(c) FISIM 的实施建议与收入定义之间的关系。

(a) 是一个短期问题，即关于现有 SNA2008 版本的理解和在国民账户编制中应用的说明。而（b）和（c）是下一阶段需要解决的两个研究问题。其中（b）反映了为回答相关问题的一个中期需要，这些问题是关于经济合作与发展组织（OECD）资本测算手册的分析和建议前提下，SNA2008 如何处理金融资本在生产中的作用。（c）则是 SNA2008 中另一个值得研究的议题，其指出要寻找（a）和（b）中缺陷，应试着从名义收入着手。

有关（a）方面，有四个需要进一步说明的问题：

◆ 在 FISIM 中如何识别并反映金融机构的风险管理/风险减缓？

◆ 如何表示 FISIM 中流动性转换因素变化？期限差异是否应反映在 FISIM 的计算中？如果是，应如何反映？

◆ 如何保持 FISIM 与国际贸易的一致？

◆ 在上述问题得到确认的前提下，会如何影响 FISIM 核算的价格与物量？

根据 SNA 的最新进展，提出下列主要建议：

(a) 为测算 FISIM 的进口和出口，FISIM 应至少由两种货币单位（本币和外币）进行计算。

(b) 不同经济体下，特定货币参考利率在 FISIM 中的计算不需要相同，尽管在正常情况下，是希望它们会相对接近。在这方面，当国家数据不能取得时，可以鼓励国家统计机构利用合作伙伴国家信息或其他相关的信息。

(c) FISIM 中应包括流动性转换服务，并应选用单一的参考利率进行相应的计算。

(d) 根据国家实际情况计算（定义）参考利率，最好使用下列方法中的一种：

(i) 基于具体金融工具中单一可观察外生性利率确定参考利率，如银行间贷款利率。

(ii) 基于期限加权平均法，如存贷款量期限加权，计算可观测外生性参考利率。

(iii) 基于内生性存款和贷款的加权平均利率。

(e) 在确定 FISIM 利率时，若参考利率在估计期间波动幅度较大，即表明市场出现流动性功能障碍，利率确定工作便需更谨慎小心。因为这一时期内对于储户和借款人（尤其是储户）来说 FISIM 的测算值可能为负。鉴于此，我们鼓励各国在这种情况发生时，对计算 FISIM 潜在参考利率的适用性进行审查。

(f) FISIM 的物量核算还需考虑以下几点：

(i) 出于便捷性考虑使用平减法（以存款和贷款的不同类型确定权重）。

(ii) 贷款及存款在平减法使用一般价格，该价格应将 FISIM 因素排除在外。

（iii）使用国内出口价格指数，同时对于进口适当采用相应国家的进口价格指数。

　　（iv）使用产出指标来计算 FISIM 的物量，要避免直接服务费用的重复计算。

　　进一步深入研究 FISIM 的议题包括：

　　（a）在 SNA2008 中制定关于 FISIM 计算的更清晰的方法，特别是在风险交易和金融服务的定义等方面。

　　（b）在计算 FISIM 时应进一步发展包含或不包含 CDR 的参数计算方法，以便该计算方法和数据可以适用于将来不包含 CDR 的情形。

　　（c）考虑是否可能存在价格和物量测算的混合方法。

　　（d）进一步制定"资金成本"以确定基准利率，并进一步制定可供选择的替代方法（参考利率）。

　　（e）考虑 FISIM 的金融工具和单位范围。

　　（f）FISIM 的实施建议与收入定义之间的关系。

　　前三项，即（a）（b）和（c）三点可视为对 SNA2008 的说明。

---

[a] OECD（1998）综述了 SNA1953、SNA1968 和 SNA1993 中对 FISIM 的处理方式。

　　3.37　银行可以提供固定利率的贷款。这应当理解为：当参考利率变化的时候，SNA 利息水平和服务收费仍会随之发生变化。实际上，这意味着，平均借款期限上设置固定利率是为了贷款利率与参考利率之间的差额可以充分覆盖服务费用。

　　3.38　当一个企业通过融资租赁获得一项固定资产时，出租人和承租人之间就会产生一笔贷款。租约下的定期支付被视为支付利息和偿还本金。当出租人是金融机构时，像其他贷款一样，融资租赁条款下的应付利息相当于银行利息，并且应该拆分成 SNA 利息和金融服务费。

　　3.39　即使当贷款被归为不良贷款时，利息和相关的服务费也将继续在 SNA 中记录。

　　3.40　计算出的 FISIM 值可能为负，但由于产出不可能为负值，所以需要进行进一步的解释。出现这种结果的原因可能有：第一，持续的负值可能是由于使用了不合适的参考利率造成的。例如，编制机构可能选择了短期银行同业贷款利率作为参考利率。然而，此参考利率可能不符合贷款和存款的期限结构。因此，当向储户提供的利率高于参考利率时，便可能产生储户的 FISIM 为负值的情况。为了杜绝这种现象，编制机构需要重新审视使用的参考利率。第二，即使选择了合适的参考利率，在流动性市场失灵、参考利率波幅较大期间，可以观察到 FISIM 为负的个别现象，尤其对储户和借款人而言。这可能发生在金融危机时期。因此，在这期间确定 FISIM 应相当小心。鉴于此，当这种情况发生，编制机构在测算 FISIM 时应对潜在的参考利率进行严格审查。

FISIM 在用户部门中的分摊

参考：
BPM6 编制指南，附录 3，间接测算的金融中介服务
ESA2010，第 14 章，间接测算的金融中介服务（FISIM）

3.41 使用初始数据计算 FISIM 时，存款公司向货币当局提供的报告中的 SNA 利息和银行利息可供使用。如不可用，编制机构应与货币当局商讨如何获取该部分数据。此外，其他可能的数据源还包括由其他政府机关开展的调查或普查、私人企业或行业团体开展的调查或是专用数据（如从信用报告机构取得数据）。

3.42 基于源数据的性质，编制机构可以考虑采用两种方法将 FISIM 和关联交易分摊到各部门。第一种方法可以描述为"自下而上"法。这种方法假定编制机构是能够获得各个机构部门（包括国外部门）应收贷款利息、应付存款利息和存贷款存量等相关的信息数据。因此，它可以直接根据贷款和存款信息计算 FISIM 和 SNA 利息，并分摊到每个部门，进而将这些交易汇总得到经济范围内的估值。在这个过程中，编制机构根据以下类别将 FISIM 分摊到住户部门：

- 住户作为业主在其能力范围内的中间消费。
- 住户作为非法人企业的所有人在其能力范围内的中间消费。
- 住户的最终消费。

根据以上类别，住户贷款（存量和利息）将被划分为：

- 住房贷款[2]。
- 住户作为非法人企业所有人的贷款。
- 其他住户贷款。

如果从货币与金融统计数据中可以获得住房贷款和非法人企业所有人贷款数据，那么编制机构就可以直接计算出这两类的 FISIM 和 SNA 利息，并通过总贷款额减去以上两类贷款数额便可以得到其他住户贷款的 FISIM、SNA 利息和银行利息。

住户存款可以细分为：

- 住户作为非法人企业所有人的存款。
- 住户作为消费者的存款。

如果此分类的源数据可以获得，编制机构便可以直接计算各类 FISIM、SNA 利息和银行利息。

3.43 即使源数据可得，但倘若部门的源数据定义与国民账户中的数据定义存在差异，那在使用数据之前可能还需要进行适当调整。

---

[2] 住户获得住房贷款可以买房居住或出租。房贷担保的循环信贷额度和商业贷款不应包括在住房贷款里。

3.44 然而，可以获得的初始数据可能没有按部门进行相应的分解。因此，编制机构仍然需要考虑使用第二种方法，即"自上而下"的方法。在此方法中，编制机构可以用既得源数据来计算总体 FISIM、SNA 利息和银行存贷款利息。在此之后，它将使用各项指标（如贷款余额/存款余额或从其他渠道获得的应收利息/应付利息）将相关数据分摊至各个用户部门[22]。

3.45 如前所述，编制机构还需要把分摊到住户单位的 FISIM、SNA 利息和银行利息数据再划分到各自明细项下。其中，编制机构可以考虑使用如上文所述相同的指标来进行分摊。然而，如果这些指标是不可得的，编制机构应考虑其他方法。例如，如果住户作为非法人企业所有人的存款数据不可得时，则可以假设一定比例的资产增值或适用于非法人企业的最小营业额作为存款存量。进而估算得到的存款数据便可以用于住户存款的 FISIM、SNA 利息和银行利息的分解计算。

3.46 由于常住机构单位还有可能成为非常住存款公司的客户，所以 FISIM 进口总额、SNA 利息和银行利息可以直接从国际收支平衡表中获得。然而，如果国际收支平衡表没有报告这些项目的估计数，那么编制机构可能需要通过组合数据源来对它们进行相应的估算。首先，编制机构可以考虑开展一些企业和家庭调查，收集存贷款的存量数据，以及与非常住存款公司利息交易相关的数据。而计算一般政府 FISIM 进口额的数据可以从一般政府的账户中获得。或者，可以考虑从其合作伙伴国家获得相应的数据。此外，还可以考虑使用国际清算银行（BIS）提供的世界各国间贷款与存款数据。编制机构用于估算 FISIM、SNA 利息和银行利息的进口数据应与国际收支平衡表编制机构所使用的数据一致，以确保国民账户和国际收支平衡表的统一。[23]

3.47 直接从国际收支平衡表获得或通过估算得到所需数据后，编制机构仍然需要将 FISIM 的进口总额、SNA 利息和银行利息分摊到各个常住机构部门。如果编制机构是能够通过调查或行政监管（如政府金融账户的数据）等不同渠道，获得常住机构部门的分项数据，那么它就可以直接计算归属于每个部门的 FISIM 消费、SNA 应付利息和银行应付利息。至此，FISIM 的进口总额便等于各个相关部门估算值的总和。此外，如果编制机构利用数据中仅能计算出 FISIM 进口总额，它仍需要通过各种假设将这个估计值分摊到各个常住机构部门。例如，它可以考虑依据存款公司的存贷款存量数据来确定部门间的数据分摊比例。

---

[22] 如果指标可以分解成贷款/存款的子项，此方法可以改进。例如，如果 FISIM 可以单独计算抵押贷款、信用卡和其他分期贷款，并分解这类贷款的现行指标，那么各类贷款可以分摊到部门且 FISIM 可能被添加在 FISIM 总部门产量的分类贷款。类似地，如果不同存款子项也有该指标，如需求、期限和储蓄存款，那么存款人 FISIM 可以做到这一点。

[23] 一般来说，可用来计算 FISIM 进出口的数据，特别对单个（子）部门和行业的参考利率很低，因此有必要发起国际协调，以促进各国的 FISIM 进口/出口的信息一致。

案例 3.1　按机构部门计算 FISIM 和 SNA 利息

3.48　本案例显示了如何利用"自下而上"的方法[24]计算出 FISIM 的现价产出和 SNA 利息。FISIM 的估算取决于计算的频率。FISIM 计算时使用的年度数据可能会与用于季度 FISIM 估算的初始数据有所不同。而后者的估计可能更精确一些。为便于说明,本案例中使用的是年度数据而不是季度数据来计算 FISIM,因此编制机构可能需要参考本案例将季度数据合并。此外,案例还将展示如何在金融账户的对应科目中进行记录以显示某些机构单位间因发生交易而采用的支付手段。为简单起见,假设这些结算均以现金或可转让存款的方式进行结算,在金融账户中体现为"通货和存款"科目。

3.49　表 3.2 显示的是由常住存款公司分摊到经济体各部门的应收贷款利息和应付存款利息,以及这些信息在 *SNA*2008 中相对应的编码。在 SNA 中,应收贷款利息和应付存款利息被统称为"银行利息"。住户的应付贷款利息同时也包括单独列出的住房贷款产生的金额。如前文所述,住户贷款产生的 FISIM 被视为住户的中间消费,因为它仅是作为一项中间投入以促成住宅服务的提供。为简单起见,我们假设住户中没有非法人企业。因此,对住户贷款产生的 FISIM 仅被分为住户作为业主在能力范围内的中间消费和住户的最终消费,而住户存款产生的 FISIM 则被全部归类为住户的最终消费。

表 3.2　　常住存款公司的应收贷款利息和应付存款利息

序号	项目	数额
(1)	应收贷款利息	150.1
(1a)	非金融公司	80.0
(1b)	其他金融公司	7.5
(1c)	一般政府	10.0
(1d)	住户	36.1
(1e)	其中：住房贷款	20.0
(1f)	NPISHs	7.5
(1g)	国外	9.0
(2)	应付存款利息	62.9
(2a)	非金融公司	36.0
(2b)	其他金融公司	6.6
(2c)	一般政府	5.0
(2d)	住户	8.0
(2e)	NPISHs	4.3
(2f)	国外	3.0

---

[24] 如案例 3.2,用一个例子来说明如何使用"自上而下"的方法来分配 FISIM 到各行业。

3.50 表 3.3 中的资产负债表是根据机构部门分解的存款公司的贷款（资产）和存款（负债）。表 3.3 中的资产负债表数据是用来推导各部门贷款和存款存量的平均水平和变化量（见表 3.4）。平均水平是通过计算 1 月 1 日和 12 月 31 日的贷款或存款的简单平均得出的，变化量则是根据 1 月 1 日和 12 月 31 日之间的贷款和存款的差额得出的。

表 3.3　　　　　　　　常住存款公司的存贷款存量数据

序号	金融资产和负债	数额
(3)	1月1日的贷款存量	1809.0
(3a)	非金融公司	982.0
(3b)	其他金融公司	102.0
(3c)	一般政府	110.0
(3d)	住户	430.0
(3e)	其中：住房贷款	230.0
(3f)	NPISHs	90.0
(3g)	国外	95.0
(4)	1月1日的存款存量	1127.0
(4a)	非金融公司	650.0
(4b)	其他金融公司	99.0
(4c)	一般政府	98.0
(4d)	住户	150.0
(4e)	NPISHs	80.0
(4f)	国外	50.0
(5)	12月31日的贷款存量	1893.0
(5a)	非金融公司	1022.0
(5b)	其他金融公司	104.0
(5c)	一般政府	116.0
(5d)	住户	440.0
(5e)	其中：住房贷款	240.0
(5f)	NPISHs	96.0
(5g)	国外	115.0
(6)	12月31日的存款存量	1155.0
(6a)	非金融公司	660.0
(6b)	其他金融公司	101.0
(6c)	一般政府	92.0
(6d)	住户	152.0
(6e)	NPISHs	84.0
(6f)	国外	66.0

表 3.4　　常住存款公司的存贷款平均存量和变化量

序号	金融资产和负债	说明	数额
(7)	贷款平均存量	[(3)+(5)]/2	1851.0
(7a)	非金融公司	[(3a)+(5a)]/2	1002.0
(7b)	其他金融公司	[(3b)+(5b)]/2	103.0
(7c)	一般政府	[(3c)+(5c)]/2	113.0
(7d)	住户	[(3d)+(5d)]/2	435.0
(7e)	其中：住房贷款	[(3e)+(5e)]/2	235.0
(7f)	NPISHs	[(3f)+(5f)]/2	93.0
(7g)	国外	[(3g)+(5g)]/2	105.0
(8)	存款平均存量	[(4)+(6)]/2	1141.0
(8a)	非金融公司	[(4a)+(6a)]/2	655.0
(8b)	其他金融公司	[(4b)+(6b)]/2	100.0
(8c)	一般政府	[(4c)+(6c)]/2	95.0
(8d)	住户	[(4d)+(6d)]/2	151.0
(8e)	NPISHs	[(4e)+(6e)]/2	82.0
(8f)	国外	[(4f)+(6f)]/2	58.0
(9)	贷款变化量	(5)−(3)	84.0
(9a)	非金融公司	(5a)−(3a)	40.0
(9b)	其他金融公司	(5b)−(3b)	2.0
(9c)	一般政府	(5c)−(3c)	6.0
(9d)	住户	(5d)−(3d)	10.0
(9e)	其中：住房贷款	(5e)−(3e)	10.0
(9f)	NPISHs	(5f)−(3f)	6.0
(9g)	国外	(5g)−(3g)	20.0
(10)	存款变化量	(6)−(4)	28.0
(10a)	非金融公司	(6a)−(4a)	10.0
(10b)	其他金融公司	(6b)−(4b)	2.0
(10c)	一般政府	(6c)−(4c)	−6.0
(10d)	住户	(6d)−(4d)	2.0
(10e)	NPISHs	(6e)−(4e)	4.0
(10f)	国外	(6f)−(4f)	16.0

3.51　表 3.5 显示如何使用表 3.2 和表 3.4 中的数据推导出各部门的存贷款平均利率。每个平均利率是按年利息除以贷款或存款平均存量，再乘以 100.0 计算得出的。表 3.5 还列出了国内参考利率（rr_{DOM}），即利用方程（3.2）的内生性方法计算得出的利率。内生性参考利率计算方法如下：

◆ 常住存款公司全部贷款的总利息收入除以贷款平均存量，再乘以 100.0，可得出全部贷款的平均利率（r_L）。

◆ 常住存款公司全部存款的总利息支出除以存款平均存量，再乘以 100.0，可得出全部存款的平均利率（r_D）。

◆ 将这两个值简单平均即可得到国内参考利率（rr_{DOM}）。

表 3.5　　　　常住存款公司的存贷款平均利率和参考利率的计算

序号	项目	说明	数额
(11)	贷款平均利率（r_L）	(1)/(7)×100.0	8.11
(11a)	非金融公司	(1a)/(7a)×100.0	7.98
(11b)	其他金融公司	(1b)/(7b)×100.0	7.28
(11c)	一般政府	(1c)/(7c)×100.0	8.85
(11d)	住户	(1d)/(7d)×100.0	8.30
(11e)	其中：住房贷款	(1e)/(7e)×100.0	8.51
(11f)	NPISHs	(1f)/(7f)×100.0	8.06
(11g)	国外	(1g)/(7g)×100.0	8.57
(12)	存款平均利率（r_D）	(2)/(8)×100.0	5.51
(12a)	非金融公司	(2a)/(8a)×100.0	5.50
(12b)	其他金融公司	(2b)/(8b)×100.0	6.60
(12c)	一般政府	(2c)/(8c)×100.0	5.26
(12d)	住户	(2d)/(8d)×100.0	5.30
(12e)	NPISHs	(2e)/(8e)×100.0	5.24
(12f)	国外	(2f)/(8f)×100.0	5.17
(13)	国内参考利率（rr_{DOM}）	[(11)+(12)]/2	6.81

3.52　表 3.6 显示了由非常住存款公司提供给经济体的贷款和这些公司发放贷款收取的利息。为简单起见，假设这些贷款来自同一个国家的非常住存款公司，并且都以这个国家的币种计值。还假定这些贷款只发放给常住非金融公司。

表 3.6　　　　非常住存款公司发放给常住非金融公司的贷款

序号	项目	说明	数额
(14)	1 月 1 日发放的以外币计值的贷款存量		80.0
(15)	12 月 31 日发放的以外币计值的贷款存量		86.0
(16)	以外币计值的平均贷款存量（$Y_{L,F,av}$）	[(14)+(15)]/2	83.0
(17)	以外币计值的贷款变化量	(15)−(14)	6.0
(18)	以外币计值的应付利息		5.8
(19)	平均利率（$r_{L,F}$）	(18)/(16)×100.0	7.00
(20)	国外参考利率（rr_F）	银行间同业拆借利率	5.00
(21)	汇率	1.3 本币等于 1 外币	1.3
(22)	以本币计值的平均贷款存量	(16)×(21)	107.9

续表

序号	项目	说明	数额
(23)	以本币计值的贷款变化量	(17)×(21)	7.8
(24)	以本币计值的应付利息	(18)×(21)	7.5

3.53 由于非常住存款公司提供的贷款和这些公司发放贷款收取的利息是以外币计价的,因此需要将这些数据换算为本币才可以记录在 SNA 中。如表 3.6 所示,为简单起见,假设本币与外币之间的汇率在整个核算期间是不变的,计算方法如下:

◆将以外币计价的非常住金融公司发放的贷款平均存量和贷款利息乘以汇率,即可以得到相应项目以本币计价的数值。

此外,表格中也计算了以外币计价的平均利率,将用于计算 FISIM。如下所示:

◆将收取的利息除以外币计价的贷款平均存量,再乘以 100.0。

若要计算 FISIM,还需要确定应使用哪些国外参考利率。在此案例中,假定在国外提供贷款的 FISIM 的价值是通过这个国家的银行间同业拆借利率计算得出的,所以这个银行间同业拆借利率将被用作国外参考利率。

如果非常住金融公司的贷款还使用其他外币计价,那么需要对每一种货币重复上述步骤,才能获得以本币计价的贷款和应收利息。此外,该案例假定常住机构单位并没有非常住存款公司的存款。如果常住机构单位有非常住存款公司的存款,需要重复上述步骤以获得后者以本币计价的存款和应付利息。

3.54 使用以上数据,可以分别计算各部门的存款和贷款的 FISIM,如表 3.7 所示。每一个部门中,由常住存款公司提供的贷款 FISIM 计算方法如下:

◆计算表 3.5 中的贷款平均利率和国内参考利率(rr_{DOM})之间的差额。

◆将该差值乘以贷款平均存量得到贷款 FISIM。

表 3.7 FISIM 的计算

序号	项目	说明	数额	SNA2008 代码
(25)	FISIM 的总供应量	(27)+(28)+(29)	41.0	
(26)	国内的 FISIM 产出	(27)+(28)	38.8	P1
(27)	国内贷款 FISIM	(27a)+(27b)+(27c)+(27d)+(27f)+(27g)	24.0	
(27a)	非金融公司	[(11a)−(13)]/100.0×(7a)	11.8	
(27b)	其他金融公司	[(11b)−(13)]/100.0×(7b)	0.5	
(27c)	一般政府	[(11c)−(13)]/100.0×(7c)	2.3	
(27d)	住户	[(11d)−(13)]/100.0×(7d)	6.5	
(27e)	其中:住房贷款	[(11e)−(13)]/100.0×(7e)	4.0	
(27f)	NPISHs	[(11f)−(13)]/100.0×(7f)	1.2	
(27g)	国外	[(11g)−(13)]/100.0×(7g)	1.8	

续表

序号	项目	说明	数额	SNA2008 代码
(28)	国内存款 FISIM	(28a) + (28b) + (28c) + (28d) + (28e) + (28f)	14.8	
(28a)	非金融公司	[(13) - (12a)]/100.0 × (8a)	8.6	
(28b)	其他金融公司	[(13) - (12b)]/100.0 × (8b)	0.2	
(28c)	一般政府	[(13) - (12c)]/100.0 × (8c)	1.5	
(28d)	住户	[(13) - (12d)]/100.0 × (8d)	2.3	
(28e)	NPISHs	[(13) - (12e)]/100.0 × (8e)	1.3	
(28f)	国外	[(13) - (12f)]/100.0 × (8f)	1.0	
(29)	FISIM 进口	[(19) - (20)]/100.0 × (22)	2.2	P7
(30)	FISIM 总使用	(31) + (32) + (33)	41.0	
(31)	中间消耗	(31a) + (31b) + (31c) + (31d) + (31e)	33.4	P2
(31a)	非金融公司	(27a) + (28a) + (29)	22.5	P2
(31b)	其他金融公司	(27b) + (28b)	0.7	P2
(31c)	一般政府	(27c) + (28c)	3.8	P2
(31d)	住户	(27e)	4.0	P2
(31e)	NPISHs	(27f) + (28e)	2.5	P2
(32)	住户消费支出	(27d) - (27e) + (28d)	4.8	P3
(33)	FISIM 出口	(27g) + (28f)	2.8	P6

例如，由常住存款公司提供非金融公司的贷款 FISIM 为

$$(7.98 - 6.81)/100 \times 1002.0 = 11.8$$

对每一个部门而言，常住存款公司的存款 FISIM 计算方法如下：

◆ 计算表 3.5 中国内参考利率（rr_{DOM}）和存款平均利率的差额。

◆ 将该差值乘以存款平均存量得到存款 FISIM。

例如，常住存款公司对非金融公司存款的 FISIM 为

$$(6.81 - 5.50)/100 \times 665.0 = 8.6$$

在从非常住存款公司获得贷款的情况下，FISIM 的计算方法如下：

◆ 计算表 3.6 中以外币计值的贷款平均利率（$r_{L,F}$）和国外参考利率（rr_F）之间的差额。

◆ 将该差值乘以贷款平均存量（$Y_{L,F,av}$）得到以外币计值的贷款 FISIM。

◆ 将以外币计值的贷款 FISIM 通过汇率（1.3 单位的本币等于 1 单位的外币）转换为以本币为计值单位的数字。

在此案例中，由非常住存款公司提供的贷款 FISIM 为

$$\left(\frac{r_{L,F} - rr_F}{100.0}\right) \times Y_{L,F,av} \times 1.3 = \left(\frac{7.00 - 5.00}{100.0}\right) \times 83.0 \times 1.3 = 2.2$$

然后将常住存款公司提供给各部门的贷款 FISIM 加总就可以得到总的国内贷款 FISIM（24.0）。同样地，将常住存款公司提供给各部门的存款 FISIM 加总就可以得到总的国内存款 FISIM（14.8）。以外币计值的贷款 FISIM 总收入为2.2。表3.7 的后半部分还显示了 FISIM 是如何分摊给最终和中间使用者的。[25] 以住户为例，需要在住房贷款的情况下区分 FISIM 的最终消耗和 FISIM 的中间消耗。

3.55 表3.8 显示了如何推导每个机构单位存贷款的 SNA 利息。在贷款的情况下，SNA 利息是存款公司收取的银行利息与各部门 FISIM 之间的差额。在存款的情况下，SNA 利息是存款公司支付的银行利息和各部门 FISIM 之间的加总。将从各部门贷款收取的 SNA 贷款利息或向各部门支付的 SNA 存款利息加总即可得到相应经济范围内的估算值。如前所述，SNA 利息，而不是银行利息，被记录在初始收入分配账户中。[26]

表 3.8　　　　　　　　　　　SNA 利息的计算

序号	项目	说明	数额	SNA2008 代码
	常住存款公司的 SNA 利息			
(34)	SNA 应收贷款利息	(34a)+(34b)+(34c)+(34d)+(34e)	126.1	D4, D41
(34a)	非金融公司	(1a)-(27a)	68.2	
(34b)	其他金融公司	(1b)-(27b)	7.0	
(34c)	一般政府	(1c)-(27c)	7.7	
(34d)	住户	(1d)-(27d)	29.6	
(34e)	NPISHs	(1e)-(27e)	6.3	
(34f)	国外	(1f)-(27f)	7.2	
(35)	SNA 应付存款利息	(35a)+(35b)+(35c)+(35d)+(35e)	77.7	D4, D41
(35a)	非金融公司	(2a)+(28a)	44.6	
(35b)	其他金融公司	(2b)+(28b)	6.8	
(35c)	一般政府	(2c)+(28c)	6.5	
(35d)	住户	(2d)+(28d)	10.3	
(35e)	NPISHs	(2e)+(28e)	5.6	
(35f)	国外	(2f)+(28f)	4.0	
	非常住存款公司的 SNA 利息			
(36)	SNA 应收贷款利息	(24)-(29)	5.4	
	非金融公司的 SNA 利息			
(37)	SNA 应收存款利息	(35a)	44.6	D4, D41

---

[25] 为简单起见，FISIM 对产出和政府、为住户服务的非营利机构的最终消费支出的影响是不显示的。
[26] 存贷款的 SNA 利息也可以根据参考利率乘以相应的存贷款存量计算得出。

续表

序号	项目	说明	数额	SNA2008 代码
(38)	SNA 应付贷款利息	(34a) + (36)	73.6	D4, D41
	其他金融公司的 SNA 利息			
(39)	SNA 应收存款利息	(35b)	6.8	D4, D41
(40)	SNA 应付贷款利息	(34b)	7.0	D4, D41
	一般政府的 SNA 利息			
(41)	SNA 应收存款利息	(35c)	6.5	D4, D41
(42)	SNA 应付贷款利息	(34c)	7.7	D4, D41
	住户的 SNA 利息			
(43)	SNA 应收存款利息	(35d)	10.3	D4, D41
(44)	SNA 应付贷款利息	(34d)	29.6	D4, D41
	NPISHs 的 SNA 利息			
(45)	SNA 应收存款利息	(35e)	5.6	D4, D41
(46)	SNA 应付贷款利息	(34e)	6.3	D4, D41
	非居民的 SNA 利息			
(47)	SNA 应收存贷款利息	(35f) + [(24) - (29)]	9.4	D4, D41
(48)	SNA 应付贷款利息	(34f)	7.2	D4, D41

3.56　表3.9显示了如何计算常住存款公司和其他机构单位之间的交易所引起的金融资产和负债的变化。一般情况下，使用以下原则计算金融资产和负债的变化：对于常住存款公司，核算期的贷款利息代表在金融账户中的通货和存款的增加，而在核算期间支付的存款利息和贷款发放代表金融账户中的这些金融资产的减少。这也可以反向应用于相似的机构单位。例如，常住存款公司在核算期间其通货和存款资产净减少3.2，这是根据以下计算得出的结果：

◆ 应收贷款利息（150.1）；
◆ 应付存款利息（-62.9）；
◆ 发放的贷款（-84.0）。

此外，常住存款公司在核算期间其贷款资产净增加了84.0。

表3.9　　　　　　　　FISIM 引起的金融资产和负债变化的计算

序号	项目	说明	数额	SNA2008 代码
	金融资产的变化（通货和存款）			
(49)	非金融公司	-(1a) + (2a) + (9a) + (23) - (24)	-3.7	F2
(50)	存款公司	(1) - (2) - (9)	3.2	F2
(51)	其他金融公司	-(1b) + (2b) + (9b)	1.1	F2
(52)	一般政府	-(1c) + (2c) + (9c)	1.0	F2
(53)	住户	-(1d) + (2d) + (9d)	-18.1	F2

续表

序号	项目	说明	数额	SNA2008 代码
(54)	NPISHs	-(1f)+(2e)+(9f)	2.8	F2
(55)	国外	-(1g)+(2f)+(9g)+(23)-(24)	13.7	F2
	金融资产的变化（贷款）			
(56)	存款公司	(9)	84.0	F4
(57)	国外	(23)	7.8	F4
	负债的变化（贷款）			
(58)	非金融公司	(9a)+(24)	47.8	F4
(59)	其他金融公司	(9b)	2.0	F4
(60)	一般政府	(9c)	6.0	F4
(61)	住户	(9c)	10.0	F4
(62)	NPISHs	(9f)	6.0	F4
(63)	国外	(9f)	6.0	F4

3.57 表 3.10 显示了如何记录 FISIM 和其他交易。为了简化介绍和分析，忽略了与案例无关的交易，也忽略了 FISIM 对非市场生产者（如政府和 NPISHs）产出和最终消耗的影响。为确保清楚，存款公司和其他金融公司的交易是单独列示，而不是按照金融公司部门的交易合并列示。交易记录如下：

（a）存款公司的 FISIM 产出为 38.8。这包括贷款 FISIM（24.0）和存款 FISIM（14.8）。产出记录在存款公司的生产账户中。从非常住存款公司中获得的贷款 FISIM（2.2）记录为货物和服务的进口。非金融公司（22.5）、其他金融公司（0.7）、一般政府（3.8）、NPISHs（2.5）、住户（4.0）的存贷款 FISIM 被记录在生产账户的中间消耗中。如前文所述，住户的 FISIM 中间消耗代表住房贷款 FISIM。表 3.10 也将 FISIM 中间消耗按部门分解为贷款和存款 FISIM。由于所做的假设，非金融公司所消耗的贷款 FISIM（13.9）也包括 FISIM 进口（2.2）。

（b）记录在初始收入分配账户的利息是 SNA 利息，而不是银行利息。

（c）住户消费的 FISIM，作为最终消费（4.8）被记录在可支配收入账户使用中。这个账户还显示了各部门和经济总体的总储蓄加上对外经常项目差额。

（d）由于没有资本账户交易，资本账户中的净贷出/净借入与可支配收入账户使用的总储蓄和对外经常项目差额是相同的。

（e）金融账户记录了机构单位的通货和存款及贷款的变化。由于这些条目对应其他账户的条目，或者只反映金融资产和负债的互换，净贷出/净借入与资本账户的净贷出/净借入是相同的。然而，在实践中，由于数据源和交易记录时间的差别，可能会导致这两个账户中的净贷出/净借入之间的有所差异。

表 3.10　FISIM 和相关交易的记录

使用												来源									
合计	货物和服务	国外	经济总体	NPISHs	住户	一般政府	其他金融公司	存款公司	非金融公司	SNA 2008代码	交易和平衡项	非金融公司	存款公司	其他金融公司	一般政府	住户	NPISHs	经济总体	国外	货物和服务	合计
生产账户																					
2.2	2.2									P7	货物和服务进口								2.2		2.2
2.2	2.2										贷款FISIM								2.2		2.2
											存款FISIM										
2.8		2.8								P6	货物和服务出口									2.8	2.8
1.8		1.8									贷款FISIM									1.8	1.8
1.0		1.0									存款FISIM									1.0	1.0
38.8			38.8							P1	产出		38.8					38.8			38.8
24.0			24.0								贷款FISIM		24.0					24.0			24.0
14.8			14.8								存款FISIM		14.8					14.8			14.8
33.4			33.4	2.5	4.0	3.8	0.7		22.5	P2	中间消耗									33.4	33.4
21.9			21.9	1.2	4.0	2.3	0.5		13.9		贷款FISIM									21.9	21.9
11.6			11.6	1.3		1.5	0.2		8.6		存款FISIM									11.6	11.6
5.4			5.4	-2.5	-4.0	-3.8	-0.7	38.8	-22.5	B1g	总增加值/国内生产总值										
-0.6		-0.6								B11	货物和服务对外差额										
初始收入分配账户																					
										B2n	营业盈余总额/混合收入总额										
										D1	雇员报酬										

续表

合计	货物和服务	国外	经济总体	NPISHs	住户	一般政府	其他金融公司	存款公司	非金融公司	交易和平衡项	SNA 2008 代码	非金融公司	存款公司	其他金融公司	一般政府	住户	NPISHs	经济总体	国外	货物和服务	合计
209.2		7.2	202.0	6.3	29.6	7.7	7.0	77.7	73.6	财产收入	D4	44.6	126.1	6.8	6.5	10.3	5.6	199.8	9.3		209.2
209.2		7.2	202.0	6.3	29.6	7.7	7.0	77.7	73.6	利息（SNA 利息）	D41	44.6	126.1	6.8	6.5	10.3	5.6	199.8	9.3		209.2
			3.2	-3.2	-23.3	-5.0	-0.9	87.5	-51.5	初始收入总额/国民总收入	B5g										

可支配收入使用账户

合计	货物和服务	国外	经济总体	NPISHs	住户	一般政府	其他金融公司	存款公司	非金融公司	交易和平衡项	SNA 2008 代码	非金融公司	存款公司	其他金融公司	一般政府	住户	NPISHs	经济总体	国外	货物和服务	合计
4.8			4.8		4.8					最终消费支出	P3									4.8	4.8
2.5			2.5		2.5					贷款 FISIM											2.5	2.5
2.3			2.3		2.3					存款 FISIM											2.3	2.3
-1.5			-1.5	-3.2	-28.1	-5.0	-0.9	87.2	-51.5	总储蓄	B8g										
1.5		1.5								对外经常交易差额	B12										

资产变化 / 负债和净值变化

资本账户

合计	货物和服务	国外	经济总体	NPISHs	住户	一般政府	其他金融公司	存款公司	非金融公司	交易和平衡项	SNA 2008 代码	非金融公司	存款公司	其他金融公司	一般政府	住户	NPISHs	经济总体	国外	货物和服务	合计
0.0		1.5	-1.5	-3.2	-28.1	-5.0	-0.9	87.2	-51.5	净贷出(+)/净借入(-)	B9										0.0

金融账户

合计	货物和服务	国外	经济总体	NPISHs	住户	一般政府	其他金融公司	存款公司	非金融公司	交易和平衡项	SNA 2008 代码	非金融公司	存款公司	其他金融公司	一般政府	住户	NPISHs	经济总体	国外	货物和服务	合计
0.0		13.7	-13.7	2.8	-18.1	1.0	1.1	3.2	-3.7	净贷出(+)/净借入(-)	B9	-51.5	87.2	-0.9	-5.0	-28.1	-3.2	-1.5	1.5		0.0
		7.8	84.0					84.0		通货和存款	F2								20.0		
91.8									47.8	贷款	F4	47.8		2.0	6.0	10.0	6.0	71.8	20.0		91.8

按行业分摊的 FISIM

3.58　上一节讨论了如何将 FISIM 分摊给用户部门。分摊给公司、一般政府、拥有住房和非法人企业的住户、NPISHs 的 FISIM 被归类为这些机构单位的中间消费支出。将 FISIM 分摊给这些机构单位的中间消费支出也需要将其分解至各自的行业，以便更恰当地计算其增加值。

3.59　用来计算分行业的 FISIM 和 SNA 利息的原始数据不太可能在行业层面被观测到。因此，编制机构无法采用"自下而上"的方法来直接计算各行业的 FISIM 和 SNA 利息。相反，编制机构需要采用"自上而下"的方法，通过使用诸如各行业的存贷款存量比例、总增加值或产出等指标，来分摊国内生产的 FISIM 中的中间消耗。编制机构需要评估哪种方法或方法组合可以被用来将国内生产的 FISIM 中的中间消耗分摊给各行业。这将取决于可观测数据的类型及哪种方法或方法组合是最为可靠的。

3.60　一些由非常住存款公司提供的 FISIM 进口也需要被分非配给各行业的中间消费支出。同样，编制机构不太可能获得关于非常住存款性金融机构按行业分类的存贷款存量、应收贷款利息和应付存款利息的详细源数据。因此，FISIM 中的中间消耗的进口额需要通过前面所述的方法分摊给各个行业。同样，编制机构需要评估哪个方法或方法组合是最可靠的。

3.61　作为业主的住户在 SNA 中被视为住房服务的生产者，这些住户的 FISIM 中的中间消耗分摊也需要被考虑进去。对这些住户，FISIM 住房贷款被计入房地产活动的中间消耗中。

案例 3.2　按行业分摊 FISIM 的中间消耗

3.62　本案例显示了如何通过"自上而下"的方法，使用案例 3.1 计算的 FISIM，将 FISIM 的中间消耗分摊到各行业中。

3.63　表 3.11 再现了在案例 3.1 中计算的一个经济体里 FISIM 的总供给。FISIM 总供给是按现价测算的，包括了常住存款公司 FISIM 产出额和 FISIM 进口额。常住存款公司生产的 FISIM 被进一步分为贷款 FISIM 和存款 FISIM。该表还显示了 FISIM 向中间消耗、最终消耗以及出口的分摊情况。FISIM 的中间消耗（41.0）进一步按部门分类，如表 3.11 所示，根据案例 3.1 的假设，FISIM 进口额被分摊给非金融公司部门。那么，现在的问题是，如何将 FISIM 中间消耗分摊给各自的行业。

表 3.11　　　　　　　　　　　FISIM 产出和进口数据

序号	项目	说明	数额
(1)	FISIM 总供给	(2)+(3)+(4)	41.0
(2)	国内 FISIM 贷款	(2a)+(2b)+(2c)+(2d)+(2f)+(2g)	24.0
(2a)	非金融公司		11.8
(2b)	其他金融公司		0.5
(2c)	一般政府		2.3
(2d)	住户		6.5
(2e)	其中：住房贷款		4.0
(2f)	NPISHs		1.2
(2g)	国外		1.8
(3)	国内 FISIM 存款	(3a)+(3b)+(3c)+(3d)+(3e)+(3f)	14.8
(3a)	非金融公司		8.6
(3b)	其他金融公司		0.2
(3c)	一般政府		1.5
(3d)	住户		2.3
(3e)	NPISHs		1.3
(3f)	国外		1.0
(4)	FISIM 进口		2.2
(5)	FISIM 总消耗	(6)+(7)+(8)	41.0
(6)	中间消耗	(6a)+(6b)+(6c)+(6d)+(6e)	33.4
(6a)	非金融公司	(2a)+(3a)+(4)	22.5
(6b)	其他金融公司	(2b)+(3b)	0.7
(6c)	一般政府	(2c)+(3c)	3.8
(6d)	住户（住房贷款服务）	(2e)	4.0
(6e)	NPISHs	(2f)+(3e)	2.5
(7)	住户消费支出	(2d)−(2e)+(3d)	4.8
(8)	FISIM 出口	(2g)+(3f)	2.8

3.64　假定经济体包括以下广泛的各类行业群体：

◆ 农业、林业和渔业。

◆ 采矿和采石业。

◆ 制造业。

◆ 电力、燃气、蒸汽和空调供应。

◆ 供水、污水处理、废物管理和修复活动。

◆ 建筑业。

◆ 批发和零售贸易；汽车和摩托车修理。

◆ 运输和仓储。

- ◆ 住宿和餐饮服务活动。
- ◆ 信息和通信。
- ◆ 房地产活动。
- ◆ 专业、科学和技术活动。
- ◆ 行政和辅助服务活动。
- ◆ 教育。
- ◆ 人类健康和社会工作活动。
- ◆ 艺术、娱乐和休闲活动。
- ◆ 其他服务活动。
- ◆ 金融和保险活动。
- ◆ 公共管理和国防；强制性社会保障。

除了那些与金融和保险活动、公共管理和国防及强制性社会保障有关的行业，非金融公司部门包括从事上述各种行业的所有企业。其中房地产活动的内容还包括住房所有权。假设为住户服务的非营利机构仅存在于与教育业及人类健康和社会工作活动相关的行业中。金融和保险活动中 FISIM 的中间消耗对应于其他金融公司中 FISIM 的中间消耗，同时公共管理和国防以及强制性社会保障的 FISIM 可以被看作是对应于一般政府 FISIM 的中间消耗。因此，其他金融公司和一般政府部门 FISIM 的中间消耗可以直接分摊给这两大行业。此外，需要将非金融公司和为住户服务的非营利机构的 FISIM 分摊到各自的行业群体中。

3.65　表 3.12 显示的数据是截至 1 月 1 日和 12 月 31 日，属于非金融公司和为住户服务的非营利机构部门的各行业的存贷款存量。假定编制机构能够通过调查收集这些行业的存贷款存量数据。计算这些行业的存贷款平均存量如表 3.13 所示。根据前文的假定，这些表中的数据包含了非金融公司和为住户服务的非营利机构部门的存贷款总量。然而，这些数据并未将教育、人类健康和社会工作活动的相关数据进一步按照市场生产者和为住户服务的非营利机构进行细分。因此，将 FISIM 的中间消耗分摊给这些单位时，需要进行更多假设，这些假设将在下一段中介绍。需要注意的是，表 3.12 中的存贷款总量数据有别于表 3.13 中非金融公司和为住户服务的非营利机构的相应数据，原因是两个表的数据来源不同。

表 3.12　　　　　　　　　　按行业划分的存贷款存量数据

序号	广义行业分类	数额
(9)	截至 1 月 1 日发放给各行业贷款	1138.0
(9a)	农业、林业和渔业	55.0
(9b)	采矿和采石业	8.0
(9c)	制造业	220.0
(9d)	电力、燃气、蒸汽和空调供应	18.0
(9e)	供水、污水处理、废物管理和修复活动	12.0

续表

序号	广义行业分类	数额
(9f)	建筑业	66.0
(9g)	批发和零售贸易；汽车和摩托车修理	100.0
(9h)	运输和仓储	78.0
(9i)	住宿和餐饮服务活动	110.0
(9j)	信息和通信	22.0
(9k)	房地产活动	60.0
(9l)	专业、科学和技术活动	45.0
(9m)	行政和辅助服务活动	32.0
(9n)	教育	120.0
(9o)	人类健康和社会工作活动	150.0
(9p)	艺术、娱乐和休闲活动	17.0
(9q)	其他服务活动	25.0
(10)	截至1月1日各行业持有的存款	924.0
(10a)	农业、林业和渔业	48.0
(10b)	采矿和采石业	9.0
(10c)	制造业	160.0
(10d)	电力、燃气、蒸汽和空调供应	13.0
(10e)	供水、污水处理、废物管理和修复活动	9.0
(10f)	建筑业	56.0
(10g)	批发和零售贸易；汽车和摩托车修理	78.0
(10h)	运输和仓储	65.0
(10i)	住宿和餐饮服务活动	70.0
(10j)	信息和通信	15.0
(10k)	房地产活动	48.0
(10l)	专业、科学和技术活动	37.0
(10m)	行政和辅助服务活动	22.0
(10n)	教育	106.0
(10o)	人类健康和社会工作活动	150.0
(10p)	艺术、娱乐和休闲活动	20.0
(10q)	其他服务活动	18.0
(11)	截至12月31日发放给各行业贷款	1241.7
(11a)	农业、林业和渔业	56.1
(11b)	采矿和采石业	8.8
(11c)	制造业	239.8
(11d)	电力、燃气、蒸汽和空调供应	19.8
(11e)	供水、污水处理、废物管理和修复活动	13.2

续表

序号	广义行业分类	数额
(11f)	建筑业	73.3
(11g)	批发和零售贸易；汽车和摩托车修理	110.0
(11h)	运输和仓储	79.6
(11i)	住宿和餐饮服务活动	113.3
(11j)	信息和通信	23.1
(11k)	房地产活动	67.2
(11l)	专业、科学和技术活动	48.6
(11m)	行政和辅助服务活动	32.6
(11n)	教育	138.0
(11o)	人类健康和社会工作活动	174.0
(11p)	艺术、娱乐和休闲活动	17.9
(11q)	其他服务活动	26.5
(12)	截至12月31日各行业持有存款	948.9
(12a)	农业、林业和渔业	49.0
(12b)	采矿和采石业	9.2
(12c)	制造业	164.8
(12d)	电力、燃气、蒸汽和空调供应	13.1
(12e)	供水、污水处理、废物管理和修复活动	9.7
(12f)	建筑业	57.7
(12g)	批发和零售贸易；汽车和摩托车修理	79.6
(12h)	运输和仓储	66.3
(12i)	住宿和餐饮服务活动	71.4
(12j)	信息和通信	15.5
(12k)	房地产活动	49.9
(12l)	专业、科学和技术活动	37.7
(12m)	行政和辅助服务活动	22.7
(12n)	教育	109.2
(12o)	人类健康和社会工作活动	153.0
(12p)	艺术、娱乐和休闲活动	21.0
(12q)	其他服务活动	19.3

表3.13　　　　　按行业划分的平均存贷款存量

序号	行业	说明	数额
(13)	发放给各行业平均贷款余额	[(9)+(11)]/2	1189.9
(13a)	农业、林业和渔业	[(9a)+(11a)]/2	55.6
(13b)	采矿和采石业	[(9b)+(11b)]/2	8.4

续表

序号	行业	说明	数额
(13c)	制造业	[(9c) + (11c)]/2	229.9
(13d)	电力、燃气、蒸汽和空调供应	[(9d) + (11d)]/2	18.9
(13e)	供水、污水处理、废物管理和修复活动	[(9e) + (11e)]/2	12.6
(13f)	建筑业	[(9f) + (11f)]/2	69.6
(13g)	批发和零售贸易；汽车和摩托车修理	[(9g) + (11g)]/2	105.0
(13h)	运输和仓储	[(9h) + (11h)]/2	78.8
(13i)	住宿和餐饮服务活动	[(9i) + (11i)]/2	111.7
(13j)	信息和通信	[(9j) + (11j)]/2	22.6
(13k)	房地产活动	[(9k) + (11k)]/2	63.6
(13l)	专业、科学和技术活动	[(9l) + (11l)]/2	46.8
(13m)	行政和辅助服务活动	[(9m) + (11m)]/2	32.3
(13n)	教育	[(9n) + (11n)]/2	129.0
(13o)	人类健康和社会工作活动	[(9o) + (11o)]/2	162.0
(13p)	艺术、娱乐和休闲活动	[(9p) + (11p)]/2	17.4
(13q)	其他服务活动	[(9q) + (11q)]/2	25.8
(14)	各行业持有的平均存款余额	[(10) + (12)]/2	936.5
(14a)	农业、林业和渔业	[(10a) + (12a)]/2	48.5
(14b)	采矿和采石业	[(10b) + (12b)]/2	9.1
(14c)	制造业	[(10c) + (12c)]/2	162.4
(14d)	电力、燃气、蒸汽和空调供应	[(10d) + (12d)]/2	13.1
(14e)	供水、污水处理、废物管理和修复活动	[(10e) + (12e)]/2	9.4
(14f)	建筑业	[(10f) + (12f)]/2	56.8
(14g)	批发和零售贸易；汽车和摩托车修理	[(10g) + (12g)]/2	78.8
(14h)	运输和仓储	[(10h) + (12h)]/2	65.7
(14i)	住宿和餐饮服务活动	[(10i) + (12i)]/2	70.7
(14j)	信息和通信	[(10j) + (12j)]/2	15.2
(14k)	房地产活动	[(10k) + (12k)]/2	49.0
(14l)	专业、科学和技术活动	[(10l) + (12l)]/2	37.4
(14m)	行政和辅助服务活动	[(10m) + (12m)]/2	22.3
(14n)	教育	[(10n) + (12n)]/2	107.6
(14o)	人类健康和社会工作活动	[(10o) + (12o)]/2	151.5
(14p)	艺术、娱乐和休闲活动	[(10p) + (12p)]/2	20.5
(14q)	其他服务活动	[(10q) + (12q)]/2	18.6

3.66 表 3.14 显示了如何使用上述表格的数据将 FISIM 的中间消耗分摊到各行业中。对于每个与非金融公司部门相关的行业，贷款和存款的 FISIM 分摊分别计

算如下：

- ◆ 计算各行业存贷款的平均存量占总存贷款平均存量的份额。
- ◆ 非金融公司部门存贷款 FISIM 的中间消耗乘以上述份额即是各行业存贷款 FISIM 的中间消耗。

举个例子，非金融公司部门贷款的 FISIM 的中间消耗中制造业的份额为

$$229.9/1189.9 \times 13.9 = 2.7$$

如前文所述，非金融公司部门贷款的 FISIM 也包括非常住存款性公司发放贷款的 FISIM。此外，前文也提到，教育、人类健康和社会工作活动混合了市场生产者和 NPISHs。因此，上述两个行业的计算有个假设前提，就是 NPISHs 存贷款的列入不会显著影响属于上述两大类市场生产者占非金融公司存贷款总额的份额。

对于 NPISHs 部门中与教育、人类健康与社会工作相关活动的行业来说，要分别计算各个行业存贷款在 FISIM 中间消耗的分摊，如下所示：

- ◆ 在非金融公司部门发生的教育、人类健康与社会工作活动中，计算存贷款存量在存贷款总量中的份额。
- ◆ 分摊到 NPISHs 的存贷款 FISIM 中间消耗乘以上述份额即是各行业存贷款 FISIM 的中间消耗。

例如，NPISHs 部门贷款的 FISIM 的中间消耗中教育所占部分可以计算为

$$129.0/(129.0 + 162.0) \times 1.2 = 0.5$$

因此，上述计算假定在 NPISHs 部门中与教育、人类健康和社会工作活动相关行业的存贷款分摊的比重与它们对应在非金融公司部门分摊的比重是相同的。

表 3.14　　　　　　　　按行业划分的 FISIM 中间消耗的分摊

序号	FISIM 分摊	说明	数额
(15)	贷款 FISIM 的中间消耗	(16) + (18) + (19) + (20)	21.9
(16)	非金融公司部门各行业（包含住宅的所有权）	(17) + (17l)	17.9
(17)	非金融公司部门各行业（不包含住宅的所有权）	(2a) + (4)	13.9
(17a)	农业、林业和渔业	(17) × (13a)/(13)	0.6
(17b)	采矿和采石业	(17) × (13b)/(13)	0.1
(17c)	制造业	(17) × (13c)/(13)	2.7
(17d)	电力、燃气、蒸汽和空调供应	(17) × (13d)/(13)	0.2
(17e)	供水、污水处理、废物管理和修复活动	(17) × (13e)/(13)	0.1
(17f)	建筑业	(17) × (13f)/(13)	0.8
(17g)	批发和零售贸易；汽车和摩托车修理	(17) × (13g)/(13)	1.2
(17h)	运输和仓储	(17) × (13h)/(13)	0.9
(17i)	住宿和餐饮服务活动	(17) × (13i)/(13)	1.3
(17j)	信息和通信	(17) × (13j)/(13)	0.3

续表

序号	FISIM 分摊	说明	数额
(17k)	房地产活动	(17)×(13k)/(13)	0.7
(17l)	包含住宅的所有权	(2e)	4.0
(17m)	专业、科学和技术活动	(17)×(13l)/(13)	0.5
(17n)	行政和辅助服务活动	(17)×(13m)/(13)	0.4
(17o)	教育	(17)×(13n)/(13)	1.5
(17p)	人类健康和社会工作活动	(17)×(13o)/(13)	1.9
(17q)	艺术、娱乐和休闲活动	(17)×(13p)/(13)	0.2
(17r)	其他服务活动	(17)×(13q)/(13)	0.3
(18)	NPISHs 部门各行业	(2f)	1.2
(18a)	教育	(18)×(13n)/[(13n)+(13o)]	0.5
(18b)	人类健康和社会工作	(18)×(13o)/[(13n)+(13o)]	0.6
(19)	金融和保险活动	(2b)	0.5
(20)	公共管理与国防；强制性社会保障	(2c)	2.3
(21)	存款 FISIM 的中间消耗	(22)+(23)+(24)+(25)	11.6
(22)	非金融公司部门各行业	(3a)	8.6
(22a)	农业、林业和渔业	(22)×(14a)/(14)	0.4
(22b)	采矿和采石业	(22)×(14b)/(14)	0.1
(22c)	制造业	(22)×(14c)/(14)	1.5
(22d)	电力、燃气、蒸汽和空调供应	(22)×(14d)/(14)	0.1
(22e)	供水、污水处理、废物管理和修复活动	(22)×(14e)/(14)	0.1
(22f)	建筑业	(22)×(14f)/(14)	0.5
(22g)	批发和零售贸易；汽车和摩托车修理	(22)×(14g)/(14)	0.7
(22h)	运输和仓储	(22)×(14h)/(14)	0.6
(22i)	住宿和餐饮服务活动	(22)×(14i)/(14)	0.7
(22j)	信息和通信	(22)×(14j)/(14)	0.1
(22k)	房地产活动	(22)×(14k)/(14)	0.5
(22l)	专业、科学和技术活动	(22)×(14l)/(14)	0.3
(22m)	行政和辅助服务活动	(22)×(14m)/(14)	0.2
(22n)	教育	(22)×(14n)/(14)	1.0
(22o)	人类健康和社会工作活动	(22)×(14o)/(14)	1.4
(22p)	艺术、娱乐和休闲活动	(22)×(14p)/(14)	0.2
(22q)	其他服务活动	(22)×(14q)/(14)	0.2
(23)	NPISHs 部门各行业	(3e)	1.3
(23a)	教育	(23)×(14n)/[(14n)+(14o)]	0.5
(23b)	人类健康和社会工作活动	(23)×(14o)/[(14n)+(14o)]	0.8
(24)	金融和保险活动	(3b)	0.2

续表

序号	FISIM 分摊	说明	数额
(25)	公共管理与国防；强制性社会保障	(3c)	1.5
(26)	存款和贷款的 FISIM 的中间消耗	(26a) + (26b) + (26c) + (26d) + (26e) + (26f) + (26g) + (26h) + (26i) + (26j) + (26k) + (26l) + (26m) + (26n) + (26o) + (26p) + (26q) + (26r) + (26s)	33.4
(26a)	农业、林业和渔业	(17a) + (22a)	1.1
(26b)	采矿和采石业	(17b) + (22b)	0.2
(26c)	制造业	(17c) + (22c)	4.2
(26d)	电力、燃气、蒸汽和空调供应	(17d) + (22d)	0.3
(26e)	供水、污水处理、废物管理和修复活动	(17e) + (22e)	0.2
(26f)	建筑业	(17f) + (22f)	1.3
(26g)	批发和零售贸易；汽车和摩托车修理	(17g) + (22g)	2.0
(26h)	运输和仓储	(17h) + (22h)	1.5
(26i)	住宿和餐饮服务活动	(17i) + (22i)	2.0
(26j)	信息和通信	(17j) + (22j)	0.4
(26k)	房地产活动	(17k) + (17l) + (22k)	5.2
(26l)	专业、科学和技术活动	(17m) + (22l)	0.9
(26m)	行政和辅助服务活动	(17n) + (21m)	0.6
(26n)	教育	(17o) + (18a) + (22n) + (23a)	3.5
(26o)	人类健康和社会工作活动	(17o) + (18b) + (22o) + (23b)	4.7
(26p)	艺术、娱乐和休闲活动	(17q) + (22p)	0.4
(26q)	其他服务活动	(17r) + (22q)	0.5
(26r)	金融和保险活动	(19) + (24)	0.7
(26s)	公共管理与国防；强制性社会保障	(20) + (25)	3.8

3.67 此案例显示了如何将 FISIM 的中间消耗分摊到各行业。FISIM 的中间消耗按行业细分的存贷款存量数据进行分摊。或者，编制机构可以考虑使用其他方法，如按各个行业总增加值或者产出的份额进行分配，但前提是这些方法经过评估后能够提供更为可靠的结果。编制机构可通过上述步骤将 FISIM 的中间消耗分摊到每个行业的子行业中。同样，选择哪种方法来执行分摊将取决于数据的可获得性以及编制机构认为哪些指标是可靠的。此外，编制机构可以考虑使用 SNA 利息分配的方法。

FISIM 的物量核算

3.68 上述关于 FISIM 的案例涉及使用现价或者核算期间价格来计算 FISIM 产出的情况。一段时间内以现价计算的经济变量（如 FISIM 产出）的变化是由价格和数量的变化共同造成的。这意味着使用现价数据计算的 FISIM 产出的变化可能还反映了价格的改变。因此，若要核算物量变化，需要将价格因素从 FISIM 的现价产出中剔除，以核算剔除价格因素后的 FISIM 产出。排除通货膨胀因素的 FISIM 产出核算就是国民账户体系中 FISIM 的物量核算。

3.69 获取 FISIM 物量的理想方法是针对 FISIM 每项具体构成选择适当的价格指数来对 FISIM 各项构成进行平减。然而，这种方法未必可行，因为在实践中很难找到能够直接观测到的同时又真正能够代表 FISIM 产出的价格数据。因此，就需要考虑其他的方法来实现 FISIM 的物量核算。

3.70 第一种方法被称为产出指标法。此方法使用产出指标来为每种类型的存贷款构建物量指标，其中产出指标要能够代表相关的存贷款 FISIM 的产出活动。这也应适用于 FISIM 进口额的物量核算。产出指标可能包括银行账户数量、存贷款数量、处理支票数量、转账数量、新发放消费贷款数量、发行信用卡数量、新发放住房贷款数量等。根据每项活动成本构成或各项活动产出的 FISIM 价值赋予各产出指标一定的权重，进而得出存贷款的物量指标，以核算其物量。如果企业市场和消费者市场之间存在重要差异，那么应该分别对企业和消费者构造相应物量指标。通过每种类型的贷款或存款物量加总，从而得出整个经济体 FISIM 的物量。根据 SNA 中的建议，FISIM 总的物量应该是链式的。原则上，已知与存款公司活动的关系，产出指标法可能观察到公司内部的经营活动。然而，这种方法的一个问题在于它对数据的要求非常高，而且用来构造这些指标的初始数据可能无法随时获得，以至于无法鉴别每种类型的贷款或存款相应的活动产生的 FISIM。另一个问题是每种类型的贷款和存款可能与大量的活动相关联，因此单一指标可能不适合于特定类型的贷款或存款。例如，与一个单一的活期存款账户关联的服务可能包括支票结算、自动取款机服务、缴费、记账服务、保管等。因为这些服务体现为一个单一的价格，这些指标的权重将不再适用。如果这些指标不以相同的速度增长，同等的比重则可能会导致偏差。如果一个单一的指标能够代表一个存款公司进行与特定类型的贷款或存款相关联的所有活动，那么指标法就会有效。

3.71 第二种方法被称为平减法。该方法将存贷款的基期利差运用到按基期价格平减的存贷款存量中。贷款的基期利差是贷款利率和参考利率之间的差异。存款的基期利差是参考利率和存款利率之间的差异。因为不同种类的贷款和存款的利率与参考利率之间的利差不一致，所以基期利差应该适用于每种类型的贷款和存款。因此，它们应被视为具有不同的价格。[27] 由此产生的每种贷款和存款的物量整合起来得到 FISIM 链式物量值。不能将基期利差用于总的存贷款存量中，因为这相当于使用一致的价格进行测度，而该测度会受到贷款或存款结构变化和利率结构变化的影响。理想的贷款和存款存量平减指数应该衡量实际价格的变化。然而，这在实践中是不可能的，所以用一般价格指数来进行平减似乎能够提供一种较好衡量货币购

---

[27] 贷款和存款的基期利差也可以通过 FISIM 的贷款和存款基期值除以相应的基期贷款和存款的平均余额获得。

买力变化的方法。可以使用的一般物价指数包括 GDP 平减指数、最终的国内需求平减物价指数和所有项目的 CPI 指数。前两个指数应排除 FISIM。原则上，在非常住存款公司存贷款的基期利差数据给定的情况下，平减法应该适用于 FISIM 进口额。如果此类信息不可用，编制机构可以考虑使用从其他合作经济体获取 FISIM 价格指数。尽管用于平减存贷款存量的价格指数可能不直接与货币价格相关，但是这种方法提供了一种 FISIM 物量核算的简单可行的方式。鉴于其对数据要求不高，此方法在一般情况下，优于产出指标法。

3.72 第三种方法是一种混合法，结合了指标法和平减法。如果对于某些类型的贷款或存款，编制机构能够找到恰当的指标，那就可以使用指标法。对于一些无法提供恰当指标的其他类型的贷款和存款，编制机构可以使用平减法。

案例 3.3 FISIM 物量核算

3.73 本案例显示了如何使用平减法计算年度链式的 FISIM 物量。为简单起见，使用上年价格计算 FISIM 链式物量。这表示物量将采用拉氏指数公式计算。

3.74 表 3.15 显示了五年的按存贷款类型划分的应收和应付利息数据。假定数据与案例 3.1 中所示的数据属于同样的常住存款公司，而这些公司有三种贷款和三种存款。同时还假定 t 年的总贷款应收利息以及总存款应付利息与案例 3.1 相同。

表 3.15 　　常住存款公司贷款的应收利息和存款的应付利息数据

序号	项目	t	$t+1$	$t+2$	$t+3$	$t+4$
(1)	贷款应收利息	150.1	156.2	162.3	174.9	181.9
(1a)	按揭贷款	20	20.5	21.3	23.2	23.9
(1b)	汽车贷款	13.5	13.7	14	15.7	16
(1c)	商业贷款	116.6	122	127	136	142
(2)	存款应付利息	62.9	63.3	63.5	64.3	65.7
(2a)	活期存款	2.5	2.2	1.7	1.5	1.2
(2b)	定期存款	46	46.6	47.1	48	49
(2c)	储蓄存款	14.4	14.5	14.7	14.8	15.5

3.75 表 3.16 显示了同一时期常住存款公司三种类型的存贷款以及总的存贷款平均存量。相应的数据与案例 3.1 中所使用的计算方法相同。假定 t 年的数据与案例 3.1 相同。

表 3.16 　　常住存款公司的平均存贷款存量数据

序号	项目	t	$t+1$	$t+2$	$t+3$	$t+4$
(3)	贷款平均存量	1851	2013.3	2184.9	2304.4	2488.2
(3a)	按揭贷款	235	259.8	288.2	305.2	337.6

续表

序号	项目	t	$t+1$	$t+2$	$t+3$	$t+4$
(3b)	汽车贷款	182	199.3	218.1	231.1	250.5
(3c)	商业贷款	1434	1554.2	1678.6	1768.1	1900.1
(4)	存款平均存量	1141	1254.9	1373.2	1445.1	1552.2
(4a)	活期存款	233	255.3	284	297.1	322.9
(4b)	定期存款	678	746	810	850	911.3
(4c)	储蓄存款	230	253.6	279.2	298	318

3.76 表3.17显示了同一时期常住存款公司三种存贷款和存贷款总量的平均利率、内生参考利率和剔除了FISIM的GDP平减指数。平均利率和参考利率的计算和案例3.1中相同，剔除了FISIM的GDP平减指数是按上年价格计算的。正如前面提到的，可以考虑使用的其他一般价格指数包括最终国内需求平减指数（扣除FISIM）和所有项目CPI指数。而选择哪个价格指数则取决于编制机构的评估。

表3.17 平均利率、参考利率以及GDP平减指数（扣除FISIM）

序号	项目	说明	t	$t+1$	$t+2$	$t+3$	$t+4$
(5)	贷款平均利率	[(1)/(3)]×100.0	8.11	7.76	7.43	7.59	7.31
(5a)	按揭贷款	[(1a)/(3a)]×100.0	8.51	7.89	7.39	7.6	7.08
(5b)	汽车贷款	[(1b)/(3b)]×100.0	7.42	6.87	6.42	6.79	6.39
(5c)	商业贷款	[(1c)/(3c)]×100.0	8.13	7.85	7.57	7.69	7.47
(6)	存款平均利率	[(2)/(4)]×100.0	5.51	5.04	4.62	4.45	4.23
(6a)	活期存款	[(2a)/(4a)]×100.0	1.07	0.86	0.6	0.5	0.37
(6b)	定期存款	[(2b)/(4b)]×100.0	6.78	6.25	5.81	5.65	5.38
(6c)	储蓄存款	[(2c)/(4c)]×100.0	6.26	5.72	5.27	4.97	4.87
(7)	国内参考利率	[(5)+(6)]/2	6.81	6.4	6.03	6.02	5.77
(8)	GDP平减指数（扣除FISIM）（前一年为100.0）			101.4	103.5	103.5	102.8

3.77 表3.18显示了如何计算各类存贷款的现价FISIM。计算方法同案例3.1中所述。

表3.18 按现价计算FISIM

序号	项目	说明	t	$t+1$	$t+2$	$t+3$	$t+4$
(9)	贷款FISIM	(9a)+(9b)+(9c)	24.03	27.32	30.63	36.18	38.29
(9a)	按揭贷款	[(5a)−7]/100.0×(3a)	3.99	3.87	3.93	4.83	4.42
(9b)	汽车贷款	[(5b)−7]/100.0×(3b)	1.1	0.94	0.86	1.79	1.54
(9c)	商业贷款	[(5c)−7]/100.0×(3c)	18.93	22.51	25.84	29.57	32.33
(10)	存款FISIM	(10a)+(10b)+(10c)	14.81	17.03	19.25	22.69	23.89

续表

序号	项目	说明	t	$t+1$	$t+2$	$t+3$	$t+4$
(10a)	活期存款	[7−(6a)]/100.0×(4a)	13.37	14.14	15.41	16.38	17.44
(10b)	定期存款	[7−(6b)]/100.0×(4b)	0.18	1.15	1.71	3.17	3.6
(10c)	储蓄存款	[7−(6c)]/100.0×(4c)	1.27	1.73	2.13	3.14	2.85
(11)	总的国内FISIM	(9)+(10)	38.84	44.35	49.88	58.87	62.18

3.78 表3.19显示了如何计算按上年价格平减的各类存贷款的平均存量。平减的各类存贷款的平均存量等于现价存量除以扣除了FISIM的GDP平减指数，再乘以100.0。因为t年是序列的起始年，所以不需要计算t年的数据。

表3.19　　按上年价格计算存贷款平减后的平均存量

序号	项目	说明	$t+1$	$t+2$	$t+3$	$t+4$
(12)	平减后平均贷款存量	(12a)+(12b)+(12c)	1985.3	2112	2225.8	2419.7
(12a)	按揭贷款	(3a)/(8)×100.0	256.2	278.6	294.8	328.3
(12b)	汽车贷款	(3b)/(8)×100.0	196.5	210.8	223.2	243.6
(12c)	商业贷款	(3c)/(8)×100.0	1532.6	1622.6	1707.8	1847.8
(13)	平减后平均存款存量	(13a)+(13b)+(13c)	1237.5	1327.4	1395.8	1509.5
(13a)	活期存款	(4a)/(8)×100.0	251.8	274.5	287	314
(13b)	定期存款	(4b)/(8)×100.0	735.6	783	821	886.2
(13c)	储蓄存款	(4c)/(8)×100.0	250.1	269.9	287.8	309.2

3.79 表3.20显示了如何按上年价格计算各类存贷款FISIM的非链式拉氏物量。从$t+1$年开始，各类贷款获得的FISIM物量如下：

◆计算贷款的平均利率与前一年的参考率之间的差额，并将结果除以100.0（贷款的基期利差）。

◆本年度经过平减的贷款存量乘以贷款的基期利差，从而获得按上年价格计算的FISIM物量。

例如，$t+1$年的按揭贷款FISIM物量如下：

$$256.2 \times [(8.51 - 6.81)/100] = 4.35$$

FISIM物量的结果经过加总得到按上年价格计算的非链式贷款FISIM物量总额。

从$t+1$年开始，每个类型的存款FISIM物量如下：

◆计算上年基准利率和存款平均利率之间的差额，并将结果除以100.0（存款基期利差）。

◆将当年经过平减后的存款存量乘以存款基期利差，从而获得按上年价格计算的FISIM物量。

例如，$t+1$年活期存款FISIM物量为

$$251.8 \times [(6.81 - 1.07)/100] = 14.45$$

FISIM物量的结果经过加总得到按上年价格计算的非链式存款FISIM物量总额。

非链式存贷款 FISIM 物量的总额加总获得按上年价格计算的非链式 FISIM 物量的总额。

表 3.20　　　　　　　按上年价格计算非链式拉氏 FISIM 物量

序号	项目	说明	$t+1$	$t+2$	$t+3$	$t+4$
(14)	贷款 FISIM	(14a)+(14b)+(14c)	25.78	28.65	31.19	37.98
(14a)	按揭贷款	$(12a) \times [(5a)\_t-1-(7)\_t-1)]/100.0$	4.35	4.15	4.02	5.19
(14b)	汽车贷款	$(12b) \times [(5b)\_t-1-(7)\_t-1)]/100.0$	1.19	1	0.88	1.89
(14c)	商业贷款	$(12c) \times [(5c)\_t-1-(7)\_t-1)]/100.0$	20.23	23.5	26.29	30.9
(15)	存款 FISIM	(14a)+(14b)+(14c)	16.01	18.26	19.5	23.88
(15a)	活期存款	$(13a) \times [(7a)\_t-1-(6)\_t-1)]/100.0$	14.45	15.21	15.58	17.32
(15b)	定期存款	$(13b) \times [(7b)\_t-1-(6)\_t-1)]/100.0$	0.19	1.21	1.74	3.3
(15c)	储蓄存款	$(13c) \times [(7c)\_t-1-(6)\_t-1)]/100.0$	1.38	1.85	2.19	3.26
(16)	总的国内 FISIM	(14)+(15)	41.79	46.91	50.69	61.85

3.80　表 3.21 显示了如何按上年价格计算拉氏 FISIM 物量的增长率。对于表 3.21 中的每一项，其增速均为表 3.20 中上年价格的值除以表 3.18 相应的现价价值计算。

表 3.21　　　　　按上年价格计算非链式拉氏 FISIM 物量的增长率

序号	项目	说明	$t+1$	$t+2$	$t+3$	$t+4$
(17)	贷款 FISIM 物量增长率	$[(14)\_t]/[(9)\_t-1]$	1.073	1.048	1.018	1.05
(17a)	按揭贷款	$[(14a)\_t]/[(9a)\_t-1]$	1.09	1.072	1.023	1.076
(17b)	汽车贷款	$[(14b)\_t]/[(9b)\_t-1]$	1.08	1.058	1.023	1.054
(17c)	商业贷款	$[(14c)\_t]/[(9c)\_t-1]$	1.069	1.044	1.017	1.045
(18)	存款 FISIM 物量增长率	$[(15)\_t]/[(10)\_t-1]$	1.081	1.072	1.013	1.052
(18a)	活期存款	$[(15a)\_t]/[(10a)\_t-1]$	1.08	1.075	1.01	1.057
(18b)	定期存款	$[(15b)\_t]/[(10b)\_t-1]$	1.085	1.05	1.014	1.043
(18c)	储蓄存款	$[(15c)\_t]/[(10c)\_t-1]$	1.087	1.064	1.031	1.038
(19)	总的国内 FISIM 物量增长率	$[(16)\_t]/[(11)\_t-1]$	1.076	1.058	1.016	1.051

3.81　表 3.22 显示了如何将上述计算的拉氏 FISIM 物量进行链接从而获得按特定年份价格计算出的 FISIM 物量。由于拉氏物量核算使用年度价格进行链接，因此它们被称为年度链式拉氏物量核算。在此实例中，假定参考年是 t 年。表 3.22 中

的每一项从第 $t+1$ 年起的年度链式拉氏物量等于上年的年度链式物量乘以它的增长率。由于 t 年是参考年,因此无须计算 t 年的年度拉氏 FISIM 物量。此外,除了 t 年和 $t+1$ 年,其余年份年度拉氏 FISIM 物量不可加。相加的损失是链的自然结果。

表 3.22　　　　　　　　年度链式拉氏 FISIM 物量(参考年为 t 年)

序号	项目	说明[a]	t	$t+1$	$t+2$	$t+3$	$t+4$
(20)	贷款 FISIM	$[(20)\_t-1] \times [(17)\_t]$	24.03	25.78	27.03	27.52	28.89
(20a)	按揭贷款	$[(20a)\_t-1] \times [(17a)\_t]$	3.99	4.35	4.67	4.78	5.14
(20b)	汽车贷款	$[(20b)\_t-1] \times [(17b)\_t]$	1.1	1.19	1.26	1.29	1.36
(20c)	商业贷款	$[(20c)\_t-1] \times [(17c)\_t]$	18.93	20.23	21.12	21.49	22.46
(21)	存款 FISIM	$[(21)\_t-1] \times [(18)\_t]$	14.81	16.01	17.17	17.4	18.31
(21a)	活期存款	$[(21a)\_t-1] \times [(18a)\_t]$	13.37	14.45	15.53	15.69	16.59
(21b)	定期存款	$[(21b)\_t-1] \times [(18b)\_t]$	0.18	0.19	0.2	0.21	0.21
(21c)	储蓄存款	$[(21c)\_t-1] \times [(18c)\_t]$	1.27	1.38	1.46	1.51	1.57
(22)	总的国内 FISIM	$[(22)\_t-1] \times [(19)\_t]$	38.84	41.79	44.2	44.92	47.2

注:[a] 适用于 $t+1$ 年及以后数据。

3.82　本案例显示了如何使用平减法计算年度链式拉氏 FISIM 物量。在加总各类存贷款物量结果得到年度链式拉氏 FISIM 物量前,将基期利差运用于平减的存贷款存量中。使用各类存贷款的基期利差要优于使用存贷款总量的基期利差,因为后者相当于使用一致的价格进行测度,该价格变化会受到存贷款结构变化以及利率结构变化的影响。

(b) 与使用自有资金或以赞助商提供资金发放贷款的机构单位相关的金融服务

参考:
SNA2008,第 4 章,机构单位和部门
SNA2008,第 6 章,生产账户

3.83　不吸收存款的金融机构也可能发放贷款。这些金融机构使用自有资金或者由赞助商提供资金来发放贷款。这类金融机构包括贷款公司、信用卡发行机构、零售商的金融合作机构(如提供融资租赁服务)、涉及放贷活动的典当行及与放贷(如提供学生贷款和进/出口贷款)相关的公司。与存款公司类似,这类金融机构通过放贷提供隐性金融服务。然而,由于这类机构不能吸收存款,因此它们并不提供存款类金融服务。在数学方法上,这类金融机构的隐性金融服务产出可通过修正的 FISIM 公式(3.1)来计算,具体写成:

$$F_L = \left(\frac{r_L - rr}{100.0}\right) Y_L \tag{3.4}$$

其中,F_L、r_L、rr 和 Y_L 分别代表贷款金融服务产出、贷款利率、参考利率和贷

款平均存量，利率以百分数的形式表示。

与 FISIM 类似，产出应分摊给机构部门和行业。[28] 不同的金融机构，其贷款利率有所差异，但参考利率却是一致的，因为用于计算 FISIM 的参考利率是由在同一经济体下运营的存款类机构提供的。这是基于专栏 3.1 中根据 SNA 更新议程提出的对 FISIM 的主要建议，即在一个经济体中，一种货币只能有一个参考利率。同时，由于贷款人通常收取非常高的利率，因此其服务费用可能会远超国民账户体系的利息支付。

3.84 在很多国家，贷款人是主要的信贷渠道之一。此外，在许多发展中国家，借贷是由所有人为住户的非法人企业提供的。这些单位属于住户部门而不是专属金融机构，也不属于金融公司子部门中的贷款人部门。这些非法人金融公司通常并未在当局注册登记，且运行于非正式部门之中。[29] 尤其是在农村地区，当抵押品稀缺、债务合同的法律执行困难时，这些非法人金融公司便逐渐壮大。这些企业具有很多优势，包括更加了解客户信用、执行还款能力更强、能够通过收取高利率克服不具备规模经济的缺陷等，这些优势使得它们能够提供银行无法提供的贷款。

3.85 如果贷款人和以自有资金从事放贷的其他金融机构是实际存在的公司或准公司，则它们的活动将囊括在正式的企业调查中，或者其活动也会被货币当局所掌握。然而，上述情况并不同样适用于所有人为住户的非法人金融企业。此外，鉴于许多发展中国家的正规银行体系相对落后，非法人金融公司在这些国家的借贷活动中可能占据显著份额。因此，若不考虑它们的活动就无法计算其对经济的贡献。所以需要通过住户或企业调查来获得和测算这些非法人企业提供的金融服务。其中，在住户调查中，一些相关问题应被纳入住户支出调查，收集一些信息，如贷款金额、用途、期限和应付利息。许多发展中国家已经定期开展此项调查。此外，如果资源允许，关于住户的财务状况问题也可被列入特别调查。[30] 然而，若开展的调查仅仅基于住户，那就无法得到企业消费的那部分金融服务。因此，可能需要通过实施特别调查去计算非正规部门的贷款人金融服务。或者，可以进行住户企业混合调查，以搜集有关住户作为非法人企业开展贷款活动的资料。而无论使用哪种方法，调查应当能够区分提供给企业的服务和提供给住户（分别作为消费者和非法人企业所有者）的服务。最终，选择合适的方法来获得非法人贷款人的活动。而该方法的恰当与否取决于建立的数据收集方法是否能够充分覆盖它们的所有活动，同时也依赖于现有的收集信息中缺失的部分、统计机构制度、可获得的资源及用户需求。

---

[28] 分摊可用前述的 FISIM 分摊方法进行。
[29] Kulshreshtha（2006）指出，在许多亚洲和非洲国家，这些非正规金融活动的规模不小。
[30] 这些调查例子可见于 Coleman 和 Williams（2006）、印度统计和计划执行部（2001）。

案例 3.4 计算贷款人提供的金融服务产出

3.86 此案例显示了如何以现价计算贷款人所提供的金融服务产出。假定编制机构能够以从调查中收集到的初始数据计算产出，同时能够通过汇总数据以获取经济总量的估计值。另外，两个机构单位之间的交易记录将使用四式记账原则。许多交易会被记录在金融账户中的对应条目以显示这些交易的支付结算手段。此案例还将显示如何在金融账户对应条目中对这些交易进行记录。为简单起见，假设这些交易均以现金或可转让存款的方式进行结算，在金融账户中归属于"通货和存款"科目。

3.87 表 3.23 显示了由贷款人发放贷款所产生的应收利息数据。前提是假设在调查数据中贷款人只对非金融公司和住户部门的机构单位发放贷款，且经济体中的所有贷款人都是公司或者准公司，同时发放给住户的贷款只用于最终消费。此外，由于调查中的贷款人不吸收存款，所以没有贷款人持有存款的应付利息数据。

表 3.23　　　　　　　　贷款人发放贷款的应收利息数据

序号	项目	数额
（1）	应收贷款利息	62.0
（1a）	非金融公司	12.0
（1b）	住户	50.0

3.88 表 3.24 显示了截至 1 月 1 日和 12 月 31 日贷款人发放给非金融公司和住户的贷款存量以及平均贷款存量。对每一个部门而言，以年初和年末贷款存量的简单平均作为其平均贷款存量。因为贷款人不吸收存款，仅用自有资金进行放贷，所以没有关于存款存量的数据。

表 3.24　　　　　　　　贷款人发放的贷款存量及其变化数据

序号	项目	1月1日	12月31日	平均	变化
（2）	贷款	468.0	474.0	471.0	6.0
（2a）	非金融公司	94.0	96.0	95.0	2.0
（2b）	住户	374.0	378.0	376.0	4.0

3.89 表 3.25 显示了如何按表 3.23 和表 3.24 的数据计算贷款人发放给非金融公司和住户的贷款平均利率。每项平均利率是按年利息流量除以贷款平均存量，然后再乘以 100.0 得到的。表 3.25 还显示了用于计算贷款人金融服务产出的国内参考利率。此外，我们还假设在这个实例中，贷款人和案例 3.1 的其他机构单位属于同一经济体，因此这里使用的参考利率即是前述案例中的参考利率。

表 3.25　　　　　　　　　计算贷款人发放贷款的平均利率

序号	项目	说明	数额
(3)	贷款平均利率	$(1)/(2)_{av} \times 100.0$	13.16
(3a)	非金融公司	$(1a)/(2a)_{av} \times 100.0$	12.63
(3b)	住户	$(1b)/(2b)_{av} \times 100.0$	13.3
(4)	参考利率	rr_{DOM}	6.81

3.90　表 3.26 显示了如何利用表 3.25 中的数据来计算贷款人提供的金融服务产出。每个部门的金融服务产出的计算如下：

◆ 计算贷款平均利率与基准利率之间的差额，并将结果除以 100.0。

◆ 差额乘以贷款平均存量来获得产出。

表 3.26　　　　　　　　　计算贷款人提供的金融服务产出

序号	项目	说明	数额	SNA2008 代码
(5)	贷款金融服务产出	(5a)+(5b)	29.9	P1
(5a)	非金融公司	$[(3a)-(4)]/100.0 \times (2a)_{av}$	5.5	P2
(5b)	住户	$[(3b)-(4)]/100.0 \times (2b)_{av}$	24.4	P3

3.91　表 3.27 显示了如何利用表 3.23 和表 3.24 的数据来计算与贷款人交易产生的 SNA 利息。每个部门的 SNA 利息就是贷款人实际应收利息和金融服务产出之间的差额。[31] SNA 利息应记录到初始收入分配账户中。

表 3.27　　　　　　　　　计算贷款人应收 SNA 利息

序号	项目	说明	数额	SNA2008 代码
(6)	贷款人应收 SNA 利息	(6a)+(6b)	32.1	D4, D41
(6a)	来自非金融公司的应收 SNA 利息	(1a)-(5a)	6.5	D4, D41
(6b)	来自住户的应收 SNA 利息	(1b)-(5b)	25.6	D4, D41

3.92　表 3.28 显示了如何计算由贷款人与其他机构单位所发生交易而引起的金融资产与负债的变化，并在必要时展示这些交易的支付方式。计算金融资产和负债的变化通常遵循以下原则：对于贷款人而言，在核算期收到贷款利息时，在金融账户的通货和存款项下记增加。与此同时，发放贷款则代表了金融账户中这些相应资产的减少。同时，在其交易对手的机构单位下则使用与之相反的记录原则。举个例子，核算期贷款人的通货和存款项下的资产净增加了 56。这是由于：

◆ 贷款获得利息（62.0）。

◆ 发放贷款（-6.0）。

此外，核算期它们的贷款资产净增加了 6.0。

---

[31] 贷款的 SNA 利息也可通过将参考利率乘以贷款平均余额获得。

表 3.28　　　　　　　　计算贷款人与其他机构金融资产和负债的变化

序号	项目	说明	数额	SNA2008 代码
	金融资产变化(通货和存款)			
(7)	贷款人	$(1)-(2)_{ch}$	56.0	F2
(8)	非金融公司	$-(1a)+(2a)_{ch}$	-10.0	F2
(9)	住户	$-(1b)+(2b)_{ch}$	-46.0	F2
	金融资产变化(贷款)			
(10)	贷款人	$(2)_{ch}$	6.0	F4
	金融负债变化(贷款)			
(11)	非金融公司	$(2a)_{ch}$	2.0	F4
(12)	住户	$(2b)_{ch}$	4.0	F4

3.93　表 3.29 显示了如何记录贷款人提供的金融服务产出和其他交易。为简化介绍和分析，忽略与案例无关的交易。具体交易记录如下：

（a）贷款人的产出是 29.9，记录在贷款人的生产账户中。其中，非金融公司消耗的部分产出（5.5）记录为它们生产账户中的中间消耗。

（b）记录于初始收入分配账户中的利息为 SNA 利息，而非银行利息。

（c）由贷款人提供的金融服务产出的剩余部分（24.4）作为住户的最终消费支出。这一数额被记录于可支配收入使用账户中的住户项下。此外，可支配收入使用账户还显示每个部门和经济总体的总储蓄。

（d）由于没有资本账户交易，资本账户的净贷出/净借入和可支配收入与账户的总储蓄相等。

（e）金融账户记录了机构部门的通货和存款、贷款的变动。由于这些科目对应于其他账户中的科目，或仅反映金融资产和负债的变化，所以金融账户中的净贷出/净借入与资本账户中的净贷出/净借入的数额一致（方向相反）。然而，在实践中，由于数据源和交易记录时间的差别，可能会导致这两个账户中的净贷出/净借入之间有所差异。

表 3.29　　　贷款人提供的金融服务产出、SNA 利息和其他相关交易的记录

使用							来源				
合计	货物和服务	经济总体	住户	贷款人	非金融公司	SNA 2008 代码	交易和平衡项	非金融公司	贷款人	住户	经济总体	货物和服务	合计
生产账户												
29.9	29.9					P1	产出		29.9		29.9		29.9
5.5		5.5			5.5	P2	中间消耗					5.5	5.5
24.4		24.4		29.9	-5.5	B1g	总增加值/国内生产总值						

续表

合计	货物和服务	经济总体	住户	贷款人	非金融公司	SNA 2008 代码	交易和平衡项	非金融公司	贷款人	住户	经济总体	货物和服务	合计
							初始收入分配账户						
32.1		32.1	25.6		6.5	D4	财产收入		32.1		32.1		32.1
32.1		32.1	25.6		6.5	D41	利息（SNA利息）		32.1		32.1		32.1
24.4		24.4	−25.6	62.0	−12.0	B5g	初始收入总额/国民总收入						
							可支配收入使用账户						
24.4		24.4	24.4			P3	最终消费支出					24.4	24.4
0.0		0.0	−50.0	62.0	−12.0	B8g	总储蓄						
资产变化												负债和净值变化	
							资本账户						
0.0		0.0	−50.0	62.0	−12.0	B9	净贷出（+）/净借入（−）						
							金融账户						
						B9	净贷出（+）/净借入（−）	−12.0	62.0	−50.0	0.0		0.0
0.0		0.0	−46.0	56.0	−10.0	F2	通货和存款						
6.0		6.0		6.0		F4	贷款	2.0		4.0	6.0		6.0

3.94 上述实例中用于计算贷款人提供的金融服务产出的方法也同样适用于计算以自有资金放贷的其他机构单位提供的金融服务产出，如信用卡发行机构、零售商的金融合作机构（如提供融资租赁服务）、典当行以及与放贷（如提供学生贷款和进口/出口贷款）相关的公司。

与使用自有资金或以赞助商提供的资金进行放贷的机构单位相关的金融服务产出的物量核算

3.95 上述实例涉及计算贷款人提供的现价金融服务产出。但产出的时间序列数据需要进行调整，以消除价格变动的影响。原则上，可使用如前面所述的计算FISIM物量的平减法来测算产出的物量。这种方法也可适用于以自有资金放贷的其他机构单位提供的金融服务产出，如信用卡发卡机构、零售商的金融合作机构（如提供金融租赁服务）、典当行及与放贷（如提供学生贷款和进口/出口贷款）相关的公司。

（c）中央银行提供的金融服务

参考：
SNA2008，第6章，生产账户

*SNA*2008，第 8 章，收入再分配账户

3.96 中央银行提供的服务大致可分为三类。如下所示：
◆ 货币政策服务。
◆ 金融中介服务。
◆ 诸如监管服务之类的临界情形。

货币政策是指中央银行为影响物价总水平和经济体的流动性水平而采取的行动或措施。这些措施包括设定利率、通过各种工具决定经济体中的货币供应量水平（如增加或降低准备金）等。货币政策服务本质上是服务于整个社会的公共服务，因此是中央银行的非市场产出。金融中介服务是中央银行在没有对利率进行政策干预的情况下所承担的本质上具有个体性的服务，被视为市场产出。这些金融中介服务产出的计算方法与计算 FISIM 的方法相同。某些临界情形，如监管服务，既可以划分为市场服务，也可以划分为非市场服务，这主要取决于直接收费是否可以充分地弥补提供此类服务的成本。

3.97 原则上应该区分市场产出和非市场产出，但在实践中，实施这些理论建议之前，应该考虑操作的可行性及进行这种区分的相对重要性。当无法将市场产出和非市场产出区分开来时，中央银行的所有产出都应被视为非市场产出，其价值等于成本之和。由于产出是非市场的，应视为中间消耗、雇员报酬、固定资本消耗和其他生产税净额的总和。

3.98 中央银行的非市场产出应记为一般政府的公共消费支出，但一般政府部门并不承担中央银行非市场产出的成本。因此，非市场产出的价值应视为经常转移，记录为中央银行的应付项和一般政府部门的应收项，以对应政府对中央银行非市场产出的购买。在 SNA 中，经常转移包含在杂项经常转移中（D75）。[32]

3.99 中央银行通常提供监管服务以监督金融公司。有观点认为，这是一项造福社会的行为，在国民经济核算账户中应记录为政府部门的最终消费。为支持这种观点，可以列举出一些类似的情况，例如某些执行市场监管政策的政府部门，也会委托专门机构或从事道路、水坝和桥梁建设的政府单位来执行监管。从这个角度来看，监管服务是公共服务，应记录为政府的消费支出。

3.100 然而，也有观点认为，政府监管的服务对象是金融中介机构，因为这些服务有助于金融机构的正常运营和业绩的提升。从这个角度来看，它类似于政府的某些监管服务，如食品和药品的质量控制，这些服务在国民经济账户中被记录为生产者的中间消耗。在有些国家（如拉丁美洲的很多国家），金融中介机构需要为这些服务付费，这一事实也支持了这个观点。根据这个逻辑，金融监管服务不是公

---

[32] 相反地，*ESA*2010 中第 14.16 节阐明，按照惯例，中央银行总产出中只有未出售的部分，即总成本扣除佣金和费用，需要分摊给其他金融中介机构的中间消耗，如分摊给中央银行以外的存款性公司子部门（S122）和除保险公司与养老金之外的其他金融中介机构（S125），需按这些子部门各自的增加值所占比例进行分摊。

共服务，应该记录为金融中介机构的中间消耗。而中央银行应该能够提供关于这些监管服务的明确收费信息。然而，即使由于金融监管服务是收费服务而将它视为市场产出，但若中央银行收取的费用不足以弥补其监管成本，那么该项服务就应作为非市场产出和政府的部分消费支出。

3.101 如果由中央银行提供的金融中介服务十分重要，且有可能并值得为提供这些服务的机构单独汇编数据，那么接受这些服务部门单位就应当为此付费。同样地，监督服务也被作为市场产出进行相应的记录。

案例3.5 计算与记录中央银行的非市场产出[33]

3.102 本案例显示了如何以现价计算中央银行的非市场产出，如何在 SNA 中记录该产出及中央银行与一般政府部门之间的其他交易。如上文所述，非市场产出包括货币政策服务和（或）监督服务的非市场部分。此外，两个机构单位之间的交易通过四式记账原则记录在 SNA 中。金融账户中记录了许多交易的对应科目，并以此显示这些交易的支付结算手段。此案例还显示了如何在金融账户对应科目中对这些交易进行记录。为简单起见，假设这些交易均以现金或可转让存款的形式进行结算，在金融账户中归属于"通货和存款"科目。

3.103 表3.30 显示了与中央银行非市场产出相关的生产费用。这些费用由编制机构与中央银行（不是编制机构）共同估算。为简单起见，我们假设这些费用仅包括中间消耗和雇员报酬，并且没有固定资本消耗以及其他生产税净额。所有中间消耗的货物和服务均从经济中的非金融以及金融部门购买。因此，我们在测算非市场产出时，并不一定需要获得固定资本回报率的估计值。中央银行的非市场产出等于中间消耗及其雇员报酬的总和。

表 3.30　　　　　　中央银行非市场产出过程中产生的实际费用

序号	项目	说明	数额	SNA2008 代码
（1）	中间消耗		90.0	P1，P2
（2）	雇员报酬		360.0	D1
（3）	中央银行非市场产出	（1）+（2）	450.0	P1，P3，P32，D7，D75

3.104 表3.31 显示了如何计算中央银行和其他机构单位之间因交易而引起的金融资产和负债的变化。一般情况下，使用以下原则计算金融资产和负债的变化：对于中央银行，其中间消耗和雇员报酬代表了其金融账户中通货和存款负债的增加。这是因为中央银行负责货币发行，因此对中央银行来说，通货和存款不能作为金融资产。至于为中央银行提供商品、服务以及劳动力的机构单位，相对应的交易

---

[33] 此案例引用自 Bloem，Gorter and Rivas（2006）。

则表示为通货和存款资产的增加。例如，在核算期间，中央银行货币存款负债增加了450，是由于以下原因：

◆ 支付中间消耗（90.0）。
◆ 支付雇员报酬（360.0）。

表 3.31　计算中央银行及其他机构单位金融资产和负债的变化

序号	项目	说明	数额	SNA2008 代码
	金融资产变化（通货和存款）			
(4)	住户	(2)	360.0	F2
(5)	非金融和金融公司	(1)	90.0	F2
	负债变化（通货和存款）			
(6)	中央银行	(3)	450.0	F2

3.105　表 3.32 显示了如何记录中央银行的非市场产出及其他交易。为确保清楚，中央银行的交易单独列示而不与其他金融公司合并列示。此外，为简化介绍和分析，我们将忽略其他机构单位的货物和服务的中间消耗，并整合非金融公司与其他金融公司的交易。具体交易记录描述如下：

（a）中央银行的非市场产出（450.0）和中间消耗（90.0）均记录在生产账户中。同时由于假定中央银行的所有中间消耗均来自非金融公司和其他金融公司部门，所以也按同等金额记录为非金融和其他金融公司这两个部门的产出。

（b）由中央银行支付给创造非市场产出的雇员报酬（360.0），在收入形成账户中记入"使用"方。

（c）这一数额在初始收入分配账户中记录为住户收入来源。

（d）中央银行的非市场产出（450.0）是公共消费支出，被一般政府所消耗。因此，它作为一般政府的部分公共消费支出被记录在可支配收入使用账户中。但该项产出并不是由一般政府产生的。因此，这导致政府储蓄的下降和净贷出/净借入的减少。对中央银行而言，则出现相反的影响。为了消除这些影响，经常转移（450.0）也可作为一般政府因购买中央银行非市场产出而向中央银行支付的应付款项。在收入再分配账户中，经常转移作为杂项经常转移的一部分进行记录。

（e）由于没有资本账户交易，在可支配收入使用账户中，资本账户的净贷出/净借入等同于总储蓄和对外经常项目差额。

（f）在早期账户中，记录金融账户中通货和存款的变化作为大部分交易的支付方式。由于这些科目与其他账户中的科目相对应，所以金融账户中的净贷出/净借入与资本账户中的净贷出/净借入的数额一致（方向相反）。然而，在实践中，由于数据源和交易记录时间的差别，可能会导致这两个账户中的净贷出/净借入之间有所差异。

表 3.32　　　　记录与中央银行非市场产出相关的交易

使用															来源
合计	货物和服务	经济总体	住户	一般政府	中央银行	非金融公司和金融公司	SNA2008代码	交易和平衡项	非金融公司和金融公司	中央银行	一般政府	住户	经济总体	货物和服务	合计
生产账户															
540.0	540.0						P1	产出	90.0	450.0			540.0		540.0
90.		90.0			90.0		P2	中间消耗						90.0	90.0
450.0		450.0		360.0	90.0		B1g	总增加值/国内生产总值							
收入形成账户															
360.0		360.0		360.0			D1	雇员报酬							
90.0		90.0		0.0	90.0		B2g	营业盈余总额							
初始收入分配账户															
							D1	雇员报酬			360.0	360.0	360.0		360.0
450.0		450.0	360.0	0.0	90.0		B5g	初始收入总额/国民收入总额					450.0		450.0
收入再分配账户															
450.0		450.0		450.0			D7	其他经常转移		450.0		450.0	450.0		450.0
450.0		450.0		450.0			D75	杂项经常转移		450.0		450.0	450.0		450.0
450.0		450.0	360.0	450.0	-450.0	90.0	B6g	可支配收入总额							
可支配收入使用账户															
450.0		450.0		450.0			P3	最终消费支出					450.0	450.0	
450.0		450.0		450.0			P32	公共消费支出					450.0	450.0	
0.0		0.0	360.0	0.0	-450.0	90.0	B8g	总储蓄							
资产变化															负债和净值变化
资本账户															
0.0		0.0	360.0	0.0	-450.0	90.0	B9	净贷出（+）/净借入（-）							
金融账户															
								净贷出（+）/净借入（-）	90.0	-450.0	0.0	360.0	0.0		0.0
450.0		450.0	360.0		90.0		F2	通货和存款		450.0	0.0		450.0		450.0

中央银行产出的物量核算

参考：

SNA2008，第 15 章，价格和物量核算

《国民账户中的价格与物量核算手册》，第 4 章，产出计算的 A/B/C 方法

3.106　中央银行的市场和非市场产出是根据相关源数据以现价测算得出的。同时还需要通过一定的物量核算方法来剔除价格因素影响。如何进行物量核算在一

定程度上取决于产出性质。以直接收费为例，比方说监管服务，物量核算可以通过使用合适的 PPI 成分指数（根据质量变化调整）来平减现价产出。考虑到这种成分指数有可能无法获得，编制机构可以考虑使用更为广泛的 PPI 指数。或者，可以考虑使用其他物量指标。至于与金融中介有关的产出，其物量核算可以使用先前描述过的 FISIM 测算方法来进行。然而，对于公共服务的非市场产出，因其市场价格不存在，我们是不可能通过使用诸如 PPI 之类的产出价格指数来对其进行平减和物量测算。这意味着我们需要考虑使用其他的方法，如下文讨论的两种方法。

3.107 第一种方法是设法得到虚拟产出价格指数，它与总投入价格指数的差异可以反映生产过程中生产率的提高。该虚拟产出价格指数可用多种方法计算得出，比如，根据有关生产过程的生产率的提高来调整投入价格指数，或者以相似产品的产出价格指数为基础计算虚拟产出。然而，这种方法很难适用于中央银行的公共服务产出，因为难以找到与公共服务相类似的其他服务。

3.108 第二种方法称为"投入法"。这种方法可能更适用于公共服务的测算。"投入法"通过所有投入物量加权总和的变化来测度投入的变化。投入物量的变化应该充分反映数量和质量的变化，一般是用相应的同质价格指数来平减各种投入费用得到，或者，如果这种同质价格指数无法获取，就使用反映投入物量变化的物量指标（如雇员工作小时数）。

3.109 测量公共服务物量变化的难度通常要大于测量个人服务的物量变化，因为前者很难定义和观察。因此，这是一个还需要进一步研究的领域。编制机构可以考虑提供相应的解释说明，以提醒用户注意其所使用的测量方法。

（d）由中央银行和金融中介机构制定的利率水平

参考：
*SNA*2008，第 7 章，收入初次分配账户

3.110 中央银行的主要职责是制定和执行政府的部分经济政策。因此其职责与其他金融公司不同，其权威由中央政府授予。如果中央银行使用其特殊权力迫使市场参与者付出无直接回报的转移支付，则应将此收益记录为隐含税。相反，如果中央银行明确出于政策目的而不是商业目的给予市场参与者支付的情况，则可将其视为隐含补贴。下面将说明三个这样的例子：
- 中央银行可以为存款准备金设定一个低于市场水平的利率；
- 当货币面临贬值威胁时，中央银行会支付高于市场水平的利率；
- 中央银行执行如发展银行一样的职能，向优先发展产业提供低息贷款。

3.111 如果中央银行利率和商业银行利率不一致，FISIM 产出的估计值便会被扭曲，所以在计算 FISIM 产出时应将其剔除。所使用的参考利率与中央银行所设定的实际利率计算产生的利息流量差额，就不应该记录为市场产出，尤其是 FISIM，

而是应如刚才所说的那样处理为隐含税和补贴。因此在计算 FISIM 产出时应该使用市场利率。与这一处理方法类似和一致的是：将中央银行所定汇率与市场汇率之间的差别处理为隐含税或补贴。与此同时，隐含税和补贴不会影响生产者的生产水平，所以将其归类为其他生产税（D29）和其他生产补贴（D39）。此外，政府与中央银行之间的补偿转移应记录在 SNA 中，避免经常账户和金融账户之间发生不平衡。而这种转移通常被列入杂项经常转移（D75）。

3.112 鉴于现实中设定的利率偏离市场利率的可能性相对较小，所以在大多数情况下我们不会尝试将它们从 FISIM 的产出计算中剔除。然而，如果偏差实在较大，我们也鼓励编制机构找出它们，并将它们从 FISIM 的产出计算中剔除，以避免显著高估或低估中央银行的产出。

案例 3.6 记录中央银行对存款准备金的设定低于市场利率的交易[34]

3.113 此案例显示了当中央银行对存款准备金设定的利率低于市场利率时，如何记录相关交易。同时显示如何记录因这些交易而引起的金融资产和负债的变化。

3.114 表 3.33 显示了核算期商业银行存款准备金的平均存量、银行间同业拆借利率及中央银行在核算期间为这些银行的准备金而实际支付的利率。这些数据可从中央银行获得，参考利率则采用银行同业拆借利率。在这些工具中，存款准备金率是为了防止金融中介机构的存款过度流失甚至导致金融危机发生而设置的。在这种情况下，中央银行对商业银行的实际支付利率（3.0%）远低于参考利率（4.5%）。此外，表 3.33 还显示了通过中央银行对银行存款准备金的实际应付利率和银行同业拆借利率（参考利率）计算出的 FISIM 产出。然而，如果使用的利率低于市场利率，便会得到中央银行 FISIM 产出计算值特别高的结果。因此，在计算 FISIM 产出时应选择使用市场利率。此外，因使用参考利率和中央银行制定的实际利率而产生的流量差额则应记录为其他生产税。

表 3.33　准备金存款平均存量、银行同业拆借利率和实际支付利率数据

序号	项目	说明	数额
(1)	商业银行存款准备金平均存量		50000.0
(2)	银行同业拆借利率（参考利率）（百分数）		4.5
(3)	实际利率（支付给商业银行）（百分数）		3.0
(4)	FISIM（使用实际利率和银行同业拆借利率）	(1)×[(2)-(3)]/100.0	750.0

3.115 表 3.34 显示了如何计算由中央银行向商业银行支付利息而产生各种类型收入、中央银行的 FISIM 产出以及其他生产税。计算 SNA 利息、中央银行应付实

---

[34] 此案例引用自 Bloem，Gorter and Rivas (2006)。

际利息及中央银行 FISIM 产出的方法与案例 3.1 中使用的方法一致。在这个案例中仅有一点不同，即贷款不被考虑在内。当使用市场利率计算，FISIM 产出为 0。因此，支付给商业银行的其他生产税的计算方法具体如下：

◆ 计算出按银行同业拆借利率和存款准备金实际利率的差额。
◆ 将差额乘以存款准备金平均存量得到其他生产税。

表 3.34　计算利息收入、其他生产税、FISIM 及金融资产负债的变化

序号	项目	说明	数额	SNA2008 代码
(5)	中央银行支付给商业银行的 SNA 利息	(1)×(2)/100.0	2250.0	D4，D41
(6)	中央银行支付给商业银行的实际利息	(1)×(3)/100.0	1500.0	
(7)	商业银行的其他生产税	(1)×[(2)−(3)]/100.0	750.0	D2，D29，D7，D75
(8)	中央银行的 FISIM（按市场利率计算）	(1)×[(2)−(2)]/100.0	0.0	P1，P2
	金融资产变化（通货和存款）			
(9)	商业银行	(6)	1500.0	F2
	负债变化（通货和存款）			
(10)	中央银行	(6)	1500.0	F2

表 3.34 还显示了中央银行和商业银行之间因交易而引起的金融资产与负债的变化。中央银行因持有存款准备金而需支付给商业银行利息（1500），进而导致中央银行通货和存款负债的增加。相反，商业银行的通货和存款资产相应增加。

3.116　表 3.35 显示了记录各种交易的具体方法。为确保清楚，中央银行和商业银行的交易应该被分开记录而不是合并到同一金融公司部门。其中，商业银行的交易应该被记录到其他金融公司部门。同时，为简化介绍和分析，其他相关交易记录（如工资和薪酬）在这里都将被忽略。具体的交易记录如下：

（a）中央银行的 FISIM 产出是零，且记录在生产账户中。同时，该产出也记录为商业银行的中间消耗。

（b）商业银行实际收到 1500.0（3.0%×50000.0）的准备金存款"利息"收入。而这一数额记录在金融账户中。其中，在初始收入分配账户中记录收到 2250.0（4.5%×50000.0）的 SNA 利息收入，在收入形成账户记录向政府支付 750.0（1.5%×50000.0）的其他生产税。

（c）而在一般政府部门，从商业银行获得作为其他生产税的 750.0 记录在初始收入分配账户，同时 750.0 支付给中央银行的杂项经常转移则记录在收入再分配账户。但所有这些都仅是名义上的流动。

（d）中央银行实际为商业银行准备金存款支付 1500.0 的利息。这一数额记录

在金融账户中。同时在初始收入分配账户中记录为商业银行 2250.0 的财产收入应收项，以及在收入再分配账户中记录为从一般政府处收到的 750.0 杂项经常转移。

(e) 由于没有发生与资本账户相关的交易，因此在可支配收入使用账户中，总储蓄等于金融账户中的净贷出/净借入。由于包含从一般政府到中央银行的补偿性经常转移，资本账户和金融账户中的净贷出/净借入总保持相等。然而，在实践中，由于数据源和交易记录时间的差别，可能会导致这两个账户中的净贷出/净借入之间有所差异。

表 3.35　记录中央银行为存款准备金率制定低于市场利率的相关交易

使用												来源
合计	货物和服务	经济总体	一般政府	中央银行	其他金融公司	SNA 2008 代码	交易和平衡项	其他金融公司	中央银行	一般政府	经济总体	货物和服务	合计
生产账户												
0.0	0.0					P1	产出		0.0		0.0		0.0
0.0		0.0		0.0		P2	中间消耗					0.0	0.0
0.0	0.0	0.0		0.0		B1g	总增加值/国内生产总值						
收入形成账户												
750.0		750.0		750.0		D2	生产和进口税						
750.0		750.0		750.0		D29	其他生产税						
−750.0		−750.0	0.0	−750.0		B2g	营业盈余总额						
初始收入分配账户												
						D2	生产和进口税			750.0	750.0		750.0
						D29	其他生产税			750.0	750.0		750.0
2250.0		2250.0		2250.0		D4	财产收入	2250.0			2250.0		2250.0
2250.0		2250.0		2250.0		D41	利息	2250.0			2250.0		2250.0
0.0		0.0	750.0	−2250.0	1500	B5g	初始收入总额/国民总收入						
收入再分配账户												
750.0		750.0	750.0			D7	其他经常转移		750.0		750.0		750.0
750.0		750.0	750.0			D75	杂项经常转移		750.0		750.0		750.0
0.0		0.0	0.0	−1500.0	1500.0	B6g	可支配收入总额						
可支配收入使用账户												
0.0				−1500.0	1500.0	B8g	总储蓄						
资产变化											负债和净值变化	
资本账户												
0.0		0.0	0.0	−1500.0	1500.0	B9	净贷出（+）/净借入（−）						
金融账户												
						B9	净贷出（+）/净借入（−）	1500.0	−1500.0	0.0	0.0		0.0
1500.0		1500.0		1500.0		F2	通货和存款		1500.0		1500.0		1500.0

案例 3.7　记录中央银行因面临货币贬值压力而支付高于市场利率的交易

3.117　当货币对外币面临贬值压力时，在一段时期内中央银行会设定高于市场水平的利率，此案例显示了在这种情况下 SNA 中应如何记录相关交易，以及由这些交易所引起的金融资产和负债的变化。

3.118　表 3.36 显示了在核算期内，商业银行缴纳的存款准备金平均存量、银行同业拆借利率和中央银行为存款准备金支付的实际利率。这些数据可以从中央银行获得，参考利率可采用银行同业拆借利率。在这种情况下，由中央银行对商业银行支付的实际利率（7.0%）高于市场利率即银行同业拆借利率（4.5%）。表 3.36 还显示了根据中央银行应付实际利率（商业银行的存款准备金利率）及银行同业拆借利率计算的 FISIM 产出。然而，使用上述利率会导致中央银行的 FISIM 产出为负数。因此，应根据市场利率计算 FISIM 产出。此外，因使用参考利率和中央银行设定的利率而产生的流量差额应记录为其他生产补贴。

表 3.36　存款准备金平均存量、银行同业拆借利率和实际支付利率数据

序号	项目	说明	数额
（1）	商业银行存款准备金平均存量		50000.0
（2）	银行同业拆借利率（参考利率）（百分数）		4.5
（3）	实际利率（支付给商业银行）（百分数）		7.0
（4）	FISIM（使用实际利率和银行同业拆借利率）	（1）×[（2）-（3）]/100.0	-1250.0

3.119　表 3.37 显示了如何计算由中央银行向商业银行支付利息而产生的各类收入、中央银行的 FISIM 产出和其他生产补贴。计算 SNA 利息和中央银行实际支付利息及 FISIM 产出的方法与案例 3.1 中使用方法相一致。在这个实例中仅有的一点不同是贷款不被考虑在内。当采用市场利率计算的 FISIM 产出为 0。对商业银行支付的其他生产补贴的计算方法如下：

◆ 得到存款准备金实际利率和银行同业拆借利率的差额。
◆ 将差额乘以存款准备金平均存量得到其他生产补贴。

表 3.37 还显示了因中央银行和商业银行之间的交易而引起的金融资产与负债的变化。中央银行因持有存款准备金而须向商业银行支付利息（3500.0），进而导致中央银行通货和存款项下负债的增加。相反地，商业银行的通货和存款项下资产相应增加。

表 3.37　　　　　计算利息收入、其他生产补贴、FISIM 及金融资产与负债的变化

序号	项目	说明	数额	SNA2008 代码
(5)	中央银行对商业银行的应付 SNA 利息	(1)×(2)/100.0	2250.0	D4，D41
(6)	中央银行对商业银行的应付实际利息	(1)×(3)/100.0	3500.0	
(7)	商业银行的应收其他生产补贴	(1)×[(3)−(2)]/100.0	1250.0	D3，D39，D7，D75
(8)	中央银行的 FISIM 产出（使用市场利率）	(1)×[(3)−(2)]/100.0	0.0	P1，P2
	金融资产的变化（通货和存款）			
(9)	商业银行	(6)	3500.0	F2
	负债的变化（通货和存款）			
(10)	中央银行	(6)	3500.0	F2

3.120　表 3.38 显示了如何在 SNA 中记录各种交易。为确保清楚，中央银行和商业银行的交易应被分开记录而不是合并到同一金融公司部门记录。其中，商业银行的交易应该被记录在其他金融公司部门。同时，为简化介绍和分析，忽略其他相关交易（如工资和薪酬）。具体的交易记录如下：

（a）中央银行的 FISIM 产出是 0，且记录在生产账户中。同时，该产出也记录为商业银行的中间消耗。

（b）商业银行实际上收到 3500.0（7.0%×50000.0）的存款准备金的"利息"收入。而这一数额记录在金融账户中。但是，同时还在初始收入分配账户中记录为收到 2250.0（4.5%×50000）的 SNA 利息，在收入形成账户中记录为收到来自一般政府的其他生产补贴 1250.0（2.5%×50000）。

（c）在一般政府部门，向商业银行支付的 1250.0 作为其他生产补贴记录在初始收入分配账户中，同时从中央银行收到的 1250.0 的杂项经常转移则记录在收入再分配账户。但这些流动都仅是名义上的。

（d）中央银行实际为商业银行的存款准备金支付 3500.0 的利息。这一数额记录在金融账户中。同时，在初始收入分配账户中，记录为商业银行 2250.0 的财产应收项，和在收入再分配账户中记录向一般政府提供的 1250.0 杂项经常转移。

（e）因为没有发生与资本账户相关的交易，因此在可支配收入使用账户中，总储蓄等于金融账户中的净贷出/净借入。由于包含从一般政府到中央银行的补偿性经常转移，资本账户和金融账户中的净贷出/净借入总保持相等。然而，在实践中，由于数据源和交易记录时间的差别，可能会导致这两个账户中的净贷出/净借入之间有所差异。

表 3.38 与中央银行因货币贬值压力设定高于市场水平的利率相关的交易

使用												来源
合计	货物和服务	经济总体	一般政府	中央银行	非金融公司	SNA 2008 代码	交易和平衡项	非金融公司	中央银行	一般政府	经济总体	货物和服务	合计
生产账户													
0.00	0.00					P1	产出		0.00		0.00		0.00
0.00		0.00			0.00	P2	中间消耗					0.00	0.00
0.00		0.00		0.00	0.00	B1g	总增加值/国内生产总值						
收入形成账户													
-1250.0		-1250.0			-1250.0	D3	补贴（-）						
-1250.0		-1250.0			-1250.0	D39	其他生产补贴（-）						
1250.0		1250.0			1250.0	B2g	营业盈余总额						
初始收入分配账户													
						D3	补贴（-）			-1250.0	-1250.0		-1250.0
						D39	其他生产补贴（-）			-1250.0	-1250.0		-1250.0
2250.0		2250.0		2250.0		D4	财产收入	2250.0			2250.0		2250.0
2250.0		2250.0		2250.0		D41	利息	2250.0			2250.0		2250.0
0.0		0.0	-1250.0	-2250.0	3500.0	B5g	初始收入总额/国民总收入						
收入再分配账户													
1250.0		1250.0	1250.0			D7	其他经常转移			1250.0	1250.0		1250.0
1250.0		1250.0	1250.0			D75	杂项经常转移			1250.0	1250.0		1250.0
0.0		0.0	0.0	-3500.0	3500.0	B6g	可支配总收入						
可支配收入使用账户													
0.0		0.0	0.0	-3500.0	3500.0	B8g	总储蓄						
资产变化												负债和净值变化	
资本账户													
0.0		0.0	0.0	-3500.0	3500.0	B9	净贷出（+）/净借入（-）						
金融账户													
						B9	净贷出（+）/净借入（-）	3500.0	-3500.0	0.0	0.0		0.0
3500.0		3500.0			3500.0	F2	通货和存款		3500.0		3500.0		3500.0

案例 3.8 记录中央银行执行发展银行职能时向优先发展产业提供低息（低于市场利率）贷款的交易[35]

3.121 此案例显示了如何在 SNA 中记录中央银行作为发展银行向优先发展产

---

[35] 此案例引用自 Bloem, Gorter and Rivas (2006)。

业提供低息（低于市场利率）贷款的交易。同时还记录由于这些交易所引起的金融资产和负债变化。

3.122 表 3.39 显示了在核算期内，中央银行发放给优先发展产业的平均贷款存量、银行同业拆借利率、优先发展产业因央行发放贷款所需支付的实际利率以及这些贷款的市场利率。这些数据可以从中央银行获得，参考利率可采用银行同业拆借利率。在这种情况下，中央银行提供给优先发展产业的实际贷款利率为 3.0%，然而此类贷款的市场实际利率是 5.0%。为简单起见，假定优先发展产业属于非金融公司部门。表 3.39 同时还列示了 FISIM 产出（使用参考利率和中央银行提供给优先发展产业的贷款利率计算）。然而，由于计算所用利率低于参考利率，容易导致中央银行的 FISIM 产出为负。因此，应采用市场利率计算 FISIM 产出。此外，因使用市场利率和中央银行此类贷款利率而产生的流量差额应计入其他生产补贴。

表 3.39　　　　　平均贷款存量、银行同业拆借利率和实际利率数据

序号	项目	说明	数额
（1）	优先发展产业的平均贷款存量（非金融公司）		100000.0
（2）	银行同业拆借利率（参考利率）（百分数）		4.5
（3）	实际利率（中央银行向优先发展产业收取的贷款利率）（百分数）		3.0
（4）	贷款市场利率（百分数）		5.0
（5）	FISIM（使用实际利率和银行同业拆借利率）	（1）×[（3）-（2）]/100.0	-1500.0

3.123 表 3.40 显示了如何计算中央银行对优先发展产业的各类应收贷款利息、中央银行的 FISIM 产出及其他生产补贴。计算 SNA 利息、中央银行应收实际利息及中央银行 FISIM 产出的方法与案例 3.1 中的方法相一致；除此之外，在此案例中，存款不被考虑在内。当使用市场利率计算时，得到的 FISIM 产出为 500.0。对优先发展产业的其他生产补贴计算方法如下：

◆ 计算出市场利率和中央银行提供给优势产业的实际贷款利率差额。
◆ 将差额乘以平均贷款存量得到其他生产补贴。

表 3.40 还显示了因中央银行与优先发展产业之间的交易而引起的金融资产与负债变化。由于收到对优先发展产业的贷款利息（3500.0），中央银行贷款资产有所增加。同时，这一数额也体现为优先发展产业贷款负债的增加。

表 3.40　　　计算利息收入、其他生产补贴、FISIM 及金融资产与负债的变化

序号	项目	说明	数额	SNA2008 代码
（6）	中央银行向优先发展产业的应收 SNA 利息	（1）×（2）/100.0	4500.0	D4，D41
（7）	中央银行向优先发展产业的应收实际利息	（1）×（3）/100.0	3000.0	

续表

序号	项目	说明	数额	SNA2008 代码
(8)	优先发展产业的应收其他生产补贴	(1)×[(4)−(3)]/100.0	2000.0	D3, D39, D7, D75
(9)	中央银行的 FISIM 产出	(1)×[(4)−(2)]/100.0	500.0	P1, P2
	金融资产的变化（贷款）			
(10)	中央银行	(7)	3000.0	F4
	负债变化（贷款）			
(11)	优先发展产业	(7)	3000.0	F4

3.124　表 3.41 显示了记录各种交易的具体方法。假设所有的优先发展产业都属于同一部门，即都记录到非金融公司部门。此外，为简化介绍和分析，忽略其他相关交易（如工资和薪酬）。具体的交易记录如下：

(a) 中央银行的 FISIM 产出是 500.0，记录在生产账户中。该产出同时还记录为生产账户中非金融公司部门下的优先发展产业的中间消耗。

(b) 非金融公司实际支付 3000.0（3.0%×100000.0）作为从中央银行获取贷款的"利息"支出。而这一数额记录在金融账户中。其中，在初始收入分配账户中 5000.0（5.0%×100000.0）的利息支出以 SNA 利息（4500.0）和 FISIM（500.0）的形式分别记录，而在收入形成账户中记录为收到来自一般政府的其他生产补贴 2000.0（2.0%×100000.0）。

(c) 而在一般政府部门，向非金融公司支付的 2000.0 其他生产补贴记录在收入分配账户中，同时从中央银行接收到的 2000.0 杂项经常转移则记录在收入再分配账户中。但这些流量都仅是名义上的。

(d) 中央银行实际上从非金融公司收到 3000.0 的贷款（中央银行发放的贷款）"利息"收入。这一数额记录在金融账户中。同时，在初始收入分配账户中，来自非金融公司 5000.0（5.0%×100000.0）的利息支付分别记录为 4500.0 的 SNA 利息和 500.0 的 FISIM，以及在收入再分配账户中被记录为支付给一般政府的 2000.0 杂项经常转移。

(e) 因为没有发生与资本账户相关的交易，因此在可支配收入使用账户中的储蓄总额等于金融账户中的净贷出/净借入。由于包含从一般政府到中央银行的补偿性经常转移，资本账户和金融账户中的净贷出/净借入总额保持相等。然而，在实践中，由于数据源和交易记录时间的差别，可能会导致这两个账户中的净贷出/净借入之间有所差异。

表 3.41 记录中央银行作为发展银行向优先发展支持产业提供低息贷款的交易

使用												来源
合计	货物和服务	经济总体	一般政府	中央银行	非金融公司	SNA 2008 代码	交易和平衡项	非金融公司	中央银行	一般政府	经济总体	货物和服务	合计

使用合计	货物和服务	经济总体	一般政府	中央银行	非金融公司	代码	交易和平衡项	非金融公司	中央银行	一般政府	经济总体	货物和服务	合计
生产账户													
500.0	500.0					P1	产出		500.0		500.0		500.0
500.0		500.0		500.0		P2	中间消耗					500.0	500.0
0.0		0.0		500.0	−500.0	B1g	总增加值/国内生产总值						
收入形成账户													
−2000.0		−2000.0			−2000.0	D3	补贴（−）						
−2000.0		−2000.0			−2000.0	D39	其他生产补贴（−）						
2000.0		2000.0		500.0	1500.0	B2g	营业盈余总额						
初始收入分配账户													
						D3	生产和进口补贴（−）			−2000.0	−2000.0		−2000.0
						D39	其他生产补贴（−）			−2000.0	−2000.0		−2000.0
4500.0		4500.0		4500.0		D4	财产收入		4500.0		4500.0		4500.0
4500.0		4500.0		4500.0		D41	利息		4500.0		4500.0		4500.0
0.0		0.0	−2000.0	5000.0	−3000.0	B5g	初始收入总额/国民总收入						
收入再分配账户													
2000.0		2000.0	2000.0			D7	经常转移			2000.0	2000.0		2000.0
2000.0		2000.0	2000.0			D75	杂项经常转移			2000.0	2000.0		2000.0
0.0		0.0	0.0	3000.0	−3000.0	B6g	可支配总收入						
可支配收入使用账户													
0.0		0.0		3000.0	−3000.0	B8g	总储蓄						
资产变化												负债和净值变化	
资本账户													
0.0		0.0	0.0	3000.0	−3000.0	B9	净贷出（+）/净借入（−）						
金融账户													
						B9	净贷出（+）/净借入（−）	−3000.0	3000.0	0.0	0.0		0.0
3000.0		3000.0		3000.0		F4	贷款		3000.0		3000.0		3000.0

3. 与金融资产和负债获得及处置相关的金融服务

参考：

SNA2008，第 6 章，生产账户

SNA2008，第 17 章，账户的交叉和其他特殊问题，第四部分，金融资产和负债

相关流量的记录

*BPM*6，第 10 章，货物和服务账户

*BPM*6，第 11 章，初始收入分配账户

*BPM*6 编制指南，第 12 章，服务

3.125　许多金融公司可能通过提供获得和处置金融资产的服务，并从中收取全部或部分买卖差额以作为服务费用。这一差额被称为买入卖出价差。金融公司向买家提供金融服务而产生的现价产出或利润，用购买金融资产时的卖出价（要价）和中间价差额计算。因此，购买价等于金融资产的市场价加上利润。金融公司提供给卖家金融服务而产生的现价产出或利润，用中间价和购买金融资产时的买入价（报价）的差额计算。因此，卖出价表示金融资产的市场价格减去利润。报价和要价仅适用于单个买家和卖家，因为这些价格容易受交易量及其他因素的影响而产生变化。此外，金融资产的中间价格是指特定时间内报价与要价的平均价格。在买卖时使用中间价格，是为了使得因持有金融资产产生的损益变动不被包含在所提供的金融服务之内。但忽略利润却会导致这些交易中的金融服务产出价值被低估。

3.126　如表 3.1 所示，采用该方法计算产出的金融公司包括证券和衍生品交易商、外汇兑换商及存款类机构。买入卖出差价的存在表明这些金融公司提供的流动性和库存的方式类似于批发商，即金融公司通过这种方式买卖包括外汇、股票、债务证券（如票据和债券）、金融衍生工具和投资基金份额等在内的金融资产。

3.127　由于用来计算利润的报价和要价应该适用于单个买方和卖方，因此编制机构需要建设相应的证券数据库以获取每个金融资产交易的报价和要价，进而便于计算每个交易的利润。然而，在许多国家，这样的一个数据库并不可得，或者开发和维护这样一个数据库的费用太过于高昂。因此，作为替代，编制机构可以收集以买入卖出价差交易的金融资产交易量，并将一定比例的平均利润乘以交易量。平均利润可以咨询那些通过买入卖出价差赚取金融服务费用的金融公司。

3.128　当向公司、一般政府或 NPISHs 提供金融服务时，金融机构的利润应记录为这些部门的中间消耗。但如果服务对象仅是住户，则这些服务就应被记录为最终消费支出，提供给非法人企业的金融服务除外。记录为一般政府和 NPISHs 中间消耗的利润同样也记录在这些部门的产出和最终消费支出中，因为这两个机构单位均是非市场生产者，其产出值为成本费用总额。另外，如果向国外提供服务，相关利润应记录在货物和服务出口中。在可能的情况下，编制机构应尽量使用"自下而上"的方法来计算整个经济范围内的利润。这可以通过计算每个部门的利润额来获得，以部门平均利润率计算，即用一定比例的平均利润乘以买入卖出价差交易的金融资产交易量。然后，通过行业利润值可以计算出整个经济范围内的利润值。而在许多情况下，编制机构不可能用获得的数据直接计算出每个部门所消耗的利润值。因此，编制机构可以考虑使用一种"自上而下"的方法。这时首先需要使用经济范

围内一定比例的平均利润乘以买入卖出价差交易的金融资产总交易量，然后通过使用各种指标（如各部门交易量）将经济范围内利润值分摊至各用户部门。

3.129 常住机构单位通过非常住金融机构买卖外汇、债务证券、股票、金融衍生工具和投资基金份额时可能产出相关利润。这些进口产品的利润估值可直接从国际收支统计中获得。然而，如果国际收支统计中未披露利润值数据，则编制机构可能需要自行估计它们。一种方法是估计本国占有关贸易伙伴国家对这些隐含服务收费出口中的份额。另一个方法是估计本国在全球跨境金融交易（如外汇、债务证券、股票、金融衍生工具和投资基金份额等交易）中的份额，然后对该份额应用平均利润率。平均利润率可以通过与行业专家协商确定。编制机构应该通过与国际收支平衡表的编制者协商来估计平均利润率，以确保这些交易在国际账户和国际收支统计的记录一致。无论是直接从国际收支统计表或通过估计技术获取所需数据，之后编制机构仍然需要将这些进口利润数据分摊给常住机构部门。如果编制机构能够获得每个机构部门的初始数据，那么这项分摊就可以直接完成。如果没有，编制机构则需要考虑运用各种技术手段来分摊进口利润总额。例如，编制机构可以考虑按常住使用部门消耗国内生产利润的比例来分摊进口利润。

3.130 债务证券，如票据和债券，会产生利息支付，并由证券发行方兑付给证券持有者。随着到期日的临近，一些利息费用可以根据证券价值的变化来估算。当证券以其面值的折扣价发行时，利息就产生了。利息等于证券发行者支付给持有者的超出初始持有者预付的那部分金额。债务性工具的应计利息由其初始成立时的条件决定，即到期收益率。证券发行时设置的单一的有效收益率用来计算每一个到期日应计利息额。这种方法也被称为债务人方法。此外，利息在初始收入分配账户中连续累积记录到持有者项下。所得利息由持有者进行债券"再投资"，这在金融账户中记作债券持有者利得，同时，计入发行者的债券再发行。

3.131 此外，除了折价发行，长期债券（如债券和公司债券）也可平价或溢价发行。在所有这些情况中，它们在整个存续期内定期以票息支付的形式支付固定或浮动收入。因此，持有者的应收证券利息包括兑付金额与发行价格之间的差异和票息支付的累积利息。利息收入和票息支付均应记录在初始收入分配账户中。

3.132 在债务证券购买日至到期日（或购买后出售的日期）之间，证券的价值会增长，在测算这期间的利息时，重要的是要从一个中间价到另一个中间价进行测度，同时把购买、销售或赎回时的中间价与报价或要价之差作为服务利润。如果忽略服务利润，就会低估金融机构的产值，也可能会低估利息支出。

3.133 股票和投资基金份额/单位产生的是财产收入而不是利息。股票产生的财产收入就是分红，记录在初始收入分配账户中。而投资基金份额产生的财产收入则包含两项：一是分配给投资基金股东的红利，二是属于投资基金股东的留存收益。红利记录在初始收入分配账户中。留存收益记录在初始收入分配账户，同时记录为持有者的"再投资"。再投资与相关金融工具一并记入金融账户。

3.134 如果可得，编制机构可以从证券数据库中得到证券累积利息数据；如果不可得，编制机构就需要进行调查来收集所需信息。同样，编制机构还可以调查收集与股票、投资基金份额相关的财产收入数据。

3.135 没有与外汇和金融衍生工具相关的财产收入。

案例3.9 记录与金融资产和负债获得及处置相关的金融服务交易

3.136 此案例显示了如何计算和记录与债务证券的购买和销售有关的金融服务的现价产出及其他相关交易。此外，两个机构单位之间的交易也通过四式记账原则记录在SNA中。在这些交易中，通过在金融账户中记录对应方科目显示支付方式。此案例还显示了如何在金融账户中记录这些交易的对应科目。为简单起见，假设这些交易均以现金或可转让存款进行，在金融账户中记录在"通货和存款"项下。

3.137 表3.42显示了国库券交易信息。假设编制机构能够从数据库中收集到金融资产的单笔交易信息，并假设住户Ⅰ在核算期持有一般政府发行的国库券，而且国库券的市场利率在核算期内不变，即其价值不会由于持有损益而发生变化，国库券不会采用票息支付。住户Ⅰ决定通过交易商将国库券出售给住户Ⅱ。为简单起见，假设之后住户Ⅱ决定通过同一交易商将同一国库券出售给住户Ⅲ。再假设这三名住户均不会作为非法人企业所有者而获得和处置该国库券。前两位住户的交易的中间价为100.0，而后两位住户的交易的中间价为120.0。

表 3.42   国库券交易数据

序号	项目	数额
通过交易商从住户Ⅰ到住户住户Ⅱ的国库券交易价格		
（1）	要价	102.0
（2）	报价	98.0
（3）	中间价	100.0
通过同一交易商从住户Ⅱ到住户Ⅲ的国库券交易价格		
（4）	要价	122.0
（5）	报价	118.0
（6）	中间价	120.0

3.138 表3.43显示了如何通过表3.42中的数据计算在国库券的获得和处置交易中的交易商产出，以及发行商支付给持有者的应计利息。交易商的产出代表了交易商从该证券的获得和处置交易中获得的利润。从交易商的角度，其产出计算如下：

◆ 处置交易中，产出为中间价和出价的差额。
◆ 获得交易中，产出为中间价和要价的差额。

如上所见，在该证券的获得和处置中涉及四项交易，从而导致交易商提供的服务产生了 8.0 的产出。

由于国库券在住户Ⅱ将出售给住户Ⅲ前的持有期间发生增值，故住户Ⅱ应得应计利息（20.0）。

表 3.43　　　　　计算交易商产出和住户的国库券应计利息

序号	项目	说明	数额	SNA2008 代码
(7)	交易商产出	(7a) + (7b) + (7c)	8.0	P1
(7a)	住户Ⅰ——出售国库券给住户Ⅱ	(3) - (2)	2.0	
(7b)	住户Ⅱ	(7b.i) + (7b.ii)	4.0	P3
(7b.i)	从住户Ⅰ购买国库券	(1) - (3)	2.0	
(7b.ii)	出售国库券给住户Ⅲ	(6) - (5)	2.0	
(7c)	住户Ⅲ——从住户Ⅱ购买国库券	(4) - (6)	2.0	P3
	住户应收应计利息			
(8)	住户Ⅱ	(6) - (3)	20.0	D4，D41

3.139　表 3.44 显示了如何计算在交易商和机构单位之间的交易中引起的金融资产和负债的变化，以及这些交易中采用的支付方式。总体而言，计算金融资产和负债的变化需遵循以下原则：国库券购买和销售相应的支付引起了交易商和住户通货和存款的变化。这些变化是由报价和要价产生的，对于交易商和住户，对国库券的处置意味着其通货和存款资产的增加，而购买则代表其通货和存款资产的减少。以交易商为例，在核算期其通货和存款资产增加了 8.0。这是由于：

◆ 由国库券的处置交易引起通货和存款的增加（102.0 + 122.0 = 224.0）。
◆ 由国库券的购买交易引起通货和存款的减少（98.0 + 118.0 = 216.0）。

表 3.44　　　　　计算国库券购买和处置交易相关的金融资产和负债的变化

序号	项目	说明	数额	SNA2008 代码
	金融资产的变化（通货和存款）			
(9)	交易商	(1) - (2) + (4) - (5)	8.0	F2
(10)	住户Ⅰ	(2)	98.0	F2
(11)	住户Ⅱ	(5) - (1)	16.0	F2
(12)	住户Ⅲ	-(4)	-122.0	F2
	金融资产的变化（债务证券）			
(13)	住户Ⅰ	(2) - (7a)	-100.0	F3
(14)	住户Ⅱ	[(1) - (7b)] + [(-5) - (7c)] + (8)	0.0	F3
(15)	住户Ⅲ	(4) - (7d)	120.0	F3
	负债变化（债务证券）			
(16)	证券发行方	(8)	20.0	F3

由于住户对国库券的获得和处置以及在证券商获得的累积利息的再投资，此住户的债务证券资产发生变化。以住户Ⅲ为例，其债务证券资产增加了120.0，这是由于：

◆ 国库券的购买交易额为122.0。

◆ 利润应扣除2.0，因为金融转移的价值应该扣除获得和处置交易的应付服务费。

以证券发行方为例，其债务证券负债增加了20.0，这是由于付给住户Ⅱ的应计利息收益再投资。

3.140　表3.45显示了如何在SNA中记录各种交易。为简化介绍和分析，忽略其他交易如机构单位的货物和服务的中间消耗、雇员报酬等。交易商的交易记录在金融公司部门，而证券发行方的交易记录在一般政府部门。同样，为确保清楚，三类住户的交易会分开记录而不会在住户部门合并记录。交易说明如下：

（a）交易商产出（8.0）记录在金融公司部门的生产账户。

（b）证券发行方应付国库券应计利息（20.0）记录在初始收入分配账户的一般政府的使用方，同时还记录在同一账户的住户Ⅱ的来源方。

（c）三个住户消费的交易商产出作为它们的最终消费支出记录在可支配收入使用账户的使用方，这样做的原因是假定它们不会作为非法人企业所有人买卖证券。

（d）由于没有任何与资本账户相关的交易，资本账户净贷出/净借入与可支配收入使用账户中的总储蓄相等。

（e）在金融账户中，考虑到交易商在获得和处置国库券中扮演的角色，金融公司部门的通货和存款净增加8.0。同时，由于应计应付利息再投资国库券，一般政府部门债务证券的负债增加。而住户Ⅰ因为卖出国库券，通货和存款资产增加98.0，由于卖出证券，该资产增加与债务证券资产（100.0）的减少相抵消。而住户Ⅱ因为该国库券获得（102.0）和处置（118.0），其通货和存款资产增加16.0，而其债务证券资产没有发生变化是因为其购买（100.0）减去卖出（120.0）的差额被应计应付利息再投资证券完全抵消。住户Ⅲ由于购买国库券，其通货和存款资产减少（122.0），同样由于购买证券导致其债务证券资产增加（120）。[36] 因为这些科目与其他账户中的科目相对应，或只反映了金融资产和负债的交换，因此金融账户中的净贷出/净借入等于资本账户中的净贷出/净借入。然而，在实践中，由于数据源和交易记录时间的差别，可能会导致这两个账户中的净贷出/净借入之间有所差异。

---

[36] 在住户买卖短期国库券的交易中，通货和存款资产的变化不同于债务证券资产的相应变化，因为后者的交易价值扣除了服务费用。

表 3.45　　　　　记录短期国库券的交易

使用																	来源
合计	货物和服务	经济总体	住户Ⅲ	住户Ⅱ	住户Ⅰ	一般政府	金融公司	SNA 2008代码	交易和平衡项	金融公司	一般政府	住户Ⅰ	住户Ⅱ	住户Ⅲ	经济总体	货物和服务	合计
生产账户																	
8.0	8.0							P1	产出	8.0					8.0		8.0
8.0		8.0					8.0	B1g	增加值总额/国内生产总值								
初始收入分配账户																	
20.0		20.0				20.0		D4	财产收入		20.0				20.0		20.0
20.0		20.0				20.0		D41	利息		20.0				20.0		20.0
8.0		8.0			20.0	−20.0	8.0	B5g	初始收入总额/国民总收入								
可支配收入使用账户																	
8.0		8.0	2.0	4.0	2.0			P3	最终消费支出						8.0	8.0	
0.0		0.0	−2.0	16.0	−2.0	−20.0	8.0	B8g	总储蓄								
资产变化																负债和净值变化	
资本账户																	
0.0		0.0	−2.0	16.0	−2.0	−20.0	8.0	B9	净贷出（+）/净借入（−）								
金融账户																	
								B9	净贷出（+）/净借入（−）	8.0	−20.0	−2.0	16.0	−2.0	0.0		0.0
0.0		0.0	−122.0	16.0	98.0		8.0	F2	通货和存款								
20.0		20.0	120.0	0.0	−100.0			F3	债务证券		20.0				20.0		20.0

3.141　上面的案例所解释的方法也适用于记录金融公司以利差形式进行的服务性收费，包括获得和处置其他金融资产，如债券、金融衍生工具、股票、投资基金及外币。此外，在金融衍生工具和外币方面，没有与这些金融工具相关联的财产收入。

与金融资产和负债交易相关的金融服务产出的物量核算

参考：
SNA2008，第 15 章，价格和物量核算
《国民账户价格和物量核算手册》，第 4 章，产出计算的 A/B/C 方法

3.142　前一节解释了与金融资产和负债交易相关的金融服务现价产出（利润）的计算方法。为了产出的物量核算，需要对利润的时间序列数据进行相应调整，以消除价格变动的影响。原则上，产出的物量核算可以使用随价值变化调整、合适的 PPI 成分指数对现价产出进行平减得到。因此，为了获得由交易商在债务证券交易中提供的金融服务的产出物量核算，PPI 可作为此类交易的物价平减指数。在这一

价格指数不可获得的情况下，编制机构可以考虑使用成分指数，如覆盖范围更广的PPI指数。然而，如果编制机构无法找到合适的价格指数进行平减，可以考虑使用适当的物量指标来构建利润核算指标。例如，可以通过债务证券的交易量变动推算基期利润，从而得到债务证券交易的利润。

3.143 为了获取进口利润的物量，编制机构可考虑通过一个可以随质量变化而调整、合适的进口成分指数来对现价进行平减估算。在这一价格指数不可获得的情况下，编制机构可以考虑使用替代价格指数，如涵盖范围较广的进口价格指数。如果没有合适的进口价格指数，编制机构可以考虑构建一个综合指数，该指数由合作伙伴国基于汇率变化调整的价格指数构成。或者，编制机构可以考虑构造一个综合物量指数，该指数由合作伙伴国的出口总物量或利润产出总物量构成。该综合物量指数可以通过推算基期的进口利润来得到与之相应的物量值。此外，如果合作伙伴国的数据不可获得，编制机构可以考虑使用用于平减国内生产现价利润的价格指数。

4. 与保险和养老金计划相关的金融服务

参考：
SNA2008，第6章，生产账户
SNA2008，第17章，账户的交叉和其他特殊问题，第一部分，保险的处理
BPM6，附录6c，专题综述——保险、养老金计划和标准化担保

3.144 与保险和养老金计划相关的金融服务有5类活动：
◆ 非寿险
◆ 标准化担保计划
◆ 寿险和年金
◆ 再保险
◆ 社会保险计划

3.145 保险计划包括非寿险、寿险、年金和再保险。它为各个机构单位在暴露出某些风险时提供金融保护，以应对特定事件发生的后果。这种金融保护是由保险公司以保单的形式提供的。简单来说，保单就是保险公司与另一机构单位（投保人）之间的协议。根据该协议，投保人先支付给保险公司一笔费用（保费），如果（或当）某一特定事件发生时，保险公司向投保人作出偿付（赔付）。投保人通过这种方式使自己得以免受某些特定形式的风险；保险公司构建风险池，旨在实现保费收入大于理赔支出的目标。此外，保险公司经常充当金融中介人，将从投保人处收集的资金投资于金融或其他资产以满足未来的理赔需求。

3.146 最常见的保险形式称为直接保险，指保险公司向非保险公司的其他类型机构单位签发保单。直接保险分为两种类型：寿险和非寿险。寿险指投保人向保险人作规律性支付，作为回报，保险人保证在或早于（如果投保人提前死亡）一特定日期给予投保人（某些情况下，是指定的另一人）一项既定的金额，或一项年金。非寿险与寿险类似，但其覆盖的是所有其他风险、意外、疾病和火灾等。还有一种形式的保险是一家保险公司向另一家保险公司提供的，这种保险被称为再保险。

3.147 标准化担保计划是指保证金覆盖某些标准化类型的负债，如出口信贷和学生贷款等类型。它们大量发行，且通常金额较小，条款相同，包括债券持有者的本金和利息支付的担保、存款保险和养老金福利。标准化担保的发行者包括保险公司、政府机构和商业银行。本章稍后将会论述，标准化担保计划交易的记录类似于非寿险。

3.148 社会保险计划包括养老金计划和社会保障计划。养老金计划是基于为退休及失去劳动能力的雇员提供福利的目的建立的。养老金计划可由专门设立的基金或者作为雇主基金的一部分运营，或者无须设立基金。养老基金类似于保险，因为它们都作为金融中介为其受益人及风险再分配而进行投资。社会保障计划覆盖社会上的大部分甚至全部群体，由政府部门控制和运营。该计划涵盖的内容更为广泛丰富，为年老、残疾或死亡、事故幸存者、疾病和生育、工伤、失业、家庭津贴、医疗保障等提供现金或者实物方面的福利。个人缴纳的金额与其可能获得的福利之间没有必然的直接联系。

3.149 保险和养老金业务具有共同的特点，但也存在差异，寿险与养老金具有一定的储蓄性质，而非寿险的目的主要是为了分摊风险。

3.150 所有这些计划都将导致资金的再分配，这种再分配被记录在收入再分配账户或金融账户中。对于非寿险与标准化担保计划来说，大部分的再分配发生在同一时期的不同个体之间，因此这种再分配被记录在收入再分配账户中。多数客户支付相对较少的保费，只有少数客户能够获得数额较大的理赔。但对于寿险、年金和养老金计划来说，大部分（虽不是全部）的再分配是发生在同一个体的不同时期之间，这种再分配被记录在金融账户中。保险公司、养老基金在履行它们作为这些基金的管理人的职责时，都涉及风险管理与流动性转换，而这些也是金融公司的首要职能。

（a）非寿险

参考：

SNA2008，第 6 章，生产账户
SNA2008，第 17 章，账户的交叉和其他特殊问题，第一部分，保险的处理
BPM6，第 5 章，金融资产与负债的分类

3.151 非寿险保单下，保险公司接受并留存客户的保费，直至作出赔付或保险到期。同时，保险公司将保费用于投资，投资收益成为弥补应付索赔的一项额外资金来源。投资收益代表了客户预计收入，因此应作为实际保费的隐性补充来处理。保险公司设置保费水平时，会使实际保费在加上实际保费赚取的投资收益减去预期赔付后能给自己留下一个差额；该差额即代表了保险公司的产出。在 SNA 中，为确定保险行业产出，需要模拟保险公司设定保费的过程。

3.152 非寿险产出的基本计算方法如下所示：

满期保费[37]

（+）调整后的追加保费 (3.5)

（−）调整后的已生索赔

在非寿险产出计算中使用调整后的追加保费与调整后的已生索赔是基于以下事实：在巨灾损失发生时，利用 SNA1993 中基于保费和理赔之差的基本算法（权责发生制下）所估计的保险活动产出可能是极其不稳定的（甚至是负的）。在下一节，我们将会提供更多关于在非寿险产出计算中如何计算调整后的已生索赔，以及追加保费何时需要调整的信息。

此外，非寿险有多种类型，如机动车辆保险、人身意外伤害保险、旅游保险、工人赔偿保险、家庭保险、货物运输保险、健康和医疗护理保险、洪水保险、农作物保险和飓风保险。对于非寿险保险产出，应逐一计算每个保险的产出，其后再加总从而估算整个经济产出。

3.153 实际保费是指为了获得在某一具体时期内某个特定事件的保险覆盖而向直接保险人支付的金额。实际保费是在考虑所有津贴、折扣或奖金后的应付款项。一次提供的保险常常覆盖一年，保费要在一开始时支付；然而保险覆盖的时间也可能短一些（或长一些），保费也可能分期支付，如按月支付。保险公司可能通过购买再保险以防范理赔超过某一阈值的风险。如果某个险种进行再保险，则保险公司要向再保险公司"让与"与再保险公司所覆盖风险相当的保费，而其他的保费由保险公司用于负担剩余风险。与此同时，保险公司也可以作为再保险公司接收其他保险公司的间接业务并收取保费。直接承保人可获得的实际保费应包括转让给再保险公司的保费，剔除从其他保险公司收到的再保险保费。合理的做法是，不论部分风险是否被转让，作为直接承保人的保险公司应对投保人承担完全的法律责任。

3.154 满期保费是指实际保费中覆盖核算期的那一部分。与实际保费不同，它是用于计算非寿险产出的关键要素，与核算期间风险覆盖的产出部分紧密相关。比如，一份保费为 120 的一年期保单，生效日期是 4 月 1 日，会计账户按照自然年度核算，则该笔保费收入在当年的自然年度中记录为 90 个单位。未满期保费是与

---

[37] 在 SNA2008 中，将"满期保费"应用于计算非寿险产出的公式中。在本手册中，将采用术语"满期保费"，以避免与"实际保费"的混淆。"实际保费"与"满期保费"分别在 3.153 与 3.154 中进行定义。

核算时点以后时期相关的实际保费部分。在前述例子中，在核算期末将会有 30 个单位的未满期保费，用于提供下一年度前三个月的风险覆盖。因此满期保费加上未满期保费等于实际保费。[38] 满期保费与未满期保费均应包括向再保险公司的转出部分，但需剔除从其他保险公司转入的再保险保费。

3.155 赔付（保险金）是指在保单有效期内所覆盖事件发生的情况下，由保险人或再保险人支付给投保人的金额。当事件发生时，赔付一般会变成应付状态，即便支付是在此后某时发生的。变成应付状态的赔付称为已生索赔。[39] 在某些极端的情形下，引发索赔事件的发生和赔付完成之间可能会有几年的时间差。未决索赔包括未报告、已报告未受理及已报告已受理但未付款的各种索赔情况。已决索赔是指为当期或前期发生的保险事故实际支付现金给索赔人的情况。已生索赔是已决索赔与在核算期中未决索赔的变动额之和。与理赔有关的支出通常被当作保险公司理赔费用的组成部分。

3.156 保险公司在索赔被提出与解决之前，可以自由支配其未满期保费、未到期的风险准备金及未决索赔准备金（进行投资），这些准备金也叫作专门准备金[40]。在 SNA 中，专门准备金的投资收益，不论其来源，都记录在初始收入分配账户中作为投保人的投资收益，由于专门准备金是保险公司对保单持有者的负债，由此产生的投资收益也应作为保单持有者的财产收入。然而，实际上这部分收入留在了保险公司，并事实上成为直接保费的一项隐性补充。在收入再次分配账户中，这部分收入因此被处理为保单持有者向保险公司缴纳的追加保费。

3.157 关于满期保费、未满期保费、已决索赔、未决索赔变动、归属于投保人的投资收益等总的估算值，可以从货币当局或者是负责监督协调保险行业的机构（如保险监管委员会）处获得。

3.158 在某些情况下，专门准备金水平与平准准备金水平（可用来引导保险公司应对预期外大额索赔而预留的基金）可能会因金融监管制度而改变，而不是因保费与索赔的预期模式的变化而改变。这种变化应该记录在资产物量其他变化账户中，并从决定产出的公式中剔除。

---

[38] 在保险公司公司账户中，实际保费也被认为是书面保费。

[39] 已发生的理赔也被认为是保险公司账户发生损失。

[40] 此外，在 *BPM*6 的第 5.64b 节和 *ESA*2010 的第 5.173 节中论述了其他类型的准备金，如平准准备金（存在于保险公司账户中，用来引导保险公司应对预期外大额索赔而预留的基金），可能由承保人确定。然而，只有当一个事件引起债务的时候，这些才被确认为债务或者相应的资产。否则，平准准备金将被承保人作为不定期发生的巨灾准备的结余的内部会计分录，而不是作为投保人现行的相应的索赔。

非寿险产出的计算方法

参考:
SNA2008，第 6 章，生产账户
SNA2008，第 17 章，账户的交叉和其他特殊问题，第一部分，保险的处理
SNA2008，附录 3，与 1993 年国民账户体系相比的变化

3.159 非寿险公司的产出代表对投保人提供的服务。这些产出基于如下原理计算：保费加上追加保费（这可能需要根据产出的计算方法调整）减去调整后的已生索赔。计算非寿险产出的初始数据可以从政府的保险管理机构获得，如保险监管委员会。如果不能获得这些数据，编制机构可能需要通过调查以收集这些资料。通常情况下，保险公司的财务报告应包含用于计算非寿险业产出所需的初始数据。

3.160 非寿险服务产出应该被分摊到跨机构部门的用户，包括国外部门的用户。分摊到国外部门的产出被归类为服务出口，而分摊到常住机构的产出则可归类为中间消耗或最终消费。其中，中间消耗和最终消费的区别取决于哪个部门使用该项服务。中间消耗是由公司、一般政府、作为住房业主和非法人企业所有人的住户和 NPISHs 等所产生。而分摊计入中间消耗的、各个部门所提供的服务同时也需要分解到各使用部门，以核算其总增加值。最终消费支出则是由一般政府、作为消费者的住户和 NPISHs 产生。非寿险产出被分摊到一般政府和 NPISHs 的中间消耗和最终消费中，因为这些部门的非市场产出等于其成本总和。非寿险产出通过这两个部门机构所产生增加值被计入相应的中间消耗，同时也计入最终消费支出。

3.161 如下所述，SNA2008 建议用三种方法来测算非寿险公司的产出。

期望法

3.162 第一种方法被称为期望法，即套用保险公司在设定其保费时所使用的基于期望的事前模型。在这种方法下，具体计算产出的公式如下：

满期保费
（＋）预期追加保费 (3.6)
（－）预期已生索赔

3.163 正如上文提到的，实际保费收入不应扣除转让给再保险人的保费，而应剔除从其他保险公司分得的保费。

3.164 保险公司在接受风险并设定保费时，既要考虑预期损失（索赔），也要考虑预期收入（保费和追加保费）。二者的预期差额（保费加上预期追加保费减去预期索赔）提供了一种测算非寿险服务的方法。

3.165　两种方法可用于计算预期索赔和预期追加保费。第一种方法称为 n 点移动平均方法。这种方法通过计算 n 个最新观察值的移动平均值，来估计当前值的平均水平，同时也为了对下一个期间的值进行预测。移动平均技术是为了消除原始序列的波动。n 点平均是介于滞后移动平均或中心移动平均之间的一种选择[41]。从计算上而言，这两个过程都是很容易实现的。然而，n 点移动平均方法存在一些缺点。第一，n 的选择很大程度上取决于主观判断，因为该方法不基于任何统计建模。第二，当实际数据出现增大或减小的趋势时，用这种方法得到的预测存在滞后。第三，该方法赋予 n 个观测值同等权重，并忽略在计算中未使用的所有过去的观测值。第四，中心移动平均过程因为其使用事后数据，并没有体现期望理论的概念。因此，非寿险的产出将不得不依据可用的实际数据重新计算。

3.166　第二种方法是几何加权移动平均方法。这种方法适用于以下回归模型对 α 值（介于 0 和 1 之间的平滑参数）进行估计：

$$Z_t = w_1 Z_{t-1} + w_2 Z_{t-2} + \cdots + e_t \quad (3.7)$$

这里，$w_i = \alpha (1-\alpha)^{i-1}$，$i = 1, \cdots$，$e_t$ 是一个白噪声干扰项。

这个公式与 Cagan（1956）提出的适应性预期模型是相同的。几何加权移动平均方法对最近观测到的数据赋予相对更高的权重，此外，这种方法依赖于根据整个时间序列估计的平滑性。基于这些原因，几何加权移动平均方法优于 n 点移动平均方法。

3.167　美国经济分析局（BEA）使用几何加权移动平均方法来计算非寿险业的产出。[42]

3.168　对于每一种非寿险，将过去已发生的索赔率（$l_{t+1/t}$）的几何加权移动平均值乘以 $t+1$ 期核算期的满期保费（P_{t+1}），即可得到预期已生索赔。[43] $t+1$ 期的预期已生索赔[44] $L_{t+1/t}$ 的数学表达式可写成：

$$L_{t+1/t} = l_{t+1/t} \times P_{t+1} \quad (3.8)$$

其中，$l_{t+1/t}$ 是在给定 t 期信息下，$t+1$ 期（几何加权）预期发生的索赔率，P_{t+1} 是满期保费，l_t 是已生索赔率（$\frac{L_t}{P_t}$），L_t 是 t 期的实际已生索赔。

3.169　根据 $l_{t+1/t}$ 的计算 $l_{t+1/t} = E(l_{t+1} \mid l_t, l_{t-1}, \cdots)$ 项，进而几何加权移动平均模型的形式如下：

---

[41] 例如，澳大利亚统计局在测度非寿险业产出时，采用 5 年期已生索赔的中心移动平均来计算预期索赔。更多信息，详见于澳大利亚统计局（1999）。

[42] 美国经济分析局所使用方法的详情见于 Moulton 和 Seskin（2003）、Chen 和 Fixler（2003）、Seskin 和 Smith（2009）等人的研究。

[43] 平滑已生索赔与保费收入比值优于直接平滑已生索赔数据，因为前者比后者能更好地应对通胀。

[44] 美国经济分析局将这些预期已生索赔描述为常规损失。

$$E(l_{t+1} \mid l_t, l_{t-1}, \cdots) = \alpha l_t + (1-\alpha)E(l_t \mid l_{t-1}, l_{t-2}, \cdots) = \alpha \sum_{i=0}^{\infty} (1-\alpha)^i l_{t-i}$$
(3.9)
$$= \alpha l_t + \alpha(1-\alpha)l_{t-1} + \alpha(1-\alpha)^2 l_{t-2} + \cdots$$

3.170 在上述公式中，为了使最新的观测值能够更好地预测预期已生索赔，在计算预期已生索赔时赋予最新的已生索赔率更大的权重。α 是介于（0，1）之间的平滑系数，且需要先估计。如果一列数据有至少 30 个观测值，并且不存在序列自相关[45]，α 则可以用回归方法很好地估计。然后将 α 的估计值用于 $l_{t+1/t}$ 和 $L_{t+1/t}$ 的计算。

3.171 不过，如果数据系列不够长或存在序列自相关，那相比于不精确的估计，给 α 设定一个合理的值会得到更可靠的结果。根据统计与工程文献，α 值的选择通常介于 0.1～0.3 之间。选择的 α 具有最小均方根预测误差（RMSPE）。[46] 通常情况下，我们有充分的理由将 α 设定为 0.1、0.2 或 0.3。一些研究指出，α 的估计值大于 0.3 可能表明数据序列存在序列自相关。在 BEA 中，α 被赋予 0.3，理由是它提供了未来值的最佳预测。这意味着，对于每一个损失率与其预期值的偏差，随后期间的正常值或预期值将被调整 30%。

3.172 类似地，对于每一种非寿险而言，过去投资损益比的几何加权移动平均值 $i_{t+1/t}$ 乘以 $t+1$ 期核算期的保费收入 P_{t+1}，即可得到预期追加保费。$t+1$ 的预期追加保费 $I_{t+1/t}$ 的数学表达式可以写成：

$$I_{t+1/t} = i_{t+1/t} \times P_{t+1} \tag{3.10}$$

其中，$i_{t+1/t}$ 表示给定 t 期信息下，$t+1$ 期（几何加权）的预期投资损益比，P_{t+1} 是满期保费收入，i_t 是投资净损益比率（$\frac{I_t}{P_t}$），而 I_t 是 t 期的净投资损益。

3.173 同样地，$i_{t+1/t}$ 可根据 $i_{t+1/t} = E(i_{t+1} \mid i_t, i_{t-1}, \cdots)$ 计算而得，进而其几何加权移动平均模型的形式如下：

$$E(i_{t+1} \mid i_t, i_{t-1}, \cdots) = \beta i_t + (1-\beta)E(i_t \mid i_{t-1}, i_{t-2}, \cdots) = \beta \sum_{i=0}^{\infty}(1-\beta)^i l_{t-i} = \beta i_t +$$
$$\beta(1-\beta)i_{t-1} + \beta(1-\beta)^2 i_{t-2} + \cdots \tag{3.11}$$

其中，i_t 是投资净损益比率（$\frac{I_t}{P_t}$），I_t 是 t 期的净投资损益，P_t 是满期保费收入。相同的解释适用于 i_{t-1}、i_{t-2} 等。

3.174 平滑系数 β 的含义与 α 相同，它的选择方法也与 α 相同。同样地，在

---

[45] 序列自相关指时间序列数据的误差项之间存在相关关系。
[46] 均方根预测误差，即样本期间内的实际值与预测值之间的差异的均方根。零表示预测值和实际值完全精确匹配。

BEA 中，它被赋予 0.3，理由是它提供了未来值的最佳预测。

3.175 由于每个国家的情况不同，编制机构可能需要确定平滑系数（α 和 β）的估计频率。然而，这些系数在短期内相对稳定，编制机构可能不需要每年估计一次。

3.176 然后，将预期已生索赔、预期追加保费和满期保费收入一同用于计算各种非寿险提供的保险服务产出。

3.177 然而，当平滑公式遇到意外事件时，如巨灾损失，任何常规的平滑方法都将会遇到已生索赔显著增加的情况。为消除巨灾损失带来的巨额赔付的影响，调整方法如下：[47] 第一，将巨灾发生年的数据视为缺失的观测值，计算预期已生索赔率。第二，计算已生索赔率的实际值与估计值的差值，即巨灾赔付率。第三，从巨灾年起，巨灾赔付率同样地向前延伸 20 年。[48] 将调整后的巨灾赔付率加上后期已生索赔率的预测值。

3.178 加权移动平均法的应用要求可获得相对长期的满期保费、归属于保单持有者的投资收益和已生索赔这些时间序列数据，这样才能确保几何加权预期已生索赔率 $l_{t+1|t}$ 和预期投资损益比 $i_{t+1|t}$ 加起来等于或接近于 1。通常情况下，至少需要 30 个观测值以确保权重足够接近于 1。但许多国家可能无法随时获得这种时间序列数据。因此，如果可获得的时间序列数据太短，编制机构可能需要通过标准化参数来修正几何加权比率以确保权重的总和等于 1。例如，如果编制机构目前仅有 5 年期的保费收入、归属于保单持有者的投资收益和已生索赔数据，则需要通过将每个与 α 相关的项除以标准化参数以此修正第 5 年的预期已生索赔率的计算。

3.179 当可以获得更多的观测值时，则需要修改预期已生索赔率以涵盖更多的条件。预期投资损益比也需要作出类似的调整。

3.180 这种方法除了需要大量中间步骤来推导非寿险的产出，也需要相当多的数据。因此，编制机构需要配备拥有相应技术的员工，他们能够获得连续、可靠的时间序列初始数据以实现对该种方法的应用。

会计法

3.181 第二种方法被称为会计法，其产出计算为

---

[47] SNA2008 建议将巨灾损失产生的索赔归类为资本而非经常转移。但是，它并没有明确指出一个阈值以决定何时将单一事件归类为巨灾。如 Seskin 和 Smith（2009）所述，在美国国民账户中，决定将任何单一事件归类为巨灾的阈值如下：相关的财产损失或者保险支付超过 GDP 的 0.1%。

[48] 在用期望值法计算产出时，将当年巨灾影响持续 20 年，其背后的基本原理可能与标的资产的折旧相关，而折旧率通常为 5%（这意味着资产价值在 20 年之后可以收回）。

满期保费
（＋）追加保费 (3.12)
（－）调整后的已生索赔

这种方法与期望法区别如下：第一，非寿险产出中追加保费的计算是使用实际值而不是预期值。第二，调整后已生索赔由实际已生索赔加上平准准备金变动（实际已生索赔总额减去从平准准备金中提取的款项）进行确定，如果必要，再加上自有资金的变动（实际已生索赔总额减去从自有资金中提取的款项）。"平准准备金变化"项目记入保险公司的账户，用来引导保险公司为应对预期之外的大额索赔而预留的资金。当平准准备金不足以使调整后的索赔恢复到正常水平，则自有资金也必须加进来。如果所需数据可得，那么此方法更适合于由于种种原因不能利用期望值进行产出计算的编制机构，例如缺乏具备所需技能的工作人员或缺乏一致、可靠的时间序列初始数据。

成本加"正常利润"法

3.182 第三种方法是成本加"正常利润"法。如果必要的核算数据不可获得，同时历史统计数据并不能够计算出合理的平均产出值，非寿险公司的产出可以采用"正常利润"加上成本（包括中间成本、劳动力、资本成本和其他生产税净额）进行估算。资本成本是固定资本消耗和回报的总和，表示在生产过程中由固定资产提供的生产性服务价值。固定资本消耗在核算期不断累积，生产者拥有和使用的固定资产因为正常折旧或正常随机损坏而使其流通价值逐步减少。固定资本回报代表了固定资产所有者利用这些资产在生产过程中形成的收入。像其他机构单位从事生产一样，保险企业通常也拥有固定资产以便提供保险服务。因此，资本成本的具体数值不能直接观察得到，而必须通过估算获得。正因为如此，编制机构将需要构建生产性资本存量及用户的资本服务成本估算方法。资本成本将依据这两个数值进行估算。生产性资本存量来度量固定资产存量，它在一定程度可以有效地矫正损失。而用户的资本服务成本是指固定资产所有者用户对其使用固定资产服务所支付的费用。用户的资本成本由固定资本回报率、折旧率和资产价格的变化组成。[49]

3.183 正常利润可以通过对过去实际利润进行平滑获得。编制机构必须对一定时间内的过往利润进行平滑处理，而具体时间长度取决于利润历史数据的一致性与可靠性。对过去的利润进行平滑处理时应该使用毛利润（扣除任何应付所得税之前的利润）。但是，由于对"正常利润"的合理估计可能涉及预期索赔，这一方法与期望法基本相同（见专栏3.2）。

---

[49] 更多关于如何计算资本成本的相关信息参见OECD（2009）。

> **专栏 3.2　成本加上"正常利润"法与期望法之间的关系**[a]
>
> 　　非寿险产出可以通过 $o = p + ie - ce$ 计算,其中 o 是产出,p 是满期保费,ie 是预期追加保费,ce 是预期索赔。同时,保费还可定义为 $p = ce + a + w - ie$,其中 o 被分解为提供保险服务的成本 (a) 和利润 (w)。产出可以表述为 $o = a + w$。此例中的成本相对较易获得,但因利润的不稳定性,其数据不易获得。要获得相对稳定的利润可以通过估值产生"正常利润",所以原始公式可以修订为 $o = a + we$,这里,we 代表正常利润。"正常利润"可以通过直接平滑处理往年利润获得。归纳上述等式,可得 $we = p + ie - ce - a$,这一等式描述预期利润、预期索赔和预期追加保费之间的关系。因此,换言之,成本加"正常利润"的方法等同于期望法。
>
> _____
> [a] 此专栏来源于 Lequiller (2004)。

非寿险公司产出以外的交易

3.184　本节通过描述非寿险公司产出以外的交易,以全面理解非寿险保单的含义。

3.185　在 SNA 中,满期保费和追加保费被划分为两类交易。一是如前文所述的保险产出价值表现为保险服务的消费或出口的价值。二是保险企业所赚取的净保费。净保费被定义为实际满期保费加上追加保费减去保单持有者应付的保险服务费。根据相关服务产出的定义,非寿险净保费等于调整后、非实际的索赔。调整后的索赔和实际索赔之间的差额表示为保单持有者与保险公司间的转移。随着时间推移,一方的转移将被另一方的转移所抵消。

3.186　已生索赔的记录时间是保险期内索赔相关联事件发生的时间。即便在争议索赔的情况下,该处置在相关事件发生后推迟数年,这一原则也是适用的。此处的例外是,索赔仅在相关事件发生后很长时间才能被确认。比如,只有当接触石棉被确认为是一种致病因素,并判定为可在某项保单风险有效期内进行索赔时,才会对一批重要的索赔进行确认。在这样的情形下,索赔是在保险公司接受该项负债时进行记录的。这与索赔规模协议达成或索赔实际支付的时间可能并不相同。

3.187　因为计算产出使用的是调整后的索赔而非实际索赔,所以只有当实际索赔和预期索赔水平恰好相同时,该时期的净保费和索赔才是相等的。然而从若干年的数据来看,二者应该是近似相等的,某年记录了一次巨灾事件除外。

3.188　索赔通常记录为保险公司对投保人的应付经常转移。在某些情况下,一家保险公司可能将保费水平设置得偏低,以至于保费不足以覆盖成本和期望的索赔水平。这一情况可能发生于以下情形:某一业务领域的业务盈余(如家庭保险)被交叉贴补到另一业务领域(如汽车保险)。

3.189 有一种情况,即巨灾发生时,赔付可能记录为资本转移,而不是经常转移。何时应做如此处理,其标准必须依据国情决定,但也可能会取决于受影响的投保人数量和受灾金额。此时将赔付记录为资本转移的原因源于这样的事实,即很多索赔都与诸如住所、建筑物和结构物等资产的毁坏和严重损害相关联。一般索赔水平对应的损害由固定资本消耗或存货损失等覆盖,所以这些损失在账户体系的其他地方体现为经常性支出。但是,巨灾发生时的重大损失要作为无法预见事件的结果记录在其他资产变化账户中,不在经常性支出中反映。因此我们建议将其类似地记录为经常转移或资本转移。

3.190 建议在巨灾发生后,将超出保费部分的赔付总价值记录为从保险公司到投保人的资本转移。这意味着在保险公司账户中,这一部分不是由保险专门准备金覆盖的,而是来自其自有资金,但是从整体来看,保险公司的净值并不会被这种记录方式所改变。

3.191 将此类赔付记录为资本转移的一个后果是,住户和其他投保人的可支配收入不会像将其记录为经常转移那样出现相应增长,这与直觉是相悖的。投保人的净财富将会同时显示出资产的损毁(作为其他物量变化)和由资本转移引起的金融资产(最初)增加。这样的记录方式与政府向 NPISHs 提供补助以弥补其修复或重置受灾资产(未受保单覆盖的)部分或全部成本的处理是一致的。

非寿险交易记录案例

3.192 本节案例显示了如何计算非寿险的现价产出和其他特定非寿险相关交易。该案例假定编制机构能够从保险机构获得有关满期保费、未满期保费、保单持有者投资收益、已决索赔及未决索赔变动等初始数据。满期保费和未满期保费不扣减再保险保费,但需排除来自其他保险企业转入的保费。其中,未决索赔变动是因为未决索赔的标准在一个核算期间的始点和末点存在差异。

3.193 在案例 3.10 中,美国经济分析局(BEA)使用期望法计算遭受巨灾但没有发生大额索赔情况下的产出。预期的已生索赔有别于实际索赔的发生额,而预期追加保费也区别于实际追加保费。这意味着非寿险净保费不会等于收入再分配账户中的非寿险索赔。这种方法的优点在于将不稳定索赔和追加保费反映在可支配收入中而不是产出中。而案例 3.11 仍使用期望法,但我们假设发生了大额巨灾索赔。因此,采用的修正方法是在计算产出过程中扣除大额索赔的发生额。此外,为了避免过度影响可支配收入和总储蓄,部分索赔被记为资本转移并列入资本账户中。案例 3.12 则采用会计方法计算相关产出。在此案例中,已生索赔不是由巨灾造成的。因此,为简单起见,这个案例假定唯一的保单持有者是常住住户,同时假设其还是最终消费者。[50] 此外,案例将展示如何在金融账户的对应科目中进行记录以显示这

---

[50] 在实践中,非寿险产出可以被多个常住机构部门所消费,也可以被出口。关于如何将实收保费分配到非寿险产出、机构单位其他相关交易和国外部门的案例将在后文列出。

些交易的支付手段。同时也为简单起见,假设这些结算均以现金或可转让存款进行,记入金融账户中的"通货和存款"科目。此外,案例3.13显示了假设数据不足时,可采用上述计算方法进行产出的合理估计,即运用成本加上"正常利润"的方法进行产出计算。

案例3.10 在无巨灾赔付的情况下,运用期望法计算非寿险产出

3.194 此案例用BEA使用的期望法计算非寿险产出。

3.195 表3.46列出的相关信息可以用来计算特定非寿险$t-4$到t期的产出和其他交易。假设编制机构只能够收集到这五年的初始数据。其中,投资收益是保险公司运用专门准备金投资以获得的财产收入。为简单起见,假设这种财产收入是由其他常住部门支付,且所有投资收益都归属于投保人的财产收入。

表3.46 保险公司非寿险交易数据

序号	项目	$t-4$	$t-3$	$t-2$	$t-1$	t	SNA2008 代码
(1)	满期保费(P_t)	510.0	564.0	624.0	693.0	750.0	
(2)	未满期保费	89.0	116.0	140.0	165.0	195.0	
(3)	已决索赔	137.0	148.0	167.0	176.0	195.0	
(4)	未决索赔变动	131.0	139.0	156.0	161.0	166.0	
(5)	投资收益(I_t)	57.0	69.0	61.0	68.0	63.0	D4, D441

3.196 由于数据序列的时间非常短,不能采用回归法估计α和β的具体数值(平滑系数),进而计算预期的已生索赔和预期投资损益比率。作为替代,α和β首先被定值为0.1、0.2和0.3。然后,选择α和β的均方根预测误差最小值(RMSPE)以便计算预期的已生索赔和预期投资损益比率。

3.197 表3.47显示了当α和β值为0.3时,如何推导出预期已生索赔比率、投资损益比率、预期已生索赔和预期追加保费。已生索赔比率和预期已生索赔可经过如下计算得到:

◆ 将α(0.3)的值乘以$(1-\alpha)$的适当指数用于推导各项几何权重。
◆ 用已决索赔和未决索赔准备金变化总和计算每年实际已生索赔(L_t)。
◆ 用实际已生索赔(L_t)除以满期保费(P_t),计算每年的已生索赔率(l_t)。
◆ 每年已生索赔比率(l_t)乘以α的适当指数获得经过几何加权的已生索赔比率。
◆ 加总这些比率,以获得预期的已生索赔率$l_{t/t-1}$。
◆ 由于数据的时间序列非常短,需要通过标准化的参数修改几何加权已生索赔率,以确保权重之和为1。在计算公式中,预期已生索赔率的权重等于每年α的相关项除以α的相关项总和。因此,如果编制机构只有五年的录入数据,相关公式可以用五年的信息推导得出:

$$l_{5|4} = \frac{\alpha}{\alpha + \alpha(1-\alpha) + \cdots + \alpha(1-\alpha)^3} l_4 + \frac{\alpha(1-\alpha)}{\alpha + \alpha(1-\alpha) + \cdots + \alpha(1-\alpha)^3} l_3$$
$$+ \frac{\alpha(1-\alpha)^2}{\alpha + \alpha(1-\alpha) + \cdots + \alpha(1-\alpha)^3} l_2 + \frac{\alpha(1-\alpha)^3}{\alpha + \alpha(1-\alpha) + \cdots + \alpha(1-\alpha)^3} l_1$$

◆ 预期已生索赔率乘以满期保费（P_t），便得到预期的已生索赔（$L_{t/t-1}$）。

相同的步骤还可以用于计算投资损益率（I_t）、预期投资损益率（$i_{t/t-1}$）和预期追加保费（$I_{t/t-1}$）。

表 3.47 当 α、$\beta = 0.3$ 时，计算已生索赔率、投资损益率、预期索赔和预期追加保费

序号	项目	说明	$t-4$	$t-3$	$t-2$	$t-1$	t
(6)	α		…	0.300	0.300	0.300	0.300
(7)	$1-\alpha$	$1-(6)$	…	0.700	0.700	0.700	0.700
(8)	$\alpha(1-\alpha)$	$(6)\times(7)$	…	…	0.210	0.210	0.210
(9)	$\alpha(1-\alpha)^2$	$(6)\times(7)^2$	…	…	…	0.147	0.147
(10)	$\alpha(1-\alpha)^3$	$(6)\times(7)^3$	…	…	…	…	0.103
(11)	参数和	$(6)+(8)+(9)+(10)$	…	0.300	0.510	0.657	0.760
(12)	实际已生索赔（L_t）	$(3)+(4)$	268.0	287.0	323.0	337.0	361.0
(13)	实际已生索赔率（l_t）	$(12)/(1)$	0.525	0.509	0.518	0.486	0.481
(14)	期望已生索赔率（$l_{t/t-1}$）	$\alpha\sum_{i=0}(1-\alpha)^i l_{t-i-1}/(11)_t$	…	0.525	0.516	0.517	0.505
(15)	期望索赔（$L_{t/t-1}$）	$(14)\times(1)$	…	296.4	321.8	358.0	378.5
(16)	β		…	0.300	0.300	0.300	0.300
(17)	$1-\beta$	$1-(16)$	…	0.700	0.700	0.700	0.700
(18)	$\beta(1-\beta)$	$(16)\times(17)$	…	…	0.210	0.210	0.210
(19)	$\beta(1-\beta)^2$	$(16)\times(17)^2$	…	…	…	0.147	0.147
(20)	$\beta(1-\beta)^3$	$(16)\times(17)^3$	…	…	…	…	0.103
(21)	$\beta(1-\beta)^4$	$(16)\times(17)^4$	…	…	…	…	0.072
(22)	参数和	$(16)+(18)+(19)+(20)+(21)$	…	0.300	0.510	0.657	0.760
(23)	投资损益率（i_t）	$(5)/(1)$	0.112	0.122	0.098	0.098	0.084
(24)	预期投资损益率（$i_{t/t-1}$）	$\beta\sum_{i=0}(1-\beta)^i l_{t-i-1}/(22)_t$	…	0.112	0.118	0.109	0.105
(25)	预期追加保费（$I_{t/t-1}$）	$(24)\times(1)$	…	63.0	73.6	75.4	78.4

3.198 接下来的计算过程是将 α 和 β 值设定为 0.1 和 0.2，重复计算预期已生索赔率、预期已生索赔、预期投资损益率和预期追加保费。详细的计算这里不再显示，过程如表 3.47 所示。

3.199 表 3.48 显示了当 α 和 β 为 0.1、0.2 和 0.3 时 RMSPE 的值。使用 α 通过平方差和的平方根计算得到 RMSPE，以区分同期内实际已生索赔（L_t）和预期已生索赔率（NL_T）。使用 β 计算实际投资收益（I_t）和预期投资收益（PS_t）。以 $\alpha=0.3$ 为例，RMSPE 计算过程如下：

$$\sqrt{\frac{(361.0-375.5)^2+(337.0-358.0)^2+(323.0-321.8)^2+(287.0-296.4)^2}{4}}=14.451$$

表 3.48 当 α、β =（0.10，0.20，0.3）时，计算均方根预测误差（RMSPE）

	α			β		
	0.1	0.2	0.3	0.1	0.2	0.3
RMSPE	15.960	15.047	14.451	11.852	11.353	11.031

3.200 从表 3.48 可以观察到 $\alpha=0.3$ 和 $\beta=0.3$ 时，有最小的 RMSPE。因此，计算非寿险产出时应选择这些数值。

3.201 表 3.49 显示了如何使用表 3.48 中的信息来计算第 t 年非寿险产出和非寿险净保费，其中 α 和 β 的值设为 0.3。同时，该表还显示了第 t 年已生索赔的数据。非寿险产出的具体计算方法如下：

满期保费

（+）预期追加保费

（-）预期已生索赔

非寿险净保费的计算方法如下：

满期保费

（+）实际追加保费

（-）非寿险产出

表 3.49 当 α、$\beta=0.3$ 时，计算第 t 年非寿险产出、非寿险净保费和已生索赔

序号	项目	说明	数额	SNA2008 代码
(26)	保险公司产出（保险服务费用）	(1)+(25)-(15)	449.9	P1，P3
(27)	非寿险净保费	(1)+(5)-(26)	363.1	D71，D711
(28)	已生索赔	(12)	361.0	D72，D721

3.202 表 3.50 显示了如何计算第 t 年保险公司和其他机构单位之间的交易引起的金融资产和负债的变化，以及这些交易的支付方式。一般情况下，计算金融资产和负债的变化应遵循以下原则：通货和存款的变化是由其他机构单位向保险公司支付保费以及后者向前者的赔付而引起的。对于保险公司而言，收到保费意味着通货和存款的增加，而赔付则代表相应资产的减少，其交易对应的机构单位则刚好相反。另外，非寿险专门准备金的变化是由未满期保费和未决赔款准备金的变化引起的。对于保险公司来说，这些项目表示负债的增加，而对其他机构单位而言则代表金融资产的增加。例如，在核算期，保险公司的资产项下通货和存款增加了 813.0，

便是由以下推算得出：

◆ 资产项下通货和存款的增加来自收到保费（945.0），主要由满期保费（750.0）和未满期保费（195.0）组成；投资收益（63.0）。

◆ 资产项下通货和存款的减少来自已决索赔（195.0）。

此外，保险公司负债项下增加361.0的专门准备金，是因自然增长所做的调整。以下是增加的原因：

◆ 未满期保费（195.0）

◆ 调整后的未决索赔（166.0）

表 3.50 在无巨灾赔付的情况下，运用期望法计算第 t 年非寿险交易引起的金融资产和负债的变化

序号	项目	说明	数额	SNA2008 代码
	金融资产变化（通货和存款）			
(30)	保险公司	(1)＋(2)－(3)＋(5)	813.0	F2
(31)	住户	(3)－(1)－(2)	－750.0	F2
(32)	其他部门	－(5)	－63.0	F2
	金融资产变化（非寿险专门准备金）			
(33)	住户	(2)＋(4)	361.0	F61
	负债变化（非寿险专门准备金）			
(34)	保险公司	(2)＋(4)	361.0	F61

3.203 表3.51使用表3.50中的相关信息来记录各类非寿险交易。为简化介绍和分析，忽略其他交易，如机构单位购买商品和服务产生的其他中间消耗等。以下几对交易需要记录：与测算保险服务的生产和消费相关的有2对，与再分配相关的有3对，与金融账户相关的有2对。具体的交易记录如下：

(a) 非寿险产出（449.9）记录于保险公司的生产账户中。

(b) 初始收入分配账户记录保险公司从其他部门收到的财产收入（63.0），这项收入由专门准备金投资取得，这一数额由保险公司记录到非寿险中归属于保单持有者（在此例中为住户）的投资收益。

(c) 在收入再分配账户中，住户支付给保险公司的非寿险净保费为363.1。相反，保险公司支付住户的非人寿直接保险索赔预估为361.0。因此，非人寿直接保险净保费（D711）和非人寿直接保险赔付（D721）是脱钩的（相互之间没有影响）。

(d) 非寿险产出（449.9）作为住户最终消费记录到可支配收入使用账户中。

(e) 由于没有资本账户交易，资本账户中的净贷出/净借入与可支配收入使用账户中的总储蓄相等。

(f) 金融账户中记录了通货和存款的变化，以及机构单位的专门准备金的变化（包含未满期保费和未决索赔）。而保险公司的负债因未满期保费（195.0）和未决索赔（166.0）而有所增长，住户的金融资产则相应增加。此外，保险公司通货和

存款的净增加（813.0）抵消了其他机构单位在同一金融资产项下的净减少。由于金融账户中的交易对应于其他账户中的科目，或只是反映金融资产和负债之间的流动，所以金融账户中的净贷出/净借入等于资本账户中的净贷出/净借入。然而，在实践中，由于数据源和交易记录时间的差异，可能会导致这两个账户中的净贷出/净借入之间有所差异。

表3.51　在无巨灾赔付的情况下，运用期望法记录第 t 年的非寿险交易

使用												来源
合计	货物和服务	经济总体	其他部门	住户	保险公司	SNA 2008 代码	交易和平衡项	保险公司	住户	其他部门	经济总体	货物和服务	合计
生产账户													
449.9	449.9					P1	产出	449.9			449.9		449.9
449.9		449.9			449.9	B1g	增加值总额/国内生产总值						
初始收入分配账户													
63.0		63.0	63.0			D4	财产收入	63.0			63.0		63.0
63.0		63.0			63.0	D441	属于投保人的投资收益		63.0		63.0		63.0
449.9		449.9	-63.0	63.0	449.9	B5g	初始收入总额/国民总收入						
收入再分配账户													
363.1		363.1		363.1		D71	非人寿保险净保费	363.1			363.1		363.1
363.1		363.1		363.1		D711	非人寿直接保险净保费	363.1			363.1		363.1
361.0		361.0			361.0	D72	非人寿保险赔付		361.0		361.0		361.0
361.0		361.0			361.0	D721	非人寿直接保险赔付		361.0		361.0		361.0
449.9		449.9	-63.0	60.9	452.0	B6g	可支配收入总额						
可支配收入使用账户													
449.9		449.9		449.9		P3	最终消费支出				449.9		449.9
0.0		0.0	-63.0	-389.0	452.0	B8g	总储蓄						
资产变化							负债和净值变化						
资本账户													
0.0		0.0	-63.0	-389.0	452.0	B9	净贷出（+）/净借入（-）						
金融账户													
						B9	净贷出（+）/净借入（-）	452.0	-389.0	-63.0	0.0		0.0
0.0		0.0	-63.0	-750.0	813.0	F2	通货和存款						
361.0		361.0		361.0		F61	非寿险专门准备金	361.0			361.0		361.0
195.0		195.0		195.0			未满期保费	195.0			195.0		195.0
166.0		166.0		166.0			未决索赔	166.0			166.0		166.0

3.204 对于其他类型的非寿险，编制机构也可以通过重复上述步骤来获得相应的非寿险产出的经济估计值及相关交易信息。

案例 3.11　运用期望法计算非寿险产出
（其中巨灾赔付被记录为资本转移）

3.205 假定存在巨灾赔付的情况，此案例使用案例 3.10 的方法来计算非寿险产出。在以下假定情况下，巨灾赔付对 SNA 的影响可以进行如下预估。首先，假设巨灾赔付是非温和型的，因此，可以评估巨灾赔付对非寿险产出和可支配收入总额及总储蓄产生的影响。其次，我们通过调整期望法来重新计算非寿险产出以抑制巨灾赔付的影响。最后，为了避免投保人可支配收入与总储蓄的急剧增加，一些已发生的巨灾赔付也被调整记录为资本转移。

3.206 表 3.52 提供了保险公司于 $t-4$ 至 $t+2$ 时期从事与前述案例相同的非寿险相关信息。假定编制机构在 t 期后另外多收集了两年的初始数据。因此，表 3.52 中 $t-4$ 至 t 期的数据与表 3.46 中是相同的。假定 $t+1$ 为巨灾年，在这个时期中存在异常巨大的赔付事件。表 3.52 中投资收益指的是保险公司通过专门准备金投资形成的应收财产收入。为简单起见，假定财产收入由其他常住部门支付，且包括在投保人所有的投资收益当中。

表 3.52　　　　　　　　　　保险公司的非寿险交易数据

序号	项目	$t-4$	$t-3$	$t-2$	$t-1$	t	$t+1$	$t+2$	SNA2008 代码
（1）	满期保费（P_t）	510.0	564.0	624.0	693.0	750.0	825.0	870.0	
（2）	未满期保费	89.0	116.0	140.0	165.0	195.0	236.0	281.0	
（3）	已决索赔	137.0	148.0	167.0	176.0	195.0	1670.0	200.0	
（4）	未决索赔变动	131.0	139.0	156.0	161.0	166.0	197.0	222.0	
（5）	投资收益（I_t）	57.0	69.0	61.0	68.0	63.0	70.0	65.0	D4, D441

3.207 表 3.53 在假定未采取措施抑制巨灾赔付的影响时，显示了如何运用所选 $\alpha=0.3$ 和 $\beta=0.3$ 的值计算已生索赔率、投资损益率、期望赔付和预期追加保费等。以上数据的获得方式与案例 3.10 运用的方法基本一致。由于存在特别大的赔付情况，因此 $t+2$ 期的索赔率显著高于前几年，导致期望赔付也高得多。

表 3.53　　　　在未减弱巨灾赔付影响的情况下，运用 α、$\beta=0.3$
推导索赔率、投资损益率、期望赔付和预期追加保费

序号	项目	说明	$t-4$	$t-3$	$t-2$	$t-1$	t	$t+1$	$t+2$
（6）	α		…	0.300	0.300	0.300	0.300	0.300	0.300
（7）	$1-\alpha$	（1）-（6）	…	0.700	0.700	0.700	0.700	0.700	0.700
（8）	$\alpha(1-\alpha)$	（6）×（7）	…	0.210	0.210	0.210	0.210	0.210	0.210
（9）	$\alpha(1-\alpha)^2$	（6）×（7）^2	…	…	0.147	0.147	0.147	0.147	0.147

续表

序号	项目	说明	t-4	t-3	t-2	t-1	t	t+1	t+2
(10)	$\alpha(1-\alpha)^3$	(6)×(7)^3	…	…	…	…	0.103	0.103	0.103
(11)	$\alpha(1-\alpha)^4$	(6)×(7)^4	…	…	…	…	…	0.072	0.072
(12)	$\alpha(1-\alpha)^5$	(6)×(7)^5	…	…	…	…	…	…	0.050
(13)	参数和	(6)+(8)+(9)+(10)+(11)+(12)	…	0.300	0.510	0.657	0.760	0.832	0.882
(14)	实际已生索赔 (L_t)	(3)+(4)	268.0	287.0	323.0	337.0	361.0	1867.0	422.0
(15)	实际已生索赔率 (l_t)	(14)/(1)	0.525	0.509	0.518	0.486	0.481	2.263	0.485
(16)	期望已生索赔率 ($l_{t/t-1}$)	$\alpha \sum_{i=0}(1-\alpha)^i l_{t-i-1}/(13)_t$	…	0.525	0.516	0.517	0.505	0.496	1.097
(17)	期望已生索赔 ($L_{t/t-1}$)	(16)×(1)	…	296.4	321.8	358.0	378.5	409.4	954.3
(18)	β		…	0.300	0.300	0.300	0.300	0.300	0.300
(19)	$(1-\beta)$	(1)-(18)	…	0.700	0.700	0.700	0.700	0.700	0.700
(20)	$\beta(1-\beta)$	(18)×(19)	…	…	0.210	0.210	0.210	0.210	0.210
(21)	$\beta(1-\beta)^2$	(18)×(19)^2	…	…	…	0.147	0.147	0.147	0.147
(22)	$\beta(1-\beta)^3$	(18)×(19)^3	…	…	…	…	0.103	0.103	0.103
(23)	$\beta(1-\beta)^4$	(18)×(19)^4	…	…	…	…	…	0.072	0.072
(24)	$\beta(1-\beta)^5$	(18)×(19)^5	…	…	…	…	…	…	0.05
(25)	参数和	(18)+(20)+(21)+(22)+(23)+(24)	…	0.300	0.510	0.657	0.760	0.832	0.882
(26)	投资损益率 (i_t)	(5)/(1)	0.112	0.122	0.098	0.098	0.084	0.085	0.075
(27)	预期投资损益率 ($i_{t/t-1}$)	$\beta \sum_{i=0}(1-\beta)^i l_{t-i-1}/(25)_t$	…	0.112	0.118	0.109	0.105	0.097	0.093
(28)	预期追加保费 ($I_{t/t-1}$)	(27)×(1)	…	63.0	73.6	75.4	78.4	80.1	80.9

3.208 表3.54使用表3.52和表3.53中的信息来计算非寿险产出、非寿险净保费、已生索赔和最近三年可支配总收入。期望法的严格应用可能会导致$t+2$年的非寿险产出为负，原因是$t+1$年的期望赔付非常大。[51] 此外，该表还显示$t+1$年出现的大额索赔将导致同年投保人的可支配收入总额出现大幅增加（总储蓄也如此）。因此，有必要调整期望法减弱巨灾赔付的影响，以便计算出一个更为合理的非寿险产出。此外，有必要将一部分异常大的赔付重新分类，记录为资本转移，这样投保人的可支配收入和总储蓄就不会出现大幅增加这种与直觉是相悖的结果。

---

[51] 假设编制机构使用SNA1993中的方法来计算$t+1$年的非寿险产出，以满期保费（825.0单位）加上追加保费（70.0单位）扣除实际已生索赔（1867.0单位）来计算非寿险产出（-972.0单位）。这样，$t+1$年发生的巨灾索赔将导致当年非寿险产出为负。

表 3.54　在未减弱巨灾赔付影响的情况下，计算第 t 年非寿险产出、非寿险净保费和赔付

序号	项目	说明	数额
(29)	t 年保险公司产出（保险服务费）	(1) + (28) − (17)	449.9
(30)	$t+1$ 年保险公司产出（保险服务费）	(1) + (28) − (17)	495.8
(31)	$t+2$ 年保险公司产出（保险服务费）	(1) + (28) − (17)	−3.5
(32)	t 年非寿险净保费	(1) + (5) − (31)	363.1
(33)	$t+1$ 年非寿险净保费	(1) + (5) − (31)	399.2
(34)	t 年已生索赔	(14)	361.0
(35)	$t+1$ 年已生索赔	(15)	1867.0
(36)	t 年投保人可支配收入总额	(5) + (34) − (32)	60.9
(37)	$t+1$ 年投保人可支配收入总额	(5) + (35) − (33)	1537.8

3.209　表 3.55 利用表 3.52 信息，通过调整后期望法减弱巨灾赔付的影响来获得预期已生索赔率、投资损益率、期望赔付、预期追加保费。所做的调整如下：

◆ 首先，将当年巨灾赔付发生率从预期已生索赔率的计算中剔除。在此案例中，这意味着在计算 $t+2$ 年预期索赔发生比率时，不包括 $t+1$ 年的实际赔付数据。
◆ 其次，实际已生索赔率与预期已生索赔率的差即是巨灾赔付率。
◆ 从巨灾年开始，均等推算 20 年中的巨灾索赔率。
◆ 以 20 年为一个时间段，对其中每一年的巨灾赔付率加上预期已生索赔率。[52]

显而易见，表 3.55 中已生索赔率较表 3.53 低得多，因此，$t+2$ 年的预期已生索赔较过往也一样低得多。

表 3.55　在减弱巨灾赔付影响的情况下，运用 α、$\beta = 0.3$ 推导索赔率和期望赔付

序号	项目	说明	$t-4$	$t-3$	$t-2$	$t-1$	t	$t+1$	$t+2$
(38)	α		…	0.300	0.300	0.300	0.300	0.300	0.300
(39)	$1-\alpha$	(1) − (38)	…	0.700	0.700	0.700	0.700	0.700	0.700
(40)	$\alpha(1-\alpha)$	(38) × (39)	…	…	0.210	0.210	0.210	0.210	0.210
(41)	$\alpha(1-\alpha)^2$	(38) × (39)^2	…	…	…	0.147	0.147	0.147	0.147
(42)	$\alpha(1-\alpha)^3$	(38) × (39)^3	…	…	…	…	0.103	0.103	0.103
(43)	$\alpha(1-\alpha)^4$	(38) × (39)^4	…	…	…	…	…	0.072	0.072
(44)	$\alpha(1-\alpha)^5$	(6) × (7)^5	…	…	…	…	…	…	0.050
(45)	参数和	(38) + (40) + (41) + (42) + (43) + (44)	…	…	…	…	0.760	0.832	0.582
(46)	实际已生索赔（L_t）	(3) + (4)	268.0	287.0	323.0	337.0	361.0	1867.0	422.0
(47)	实际已生索赔率（l_t）	(46)/(1)	0.525	0.509	0.518	0.486	0.481	2.263	0.485

---

[52] 如在案例 3.10 中，由于数据序列太短，有必要通过参数标准化处理确保权重之和为 1。

续表

序号	项目	说明	$t-4$	$t-3$	$t-2$	$t-1$	t	$t+1$	$t+2$
(48)	剔除巨灾年的预期已生索赔率 ($l_{t/t-1}$)	$\alpha \sum_{i=0}(1-\alpha)^i l_{t-i-1}/(39)_t$	…	…	…	…	0.505	0.496	0.496
(49)	剔除巨灾年的实际已生索赔率 (l_t) 同预期索赔率 ($l_{t/t-1}$) 差异	(47) – (48)	…	…	…	…	…	1.767	…
(50)	剔除20年内巨灾年份的实际已生索赔率 (l_t) 同预期索赔率 ($l_{t/t-1}$) 差异发生率	(49)/20	…	…	…	…	…	0.088	0.088
(51)	预期已生索赔率 ($l_{t/t-1}$) 加上平滑处理的巨灾赔付率	(48) + (50)	…	…	…	…	…	0.585	0.585
(52)	预期已生索赔 ($l_{t/t-1}$) 加上平滑处理的巨灾赔付	(51) × (1)	…	…	…	…	…	482.3	508.6
(53)	总的巨灾赔付	(49) × (1)	…	…	…	…	…	1457.6	…

3.210 通过调整方法减弱巨灾索赔可能带来的影响，表 3.56 利用表 3.52 和表 3.55 信息计算近两年非寿险产出与非寿险净保费。由于从已生索赔率中剔除巨灾年因素影响，计算出的非寿险产出为非负值。

表 3.56 在减弱巨灾赔付影响的情况下，运用 α、$\beta = 0.3$ 计算第 t 年非寿险产出、非寿险净保费和已生索赔

序号	项目	说明	数额	SNA2008 代码
(54)	$t+1$ 年保险公司产出（保险服务费）	(1) + (28) – (52)	422.9	P1, P3
(55)	$t+2$ 年保险公司产出（保险服务费）	(1) + (28) – (52)	442.3	P1, P3
(56)	$t+1$ 年非寿险净保费	(1) + (5) – (54)	472.1	D7, D711

3.211 为避免在发生巨灾时出现与直觉相悖的投保人的可支配收入急剧增长的情况，需要通过将实际已生索赔加以调整，将部分赔付分类记录（原记录在经常转移项目）转而记录在资本项目。编制机构可以要求保险公司提供巨灾已决索赔的估算值，并将此类索赔记录在资本转移项目下。假设此类数据难以从保险机构获取到，就需要编制机构自己估算已决索赔。表 3.57 正是使用了此类方法。巨灾索赔估计出来的值已经作为资本转移运用在表 3.55 中。经常转移为已生索赔和资本转移的差额。该表还显示了在一些赔付已计入资本转移后的可支配收入总额。相比以前表 3.54 的估计值，估算出的可支配收入总额并未大幅增加（总储蓄也如此）。

表 3.57　推导 $t+1$ 年被纳入资本转移项目的巨灾赔付与可支配收入

序号	项目	说明	数额	SNA2008 代码
(57)	已生索赔	(46)	1867	
(58)	划入资本转移的已生索赔	(53)	1457.6	D9r，D99r，D9p，D99p
(59)	划入经常转移的已生索赔	(57)-(58)	409.4	D72，D721
(60)	住户部门的可支配收入	(5)+(59)-(56)	7.3	B6g

3.212　表 3.58 显示了如何计算 t 年保险公司和其他机构之间交易引起的金融资产和负债的变化，以及这些交易的支付方式。计算方法同表 3.50 一样。

表 3.58　在 $t+1$ 年巨灾赔付被记录为资本转移时，运用期望法计算非寿险交易引起的金融资产与负债的变化

序号	项目	说明	数额	SNA2008 代码
	金融资产变化（通货和存款）			
(61)	保险公司	(1)+(2)-(3)+(5)	-539	F2
(62)	住户	(3)-(1)-(2)	609	F2
(63)	其他部门	-(5)	-70	F2
	金融资产的变化（非寿险准备金）			
(64)	住户	(2)+(4)	433	F61
	负债的变化（非寿险准备金）			
(65)	保险公司	(2)+(4)	433	F61

3.213　表 3.59 显示了如何记录相关交易，分析方法类似案例 3.10。巨灾赔付估计值作为资本转移记录在资本账户。采取这种分析方法的优势在于可以稳定可支配收入和总储蓄的波动。

表 3.59　在 $t+1$ 年巨灾赔付被记录为资本转移时，运用期望法记录的非寿险交易

使用											来源
合计	货物和服务	经济总体	其他部门	住户	保险公司	SNA 2008 代码	交易和平衡项	保险公司	住户	其他部门	经济总体	货物和服务	合计
生产账户													
422.9	422.9					P1	产出	422.9			422.9		422.9
422.9		422.9		422.9		B1g	增加值总额/国内生产总值						
初始收入分配账户													
70.0		70.0	70.0			D4	财产收入		70.0		70.0		70.0
70.0		70.0		70.0		D441	属于投保人的投资收益		70.0		70.0		70.0
422.9		422.9	-70.0	70.0	422.9	B5g	初始收入总额/国民总收入						

续表

合计	货物和服务	经济总体	其他部门	住户	保险公司	SNA 2008 代码	交易和平衡项	保险公司	住户	其他部门	经济总体	货物和服务	合计
收入再分配账户													
472.1		472.1		472.1		D71	非寿险净保费	472.1			472.1		472.1
472.1		472.1		472.1		D711	非人寿直接保险净保费	472.1			472.1		472.1
409.4		409.4			409.4	D72	非寿险赔付		409.4		409.4		409.4
409.4		409.4			409.4	D721	非人寿直接保险赔付		409.4		409.4		409.4
422.9		422.9	−70.0	70.0	485.6	B6g	可支配收入总额						
可支配收入使用账户													
422.9		422.9		422.9		P3	最终消费支出				422.9		422.9
0.0		0.0	−70.0	−415.6	485.6	B8g	总储蓄						
资产变化												负债和净值变化	
资本账户													
1457.6		1457.6		1457.6		D9r	应收资本转移						
1457.6		1457.6		1457.6		D99r	其他资本转移						
						D9p	应付资本转移	1457.6			1457.6		1457.6
						D99p	其他资本转移	1457.6			1457.6		1457.6
0.0		0.0	−70.0	1042.0	−972.0	B9	净贷出（+）/净借入（−）						
金融账户													
						B9	净贷出（+）/净借入（−）	−972.0	1042.0	−70.0	0.0		0.0
0.0		0.0	−70.0	609.0	−539.0	F2	通货和存款						
433.0		433.0		433.0		F61	非寿险专门准备金	433.0			433.0		433.0
236.0		236.0		236.0			未满期保费	236.0			236.0		236.0
197.0		197.0		197.0			未决索赔	197.0			197.0		197.0

案例3.12 运用会计法计算非寿险产出

3.214 本案例采用会计法计算非寿险产出，该方法将平准准备金的变动加上已生索赔得到调整后索赔来计算产出。

3.215 表3.60显示了保险公司的非寿险特定项目的相关信息。该表同表3.46所反映的 t 年的信息是相同的，除此之外，该表也包含了平准准备金变动数据。假设平准准备金变动未使负债发生增长，因此，它们不会被记录在金融账户下。其中，投资收益为保险公司专门准备金投资的财产收入。简而言之，假定这部分财产收入由其他住户部门支付，且所有归属于投保人的投资收益包括这部分财产收入。

表 3.60　　　　　　　　　　保险公司的非寿险交易数据

序号	项目	数额	SNA2008 代码
(1)	满期保费	750.0	
(2)	未满期保费	195.0	
(3)	索赔支出	195.0	
(4)	未决索赔变动	166.0	
(5)	平准准备金变动	200.0	
(6)	投资收益	63.0	D4, D441

3.216　表 3.61 显示了如何使用表 3.60 的数据信息来估计已生索赔、调整后已生索赔、非寿险产出及非寿险保费。已生索赔通过如下方式获取：

已决索赔

（+）用于抵消未决索赔的准备金变动

调整后的索赔计算如下：

已生索赔

（+）平准准备金变动

非寿险产出计算如下：

满期保费

（+）追加保费

（−）调整后索赔

非寿险净保费计算如下：

满期保费

（+）追加保费

（−）非寿险产出

表 3.61　　　计算已生索赔、调整后已生索赔、非寿险产出及非寿险保费

序号	项目	说明	数额	SNA2008 代码
(7)	已生索赔	(3)+(4)	361.0	D72, D721
(8)	调整后已生索赔	(7)+(5)	561.0	
(9)	保险公司产出（保险服务费）	(1)+(6)−(8)	252.0	P1, P3
(10)	非寿险保费	(1)+(6)−(9)	261.0	D71, D711

3.217　表 3.62 显示了如何计算保险公司与其他机构间交易引起的金融资产与负债的变化，以及这些交易的支付方式。总的来说，同其他案例的非寿险计算方法相类似。

表 3.62　运用会计法计算非寿险相关交易引起的金融资产与负债的变化

序号	项目	说明	数额	SNA2008 代码
	金融资产的变化（通货和存款）			
(11)	保险公司	(1)+(2)-(3)+(6)	813.0	F2
(12)	住户	(3)+(1)-(2)	-750.0	F2
(13)	其他部门	-(6)	-63.0	F2
(14)	金融资产的变化（非寿险专门准备金）			
(15)	住户部门	(2)+(4)	361.0	F61
(16)	负债的变化（非寿险专门准备金）			
(17)	保险公司	(2)+(4)	361.0	F61

3.218　表 3.63 显示了如何记录相关交易。它的分析方法同之前的非寿险案例相类似。像之前的案例一样，非寿险净值与非寿险直接保险索赔存在着耦合。这主要源于在计算公式中使用调整后的索赔而不是实际已生索赔。金融账户的项目同案例 3.10 相似，因为它们不受使用调整后项目来计算非寿险产出的影响。

表 3.63　运用会计法记录非寿险交易

使用												来源
合计	货物和服务	经济总体	其他部门	住户	保险公司	SNA 2008 代码	交易和平衡项	保险公司	住户	其他部门	经济总体	货物和服务	合计
生产账户													
252.0	252.0					P1	产出	252.0			252.0		252.0
252.0		252.0		252.0		B1g	增加值总额/国内生产总值						
初始收入分配账户													
63.0		63.0	63.0			D4	财产收入	63.0		63.0	63.0		63.0
63.0		63.0		63.0		D441	属于投保人的投资收益		63.0		63.0		63.0
252.0		252.0	-63.0	63.0	252.0	B5g	初始收入总额/国民总收入						
收入再分配账户													
561.0		561.0		561.0		D71	非寿险净保费	561.0		561.0	561.0		561.0
561.0		561.0		561.0		D711	非人寿直接保险净保费	561.0		561.0	561.0		561.0
361.0		361.0			361.0	D72	非寿险赔付		361.0		361.0		361.0
361.0		361.0			361.0	D721	非人寿直接保险赔付		361.0		361.0		361.0
252.0		252.0	-63.0	-137.0	452.0	B6g	可支配收入总额						

续表

合计	货物和服务	经济总体	其他部门	住户	保险公司	SNA 2008 代码	交易和平衡项	保险公司	住户	其他部门	经济总体	货物和服务	合计
可支配收入使用账户													
252.0		252.0		252.0		P3	最终消费支出				252.0		252.0
0.0		0.0	-63.0	-389.0	485.6	B8g	总储蓄						
资产变化												负债和净值变化	
资本账户													
0.0		0.0	-63.0	-389.0	485.6	B9	净贷出（+）/净借入（-）						
金融账户													
						B9	净贷出（+）/净借入（-）	452.0	-389.0	-63.0	0.0		0.0
0.0		0.0	-63.0	-750.0	813.0	F2	通货和存款						
361.0	361.0	361.0				F61	非寿险专门准备金	361.0			361.0	361.0	361.0
195.0	195.0	195.0					未满期保费	195.0			195.0	195.0	195.0
166.0	166.0	166.0					未决索赔	166.0			166.0	166.0	166.0

3.219　对于其他非寿险项目，编制机构也可以重复上述步骤来获得非寿险产出的经济估计值及相关交易信息。

案例 3.13　运用成本加"正常利润"法计算非寿险产出

3.220　如果得不到必要的历史统计数据和核算数据，就无法通过期望法和会计法对非寿险产出作出合理估计，在这种情况下，非寿险产出可以按照总成本（包括中间消耗、劳动力和资本以及其他生产税扣除其他生产补贴）加上"正常利润"来计算。本案例就是要使用这一方法来计算非寿险产出。

3.221　表 3.64 显示了使用成本法来计算非寿险产出所需相关信息。雇员报酬、中间消耗、其他生产税和其他生产补贴都可以从保险公司获取。正常利润通过平滑过去的实际利润获得。需要平滑的过去利润必须是毛利润（不扣除任何应付所得税）。过去实际利润信息可以从保险公司获取，而编制机构需要决定使用多长区间的利润来进行平滑。

3.222　假设保险公司拥有投入非寿险服务产出的全部固定资产，那么固定资产的资本成本或者租金价值不会直接体现在租金交易上。资本成本将被记作固定资本消耗与投资报酬总和。而由于固定资本消耗及投资报酬两项是根据国际会计准则而非商业会计准则核算，保险公司很有可能无法提供相关信息。

3.223　使用表 3.64 中的信息，非寿险产出的估计如下：

雇员报酬

（+）中间消耗

（+）资本成本
（+）其他生产税
（−）其他生产补贴
（+）正常利润

表 3.64　　运用成本加"正常利润"方法计算的非寿险产出

序号	项目	说明	数额
(1)	雇员报酬		100.0
(2)	中间消耗		20.0
(3)	资本成本		15.0
(4)	其他生产税		8.0
(5)	其他生产补贴		3.0
(6)	正常利润		20.0
(7)	保险公司产出（保险服务费）	(1)+(2)+(3)+(4)−(5)+(6)	160.0

非寿险产出在用户部门的分摊

参考：

SNA2008，第 9 章，收入使用账户

SNA2008，第 17 章，账户的交叉和其他特殊问题，第一部分，保险的处理

BPM6 编制指南，附录 2，保险交易和头寸、养老金计划

3.224　为简化起见，前面章节中的案例讲述如何使用期望法和会计法来计算非寿险产出时，假设所有产出都分摊给作为最终消费者的住户。然而，各种类型的非寿险投保人可能来自五个常住机构部门，包括非法人企业；而某些类型的非寿险投保人可能是非居民。[53] 有鉴于此，编制机构不可能将所有的非寿险产出只分配给一个特定的用户部门。与此相反，编制机构需要对非寿险产出如何分配给多个用户部门进行评估。根据源数据的性质，可以考虑两种方法。第一种方法可以描述为"自下而上"的方法。这种方法假定，对于每一份非寿险，编制机构可以从保险公司获知每个项目的子项信息来估计非寿险产出，还可以获取到相关交易参与机构信息（包括世界其他国家）。因此，编制机构可以直接统计出分摊给各部门的各类非寿险产出和相关交易，如每个部门的非寿险净保费。将各个住户部门的这些交易加总即是整个经济总量的估计值。然而，搜集各住户部门的子项初始数据可能并非易事。例如，保险公司可能不会提供按部门分类的专门准备金投资产生的投资收益。因此，也许仅在不存在部门分类的情形下，这些源数据才能够取得。所以，编制机构可能需要考虑使用第二种方法，可以描述为"自上而下"的方法。通过这一方

---

[53] 以汽车保险为例，投保人不仅包括五类常住机构部门，还包括在所在国学习的海外学生，这些学生属于非常住人口。

法，编制机构可以通过可获取的源数据来计算每种类型的非寿险产出，随后编制机构可以根据获取到的数据通过各种假设将产出分摊到各个用户部门。例如，保险机构有按行业细分的实际保费数据，就可以按照该数据的比例将来分摊各部门的非寿险总产出。[54] 原则上，归属于投保人的投资收益（追加保费），需按照分配给不同类别保险和投保人的准备金比例来分摊给各用户部门。实践中通常是以实际保费比例分摊。这是为了确保与分配非寿险总产出的方法一致。每个部门应缴的非寿险净保费估计值是通过满期保费和追加保费的相应数据扣除已分配的产出来计算的。加总各部门估计值即为保险公司的应收估计值。

3.225 常住机构单位的非寿险也可能从非常住保险公司购买。常住和非常住保险公司的非寿险服务费进口总量估计值及归属于投保人的投资收益的交易、未满期保费、已生索赔、非寿险净保费等数据可以从国际收支统计中获得。然而，如果国际收支统计中未披露对这些项目的估值，那么编制机构就需要通过数据源整合来估计相关数值，包括可从国内非寿险部门获得的各类比率、ITRS（可获取住户部门以现金计量的保费目的地信息及索赔资金来源地信息）、合作伙伴国的数据或调查（国内投保人的保费支出及索赔收回）等。如果一个经济体拥有非寿险部门，编制机构可以将本部门所支付的服务费与保费收入比例应用于常住对非常住的非寿险部门以获得进口非寿险服务费的估值。适当的比例也可应用于常住对非常住的非寿险保险公司的保费支付，以获得常住投保人和非常住非寿险保险公司之间有关未满期保费、归属于投保人的投资收益、已生索赔和非寿险净保费的交易估计。如果经济体中不存在非寿险部门，编制机构可以考虑联系合作伙伴国家以获得这些比例，而选择伙伴国家的信息可以从 ITRS 获得。编制机构在对常住和非常住保险公司之间的非寿险交易进行估计时应当与国际收支平衡表的编制人员进行协商，以确保这些交易在国内账户和国际收支统计账户中的一致性。直接从国际收支统计或通过估计方法获取所需数据后，编制机构仍然需要将常住机构部门的非寿险总进口服务费用、归属于投保人的投资收益相关交易、已生索赔和非寿险净保费等数据分配给常住机构部门，分配时可以使用从 ITRS 获取的保费数据。另外，编制机构可以考虑按常住用户部门消耗的国内生产非寿险服务费比例来分配。

案例 3.14 非寿险产出在用户部门中的分摊

3.226 此案例显示了在信息不完全、无法直接估计每个部门产出消耗的情况下，如何将非寿险产出与相关交易分摊到各机构部门（包括国外部门）。为简单起见，假定分配给住户部门的产出都用于最终消费。此外，此案例将显示如何在金融账户中记录对手方信息，以反映机构单位间交易的支付方式。为简单起见，假定这

---

[54] 另一项选择就是通过赔付数据分配非寿险产出，但是并不建议使用这种方法，因为赔付数据取决于保险事件实际发生后产生的索赔。此外，赔付数据波动大于保费波动。按行业分配的非寿险产出应当按照这些行业的实际应付保费比例分配。

些交易均以现金或可转让的存款来结算,记录在金融账户中的"通货和存款"项目中。

3.227 表3.65显示了保险公司某一特定非寿险的数据。满期保费、未满期保费、已决索赔、未决索赔、平准准备金变动、专门准备金的投资收益数据均与表3.60中一致。为简单起见,假定投资收益是由其他住户部门支付的,并假定所有归属于投保人的投资收益包括了这部分财产收入。保险公司能够提供有关机构部门的满期保费、未满期保费、已生索赔、未决索赔变动的分类数据,但无法提供有关平准准备金变动及归属于投保人的投资收益变动的分类数据。鉴于只有部分的数据集,需要使用"自上而下"的方法分摊非寿险产出。因此,需要首先计算非寿险总产出。之后,将总产出加上归属于投保人的投资收益得出相应数据,把该数据按照实际保费的权重分配给各机构部门。在部门估算汇总前,要直接计算每个部门应付非寿险保费的估计值,以获得保险公司应收保费的估计值。

表3.65 保险公司的非寿险交易数据

序号	项目	数额
(1)	满期保费	750.0
(1a)	非金融公司	240.0
(1b)	金融公司	210.0
(1c)	一般政府	120.0
(1d)	住户	90.0
(1e)	NPISHs	60.0
(1f)	国外	30.0
(2)	未满期保费	195.0
(2a)	非金融公司	60.0
(2b)	金融公司	52.5
(2c)	一般政府	37.5
(2d)	住户	22.5
(2e)	NPISHs	15.0
(2f)	国外	7.5
(3)	已决索赔	195.0
(3a)	非金融公司	60.0
(3b)	金融公司	45.0
(3c)	一般政府	35.0
(3d)	住户	26.0
(3e)	NPISHs	21.0
(3f)	国外	8.0
(4)	未决索赔变动	166.0
(4a)	非金融公司	45.0

续表

序号	项目	数额
(4b)	金融公司	39.0
(4c)	一般政府	32.0
(4d)	住户	22.0
(4e)	NPISHs	17.0
(4f)	国外	11.0
(5)	平准准备金变动	200.0
(6)	投资收益	63.0

3.228　表 3.66 显示了如何计算每个部门的实际应付保费。每个部门相应满期保费加上未满期保费即为实际保费支出。将所有部门相应满期保费加上未满期保费来计算实际保费总支出。

表 3.66　　　　　　　　　　计算各部门的实际保费

序号	项目	说明	数额
(7)	实际保费	(1)+(2)	945.0
(7a)	非金融公司	(1a)+(2a)	300.0
(7b)	金融公司	(1b)+(2b)	262.5
(7c)	一般政府	(1c)+(2c)	157.5
(7d)	住户	(1d)+(2d)	112.5
(7e)	NPISHs	(1e)+(2e)	75.0
(7f)	国外	(1f)+(2f)	37.5

3.229　表 3.67 使用表 3.66 中的数据得出各部门在实际保费总额中的份额。各部门的实际保费份额是按各部门缴纳的实际保费除以所有部门实际保费总额乘以 100.0 计算得来的。这些数据将用于划分非寿险总产出和归属于投保人的投资收益。

表 3.67　　　　　　　　　　各部门的实际保费（百分比）

序号	项目	说明	百分比
(8)	实际保费	(8a)+(8b)+(8d)+(8e)+(8f)	100.0
(8a)	非金融公司	[(7a)/(7)]×100	31.7
(8b)	金融公司	[(7b)/(7)]×100	27.8
(8c)	一般政府	[(7c)/(7)]×100	16.7
(8d)	住户	[(7d)/(7)]×100	11.9
(8e)	NPISHs	[(7e)/(7)]×100	7.9
(8f)	国外	[(7f)/(7)]×100	4.0

3.230　表 3.68 显示了如何利用会计法计算非寿险总产出，以及该产出在各部门间如何分摊。该表还显示如何分摊归属于投保人的投资收益及如何计算各部门非

寿险净保费支出。非寿险总产出（252.0）按照各部门的非寿险在所有部门非寿险总产出中所占份额（如表 3.67 中）乘以非寿险总产出再除以 100.0 进行分摊。投保人的投资收益（63.0）也按照相同的方式分摊给各部门。在计算各部门非寿险净保费支出并加总获得保险公司应收净保费前，需要各部门计算应付非寿险净保费。

表 3.68　计算和分摊非寿险产出、归属于投保人的投资收益和非寿险净保费

序号	项目	说明	数额	SNA2008 代码
(9)	已生索赔	(3) + (4)	361.0	D72，D721
(9a)	非金融公司	(3a) + (4a)	105.0	D72，D721
(9b)	金融公司	(3b) + (4b)	84.0	D72，D721
(9c)	一般政府	(3c) + (4c)	67.0	D72，D721
(9d)	住户	(3d) + (4d)	48.0	D72，D721
(9e)	NPISHs	(3e) + (4e)	38.0	D72，D721
(9f)	国外	(3f) + (4f)	19.0	D72，D721
(10)	调整后索赔	(9) + (5)	561.0	
(11)	保险公司非寿险产出（保险服务费）	(1) + (6) − (10)	252.0	P1
(11a)	非金融公司	[(8a)/100] × (11)	80.0	P2
(11b)	金融公司	[(8b)/100] × (11)	70.0	P2
(11c)	一般政府	[(8c)/100] × (11)	42.0	P2
(11d)	住户	[(8d)/100] × (11)	30.0	P3
(11e)	NPISHs	[(8e)/100] × (11)	20.0	P2
(11f)	国外	[(8f)/100] × (11)	10.0	P6
(12)	归属于投保人的投资收益	(6)	63.0	D4，D441
(12a)	非金融公司	[(8a)/100] × (12)	20.0	D441
(12b)	金融公司	[(8b)/100] × (12)	17.5	D441
(12c)	一般政府	[(8c)/100] × (12)	10.5	D441
(12d)	住户	[(8d)/100] × (12)	7.5	D441
(12e)	NPISHs	[(8e)/100] × (12)	5.0	D441
(12f)	国外	[(8f)/100] × (12)	2.5	D441
(13)	非寿险净保费	(13a) + (13b) + (13c) + (13d) + (13e) + (13f)	561.0	D71，D711
(13a)	非金融公司	(1a) + (12a) − (11a)	180.0	D71，D711
(13b)	金融公司	(1b) + (12b) − (11b)	157.5	D71，D711
(13c)	一般政府	(1c) + (12c) − (11c)	88.5	D71，D711
(13d)	住户	(1d) + (12d) − (11d)	67.5	D71，D711
(13e)	NPISHs	(1e) + (12e) − (11e)	45.0	D71，D711
(13f)	国外	(1f) + (12f) − (11f)	22.5	D71，D711

3.231　表 3.69 显示了如何计算保险公司和其他机构单位之间的交易引起的金

融资产与负债的变化，以及这些交易的支付方式。通常，该变动的计算与上述非寿险案例所使用的方法类似。

表 3.69　　　计算非寿险产出的分摊所产生的金融资产与负债的变化

序号	项目	说明	数额	SNA2008 代码
	金融资产变化（通货和存款）			
(14)	非金融公司	(3a) - (1a) - (2a)	-240.0	F2
(15)	保险公司	(1) + (2) + (6) - (3)	813.0	F2
(16)	金融公司	(3b) - (1b) - (2b) - (6)	-280.5	F2
(17)	一般政府	(3c) - (1c) - (2c)	-122.0	F2
(18)	住户	(3d) - (1d) - (2d)	-86.5	F2
(19)	NPISHs	(3e) - (1e) - (2e)	-54.0	F2
(20)	国外	(3f) - (1f) - (2f)	-29.5	F2
	金融资产变化（非寿险专门准备金）			
(21)	非金融公司	(2a) + (4a)	105.0	F61
(22)	金融公司	(2b) + (4b)	91.5	F61
(23)	一般政府	(2c) + (4c)	69.5	F61
(24)	住户	(2d) + (4d)	44.5	F61
(25)	NPISHs	(2e) + (4e)	32.0	F61
(26)	国外	(2f) + (4f)	18.5	F61
	负债变化（非寿险专门准备金）			
(27)	保险公司	(2) + (4)	361.0	F61

3.232　表 3.70 显示了如何记录相关交易。除了部分非寿险产出作为其他金融公司、一般政府及 NPISHs 的中间消耗加以记录，这里采用的分析方法与之前的案例是一致的。为简化介绍和分析，忽略非寿险产出对总产出和非生产者最终消费支出（如一般政府及 NPISHs）产生的影响。此外，因为非居民也是投保人，这部分产出记录在货物与服务出口项目。与先前的案例相同的是，非寿险直接净保费与非寿险直接索赔之间也存在差异，这是因为在公式中使用的是调整后索赔而非实际已生索赔。鉴于投保人包括所有的常住部门和非常住部门，所以也将这些部门和国外的非寿险直接净保费及非寿险直接索赔记录在收入再分配账户下。与先前的案例不同的是，经济总体非寿险的净贷出/净借入不再为零。经济总体存在 -9.0 的净贷出/净借入意味着国外的净借入增加 9.0。

表 3.70 运用"自上而下"的方式记录非寿险产出分配的交易

使用													来源									
合计	货物和服务	国外	经济总体	NPISHs	住户	一般政府	其他金融公司	保险公司	非金融公司	SNA 2008 代码	交易和平衡项	非金融公司	保险公司	其他金融公司	一般政府	住户	NPISHs	经济总体	国外	货物和服务	合计
生产账户																					
10.0	10.0									P6	货物和服务出口									10.0	10.0
252.0	252.0									P1	产出		252.0					252.0			252.0
212.0			212.0	20.0		42.0	70.0		80.0	P2	中间消耗（服务费）									212.0	212.0
40.0			40.0	−20.0		−42.0	−70.0	252.0	−80.0	B1g	增加值总额/国内生产总值										
−10.0		−10.0								B11	货物和服务对外差额项										
初始收入分配账户																					
63.0			63.0				63.0			D4	财产收入		63.0					63.0			63.0
63.0			63.0				63.0			D441	属于投保人的投资收益	20.0		17.5	10.5	7.5	5.0	60.5	2.5		63.0
37.5			37.5	−15.0	7.5	−31.5	−115.5	252.0	−60.0	B5g	初始收入总额/国民总收入										
收入再分配账户																					
561.0		22.5	538.5	45.0	67.5	88.5	157.5		180.0	D71	非险净保费		561.0					561.0			561.0
561.0		22.5	538.5	45.0	67.5	88.5	157.5		180.0	D711	非人寿直接保险净保费		561.0					561.0			561.0
361.0			361.0					361.0		D72	非险赔付	105.0				361.0		361.0			361.0
361.0			361.0					361.0		D721	非人寿直接保险赔付	105.0				361.0		361.0			361.0

续表

合计	货物和服务	国外	经济总体	NPISHs	住户	一般政府	其他金融公司	保险公司	非金融公司	SNA 2008 代码	交易和平衡项	非金融公司	保险公司	其他金融公司	一般政府	住户	NPISHs	经济总体	国外	货物和服务	合计
										B6g	可支配收入总额	-135.0	452.0	-189.0	-53.0	-12.0	-22.0	41.0			41.0
可支配收入使用账户
						30.0				P3	最终消费支出（服务费）					30.0		30.0			30.0
					-42.0	-53.0	-189.0	452.0	-135.0	B8g	总储蓄						-22.0	11.0			30.0
										B12	对外经常交易差额								-11.0		
资产变化																				负债和净值变化
资本账户
0.0		-11.0	11.0	-22.0	-42.0	-53.0	-189.0	452.0	-135.0	B9	净贷出（+）/净借入（-）										0.0
金融账户
0.0		-29.5	29.5	-54.0	-86.5	-122.5	-280.5	813.0	240.0	B9	净贷出（+）/净借入（-）							11.0	-11.0		
361.0		18.5	342.5	32.0	44.5	69.5	91.5		105.0	F2	通货和存款										
195.0		7.5	187.5	15.0	22.5	37.5	52.5	361.0	60.0	F61	非寿险专门准备金							361.0			361.0
166.0		11.0	155.0	17.0	22.0	32.0	39.0	195.0	45.0		未满期保费							195.0			195.0
								166.0			未决索赔							166.0			166.0

3.233 对于其他类型的非寿险，编制机构可以运用同样方法来获取该部门非寿险产出的估计值与其他相关交易。

非寿险产出的物量核算

参考：
SNA2008，第 15 章，价格和物量核算
《国民账户价格和物量核算手册》，第 4 章，产出计算的 A/B/C 方法

3.234 上述案例按现价计算非寿险产出。和其他经济变量的计算一样，非寿险的物量值计算需要剔除价格变动的影响。最理想的物量核算方法是通过相应的产出价格指数对非寿险现价产出进行平减。然而，同许多其他类型的金融服务一样，非寿险产出实质的价格不可能直接观察到。因此，有必要采取其他方法。

3.235 一种方法称为平减指数法。这种方法使用适当的价格指数对每一种非寿险的现价满期保费和追加保费进行平减，然后用平减后的值来推断基准年份非寿险的产出水平从而得到非寿险的物量值。保费收入的价格指数可以从 CPI 或 PPI 指数取得。[55] 此外，如果平准准备金的变化包含在测量的非寿险现价核算中，它们应用可以衡量货币潜在购买力变化的一般物价指数进行平减。一般物价指数包括 GDP 平减指数、最终国内需求的平减指数和所有项目的 CPI 指数。前两个指数不能用于非寿险。每一种非寿险的合成物量加总得到非寿险产出的链式物量。以成本法获得非寿险现价产出时，编制机构可以考虑用综合的投入价格指数来平减产出，以获取非寿险产出的物量值。

3.236 另一种方法称为物量指标法。这种方法的一个变化是使用详细的活动水平指标，如保单的取得和管理及理赔（均按成本加权），为每一种非寿险构建一个物量指数。该物量指数用于推断基期非寿险产出。每一种非寿险的合成物量值加总形成非寿险产出的链式物量值。然而，这种方法需要使用不同成本信息产生的不同服务的活动水平信息来提供权重。这样很耗费资源。此外，它可能很难测算出质量上的变化。另一个变化是使用已售保单的数量为每一种非寿险推断出相应的基期产出。然而，这种方法在理论与实践上都存在缺陷。例如，每一年保单数目的变化可能受到保单市场变化的影响，而这些市场变化很难解释为非寿险服务的物量变化，除非一个人的脑海中只有非寿险服务的物量概念，并把其作为保险企业的纯粹活动。向投保人提供的保险服务不是依靠保单数量，而是依靠资产和收入的数量。此外，不同于平减指数法，这种方法没有考虑保险金额。为了说明这一点，假设两个房主的保单捆绑在一起，但投保人支付的保费和追加保费维持不变，平减指数法将不会导致物量的变化，而基于保单数目的方法将导致物量减小。相反地，假设投保人第一年投保一辆廉价轿车，而第二年改投保一辆豪车，假设汽车价格和投保额

---

[55] 这个方法隐含假设了满期保费和追加保费与调整后索赔有相同的实际增长率。

度均没有变化,由于第二年投保车辆价值远高于第一年投保车辆,导致投保人的保费在第二年显著增加。采用物量指标法,保单数目保持不变,因此非寿险的服务量保持不变。采用平减指数法,由于汽车保险的金额增加,而价格保持不变,非寿险的服务量将增加。这看似合理,因为对客户来说,保险服务产出随保险资产和收入的真正价值而增长。因此,采用平减指数法构建非寿险产出的物量测度是首选。[56]

3.237 同样,不能使用物量指标法来构造非寿险服务费投入的物量测度,因为很难获得所需的详细数据。因此,需要使用平减指数法来计算非寿险服务费进口的物量值。这将涉及构建适当的包括来自合作伙伴国价格指数的综合价格指数,这些价格指数会随汇率变化作出相应调整。编制机构还可以考虑构建一个综合物量指数,包括来自合作伙伴国的非寿险出口量或产出的物量值。该综合物量指数可用于推断非寿险服务费的基期投入量,来获取相应的物量值。如果合作伙伴国的数据不可用,编制机构可考虑采用用于平减国内非寿险现价产出的价格指数。

案例 3.15　计算非寿险产出的物量

3.238 本案例显示了如何用平减指数法计算非寿险的链式物量。假设非寿险现价产出使用会计法计算。为简单起见,使用上年的价格来计算非寿险的链式物量,这意味着本案例将使用拉氏价格指数公式。

3.239 表 3.71 显示了五年来保险公司用会计法计算非寿险现价产出的初始数据。假设保险公司提供三种类型的非寿险。机动车辆保险 t 年的数据和表 3.60 中的数据相同。

表 3.71　　　　　　　　　保险公司的非寿险交易数据

序号	项目	t	$t+1$	$t+2$	$t+3$	$t+4$
(1)	满期保费	2055.0	2226.0	2640.0	2910.0	3135.0
(1a)	机动车辆险	750.0	771.0	876.0	945.0	990.0
(1b)	医疗保险	765.0	900.0	1134.0	1260.0	1380.0
(1c)	家庭保险	540.0	555.0	630.0	705.0	765.0
(2)	未满期保费	537.0	583.5	675.5	717.5	774.0
(2a)	机动车辆险	195.0	202.5	220.5	232.5	249.0
(2b)	医疗保险	207.0	240.0	263.0	270.0	285.0
(2c)	家庭保险	135.0	141.0	192.0	215.0	240.0
(3)	已决索赔	560.0	612.0	612.0	633.0	616.0
(3a)	机动车辆险	195.0	222.0	200.0	210.0	198.0
(3b)	医疗保险	210.0	230.0	245.0	255.0	260.0

---

[56] 在 Nordin (2006) 中有关于平减指数法相对物量指标法的优势更详细的讨论。

续表

序号	项目	t	t+1	t+2	t+3	t+4
(3c)	家庭保险	155.0	160.0	167.0	168.0	158.0
(4)	未决索赔变动	447.0	450.0	450.0	465.0	487.0
(4a)	机动车辆险	166.0	155.0	152.0	160.0	167.0
(4b)	医疗保险	170.0	180.0	186.0	187.0	200.0
(4c)	家庭保险	111.0	115.0	112.0	118.0	120.0
(5)	平准准备金变动	567.0	521.6	525.2	494.3	488.9
(5a)	机动车辆险	180.0	163.6	178.2	165.5	172.7
(5b)	医疗保险	167.0	154.3	148.8	141.6	132.5
(5c)	家庭保险	220.0	203.6	198.2	187.3	183.6
(6)	投资收益	173.0	179.3	174.6	173.9	179.9
(6a)	机动车辆险	63.0	65.3	63.6	63.3	65.6
(6b)	医疗保险	65.0	67.4	65.6	65.3	67.5
(6c)	家庭保险	45.0	46.7	45.5	45.3	46.8

3.240 表3.72显示了如何用会计法计算每一种非寿险的现价产出。每一种非寿险相应现价产出加总即非寿险现价总产出。

表3.72 计算非寿险的现价产出

序号	项目	说明	t	t+1	t+2	t+3	t+4
(7)	保险公司产出	(7a)+(7b)+(7c)	654.0	821.7	1227.4	1491.6	1723.0
(7a)	机动车辆险	(1a)+(6a)−(3a)−(4a)−(5a)	272.0	295.6	409.4	472.8	517.8
(7b)	医疗保险	(1b)+(6b)−(3b)−(4b)−(5b)	283.0	403.1	619.7	741.7	855.0
(7c)	家庭保险	(1c)+(6c)−(3c)−(4c)−(5c)	99.0	123.0	198.3	277.0	350.2

3.241 表3.73显示了为构建非寿险产出物量核算所需的价格指数。假定对每一种非寿险的保费都有一种价格指数与其相对应。所有项目的CPI指数用于平减平准准备金的变动。价格指数按比例缩放,以保证上年指数值为100.0。

表3.73 构建非寿险产出物量核算的价格指数

序号	项目	t+1	t+2	t+3	t+4
(8)	保费的价格指数(t−1年=100)				
(8a)	机动车辆险	103.5	102.1	103.0	103.8
(8b)	医疗保险	106.0	105.0	105.6	104.0
(8c)	家庭保险	104.0	103.2	104.8	105.4

3.242 表 3.74 显示了如何计算非寿险产出的非链式物量。

◆ 从 $t+1$ 年起的每一年，用价格指数对每一种非寿险的现价满期保费和追加保费进行平减，以获得上年价格相应的非链式物量。

◆ 为每一种非寿险计算满期保费加上追加保费减去平准准备金变动的非链式物量增长率。如表 3.74 所示，这一增长率表示每一种非寿险非链式物量的增长率。

◆ 对每一种非寿险，以其增长率来外推上年的现价产出，并计算相应的非链式物量。加总后以获得上年价格相应的非寿险产出非链式物量，最终计算总的非寿险产出非链式物量的增长率。

表 3.74　　　　　　　　按上年价格计算非寿险产出的非链式拉氏物量

序号	项目	说明	$t+1$	$t+2$	$t+3$	$t+4$
(9)	满期保费和追加保费物量					
(9a)	机动车辆险	[(1a)+(6a)]/(8a)	808.0	920.3	978.9	1016.9
(9b)	医疗保险	[(1b)+(6b)]/(8b)	912.6	1142.5	1255.0	1391.9
(9c)	家庭保险	[(1c)+(6c)]/(8c)	578.5	654.5	715.9	770.2
(10)	满期保费加追加保费物量增长率[a]					
(10a)	机动车辆险[a]	[(9a)_t]/[(1a)_t−1+(6a)_t−1]	0.994	1.100	1.042	1.009
(10b)	医疗保险[a]	[(9b)_t]/[(1b)_t−1+(6b)_t−1]	1.100	1.181	1.046	1.050
(10c)	家庭保险[a]	[(9c)_t]/[(1c)_t−1+(6c)_t−1]	1.989	1.088	1.060	1.027
(11)	非寿险产出物量	(11a)+(11b)+(11c)	679.4	935.2	1285.1	1540.2
(11a)	机动车辆险	[(7a)_t−1]×[(10a)_t]	270.3	325.3	426.6	476.9
(11b)	医疗保险	[(7b)_t−1]×[(10b)_t]	311.2	476.1	648.4	779.0
(11c)	家庭保险	[(7c)_t−1]×[(10c)_t]	97.9	133.8	210.2	284.4
(12)	非寿险产出物量增长率	[11_t]/[7_t−1]	1.039	1.138	1.047	1.033

[a] 参考非寿险产出非链式拉氏物量值的增长率。

3.243 表 3.75 显示了如何将表 3.74 中非寿险产出的非链式拉氏物量用链式计算，以使它们按特定参考年的价格表示。在此案例中，假定参考年是 t 年，非寿险产出的年度链式拉氏物量与其三个组成部分通过其实际增长率推断现价产出而获得，该增长率由表 3.74 计算得来。由于 t 年是参考年，因此没必要计算 t 年的非寿险产出链式拉氏物量，此外，除了 t 年和 $t+1$ 年，每一年的非寿险产出链式拉氏物量是不可加的，链接会导致可加性的丧失。

表 3.75　　　计算非寿险产出的年度链式拉氏物量（参考年 = t 年）

序号	项目	说明[a]	t	$t+1$	$t+2$	$t+3$	$t+4$
(13)	非寿险产出	$[(13)\_t-1]\times[(12)\_t]$	654.0	679.4	773.2	809.5	835.9
(13a)	机动车辆险	$[(13a)\_t-1]\times[(10a)\_t]$	272.0	270.3	279.5	309.9	312.6
(13b)	医疗保险	$[(13b)\_t-1]\times[(10b)\_t]$	283.0	311.2	367.5	384.5	403.8
(13c)	家庭保险	$[(13c)\_t-1]\times[(10c)\_t]$	99.0	97.9	106.5	112.9	155.9

[a] 适用于 $t+1$ 年及以后的数据。

（b）标准化担保计划[57]

参考：

*SNA*2008，第 6 章，生产账户

*SNA*2008，第 17 章，账户的交叉和其他特殊问题，第三部分，SNA 中标准化担保的处理

担保的类型

3.244　贷款担保通常是一种协定，即一方（担保人）向贷出方保证，如果借入方违约，担保人将补偿贷出方因此遭受的损失。对于提供的担保常常需要支付一项担保费，但其形式各异。有时担保人会获取对违约借入方的某些权利。类似的担保也可以以其他金融工具的形式提供，如保证金。本部分讨论了所有金融工具类似的担保。

3.245　担保会对经济主体的行为产生显著的影响，影响其关于生产、收入、投资或储蓄的各项决策，并改变金融市场上的贷出和借入条件。有些借入方在没有担保的情况下可能无法取得贷款，或者需要缴存保证金，而另一些可能是无法得到相对较低的利率。担保对于政府部门和公共部门的影响尤其显著，因为政府活动常常会关系到担保的生效或触发。

3.246　担保分为三类。对于制造商质量保证或其他形式的担保，我们没有提出特别的处理建议。（更换瑕疵商品的费用是制造商的中间成本。）

3.247　第一类担保是借助金融衍生工具（如信贷违约互换）形式提供的担保。这些衍生工具在金融市场交易活跃。衍生工具是建立在参考工具的违约风险基础上的，因此实际上与单笔贷款或债券并无关联。

3.248　第二类担保是标准化的贷款担保，由大量的担保构成，它们通常金额

---

[57] 本节讨论标准化担保计划的产出及相关交易。《手册》第 4 章讨论了在 *SNA*2008 中，标准化担保计划的金融资产类别。

很小且条款相同。这些协定中涉及三方：借款人（债务人）、贷款人（债权人）和担保人。借款人或贷款人与担保人订立契约，让其在借款人违约时偿还贷款。典型的例子是出口信用担保和助学贷款担保。政府为贷款等其他金融工具和某些债权提供担保并收取担保费也属于此范畴。此时尽管无法确定某个债务人违约的可能性，但是可以估计一批相似债务中违约的数量，这也是实践中的标准做法。如果担保人是从事单纯的商业业务，他会期望所有支付的担保费加上担保费上产生的投资收益及准备金，可以覆盖预期的违约损失和成本，并留下一定的利润。这和非寿险的运作机制是完全一致的，因此对这些担保，即"标准化贷款担保"也采取了相似的处理方式。这就要包括与非寿险相对应的交易和资产负债表项目，如产出的形成和担保追加费用的支付，以及由取得担保的一方支付的服务费。

3.249 第三类担保被称为一次性担保，其包括的贷款或证券很特殊，以至于不可能精确计算出来与债务相关的风险等级。在大多数情形下，一次性担保的授予被认为是一项风险事件，并不记录为金融资产/负债。（例外的是，由政府在某些确定的财务危机且代偿很有可能发生的情况下向企业提供的一次性担保，在危机确认时作为要求担保代偿处理。）如果收取了担保费，该担保费记录为对服务的支付。如果担保下出现了代偿，则在违约发生时记录一项担保人向担保持有者的资本转移，或在担保人获得担保持有者的有效索赔时，记录一笔金融交易（包括股本参与的增加）。

3.250 标准化担保与一次性担保的区分基于以下两项标准：
（a）标准化担保以具有相似特点及风险池的经常性重复交易为特征；
（b）标准化担保的担保人可以根据已有数据利用加权概率估算平均损失。
而一次性担保则相反，它是单一的，且担保人不能对代偿风险作出可靠的估计。

与标准化担保计划相关的交易

3.251 标准化担保可以由金融机构提供，包括但不限于保险公司，也可以由政府单位提供；也可能是非金融公司提供这种担保，但实际发生的可能性很小；而非常住单位提供此类担保的可能性几乎没有。如上所述，标准化担保与非寿险有很多共同之处。一般情况下，我们建议使用下面介绍的与非寿险相似的方法记录。

3.252 一家单位在提供标准化担保时，它接受了担保费，也产生了担保代偿的负债。在担保人的账户中，负债的价值等于担保下预期代偿的现值减去担保人预期从违约的借款方取得补偿后的净值。负债为标准化贷款担保下的代偿义务。

3.253 担保覆盖的期限可能是多年的。担保费可以按年支付或提前一次性付清。原则上担保费应该代表担保存续期间每年获得的收费，而负债则随着期限变短逐渐减少，所以这里应该沿用相同的记录方式，正如年金情形下费用的获得也伴随着未来负债的减少而减少。在实践中，经营担保的一些单位可能只拥有基于现金形式得到的数据。对于单笔担保而言，这是不准确的；但是标准化贷款担保的本质是存在很多同类型的担保，尽管并不是所有的担保期限都相同或起讫日期都一样。除非有理由假定今后担保持有者的性质发生较大的变化，否则利用现金形式的数据将不会带来显著的错误。

3.254 对于标准化担保共有 6 项交易需要记录：2 项与担保服务的生产和消费测算相关；3 项与再分配相关；还有 1 项是金融账户。活动的产出价值、归属于担保持有者（债权人或债务人）的投资收益及服务收费的价值，都按上述关于非寿险的方式计算，但要以担保费的概念取代保费，以标准化贷款担保代偿代替赔付。

3.255 生产和消费的交易如下：

(a) 产出记录在担保人所属的部门或子部门的生产账户中。

(b) 服务费可能由担保债务的借款人或贷款人支付。如果是非金融公司、金融公司、一般政府或非营利机构支付担保费以取得此类担保，担保费则构成中间消耗，记入其生产账户。住户支付的任何担保费构成其最终消费支出的一部分，记入收入使用账户。

3.256 再分配交易包括标准化担保计划中归属于担保持有者的投资收益、净担保费及标准化担保下的代偿。

(a) 标准化担保计划中归属于担保持有者的投资收益记录为担保人的应付项，同时被记录为担保费支付单位的应收项。应收及应付均记录在初始收入分配账户中。

(b) 净担保费等于应收担保费加上追加担保费（与归属于担保费用支付单位的投资收益相等），减去所消费服务的价值。净担保费是经济体内所有部门的应付项及担保人部门的应收项。

(c) 标准化担保计划下的代偿是担保人的应付项、担保债务贷款人的应收项，不管支付担保费的是借款人还是贷款人。净担保费和代偿都记录在收入再分配账户中。

3.257 在金融账户中有一个项目反映了新担保费的支付和已有担保的代偿之间的差额。

3.258 用于计算标准化担保的产出和其他相关交易的初始数据可由中央银行或金融业监管机构提供。然而，编制机构无法按部门来计算产出和这些交易的初始数据。因此，在分配给各机构部门使用的指标（如担保费）之前，首先需要计算出这些担保的总产出和其他相关交易。

由政府提供的担保

3.259 政府经常会出于特定的政策目的而提供担保。出口信用担保就是一例。担保可能由可以视作一个单独机构单位的政府单位发起。如果是这样，那么通常的规则是适用的，即将政府单位分解为公共控制企业或作为一般政府的一部分。假如担保单位收取的担保费具有显著的经济意义（在这种情况下，就等于是说收取的担保费足以覆盖大部分的代偿加上行政成本），那么这将构成一项市场活动。它就应该被作为金融公司处理，而交易应该按上述方法记录。如果担保费覆盖了大部分但非全部的成本，仍可依上述方法记录。提供担保的单位面临的损失由政府予以规律地或间断地弥补，但这不能作为补贴转移给寻求担保的单位。规律性的支付记录为向担保单位的补贴，而间断的支付（补偿累积的损失）仅在支付发生时记录为资本转移。

3.260　一般而言，如果政府单位提供的标准化担保是无偿的，或担保费很低，显著低于代偿和行政成本，则该单位应该作为政府内的非市场生产者对待。担保计划的产出则应以成本加总的方式计算。然而，如果政府认为担保下的某些代偿发生的可能性较大并在其账户中包括了准备金，那么就应该记录一项从政府向该单位的同等规模的转移和负债（标准化担保代偿准备金项下）。

3.261　用于计算标准化担保计划产出和其他相关交易的初始数据可以从一般政府或国有金融公司处获得。同样，如果编制机构无法获得按部门分类的初始数据用于计算这些交易，那么，在使用相关指标（如担保费）将产出分摊给各相关机构部门之前，首先需要计算出这些计划的总产出和其他相关交易。

标准化担保产出的物量核算

3.262　以初始数据测算出的标准化担保计划产出是按现价计算的，其物量核算需要剔除价格变动的影响。物量核算方法取决于用来计算现价产出的方法。对于依据成本加总法计算的产出而言，编制机构可以考虑通过综合产出价格指数来平减产出以获得物量。用非寿险产出公式计算产出的情况下，可使用非寿险产出物量核算的计算方法估计该物量。

（c）寿险和年金

寿险

参考：
SNA2008，第6章，生产账户
SNA2008，第17章，账户的交叉和其他特殊问题，第一部分，保险的处理
BPM6，附录6c，专题综述：保险、养老金计划和标准化担保

3.263　寿险是指投保人向保险人作规律性支付，作为回报，保险人保证在早于（如果投保人提前死亡）或在一个特定日期给予投保人（有些情况下是指定的另一人）一项既定的金额，或一项年金。保险人承诺支付给投保人的既定资金总额被认为是保险金。寿险保单是一种储蓄计划。投保人在较长年限里向保险公司支付保费，以在未来某一日期获得承诺的保险金。保险金支付给投保人，有些情况下是指定的另一人。这些保险金的数额可能与其所付保费有关，或者也可能会取决于保险公司运用这笔资金进行投资的结果。对于后者，一般会用到"共享利润"寿险或分红保单等术语。[58] 虽然日期和金额可能是变动的，但寿险保单的赔付是一定会发生的。

3.264 通常被称作定期寿险[59]的保单只为在特定时期内的死亡（不含其他情形）支付保险金，也被认为是一种非寿险，因为像其他非寿险一样，只在指定的意外事件发生时（其他情形除外）索赔才是应付的。在实践中，鉴于保险公司的记账方式，将定期寿险从其他寿险中分离开来并不总能实现。在这种情况下，仅基于实践原因，定期寿险将按照与寿险相同的方式加以处理。专栏3.3总结了寿险和非寿险关键的异同点。

专栏3.3 寿险和非寿险的比较

寿险与非寿险的共同之处在于，两者均涉及分散风险。保险人从投保人那里获得大量的（相对而言）小额规律性保费支付，而当保单覆盖的意外事件发生时，向索赔人付出大额的款项。对于非寿险，风险分散到取得保单的所有人当中。比如，保险公司会根据某年的机动车辆险的预期已决索赔数额来确定相关的同年收取的该险种的保费数额。通常来说，索赔人数要比投保人数少得多。对于单个非寿险投保人而言，支付的保费和收到的赔付之间没有任何关系，即便从长期来看也是如此；但保险公司会逐年对各种非寿险建立起这种关联。对于寿险而言，保费和随后的赔付之间的关联对于投保人和保险公司同样重要。对于取得寿险保单的某个人来说，得到的所有保险金至少应该不小于取得保险金前所付出的保费总额，这可以视为一种形式的储蓄。保险公司在确立保费水平和保险金水平之间的关系时，必须将单份保单的这一方面同被考虑到保险总体预期寿命（包括死亡事件的风险）的精算结合起来。再进一步而言，在保费收取和保险金支付之间的时间间隔中，保险公司获得了已收保费的投资收益。这一收入也会对保险公司设定的保费和保险金水平产生影响。尽管寿险和非寿险活动之间存在相似性，但两者之间的差异也是很显著的，这就导致了SNA账户项目记录的不同。非寿险由所有投保人和部分索赔人之间的当期再分配构成。而寿险主要将在一段时期内收取的保费再分配为今后支付给同一投保人的保险金。根本上来说，寿险的保费和保险金是金融交易，而非经常性交易。

3.265 保险公司在承诺的保险金应付日期之前会将投保人缴纳的保费累积起

---

[58] "共享利润"寿险还包括与投资相连接的寿险，这是基金挂钩产品，即投保人可以选择特定的基金和并承担相应风险来决定投资的类型。这些寿险的索赔金额根据选择的基金不同而不同。

[59] 这包括公司在员工生活中为其办理的保单。

来，同时运用准备金获得投资收益（利息和红利）。这笔收入在 SNA 中被记录为归属于投保人的投资收益。保险公司也可能拥有如房地产这样的资产，并会在这些财产上产生营业盈余净额，这些也同样包含在归属于投保人的投资收益中。其中部分投资收益会用于增加属于投保人的寿险准备金，以满足未来的保险金支付。这部分投资收益是投保人的一项资产，但由保险公司留存并用于继续投资，直至应付保险金时为止。其余未分配给投保人的投资收益作为服务费归保险公司所有。

3.266 寿险保单中常见的做法是，保险公司每年将一定金额明确地归属于投保人。这些款项常称为红利。[60] 此处的款项并不实际支付给投保人，而是视为保险公司对投保人的负债增加了相应额度。这一数额体现为归属于投保人的投资收益。其中一些可能来自持有收益的事实并不改变上述的安排；因为就投保人看来，这是让保险公司得到金融资产而应取得的回报。此外，任何超过明确归属于投保人的寿险准备金投资收益的部分，都体现为归属于投保人的投资收益，而不管其收入来源如何。所有归属于投保人的投资收益，无论是明确来自于保险公司，还是隐存于 SNA 中，在初始收入分配账户中都要体现为应付给投保人的款项。在寿险中，同样的金额还要作为追加保费记录在金融账户中。对于直接寿险，所有的投保人都是个人，所以投资收益归属于住户（可能包括一些非常住住户）。

寿险产出及其他相关交易的测算

参考：
SNA2008，第 6 章，生产账户
SNA2008，第 17 章，账户的交叉和其他特殊问题，第一部分，保险的处理
BPM6，附录 6c，专题综述：保险、养老金计划及标准化担保
BPM6 编制指南，附录 2，保险交易及头寸、养老金计划

3.267 寿险产出的计算公式为
满期保费
（+）追加保费 (3.13)
（−）应付保险金
（−）寿险精算准备金和共享利润保险准备金的增加额（或加上减少额）

3.268 寿险产出核算的一般原则与非寿险相同，但由于收到保费和支付保险金之间存在时间间隔，因此必须对专门准备金的变动予以专门调整。

3.269 寿险保费的界定方式与非寿险保费完全相同。

3.270 追加保费对于寿险比对非寿险更加重要。它们全部由投保人准备金产

---

[60] 红利是支付给参与或是"共享利润"保单的持有者。它们不是支付给非参与或"非共享利润"保单的持有者，如与投资相连接的寿险。

生的投资收益（包括持有损益）构成。如前文所述，它包括了保险公司每年向投保人分配的分红。追加保费是保单持有者将资金交由保险公司处置而放弃的收益，因此作为财产收入记入初始收入分配账户。

3.271 保险金应在其被裁定或支付时进行记录。对于寿险来说，不需要对保险金做调整，因为寿险保单的到期支付不存在意外波动。保险公司可以提前几年对到期应支付的保险金作出稳健的估计。投保人如果在约定的保单到期日前退保，将有资格从保险公司那里获得部分保险金。保险金因而总是支付给保单持有者或者保险受益人。基于这个原因，投保人支付的部分保费被认为具有储蓄性质，而保险受益人获得的部分收益就像提取了部分储蓄。因此正如非寿险的情形一样，净保费（储蓄的部分）及保险金支付应记录在金融账户而非收入再分配账户。净保费可以由实际保费和追加保费的总和再减去寿险产出计算得到。

3.272 寿险精算准备金和共享利润保险准备金代表了为未来支付保险金所计提的拨备金额。它们是寿险专门准备金的一部分，包括未满期保费及未决索赔准备金。寿险专门准备金每年因新增保费及新分配给投保人的投资收益（但不能被提取）而增加；同时因保险金支付及投保人提前退保所支付的保险金而减少。寿险专门准备金还可能因为寿险保单失效而减少。然而，失效产生的流量并不视为交易，因此记录在资产物量其他变化账户中。

3.273 用来计算寿险产出的公式（3.13）的初始数据可从保险公司提供给分管保险部门的政府机构（如保险业监管委员会）的数据中获得。如果无法获取这类信息，编制机构需要通过调查来搜集数据。通常情况下，保险公司的财务报表会包含所需计算寿险业产出的初始数据。如果根据这个公式计算寿险产出时无法获得足够数据，可以使用类似于在非寿险部分介绍过的成本加总法。和非寿险产出计算一样，计算寿险产出还需要将正常利润加上。

3.274 寿险保单持有者通常是个人，所以寿险交易只发生在保险公司和住户之间（常住和非常住）。[61]分配给常住住户的产出记录为最终消费支出，而非常住住户的产出计入货物与服务出口。通常情况下，保险公司无法提供计算子部门（常住住户和国外部门）寿险产出所需的每个分项的初始数据（如保费）。实际上，保险公司只能提供足够编制机构计算寿险总产出的数据。在这种情况下，编制机构需要在计算总产出及其他相关交易之前，基于已知数据对初始数据在部门间的分摊作出假设。例如，根据保险公司提供的数据，编制机构也许可以得到按常住住户和非常

---

[61] 然而在某些国家，公司也是允许购买寿险保单的。例如，为公司高层购买终身人寿保险以预防由于意外死亡失去这些关键员工从而导致的重新招募及培训成本。这种类型的寿险被称作公司拥有的寿险（COLI）。如果购买人是银行，这类保险则被称为银行拥有的寿险（BOLI）。由于公司为保单持有者，它们同时需要支付保费。由于死亡抚恤金无须缴纳企业所得税，因此这类保单同时具有避税功能。由于免税的死亡抚恤资金的主要构成是支付保费产生的财产收入，为公司高管购买寿险也同时为公司的财产收入进行了避税。因此在 COLI 和 BOLI 的情形中，交易发生在保险公司和其他企业之间。

住住户分类的实际应付保费。如果保险公司无法提供归属于投保人投资收益（追加保费）的分类情况，编制机构可以根据常住住户和国外部门的实际应付保费的比例来分摊这个项目，然后直接计算常住住户及国外部门的寿险子部门产出。最后，寿险总产出可以由各部门产出加总得到。

3.275 常住住户也可能从非常住保险公司购买寿险。在这种情况下，寿险服务费进口额、归属于投保人的投资收益、到期保险金及净保费均从国际收支统计中获得。然而，如果国际收支统计中未披露这些数据，编制机构需要通过数据源整合来估计相关数值，包括国内保险行业的各类比率、ITRS（可获取住户部门以现金计量的保费目的地信息及索赔资金来源地信息）、合作伙伴国的数据及关于国内投保人保费支出和保险金支付的调查等。如果一个经济体拥有寿险部门，编制机构可以从该部门获得常住及非常住人寿保险公司保费支付比例来估算进口保险服务的金额。在用常住部门向非常住保险公司支付的保费中应用适当的比率估计归属于投保人的投资收益（追加保费）、应付保险金及净保费的进口额。如果一个经济体没有寿险部门，那么编制机构可以联系合作伙伴国获得这些比例数据。这些国家的信息可以从 ITRS 获得。在估算常住住户部门及非常住寿险公司交易时，需要咨询国际收支平衡表的编制者，以保证这些在国民账户和国际收支核算中的记录保持一致。

案例 3.16　计算寿险产出及其相关交易

3.276 此案例计算了寿险的产出及其相关交易。寿险的产出及其相关交易是按现价核算的。此外，该案例还显示了如何在金融账户对应条目中进行记录以反映机构单位间一些交易的支付方式。为简单起见，假设这些交易均由现金或可转让存款结算，在金融账户中记入"通货和存款"项下。[62]

3.277 从寿险公司获得的用于计算寿险产出及其他交易的信息参见表 3.76。假设编制机构能够获得常住住户及国外部门的分项数据，如满期保费、未满期保费、应付保险金及寿险专门准备金变动。"投资收益"这个项目指的是保险公司通过寿险准备金投资产生的应收投资收益。为简单起见，假设投资收益由其他常住部门支付，且保险公司没有使用寿险准备金进行投资。因此，投资收益代表保险公司所有由保险准备金投资产生的应收财产收入，并且假设该财产收入包含在归属于投保人的投资收益中。这部分收入因此作为追加保费回流到保险公司。保险公司无法提供投资收益的子部门分类数据，因此编制机构需要在计算产出及其他相关交易之前用实际保费估计投保人投资收益的子部门分类数据。

---

[62] 本节不举例介绍用成本加总的方式计算寿险产出的方法，可以参见前文非寿险产出的案例。

表 3.76　　　　　　　　　保险公司的寿险交易数据

序号	项目	数额
（1）	满期保费	750.0
（1a）	住户	720.0
（1b）	国外	30.0
（2）	未满期保费	195.0
（2a）	住户	187.5
（2b）	国外	7.5
（3）	应付保险金	195.0
（3a）	住户	187.0
（3b）	国外	8.0
（4）	精算准备金增长	240.0
（4a）	住户	225.0
（4b）	国外	15.0
（5）	投资收益	63.0

3.278　表 3.77 显示了如何计算各部门的实际应付保费。各部门的实际应付保费由相应满期保费与未满期保费加总而得。实际总保费也是由相应的满期保费与未满期保费的数据加总而得。

表 3.77　　　　　　　　　计算各部门的实际保费

序号	项目	说明	数额
（6）	实际保费	（1）+（2）	945.0
（6a）	住户	（1a）+（2a）	907.5
（6b）	国外	（1b）+（2b）	37.5

3.279　表 3.78 用表 3.77 中实际保费的数据得出各部门的应付实际保费占比。各部门在实际总保费中的份额为各部门的实际应付保费除以实际应付保费总额，再乘以 100.0。这些数据将在归属于投保人的投资收益的部门间进行分摊。

表 3.78　　　　　　　　　各部门的实际保费（百分比）

序号	项目	说明	百分比
（7）	实际保费	（7a）+（7b）	100.0
（7a）	住户	［（6a）/（6）］×100	96.0
（7b）	国外	［（6b）/（6）］×100	4.0

3.280　表 3.79 显示了在计算寿险产出及净保费之前如何将归属于投保人的投资收益分摊到各部门。该项目的分摊由表 3.78 中各部门在实际总保费中的份额乘以归属于投保人的总投资收益（63.0），再除以 100.0 得到。

3.281　各部门的寿险产出可以按如下步骤直接计算：

满期保费

（+）追加保费

（-）应付保险金

（-）寿险精算准备金的增加额

各部门的净保费可以按如下步骤直接计算：

实际保费（满期保费和未满期保费之和）

（+）追加保费

（-）各部门的寿险产出[63]

国家层面的寿险产出和净保费则由各部门相关项目加总而得。

表 3.79　计算和分摊归属于投保人的投资收益、寿险产出及净保费

序号	项目	说明	数额	SNA2008 代码
（8）	归属于投保人的投资收益	（5）	63.0	D4，D441
（8a）	住户	[（7a）/100]×（8）	60.5	D441
（8b）	国外	[（7b）/100]×（8）	2.5	D441
（9）	保险公司产出（保险服务费）	（9a）+（9b）	378.0	P1
（9a）	住户	（1a）+（8a）-（3a）-（4a）	368.5	P3
（9b）	国外	（1b）+（8b）-（3b）-（4b）	9.5	P6
（10）	净保费	（10a）+（10b）	630.0	
（10a）	住户	（1a）+（2a）+（8a）-（9b）	599.5	
（10b）	国外	（1b）+（2b）+（8b）-（9b）	30.5	

3.282　表 3.80 显示了如何计算保险公司与其他部门交易引起的金融资产与负债变化，以及这些交易的支付方式。一般来说，计算金融资产与负债的变化应遵循以下原则：投保人支付保费、其他常住部门向保险公司支付投资收益及保险公司向投保人赔付保险金，均会造成通货及存款的变化。对于保险公司来说，保费及应收投资收益代表通货及存款的增加，而保险金赔付意味着减少。对于保险公司的交易对手则正好相反。此外，净保费以及应付保险金的变化均会造成寿险专门准备金的变化。对于保险公司来说，这些变化意味着负债的变化，而对其他部门来说，则意味着资产的增加。例如，保险公司在核算期资产项的通货及存款净增加 813.0。这个变化来源于：

◆资产项通货及存款的增加来自收到保费（945.0），由满期保费（750.0）以及未满期保费（195.0）构成；其他部门的应收投资收益（63.0）。

◆资产项通货及存款的减少来自支付保险金（195.0）。

此外，保险公司负债项下的专门准备金也净增加 435.0。这个变化来自应付保险金抵销（195.0）后的净保费增加（630.0）。

---

[63] 净保费同时也等于满期保费及精算准备金的增加额之和。

表 3.80　　　　　　　　计算寿险相关交易引起的金融资产和负债的变化

序号	项目	说明	数额	SNA2008 代码
	金融资产的变化（通货和存款）			
(11)	保险公司	(1) + (2) + (5) - (3)	813.0	F2
(12)	住户	(3a) - (1a) - (2a)	-720.5	F2
(13)	其他部门	- (5)	-63.0	F2
(14)	国外	(3b) - (1b) - (2b)	-29.5	F2
	金融资产的变化（寿险和年金权益）			
(15)	住户	(10a) - (3a)	412.5	F62
(16)	国外	(10b) - (3b)	22.5	F62
	金融负债的变化（寿险和年金权益）			
(17)	保险公司	(10) - (3)	435.0	F62

3.283　表 3.81 根据表 3.80 中的信息记录了各种寿险交易。各种交易形式如下：

（a）寿险的产出是 378.0。这个产出记录在保险公司的生产账户中。

（b）由保险专门准备金投资产生的保险公司应收投资收益（63.0）记录在初始收入分配账户项下的应收财产收入，是由其他部门支付。这个收入被记录为归属于保单持有者的寿险投资收益，并被记录在初始收入分配账户中。在这 63.0 的投资收益中，60.5 归属于住户，而另外 2.5 归属于国外部门。

（c）在产出的 378.0 中，368.5 是住户部门的最终消费。这个数目记录的是住户部门从其可支配收入账户中花费的最终消费支出。剩余 9.5 记录在国外部门账户的货物和服务的出口。

（d）由于没有资本账户的交易，资本账户的净贷出/净借入等于可支配收入账户下的总储蓄与对外经常差额之和。

（e）金融账户记录了通货和存款项目的变化、机构部门中寿险和年金权益的变化。保险公司负债项下的专门准备金净增加（435.0）。这个金额记录在寿险和年金权益项下，并且等于净保费（630.0）减去应付收益（195.0）。负债项的净增加对应的是其他部门金融资产的净增加。保险公司通货和存款项净增加 813.0，与此对应的是其他机构通货和存款项净减少。由于这些项目对应其他账户的项目，或者只反映金融资产和负债的交换，净贷出/净借入与资本账户中的净贷出/净借入是相同的。然而，在实践中，由于数据源和交易记录时间的差别，可能会导致这两个账户中的净贷出/净借入之间有所差异。

表 3.81　　　　　　　　　　　记录的寿险交易

使用															来源
合计	货物和服务	国外	经济总体	其他部门	住户	保险公司	SNA 2008 代码	交易和平衡项	保险公司	住户	其他部门	经济总体	国外	货物和服务	合计
生产账户															
9.5		9.5					P6	货物和服务出口						9.5	9.5
378.0	378.0						P1	产出	378.0			378.0			378.0
378.0			378.0			378.0		总增加值/国内生产总值							
-9.5		-9.5					B11	货物和服务对外差额							
初始收入分配账户															
63.0			63.0	63.0			D4	财产收入	63.0			63.0			63.0
63.0			63.0		63.0		D411	归属于投保人的投资收益		60.5		60.5	2.5		63.0
375.5			375.5	-63.0	60.5	378.0	B5g	初始收入总额/国民总收入							
可支配收入使用账户															
368.5			368.5		368.5		P3	最终消费支出						368.5	368.5
7.0			7.0	-63.0	-308.0	378.0	B8g	总储蓄							
-7.0		-7.0					B12	对外经常差额							
资产的变化														负债和净值的变化	
资本账户															
0.0		-7.0	7.0	-63.0	-308.0	378.0	B9	净贷出(+)/净借入(-)							
金融账户															
							B9	净贷出(+)/净借入(-)	378.0	-308.0	-63.0	7.0	-7.0		0.0
0.0		-29.5	29.5	-63.0	-720.5	813.0	F2	通货和存款							
435.0	22.5		412.5		412.5		F62	寿险和到期年金	435.0			435.0			435.0
630.0	30.5		599.5		599.5			净保费	630.0			630.0			630.0
-195.0	-8.0		-187.0		-187.0			应付收益	-195.0			-195.0			-195.0

寿险产出的物量核算

3.284　上面的案例计算了现价寿险产出。和其他经济变量的计算一样，寿险产出的计算需要消除价格变动的影响。理想的方法是将现价寿险产出通过相应的产出价格指数进行平减以得到物量核算。然而，和许多其他类型的金融服务一样，我们是无法直接观察到代表真实寿险产出的价格。因此，有必要采取其他方法。

3.285　和非寿险一样，有两种方法可以进行寿险的物量核算：平减指数法和物量指标法。如在非寿险产出的计算部分所示，物量指标法存在一些不足之处。因此，相较于构造寿险产出物量核算法，我们更倾向于使用平减保费的方法。

3.286　由于获得所需详细数据存在一定的困难，通过物量指标法构造寿险进口额物量也难以实现。因此，寿险进口额的物量核算还是需要采用平减指数法。这就涉及采用一个综合的价格指数，包含从合作伙伴国得到随汇率变化进行调整的适当价格指数。另外，编制机构可以考虑采用一个综合的物量指数，从合作伙伴国基期进口寿险服务费推断得到物量。如果海外数据不可得，编制机构还可以考虑采用用于平减现价国内寿险产出的价格指数。另外，可以考虑通过国内寿险产出增加量推断基期值来得到寿险服务进口量。

案例 3.17　计算寿险产出的物量

3.287　该案例显示了如何使用平减指数法计算寿险产出的物量。案例假定寿险是一个集合，不需要对产出物量进行链接。

3.288　表 3.82 显示了保险公司计算五年的现价寿险产出的数据。同时还显示了用于平减满期保费和追加保费（归属于投保人的投资收益）的价格指数。我们假定 t 年是寿险物量估计的基期，且其价格指数值是 100.0。如果保费价格指数不可得，另一个替代指标是所有项的 CPI 指数，这样现价寿险产出也可以计算。

表 3.82　　寿险和 CPI 的数据

序号	项目	说明	t	$t+1$	$t+2$	$t+3$	$t+4$
(1)	满期保费		750.0	771.0	810.0	864.0	900.0
(2)	未满期保费		195.0	203.0	212.0	226.0	243.0
(3)	应付保险金		195.0	222.0	200.0	210.0	198.0
(4)	精算准备金增加额		240.0	262.0	146.0	85.0	117.0
(5)	投资收益		63.0	68.0	69.0	69.0	70.0
(6)	现价寿险产出	(1)+(5)−(3)−(4)	378.0	355.0	533.0	638.0	655.0
(7)	寿险保费的价格指数（t 年=100.0）		100.0	103.0	104.1	104.7	103.8

3.289　表 3.83 显示了如何利用表 3.82 中的数据计算寿险产出的物量。计算步骤如下：

◆ 在每一年，用寿险保费价格指数平减满期保费和追加保费的数据以得到相应的物量。

◆ 计算满期保费和追加保费物量的增长率。

◆ 通过增长率推测 t 年后各时期寿险产出的物量。

表 3.83　　计算寿险产出的物量

序号	项目	说明	t	$t+1$	$t+2$	$t+3$	$t+4$
(8)	保费和追加保费的物量	$[(1)+(5)]/(7)\times 100.0$	813.0	814.6	844.4	891.5	934.5
(9)	保费和追加保费的增长率[a]	$[(8)\_t]/[(8)\_{t-1}]$		1.002	1.037	1.056	1.048
(10)	寿险产出的物量	$[(10)\_{t-1}]\times[(9)\_t]$[b]	378.0	378.7	392.6	414.5	434.5

注：a 代表寿险产出物量核算的增长率。

b 适用于从 $t+1$ 年开始的数据。

年金

参考：
SNA2008，第 17 章，账户的交叉和其他特殊问题，第一部分，保险的处理

3.290 年金是指在投保人（也称年金受益人）和保险公司签订的合同中，保险公司承诺在规定时期内定期向购买人支付的一定数量现金。年金的最简形式是，年金受益人向保险公司趸缴一笔款项，作为回报，在一个指定的期限里或年金受益人的剩余寿命中（或是年金受益人和另一指定人的剩余寿命中）得到一个支付流。根据付款时间的不同，年金分为即付年金和递延年金。即付年金指年金受益人从购买年金起就开始收到保险公司支付的现金。而对于递延年金，年金受益人通常在一定时期之后，通常指退休后，才收到保险公司支付的现金。递延年金有所得税优惠，在支付年金前财产收入累积了很多年，这些财产收入在年金开始支付前不用缴税。与收入产生的当年就缴纳税收相比，税收延迟可以使得计入财产收入的数额更大。如果还没到年金支付期，年金受益人死亡，递延年金可以由年金受益人的后代继承，或是递延年金本就包括了给予年金受益人后代的死亡抚恤金。另外，即付年金和递延年金可以是固定年金或者变额年金。对于固定年金，年金受益人定期接受固定数额的收入。对于变额年金，首先保证年金受益人最低收入，超过的部分随年金投资收益而变动。因此，年金受益人承担年金的一些投资风险，与此同时，在投资收益良好时也可获得相应的收益。

3.291 年金由保险公司组织，是风险管理的一种。年金受益人通过同意接受一定已知支付流（明确条款规定或基于某一公式，如指数关联）而放弃一定金额来避免风险。保险公司则承担了投资所得要大于应付给年金受益人金额的风险。年金率的确定考虑了期望寿命的因素。对于寿命长的年金受益人，保险公司所需支付的要大于其原先计划的数额，而受益人所得要大于其原先的支出和支出所带来的收入。而那些早亡之人所得较少，甚至可能减少很多，保险公司的所得却又超出了预期。

案例 3.18 年金的原理

3.292 这一个例子解释了年金的原理。

3.293 假设在第 t 年，一家保险公司在收取趸缴的 10000 后，每年向该个体支付 600，从第 t 年开始，每一次支付都在年终，并假定保险公司认为该个体的预期剩余寿命为 25 年，所使用的贴现率为 5.0%，具体信息见表 3.84。

表 3.84　　　　　　　　　　　　年金的数据

序号	项目	数额
(1)	年金购买价	10000.0
(2)	个体的年支付额	600.0
(3)	个体的预期剩余寿命（年）	25.0
(4)	贴现率（%）	5.0

3.294　表 3.85 显示了如何计算该份年金每年的服务费（支出）、年金受益人应得的投资收益及其他相关的事项。与年金相关的年服务费计算如下：

◆ 因为支付给年金受益人的现金流是固定的 (600.0)，年金受益人预期剩余寿命预计为 25 年，支付序列就是一个有限的几何级数，第一次支付在第一年年中。因此，支付给年金领取人的现值（NFV）可以用这样一个有限几何级数表示：$FV\left[\frac{1-(1+i)^{-n}}{i}\right]$，乘上修正因子 $\sqrt{1+i}$，可得：

$$NFV = (\sqrt{1+i})\left\{FV\left[\frac{1-(1+i)^{-n}}{i}\right]\right\}$$

$$= (\sqrt{1+0.05})(600.0)\left[\frac{1-(1+0.05)^{-25}}{0.05}\right] = 8665.2$$

其中，FV = 年度支付；i = 贴现率；n = 支付年限。

◆ 每年支付给年金受益人的现金流的净现值仅为 8665.2。由于年金的购买价为 10000.0，这就表明剩余的 1334.8 代表了年金服务收费的净现值，这也是保险公司的预期收入。

◆ 年金服务费的净现值（NSC）可以被表示为 $(\sqrt{1+i})\left\{ASC\left[\frac{1-(1+i)^{-n}}{i}\right]\right\}$，在这里 ASC 代表按年计算的服务费。将这个表达式代入上文每年支付给年金受益人的现金流净现值表达式（$NFV = (\sqrt{1+i})\left\{FV\left[\frac{1-(1+i)^{-n}}{i}\right]\right\}$），得到年金服务费净现值为 $NSC = (ASC)\left(\frac{NFV}{FV}\right)$，整理可得 $ASC = (FV)\left(\frac{NSC}{NFV}\right)$。也就是说，每年的服务费用（$ASC = 92.4$）是通过每年给年金受益人的支付额（$FV = 600.0$）乘以年金服务费的净现值（$NSC = 1334.8$）与支付给年金受益人的总额净现值（$NFV = 8665.2$）之比而得。年金服务费是保险公司管理年金的总支出。

3.295　所以，不管年金受益人是否意识到，保险公司每年支付的 600 是净额。年金受益人每年实际应得的为 692.4，但其中的 92.4 被保险公司留作服务收费。

3.296　在每一年，支付给年金受益人的投资收入等于保险公司持有的年金剩余金额乘以贴现率 5.0%。在第 t 年，投资收益总额为 500.0，其中 66.7[64] 为年金服

---

[64] 此数额是年金服务总收费的净现值按 5.0% 折现率计算的"投资"收益。

务费用。服务费中剩下的 25.7 由年金服务费现值 1334.8 中扣减，年金服务费现值降为 1309.1。剩余的投资收益（433.3）需加到 8665.2 的年金准备金现值中。因此在第一年末，年金准备金为 8498.5，即原始的 8665.2 金额加上 433.3 的收益，再减去已支付的 600。在起始年份扣减的年金支付净现值为 166.7，扣减的年服务费净现值为 25.7。因此年金准备金减少 192.4。

表 3.85　　假设从 t 年年中开始支付的情况下，计算年金服务费（产出）、年金投资收入及其他交易

序号	项目	说明	数额
(5)	25 年内每年支付 600 的总净现值	sqrt(1 + (4)/100.0) × (2) × {[1 − (1 + (4)/100.0)^−(3)]/[(4)/100.0]}	8665.2
(6)	25 年内年服务费总净现值	(1) − (5)	1334.8
(7)	年服务费	(2) × (6)/(5)	92.4
	第 t 年		
(8)	投资收益（利息）方面：		
(8a)	年金	(1) × [(4)/100.0]	500
(8b)	年金支付	(5) × [(4)/100.0]	433.3
(8c)	年金服务费用	(6) × [(4)/100.0]	66.7
(9)	支付款项：		
(9a)	年金	(2) + (7)	692.4
(9b)	年金支付	(2)	600
(9c)	年金服务费	(7)	92.4
(10)	年金存量价值减少：		
(10a)	年金	(8a) − (9a)	−192.4
(10b)	年金支付	(8b) − (9b)	−166.7
(10c)	年金服务费	(8c) − (9c)	−25.7
(11)	年末存量：		
(11a)	年金	(1) + (10a)	9807.6
(11b)	年金支付	(5) + (10b)	8498.5
(11c)	年金服务费	(6) + (10c)	1309.1
	第 $t+1$ 年		
(12)	投资收益（利息）方面：		
(12a)	年金	(11a) × [(4)/100.0]	490.4
(12b)	年金支付	(11b) × [(4)/100.0]	424.9
(12c)	年金服务费用	(11c) × [(4)/100.0]	65.5
(13)	支付款项：		
(13a)	年金	(2) + (7)	692.4
(13b)	年金支付	(2)	600

续表

序号	项目	说明	数额
(13c)	年金服务费	(7)	92.4
(14)	年金存量价值减少:		
(14a)	年金	(12a) - (13a)	-202.0
(14b)	年金支付	(12b) - (13b)	-175.1
(14c)	年金服务费	(12c) - (13c)	-27.0
(15)	年末存量:		
(15a)	年金	(11a) + (14a)	9605.5
(15b)	年金支付	(11b) + (14b)	8323.4
(15c)	年金服务费	(11c) + (14c)	1282.1

3.297 此过程年复一年继续下去。随着时间推进，应付投资收益在支付中占比越来越小，剩余准备金的扣减项在支付中的占比越来越大。原则上说，保险公司每年可就其对年金受益人预期剩余寿命的假设作出修订，并重新计算出可以作为服务收费的金额（实践中，此项工作可按年金受益人的年龄群定期实施）。

3.298 这个详细的数字示例意在说明年金运作的方式，但实际上，在确定保险公司的产出时，并没有必要进行所有这些计算。基于前面的描述，其产出价值可以更简单的方式确定：年金受益人的应得总投资收入（500），减去应付给其的金额（600），减去准备金价值的变动（-192.4），结果为 92.4 [500 - 600 - (-192.4)]。这一过程与寿险的产出测算相类似，只是没有实际保费项。

与年金相关的产出

3.299 上文例子显示了计算年金总产出的具体过程。然而，保险公司在同一个核算年度会销售多种不同的年金。这些年金可能在年金受益人的预期生命期限，或是在年金支付的起始年度、支付金额上都不同。因此，这就很难利用以上的方法计算年金总产出。涉及年金管理的保险公司的产出可计算如下：

归属于年金受益人的投资收入

（-）年金条款下应付给年金受益人（或存活受益人）的金额 (3.14)

（-）年金准备金变动，但不包括新年金的初次支付

3.300 年金的总投资收益等于贴现率乘以起始年份的准备金，与保险公司赚取的实际投资收入相独立。该项与寿险内容中的追加保费概念相类似。

3.301 因此，编制机构需要收集公式（3.14）中每一项的信息，以计算年金总产出。

3.302 年金初次发行时，存在一次住户向保险公司的资金转移。但在很多情形下，这可能只是一种简单的"翻转"，从来自于该保险公司或另一家保险公司普通寿险到期保单的一笔应付趸缴金额立即转化为一份年金。在这样的情形下，没有

必要记录该笔金额的支付和年金的获取；只是寿险准备金变化为该保险公司和其下属养老金部门的年金准备金。如果年金的购买与人寿保险保单的到期无关，则可以记录为住户和保险公司之间的一对金融交易。住户向保险公司作出支付，而作为回报，产生了一项以年金形式存在的资产，保险公司从住户处取得了一项金融资产，因而产生了对其的负债。

3.303 年金通常在死亡时终止，此时该年金受益人的任何剩余准备金都将转入保险公司。然而，对于整个组别的年金受益人，如果保险公司对预期剩余寿命作出了精确的预计，剩余的平均资金将在死亡时为0。如果期望发生变化，必须对准备金加以修正。对于已存在的年金，期望寿命的延长，将减少保险公司可得的服务收费金额，可能将此变为负值。在这样的情况下，保险公司必须要从其自有资金中支取，并期望今后能通过在新年金中收取较高的服务费用来弥补这一部分。

3.304 与寿险一样，年金的持有者通常是个体，因此，年金交易通常发生在保险公司和住户之间（常住与非常住）。与常住住户相关的支出被记入最终的消费支出，而与非居民相关的支出被记为货物与服务出口。通常，保险公司可能不会提供各部门（常住和非常住）用于计算年金支出相关的每个项目的分项数据（如溢价补偿）。它们可能更愿意只提供一些使编制机构得以计算总产出的数据。在这种情况下，利用可得数据计算产出及其他相关交易之前，编制机构需建立一个假设去分配这些初始数据。例如，保险公司可能提供住户和国外部门首次付款的单独数据。若保险公司不能将年金投资收益进行分解，在计算年金总产出之前，编制机构需按照常住住户和国外部门在初始支付中的比例分摊这一项目，年金的总产出可通过这些分项的总产出加总得到。

3.305 常住住户也可能从非常住保险公司购买年金。在这个例子中，进口服务的费用、年金的投资收益、年金的支付以及年金准备金的变化需要从国际收支统计中得到。如果这些数据不能从国际收支统计中得到，编制机构就要考虑使用前面提到的计算进口寿险等相关交易的方法来估计这些数据。

案例3.19 记录与年金相关交易的案例

3.306 此案例显示了如何利用从保险公司得到的汇总信息计算年金的现价产出及其他关联交易。还显示了如何在金融账户的对应条目中记录以显示机构之间部分交易的支付方式。为简单起见，假设这些交易由现金或可转让存款支付，这在金融账户中是"通货和存款"项。

3.307 表3.86显示了通过从保险公司获得的信息来计算与年金相关的交易。此处假设保险公司可提供扣除初始支付后年金准备金变化的数额。如果保险公司不提供这些数据，编制机构则使用年金准备金变化减新年金初次发行而得。假设所有的年金都由住户购买，不需要为区分保险公司是和常住住户还是国外部门进行的交易而分解数据；保险公司对年金准备金投资获得的财产性收入由其他常住部门支付，总数与年金投资收益不同，后者是精算出来的。

表 3.86　　　　　　　　　　保险公司的年金数据

序号	项目	数额	SNA2008 代码
（1）	年金初始支付	30000.0	
（2）	年金受益人的投资收益	2480.8	D441
（3）	保险公司财产性收入	2587.2	D4
（4）	年金受益人年支付额	3000.0	
（5）	年金准备金的变化（不包括年金的初次发行）	-981.4	

3.308　表 3.87 显示了如何使用表 3.86 来计算年金产出及金融资产和金融负债的变化。年金产出（462.1）根据如下获得：

归属于年金受益人的投资收益（2480.8）

（-）年金条款下应付给年金受益人（或存活受益人）的金额（3000.0）

（-）年金准备金变动，但不包括新年金的初次支付（-981.4）

通货和存款变化用于反映支付给新年金受益人的实际初始年金和每年保险公司向年金受益人支付的年金。例如，考虑保险公司情况，金融资产中保险公司的通货和存款净增 29587.2，具体结果如下：

◆ 购买新的年金初始支付增加（30000.0）。

◆ 保险公司收到的财产性收入增加（2587.2）。

◆ 每年支付给年金受益人年金减少（3000.0）。

寿险和年金津贴变化用于反映住户部门取得的金融资产（年金）和保险公司承担的负债。

表 3.87　　　　　　　计算年金产出及金融资产和负债的变化

行号	项目	说明	数额	2008 SNA 代码
（6）	年金产出	（2）-（4）-（5）	462.1	P1,P3
	金融资产变化（通货和存款）			
（7）	保险公司	（1）+（3）-（4）	29587.2	F2
（8）	住户	（4）-（1）	-27000.0	F2
（9）	其他部门	-（3）	-2587.2	F2
	金融资产变化（寿险和年金津贴）			
（9）	住户	（1）+（5）	29018.6	F62
	金融负债变化（寿险和年金津贴）			
（10）	保险公司	（1）+（5）	29018.6	F62

3.309　表 3.88 展示了如何记录表 3.87 中与年金相关的交易，记录方式与此前寿险案例中相关项目的记录方式类似。

表 3.88　　　　　　　　　　　　　记录与年金相关的交易

使用　　来源

合计	货物和服务	经济总体	其他部门	住户	保险公司	SNA 2008 代码	交易和平衡项	保险公司	住户	其他部门	经济总体	货物和服务	合计
生产账户													
462.1	462.1					P1	产出	462.1			462.1		462.1
462.1		462.1			462.1	B1g	总增加值/国内生产总值						
初始收入分配账户													
2587.2		2587.2	2587.2			D4	财产收入	2587.2			2587.2		2587.2
2480.8		2480.8		2480.8		D441	归属于投保人的投资收益		2480.8		2480.8		2480.8
462.1		462.1	−2587.2	2480.8	568.6	B5g	初始收入总额/国民总收入						
可支配收入使用账户													
462.1		462.1		462.1		P3	最终消费支出					462.1	462.1
0.0		0.0	−2587.2	2018.6	568.6	B8g	总储蓄						
资产的变化												负债和净值的变化	
资本账户													
0.0		0.0	−2587.2	2018.6	568.6	B9	净贷出（+）/净借入（−）						
金融账户													
						B9	净贷出（+）/净借入（−）	568.6	2018.6	−2587.2	0.0		0.0
0.0		0.0	−2587.2	−27000.0	29587.2	F2	通货和存款						
29018.6	29018.6			29018.6		F62	寿险和年金权益				29018.6		29018.6

年金产出的物量核算

3.310　上述案例以现价计算了年金产出。由于其他经济变量的存在，在计算年金产出总量时，有必要消除价格变动影响。理想的方法是将现价年金产出经过对应的产出价格指数进行平减以获得年金的物量。然而，和其他许多金融服务一样，不可能直接获得反映寿险产出本质的价格，因此，有必要采取其他方法。

3.311　和其他类型保险相同，有两种方法可以获得年金的物量产出：平减指数法和物量指数法。在计算非寿险物量产出的章节中提到，物量指数法存在许多不足，因此，我们更偏好使用平减指数法，通过使用合适的能够反映年金保费变化的价格指数进行平减计算年金的物量。然而，不同于非寿险和寿险，计算年金物量产出的公式不包括支付给新的年金受益人的初始年金，因此，年金保费价格指数只能用于平减归属于年金受益人的投资收益，平减价格指数可以用于推算基准年现价产出。

3.312　由于难以获得所需的详细数据，我们可能无法使用物量指数法来构建年金服务进口的物量指标。因此，编制机构可以考虑使用前文所述计算进口寿险服务物量的方法来计算年金服务进口的物量。

(d) 再保险

参考：

SNA2008，第 17 章，账户的交叉和其他特殊问题，第一部分，保险的处理

BPM6 编制指南，附录 6c，专题综述：保险、养老金计划和标准化担保

3.313 就像单个机构单位通过购买保单来控制其风险暴露一样，保险公司本身也要控制风险。两家保险公司之间的保险被称为再保险。[65] 所有的保险公司都会取得某种形式的再保险，但一些大型公司往往倾向于专门签发再保险保单。因为这些公司集中在一些金融中心，所以很多与再保险相关的流量会涉及与国外的交易。再保险人进一步从其他保险公司取得再保险保单以分散其风险，这一现象也很常见。这种形式的再保险称为转分保。

3.314 再保险保单对于非寿险保单最为普遍，但也可适用于寿险保单。再保险的形式有两种：比例再保险和超额损失再保险。在比例再保险协议下，再保险人接受一定比例的风险；这一比例的保费将"让与"再保险人，再保险人将承担相同比例的赔付。在这种情形下，再保险人支付给投保人（直接保险人或另一再保险人）的再保险佣金被视为应付再保险保费的扣减。再保险佣金被用于支付直接保险人的操作成本[66]。在超额损失再保险情形下，再保险人承担超过给定阈值的全部损失。如果没有或超过阈值较少，再保险人会将其收益的一部分让给直接保险人。按惯例，把共享利润处理为再保险人向直接保险人的经常转移，类似于赔付的支付。

再保险产出和其他交易的测算

参考：

SNA2008，第 17 章，账户的交叉和其他特殊问题，第一部分，保险的处理

BPM6 编制指南，附录 2，保险交易及头寸、养老金计划

3.315 再保险产出的测算方法与非寿险直接保险类似。但是对于再保险而言，有几种特殊的支付：比例再保险下对直接保险人的应付佣金和超额损失再保险下的共享利润。将这些因素考虑进来后，再保险的产出可以按如下方法计算：

扣除应付佣金的满期保费

（+）追加保费　　　　　　　　　　　　　　　　　　　　　　　　　　　　　　　　(3.15)

（−）调整后已生索赔和共享利润

---

[65] 直接保险为保险公司给非保险公司提供保险服务。

[66] 再保险佣金通常表现为一定比例的书面再保险保费。

3.316 满期保费的定义与寿险和非寿险中的定义相同。

3.317 调整后已生索赔可以采用期望法或会计法获得，这些方法在非寿险章节已有详述。此外，在使用期望法时编制机构还需推算出预期的追加保费。

3.318 直接保险的投保人并不知道，或不必知道直接保险人是否引进了再保险人以防范其保单的损失。直接保险人从其投保人处获得实际保费，其中一部分让与再保险人。保费首先应付给直接保险人，较少部分再付给再保险人。换句话说，直接保险人和再保险人之间的交易是作为一套完全独立的交易账户记录的，而未对直接保险人（一方面作为其客户的保单签发人，另一方面又充当再保险人的投保人）的各种交易加以合并。这种未合并正如总记录中直接保险公司的那部分。还有一种替代的方法（净记录）是，将直接保险人的保费一部分付给直接保险人，另一部分付给再保险人，但在商业核算和 SNA 中都不提倡这种方法。

3.319 直接保险人应付给再保险人的实际保费，由再保险人使用并赚取投资收益。这作为应付给直接保险人的投资收入，再支付给再保险人作为追加保费。因此直接保险人基于满期保费（或应付的近似额）的全部向其投保人支付投资收入，但又按照其须让渡给再保险人的相应保费额度向再保险人收取投资收入。直接保险人从再保险人处取得的应收投资收入可用于抵消直接保险人应付给其投保人的投资收入，但实际中并不明确地如此记录。图 3.2 概括了投保人、直接保险人、再保险人之间的资金流动，实线箭头表现投保人和直接保险人之间的资金流动及对应的直接保险人与再保险人的资金流动，虚线箭头表示从直接保险人到投保人的资金返还给直接保险人，以及从再保险人到直接保险人的资金返还给再保险人。直接保险人保留其支付给再保险人的部分再保险保费作为准备金，这很常见，目的是避免再保险人无法支付其未来的负债。直接保险人支付给再保险人的再保险保费包括上述准备金，权责发生制下这些费用都被记录。金融账户中，上述准备金在"贷款"项下被记录为保险公司（再保险人）的负债（资产）。

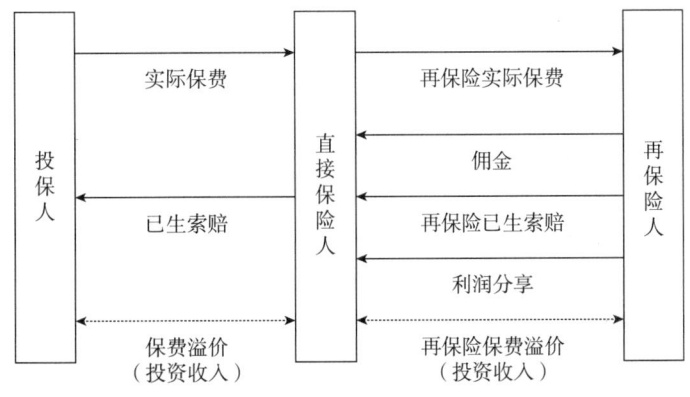

图 3.2 投保人、直接保险人和再保险人间的资金流动

3.320 再保险是直接保险人处理超预期索赔的主要手段。在大型巨灾发生时，直接保险人应付的索赔金中有很大一部分资金来自再保险人。一部分再保险赔付可

以记为资本转移而不是经常转移。然而，因为再保险的最初动机是限制直接保险人的风险暴露，所以再保险人在处理大额索赔时与正常业务无异。基于这样的原因，外加再保险市场常集中于相对少数的几个全球性公司，所以与直接保险人相比，再保险人经历意料之外大额损失的可能性很低，尤其在超额损失保险中。

3.321 再保险人的所有产出都作为持有再保险保单的直接保险人的中间消耗。如上所述，很多再保险保单发生在不同经济体的常住保险公司间。因此，此类情形下的产出价值可视为取得再保险保单的保险公司的进口，以及再保险公司的出口。

3.322 通常，再保险公司无法提供能使得编制机构可以直接计算出分摊到每个使用部门（包括常住和非常住直接保险公司）的再保险产出的数据。例如，再保险公司无法提供分解到每个部门的投资收入（专门准备金投资所得）。因此，编制机构可以使用估算非寿险产出的类似方法，即使用可得源数据估计再保险的整体产出。然后，再根据可得数据资料，使用各种假设方法将产出分摊到每个使用部门。例如，再保险公司单独提供不同的数据，以便编制机构可以计算出由常住和非常住直接保险公司所缴纳的应付实际保费。这些信息可用于分摊整体再保险产出和归属于投保人的投资收益。如此一来，归属于每个部门的应付再保险保费也可以直接估算出来。各个部门的分解值最终再加总起来便得到再保险公司的应收保费。

3.323 常住直接保险公司和其他相关交易的再保险服务进口额（如归属于投保人的投资收入、已生索赔和再保险净保费）可以从国际收支统计中获得。但倘若国际收支平衡表无法提供以上数据，那么编制机构就需要使用各种方法来估计这些项目。首先，编制机构可以考虑通过调查本国接受保险服务的公司来获得归属于这些公司的应付保费、赔付、再保险佣金、应收利润等数据。另外，这些数据也可从保险业监管部门获得。然而，本国（受调查的）接受保险服务的公司并不能提供归属于它们的投资收入和非常住再保险公司平准准备金这两个项目数字。因此，编制机构需要通过联系与本国接受保险服务公司有交易往来的合作伙伴国来获得以上两项数据。在编制机构估算出再保险服务费、归属于投保者的投资收入、已生索赔和再保险净保费的进口额之前，要选择适当的比率估计这两项不完整的数据。其次，编制机构可以通过合作伙伴国获得所有的数据。由于再保险公司主要集中在少数国家，所以这个任务相对来说会比从合作伙伴国获得其他类型的保险数据简单直接一些。之后，可以选择适当的比率应用于获得的数据以便估算出再保险服务进口额、归属于投保人的投资收入、已生索赔和再保险净保费。而编制机构在计算再保险交易时可能还需要咨询国际收支平衡表的编制者，以使得国民账户中以上交易记录数据与在国际收支平衡表中的相一致。

3.324 保险公司可以在本地或海外设立再保险子公司（通常是为了满足资本需求），并从这些公司购买再保险。而当跨国公司与其子公司在进行交易时，可能产生交易价格与当前市场价格不匹配的情形。这种情形通常被称为转移定价，可能造成国内生产总值和再保险服务进口额测算的扭曲。当编制机构发现这类情形，尤其是在扭曲严重且用于调整的数据（如来自税收部门或伙伴经济体的修正）可得时，用等价物的市场价替代转移价格。但是，如何选择最佳等价物，以其市场价替代账面价值，是一项要求具有谨慎判断力且有见地的工作。与此同时，一旦进行了类似调整，编制机构也应当对其他账户作出相应调整，如收入账户和金融账户。这是为了确保这些交易在所有账户中的记录都保持一致。然而，在许多情况下，确定与市场价值可匹配的交易价格十分困难，因此编制机构没有任何选择，只能接受企业基于生产直接成本的定价或其他制定价格。

3.325 再保险交易的记录方式与非寿险的记录方式类似，只是再保险保单持有者为另一家保险公司。

再保险交易记录案例

3.326 本节列举两个案例说明如何计算和记录再保险的现价产出及其相关交易。假设再保险公司无法提供能使得编制机构可以直接计算出分摊到每个使用部门（包括常住和非常住直接保险公司）的再保险产出数据，则编制机构在使用可得数据以明确以上两个部门的产出归属前，首先需要计算出再保险的总产出（可通过使用会计法计算获得）。同时，所有赔付都被记为经常转移，即假设没有巨灾索赔的情况。此例还显示了如何在金融账户的对应条目中进行记录，以表明机构之间部分交易的支付方式。为简单起见，假设这些交易以现金或可转让存单的形式进行结算，并记为金融账户中的"通货和存款"项下。

3.327 案例3.20为比例再保险。假设再保险公司对所有投保人提供一定比例的保险服务和相同比例的佣金费率，这样编制机构就可以计算出直接保险公司"让与"再保险公司的保费金额、再保险公司支付给直接保险公司的再保险佣金及直接保险公司已生索赔中再保险公司需要支付的部分。而案例3.21则为超额损失再保险。为更清晰地说明超额损失再保险的概念，假设案例中仅一家常住再保险公司、常住直接保险公司和非常住直接保险公司；再保险公司与所有投保人应付利润的比例相同，以便于编制机构可以计算出共享利润的具体数额。

3.328 在实践中，再保险公司倾向于同时提供比例再保险和超额损失再保险两种产品。但为所有投保人提供的保险覆盖和佣金费率（比例再保险中）或利润率（超额损失再保险中）并非完全一致。同时，由于一个经济体中往往含有多家保险公司，编制机构本身并不会直接计算出"让与"再保险公司的保费金额、直接保险公司已生索赔中再保险公司需要支付的部分、再保险公司支付给投保人的再保险佣金和应付利润，取而代之是从再保险公司获得以上项目的汇总数据。另外，这些原始数据也可从对保险公司具有监管职权的监督管理部门获得。

案例3.20 运用比例再保险计算再保险产出

3.329 表3.89显示了常住和非常住直接保险公司需要"让与"再保险公司的

保费及需要从再保险公司获得的已生索赔再保险金额与应付再保险佣金的数据。

表 3.89 直接保险公司的数据

序号	项目	数额
(1)	满期保费	735.0
(1a)	常住直接保险公司	685.0
(1b)	非常住直接保险公司	50.0
(2)	未满期保费	365.0
(2a)	常住直接保险公司	330.0
(2b)	非常住直接保险公司	35.0
(3)	已决索赔	630.0
(3a)	常住直接保险公司	530.0
(3b)	非常住直接保险公司	100.0
(4)	未决索赔变动	514.0
(4a)	常住直接保险公司	424.0
(4b)	非常住直接保险公司	90.0

3.330 表3.90显示了再保险公司的数据。假设直接保险公司的保险覆盖率为3/4，再保险公司的保险覆盖率为1/4。同时，再保险公司以其承保保费总额的10%向直接保险公司支付再保险佣金，分担直接保险公司的运营成本。正如前文提到，编制机构并不需要直接计算出保险公司的让与风险和再保险佣金，因为这些数据可以从再保险公司取得。我们假设再保险公司的应收投资收入（投保人准备金的投资收入）为其他常住部门的应付款项；所有归属于投保人的投资收入是财产收入的组成部分。此外，鉴于再保险公司无法提供关于投资收入的分解数据以及平准准备金的变动，编制机构需要在进行部门产出分摊（基于每个部门实际应付保费所占比例进行分配）前，先进行再保险总产出的计算。

表 3.90 再保险公司的数据

序号	项目	说明	数额
(5)	满期保费	(5a)+(5b)	183.8
(5a)	常住直接保险公司	0.25×(1a)	171.3
(5b)	非常住直接保险公司	0.25×(1b)	12.5
(6)	未满期保费	(6a)+(6b)	91.3
(6a)	常住直接保险公司	0.25×(2a)	82.5
(6b)	非常住直接保险公司	0.25×(2b)	8.8
(7)	已决索赔	(7a)+(7b)	157.15
(7a)	常住直接保险公司	0.25×(3a)	132.5
(7b)	非常住直接保险公司	0.25×(3b)	25.0
(8)	未决索赔变动	(8a)+(8b)	128.5

续表

序号	项目	说明	数额
(8a)	常住直接保险公司	0.25×(4a)	106.0
(8b)	非常住直接保险公司	0.25×(4b)	22.5
(9)	平准准备金变动		140.0
(10)	来自保险准备金的投资收入		380.0
(11)	再保险佣金	(11a)+(11b)	27.5
(11a)	常住直接保险公司	0.1×[(5a)+(6a)]	25.4
(11b)	非常住直接保险公司	0.1×[(5b)+(6b)]	2.1

3.331 表3.91显示了如何计算各部门的应付实际保费与应收再保险佣金差额。各部门的应付实际保费为其相应的满期保费和未满期保费之和。所有部门总应付实际保费与应收再保险佣金的差额等于各部门相应科目的总和。

表3.91 计算各部门实际保费与应收再保险佣金的差额

序号	项目	说明	数额
(12)	实际保费——再保险佣金	(5)+(6)-(11)	247.5
(12a)	常住直接保险公司	(5a)+(6a)-(11a)	228.4
(12b)	非常住直接保险公司	(5b)+(6b)-(11b)	19.1

3.332 表3.92是用表3.91的数据计算出各部门实际应付保费与应收再保险佣金差额在总体差额中所占的比重。该比重是以各部门的实际应付保费与应收再保险佣金差额占全部部门的实际应付保费与应收再保险佣金总差额的比例再乘以100.0所得的。同时，这一比例也将被运用到再保险总产出和投资收入（归属于投保人）的分解计算中。

表3.92 分解各部门实际保费与应收再保险佣金的差额

序号	项目	说明	占比（%）
(13)	实际保费——再保险佣金	(13a)+(13b)	100.0
(13a)	常住直接保险公司	[(12a)/(12)]×100.0	92.3
(13b)	非常住直接保险公司	[(12b)/(12)]×100.0	7.7

3.333 表3.93显示了如何使用会计法计算得到再保险的总产出，如何将总产出分摊到各个部门，以及如何分摊归属于投保人的投资收入与计算各部门的应付再保险净保费。各部门在总产出（110.3）中的分摊系数是以表3.92中该部门在总实际保费中的所占比重（表3.92中的占比数值除以100）来表示，同时在计算各部门归属于投保人的投资收入时也采用相同的分摊系数加以计算。此外，在将各部门的保费加总计算出保险公司的应收保费前，要先计算出各部门的应付非寿险净保费。

表 3.93　计算和分摊再保险产出、归属于投保人的投资收入和再保险净保费

序号	项目	说明	数额	SNA2008 编码
(14)	已生索赔	(14a) + (14b)	286.0	D72，D722
(14a)	常住直接保险公司	(7a) + (8a)	238.5	D72，D722
(14b)	非常住直接保险公司	(7b) + (8b)	47.5	D72，D722
(15)	调整后已生索赔	(14) + (9)	426.0	
(16)	再保险产出(保险服务费)	(5) − (11) + (10) − (15)	110.3	P1
(16a)	常住直接保险公司	[(13a)/100] × (16)	101.7	P2
(16b)	非常住直接保险公司	[(13b)/100] × (16)	8.5	P6
(17)	归属于投保人的投资收入	(17a) + (17b)	380.0	D4，D441
(17a)	常住直接保险公司	[(13a)/100] × (17)	350.6	D441
(17b)	非常住直接保险公司	[(13b)/100] × (17)	29.4	D441
(18)	再保险净保费	(18a) + (18b)	426.0	D71，D712
(18a)	常住直接保险公司	(5a) − (11a) + (17a) − (16a)	394.8	D71，D712
(18b)	非常住直接保险公司	(5b) − (11b) + (17b) − (16b)	31.2	D71，D712

3.334　表 3.94 显示了如何计算机构单位金融资产与负债的变化。一般来说，使用以下规则计算金融资产与负债的变化：通货和存款科目记录的是其他机构单位支付给再保险公司的保费和投资收入，以及再保险公司支付给其他机构单位的赔付和再保险佣金的变化。对再保险公司而言，保费和投资收入代表通货和存款的增加，赔付和再保险佣金代表通货和存款的减少。与其交易的其他机构部门的记录则正好相反。另一方面，非寿险专门准备金科目记录的是未满期保费加上未决索赔准备金的变化。对再保险而言，该科目为其负债方面的变化，而对其他交易机构单位来说则为资产方面的变化。例如，在核算期间，再保险公司的通货和存款科目有 470.0 的净增长，具体的变化结果如下：

◆ 通货和存款科目的增加来自已收保费（275.1），包括满期保费（183.8）和未满期保费（91.3）；来自其他常住机构的应收投资收入（380.0）。

◆ 通货和存款科目的减少来自赔付支付（157.5）和再保险佣金支出（27.5）。

同时，再保险公司专门准备金负债科目也有 219.8 的净增长，具体为：

◆ 未满期保费（91.3）。

◆ 未决索赔准备金（128.5）。

表 3.94　计算比例再保险引起的金融资产与负债的变动

序号	项目	说明	数额	SNA2008 编码
	金融资产的变化(通货和存款)			
(19)	常住直接保险公司	(7a) − (5a) − (6a) + (11a)	−95.9	F2
(20)	非常住直接保险公司	(7b) − (5b) − (6b) + (11b)	5.9	F2
(21)	再保险公司	(5) + (6) + (10) − (11) − (7)	470.0	F2

续表

序号	项目	说明	数额	SNA2008 编码
(22)	其他部门	-(10)	-380.0	F2
	金融资产的变化(保险专门准备金)			
(22)	常住直接保险公司	(6a)+(8a)	188.5	F61
(23)	非常住直接保险公司	(6b)+(8b)	31.3	F61
	金融负债的变化(保险专门准备金)			
(24)	再保险公司	(6)+(8)	219.8	F61

3.335 表3.95记录的交易与上述相同。再保险的记录方法和非寿险相似，只是再保险的投保人为另一家保险公司。为简化介绍和分析，所记录的交易仅发生在再保险公司和直接保险公司之间。为确保清楚，对再保险公司和常住直接保险公司的交易分开进行记录，而不是将其合并记录于同一金融部门之下。另外，非常住直接保险公司的相关交易被记录在国外部门之下。具体为：

(a) 再保险公司的产出是110.3，记入其生产账户中；常住直接保险公司消耗了101.7的产出，记入其生产账户的中间消耗，其余8.5与非常住直接保险公司相关的消费则对应记入货物和服务进口科目。

(b) 再保险公司运用保险准备金所获得的应收投资收入（380.0）被记录在初始收入分配账户的财产收入（该数额同时为其他部门的应付款项）中。该财产收入记为归属于保单持有者的投资收入（380.0）。其中，350.6为常住直接保险公司的应收项，29.4为国外部门的应收项。以上应收项和应付项均属于初始收入分配账户。

(c) 再保险净保费与赔付记录在收入再分配账户。426.0再保险净保费是再保险公司的应收项；其中，394.8记录为常住直接保险公司的应付项，31.2为国外部门应付项。286.0的再保险赔付为再保险公司的应付项；其中，238.5为常住直接保险公司的应收项，47.5为国外部门的应收项。

(d) 由于没有发生与资本账户相关的交易，所以资本账户下净贷出/净借入科目的数额为可支配收入账户中总储蓄和对外经常差额（对应相应部门）的记录之和。

(e) 在金融账户的保险专门准备金科目中，再保险公司负债净增加219.8，并与常住直接保险公司（与再保险公司有交易往来）和国外部门的资产净增长相抵消。同时，在通货和存款科目中，再保险公司有470.0的资产净增长，这恰好与常住直接保险公司（与再保险公司有交易往来）和国外部门的资产净减少相抵消。由于金融账户下的这些科目与其他账户下的科目是相互对应的，或是仅反映金融资产与负债的相互交换，所以金融账户下的净贷出/净借入与资本账户下净贷出/净借入的记录数额相一致。

表 3.95　　记录比例再保险的交易

使用														来源
合计	货物和服务	国外	经济总体	其他部门	再保险公司	常住直接保险公司	SNA 2008 编码	交易和平衡项	常住直接保险公司	再保险公司	其他部门	经济总体	国外	货物和服务	合计
生产账户															
8.5		8.5					P6	货物和服务出口					8.5	8.5	
110.3	110.3						P1	产出	110.3			110.3			110.3
101.7			101.7			101.7	P2	中间消耗						101.7	101.7
8.5			8.5		110.3	−101.7	B1g	总增加值/国内生产总值							
−8.5		−8.5					B11	对外货物和服务差额							
收入初次分配账户															
380.0			380.0	380.0			D4	财产收入		380.0		380.0			380.0
380.0			380.0		380.0		D441	归属于保险投保人的投资收入	350.6			350.6	29.4		380.0
−20.8			−20.8	−380.0	110.3	248.9	B5g	初始收入总额/国民总收入							
收入再分配账户															
426.0		31.2	394.8			394.8	D71	非寿险净保费		426.0		426.0			426.0
426.0		31.2	394.8			394.8	D712	非寿险再保险净保费		426.0		426.0			426.0
286.0		286.0			286.0		D72	非寿险赔付	238.5			238.5	47.5		286.0
286.0		286.0			286.0		D722	非寿险再保险赔付	238.5			238.5	47.5		286.0
−37.1			−37.1	−380.0	250.3	92.6	B6g	可支配总收入							
可支配收入使用账户															
							P3	最终消费支出							
−37.1			−37.1	−380.0	250.3	92.6	B8g	总储蓄							
37.1		37.1					B12	对外经常差额							
资产变化														负债和净值变化	
资本账户															
0.0		37.1	−37.1	−380.0	250.3	92.6	B9	净贷出(+)/净借入(−)							
金融账户															
0.0		5.9	−5.9	−380.0	470.0	−95.9	F2	通货和存款							
219.8		31.3	188.5			188.5	F61	非寿险专门准备金		219.8		219.8			219.8
91.3		8.8	82.5			82.5		未满期保费		91.3		91.3			91.3
128.5		22.5	106.0			106.0		未决索赔变动		128.5		128.5			128.5

案例 3.21　计算超额损失再保险的产出

3.336　表 3.96 显示了常住和非常住直接保险公司的赔付，同时该数额也决定了再保险公司基于其保险覆盖范围的应付赔付。对于单个公司来说，已生索赔等于已决索赔和未决索赔变动的总和。因此，如表 3.96 中所示，常住直接保险公司的已生索赔为 954.0，非常住直接保险公司的已生索赔为 190.0。

表 3.96　　直接保险公司的赔付数据

序号	项目	说明	数额
(1)	已决索赔	(1a) + (1b)	630.0
(1a)	常住直接保险公司		530.0
(1b)	非常住直接保险公司		100.0
(2)	未决索赔变动	(2a) + (2b)	514.0
(2a)	常住直接保险公司		424.0
(2b)	非常住直接保险公司		90.0
(3)	已生索赔	(3a) + (3b)	1144.00
(3a)	常住直接保险公司	(1a) + (2a)	954.0
(3b)	非常住直接保险公司	(1b) + (2b)	190.0

3.337　表 3.97 显示了超额损失再保险下，再保险公司的产出及其相关交易的数据，这些数据来源于再保险公司。在超额损失再保险下，再保险公司并不按事先约定好的比例覆盖投保人的已生风险，再保险保费也不按投保人保费的某一固定比例进行收取。假设：再保险公司同意分别对常住和非常住直接保险公司超过 800.0 和 150.0 的已生索赔部分进行全额赔付；再保险公司将 15% 和 10% 比例的利润，分别对常住和非常住直接保险公司进行支付。因此，当直接保险公司的已生索赔总额为 954.0 时，再保险公司的已决索赔为 154.0；当非常住直接保险公司的已生索赔总额为 190.0 时，再保险公司的已决索赔便为 40.0；再保险公司将自己所覆盖的索赔款项在已决索赔和未决索赔变动准备金间进行均等分配。另外，由于表 3.97 中再保险人的所得利润是 207.0，因此归属于常住直接保险公司的应付利润为 31.1，归属于非常住直接保险公司的应付利润为 20.7。在实践中，如前面所述，编表机构并不需要去计算再保险公司需要支付给投保人（直接保险公司）的共享利润（由再保险公司提供）。我们假设再保险公司的应收投资收入（投保人准备金的投资收入）为其他常住部门的应付款项，同时假设所有归属于投保人的投资收入是财产收入的组成部分。此外，鉴于再保险公司无法提供关于投资收入的分解数据以及平准准备金的变动，编制机构需要在进行部门产出额分配（按一定比例分配实际应付保费）前，先进行再保险整体产出的计算。

表 3.97　　再保险公司的数据

序号	项目	说明	数额
(4)	满期保费	(4a) + (4b)	210.0
(4a)	常住直接保险公司		150.0
(4b)	非常住直接保险公司		60.0
(5)	未满期保费	(5a) + (5b)	104.0
(5a)	常住直接保险公司		84.0
(5b)	非常住直接保险公司		20.0
(6)	已决索赔	(6a) + (6b)	97.0
(6a)	常住直接保险公司	[(3a) − 800]/2	77.0
(6b)	非常住直接保险公司	[(30b) − 150]/2	20.0
(7)	未决索赔变动	(7a) + (7b)	97.0
(7a)	常住直接保险公司	[(3a) − 800]/2	77.0
(7b)	非常住直接保险公司	[(30b) − 150]/2	20.0
(8)	平准准备金的变动		131.0
(9)	来自保险准备金的投资收入		388.0
(10)	利润		207.0
(11)	归属于投保人的应付共享利润	(11a) + (11b)	51.8
(11a)	常住直接保险公司	0.15 × (10)	31.1
(11b)	非常住直接保险公司	0.15 × (10)	20.7

3.338　表 3.98 显示了如何计算各部门的实际应付保费。该计算方法除了在此没有将再保险佣金作为调整数字进行剔除之外，与表 3.91 相似。

表 3.98　　计算各部门的实际保费

序号	项目	说明	数额
12	实际保费	(12a) + (12b)	314.0
(12a)	常住直接保险公司	(4a) + (5a)	234.0
(12b)	非常住直接保险公司	(4b) + (5b)	80.0

3.339　表 3.99 是用表 3.98 的数据计算出各部门的实际应付保费在全部实际保费中的所占比重。该比重的计算方法与表 3.92 相似，同时该占比也将被运用到再保险整体产出和投资收入（归属于投保人）的分解计算中。

表 3.99　　分解各部门的实际保费

序号	项目	说明	占比（%）
(13)	实际保费	(13a) + (13b)	100.0
(13a)	常住直接保险公司	[(12a)/(12)] × 100.0	74.5
(13b)	非常住直接保险公司	[(12b)/(12)] × 100.0	25.5

3.340 表 3.100 显示了如何计算各部门的已生索赔和应付利润。对各部门来说，满期索赔和未决索赔变动加上应付利润得到要求值前，已生索赔是满期索赔和未决索赔变动的总和。各部门分解数额的加总为再保险公司的应付赔付总额。此外，表 3.100 还显示了如何运用会计法获得再保险的整体产出，再如何将产出总值分摊到各个部门，以及如何分摊归属于投保人的投资收入和计算各部门的应付再保险净保费。下列计算方法与案例 3.20 相似。

表 3.100　　计算和分摊已生索赔与共享利润总和、再保险产出、归属于投保人的投资收入和再保险净保费

序号	项目	说明	数额	SNA2008 编码
(14)	已生索赔	(14a) + (14b)	194	
(14a)	常住直接保险公司	(6a) + (7a)	154.0	
(14b)	非常住直接保险公司	(6b) + (7b)	40.0	
(15)	已生索赔 + 应付利润	(15a) + (15b)	245.8	D72，D722
(15a)	常住直接保险公司	(6a) + (7a) + (11a)	185.1	D72，D722
(15b)	非常住直接保险公司	(6b) + (7b) + (11b)	60.7	D72，D722
(16)	调整后已生索赔	(8) + (14)	325.0	
(17)	调整后已生索赔 + 应付利润	(16) + (11)	376.8	
(18)	再保险产出（保险服务费）	(4) + (9) − (17)	221.3	P1
(18a)	常住直接保险公司	[(13a)/100] × (18)	164.9	P2
(18b)	非常住直接保险公司	[(13b)/100] × (18)	56.4	P6
(19)	归属于投保人的投资收入	(19a) + (19b)	388.0	D4，D441
(19a)	常住直接保险公司	[(13a)/100] × (19)	289.1	D441
(19b)	非常住直接保险公司	[(13b)/100] × (19)	98.9	D441
(20)	再保险净保费	(20a) + (20b)	376.8	D71，D712
(20a)	常住直接保险公司	(4a) + (19a) − (18a)	274.3	D71，D712
(20b)	非常住直接保险公司	(5b) + (19b) − (18b)	102.5	D71，D712

3.341 表 3.101 显示了如何计算机构单位金融资产与负债的变化。一般来说，该计算方法类似于表 3.94，除以下两种情况外：一是在通货和存款科目中核算记录再保险公司对直接保险公司的应付利润；二是在中间消耗科目中核算记录再保险公司从非金融机构购买的货物与服务。

表 3.101　　计算超额损失再保险引起的金融资产与负债的变化

序号	项目	说明	数额	SNA2008 编码
	金融资产的变化（通货和存款）			
(21)	常住直接保险公司	(6a) + (11a) − (4a) − (5a)	−126.0	F2
(22)	非常住直接保险公司	(6b) + (11b) − (4b) − (5b)	−39.3	F2
(23)	再保险公司	(4) + (5) − (6) + (9) − (11)	553.3	F2

序号	项目	说明	数额	SNA2008 编码
(24)	其他部门	-(9)	-388.0	F2
	金融资产的变化（非寿险专门准备金）			
(25)	常住直接保险公司	(5a) + (7a)	161.0	F61
(26)	非常住直接保险公司	(5b) + (7b)	40.0	F61
	金融负债的变化（保险专门准备金）			
(27)	再保险公司	(5) + (7)	201.0	F61

3.342 表3.102记录了相关交易。其分析本质上与比例再保险基本相似，除了再保险索赔包括再保险公司对直接保险公司的应付利润分享这一情形外。

表3.102 记录超额损失再保险的交易

使用									来源					
合计	货物和服务	国外	经济总体	其他部门	再保险公司	常住直接保险公司	SNA 2008 编码	交易和平衡项	常住直接保险公司	再保险公司	其他部门	经济总体	国外	货物和服务	合计
生产账户															
56.4		56.4					P6	货物和服务出口					56.4		56.4
221.3	221.3						P1	产出	221.3			221.3			221.3
164.9			164.9			164.9	P2	中间消耗						164.9	164.9
56.4			56.4		221.3	-164.9	B1g	总增加值/国内生产总值							
-56.4		-56.4					B11	对外货物和服务差额							
初始收入分配账户															
388.0			388.0	388.0			D4	财产收入		388.0		388.0			388.0
388.0			388.0		388.0		D441	归属于保险投保人的投资收入	289.1			289.1	98.9		388.0
-42.5			-42.5	-388.0	221.3	124.3	B5g	初始收入总额/国民总收入							
收入再分配账户															
376.8	102.5	274.3			274.3		D71	非寿险净保费		376.8		376.8			376.8
376.8	102.5	274.3			274.3		D712	非寿险再保险净保费		376.8		376.8			376.8
245.8		245.8		245.8			D72	非寿险赔付	185.1			185.1	60.7		245.8
245.8		245.8			245.8		D722	非寿险再保险赔付	185.1			185.1	60.7		245.8
-0.7			-0.7	-388.0	352.3	35.1	B6g	可支配总收入总额							
可支配收入使用账户															
-0.7			-0.7	-388.0	352.3	35.1	B8g	总储蓄							
0.7		0.7					B12	对外经常交易差额							

续表

合计	货物和服务	国外	经济总体	其他部门	再保险公司	常住直接保险公司	SNA2008编码	交易和平衡项	常住直接保险公司	再保险公司	其他部门	经济总体	国外	货物和服务	合计
资产变化														负债和净值变化	
资本账户															
0.0		0.7	-0.7	-388.0	352.3	35.1	B9	净贷出（+）/净借入（-）							
金融账户															
							B9	净贷出（+）/净借入（-）	35.1	352.3	-388.0	-0.7	0.7		0.0
0.0		-39.3	39.3	-388.0	533.3	-126.0	F2	通货和存款							
201.0		40.0	161.0		161		F61	非寿险专门准备金		201.0		201.0			201.0
104.0		20.0	84.0		84.0			未满期保费		104.0		104.0			104.0
97.0		20.0	77.0		77.0			未决索赔变动		97.0		97.0			97.0

再保险产出的物量核算

3.343 上述两例在计算再保险产出时都是基于现价进行的。但当经济指标发生变动时，我们就需要在核算再保险产出总量时剔除价格变动的影响来计算物量产出。最理想的方法是现价产出核算时建立与再保险产出相关的平减价格指数。然而，与其他金融服务类似，并不可能直接获得可以代表再保险产出的实际价格，需采取其他的方法。

3.344 与其他类型保险一样，有两种方法可以用于核算不变价再保险产出：平减指数法和物量指数法。如在非寿险产出核算章节所解释的，物量指数法具有一定的缺陷。因此，在进行再保险产出核算时平减指数法相对会优于物量指标法。但是，在许多经济活动中，再保险活动可能并没有非寿险或寿险来得普遍，以至于再保险保费的价格指数可能不可获得。在这种情况下，考虑到再保险与寿险和非寿险之间的关系，编表机构可以基于寿险和非寿险保费的价格指数并以这两类保险产出占总产出的比例为权重来构建一个综合指数。

3.345 由于较难获得所需数据，使用物量指标法进行再保险服务费进口的核算并不现实。因此，编表机构可以考虑使用前文所述的其他保险服务费用进口的物量计算方法来计算再保险服务费用进口的物量。

（e）社会保险计划

参考：

SNA2008，第8章，收入再分配账户

SNA2008，第17章，账户的交叉和其他特殊问题，第二部分，社会保险计划

3.346 社会保险计划是一种契约式保险计划，投保人在第三方的强制或鼓励下参与保险，以防范特定的不确定事件。比如，政府强制所有雇员参与一项社会保障计划，雇主也可能将雇员参与雇主指定的某项社会保险计划作为雇用的一项条件，也可能通过代为缴款鼓励雇员加入某项计划；或工会可能会安排只面向工会成员的优势保险计划。社会保险计划的缴款通常由雇员支付，或由雇主代缴，但在某些条件下，非雇用或自雇人员也在社会保险计划覆盖下。

3.347 社会保险计划需满足如下两个条件：

（a）参与计划才能取得福利，且获得的福利是 SNA 中定义的社会福利构成部分；

（b）至少符合以下三种情况之一：

（i）参与该计划是依法应尽的义务，或者是已经列入一个雇员或者一群雇员就业协议中的相关条款或条件。

（ii）该计划是针对特定的劳动者群体的集体计划。参与者仅限于这一群体的成员，无论其处于雇用状态还是失业状态。

（iii）不管雇员自己是否支付缴款，雇主代其支付社会缴款（实际缴款或者虚拟缴款）。

3.348 参与社会保险计划的人向计划缴款（或由别人代缴）以取得福利。缴款和福利的定义方式与保险的保费和赔付相似。社会保险的缴款是指为了使指定受益人有权取得社会福利而向提供保险覆盖的社会保险计划支付的金额。社会保险的福利是指由于受益人参与某项社会保险计划，当保险覆盖的社会风险出现时应得的社会福利。

社会保险计划的分类

3.349 在 *SNA2008* 中，社会保险计划可根据不同的属性进行分类，如保险计划的类型、分配的机构部门、福利的类型、自主和备资等。

3.350 社会保险计划分为以下两个主要类别，每个类别具有各自的运营部门。

（a）第一类是覆盖整个社会或社会大部分群体的社会保障计划，该计划由政府单位收取缴款、进行管理并提供经费。在社会保障计划下，应付养老金可与受益人薪金水平或就业历史相关，也可与之无关，非养老金福利则较少与薪金水平挂钩。与其他社会保险计划相比，社会保障的重要性取决于制度的安排，且在各国之间差别很大。在某些国家，社会保障可能仅限于对社会安全的净变动提供基本的养老金。在这样的情形下，即便向政府雇员提供的养老金，也可能是通过社会保障以外的方式来处理。另一种情况是，几乎所有提供的养老金，包括向私营企业雇员的，都可能是借助社会保障实现的。

（b）第二类是社会保障以外和就业相关联的社会保险计划。该计划来自养老金权益条款中规定的劳资关系，是就业条件的一部分。对此类计划来说，提供福利的责任不会被交给社会保障福利的提供者——政府。这类计划可以由政府为其雇员进行管理运营，也可以由非政府部门的雇主自行运营。另外，在雇主的授权下，该类计划也可由一家保险公司代为管理。

3.351 社会保险计划的社会福利可被分为养老金和非养老金两类。相应地，社会保险相应的缴款也可被分为与养老金相关联的部分和与非养老金相关联的部分。退休后的收入是社会保险计划下最重要的养老金收益，但计划也可能覆盖很多其他的不确定事件。比如，养老金也会支付给鳏寡之人，或由于工伤不能再从事工作的人，由于主要收入贡献者不能（因死亡或残疾）再为其自身和其抚养对象带来收入，所有这些不确定事件将导致支付福利，它们都被作为养老金处理。而所有其他的福利则被归类为非养老金福利。其应付福利覆盖范围是在疾病、失业、购房、教育、家庭环境等方面。这两者之间的区分很重要，因为 SNA 对某些养老金认定了负债项，不论实际中是否设立了资产来对应此权利。但对于非养老金福利，只有在准备金实际存在时才会加以认定。

3.352 社会保障外的与就业相关联的社会保险养老金计划分为定额缴款计划和定额福利计划。定额缴款计划（有时也被称为现金购买计划）是指雇员退休时得到的福利取决于雇员工作期间缴款所建立起的基金水平和养老金计划管理人进行基金投资带来的价值增长。因此，该计划能否在退休时提供足够收入的风险全由雇员承担。同时，由于定额缴款计划的负债等于资产价值，故其净价值始终为零。定额福利计划是指雇员在退休时通过一个公式确定所得福利，或许是一个确定值，以此作为最小应付额。在这样的情形下，该计划能否在退休时提供足够收入的风险由雇主承担，或由雇主和雇员共同承担。在某些情况下，雇主的风险可能由代表雇主运营定额福利养老金计划的多雇主计划来承担。一项计划可能以与定额缴款计划相类似的条款定义，但保证了最低值，或其他此类的复合计划，在 SNA 中被划为定额福利养老金计划。

3.353 社会保险计划可根据其自主程度进行分类。自主社会保险计划是指拥有独立于基金创建者运营机构（如一个公司）的计划。它们在雇员（某一特定群体）退休时支付福利，并且有自己的资产和负债。同时，它们也在市场中交易自己的金融资产。该基金由个体私营或政府雇主进行组织和管理，或由雇主和雇员共同参与，雇主和雇员对该基金进行定期缴款。但倘若该基金由政府负责运营，就可被称作养老金（被划分在金融部门）或社会保障基金（被划分在一般政府部门）。[67] 相反，非自主养老金虽也涉及政府或私营实体部门雇员的养老金计划，但该计划内的基金并未进行独立运营。该计划是由非政府雇主进行管理组织，且基金的准备金是由雇主自行缴纳，或者由雇主在证券市场进行投资，基金在记录时被划分在雇主所在的部门。

---

[67] 正如 Dippelsman（2009）所说，"养老金计划"应与"养老基金"进行对比。养老金计划是支付养老金的一套规则及合约，而养老基金是指用来支付福利的资产池。

3.354 社会保险计划也可以根据是否备资进行分类。备资计划是指积累一定的可识别准备金，以保证将来支付福利。未备资计划则没有为支付福利建立可识别准备金。在这种情形下，福利的支付款主要来自缴款者收入盈余或赤字，或来自计划管理者的其他资源。备资社会保险计划可以是自主或非自主计划，而未备资社会保险计划只能是非自主计划。此外，定额缴款养老金计划顾名思义是备资计划；而定额福利养老金计划可以是备资或未备资计划。

符合社会保险条件的个人保险保单

3.355 一些社会保险计划可能会允许，甚至要求参与者以个人名义取得保单。同时，为了让个人保险保单成为社会保险计划的一部分，其应付给参与者的福利必须符合社会福利的形式，且其支付条件须满足上文 3.347b 所列的一条或多条。

3.356 社会保险计划下取得个人保单的应付保费和应收赔付记录为社会保险缴款和社会保险福利。因社会保险计划的缴款常在工资和薪金支付时直接交付，所以按月度或更频繁的频率支付。

3.357 大多数符合社会保险计划条件的个人保单往往指向养老金，但也可能是覆盖其他风险事件，如在投保人由于健康原因长期无法工作时提供收入。

社会福利概览

参考：

SNA2008，第 8 章，收入再分配账户

SNA2008，第 17 章，账户的交叉和其他特殊问题，第二部分，社会保险计划

3.358 社会保险计划是一种向参与某项计划的个人支付保险金的重要方式，该计划可以确保保险金（所谓的社会福利）能够在影响个人福利的特定条件下发放。但也有一些社会福利的应付条件与是否参与社会保险计划无关。本体系确认社会保险计划的依据是应付福利的各种条件，而非福利本身的性质。本部分为社会福利的总体概述，社会缴款的概述在下一部分。

3.359 社会福利是住户所获得的经常转移，用于满足因某些事件或情形而产生的需求，如疾病、失业、退休、居住、教育或家庭情况。

3.360 在特定事件发生或特定条件下会出现应付社会福利，由于这些事件或条件，可能对住户资源提出了更高的要求，或者减少了其收入，从而对该住户的福利产生了不利的影响。提供的社会福利可能是现金也可能是实物形式的。社会福利的应付情形有很多：

（a）受益人或其抚养人，由于疾病、伤害、怀孕、慢性病或年老等原因，需要内科、牙科或其他治疗，或住院、康复治疗或长期看护。社会福利可能以实物形式提供，表现为免费或以无经济意义价格提供的治疗或看护，或者是返还住户的支

出。也可能是现金形式的社会福利支付给需要卫生保健的受益人。

（b）受益人需要抚养其各类亲眷：配偶、孩子、年长的亲戚、病人等。社会福利常常以现金形式支付，表现为规律性的抚养人或家庭补贴。

（c）受益人会因为不能参与工作或全职工作而导致收入减少。社会福利通常在这一条件的持续期内规律性地以现金的形式支付。在某些情形下，还可能提供一次性的额外款项，或以这一金额代替规律性支付。可能导致无法工作或无法全职工作的原因有：

(i) 自愿或强制退休；

(ii) 非自愿性失业，包括暂时离岗和从事短期工作；

(iii) 疾病、意外伤害、生育等。

（d）受益人因为其主要收入者的死亡而收入减少，需要得到支付来补偿。

（e）受益人被给予免费住房，或仅支付无显著经济意义的价格，或住房支出得到报销。这些都是实物形式的社会福利。

（f）为受益人自身或其抚养对象的教育支出提供补贴。有些情况下，教育服务以实物形式提供。

3.361 以上是社会福利应付的各种典型情形。但这只是列举的而非穷尽的。例如，在某些社会保险计划下也可能要支付其他的福利。相反地，也不是所有的社会保险计划会在上面列举的所有情形下都支付福利。在实践中，社会保险计划在各国之间的差异往往是很显著的；在同一个国家，一个计划和另一个计划之间的差异也很显著。

3.362 社会福利可由社会保险计划提供或社会救助提供。这两种安排下的福利可被分为养老金福利和非养老金福利。一般而言，养老金福利是以现金的形式进行支付，非养老金福利以现金或实物的形式进行支付。社会保险福利可由一般政府提供，也可由雇主向雇员或其抚养对象提供，或者由社会保险计划下诸如工会的其他单位提供。而社会保险计划的参与者须在具有一定条件下才能接受社会福利的支付。由社会保障计划提供的社会保险福利包括现金形式的养老金和非养老金，而社会保障以外的就业相关保险计划提供的社会保险福利则包括现金或实物形式的养老金和非养老金。[68]

3.363 相比之下，由一般政府或 NPISHs 以现金或实物的方式向住户提供的社会救助福利并非社会保险福利，受益人不需要通过支付缴款来证明自己已参加计划，就可以有资格获得社会救助福利。社会救助仅面向低收入、残疾或具备其他特殊属性的个人。一般来说，所有常住住户成员都有权利申请社会救助，但给予救助却是有条件的。通常，要评估住户需要多少收入来满足基本需求，只有那些收入低于某给定水平的住户才有权利获得社会救助［这一过程通常被称为"经济情况审

---

[68] 实物形式的福利等同于现金形式。

查"(means-testing)]。不过,在某些国家存在一种不需要参与的普遍性养老金福利,这也属于社会救助的一部分。

3.364 对于以现金形式支付的社会福利,住户对其使用的方式等同于从其他收入来源获得的收入。而当社会福利以实物形式发放时,住户对福利的使用就不再有自主权,福利的获得仅仅是减少了住户其他来源收入的开支。全世界的政府和 NPISHs 都有责任向住户提供服务,这些服务不能交换其他的服务,也不能在住户之间进行交换。它们是政府免费或以没有显著经济意义的价格提供给住户的个人服务。此类福利被称为实物社会转移,如卫生和教育提供的服务等,包括实物形式的应付社会保障福利和实物形式的社会救济福利。

社会缴款概览

参考:
SNA2008,第 7 章,收入初次分配账户
SNA2008,第 8 章,收入再分配账户

3.365 社会缴款是指对社会保险计划的实际缴款或虚拟缴款,以便为社会保险的给付提供准备。社会缴款可以由雇主代表雇员来支付,在此种情况下,社会缴款会构成雇员报酬的一部分,包括在住户部门的初次收入分配账户中。在收入再分配账户中,雇主代雇员支付的缴款与住户作为雇员、自雇者或未受雇用者自己所支付的缴款一起,记录为住户部门的应付项和负责社会保险计划单位的应收项。社会缴款可以是任何部门中负责向其雇员提供社会保险计划的单位的应收项(很少见的情况是:住户自身作为非法人企业,为其雇员提供社会保险计划),也可以是被指定为计划管理机构的第三方单位的应收项。但大部分缴款可能会被记录在一般政府部门的来源方(其中包括社会保障基金)和金融公司部门中保险公司和养老基金的来源方。只有在住户部门(无论常住还是非常住),社会缴款才会记录在使用方。

3.366 雇主社会缴款是指:雇主为使其雇员能获得社会福利而应交付给社会保障基金或其他就业相关社会保险计划的款项。

3.367 雇主社会缴款的目的在于使自己的雇员能获得社会福利,因此,雇主社会缴款应与现金、实物工资与薪金一起记为雇员报酬的一部分。随后,社会缴款将记录为雇员对社会保障基金或其他就业相关社会保险计划的经常转移支付。尽管雇主代替雇员缴纳社会缴款在管理上更有效率,但必须明确如下经济事实:雇主对社会保障基金或其他就业相关社会保险计划的缴款,实际上并非雇主的经常转移,而是雇员用自己从雇主处所得收入对社会保障基金或其他就业相关社会保险计划的经常转移支付。与此处情形类似的另一个例子是雇员应缴所得税,它虽由雇主从雇员工资与薪金扣除并直接缴纳给税收机关,但很明显所得税不是雇主的经常转移支付。按照惯例,雇主社会缴款改由雇员的初始收入分配账户和收入再分配账户共同

进行描述，通过这些账户可以正确地描述各种应收、应付项。无论是雇主向社会保障基金或其他就业相关社会保险计划直接缴纳社会缴款，还是雇主向税收机关直接缴纳所得税，只不过是出于管理便利和效率而采取的便捷处理方法。

3.368 雇主代雇员缴给社会保障计划的社会缴款，既可以针对每一员工提取一个固定数额，也可以由雇员工资或薪金水平来决定。向其他就业相关社会保险计划的缴纳数额则取决于雇主与雇员间所达成的协议。

3.369 在养老金方面的社会保险计划有两种类型：定额缴款计划和定额福利计划。

3.370 雇主向社会保险计划的缴款分为实际缴款和虚拟（imputed）缴款。

3.371 无论是实际缴款还是虚拟缴款，与养老金相关的缴款和与其他福利相关的缴款都应分开列示。

3.372 雇主向社会保险计划的实际缴款由向社会保障基金的缴款和向其他就业相关社会保险计划的缴款构成。在账户中，与养老金相关的缴款和与其他福利相关的缴款应当分开列示。

3.373 不存在向社会保障基金的虚拟缴款。

3.374 对定额缴款养老金计划来说，除非是雇主自己管理，否则不存在虚拟缴纳。而在雇主自己管理养老金计划的情况下，管理成本作为支付给雇员的应付虚拟缴款处理，作为雇员报酬的一部分。同时，也按同等金额作为金融服务记录为住户部门的最终消费支出。

3.375 对定额福利养老金计划来说，雇主将剩余价值进行推算并以此进行虚拟缴款。依据是：雇主实际缴款加雇员全部缴款加雇主虚拟缴款，等于因当期就业所导致的收益增长加上养老金计划的管理成本。[69]

3.376 有些定额福利养老金计划运转良好，可得资金超过了对当前和过去参加该计划雇员的支付义务所需。在此种情况下，雇主可暂停缴纳，在一个或更多时期内不进行实际缴纳，但仍然要按所描述的方法计算并记录虚拟缴纳。

3.377 由于雇员未做任何实际缴纳，有些养老金计划可被称为不用职工缴款的养老金计划，尽管如此，仍然需要计算雇主虚拟缴纳。

3.378 有一些雇主在不通过保险公司或自主养老基金、不建立专门基金或独立准备金的情况下，直接向其当前、过去的雇员或被赡养人提供非养老金福利。在此情形下，尽管没有建立可提供未来应得权益的准备金，仍认为现有雇员得到了针对各种特定需要的保护。因此对这样的雇员来说，所得到的此类报酬应进行估算，价值量等于为保证雇员获得自己积累的社会福利所需社会缴款的数量。该数量

---

[69] 后面的章节中描述了该方法计算参与经营社会保险计划的成本及服务费。

考虑了雇主和雇员的所有实际缴款,不仅取决于当前应付福利的水平,还取决于在此种计划下雇主负债在未来发展变化的路径,当前及过去雇员的人数、年龄分布、预期寿命等因素的预期变化都将对路径产生影响。所以原则上,此类缴款应该基于精算方法进行估算,即保险公司决定应收保费水平时所使用的方法。

3.379 但在实践中,确定虚拟缴款的规模应有多大可能并不容易。企业会根据向类似备资保险计划的缴款来估算未来的或有负债,其结果是可用的。另外一种办法就是按当前支付给员工薪金的一定比例来进行估算。除此之外,实践中唯一的替代方法是用企业在同一核算期内应付的未备资非养老金福利来估计用于支付虚拟缴款的虚拟报酬。显然,有很多理由会使所需虚拟缴款的价值偏离同一时期实际支付未备资非养老金福利,如企业劳动力构成和年龄结构的变化,但当前时期实际支付的福利可能仍是虚拟缴款及关联虚拟报酬最有效的估计。

3.380 实际上不考虑其他因素,对一个无须缴款计划所缴纳的价值可能正好等于其福利价值,但并不意味着要将该福利本身作为雇员报酬的一部分处理。

定额福利养老金计划的管理

参考:
*SNA*2008,第11章,金融账户
*SNA*2008,第17章,账户的交叉和其他特殊问题,第二部分,社会保险计划

3.381 雇主可能与第三方签订合约,由它为自己的雇员管理养老基金。如果雇主一直对养老金计划的条款有决定权,并负责弥补基金筹资的赤字,留存基金的盈余,此时,雇主叫作养老金经理人[70],在养老金经理人管理下开展工作的单位叫作养老金代管人[71]。如果雇主与第三方的协议是雇主将基金的风险与亏损责任全部转移给第三方,同时第三方享有基金的盈余留存权利,此时,第三方既是养老金经理人又是养老金代管人。当养老金经理人与代管人不同时,由于亏损责任与盈余权利都属于养老金经理人,则养老金经理人的养老基金债权就记录在此标题下。(如果养老基金从其持有的养老金权益那里得到的投资收入大于必须增加的养老金权益,则登录是负的,差额应付给计划的养老金经理人。)

3.382 然而单一机构与多家雇主签约管理其养老基金(多雇主养老基金)的形式并不罕见。多雇主养老基金负责弥补基金的任何缺口,但同时有权保留多余部分的资金。通过建立多个雇主的风险池,多雇主养老基金期望能用保险公司建立多个客户风险池的类似方式平衡资金的短缺和过剩,以在所有基金基础上实现盈余。此时承担偿付养老金义务责任的单位代替雇主被称为养老金经理人。然而,在这种情况下,如果雇主和雇员的实缴养老金不足,无法与因当期雇用导致的养老金权益

---

[70] 养老金经理人也被称为养老金计划发起人。
[71] 养老金代管人负责养老基金的日常运营。

增加相匹配，那雇主仍然需要对资金缺口负责。

社会保险计划产出和其他交易测算的概览

参考：
SNA2008，第 6 章，生产账户
BPM6，附录 6c，专题综述：保险、养老金计划、标准化担保
BPM6 编制指南，附录 2，保险交易和头寸、养老金计划

3.383 本节提供了如何核算社会保险计划的产出及相关交易的概览。养老金和非养老金计划的相关交易将在后面章节进行更详细说明。

3.384 社会保险有以下四种不同的组织形式：
（a）一些社会保险由政府社会保障计划提供。
（b）一些雇主可能为其雇员组织社会保障计划。
（c）一些雇主可能委托保险公司为其雇员运营保险计划，并支付一定的费用。
（d）保险公司可能为多个雇主或一个雇主运行一个计划，获得的财产收入和运营收益中除应归属计划参与人的部分外，超过部分作为保险公司的回报。这种安排称作多雇主计划。

不同模式下运营的社会保障计划，其产出应按不同方法计算。社会保险计划的所有产出均被住户消费，因为他们是社会保险收益的最终受益者。

3.385 社会保障计划是一般政府部门业务的一部分。如果能够识别出进行运营的独立单位，则社会保障产出的计算与非市场产出一样，应使用成本加总的方法。如果不能识别出独立的单位，则社会保障产出包括在负责运营的政府部门产出中。

3.386 当雇主自己运营社会保险计划时，其产出价值由成本之和决定，包括对该计划运营中所使用的任何固定资产回报的估计值。即使雇主建立一个独立的养老基金来管理该计划，其产出的价值仍然以相同的方式进行核算。

3.387 当雇主委托保险公司管理社会保险计划时，其产出的价值就是保险公司收取的费用。这种情况下，雇主为养老金经理人，保险公司为养老金代管人。由保险公司收取的直接费用记录为养老金的中间消费。这一数额也记录为养老金的产出。

3.388 对于多雇主计划，保险公司同时作为养老金经理人和养老金代管人，应使用核算寿险保单的方法计算其产出的价值，即用该计划应收的投资收入减去为满足当前和未来养老金权益需要而增加到准备金上的数额，以其超出部分作为该计划的产出价值。产出计算如下：

社会缴款

（+）追加缴款

（-）应付收益

（-）养老金权益的增加（加权益的减少）[72] (3.16)

3.389 社会缴款前面已给出定义。在定额缴款养老基金下，社会缴款为雇主与雇员实缴养老金之和。在定额福利养老基金下，社会缴款为雇主、雇员实缴养老金与雇主虚拟养老金缴款之和。

专栏3.4 计算多雇主养老金经理人的产出

在没有直接费用的情况下，多雇主定额福利养老金经理人的产出可以使用计算人寿保险产出的公式进行计算，如下所示：

$$y = e + i + h + cs - p - pe \qquad (3.4.1)$$

其中，e是雇主实缴养老金；i是雇主虚拟养老金缴款；h是雇员实缴养老金；cs是追加缴款；p是应付养老金；pe是养老金权益变化。

i的值应满足如下关系：雇主实缴养老金加所有的缴款加雇主虚拟缴款等于因当期就业产生的收益增加额加上养老金经理人运营基金而产生的成本。多雇主定额福利养老金下，成本包括在管理基金中使用的固定资本回报估计值。

如果运营定额福利养老金产生的成本为o，雇员养老金权益中当前服务增加额为ce，那么i有以下计算公式：

$$e + i + h = o + ce \qquad (3.4.2)$$

将式（3.4.2）代入式（3.4.1）得：

$$y = o + ce + cs - p - pe \qquad (3.4.3)$$

而$pe = ce + cs - p$，代入方程（3.4.3）得：

$$y = o + ce + cs - p - (ce + cs - p) = o$$

这意味着采用寿险公式计算多雇主定额福利养老金经理人的产出等于按成本总和计算的产出，包括运营基金中的固定资产回报。

使用计算人寿保险产出的公式计算多雇主定额缴款养老金经理人的产出（Y），如下所示：

$$y = e + h + cs - p - pe \qquad (3.4.4)$$

式（3.4.4）中的字母含义与式（3.4.1）相同。

如果定额缴款养老金的运营成本为o，那么追加缴款为雇主实际缴款加雇员缴款加追加缴款等于养老金权益变化加应付养老金收益减去基金经理人运营基金而产生的成本。因此，我们得出：

$$o + pe + p = e + h + cs \qquad (3.4.5)$$

---

[72] 然而，这相当于通过成本加总来计算产出，包括固定资本回归（参见3.4）。

> 将式 (3.4.5) 代入式 (3.4.4) 得：
> $$y = o + pe + p - p - pe = o$$
> 这意味着采用寿险的公式计算多雇主定额缴款养老金经理人的产出，等于计算成本总和的产出，包括运营基金的固定资产回报。

3.390 养老基金以养老金权益的形式持有准备金，以向受益人履行义务。养老金权益体现为养老金的负债、受益人的资产。某些计划可能产生其他债务，如非养老金福利负债。为了应付负债支出，养老基金投资多种资产，如金融资产、土地或建筑物。投资获得的收入用于支付养老金权益中的应付投资款项。此收入为住户应收款项，但实际上，它由养老基金持有。因此，在收入再分配账户中，住户以追加缴款的形式又向养老基金支付同等金额。

3.391 定额缴款计划下，养老金权益中的应付投资账款等于投资收入加养老金下的土地或建筑物出租的净经营收益。

3.392 由于在定额福利计划下养老金能够被精确估算，所以随着应付养老金权益日期的临近，应付投资收入等于应付收益的增加。养老金计划资产中，收入能否弥补亏损不会影响收益额。因此，养老金权益中的应付投资收入（追加缴款）包括虚拟和实际两部分。实际部分为养老基金持有实际资产的投资收益。虚拟部分为养老金经理人从养老金准备金和实际负债差额中获得的虚拟应付利息。当养老金负债大于资产时，养老基金需要对经理人进行虚拟赔付。通过加入从养老金经理人处应收的虚拟利息后，养老金权益中的应付投资收入等于养老基金的应收投资收入。这样能确保养老基金的净值始终为零。

3.393 如前所述，应付收益指的是社会保险收益。但需要注意，社会缴款向养老金计划的支付和受益人的养老金福利收入等同于金融资产的获得和处置。此外，它们被分别记录为收入再分配账户下经常转移的社会缴款和社会福利，住户处置收入反映出该项的流动。然而，如果缴款和收益完全不同时，对养老金缴款、收益的记录方式会影响到住户储蓄这一项。为了调和养老金经常转移和金融资产中养老金权益之间的记录方式，需设立一个调整科目，该科目通过加上社会缴款、减去养老金收入的方式来平衡再分配收入账户。调整后，住户储蓄与社会缴款不变，依旧和养老金收入没有被记录为经常转移科目时一样。该科目被称为"养老金权益变动调整"，等于实缴养老金总和加上养老金受益人追加缴款总和减去相关服务收费减去作为社会福利被支出的养老金总额。

3.394 养老金权益的增减仅包括交易，即因累计养老金权益中向雇主提供服务或投资获得的收入减去应付养老金福利而产生的变化。而因精算收入和损失变化及养老基金规定引起的养老金权益变化不包括在内。

3.395 上述计算产出的方法也适用于支付非养老金福利的社会保险计划。在提供非养老金福利的备资社会保险计划下,产出的计算与非寿险(而不是寿险)相同。

3.396 社会缴款和追加缴款是两种不同类型的交易。第一种是社会保险产出值,它构成了运行该计划单位所要收取的服务费用。根据这项计划的性质,服务费用由雇主缴款或追加缴款产生。交易的第二个类型是社会缴费净额,是指住户向社会保险计划实际或虚拟缴款,为备付社会福利作准备。社会缴费净额计算方法如下:

雇主实际社会缴款加雇主虚拟社会缴款
(+) 雇员实际社会缴款
(+) 与养老金计划应付养老金权益相对应的追加缴款
(-) 应付养老金计划服务费

3.397 雇主虚拟社会缴款只适用于无备资的雇主相关非养老金计划、雇主运营的定额缴款养老金计划及定额福利养老金计划。此外,在社会保障计划下社会缴费净额的数据并不准确,原因有两点:一是因为养老金权益在该项计划下没有记录在核心账户中,没有追加缴款;二是雇主社会缴款中不包括服务费用。相反,该项服务收费表示政府向单个住户支付福利而产生的消费支出。这种费用列入住户实际的最终消费支出,由实物社会转移(从一般政府转移到住户)供给资金。

3.398 社会保险计划产出和相关交易的数据源取决于方案中的计划类别及该计划下基金是否为常住或非常住机构单位基金。在政府账户中可获得用于计算产出及与常住社会保障计划、就业计划(而非一般政府社会保障计划)相关的交易初始数据。另一方面,可多渠道获得用于计算产出及与常住社会保障计划、就业计划(而非一般政府社会保障计划)有关的交易初始数据。第一,编制机构对当地常住基金进行调查。第二,一些国家成立了中央登记处以收集当地养老金行业数据,这些登记处可成为初始数据的来源。第三,一些国家的养老基金必须向政府机构报送与其资产、负债和费用有关的报表,以利于审计或者计算税收。这些国家中的编制机构也许考虑使用这些数据来实现自己对产出和与常住社会保险计划相关的交易的计算。因为在所有情况下初始数据都是以现价计算的,所以产出数据也以现价计算。

3.399 由于社会保险计划的最终受益者是住户,社会保险交易只分摊给住户(包括常住和非常住)。分摊给常住住户的产出被记录为住户实际最终消费支出,而分配给非常住住户的产出被记录为货物和服务的出口。通常,产出和其他相关交易的细分数据包括部门(常住住户和国外部门)对养老金权益的应付投资收入并不可得。相反,编制机构可能只能获得初始数据来计算总产出和其他相关交易。在这种情况下,编制机构需根据可用数据作出假设并对交易进行分配。例如,调查对象提供部门实际社会缴款的细分数据,可用于分配与社会保险计划和其他相关交易有关的产出。

3.400　常住住户可以参加由非常住住户运营的社会保险计划。在这种情况下，可从国际收支平衡统计表中获得进口服务费用和其他相关交易估值。若表中没有这些数据，一般情况下，编制机构可考虑使用前面章节提供的方法估算进口和相关保险交易，为确保国民账户和国际收支记录的一致，对这些交易进行估算时应咨询国际收支统计表的编制者。

养老金缴款和收益的核算

参考：

SNA2008，第 17 章，账户的交叉和其他特殊问题，第二部分，社会保险计划

3.401　在一个经济体中，养老金以三种机制提供给个人：社会保障、社会保障以外的就业相关保险计划、社会救助。社会保障和社会保障以外的就业相关保险计划一起构成社会保险计划。尽管社会救助提供的收益和一些社会保险计划十分相似，但其关键的区别在于，社会保险福利只在受益人参与社会保险计划的前提下支付（而证明是否参与通常是看受益人或代表其的另一方是否支付限定的缴款），而社会救助的支付不限定缴款（尽管可能会对申请人的经济状况进行审查）。

3.402　养老金支付给退休人员的方式在各国之间的差异很大。这一部分介绍的是社会保险计划下最常见的养老金提供方式，尽管其并不是所有的方面都适合每个国家。

3.403　所有国家的社会保险养老金（如果有的话）都是由政府提供一部分，雇主提供一部分。政府提供的部分称为社会保障，雇主提供的部分称为社会保障以外的就业相关保险计划。由社会保障提供的养老金和由其他就业相关保险计划提供的养老金，两者之间的区分因国各异，因此各国对社会保险的范围及对"社会保障"一词指向的认识都存在很大差异。为了使 SNA 中的各种建议更为清晰，有必要考察一下不同国家提供的保险覆盖类型。

3.404　最窄范围的社会保障养老金是非常基础的。覆盖水平的确定可能独立于缴款的规模（但需要有在特定时期内支付缴款的事实）。一个雇员对社会保障下养老金的权利常常是可以转移的（"可携带的"），其他养老金通常并不总是具备这一优势，而且，对于很多低收入工作者、临时工作者或间歇性工作者而言，社会保障下的养老金可能是这些人群可以期望的唯一形式的养老金。

3.405　然而，在一些国家，绝大多数或所有的养老金可能都是通过社会保障提供的。在这样的情形下，政府就扮演了雇主的中间体，一旦雇主将其支付的和由雇员支付的缴款移交给社会保障计划，政府就承担了最终支付的风险。政府减轻了雇主的风险（养老金的成本可能太大使其企业无法承受），也确保了大众养老金的发放，但政府这么做也可能会改变应付养老金的数额，如果经济条件限制，甚至会顺延支付。

3.406 私营雇主养老金计划通常不会出现应付金额追溯性调整，但也存在一个风险，即雇主可能因为破产而没有能力支付养老金。然而，对个人养老金权益的保护正变得越来越常见。同样存在的另一个问题是，一个雇主建立起来的养老金无法转移给另一个新的雇主，尽管这一情况正发生变化。社会保障可能是（通常也确实是）建立在即期支付基础上的，不会为将来的负债建立准备金；但其他的雇主养老金计划越来越倾向于设立准备金。即便未设立，会计准则也会要求在账户中体现当前和既往雇员的养老金权益。

3.407 最基本形式的社会保障以外的就业相关养老金，被视为雇员薪酬的一部分；雇员和雇主之间在谈判中可能会像重视当前服务条件及工资水平一样重视养老金权益。养老金常常由私营雇主通过其控制的或签约的第三方（如保险公司）基金提供。这些基金在提供养老金之外可能也会提供社会福利，如私营医疗保险。有时可能会出现这样的情况：一个专业单位负责为很多雇主提供养老金，而雇主则要保证基金充足以兑付承诺的养老金。此种安排被称为多雇主养老金计划。

3.408 对于非养老金社会福利，作为现在或将来受益人的当前和既往雇员也可向计划缴款并获取投资收入。这一投资收入接着要被处理为获得者应付的追加缴款。

社会保障养老金

3.409 雇主和雇员共同向社会保障养老金支付缴款，这一点很常见，却非基本要素。强制性缴款也很常见。社会保障养老金筹集资金的方式通常是账单到期即付。在 SNA 的主要账户中常常假定这就是社会保障养老金的资金筹集方式。在一个时期里，应付收益的资金来源恰是同一时期内的应收缴款。对于运营计划的政府或参与计划的个人，均不涉及储蓄的因素。SNA 的主要账户中不识别该项计划的负债，但支付的福利可能会超过缴款，在人口老龄化下，这一情形会更趋恶化。有鉴于此，社会保障和主要账户中未涵盖的其他任何养老金计划负债估计值，要被包括在本章节下一部分所说的补充表中。

3.410 如果社会保障计划不作为独立的机构单位，运营社会保障计划的成本是政府正常支出的一部分，因而社会保障运营的核算不包括产出的测算。如果社会保障计划作为独立的机构单位，其产出按照成本总额来计算。该产出是非市场性质的，记录在一般政府部门的产出中。由于政府消费该产出是要向人们提供货物和服务的，因此这一产出的成本还可以记录在政府最终消费支出之中。政府最终消费支出可以分为个人消费支出（为个别住户的利益而产生的支出）和公共消费支出（为了一个社区或更大部门的利益而产生的支出）。个人消费支出记为住户最终实际消费的一部分，显示在政府向住户的等量转移。与社会保障计划相关联的产出被视为政府最终消费支出中的个人消费支出，包括在住户实际最终消费和由政府向住户的实物社会转移之中，其数额等于与这些社会保险计划相关的一般政府的最终消耗支出。为给住户对该产出的消耗提供资金来源，该数额需要进行估算。

3.411 SNA 中，流量的记录方式如下。

（a）如果社会保障计划被视为一独立的机构单位，其产出将记录在生产账户中。

（b）雇主的社会保障缴款是雇主所在部门的应付项、住户的应收项。雇主的部门可以是非金融公司、金融公司、政府（作为雇主）、作为雇主的住户、NPISHs 及国外（常住为非常住机构单位工作的情况下）。常住雇主的应付体现在收入形成账户里，非常住雇主的应付体现在初始收入分配账户的国外部分。常住住户的应收体现在初始收入分配账户里，非常住住户的应收体现在初始收入分配账户的国外部分。雇员的社会保障缴款同样适用以上的规则。

（c）在收入再分配账户中，雇主的社会保障缴款及住户自身作为雇员的社会保障缴款之和记录为住户的应付和政府的应收。进而，现金形式付给住户的社会保障福利记录为政府（或在来自外国政府的情况下，体现为国外）的应付、住户的应收。

（d）在可支配收入账户中，服务费（产出）的消费首先被记为社会保障计划中的个人最终消费支出。

（e）收入再分配账户记录社会转移，这一社会转移是社会保障计划向常住或非常住住户的社会转移，为非常住住户服务消费提供融资。

（f）该服务的消费被记为常住住户可支配收入账户使用过程中的实际最终消费，或是向非常住住户的出口。

案例 3.22 计算与支付养老金福利的社会保障计划相关的产出和其他交易

3.412 此案例计算与支付养老金福利的社会保障计划相关的现价产出及其他交易。它假定该计划作为一个独立的机构单位存在，所有的参与者和受益人都是常住住户。此外，假定社会保障计划没有为支付养老金建立准备金，编制机构是能够从政府获得所需的初始数据。该案例将会说明如何在金融账户中对应的条目进行记录，并以此显示机构部门间交易的支付方式。为简单起见，假设这些交易均以现金或可转让存款来结算，在金融账户中记录在"通货和存款"项。

3.413 表 3.103 显示了社会保障基金中社会保障养老金缴款和福利的数据来源。假定雇主和雇员都需要向社会保障基金缴款。可以看到，雇主和雇员的实际社会养老金缴款正好足够支付期限内的社会保障养老金福利。

表 3.103　　　　　　　支付养老金收益的社会保障基金数据

序号	项目	数额	SNA2008 代码
(1)	雇主实缴社会养老金	139.0	D1211，D6111
(2)	雇员实缴社会养老金	87.0	D11，D6131
(3)	社会保障养老金福利	226.0	D62，D6211

3.414　社会保障基金的非市场产出采用成本加总法来计算。表 3.104 显示了运营社会保障计划的成本。假定成本仅包括商品和服务的中间消费，所有商品和服务的中间消费都从其他常住部门购买。该表说明了如何获得社会保障基金的产出；社会保障基金的产出（1.0）按商品和服务中间消费的价值计算。

表 3.104　　　　　支付养老金收益的社会保障基金的运营成本和产出

序号	项目	说明	数额	SNA2008 代码
(4)	商品和服务的中间消费		0.7	P1，P2
(5)	社会保障基金的产出	(4)	0.7	P1，P3，P31，D63，P4，P41

3.415　表 3.105 显示了如何计算社会保障基金和其他机构单位之间的交易引起的金融资产变化，以及这些交易的支付方式。一般情况下，基于以下原则计算金融资产和负债的变化：通货和存款的变化是机构单位获得收益和支付费用的结果。例如，社会保障基金的通货和存款在核算期间内净减少 0.7。有以下原因：

◆ 通货和存款的增加导致资产增加来自应收款项：雇主社会养老金实际缴款（139.0）和雇员社会养老金实际缴款（87.0）；

◆ 通货和存款的减少导致资产减少来自从其他部门购买的商品及服务的中间消费（0.7）和应付的社会保障养老金福利（226.0）。

表 3.105　　　计算支付养老金收益的社会保障基金与其他机构单位之间
　　　　　　　　　　交易引起的金融资产变化

序号	项目	说明	数额	SNA2008 代码
	金融资产变化（通货和存款）			
(6)	雇主	-(1)-(2)	-226.0	F2
(7)	社会保障基金	(1)+(2)-(3)-(4)	-0.7	F2
(8)	住户	(3)	226.0	F2
(9)	其他项目	(4)	0.7	F2

3.416　表 3.106 使用表 3.105 中的信息来记录各种交易。为了确保清楚，雇主和社会保障基金的交易是单独列示，而不是与它们所属机构部门合并列示。交易记录如下：

（a）社会保障基金的产出是 0.7。这个产出被记录在社会保障基金的生产账户中。同时，生产账户中还会记社会保障基金中商品和服务的中间消费（0.7）。前文已假定这些产品和服务都是从其他部门购买的，因此其他部门也会记相同数量的产出。

（b）雇主养老金实际缴款（139.0）被视为雇员报酬的一部分，记为雇主收入账户的应付款项。此外，雇员养老金实际缴款（87.0）被视为工资和薪金（或雇员报酬）的一部分，记为雇主同一账户的应付款项。

（c）在收入初始分配账户中记录的条目，在原始收入分配账户中记录为住户的应收项。

（d）雇主养老金实际缴款（139.0）和住户养老金实际缴款（87.0）在收入再分配账户中记为住户的应付、社会保障基金的应收。社会保障基金中的社会保障应付福利及住户的应收（226.0）被同样记在收入再分配账户中。

（e）社会保障基金的产出（0.7）被记为可支配收入账户使用过程中基金的单个最终消费支出。

（f）从社会保障基金向住户的社会转移（0.7）记在收入再分配账户中，这一社会转移是关于基金产出的住户消费的融资。

（g）由社会保障基金（0.7）提供的住户实际最终个人消费记在使用调整后的可支配收入账户中。

（h）由于没有资本账户交易，资本账户中的净贷出/净借入等于可支配收入账户的总储蓄。

（i）金融账户通过通货和存款的变动来记录上述交易的对应条目。因此，净贷出/净借入等于资本账户中的净贷出/净借入。然而，在实践中，由于数据源和交易记录时间的差别，可能会导致这两个账户中的净贷出/净借入之间有所差异。由于社会保障基金的养老金权益不记在核心账户，因此没有其他的交易记录在金融账户中。

表 3.106　　记录与支付养老金福利的社会保障基金相关的交易

使用													来源
合计	货物和服务	经济总体	其他部门	住户	社会保障基金	雇主	SNA 2008 代码	交易和平衡项	雇主	社会保障基金	住户	其他部门	经济总体	货物和服务	合计
生产账户													
1.4	1.4						P1	产出		0.7		0.7	1.4	1.4
0.7		0.7			0.7		P2	中间消费						
0.7		0.7	0.7		0.0		B1g	总增加值/国内生产总值						
收入形成账户													
226.0		226.0				226.0	D1	雇员薪酬						
87.0		87.0				87.0	D11	工资和薪金						
139.0		139.0				139.0	D1211	雇主实际养老金缴款						
−225.3		−225.3	0.7		0.0	−226.0	B2g	营业盈余总额						
初始收入分配账户													
							D1	雇员补偿			226.0		226.0	226.0
							D11	工资和薪金			87.0		87.0	87.0

续表

合计	货物和服务	经济总体	其他部门	住户	社会保障基金	雇主	SNA 2008代码	交易和平衡项	雇主	社会保障基金	住户	其他部门	经济总体	货物和服务	合计
							D1211	雇主实际养老金缴款		139.0			139.0		139.0
0.7	0.7	0.7	226.0	0.0	-226.0		B5g	初次收入总额/国民总收入							
收入再分配账户															
139.0		139.0		139.0			D6111	雇主实际养老金缴款		139.0			139.0		139.0
87.0		87.0		87.0			D6131	住户实际养老金缴款		87.0			87.0		87.0
226.0		226.0			226.0		D62	实物社会转移以外的社会福利			226.0		226.0		226.0
226.0		226.0			226.0		D6211	社会保障基金福利			226.0		226.0		226.0
0.7	0.7	0.7	226.0		-226.0		B6g	可分配收入总额			226.0		226.0		226.0
可分配收入使用账户															
0.7	0.7			0.7			P3	最终消费支出					0.7		0.7
0.7	0.7			0.7			P31	个人消费支出					0.7		0.7
0.0	0.0	0.0	226.0	-0.7	-226.0		B8g	总储蓄							
实物收入再分配账户															
0.7	0.7			0.7			D63	实物社会转移		0.7	0.7				0.7
0.7	0.7	0.7	226.7	-0.7	-226.0		B7g	调整后可支配收入总额							
调整后可支配收入使用账户															
0.7	0.7		0.7	0.0			P4	实际最终消费					0.7		0.7
			0.7				P41	实际个人消费					0.7		0.7
0.0	0.0	0.0	226.0	-0.7	-226.0		B8g	总储蓄							
资产变化														负债和净值变化	
资本账户															
0.0	0.0	0.0	226.0	-0.7	-226.0		B9	净借出(+)/净借入(-)							
金融账户															
							B9	净借出(+)/净借入(-)	-226.0	-0.7	226.0	0.7	0.0		0.0
0.0	0.0	0.0	226.0	-0.7	-226.0		F2	通货和存款							

社会保障以外的就业相关养老金计划

3.417 社会保障以外的就业相关养老金计划有两种形式。一种形式是定额缴款计划,有时也称为现金购买计划("定额缴款养老金计划"的表述并不直观,但广泛应用于养老金领域)。另一种形式是定额福利计划,有时也称为最终薪资计划,但后者并不能准确描述所有的定额福利计划。通常情况下，两者都是缴款型，常由雇主和雇员共同缴纳。这两项计划已经在社会保险计划章节予以明确。

3.418 对于这两类计划，参与者的养老金权益都要在权利建立时记录。在此两类情形下都会有靠已有权利获取的投资收入，这都要记录为已分配给受益人并由受益人再投资到养老金计划中。但这两种计划之间还存在很多不同的特征，因此与各计划相关联的交易在转化为养老金权益水平变化之前，应分别给予详细描述。关于定额缴款计划交易的记录不像定额福利计划那样复杂，因此本文首先阐述前者。

3.419 对于这两类计划，都将假定存在一项养老基金。对于定额缴款养老金计划，必须要存在一项基金。而对于确定福利养老金计划，该项基金可能在实际中存在，也可能只是名义上的。如果存在，它可能是与雇主相同的机构单位的一部分，也可能是某金融机构、保险公司或多雇主养老金计划的一部分。关于交易记录描述，与养老基金相关的交易必须归属于基金所属行业。如果基金是雇主的一部分，那么归属于雇主所在行业；如果基金是独立的机构单位或某金融机构的一部分，那么归属于金融企业所属行业。

3.420 测算养老基金产出的方法取决于养老基金的组织形式。如果雇主运营社会保险计划，无论雇主是否建立独立的养老基金来管理该计划，其产出等于成本之和（包括固定资本回报的估算数）。如果雇主利用保险公司代其管理养老金计划，那么产出等于保险公司收取的费用。如果保险公司通过多雇主社会保险计划方式来管理，养老基金的产出就采用计算的人寿保险产出的公式来计算。

定额缴款养老金计划

3.421 记录与定额缴款养老金计划相关联的交易，不存在概念上的难题。无论是流量或资产负债表中出现的受益人的养老金权益价值，还是某个单位的资产或负债，都没有相关的虚拟估算值。

关于定额缴款养老金计划的交易记录

3.422 由雇主代表其雇员向定额缴款养老金计划支付的缴款作为雇员报酬的一部分处理，在收入形成账户中记为雇主的应付，在初始收入分配账户中记为雇员的应收。这一方法同样适用于雇员缴款。

3.423 积累的养老金权益所带来的投资收入，在初始收入分配账户中记为对住户的分配（住户的应收），体现为养老基金的应付。投资收入包括利息、应付分红加上集体投资计划的已分配收入（如果养老基金在其中占有份额）。养老基金也可能拥有财产，并据此产生净营业盈余，它要和投资收入一起包括在可分配给养老金受益人的内容中。在这种情况下，投资收入一词的诠释应该是弹性的，以便能足以包括此类收入来源（如果存在的话）。积累的养老金权益投资所产生的持有损益不应包括在投资收入中。

3.424 分配给养老金受益人的收入中有一部分是用于弥补养老基金的运营成本。这一成本要计入养老基金在生产账户中的产出，住户在收入使用账户中的消费支出。分配收入中的剩余部分要作为养老金追加缴款处理，由住户返回给养老基金。

3.425 在收入再分配账户中，社会缴款体现为住户的应付和养老基金的应收。应付的社会缴款总额包括雇主实际应付缴款（作为雇员报酬的一部分）、雇员（也可能是其他的个人、以前参与计划的个人、自营和非雇用人员以及退休人员）实际缴款及刚指出的追加缴款。为明确起见，也为了加强与定额福利计划的对比，追加缴款全额要同时体现在初始收入分配账户（体现为投资收入）和收入再分配账户（体现为追加缴款）中。然而，服务收费要体现在收入再分配账户中，作为住户总缴款的扣减项。住户向养老金计划支付的缴款总额要取净值，其方式与保险保费相同，即等于总缴款减收入使用账户中出现的服务收费。

3.426 雇员以外向缴款养老金计划支付缴款的其他人可能是依靠其职业或既往就业情况参与定额缴款养老金计划的自雇者或无业者。

3.427 收入再分配账户要记录养老基金应付给住户的养老金福利。但是在定额缴款养老金计划下应付的福利是以退休时点上的应付整额形式出现的。这可能就要求计划将这些金额立即转换成同一个或另一个金融机构的年金，但这一点并不是普遍的。记录福利的适当方式是在退休时不将福利立即体现为应付，而是在适当的情况下以年金或其他金融资产形式再投资，然后在名义上体现为人寿保险权益到年金权益的重新划分。然而，因为通常在这两类权益之间不做区分，所以在账户中将不会出现实际的划分变化。

3.428 使用收入账户时，有一个项目对应于对养老基金所提供服务的支付（等于养老基金产出的价值[73]），它是由住户支付给养老基金的。

3.429 在同一账户中，另一个项目反映了收入再分配账户中应付缴款减去应收福利的盈余（或不足）引起的养老金权益的增加（或减少）。这一金额体现为养老基金向住户的应付。因为定额缴款养老金计划参与者养老金权益的大部分增加，及由此而最终引起的福利资金来源增加，来自持有损益（不包括在定额缴款养老金计划参与者追加缴款中），所以对这些个体养老金权益变动的调整常常是负值。

3.430 养老金权益变动的调整包括在收入账户使用中，作为养老基金向住户的应付，但在金融账户中却要作为住户向养老基金的应付。偿付养老金权益的义务在同一部门两个单位之间的任何转移，其效应也将体现在金融账户的项目中。

3.431 如果定额缴款养老金计划由养老基金经理人管理，那么交易将记在养老基金经理人与其他机构单位之间，比如养老基金参与者和受益者。

---

[73] 定额缴款养老金计划的产出在概念上与基金公司账户的养老金服务费用支出不同。养老金费用支出是雇主社会缴款的数额。

3.432 影响资产负债表中养老金权益变动的其他因素，体现在资产账户中的其他变化。尤其要说明的是，计划对受益人的负债应作为重估价账户中的持有损益，与计划持有的资产（以对应负债义务）精确对应。当定额缴款计划下的支付通过年金实现时，就可能需要记录其他物量变化。

案例 3.23　计算与定额缴款养老金计划相关的产出和其他交易

3.433 此案例计算与定额缴款养老金计划相关的现价产出和其他交易。假定上述计划包括由养老基金经理人运营的自主基金，养老基金经理人不收取直接费用，所以其产出必须利用人寿保险产出的计算公式来计算。还假定编制机构能获得所需的初始数据，用于计算产出和其他相关交易，并且所有参与者和受益人都是常住的。此外，案例将显示如何在金融账户中的对应条目进行记录，反映机构单位之间某些交易的支付方式。为简单起见，假设交易均以现金或可转让存款进行支付，即金融账户中的"通货和存款"项。

3.434 表 3.107 显示了定额缴款养老基金的初始数据，雇主和雇员都有向基金缴款。基金显示养老金权益的投资收入总共为 16.2。假设投资收入是其他常住部门的应付款项，养老基金经理人并没有将养老金权益用于投资房地产，因此投资收入表示养老金权益的应付款项。

表 3.107　　定额缴款养老基金数据

序号	项目	数额	SNA2008 代码
（1）	雇主实缴养老金	11.0	D1211, D6111
（2）	雇员实缴养老金	11.5	D11, D6131
（3）	养老金权益的投资收入	16.2	D4, D442, D6141
（4）	养老金福利	26.0	D62, D6221
（5）	养老金权益增加	11.3	

3.435 表 3.108 显示了如何计算养老基金经理人产出和社会缴款净额的方法。养老基金经理人（1.4）产出的计算方法如下：

雇主实缴养老金（11.0）
（+）雇员实缴养老金（11.5）
（+）追加缴款（相当于养老金权益的投资收入）（16.2）
（−）养老金福利（26.0）
（−）养老金权益增加（11.3）

社会缴款净额（37.3）的计算方法如下：

雇主实缴养老金（11.0）
（+）雇员实缴养老金（11.5）

（+）追加缴款（相当于养老金权益的投资收入）（16.2）
（–）定额缴款养老基金产出（服务收费）（1.4）

表 3.108　　　　计算定额缴款养老基金经理人的产出和社会缴款净额

序号	项目	说明	数额	SNA2008 代码
（6）	养老基金经理人产出	(1)＋(2)＋(3)－(4)－(5)	1.4	P1，P3
（7）	社会缴款净额	(1)＋(2)＋(3)－(6)	37.3	D61

3.436　表 3.109 显示了如何计算养老基金经理人与其他机构单位的交易引起的金融资产变化，以及这些交易的支付方式。一般情况下，计算金融资产和负债变化依据以下原则：通货和存款的变化是机构单位发生支付和取得收入的结果。另外，定额缴款养老基金会引起受益人养老金权益负债增加。负债的变化记为住户金融资产的相应变化。如核算期内，养老基金经理人的通货和存款资产净增12.7，交易描述如下：

◆ 通货和存款资产的增加来自应收款项：雇主实缴养老金（11.0）和雇员实缴养老金（11.5）应收账款；来自其他部门的应收款项：养老金权益的投资收入（16.2）。

◆ 通货和存款资产的减少来自应付款项：养老金福利（26.0）；此外，还有养老金权益负债净增 11.3。

表 3.109　　　计算定额缴款基金经理人和其他机构单位的交易引起的
金融资产和负债的变化

序号	项目	说明	数额	SNA2008 代码
	金融资产的变化（通货和存款）			
（8）	雇主	－(1)－(2)	－22.5	F2
（9）	养老基金经理人	(1)＋(2)＋(3)－(4)	12.7	F2
（10）	住户	(4)	26.0	F2
（11）	其他部门	－(3)	－16.2	F2
	金融资产的变化（养老金权益）			
（12）	住户	(5)	11.3	D8，F63
	负债的变化（养老金权益）			
（13）	养老基金经理人	(5)	11.3	D8，F63

3.437　表 3.110 使用表 3.109 中的信息记录各种交易。为简化介绍和分析，省略与示例无关的交易。雇主和定额缴款养老基金的交易单独列示，而不是与其所属的机构合并列示。交易描述如下：

（a）养老基金经理人产出是 1.4，记在经理人的产出账户中。

（b）雇主实缴养老金（11.0）被视为雇员薪酬的一部分，记为收入账户中雇主应付款项。雇员实缴养老金（11.5）是工资和薪金（推而广之即雇员薪酬）的一部分，在同一账户中记为雇主应付款项。

（c）在初始收入账户中，收入账户的记录被视为住户的应收款项。养老金资产的投资收入（16.2）在第一次被记为其他部门的应付财产收入、养老基金经理人的应收款项。相同金额后被记为养老基金经理人的养老金权益投资收入的应付款项、住户的应收款项。

（d）在收入再分配账户中，社会缴款净额（37.3）被记为住户的应付款项、养老基金经理人的应收款项。由于所有的社会保险缴款被视为住户向社会保险计划支付，因此住户应付社会缴款净额包括雇主实缴养老金（11.0）。应付养老金收益（26.0）被记为养老基金经理人应付的其他社会保险收益、住户的应收款项。

（e）养老基金经理人的产出（1.4）被记为住户使用可支配收入账户过程中的最终消费支出。此账户还记录养老金权益变化的调整（11.3），目的是确保总储蓄不因养老金作为经常转移资金和养老金权益作为金融资产的双重特征而变化。

（f）由于没有资本账户交易，资本账户中的"净贷出/净借入"等于可支配收入账户使用过程中的总储蓄。

（g）金融账户记录通货和存款的变化以及众多部门养老金权益的变化。由于金融账户的分录与其他账户的分录具有对应关系或仅仅反映金融资产和负债的交换，因此"净贷出/净借入"等于资本账户中的"净贷出/净借入"。

表 3.110　　记录与定额缴款养老金经理人相关的交易

使用													来源
合计	货物和服务	经济总体	其他部门	住户	养老金经理人	雇主	SNA代码	交易和平衡项	雇主	养老金经理人	住户	其他部门	经济总体	货物和服务	合计
生产账户															
1.4	1.4						P1	产出		1.4			1.4		1.4
1.4		1.4			1.4		B1g	总增加值/国内生产总值							
收入形成账户															
22.5		22.5				22.5	D1	雇员薪酬							
11.5		11.5				11.5	D11	工资和薪金							
11.0		11.0				11.0	D1211	雇主实际养老金缴款							
−21.1		−21.1			1.4	−22.5	B2g	营业盈余总额							
初始收入分配账户															
							D1	雇员补偿			22.5		22.5		22.5
							D11	工资和薪金			11.5		11.5		11.5
							D1211	雇主实际养老金缴款			11.0		11.0		11.0
16.2		16.2	16.2				D4	财产收入		16.2			16.2		16.2
16.2		16.2			16.2		D442	养老金权益应付投资收入			16.2		16.2		16.2
1.4		1.4	−16.2	38.7	1.4	−22.5	B5g	初始收入总额/国民总收入							

续表

合计	货物和服务	经济总体	其他部门	住户	养老金经理人	雇主	SNA代码	交易和平衡项	雇主	养老金经理人	住户	其他部门	经济总体	货物和服务	合计
收入再分配账户															
37.3	37.3			37.3			D61	净社会缴款		37.3			37.3		37.3
11.0	11.0			11.0			D6111	雇主实际养老金缴款			11.0		11.0		11.0
11.5	11.5			11.5			D6131	住户实际养老金缴款		11.5			11.5		11.5
16.2	16.2			16.2			D6141	住户养老金追加缴款		16.2			16.2		16.2
-1.4	-1.4		-1.4					养老金计划服务费（-）		-1.4			-1.4		-1.4
26.0	26.0			26.0			D62	实物社会转移以外的社会福利		26.0			26.0		26.0
26.0	26.0			26.0			D6221	其他社会保险养老金福利		26.0			26.0		26.0
1.4	1.4	-16.2	27.4	12.7	-22.5		B6g	可支配收入总额							
可支配收入使用账户															
1.4	1.4		1.4				P3	最终消费（服务费）					1.4		1.4
11.3	11.3			11.3			D8	养老金权益变化的调整		11.3			11.3		11.3
0.0	0.0	-16.2	37.3	1.4	-22.5		B8g	总储蓄							
资产变化													负债和净值变化		
资本账户															
0.0	0.0	-16.2	37.3	1.4	-22.5		B9	净贷出（+）/净借入（-）							
金融账户															
							B9	净贷出（+）/净借入（-）	-22.5	1.4	37.3	-16.2	0.0		0.0
0.0	0.0	-16.2	26.0	12.7	-22.5		F2	通货和存款							
11.3	11.3			11.3			F63	养老金权益		11.3			11.3		11.3

3.438 雇主也可使用养老基金经理人代其管理养老基金，同时明确管理费用。这笔费用被记为养老基金经理人的产出、养老基金的中间消费，记为由住户部门消费的养老基金产出。

定额福利养老金计划

定额福利养老金计划与定额缴款养老金计划的区别

3.439 定额福利养老金计划与定额缴款养老金计划相比，在核算方面最根本的差别是，对于定额福利养老金计划，核算期内雇员的福利是以雇主承诺承担的雇员最终应收养老金水平来确定的，而对于定额缴款养老金计划而言，核算期内雇员的福利则完全由其向计划支付的缴款及在该项和既往缴款基础上获得的投资收入和持有损益来确定。因此，对于定额缴款养老金计划的参与者而言，（原则上）可以得到关于福利的确切信息，而定额福利养老金计划参与者的福利则必须要根据雇主在编制其自身账户时所需要的精算估计值进行估算。

3.440 定额福利养老金计划下养老金权益的变化有四种来源：
◆ 当前服务增加，当期工资和薪金相关的权益增加。
◆ 过往服务增加，对于所有计划参与者而言，退休（和死亡）又近一年这一事实所引起的权益价值的增加。
◆ 由于向该计划下退休人员支付福利而引起的权益减少。
◆ 在资产其他变化账户中反映的各种因素。

3.441 与定额缴款养老金计划一样，雇主和雇员可能在当期都向定额福利养老金计划实际支付缴款。但是这些支付可能并不足以弥补从当期就业开始累积的福利增加。为此要虚拟一项额外的雇主缴款，建立缴款和当期服务权益增加之间的对等关系。这些虚拟的缴款通常是正数，但如果已收缴款总额超过当期服务权益增加，也可能为负值。关于这一可能性，本文在考察雇主和基金之间的关系时将对这一情形的意义加以讨论。

3.442 核算期末，应付给目前和既往雇员的养老金权益水平可以通过估算退休时应支付金额的现值（利用受益人期望寿命长度的精算估计值）得到。[74] 这一金额出现在资产负债表中，作为对雇员的负债。致使该金额逐年增长的一个因素是下一年计算现值时会少使用一年的贴现因子，养老金权益的现值增加了。正是因为对贴现的逐步释放，引起过去养老金服务权益增加。

3.443 定额缴款养老金计划和定额福利养老金计划的另一个基本区别是对养老金计划运营成本的支付。上文已述，在定额缴款养老金计划下所有风险由受益人承担。养老金计划是以受益人名义运营，并由其支付成本。因为该基金可能由雇主以外的另一单位运营，所以适当的处理方法是将运营成本作为被基金留存下来的投资收入的一部分，以弥补其成本（和产生利润）。为了与保险的处理相一致，投资收入要按全额归属于受益人，其中部分用于弥补成本，剩余部分作为对基金的再投资。

3.444 对于定额福利养老金计划，情况有所不同。基金不能达到权益承诺的风险部分，可能全部由养老金经理人（雇主或承担偿付养老金义务风险的单位）承担，或者，即使不是全部由经理人承担，但也不是由受益人单独承担。基金可能直接由雇主控制，可能是同一机构单位的一部分，或仅仅只是一个名义上的单位。即便在这样的情况下，也存在与计划运营相关联的成本。尽管这些成本一开始是由雇主承担，但更适宜的处理方式是将其作为一种向雇员提供的实物收入，为方便起

---

[74] 关于如何精算估计养老金权益水平的详细信息可见欧盟统计局，欧洲央行（2011）。

见，可将其包括在雇主缴款中。这其中包含了实用主义的因素，因假定所有成本是由当前雇员承担的，而不含退休员工，且在名义计划下必须支付的缴款也适用于其他情形。

3.445 对于定额福利计划，自雇者和未就业者在当期不可能缴款，尽管可能出现这样的情况：其既往的就业增加了定额福利养老金，且其现在有权继续参与计划。那些先前曾就业的人员（不管其当期是否收到了养老金）都会获取投资收入并支付追加缴款。

关于定额福利养老金计划的交易记录

3.446 首先假定雇主承担支付养老金的全部责任。

3.447 雇主代表其雇员向定额福利养老金计划支付的总缴款必须足够多到如下程度：雇员的实际缴款减去计划运营成本后，与雇员当前服务的养老金权益增长正好匹配。雇主的缴款分为实际和虚拟两部分，计算后者是为了满足精确匹配的需要，即增加雇员权益的所有基金缴款与这些权益当前服务成本的匹配。

3.448 雇主缴款的计算应该和当期获得的养老金权益相联系起来，而不用管同一时期内养老计划的投资收入或者额外资金。现期权益是雇员报酬的一部分，如果不将雇主缴款的全部价值包含在内，就会低估雇员报酬，从而高估营业盈余。以往发生过这样的极端事件，养老金权益的投资情况很好，以致雇主享受了"缴款假期"（Contribution Holiday），即雇主未向新的权益支付任何缴款。很重要的一点是，即便在缴款假期期间也要记录缴款，雇主的福利要看作养老基金和雇主之间的负债变化。这将使二者的净值与在"缴款假期"期间不记录缴款但人为地使得雇员报酬没有减少的情形保持同水平。

3.449 在很多定额福利计划下，雇员实际拥有退休时获得养老金的权利之前存在一个考察期。尽管存在这样的考察期，但缴款和权益都应该在就业开始时就加以记录，另加上一个调整因子以反映雇员通过考察期的概率。

3.450 雇主养老金实际和虚拟缴款合起来作为雇员报酬的一部分来处理。在收入形成账户中记为雇主的应付款项，在初始收入分配账户中记为雇员的应收款项。这一方法同样适用于雇员的实缴养老金。

3.451 持续雇员及不再缴款但仍有权要求未来养老金的人员（既往服务增加）权益现值的增加代表了应分配给雇员的投资收入，对于来自持有收益或与已有资金不匹配的任何金额均不做扣减。其对应的金额是当前协议下明确应付给雇员的金额；雇主最终匹配该义务的方式与将其记录为投资收入并不相关，不像利息或分红的实际处理方式影响其作为投资收入记录那样。投资收入记为养老基金的应付和住户的应收，既由住户再投资到基金中，又被描述为养老金追加缴款。收入初始分配账户也记录了养老基金获得的实际财产收入。实际财产收入被用于支付养老金权益的投资收入，但雇主有责任弥补应付养老金权益投资收入与养老基金实际财产收入之间的差额。这一缺口可用应付养老金权益投资收入与养老基金实际财产收入之间的差额来计算，表示养老基金要求雇主支付的虚拟利息，记为同一账户下雇主的应付款项、养老基金的应收款项。

3.452 在收入再分配账户中，社会缴款体现为住户的应付款项和养老基金的应收款项。应付社会缴款总额由雇主应付的实际和虚拟缴款（作为雇员报酬的一部分，不包括养老金计划的运营成本）、雇员的实际缴款及刚刚指出的追加缴款构成。如在定额缴款计划下所解释的那样，账户上体现的是缴款和追加缴款的全部价值，另加一个抵消项代表应付的服务收费。因此实际应付额度是一个净的缴款数值。

3.453 养老基金应付给住户的养老金福利也体现在收入再分配账户中。如果福利以年金形式发放，支付的年金要在此显示，而不是退休时点上的应付逐额。（如果退休者的人口统计特征不出现重大变化，这两者将会很相似。）

3.454 收入使用账户中有一个项目对应住户应付养老基金的服务费用（等于养老基金产出价值[75]加由养老基金权益购买的企业运营的年金产出），由住户支付给养老基金，并记为最终消费支出。

3.455 同样，在收入使用账户中有一个项目反映了养老金权益的增加（或减少），即来自收入再分配账户中应付缴款大于应收福利的部分。这一金额体现为养老基金对住户的应付。其原理是，因为养老金权益的增加（或减少）直接影响了住户的净值，所以它应该包括在住户部门的储蓄中。在定额福利养老金计划下，此金额不太可能为负值，除非这是一项已死亡的雇主计划，只支付福利不收取新的缴款。

3.456 收入使用账户中作为养老金权益变动调整的同一金额也包括在金融账户中，作为住户在养老基金的一项权益（这一科目的其他部分则反映了养老金权益的各种其他变化，养老金权益责任记为资本转移）。金融账户还记录养老基金向基金经理人的索赔，体现为雇主资金不足的负债或超额筹资的应收福利。养老基金向雇主（基金经理人）的索赔等于养老金权益的增加部分加福利权益公开价值的利息加基金管理者收取的费用，再减去实际缴款与实际追加缴款之和[76]。当养老基金发生额超过养老金权益增加额时，超出部分即为养老基金向作为基金经理人雇主的应付款项。这样，养老基金的净值将一直是零。

3.457 养老基金经理人与养老基金之间的数据差额反映出"缴款假期"的影响，因为这一差额等于雇主实际缴款与需要用于覆盖当期福利和前期累计利息的缴

---

[75] 固定收益养老金的产出价值与在公司账目中养老金支出是不同概念。养老金费用是养老金待遇及基金资金发生的周期性变化之和，是当前服务增加额加过去服务增加额减基金资产的实际收益，再加上员工服务之前修正的养老基金而造成的服务成本摊销部分加/减修订养老金或投资基金资产损失/收益的未摊销部分。

[76] 雇主（基金经理人）的养老金债权，也可为雇主虚拟缴款与养老金经理人的养老金债权的虚拟利息之和。

款之间的差额。

3.458 影响资产负债表中对应于养老金权益变动项目的其他因素,体现在资产其他变化账户中。

由雇主以外的其他人运营的定额福利养老金计划

3.459 也可能出现一些其他的组织,如工会,为其成员运营定额福利养老金计划,其在各个方面和雇主的定额福利养老金计划一致。计划的记录方式与上文介绍的完全一样,只是雇主一词应该理解为计划组织者,雇员理解为计划参与者,定额福利基金的产出也用成本之和来计算。

案例 3.24 计算与定额福利计划相关的产出和其他交易[77]

3.460 此案例计算与定额福利养老金计划相关的现价产出和其他交易。假定这类养老金计划由雇主运营,其基金产出为总成本;雇主对任何资金不足及超额筹资福利的情况负有责任,雇主同时也是养老基金经理人;编制机构能够采集到用于计算产出和其他相关交易所需的初始数据,参与者和受益人都是常住的。此外,此案例将显示如何在金融账户中记录对应分录,用来反映机构单位之间部分交易的支付方式。为简化起见,假设这些交易均以现金或可转让存款进行结算,即金融账户中的"通货和存款"项。

3.461 表 3.111 显示了定额福利养老金计划的数据。假设雇主和雇员都向基金缴款,基金报告显示基金获得的实际财产收入为 2.2。为简化起见,设这一财产收入由其他常住部门支付。此外,精确计算显示养老金权益增加 19.0,由当前服务增加(15.0)加应付养老金权益的投资收入(4.0)。应付养老金权益的投资收入表示因过往服务增加而发生的养老金权益增加,同时考虑了贴现因素(离退休年限又临近一年)。由于养老基金获得的实际财产收入少于应付养老金权益的投资收入,因此雇主需要弥补两者之间的缺口。该表还显示了与定额福利养老金计划相关的运营成本。假设运营成本仅包括商品和服务的中间消费,所有商品和服务的中间消费都从其他居民部门购买。

表 3.111 定额福利养老金计划数据

序号	项目	数额	SNA2008 代码
	来自可观察的交易		
(1)	雇主实缴养老金	10.0	D1211,D1611
(2)	雇员实缴养老金	1.5	D11,D6131
(3)	财产收入	2.2	D4

---

[77] 此案例改编自 Reinsdorf(2011)。

续表

序号	项目	数额	SNA2008 代码
(4)	养老金福利	16.0	D62, D6221
(5)	商品和服务的中间消费	0.6	P1, P2
	来自精确估算		
(6)	养老金权益的增加	19.0	
(6a)	当前服务增加	15.0	
(6b)	应付养老金权益的投资收入	4.0	D4, D442, D6141

3.462　表3.112显示了如何计算养老基金产出、雇主虚拟社会缴款、雇主养老基金债权的虚拟利息、社会缴款净额。养老基金产出（0.6）按照商品和服务中间消费的价值计算。雇主虚拟社会缴款（4.1）计算方法如下：

因当前服务发生的养老金权益增加（15.0）

（-）雇主实缴养老金（10.0）

（-）住户（雇员）实缴养老金（1.5）

（+）养老基金服务费（产出）（0.6）

雇主的养老基金债权的虚拟利息（1.8）计算方法如下：

应付养老金权益的投资收入（4.0）

（-）实际投资收入（2.2）

应付养老基金的社会缴款净额（19.0）计算方法如下：

雇主实缴养老金（10.0）

（+）雇主虚拟的养老金缴款（4.1）

（+）住户（雇员）的实缴养老金（1.5）

（+）住户养老金追加缴款（相当于投资收入对养老金补充的应付款项）（4.0）

（-）养老基金的服务费用（产出）（0.6）

表3.112　　　计算定额福利计划下的产出、雇主虚拟社会缴款、
雇主养老基金债权的虚拟利息、社会缴款净额

序号	项目	说明	数额	SNA2008 代码
(7)	定额福利养老基金产出	(5)	0.6	P1, P3
(8)	雇主虚拟的养老金缴款	(6a)-(1)-(2)+(7)	4.1	D1221, D6121
(9)	雇主的养老基金债权的虚拟利息	(6b)-(3)	1.8	D4
(10)	社会缴款净额	(1)+(2)+(6b)+(8)-(7)	19.0	D61

3.463　表3.113显示了如何计算因定额福利养老金计划和其他机构单位交易引发的金融资产变化，同时体现了这些交易的支付方式。一般情况下，关于金融资产和负债变化的计算依据以下原则：通货和存款的变化是机构单位发生支付及接收存款的结果。另外，定额福利养老基金也引起受益人养老金权益负债的增加。这些

负债的变化被记为住户金融资产的对应变化。此外，由于雇主负责弥补基金的任何缺口，因此养老基金还拥有对雇主（养老金经理人）的债权。例如，核算期内定额福利养老基金在通货和存款资产方面净减少2.9。其计算方法如下：

◆ 通货和存款资产增加来自应收款项为雇主实缴养老金（10.0）和雇员实缴养老金（1.5）及其他居民部门的实际投资收入（2.2）。

◆ 通货和存款资产减少来自应付养老金福利（16.0）和从其他部门购买的商品和服务中间消费（0.6）。

此类养老基金同样在养老金权益负债中净增加3.0。此外，其对雇主（养老基金经理人）有5.9的债权，这包括从现有服务增加（4.1）的债权和雇主的养老基金债权的虚拟利息债权（1.8）。

表3.113　　　　计算定额福利计划和其他机构单位的交易引起的
金融资产和负债的变化

序号	项目	说明	数额	SNA2008 代码
	金融资产的变化（通货和存款）			
(11)	雇主	-(1)-(2)	-11.5	F2
(12)	定额福利养老基金	(1)+(2)+(3)-(4)-(5)	-2.9	F2
(13)	住户	(4)	16.0	F2
(14)	其他部门	(5)-(3)	-1.6	F2
	金融资产的变化（养老金权益）			
(15)	住户	(6)-(4)	3.0	D8，F63
	负债的变化（养老金权益）			
(16)	定额福利养老基金	(6)-(4)	3.0	D8，F63
	金融资产的变化（养老金经理人的养老基金债权）			
(17)	定额福利养老基金	(8)+(9)	5.9	F64
(17a)	来自当前服务	(8)	4.1	
(17b)	来自基金对雇主赔付的利息	(9)	1.8	
	负债的变化（养老金经理人的养老基金债权）			
(18)	雇主	(8)+(9)	5.9	F64
(18a)	来自当前服务	(8)	4.1	
(18b)	来自雇主养老基金债权的虚拟利息	(9)	1.8	

3.464　表3.114使用表3.113中的信息来记录多种交易。为简化介绍和分析，省略了与案例无关的交易。为确保清楚，雇主和定额缴款养老基金的交易被单独列示，没有与其所属的机构部门合并列示。虚拟的数字使用粗体显示，重新设置的数字则使用斜体，描述如下：

（a）定额福利养老基金产出是0.6。该产出记在基金的产出账户中。基金的商品和服务中间消费（0.6）也记录在产出账户中。由于假设这些商品和服务都是居民生产者购买，其他部门产出的数字也与之相同。

（b）雇主养老金的实际缴款（10.0）和虚拟缴款（4.1）被视为雇员报酬的一部分，记为雇主收入账户中的应付款项。雇员养老金的实缴缴款（1.5）被视为工资和薪金（雇员的报酬）的一部分，记为雇主收入账户的应付款项。

（c）收入账户的分录被记为住户收入初始分配账户中的应收款项。累积养老金权益（4.0）获得的精算投资收入也被记为基金的应付款项、住户收入初始分配账户的应收款项。基金获得的实际投资收入（2.2）被记为基金的应收财产收入、其他部门收入初始分配账户的应付款项。1.8 的缺口（养老金权益精算投资收入与实际财产收入的差额）记为雇主应付基金债权的虚拟利息，以及相同账户中的基金的应收款项。

（d）净社会缴款（19.0）在收入再分配账户中记为住户的应付款项、养老基金的应收款项。住户应付的净社会缴款包括雇主的实缴养老金（10.0）和雇主的虚拟养老金缴款（4.1），因为所有的社会保险缴款都被记为住户向社会保险计划的付款，养老基金支付的养老金福利（16.0）记为养老基金应付的其他社会养老金福利、住户的应收款项。

（e）定额福利养老基金产出（0.6）记为住户在使用可支配收入账户过程中的最终消费支出。可支配收入账户还记录养老金权益（3.0）的变化调整，目的是确保总储蓄不因养老金作为经常转移资金以及养老金权益作为金融资产的双重特征而变化。

（f）无论是否有资本账户交易，资本账户中的"净贷出/净借入"等于可支配收入账户使用过程中的总储蓄。

（g）金融账户记录通货和存款的变化及众多部门养老金权益的变化。由于雇主对养老基金的所有筹资不足负责，因此金融账户还将养老基金筹资不足（5.9）记为雇主的养老基金债权。这一债权由当前的服务增长（4.1）、雇主的养老基金债权的利息（1.8）两个方面组成。由于金融账户的分录与其他账户的分录相对应或仅仅反映金融资产和负债的交易，净贷出/净借入与金融账户中的净贷出/净借入相同。然而，在实践中，由于数据源和交易记录时间的差别，可能会导致这两个账户中的净贷出/净借入之间有所差异。

表 3.114　　　　　　　　　记录与定额福利养老金相关的交易

使用								来源					
合计	货物和服务	经济总体	其他部门	住户	定额福利养老金	雇主	SNA 2008 代码	交易和平衡项	雇主	定额福利养老金	住户	其他部门	经济总体	货物和服务	合计
生产账户														
1.2	1.2						P1	产出		0.6		0.6	1.2		1.2
0.6		0.6			0.6		P2	中间消费							
0.6		0.6	0.6		0.0		B1g	总增加值/国内生产总值							

续表

合计	货物和服务	经济总体	其他部门	住户	定额福利养老金	雇主	SNA 2008代码	交易和平衡项	雇主	定额福利养老金	住户	其他部门	经济总体	货物和服务	合计
收入形成账户															
15.6		15.6				15.6	D1	雇员报酬							
1.5		1.5				1.5	D11	工资和薪金							
10.0		10.0				10.0	D1211	雇主实际养老金缴款							
4.1		**4.1**				**4.1**	D1221	雇主虚拟养老金缴款							
-15.0		-15.0	0.6		0.0	-15.6	B2g	营业盈余总额							
初始收入分配账户															
							D1	雇员补偿			15.6		15.6		15.6
							D11	工资和薪金			1.5		1.5		1.5
							D1211	雇主实际养老金缴款			10.0		10.0		10.0
							D1221	雇主虚拟养老金缴款			4.1		4.1		4.1
4.0		4.0	2.2		**1.8**		D4	财产收入			4.0		4.0		4.0
4.0		**4.0**			**4.0**		D442	养老金权益应付投资收入			**4.0**		**4.0**		**4.0**
0.6		0.6	-1.6	19.6	0.0	-17.4	B5g	初始收入总额/国民总收入							
收入再分配账户															
19.0		19.0		19.0			D61	净社会缴款			19.0		19.0		19.0
10.0		10.0		10.0			D6111	雇主实际养老金缴款			10.0		10.0		10.0
4.1		**4.1**		**4.1**			D6121	雇主虚拟养老金缴款			**4.1**		**4.1**		**4.1**
1.5		1.5		1.5			D6131	住户实际养老金缴款			1.5		1.5		1.5
4.0		**4.0**		**4.0**			D6141	住户养老金追加缴款			**4.0**		**4.0**		**4.0**
-0.6		-0.6		-0.6				养老金计划服务收费（-）			-0.6		-0.6		-0.6
16.0		16.0		16.0			D62	实物社会转移以外的社会福利			16.0		16.0		16.0
16.0		16.0		16.0			D6221	其他社会保险养老基金福利			16.0		16.0		16.0
0.6		0.6	-1.6	16.6	3.0	-17.4	B6g	可支配收入总额							
可支配收入使用账户															
0.6		**0.6**		**0.6**			P3	最终消费（服务费）						**0.6**	**0.6**
3.0		3.0		3.0			D8	养老金权益变化的调整			3.0		3.0		3.0
0.0		0.0	-1.6	19.0	0.0	-17.4	B8g	总储蓄							

续表

合计	货物和服务	经济总体	其他部门	住户	定额福利养老金	雇主	SNA 2008 代码	交易和平衡项	雇主	定额福利养老金	住户	其他部门	经济总体	货物和服务	合计
0.0	0.0	-1.6	19.0	-5.9		-11.5	B8g	总储蓄（实际）							
0.0	**0.0**			5.9		-5.9	B8g	总储蓄（虚拟）							
资产变化														负债和净值变化	
资本账户															
0.0	0.0	-1.6	19.0	0.0		-17.4	B9	净贷出（+）/净借入（-）							
0.0	0.0	-1.6	19.0	-5.9		-11.5	B9	净贷出（+）/净借入（-）（实际）							
0.0	**0.0**			5.9		-5.9	B9	净贷出（+）/净借入（-）（虚拟）							
金融账户															
							B9	净贷出（+）/净借入（-）	-17.4		0.0	19.0	-1.6		0.0	0.0
							B9	净贷出（+）/净借入（-）（实际）	-11.5	-5.9		19.0	-1.6		0.0	0.0
							B9	净贷出（+）/净借入（-）（虚拟）	-5.9	5.9					0.0	0.0
0.0	0.0	-1.6	16.0	-2.9		-11.5	F2	通货和存款							
3.0	3.0			3.0			F63	养老金权益			3.0		3.0		3.0
5.9	5.9			5.9			F64	养老金经理人的养老基金债权	5.9				5.9		5.9
4.1	4.1			4.1				来自当前服务	4.1				4.1		4.1
1.8	1.8			1.8				来自雇主的养老基金债权的虚拟利息	1.8				1.8		1.8

使用累积和预计福利义务估算的定额福利养老金计划下养老金权益的计算

3.465 很多定额福利养老金计划利用一项公式[78]来确定福利，其中都会将最终薪资或平均薪资作为一个关键的决定因素。这就意味着，任何收入增长都会增加累计至今的养老金权益总额，以反映新的薪资水平。这对于收入增长的个人而言是一项显著的收益，而对于雇主的养老金负债，后果又将如何呢？

3.466 核算人员在此沿用了两个精算术语。预计福利义务（PBO）和累积福利义务（ABO）方法。两种编制方式的主要区别是对待未来工资增长的差异。在预计福利义务（PBO）方法中，（预期）未来收入的增长（因紧随通货膨胀、与雇员分享生产收益、法定最低工资改变及劳动力市场条件改变等原因造成的晋升或工资总额的增长）均会被完全考虑进去。对于个人而言，PBO假设了其将来可能得到晋

---

[78] 这一公式能确定额福利计划养老金的福利，为工龄最后一年工资的1.5%。

升的次数，并计算出其相应的最终薪资。那么如果他实际只工作了期望 40 年中的 20 年，这种方法将其最终薪资取半数，将该数值虚拟为其当前薪资，并计算出其养老金权益。累积福利义务（ABO），顾名思义，它只记录实际累积至今的福利，未来工资增长没有被考虑进来，代表雇员在将来离开公司时可带走的金额，也可以作为某些情况（如离婚处置）下评估个人净资产的基础。ABO 在个人晋升时依次增长，PBO 则在整个期间内稳定上升。对于个人而言，PBO 一直高于 ABO，直到退休时 ABO 达到 PBO 的水平。从养老金经理人的角度看，PBO 的计算方法是对最终权益水平可能值的审慎测算。相反，从个人的角度来看，在失去未来工资增长机会的风险较高的情况下，ABO 计算方法更为谨慎。

3.467 初看上去一个公司的养老金权益水平似乎应该就是所有雇员的全部养老金权益的总和，由此则 PBO 估算值的总和要远远高出 ABO 估算值的总和，并随着时间的变化平稳演进。但是对于个人而言的事实却不一定构成雇员整体的事实。假定雇主要负责 5 个级别人员的养老金——4 个等级的雇员和 1 组退休人员，为简单起见，还假定各个级别的人数相同。现在我们考虑这样的情况：某年中退休人员死亡，最高等级的雇员退休，以下 3 个级别的雇员全部晋升，并且招录了 1 组新员工处于最低等级水平。每一个当前雇员在晋升后境遇均得到改善，但雇主的整体负债却未发生变化。这可以类比为，每一个仍为该雇主工作的既往雇员均得到晋升，但公司的人数不变，且每个级别的雇员数目不变。将 ABO 加总的结果是熨平了权益总量；尽管其仍低于加总的 PBO，但它的波动不一定会那么大了。它确实可能会更稳定。相比之下，当不发生预期加薪或当雇员退出一个养老金计划时，PBO 的计算方法可能相当不稳定，因为养老金经理人或雇主随时会退出或是终止该项养老金计划。

3.468 尽管个人 ABO 曲线在晋升发生时会显示出跃进式变化，但对于一群雇员而言，其效应会平滑很多。对于整个工作生涯都在同一家公司的相同年龄的一群雇员，在前些年度 ABO 估算值比 PBO 估算值要低得多，但 ABO 估算值的增长率要大于 PBO，在退休前的瞬间，两组估算值将会变为相等。新出现的具有不同工作期限的雇员组也会将所有雇员的 ABO 估算值向 PBO 估算值拉近。

3.469 只要公司内的等级结构保持不变，ABO 和 PBO 都会以跳跃式波动前进。如果企业扩张并招收了很多低等级雇员，PBO 的增长将显著快于 ABO，因为 PBO 估计的是新雇员留在公司的时间长度及其晋升的程度；而 ABO 只记录了这些雇员在第一年累积的养老金。如果企业打算削减规模并裁减其管理层员工，这将降低雇员的晋升预期，有必要对 PBO 进行向下的调整。ABO 只反映"锁定的"养老金，因此其估算值不受到影响。

3.470 问题出现了，如果使用 ABO，如何记录雇员晋升的效应呢？不管如何将权益的增加作为一种雇员报酬或投资收入来处理，它们都将回到这样的假设：权益的总额是单个权益的求和，而不考虑其他个体对总和的影响，比如某些人离职并因服务时间不足而丧失了养老金权益，或某些人在退休年龄之前死亡。一个简化且有效的解决办法是将该单位的晋升因素整体作为价格的变化记入重估价账户。

3.471 如果优先选择PBO方法记录权益，则仅在企业结构发生变化进而晋升可能性产生变化的情况下才需要对资产其他物量变化账户加以调整。另外，从系统意义上说，雇主向社会保险计划缴款（包括在雇员报酬中）的常规性估算值要高于ABO方法下的估算结果，因为决定缴款规模的养老金权益的增长是基于PBO方法下计算的名义薪资而不是实际值得到的。

支付养老金福利的社会保险计划产出的物量核算

3.472 由于以初始数据计算出的社会保险养老金计划产出是以现价估算的，所以产出的核算需要剔除价格变动因素。产出物量的核算方法取决于计算现价产出的方法。对于采用成本加总法计算的产出，编制机构可以通过初始价格综合指数对产出进行平减，从而获得物量核算。对于收取直接费用的产出，可以使用适当的价格指数进行平减；若是使用人寿保险产出公式计算出来的，可以通过基期产出外推的方法进行物量核算。社会缴款的物量核算可以通过平减工资指数获得。

3.473 可通过使用一个复合价格指数来平减服务费现价的方法进行支付养老金收益的非居民社会保险计划服务费用的物量核算。需要对价格指数作出相应调整以适应汇率的变化。或者，编制机构可考虑根据包含与合作国交易输出或出口规模指数的复合规模指数增长来判断基期进口服务费用，且相关机构可考虑推进对这些收取服务费用的复合指数的控制。如果没有合作国的数据，编制机构也可使用物价指数（根据国内产品服务费用的增长规模来平减国内产品出口服务费用的现价或提高进口服务费用的基期价值）。

专栏3.5 ABO和PBO方法的比较[a]

ABO和PBO方法间的区别可以通过使用一个简单设想的养老金计划来说明。假设在该计划下，参与者工作3年，在第4年退休，最后在第5年享受其退休生活。那么，他们的工资薪酬就会在每个时期以5%的速度增长，其起始值为25000.0。由于雇员是直接保留既得退休金，因而不存在工作间断和提前退休的情况。累计退休金等于工资的10%乘以已工作年限和最终工资的乘积，其利息为15%，这是满足每一个时期当期服务增长的精算方法。

表3.5.1显示了单个参与者的工作年限和退休时间。计算其养老金负债的步骤如下所示：
◆使用养老金计算公式确定精确计算下的退休金。
◆得出退休金现值和退休时间。
◆得出退休金现值（养老金负债）和当下时间。

举个例子，在 ABO 模型下的第二年的精算退休金（2500.0）的计算公式为 $10\% \times 1 \times 25000.0$。2500.0 的总数量代表了退休时的退休金现值，因为在这我们把退休时限假定为一年。在第二年的退休金现值（1890.4）由公式 $\frac{2500.0}{(1.15)^2}$ 计算获得。第三年、第四年的养老金负债可以用同样步骤来计算，不过，需要注意的是，公式中的最终工资要用在第二年和第三年的，而且所乘比率也要重新考虑。

在使用 PBO 计算方法时，第二年的养老金负债也用相同步骤计算获得，需要注意的是，最终工资自始至终都要用 27562.5 来计算。计算当期服务增长的步骤如下所示：

◆ 使用精算退休金数据来确定养老收益增长。
◆ 找出养老收益增长的现值来求得当前数据下当期服务的增长。

举个例子，在 ABO 计算方法下，第二年的养老收益增长可通过用第三年的精算退休金（5250.0）和第二年的精算退休金（2500.0）的差值来确定。该增长值随后就可用来求得第二年的当期服务增长。同样的计算方法可用来计算 PBO 下的当期服务增长。

在每一年中，过去服务增长是用养老金负债总额利率乘以当期服务增长。比如，在 ABO 计算方法下，第二年的过去服务增长是用相应养老金负债总额（1890.4）的利率（15%）乘以当期服务增长（2079.4）。同样的方法也可用来计算 PBO 下的过去服务增长。当期服务增长包括了在一个计算年度年初由之前年度累积下来的过去服务增长的总和。

从表 3.5.1 中我们可以看到，PBO 数值最初明显高于 ABO，而在退休却变得相等了。PBO 下的当期服务增长在最初高于 ABO，而在工作年限的最后一年却低于 ABO。

表 3.5.1　　ABO 和 PBO 计算方法下雇员假定寿命的比较

年龄	支付工资	支付养老金福利	获得的退休金			养老金负债			现有服务增长			过去服务增长		
			ABO	PBO	PBO/ABO	ABO	PBO	PBO/ABO	ABO	PBO	PBO/ABO	ABO	PBO	PBO/ABO
1	25000.0	0.0	0.0	0.0	…	0.0	0.0	…	1643.8	1812.3	1.1	246.6	271.8	1.1
2	26250.0	0.0	2500.0	2756.3	1.1	1890.4	2084.1	1.1	2079.4	2084.1	1.0	595.5	625.2	1.1
3	27562.5	0.0	5250.0	5512.5	1.1	4565.2	4793.5	1.1	26254.0	2396.7	0.9	1078.5	1078.5	1.0
4	0.0	8268.8	8268.8	8268.8	1.0	8268.8	8268.8	1.0	…	…	…	…	…	…
5	0.0	0.0	0.0	0.0	…	0.0	0.0	…	…	…	…	…	…	…

表 3.5.2 讨论的养老金计划和表 3.5.1 讨论的计划情况相同。运营该制度的雇主以 10 个新雇员开始，每年增加 10 名新雇员直到第五年为止。雇用新雇员结束后，该制度也在第九年结束运营。随着工作年限的增加，ABO 模型计算

出作为工资一部分服务成本的增长快于 PBO 下的增长。如果工作年限内的工作分配时间是统一不变的，则 ABO 模型计算出来的服务成本高于 PBO，所以从整体上讲，ABO 模型更倾向于把养老收益的增长归因于以估算给付的形式呈现出来的补偿金。

表 3.5.2　从初始阶段到终止阶段的假定养老金计划的 ABO 和 PBO 法的比较
（包括单位数值，不包括参与人数、利率和占比）

年份	支付工资	支付养老金福利	获得的退休金			养老金负债		
			ABO	PBO	PBO/ABO	ABO	PBO	PBO/ABO
1	250000.0	0.0	0.0	0.0	…	0.0	0.0	…
2	512500.0	0.0	25000.0	27562.5	1.1	18903.6	20841.2	1.1
3	788125.0	0.0	77500.0	82687.5	1.1	64555.8	68776.0	1.1
4	788125.0	82687.5	160187.5	165375.0	1.0	147243.3	151463.5	1.0
5	788125.0	82687.5	160187.5	165375.0	1.0	147243.3	151463.5	1.0
6	538125.0	82687.5	160187.5	165375.0	1.0	147243.3	151463.5	1.0
7	275625.0	82687.5	135187.5	137812.5	1.0	128339.7	130622.3	1.0
8	0.0	82687.5	82687.5	82687.5	1.0	82687.5	82687.5	1.0
9	0.0	0.0	0.0	0.0	…	0.0	0.0	…

现有服务增长			作为工资一部分的现有服务增长		过去服务增长			参与者	
ABO	PBO	PBO/ABO	ABO	PBO	ABO	PBO	PBO/ABO	在职	退休
16437.9	18122.8	1.1	6.6	7.2	2465.7	2718.4	1.1	10	0
37231.9	38964.0	1.0	7.3	7.6	8420.3	8970.8	1.1	20	0
63481.9	62931.4	1.0	8.1	8.0	19205.6	19756.1	1.0	30	0
63481.9	62931.4	1.0	8.1	8.30	19205.6	19756.1	1.0	30	10
63481.9	62931.4	1.0	8.1	8.0	19205.6	19756.1	1.0	30	10
47044.0	44808.6	1.0	8.7	8.3	16740.0	17037.7	1.0	20	10
26250.0	23967.4	0.9	9.5	8.7	10785.3	107853	1.0	10	10
0.0	0.0	…	…	…	0.0	0.0	…	0	10
0.0	0.0	…	…	…	0.0	0.0	…	0	0

[a] 改编自 Reinsdorf（2009）以及 Reinsdorf、Lenze（2009）。

社会保险养老金计划的补充表

3.474　正如本章前文所示，社会保险分为社会保障计划及社会保障之外的与就业相关的社会保险计划。

3.475 社会保险计划最重要的部分是养老金计划。鉴于社会保障通常基于现收现付的形式，社会保障下累积的权益（养老金和其他社会福利）一般不会正常反映在 SNA 中。如果所有国家都有由社会保障和私人计划提供的类似福利，国际间的对比将会相对简单明了。然而，实际情形远非如此，而且各国对社会保障确切覆盖范围的认识也存在很大的差异。

3.476 简单地建议将社会保障下的权益体现在 SNA 中将会出现两个难题。其一，可能会难以得到关于权益的可信估算，而这越来越成为私人计划下权益估算所面临的问题。其二，有观点认为此类估算的意义有限，而政府为了将权益保持在财政可行的范围内，可能会改变权益确定的基础。但是，如果只将私人计划下的权益体现在 SNA 中而不管社会保障下的权益，则会导致这样的结果：在一些国家，养老金权益的大部分会包括在账户中，而在另一些国家，能够在账户中反映出来的部分几乎为零。

3.477 鉴于各国养老金制度安排不同，SNA2008 建议考虑编制补充表，显示完整的养老金计划。补充表见表 3.115，[79] 该表不包括社会救济计划。

3.478 补充表的主要作用之一是向用户提供全面的信息，使得各种主要宏观经济变量，如养老金权益、住户储蓄率或一般政府赤字和债务数据的编制及比较可供选择。

3.479 补充表是为了呈现出住户养老金权益的期初和期末存量，以及期间导致期初和期末状态发生改变的交易和其他经济流量，与社会保险（包括社会保障）中所有的养老金计划的养老金义务对应，系统地显示出所有计划的养老金义务。除了呈现养老金义务及其积累的数据之外，其他相关指标的显示也可能有益于分析者进行比较分析。此外，该表还能体现养老金计划持有的资产及由于资产再评估引起的养老金义务变动。

3.480 表 3.115 中区分养老金计划如下：

（a）从记录类型看：养老金计划的流量和头寸记录在核心账户中（养老金计划在列 A~F），养老金计划的头寸只有在补充表中记录（列 G 和 H）。

（b）从养老金经理人类型看：有非政府（列 A~C）和政府养老金计划（列 D~H）。

（c）从机构部门看：归类于非政府部门养老金计划（列 A~E），包括划入一般政府部门的社会保障养老金计划（列 F、G 和 H）。

（d）从养老金计划类型看：定额缴款养老金计划（列 A 和 D）和定额福利计划（包括其他非定额缴款养老金计划）（列 B 和 E~G）。

3.481 列 A 包括由非政府部门管理的定额缴款养老金计划，而列 D 包括由一

---

[79] 关于如何计算补充表的详细信息参见欧盟统计局和欧洲中央银行（2011）。

般政府部门管理的定额缴款养老金计划。所有的定额缴款养老金计划包含在核心账户中。

3.482 列 B 包括非政府管理的定额福利计划；然而，它也包含混合养老金计划，其中既有定额缴款，又有定额福利。列 C 是列 A 与列 B 之和。

3.483 政府为其自身雇员安排的计划（与社会保障相区别的单独核算信息），体现在核心账户中，即列 E 和列 F。列 E 反映了保险公司管理的计划，而列 F 显示了政府自己管理的计划，包括政府的所有定额福利养老金计划中保留在政府账户的部分，它们与独立单位或由另一机构单位代政府管理的不同。

表 3.115 SNA 账户序列中包括和未包括的养老金计划内容的补充表

行序号	头寸/交易/其他流量 养老金经理人	在国民账户核心账户中出现的负债						未出现的负债		养老金计划总额	其中非常住住户
		非一般政府			一般政府						
		定额缴款养老金计划	定额福利计划	总计	定额缴款养老金计划	一般政府雇员定额福利计划			社保障养老金计划		
						金融公司部门	一般政府部门	一般政府部门			
	列序号	A	B	C	D	E	F	G	H	I	J
	期初资产负债表										
1	养老金权益										
	交易										
2	与养老金计划相关的社会缴款										
2.1	雇主实际社会缴款										
2.2	雇主虚拟社会缴款										
2.3	住户实际社会缴款										
2.4	住户追加社会缴款										
3	社会保障基金中养老金权益的其他（精算）累积										
4	养老金福利										
5	养老金权益变动调整										
6	源于权益转移的养老金权益变动										
7	源于计划结构协商调整的权益变动										
	其他经济流量										
8	重估价										

续表

行序号	头寸/交易/其他流量 养老金经理人	在国民账户核心账户中出现的负债 非一般政府			在国民账户核心账户中出现的负债 一般政府			未出现的负债 一般政府	养老金计划总额	其中非常住住户
		定额缴款养老金计划	定额福利计划	总计	定额缴款养老金计划	一般政府雇员定额福利计划 金融公司部门	一般政府雇员定额福利计划 一般政府部门	社保保障养老金计划 一般政府部门		
	列序号	A	B	C	D	E	F	G	H	I	J
9	其他物量变化							▓	▓		
	期末资产负债表										
10	养老金权益							▓	▓		
	相关指标										
11	产出								■		

注：空格单元表示该项目出现在主要（"核心"）账户中。黑色单元表示无合适项目。灰色单元表示信息只在补充表中提供。

行 2 是行 2.1 至行 2.4 的加总。

行 3 是在政府承担养老基金不足责任的情况下与雇主虚拟缴款相类比的处理。

行 5 是行 2 与行 3 之和减去行 4。

3.484　列 G 和列 H 涵盖这些养老金计划责任，其养老金义务中的存量、交易和其他流量被排除在核心账户之外。任何未出现在核心账户的、政府为其自身雇员安排的计划（与社会保障相区别的），显示在列 G。列 F 和列 G 之间的区别在于该计划与国家社会保障计划的紧密程度不同。列 H 涉及社会保障计划。列 G 和列 H 是本补充表的焦点：将养老金义务添加到核心账户可以更好地对比不同国家数据。

3.485　列 E、F、G 加起来反映了政府为其自身雇员承担的全部养老金计划责任。列 I 则是包括社会保障在内的所有计划的总和，即住户获得和持有的全部养老金权益。列 J 反映所有与非常住住户相关的获得或持有养老金权益。一旦国家有非常住居民家庭购买或持有这些养老金权益并且显著的话，就应该显示在表中。然而，此列数据可能较小。

3.486　表 3.115 的相关列也显示了与头寸、交易及其他与养老金义务有关的经济活动。同时，实际和虚拟的社会缴款也被记录其中。涉及产出和养老金计划持有资产的两个相关指标可表示养老金需求。

3.487　行 1 是养老金权益期初存量，相当于上一年度的期末存量。对应的相关期间期末养老金权益存量显示在行 10。

3.488　行 2.1 和行 2.3 记录雇主和雇员的实际社会缴款。在列 H 和 G，雇主（行 2.1）和雇员（行 2.3）的实际社会缴款显示在核心账户中，而在这些列（G 和

H）中的所有其他项目仅显示在补充表（行 4 除外）。行 2.2 记录定额福利计划情况下雇主的虚拟社会缴款。一般来说，测量雇主虚拟社会缴款是平衡项目。行 2.2 记录了其他行不包括的全年任何改变养老金权益的变动，包括任何"经验效应"，即养老金模型假设（实际工资增长率、折现率等）所观察到的结果不同于假定水平。[80] 对于社会保障养老金计划，这种"经验效应"不记录在行 2.2，但记录在行 3 中（该行并不适用于定额缴款计划）。行 2.4 指的是住户或者其他部门获得的或虚拟的财产性收入。对于所有的定额福利计划，包括社会保障，无论是备资还是未备资，这种财产收入等于名义贴现率的稀释带来的收益。

3.489 鉴于补充表完整概述了核算期间养老金权益的变动，未精算的实际社会缴款（养老金计划）情形需要用特定行来显示，反映为虚拟缴款（并不是任何雇主的责任）。行 3 显示社会保障养老金计划的虚拟交易［其他（精算）增加社会保障养老金计划的养老金权益］。此行中的条目可能是正值或负值。当贴现率比社会保障养老金计划内部收益率高（如缴款高于精算要求的水平，存在短期的现金短缺）时，该条目为负值；相反，当贴现率低于该计划的内部收益率时，该条目为正值。行 3 不显示来自税收收入的现金转移，它作为政府单位之间的经常转移（除非它影响养老金权益）记录在核心账户。社会保障养老金计划中的"经验效应"是指当养老金模型假设（实际工资增长率、折现率等）所观察到的结果与先前假定水平不同，此项记录在行 3。

3.490 行 4 记录应付养老金福利。行 5 表示由于缴款和福利而发生的养老金权益变动，等于行 2 加行 3 减去行 4 再减去服务费用。在概念上，从非金融方面测算该平衡项等同于从金融方面测算。

3.491 行 6 显示国内及国外可能的养老金权益转移。如果雇主发生变化或政府明确承担非政府组织雇员的养老金义务，则发生养老金权益转移。

3.492 行 7 显示养老金协商调整对养老金权益的影响。协商调整在以下情况中被记录为交易：

（a）如果养老金计划的权益都包含在核心账户，且雇主/经理同意通过与有关员工谈判以改变养老金权益的条款，这种变化应记录在附加表行 7 中。

（b）如果养老金计划权益没有记录在核心账户，且雇主/经理同意通过与有关员工谈判以改变养老金权益的条款，这种交易记录也应记录在附加表行 7 中。

（c）经过议会同意的社会保障计划下养老金权益变动，且此改变经过协商通过则应可被记录。

3.493 行 8 和行 9 显示了其他经济流量的价值，即与社会保险养老金计划相关联的重估价和其他物量变化。表 3.116 将其他经济流量分解为重估价和其他物量变化。

---

[80] 由于这些"经验效应"对养老金计划雇主的成本有影响，所以记录在行 2.2。

表 3.116　　其他经济流量的重估价及资产物量中的其他变化

序号	其他经济流量
8	重估价
	预计贴现率变化
	预计实际工资水平变化
	预计物价水平变化
9	其他物量变化
	预计和模型规范上的其他变化
	其他变化

3.494　行 8 的重估价是由精算模型关键假设的变化引起。这些假设包括贴现率、工资率和通货膨胀率（如果模型中有的话）。其他价格的变化，如资产减值，也显示在行 8 中。原则上，经验效应不包括在其中，但在某些情况下很难将其单独剔除。

3.495　精算中人口统计假设发生改变时，将被记录为其他物量变化（行 9）。其他任何假设的变化（重估价除外）也显示在行 9，包括对未来退休行为的预设。如果模型中退休模式被改变，其结果的变化也记录在行 9。然而，如果不是源于立法改革的话，这种变化只涉及行 9。

3.496　除了改变基本假设，精算模型的一般框架的应用也会年复一年地改善以提高结果的准确性。行 9 还记录由模型框架变化（不是模型假设的变化）导致的估算方法的变化。

3.497　行 9 也涵盖了其他资产物量变化，包括不经协商对养老金权益作出的变动和定额缴存养老金计划中养老金损失导致变动。

3.498　行 11 显示出了与计划有关的金融服务的产出。前面的章节已经讨论了如何计算该产出。

非养老金缴款和福利的核算

参考：

SNA2008，第 17 章，账户交叉和其他特殊问题，第二部分，社会保险计划

3.499　非养老金福利在社会保障及社会保障以外与就业相关的社会保险计划下支付。尽管可能在很多国家实际上不存在非养老金福利，但这里还是介绍了在非养老金福利存在的情况下如何记录的问题。对其他的社会保险计划而言，记录方式取决于是否设定了将来提供福利的准备金。在很多时候，可能没有这种准备金，福利按照现收现付的原则进行支付，但本文还是对各种情形的准确记录方法进行了介绍。

社会保障下应付的非养老金福利

3.500 社会保障计划的典型特征是存在雇主和雇员的应付缴款。运营社会保障计划的成本是政府正常支出的一部分，因而社会保障运营核算不包括产出的测算（如果该计划不是单独的机构单位运营）。如果被视为单独的机构单位运营，它们的产出则是成本之和。

3.501 支付非养老金福利的社会保障交易记录与支付养老金福利的社会保障计划相似。因此，该手册不提供如何记录非养老金福利的社会保障计划支付交易的案例。

来自社会保障以外的未备资非养老金福利

3.502 在 SNA 里，运营未备资计划的雇主被认为是代表雇员向该计划支付了虚拟的社会缴款。在实践中，雇主和雇员的缴款价值常常设定为等于该核算期内应付的福利（加上运营计划的成本，下段将会介绍）。虚拟缴款构成了雇员报酬的一部分，加上雇员的实际支付款项，合起来体现为雇员向计划的应付。尽管该计划是未备资的，但雇员可能仍会支付缴款；然而，对于未备资计划而言，雇员不做缴款也并不罕见。

3.503 即便一项计划是未备资的，但仍然会涉及管理成本。从原理上说，产出（等于这些成本之和）应该视为由受益人支付，它来源于缴款中的一个虚拟成分。为雇员支付的虚拟缴款应该包括这些成本和雇员收到福利的价值。运营计划成本额的等额价值作为雇员向雇主购买的一项服务，被记录在收入账户的使用中。

3.504 对于雇主提供的服务，要按照生产和消费两项交易记录。因为计划是未备资的，所以不存在要记录的投资收入流量和追加缴款。所记录的再分配交易有两套。

3.505 生产和消费交易如下：

（a）在雇主的生产账户中，该服务的产出是虚拟的。产出的价值构成了雇主向社会保险虚拟缴款的一部分，包含在雇员报酬中。

（b）该服务的消费作为住户最终消费支出，记入常住住户的收入账户，或非常住住户的出口。

3.506 再分配交易如下：

（a）雇主向未备资社会保险计划的虚拟缴款体现为雇主所在部门的应付项，记入收入初始分配账户，同时体现为住户的应收项，记入收入初次分配账户。

（b）在收入再分配账户中，雇主的虚拟缴款和雇员的实际缴款体现为住户的应付项和雇主的应收项。为获得净社会缴款，未备资社会保险计划中的服务费需要从这些缴款中扣除。进而，雇主给住户的应付收益体现为雇主的应付项和住户的应收项。

案例3.25 计算与支付非养老金福利的社会保障以外的未备资就业关联社会保险计划相关的产出和其他交易

3.507 这个案例用于计算与支付非养老金福利的社会保障以外的未备资就业关联社会保险计划相关的现价产出和其他相关交易。由于计划是未备资、非自主的,所以其产出等于成本总和。由于该计划是非自主的,其社会保险资金嵌入雇主账户中。假定所有参与者和受益者都是常住的,编制单位能获得交易所需的数据。此外,案例将显示金融账户中如何记录对应的项目,以显示机构单位之间交易的支付方式。为简单起见,假定这些交易以现金或可转让的存款结算,为金融账户中"通货和存款"的一部分。

3.508 表3.117显示了支付非养老金福利的未备资就业关联社会保险基金的初始数据。假设雇员没有社会非养老金缴款。因为正如前文提到,由于运营未备资计划的雇主被当作是向代表雇员的计划进行了虚拟社会缴款,因此不存在雇主实际非养老金缴款。该表还显示参与运营社会保险基金的成本,假定成本仅包括商品和服务的中间消耗,所有的商品和服务的中间消耗是从其他住户部门购买。

表3.117 支付非养老金福利的就业关联社会保险基金数据

序号	项目	数额	SNA2008 代码
(1)	非养老金福利	9	D62, D6222
(2)	商品和服务的中间消费	0.7	P1, P2

3.509 表3.118显示了如何推导出就业关联社会保险基金的产出、雇主虚拟非养老金缴款和社会净缴款。其他就业相关联社会保险基金的产出(0.7)为商品和服务的中间消耗的价值。雇主虚拟非养老金缴款(9.7)计算如下:

其他就业关联的社会保险基金的产出(0.7)
(+)其他社会保险非养老金福利(9.0)
对其他就业关联社会保险基金的净社会缴款(9.0)获得如下:
雇主虚拟非养老金缴款(9.7)
(-)备资的就业关联社会保险的服务费(产出)(0.7)

表3.118 计算支付非养老金福利的未备资就业关联社会保险基金的产出、雇主虚拟非养老金缴款及净社会缴款

序号	项目	说明	数额	SNA2008 代码
(3)	产出	(2)	0.7	P1, P3
(4)	雇主虚拟非养老金缴款	(3)+(1)	9.70	D1, D1222, D6122
(5)	净社会缴款	(4)-(3)	9.00	D61

3.510 表 3.119 显示了如何计算由于上述交易引起的金融资产变化，以及交易支付的方式。一般情况下，这些变化的计算和案例 3.22 一致，不同之处在于，如果就业关联社会保险基金是非自主的话，交易都包含在雇主交易中。

表 3.119 计算支付非养老金福利的未备资就业关联社会保险基金与其他机构单位的交易引起的金融资产的变化

序号	项目	说明	数额	SNA2008 代码
	金融资产（通货和存款）			
(6)	雇主	-(2)-(1)	-9.7	F2
(7)	住户	(1)	9	F2
(8)	其他部门	(2)	0.7	F2

3.511 表 3.120 利用表 3.119 中的信息来记录各种交易。为简化介绍和分析，忽略案例中不相关的交易。相关交易的记录与案例 3.22 类似，不同的是这个例子只记录雇主的虚拟社会非养老金缴款，而不是部分用于支付基金运营成本的实际社会非养老金缴款。此外，由于未备资社会保险基金是非自主的，它的产出、社会净缴款和社会保险非养老金福利应付记录在雇主部门。另外，因为金融账户中的项目与其他账户项目对应，净贷出/净借入等于资本账户中的净贷出/净借入。然而，在实践中，数据源和交易记录时间的差别可能会导致这两个账户中的净贷出/净借入之间有所差异。

表 3.120 记录与支付非养老金福利的未备资就业关联社会保险基金相关的交易

使用												来源
合计	货物和服务	经济总体	其他部门	住户	雇主	SNA 2008 代码	交易和平衡项	雇主	住户	其他部门	经济总体	货物和服务	合计
生产账户													
1.4	1.4					P1	产出	0.7		0.7	1.4		1.4
0.7					0.7	P2	中间消费					0.7	0.7
0.7		0.7	0.7		0.0	B1g	总增加值/国内生产总值						
收入形成账户													
9.7		9.7			9.7	D1	雇员报酬						
9.7		9.7			9.7	D1222	雇主虚拟养老金缴款						
-9.0		-9.0	0.7		-9.7	B2g	营业盈余总额						
初始收入分配账户													
						D1	雇员报酬		9.7		9.7		9.7
						D1222	雇主虚拟养老金缴款		9.7		9.7		9.7

续表

合计	货物和服务	经济总体	其他部门	住户	雇主	SNA 2008代码	交易和平衡项	雇主	住户	其他部门	经济总体	货物和服务	合计
0.7		0.7	0.7	9.7	−9.7	B5g	初始收入总额/国民总收入						
收入再分配账户													
9.0		9.0		9.0		D61	净社会缴款	9.0			9.0		9.0
9.7		9.7		9.7		D6122	雇主虚拟养老金缴款	9.7			9.7		9.7
−0.7		−0.7		−0.7			净收入	−0.7			−0.7		−0.7
9.0		9.0		9.0		D62	实物社会转移以外的社会福利			9.0	9.0		9.0
9.0		9.0		9.0		D6222	其他社会保障基金福利			9.0	9.0		9.0
0.7		0.7	0.7	9.7	−9.7	B6g	可支配收入总额						
可支配收入使用账户													
0.7		0.7		0.7		P3	最终消费支出				0.7		0.7
0.0		0.0	0.7	9.0	−9.7	B8g	总储蓄						
资产变化												负债和净值变化	
资产账户													
0.0		0.0	0.7	9.0	−9.7	B9	净贷出（+）/净借入（−）						
金融账户													
						B9	净贷出（+）/净借入（−）	−9.7	9.0	0.7	0.0		0.0
0.0		0.0	0.7	9.0	−9.7	F2	通货和存款						

养老金以外的备资社会保险

3.512 养老金以外的备资福利计划并不是很常见。然而在以下两种情形下，此类计划会存在。其一，雇主已为此类福利设立基金，将某年少花费的资金积累起来，以支付将来年份可能出现的超支。其二，雇主可能意识到将来付款的义务，为谨慎起见，需要建立准备金以保证支付此类款项。例如，为目前和既往雇员提供健康保险的计划。与养老金情形不同的是，SNA 不必包括对于养老金计划以外的社会保险将来可能出现的赔付的估计。只有当雇主账户中存在这样的负债时，它们才会被记入 SNA。

3.513 养老金以外的备资社会保险可由保险公司或由雇主代表其雇员提供。

这一活动的产出的测算方式和非寿险[8]相同,但对应的该服务的消费却只由受益人住户支付。这些是常住住户,除非居民生产者需要向非居民的当前或既往雇员支付福利,或向拥有有权领取福利的非常住住户成员的当前或既往雇员支付福利。归属于社会保险计划的投资收入只能由相同的住户收取。

3.514 雇主的缴款仅与雇员相关。然而,现在或将来可能是受益人的当前和既往雇员也可向计划缴款并获取投资收入,则这一投资收入处理为获得者应付的追加缴款。

3.515 所有对计划的缴款记录为住户的应付。这些缴款包括收入形成账户中作为雇员报酬一部分的雇主支付部分,以及雇员直接支付的缴款(来源于薪酬)或包括既往雇主的其他单位支付的部分。再者,住户如果获得基于这些缴款的归属于住户的投资收入,这些要全部作为追加缴款处理。收入再分配账户上出现的缴款有两项。第一项是雇主实际社会缴款,其价值正好等于收入形成账户中住户从雇主那里获得的数额。第二项是住户社会缴款,即住户直接支付额加上追加缴款减去应付给社会保险计划的服务收费。

3.516 必须记录的交易有7项,对应保险服务生产和消费的1项,对应缴款和保险金的3项,对应归属于投保人的投资收入的1项,对应缴款和福利差异的2项:

(a) 保险公司或雇主作为常住单位从事的活动;其产出记入保险公司或雇主所在部门(视情况而定)的生产账户。

(b) 雇主向就业相关社会保险计划的实际缴款,作为雇主所在部门的应付项,体现在收入初始分配账户里;作为住户的应收项,体现在初始收入分配账户里。同样适用于雇员实际社会缴款。

(c) 与这些计划相对应的归属于投保人(受益人)的投资收入,是保险公司和雇主的应付项,住户的应收项。应收和应付都记录在初始收入分配账户中。

(d) 净缴款体现在收入再分配账户,是住户的应付项,保险公司或雇主所在部门(视情况而定)的应收项。

(e) 养老金以外的就业相关社会福利,也体现在收入再分配账户里,是保险公司或雇主所在部门的应付项,住户的应收项。

(f) 服务的价值,由住户支付,并作为其最终消费支出的一部分,记录在收入使用账户里;但非常住雇员住户除外,后者记录为由国外支付。

(g) 净缴款超出福利的部分代表了保险计划对受益人负债的增加。在收入账户使用中,这一项作为调整项。作为负债的增加,该项反映在金融账户中。如前文所述,该项目发生的可能性很小,出于实用原因考虑,此类非养老金权益变动可包括在养老金权益的变动中。

---

[8] 因为这些社会保险计划倾向于通过偶然突发状况而非存在受益人有意为之以增加负债,所以使用非寿险的公式来衡量产出是最合适的。

案例3.26 计算与支付非养老金福利的备资就业关联社会保险计划相关的产出和其他交易

3.517 这个案例用来计算与支付非养老金福利的备资就业关联社会保险计划相关的现价产出和其他相关交易。假定这些计划是由保险公司运营；没有明确的费用，所以基金产出需要使用计算非寿险的公式来计算；所有的参与者和受益者是住户；编制机构能够获得交易产生的所需的初始数据。此外，该案例将显示如何在金融账户记录对应的条目，以显示机构单位间交易的支付方式。为简单起见，假定这些交易用现金或可转让存款结算，是金融账户中"通货和存款"项。

3.518 表3.121显示了保险公司运营支付非养老福利的、与就业相关联社会保险基金的投资数据。假设雇主和雇员双方向基金进行社会非养老金缴款。非养老金权益投资收入将被用作追加缴款来计算基金的产出。假设该投资收入来自其他常住部门的应收款。

表3.121　保险公司经营的支付非养老金福利的备资就业关联社会保险基金的数据

序号	项目	数额	SNA2008代码
（1）	雇主实际非养老金缴款	6.0	D1212，D6112
（2）	雇员实际非养老金缴款	5.0	D11，D6132
（3）	非养老金投资收入	4.0	D4，D442，D6142
（4）	非养老金福利	7.0	D62，D6222

3.519 表3.122显示了如何得出产出和保险公司的净社会缴款。为了计算产出，假设编制机构估计调整后的其他社会保险的非养老金福利是8.0。[82]

3.520 保险公司经营其他就业有关的备资社会保险计划的产出（7）计算如下：

雇主实际非养老金缴款（6.0）
（+）雇员实际非养老金缴款（5.0）
（+）缴款补充（等于非养老金权益投资收入）（4.0）
（-）调整后其他社会保险非养老金福利（8.0）

净社会缴款（8.0）计算如下：

雇主实际非养老金缴款（6.0）
（+）雇员实际非养老金缴款（5.0）
（+）缴款补充（等于非养老金权益投资收入）（4.0）
（-）保险公司产出（服务费）（7.0）

---

[82] 此估计方法与被用于推导调整后非寿险债权的方法一样，这些方法在前文描述过且在本案例中不再重复。

表 3.122　计算支付非养老金福利的备资其他就业
关联社会保险基金的产出和净社会缴款

序号	项目	说明	数额	SNA2008 代码
(5)	调整的其他社会保险非养老金福利		8.0	
(6)	保险公司产出	(1)+(2)+(3)-(5)	7.0	P1, P3
(7)	净社会缴款额	(1)+(2)+(3)-(6)	8.0	D61

3.521　表 3.123 显示了如何计算由保险公司和其他机构单位之间的各项交易引起的金融资产变化，以及这些交易的支付方法。一般来说，在计算资产负债变化时，要遵循以下原则：通货和存款的变化应为机构单位的收、付之和。另外，保险公司同样也会引起受益人非养老金收益债务的变化，该变化产生的原因主要是净社会缴款超过了其他社会非养老金保险收益。这些变化通常作为住户金融资产的相应变化被记入账。例如，假设以下情况，其他就业关联社会保险计划均由保险公司来运营，那么在整个核算期间，运营那些计划的保险公司通货和存款资产将会产生数值为 8.0 的净增长，计算结果如下：

◆ 通货和存款资产增加来自雇主（6.0）和雇员（5.0）实际应收非养老金缴款及其他部门非养老金权益应收投资收入（4.0）。

◆ 通货和存款资产减少来自其他社会非养老金福利应付（7.0）。

此外，这些保险公司在非养老金福利的权益负债上有 1.0 的净增长。以下为引起的结果：

应收净社会缴款（8.0）

（-）其他应付社会非养老金福利（7.0）

表 3.123　计算保险公司经营的支付非养老金福利的备资就业关联社会
保险计划和其他机构单位的交易引起的金融资产和债务的变化

序号	项目	说明	数额	SNA2008 代码
	金融资产的变化（通货和存款）			
(8)	雇主	-(1)-(2)	-11.0	F2
(9)	保险公司	(1)+(2)-(4)+(3)	8.0	F2
(10)	住户	(4)	7.0	F2
(11)	其他部门	-(3)	-4.0	F2
	金融资产的变化（非养老保险金权益）			
(12)	住户	(7)-(4)	1.0	D8, F65
	负债的变化（非养老保险金权益）			
(13)	保险公司	(7)-(4)	1.0	D8, F65

3.522　表 3.124 利用表 3.123 中的信息来记录各种交易。为了简化介绍和分析，忽略案例中不相关的交易。为确保清楚，雇主与就业相关的社会保险基金的交易分开显示，未纳入其所属的机构部门。交易描述如下：

（a）保险公司经营其他与就业有关的社会保险计划的产出是 7.0。此产出记录在保险公司的生产账户。

（b）雇主非养老金实际缴款（6.0）被视为雇员报酬的一部分，并在同一初始收入分配账户记为雇主应付。雇员非养老金实际缴款（5.0）视为工资和薪金（以及由此延伸的职工薪酬）的一部分，在同一个账户记为雇主应付。

（c）在收入分配账户里，初始收入分配账户项目记为住户应收。此账户中，社会保险基金资产投资收益（4.0）首先记为其他部门应付财产性收入和保险公司应收。然后，同样的数额记为保险公司非养老金权益应付投资收入和住户应收。

（d）净社会缴款（8.0）作为住户应付和保险公司应收记录在收入再分配账户中。住户应付净社会缴款包括雇主实际非养老金缴款（6.0），因为所有社会保险缴款被记为住户向社会保险计划的付款。保险公司其他非养老社会保险福利应付和家庭应收（7.0）也记在收入再分配账户中。

（e）保险公司的产出（7.0）记为住户可支配收入账户的最终消费支出。

（f）因为没有资本账户交易，资本账户中净贷入/净借出等于可支配收入账户中储蓄总额。

（g）金融账户记录通货和存款的变动和各部门的非养老金福利的权益变动。非养老金福利的权益变动也作为可支配收入账户的调整项被记录。由于金融账户分录与其他账户分录对应，或者只反映金融资产和负债交换，净贷出/净借入等于资本账户的净贷入/净借出。然而，在实践中，数据源和交易记录时间的差别可能会导致这两个账户中的净贷出/净借入之间有所差异。

表 3.124　记录支付非养老金福利的备资就业关联社会保险基金的交易

使用												来源
合计	货物和服务	经济总体	其他部门	住户	保险公司	雇主	SNA 2008 代码	交易和平衡项	雇主	保险公司	住户	其他部门	经济总体	货物和服务	合计
生产账户												
7.0	7.0						P1	产出		7.0			7.0		7.0
7.0		7.0			7.0		B1g	总增加值/国内生产总值							
收入形成账户												
11.0		11.0				11.0	D1	雇员报酬							
5.0		5.0				5.0	D11	工资和薪金							
6.0		6.0				6.0	D1212	雇员实际非养老金缴款							
−4.0		−4.0			7.0	−11.0	B2g	营业盈余总额							
初始收入分配账户												
							D1	雇员补偿			11.0		11.0		11.0
							D11	工资和薪金			5.0		5.0		5.0
							D1212	雇主实际养老金缴款			6.0		6.0		6.0

续表

合计	货物和服务	经济总体	其他部门	住户	保险公司	雇主	SNA 2008代码	交易和平衡项	雇主	保险公司	住户	其他部门	经济总体	货物和服务	合计
-4.0		-4.0	-4.0				D4	财产收入		4.0			4.0		4.0
4.0		4.0	4.0		4.0		D442	非养老金权益的投资收入			4.0		4.0		4.0
7.0		7.0	-4.0	15.0	7.0	-11.0	B5g	初始收入总额/国民总收入							

收入再分配账户

8.0		8.0		8.0			D61	净社会缴款		8.0			8.0		8.0
6.0		6.0		6.0			D6112	雇主实际非养老金缴款		6.0			6.0		6.0
5.0		5.0		5.0			D6132	住户实际非养老金缴款		5.0			5.0		5.0
4.0		4.0		4.0			D6142	住户非养老金追加缴款		4.0			4.0		4.0
-7.0		-7.0		-7.0				社会保险计划服务收费(-)		-7.0			-7.0		-7.0
7.0		7.0			7.0		D62	实物社会转移外的社会福利				7.0		7.0	7.0
7.0		7.0			7.0		D6222	其他非养老社会保险福利				7.0		7.0	7.0
7.0		7.0	-4.0	14.0	8.0	-11.0	B6g	可支配收入总额							

可支配收入使用账户

7.0		7.0		7.0			P3	最终消费支出（服务收费)						7.0	7.0
1.0		1.0		1.0			D8	养老金权益变动调整			1.0		1.0		1.0
0.0		0.0	-4.0	8.0	7.0	-11.0	B8g	总储蓄							

资产变化 负债和净值变化

资本账户

| 0.0 | | 0.0 | -4.0 | 8.0 | 7.0 | -11.0 | B9 | 净贷出（+)/净借入（-） | | | | | | | |

金融账户

0.7		0.7	0.7	0.0			B9	净贷出（+)/净借入（-）	-11.0	7.0	8.0	-4.0	0.0		0.0
0.0		0.0	-4.0	7.0	8.0	-11.0	F2	通货和存款							
1.0		1.0		1.0			F65	总储蓄		1.0			1.0		1.0

支付非养老金福利社会保险计划产出的物量核算

3.523 上述案例计算了支付非养老金福利的社会保险计划的现价产出。产出的物量核算需要剔除物价影响。产出的物量核算方法将取决于用来计算现价产出的方法。对于使用成本加和法计算的产出，编制机构可以通过价格综合指数对产出进行平减，以获得物量核算。当产出在使用非寿险公式计算的情况下，基于相关非寿险的复合量增长率（在其他社会保险中也会使用），通过基期产出外推的方法对物量核算进行估计。

3.524 数据编制机构可通过使用一个复合价格指数平减服务费现价的方法进行支付非养老金收益的非常住社会保险计划服务费用的物量核算。不过，首先要根据汇率的变化对该价格指数稍做调整。或者可考虑通过合作国产生的服务产出及出口指数的复合型指数增长来推断这些服务费用基期的进口价格。如果无法从合作国得到相关数据，编制机构可考虑使用这些服务的境内现价产出的价格指数来计算，或者通过这些服务的境内产出增长量来推断服务费用基期的进口价格。

C. 金融公司的应付财产收入和应收财产收入

参考：
SNA2008，第7章，收入分配账户

3.525 金融公司的交易产生财产性收入。本节介绍金融企业的应付财产收入和应收财产收入、用于计算和分配财产收入的可能的数据来源。

1. 财产收入

3.526 当金融资产和自然资源所有者将其资产交由其他机构单位支配时，财产收入（D4）随之产生。因使用金融资产而产生的应付收入称为投资收入，使用自然资源而产生的应付收入则称为租金。财产收入为投资收入与租金之和。

3.527 在 SNA2008 中，财产收入的分类如下：
投资收入
◆ 利息（D41）
◆ 公司已分配收入（D42）
　◆ 红利（D421）
　◆ 准公司收益提取（D422）
　◆ 外国直接投资的再投资收益（D43）
◆ 其他投资收入（D44）
　◆ 属于投保人的投资收入（D441）
　◆ 养老金权益的应付投资收入（D442）
　◆ 属于投资基金股东集体的投资收入（D443）
租金（D45）

2. 投资收入

3.528　投资收入包括下列项目：

（a）利息（D41）

3.529　利息是财产收入的一种形式，它是某种类型金融资产——存款、债券、贷款和其他应收账款（有可能）——的所有者因将其金融资产交由另一机构单位支配而应得的财产收入。特别提款权（SDR）持有和分配所得的收入及未分配的黄金账户收入按利息处理，能产生利息的金融资产都是债权人对债务人的债权。债权人将资金借给债务人，就会产生上文所述的金融工具。利息还包括在规定的时间段及金融工具的持有期内由债券证券的发行者支付的票面金额。

3.530　利息按权责发生制记录，也就是说，按未偿本金应付给债权人的利息在时间上是连续发生的，应对其连续进行记录。不论利息是否实际支付或加入本金中，必须在每一核算期间对其进行记录。当没有实际支付时，本金的增加必须被记录在金融账户中，作为债权人金融资产的取得；而债务人因此承担的负债增加也应等额地记录在金融账户中。

3.531　利息应在扣除所有税费之前进行记录。利息收入和支出通常包括利息减免的补助金，即使补助金是直接支付给了金融机构，而不是受益人。

3.532　需要对金融企业的实际支付或从金融机构的实际所得（称为银行利息）进行调整，以消除金融中介产生的隐性费用。借款者支付给向金融中介企业的利息需要减去应支付给该中介的服务费的估算值；而存款者收到的银行利息，应该加上一个类似的服务费估算值。以上估算值代表的是金融中介对使用其服务的客户所收取的服务费，并不是利息。

3.533　对某些金融工具（如票据、零息证券等）来说，在资产到期之前，债务人没有义务向债权人做任何支付。也就是说，在资产到期之前，没有应付利息，而在资产到期时，债务人要一次性偿还债权人最初提供的本金和资产存在期间所累积利息在内的全部债务。在此种情形下，证券持有期间内的应付利息额等于该工具在获得时的价值与到期时价值的差。

（b）公司已分配收入（D42）

3.534　公司已分配收入包括红利（D421）、准公司收入提取（D422）和外国直接投资的再投资收益（D43）。

红利（D421）

3.535　红利是财产收入的一种形式，它是股东因将其资金交由公司支配而有权获得的财产收入。以发行股票来筹集股本是以借款来筹集资金的一种替代方法。但与贷款相比，股本不会产生固定金额的负债，也不会使公司股票持有者具有获得固定或既定收入的债权。

3.536 红利偶尔可以用派发股票的形式来发放，但这不包括仅仅由于自有资金、准备金和未分配利润相互转换而派发的奖励股。如果红利水平与近期红利水平不成比例，或者当期公告的红利水平大幅度超过合理水平，超出部分要作为所有者从公司提取权益处理，因此需记录在金融账户中。

3.537 尽管红利是某一较长时期内所产生收入的一部分，但在 SNA 中红利并非严格依据权责发生制进行记录。在宣告分红和实际应分红之间的一个较短时期内，股票可以"不带红利"（除息）的状态卖出，这意味着红利是属于宣告分红日的股东所有，而不属于实际支付日的股东所有。因此以"不带红利"状态卖出的股票，价格要低于无此约束的股票。在 SNA 中，红利应在股票开始除权时记录，而不是除权前进行记录。

准公司收入提取（D422）

3.538 准公司收入提取包括所有者从准公司利润中实际提取来自用的部分。当所有者提取收入时，准公司收入提取被记录在账户中。

外国直接投资的再投资收益（D43）

3.539 外国直接投资的再投资收益是外国直接投资企业的投资者留存收益的份额。外国直接投资企业的留存收益等于外国直接投资企业的经营盈余加全部应收财产性收入或应收一般转移减全部应付财产性收入或应付一般转移，包括对外国直接投资者的实际汇款和外国直接投资企业的收入、产出等应付的税收。当外国投资获得再投资收益时，应被记录。

（c）其他投资收入（D44）

3.540 其他投资收入包括投保人投资收入（D441）、养老金权益估值中的应付投资收入（D442）、属于投资基金股东集体的投资收入（D443）。

属于投保人的投资收入（D441）

3.541 属于投保人的投资收入等于保险准备金投资的总收入。这些准备金是与保险公司所承认的对投保人的负债相对应的。这些准备金会被保险公司投资于一些金融资产或者土地（获取扣除支付利息的财产净收入）或建筑（产生营业盈余净额）。属于投保人的投资收入应按非寿险投保人和寿险投保人及年金进行区分，此类别还包括归属于购买标准化担保机构的投资收入。

养老金权益估值中的应付投资收入（D442）

3.542 养老金权益应付投资收入的估值差异来源于两种不同类型的养老金计划：定额缴款计划和定额福利计划。定额缴款计划是指雇员退休后的应付福利完全根据退休雇员在工作期限内缴费所确立的基金水平及计划管理者以基金进行再投资而获得的价值增长水平来确定。

3.543 定额福利计划的特点在于利用公式来确定支付给退休雇员的福利水平。因为这个特点，这就可以确定未来应得福利的现值，在计算时要依据精算中关于寿命的假设和经济学中关于利率或贴现率的假设。年初时的权益现值会增加，因为权益成为应付项目的期限又接近了一年。此增加值在定额福利计划案例中归属于养老金持有者的投资收入。这一增加额既不受养老金计划是否实际拥有足额资金用于兑付的影响，也不受增长来源差异的影响（例如，既可以是投资收入，也可以是持有利得）。

归属投资基金股东集体的投资收入（D443）

3.544 属于投资基金股东或单位（包括共同基金和单位信托）的投资收入要分为以下两项。第一项是已分配给投资基金股东或机构的红利；第二项是属于投资基金股东或机构的留存收益。

3.545 红利的记录方式与前述个体公司红利的记录方式完全相同。留存收益的记录原则也与外国直接投资企业留存收益的记录原则相同，但其计算中不包括任何外资直接投资的再投资收益。也就是说，剩余的留存收益已分配给股东（没有留存投资基金），同时在金融交易账户中被股东重新注入基金中。

3. 租金（D45）

3.546 租金是指自然资源的所有者（出租人或地主）因将自然资源交由另一机构单位（承租人或佃户）供其在生产中使用而应得的收入。有两类特殊的资源：土地租金和地下资源租金，其他自然资源如无线电频谱租金可参照这两种来处理。金融公司一般不参与产生租金的交易。

4. 金融公司应收和应付财产性收入计算及分配的数据来源

3.547 用于计算和分配金融公司的多种应收应付财产性收入的数据来源已在本章中讨论如何计算各种金融服务的小节里多次探讨过。其中，具有代表性的金融公司应收应付款可通过一项组合数据源获得，如金融公司向相关监管部门上报的数据、对金融公司的问卷调查或收入所得税退还服务的相关数据。编制机构应尝试收集反映各行业财产收入分解的数据。如果目前还做不到的话，那编制机构要考虑使用多种方法、多种假设将各类产出收入总值分配到各个用户部门。例如，如果编制机构不能从现成的数据中获得分解到归属于投保人的投资收入的话，则可考虑通过这类交易在住户部门和国外部门应付实收保费总和的占比来对该投资收入进行分配。对于金融机构来说，可能自身有时无法提供相关的初始数据，如常住保险公司无法从非常住再保险公司获得并提供它们自身的投资收入数据。如此，编制机构就需要从合作国获得相关缺失数据。

第 4 章
金融资产和负债

参考：
SNA2008，第 11 章，金融账户
BPM6，第 5 章，金融资产和负债分类
MFSMCG，第 4 章，金融资产分类
GFSM2014，第 7 章，资产负债表；第 9 章，金融资产和负债交易
HSS

A. 引言

4.1 本章提供了 *SNA2008* 框架中金融资产和负债分类的概览。按金融工具类型及其他的一些分类体系定义和描述了金融资产和负债的不同种类。

4.2 本章与 *BPM6* 第 5 章金融资产和负债分类的内容、*MFSMCG* 第 4 章金融资产分类的内容、*GFSM2014* 第 7 章资产负债表和第 9 章金融资产和负债交易中的内容、证券统计手册（*HSS*）中的内容均有重叠。本手册与 *SNA2008* 及上述手册都保持了一致性。

B. 金融资产、金融债权和负债的定义

4.3 金融资产由企业的所有金融债权、股票或其他公司权益，加上货币当局作为储备资产持有的金块组成。

4.4 金融债权指债务人基于合约条款应向债权人所做的一次性或连续性支付。当一个单位（债务人）在特定条件下有义务向另一个单位（债权人）提供一次性或连续性支付时，负债即得到确立。

4.5 股权和投资基金份额被视作有对应负债的金融资产，尽管持有者持有的对发行方的金融债权不是一个固定的或预期确定的货币金额。

4.6 金块作为货币当局作为储备资产持有的货币黄金的组成部分，也被视作

一种金融资产，即使持有者没有对其他特定单位拥有债权。金块没有与之相对应的负债。

C. 金融资产和负债的分类

4.7 金融资产和负债可以根据不同的标准分类，例如，按照金融工具类型分类，按照功能分类，以及按照可转让性、收入类型、期限、货币、利率和交易对手（"从谁到谁"的展现）分类。按功能分类常被应用于国际收支平衡和国际投资头寸统计中（见 *BPM6*）。

4.8 按金融工具类型对金融资产和负债进行分类已有详细描述。由于金融资产和负债的对称性，"工具"这一术语通常用于反映金融交易、其他流量及金融资产负债表的资产和负债双方。它在 *SNA2008* 中的使用只是出于方便，并不意味着金融资产与负债的覆盖范围扩展到那些在货币与金融统计中被描述为金融工具的表外项目。

D. 按金融工具类型分类

4.9 资产负债表项目（AF）中的金融资产可分为八大类：货币黄金和特别提款权（SDRs）（AF1）；通货和存款（AF2）；债务证券（AF3）；贷款（AF4）；股权和投资基金份额（AF5）；保险、养老金和标准化担保计划（AF6）；金融衍生工具和雇员股票期权（AF7）；以及其他应收/应付款（AF8）。

4.10 除了货币当局作为储备资产持有的金块（归入货币黄金和特别提款权（AF1）类）外，每一项金融资产都有其对应的负债。货币黄金的其他部分——非常住单位持有的未分配黄金账户有对应的负债。因此，八类负债的类别与其相对应的金融资产类别一致（部分货币黄金除外）。

4.11 金融交易的分类（F）与资产负债表项目中金融资产和负债分类相对应。八类金融交易分类如下：货币黄金和特别提款权交易（F1）；通货和存款交易（F2）；债务证券交易（F3）；贷款交易（F4）；股权和投资基金份额交易（F5）；保险、养老金和标准化担保计划交易（F6）；金融衍生工具和雇员股票期权交易（F7）；以及其他应收/应付款交易（F8）。

4.12 表4.1总结了上述金融交易的分类。金融交易按大类、子类和明细进行列示。所有工具的期限划分都是根据原始或初始到期日确定，因为这是金融工具的重要特征。某些项目的剩余期限值列在备忘项中。

表 4.1　按金融工具类型对金融资产和负债交易进行分类

金融资产和负债交易的类别（大类、子类和明细）	SNA2008 代码		
	大类	子类	明细
货币黄金和特别提款权	F1		
货币黄金		F11	
特别提款权		F12	
通货和存款	F2		
通货		F21	
可转让存款		F22	
其他存款		F29	
债务证券	F3		
短期		F31	
长期		F32	
贷款	F4		
短期		F41	
长期		F42	
股权和投资基金份额	F5		
股权		F51	
上市股票			F511
未上市股票			F512
其他股权			F519
投资基金份额/单位		F52	
货币市场基金份额/单位			F521
非货币市场投资基金份额/单位			F522
保险、养老金和标准化担保计划	F6		
非寿险专门准备金		F61	
寿险和年金权益		F62	
养老金权益		F63	
养老金经理人的养老基金债权		F64	
非养老保险金权益		F65	
标准化担保代偿准备金		F66	
金融衍生工具和雇员股票期权	F7		
金融衍生工具		F71	
雇员股票期权		F72	
其他应收/应付款	F8		
商业信用和预付款		F81	
其他应收/应付款		F89	

专栏4.1 SNA2008中的或有资产、或有负债和担保

或有资产和或有负债

或有资产和或有负债是常住机构单位之间或常住和非常住机构单位之间契约式的金融安排。这种安排涉及一项法律合同,指定了仅在某些特定条件具备的情况下,当事者一方必须向另一方提供支付、连续性支付或交付（如商品）。因为它们不会引起无条件付款或提供其他有价值物品的要求,因此或有资产和或有负债不是金融资产和负债,不在SNA2008中记录。

或有资产和或有负债包括：

(a) 第三方提供的一次性担保付款,只有当债务人违约时才需要付款。

(b) 贷款承诺可确保获得资金但只有当实际付出资金时,才产生金融资产。

(c) 信用证是一种付款承诺,只有提交合同规定的某些单证时,才履行付款。

(d) 信贷额度形成的便利,如或有资产和或有负债,这些便利的产生将不记入金融账户中。

(e) 包销票据发行便利为潜在债务人售出其发行的短期债务证券（票据）提供担保,即提供该便利的银行或银团将购买任何未在市场上售出的票据或提供等值的预付款。

政府管理的未备资员工养老金计划（S13除了S1314）下的养老金权益与社会保险养老基金（S1314）下的养老金权益通常不记录在资产负债表中。然而,这样的养老金权益并不是或有资产和或有负债,因为仅仅是对其规模大小不确定,并不是对其是否会被支付不确定。这类养老金权益应被记录在社会保险养老计划的补充表中。

或有资产和或有负债不包括：

(a) 保险、养老金和标准化担保计划（AF6）；在SNA2008中被记录作为持有保单的机构单位的金融资产。

(b) 金融衍生工具和雇员股票期权（AF7）；其合同约定本身具有市场价值,在市场上具有可交易性或能够被对冲。

担保

担保是一种合同式的金融约定,一方（担保人）向贷出方保证,如果借入方违约,担保人将补偿贷出方因此遭受的损失。提供担保常常需要支付一项费用,但其形式各异。以下三种类型的担保是被认可的：

(a) 属于金融衍生工具的担保；

(b) 标准化担保；

(c) 一次性担保。

对于制造商质量保证或其他形式的担保,我们没有提出特别的处理建议。

第一种类型的担保是借助金融衍生工具形式提供的担保,如信用违约互换（CDS）。这些衍生工具是基于参照的金融资产的违约风险,所以实际上与单笔

贷款或债券无关。当这样一个担保开始时，买方向发行衍生工具的金融机构付款，这将记录为金融衍生工具交易。金融衍生工具价值的变化将被记录为重估价。如果参照的金融工具发生违约，则担保人向买方支付该参照贷款或债务证券的理论损失。这也将作为金融衍生工具的交易被记录。

第二种类型的担保是标准化担保，由大批量生效的担保构成。它们通常金额较小而条款相同，如出口信贷担保或学生贷款担保。尽管任何一个标准化担保的赔付概率是不确定的，但事实上类似的担保足够多，这意味着担保赔付金额可以被较为准确地估计出来。标准化担保被视为产生金融资产，而不是或有资产。这将在金融工具类别下的保险、养老金和标准化担保计划中进行解释。

第三种类型是一次性担保，其包括的贷款或债务证券较为特殊，与债务相关的风险度不能精确计算出来。一次性担保的授予视为或有资产和或有负债，而不记录为金融资产或负债。

一个例外情形是，某些金融萧条形势下政府为企业提供的具有很高代偿可能性的一次性担保，在处理时视作这些担保一开始就被要求代偿了。

1. 货币黄金和特别提款权

4.13 国际货币基金组织（IMF）发行的货币黄金和特别提款权（SDRs）（存量分类中的 AF1 类和交易分类中的 F1 类）是金融资产，它们通常被各国货币当局持有。此类别包含两个子分类：（a）货币黄金（AF11）；（b）特别提款权（AF12）。

（a）货币黄金

货币黄金的范围

4.14 *BPM*6（第 6.64~92 段落）将货币黄金定义为由货币当局（或受货币当局有效控制的其他单位）所拥有的，并作为储备资产而持有的黄金。它包括金块（包括在分配黄金账户里持有的黄金）和未分配黄金账户，后者是非常住单位（非居民）授予的黄金交割要求权。所有的货币黄金都是储备资产或由国际金融组织持有。除少数体制外，黄金只能是中央银行或中央政府的金融资产。不作为储备资产持有的金块列入非金融资产。

4.15 货币黄金中的金块是一种没有对应负债的金融资产。货币当局和国际金融机构以外的金块交易都被视为非金融资产交易。

4.16 分配黄金账户相当于黄金所有权的保管记录，然而未分配黄金账户的持有者没有实物黄金所有权，而是拥有对账户发行者的黄金索取权。

4.17 未分配黄金账户被归类为外币存款。[83] 如果未分配黄金账户只表示对非常住（非居民）单位的债权，被归类在"对应非常住（非居民）单位的其他外币存款"项下。[84] 同样的原则也适用于其他贵金属（如银、铂）的未分配账户。所有贵金属的未分配账户应被归类为外币存款，并且所有金属的分配账户，除了货币当局作为黄金持有的分配账户，[85] 都应被归类为非金融资产。

4.18 货币黄金交易包括货币当局（持有作为外币资产的黄金）和国际金融组织之间的黄金销售和购买。这些交易以货币黄金的形式记入金融账户中。SNA2008资产负债表中对货币黄金的处理见表4.2。

表4.2 货币黄金在资产负债表中的处理

货币当局		国外部门		住户部门（如中央银行以外的存款性公司）	
金融资产	负债	金融资产	负债	金融资产	负债
货币黄金金块（包括在分配黄金账户中持有的黄金）			存款		
非常住单位的未分配黄金账户			常住货币当局的未分配黄金账户		
存款					存款
常住单位的未分配黄金账户					常住货币当局的未分配黄金账户

黄金的货币化和非货币化

4.19 金块的购买（销售）作为资产的增加（减少）记入货币当局（中央银行或中央政府）的金融账户。金块的交易，除了那些发生在货币当局和国际金融机构之间的金块交易，被视为非金融资产交易。

4.20 当货币当局购买金块作为官方储备时，黄金被货币化，此时黄金的分类由非金融资产变为金融资产。如果货币当局出售作为官方储备的部分黄金，黄金被非货币化，那么黄金的分类从金融资产变为非金融资产，随后交易被记录在非金融资产中。

4.21 黄金的货币化或非货币化作为金块分类的变化（在货币和非货币黄金之间），被记入货币当局的资产物量其他变化账户。

4.22 当货币当局将黄金从价值储藏重新划分为货币当局持有的储备资产时，

---

[83] 由于利息回报与黄金的市场价格相关，而与实物黄金没有联系，少数国家的ODCs提供以本币计价的存款账户。这些存款也被归类为外币存款。

[84] 然而，具有第三方支付特征的以黄金计价的存款账户将会被归类在可转让存款下（以外币计价）。

[85] 货币黄金被区别对待是由于它作为储备资产时的国际支付手段和价值储藏功能。

黄金货币化。资产物量其他变化账户记录贵金属持有量减少和货币黄金持有量增加。当货币当局将黄金从储备资产转为贵金属时，黄金非货币化。此时由货币当局持有的货币黄金减少，同时贵金属增加。

4.23 货币当局之间的货币黄金购买或销售被归类为货币黄金交易。其他所有的黄金购买或销售，包括与金融中介机构或者通过有组织的黄金市场进行购买和销售，都作为贵金属的购买和销售被记录，在这之前或之后伴随着分类变化。购买贵金属之后，其分类发生变化，从而使得黄金货币化，而销售贵金属之前要先改变其分类，使黄金非货币化。

4.24 相应的会计分录如表4.3和表4.4所示。

4.25 在货币化之前，货币当局获得非货币黄金将作为进项明细记录在资本账户中"贵金属获得减处置"或者"存货变化"科目中。如果非货币黄金是从国外获得，则在进口项下记录。

表4.3　　　　　　　　　　　货币化的会计处理

货币当局	交易对手	获得	会计分录		货币化	会计分录	
			货币当局	交易对手		货币当局	交易对手
购买金块	（iii）对于非居民	商品交易	进口（+100）现金减少（-100）	出口（-100）现金增加（+100）	货币化记录资产类别变化	货币黄金（+100）贵金属（-100）	没有分录
	（iv）对于居民		贵金属获得减处置/存货变化（+100）现金减少（-100）	贵金属获得减处置/存货变化（-100）现金增加（+100）			

4.26 非货币化的会计处理是类似的。在非货币化之后，货币当局处置非货币黄金将作为销项明细记录在资本账户的"贵金属获得减处置"或"存货变化"科目中。如果非货币黄金销售给国外，则在出口项下记录。

表4.4　　　　　　　　　　　非货币化的会计处理

货币当局	交易对手	非货币化	会计分录		处置	会计分录	
			货币当局	交易对手		货币当局	交易对手
出售金块	（i）对于非居民	非货币化记录资产类别变化	货币黄金（-100）贵金属（+100）	没有分录	商品交易	出口（-100）现金增加（+100）	进口（+100）现金减少（-100）
	（ii）对于居民					贵金属获得减处置/存货变化（-100）现金增加（+100）	贵金属获得减处置/存货变化（+100）现金减少（-100）

非货币黄金与货币黄金

4.27 不作为储备资产持有的金块不是金融资产,被归为非货币黄金(见表4.5)。在某些情况下,中央银行可能持有不作为储备的金块(例如,当中央银行作为开采黄金的垄断经销商时,就会发生这种情况)。

4.28 非货币黄金可以以金块(至少99.5%纯度的硬币、金块或者金条,包括分配黄金账户中持有的黄金)、黄金粉末和其他未锻造或半成品等形式存在。而包含在珠宝、手表等一般商品中的黄金不是非货币黄金。非货币黄金可以作为价值储藏或工业用途被持有。

4.29 因此,非货币黄金交易被视为贵金属的获得减处置(如果交易的唯一目的是为了储藏财富),否则被视为最终消费、中间消耗、存货变动、出口或进口。

表 4.5　　　　　　　　　　　　　货币黄金和非货币黄金

货币黄金	只有作为外汇储备部分的黄金被视作货币黄金;本质上,只有货币当局或国际金融组织持有货币黄金作为金融资产。
非货币黄金	作为非金融资产的黄金,或者作为一种存货或贵金属;完全拥有的黄金的所有权。

以黄金计价的存款、贷款和证券

4.30 以黄金计价的存款、贷款和证券与用外币计价的资产一样分类。

4.31 除抵押品是黄金外,黄金掉期与回购协议是类似的。黄金掉期是以黄金交换外汇存款,并协议在未来约定日期以约定的价格做反向交易。黄金接受者(现金提供者)通常不在资产负债表上记录这笔黄金,而黄金提供者(现金接受者)通常也不会将黄金从其资产负债表中剔除。这种交易类似于回购协议,应记录为抵押贷款或存款。货币黄金掉期发生在货币当局之间或在货币当局和另一方之间,而非货币黄金掉期则是无货币当局参与的交易。

4.32 黄金贷款包括特定期间黄金的交割。类似于其他逆回购,黄金的法定所有权发生转移(临时借款方可能会向第三方转售黄金),但是黄金价格变化的风险和收益仍然属于贷款方。黄金借款方(通常是市场交易商或经纪人)通常在黄金(暂时)短缺期间利用这些交易弥补他们对第三方的销售。需要就黄金的使用向原所有者支付一笔费用,费用的金额取决于标的资产的价值。

4.33 所有支付给黄金所有者的用于黄金贷款(无论是从分配或者未分配黄金账户中)的应缴费用应该按照惯例作为利息被记录。

(b) 特别提款权

4.34 特别提款权(AF12)是由IMF创立并分配给会员国以补充现有储备资

产的国际储备资产。[86] IMF 的特别提款权司[87]通过在 IMF 会员国和某些国际机构（统称参加国）之间分配特别提款权来管理储备资产。

4.35 特别提款权只由中央银行（或中央政府）和经授权作为持有者的若干国际金融机构所持有，并且可以相互转让。持有特别提款权意味着拥有无条件从其他 IMF 会员那里获得外汇或者其他储备资产的权利。

4.36 特别提款权的创立（称作特别提款权分配）和消失（特别提款权取消）的机制引发了交易。这些交易按分配总额记录，一方面记入一个参加国货币当局的金融账户，另一方面记入代表全体参加国的国外部门。

4.37 特别提款权是有对应负债的资产，但是它代表的是对全体参加国而不是对 IMF 的债权。某一参加国可将其持有的部分或全部特别提款权出售给其他参加国，并收到其他储备资产（特别是外汇）作为回报。

4.38 特别提款权的持有和特别提款权的分配应该在货币当局资产负债表中记录为总资产和负债。特别强调的是，特别提款权分配被归类为对非居民的长期债务。[88] 这个分类是基于特别提款权分配的两个主要债务属性：（a）分配中的应付利息；（b）如果一个成员脱离了 IMF 的成员关系或者特别提款权计划结束，它将被要求偿还其包括所有特别提款权分配的债务。

4.39 特别提款权的分配和取消基于四式记账原则；这意味着分配总是伴随着特别提款权持有的增加，取消则伴随着特别提款权持有的减少（见表 4.6）。

表 4.6　　　　　　特别提款权分配、消失和转移的会计处理

(a) 特别提款权分配

国外（代表全体参与国）		货币当局	
金融资产交易	负债交易	金融资产交易	负债交易
特别提款权分配（+100）	特别提款权（+100）	特别提款权（+100）	特别提款权分配（+100）

(b) 特别提款权取消

国外（代表全体参与国）		货币当局	
金融资产交易	负债交易	金融资产交易	负债交易
特别提款权分配（−50）	特别提款权（−50）	特别提款权（−50）	特别提款权分配（−50）

(c) 特别提款权从货币当局 A 向货币当局 B 转移

---

[86] 也可参见 *MFSMCG* 附件 4.2。

[87] IMF 的特别提款权司，与金融资源行政管理局有关，在 1969 年 IMF 创立新的国际储备资产后，由其设立以管理所有的特别提款权交易。条款要求一般部门和特别提款权司应保持严格分离。这反映出在 IMF 中特别提款权机制是一个完全独立的金融机制。(参见 IMF 的《金融组织和操作》，手册系列第 45 册，第六版，2001)。

[88] 在 *SNA*1993 和 *BPM*5 中，特别提款权被归类为没有对应负债的资产。在《货币与金融统计手册》(IMF 2000) 中，特别提款权被归类为股票和其他权益。

续表

国外（代表全体参与国）		货币当局 A		货币当局 B	
金融资产交易	负债交易	金融资产交易	负债交易	金融资产交易	负债交易
（1）特别提款权的偿还					
现金（-80）	货币当局 A 的特别提款权（-80）	特别提款权（-80）现金（+80）			
（2）特别提款权的获得					
现金（+80）	货币当局 B 的特别提款权（+80）			特别提款权（+80）现金（-80）	

2. 通货和存款

4.40 通货和存款（AF2）类别分为三个子类：(a) 通货（AF21）；(b) 可转让存款（AF22）；(c) 其他存款（AF29）。

（a）通货

4.41 通货指那些由中央银行或中央政府发行或授权的具有固定面值的纸币和硬币。[89]

4.42 要区分本币（通货是中央银行和一般政府等常住单位的负债）与外币，它们代表了对外国中央银行或一般政府等非常住单位的债权（见表4.7）[90]。

4.43 通货不包括：

(a) 未流通的纸币和硬币，如中央银行或一般政府持有的未发行的货币。

(b) 通常不用于支付的纪念币。它们被归类为贵重物品（AN13）。

4.44 纸币和硬币被视为按面值计算的负债。纸币和硬币的生产成本记录为政府支出而不是从发行通货的收入中抵扣。因此，造币活动中的铸币税（货币收入）是零息债务收益（假设硬币被交换成有息资产）减去生产成本的净差额。

表 4.7　　　　　　　　　　　货币的发行和持有

	通货持有	
中央银行和一般政府发行的流通中的本币	居民持有	非居民持有
非常住外国中央银行和一般政府发行的外币	居民持有	

---

[89] 在一些国家，中央银行或一般政府可以授权商业银行发行货币。

[90] 货币联盟中，本币和外币被区别对待（参见第10章）。

4.45 在表4.8所述的例子中,流通中的本币数量是100,分别由居民(90)和非居民(10)持有。另外,居民持有外币的数量为15。

表4.8　　　　　　　　　　　本币的发行与持有及居民持有的外币

资产				负债			
总通货持有量	国外通货持有量	一国经济体的通货持有量	本国通货持有量	本国通货发行	一国经济体的通货发行	国外通货发行	总通货发行
本币 100	本币 10	本币 90	本币 90	本币 100	本币 100		本币 100
外币 15		外币 15	外币 15			外币 15	外币 15
本币和外币 115	本币 10	本币和外币 105	本币和外币 105	本币 100	本币 100	外币 15	本币和外币 115

(b) 存款

4.46 存款包括所有针对中央银行、中央银行以外的存款性公司、政府单位和在某些情况下其他机构单位,以存单表示的债权。存款的类别包括可转让存款(AF22)和其他存款(AF29)。

4.47 存款通常为标准、不可转让的合同,对广大公众开放,可用于吸纳不同金额的款项。存款通常要求债务人将全部本金归还给债权人。[9]

4.48 存款主要由存款性公司[中央银行(S121)和中央银行以外的存款性公司(S122)]及某些情况下作为债务人的中央政府(S1311)提供。

(c) 可转让存款

4.49 可转让存款(AF22)包括以下所有存款:
(a) 没有违约金或限制,按面值即期兑现的存款;
(b) 以支票、汇票、汇划单、直接借记或贷记、其他直接支付方式直接向第三方提供支付的所有存款。

4.50 某些类型的存款只体现有限的可转让性。例如,一些存款在第三方支付的数量方面有限制。

4.51 可转让存款主要反映常住存款性公司[中央银行(S121)和中央银行以外的存款性公司(S122)]的负债,在某些情况下也代表中央政府(S1311)和相

---

[9] 存款与贷款的关系在4.120~4.125段中介绍。

应的非居民机构单位的负债。所有居民部门和国外部门都可能持有可转让存款。

4.52 可转让存款包括：

（a）中央银行以外的存款性公司间持有的除证券和应收/应付账款外的银行间头寸。SNA2008 建议将银行间头寸作为存款中的独立部分。银行部门间的借贷活动与银行在其他子部门间的中介活动的经济意义有本质的区别。银行间头寸被明确并记录在可转让存款项下（SNA2008，段落11.56和11.57）。[92]

（b）中央银行以外的存款性公司存放在中央银行的可转让存款。

（c）中央银行以外的存款性公司的客户购买银行本票或者类似的金融工具用来支付给货物、服务的供应商或解决金融债务。银行本票是以存款性公司自己账户开出的支票。存款性公司的出纳签下支票，然后支票被支付给买方指定的收款方。无论是用现金购买还是通过提取存款购买，签发的支票都应该包括在存款性公司的可转让存款负债中。[93]

（d）存款性公司的客户可能会购买银行汇票（某些时候被称作柜员支票），即存款性公司依靠其在其他存款性公司存款账户里的资金签发的支票或类似工具。对于客户购买的银行汇票，存款性公司应该记录：(i) 因顾客的存款提取引起的存款负债的减少（或存款性公司货币持有的增加，如果支票是用现金购买的）；(ii) 签发汇票的存款性公司持有的存款减少。[94] 签发的银行汇票（或柜员支票）应该被归类在存款性公司的可转让存款负债。[95]

（e）在有些国家，存款人被授权可透支一定数量的支票或以可转让存款账户中其他项目的形式获得授信。所有因存款账户透支而产生的未偿还债权应该被归类为贷款而不是存款人账户的负余额，不管存款人是有意地造成透支还是无意地产生账户资金不足。

（f）旅行支票由金融公司或非金融公司发行，是具有通货和流动存款特点的一种交换媒介。它们是以特定面额发行的预付形式的纸质产品，一般用于商务和个人旅行。旅行支票不指定任何特定收款人，一旦签署不可转让，并且只能由其指定的所有者兑换为现金。[96] 签发的旅行支票应该被归类在存款公司的可转让存款负债中。

4.53 可转让存款可按照币种类型划分为以本币和以外币计价的可转让存款。

---

[92] 可能存在银行间头寸的工具分类不明确的情况，例如，因为当事人也无法确定或者因为一方认为它应该作为贷款，而另一方认为它应该作为存款。因此，鉴于对称原则，所有银行间头寸除了证券和应付/应收账款都被归类在存款下。

[93] 关于存款的部门分类，银行支票应该被归为支票购买方的经济部门，而不是接收方的经济部门。如果由货币持有部门中的消费者购买，现金支票应该被归类于广义货币内的可转让存款。如果由中央政府、非常住居民或（可以想象的）其他存款性公司购买，现金支票应该被归类于被排除在广义货币外的可转让存款。

[94] 存款性公司应该记录其在其他存款性公司中的存款持有的减少，尽管相应的分录并不会在其他存款性公司的账户中记录，直到该交易已经通过支付清算体系显现。

[95] 当银行汇票由汇票购买人持有的或在给收款人的途中时，它不包括在广义货币中。

[96] 每个支票被给予一个确定的编号，类似于冠名支票。如果支票丢失或被盗，所有者可以轻易地取消它并且从发行者处获得一个新的支票。

> **专栏 4.2　电子货币**
>
> 电子货币（e 货币）是一种由客户拥有的支付工具，其货币价值以电子方式存储在技术设备上或服务器上。[a]设备的所有者使用它进行购买、销售和转让时，存储的货币价值数量就会适当地减少或增加。为了取得电子货币的资格，支付工具必须代表一般购买力，即它必须可用于从较大范围的供应商处购买货物或服务。[b]
>
> 电子货币包括基于硬件和基于软件的产品。[c]基于硬件的设备（通常是一个具有嵌入式微处理器芯片的塑料卡片）主要用于面对面付款，但也可用于通过连接到互联网的读卡器进行远程支付。电子货币可以用作一些更具体的"电子价值"产品和服务的广义术语，如预付卡、电子钱包、基于网络的电子货币服务（比如 PayPal）、网络货币[d]和移动货币。网络货币是指通过电信渠道，以基于硬件或基于软件的技术形式转移的电子货币。移动货币（也指移动支付、移动货币转让和移动钱包解决方案）是指在金融法规下操作、通过移动电话或移动设施执行的支付服务。与移动支付服务有关的支付工具具有电子货币的特征。
>
> 电子货币储存在物理设备或远程服务器中。在电子货币的封闭环境下，此类支付的接收者在兑现时必须向卡片发行方提供资金所有权证明。在开放式环境下，不涉及电子货币发行者的参与，资金可以在买方到卖方的一系列交易下实现转移。[e]
>
> 虽然大多数电子货币的发行者是金融公司，但非金融公司也可以被授权发行电子货币。收集中央银行以外的存款性公司在封闭环境下发行的电子货币数据非常简单，电子货币的交易与平衡的会计处理和定期可转让存款是相似的。[f]
>
> ---
>
> [a] 也可参见 *MFSMCG*。
>
> [b] 特定支票被给予唯一的支票数目，类似于一个冠名支票。当支票丢失或被盗，持有者可以轻易地取消，同时从签发人处获取新支票。
>
> [c] 两种基于技术的电子货币也被称为基于卡片的电子货币计划和基于软件的电子货币计划。
>
> [d] 网络货币是指通过电信渠道，以基于硬件或基于软件技术形式进行转移的电子货币。
>
> [e] 然而货币具有物理特性，电子货币交易的安全性由验证身份的电子密码、保密特性和数据处理完整性来提供。
>
> [f] 向电子货币卡装载资金，存款性公司获得"手持存款"以换取定期存款（或货币）。存款性公司与电子资金接收者的交易类似于其他可转让项目的电子结算。

（d）其他存款

4.54　其他存款（AF29）包含所有除可转让存款以外的存款凭证所代表的债权。

4.55 除了存款到期后或在约定期限后，其他存款不能用于第三方支付，并且它们在没有违约金或限制条件下不能兑换现金或可转让存款。

4.56 其他存款包括：

（a）定期存款，指的是无法即时使用，但可以在约定到期日支取的存款。

（b）活期存款，指的是允许立即提取现金但不能直接转让给第三方的存款。

（c）储蓄存款。[97]

（d）固定期限存款和不可转让存单。

（e）从法律角度看或在实践中可以立即赎回或在较短时间内提前通知可以赎回的采用份额形式或类似存款凭证的金融公司的负债。

（f）排除在可转让存款类别外的限制性可转让存款。

（g）对IMF的债权是国际储备（不同于一般资源账户的贷款）组成部分，其包括借款总安排（GAB）和借款新安排（NAB）下的贷款。

（h）由IMF管理的信托基金的流动债权。

（i）与金融衍生工具合同有关的用现金支付的可偿还保证金，是中央银行以外的存款性公司的负债。

（j）包含在广义货币下的隔夜和短期回购协议。不包含在广义货币下的回购协议应该被归类在贷款下。

（k）未分配黄金（和其他贵重金属）存款归类为外币存款。[98] 如果未分配黄金账户只代表对非居民的债权，那它们将会被归类在"以外币计价的非居民其他存款"下。[99] 同样的原则适用于其他贵重金属（如银或铂）的未分配账户。所有贵重金属的未分配账户被归类在外币存款中。除了货币当局持有的黄金外[100]，其余所有金属的分配账户都归类在非金融资产中。[101]

（l）限制性存款是依据法律、管理或商业要求，提款受到限制的存款[102]。限制性存款包括：

（i）要求进口商在进口之前存入的进口存款；

（ii）已经记入存款方账户但还不能提取的可转让存款，必须在接收存款的存款性公司收到存款项目（如支票或汇票）的款项后才可以提取；

（iii）强制性的储蓄存款，例如，官方要求将工人收入的一部分存放在存款账户中，或只能出于特定的目的才可以提款（如购置住宅或退休）；

（iv）由于实行国家的外汇配额政策而受到限制（无法提取）的外币存款；

---

[97] 有自动转账服务便利的储蓄存款是可转让存款。

[98] 在少数国家的其他存款性公司提供以本币清算的存款账户，该账户中的利息回报与黄金的市场价格相关，但是与实物黄金没有关系。这些存款也被归类为以外币计价的存款。

[99] 然而，具有第三方支付特征的以黄金计价的存款账户将被归类在外币计价的可转让存款下。

[100] 货币黄金被区别对待，是因为其在储备资产中的国际支付手段和价值储藏手段。

[101] 可想而知，存款账户产生了对未分配商品（而不是贵金属）的金融债权。

[102] 存款限制不包括对有约定到期日的存款提前支取的限制。定期存款不允许到期之前提取，即便允许，通常也会有违约金。这样的取款条件被视作定期存款的到期规定准则，而不是存款限制。

(v) 在清算或重组过程中被冻结的金融公司中的存款。

在决定哪一种（如果有的话）限制存款类型应该被包括在广义货币中时，需要考虑这些限制性存款的性质和期限特征[103]。

（m）互换协议下的外币存款。[104]

4.57 固定期限存款或定期存款是不立即处理，但在约定到期日处理的存款。它们的可用性受固定期限限制或在提款通知下才能兑现。它们也包括中央银行以外的存款性公司持有的，某种程度上作为强制储备，储户不能在没有通知或限制的情况下使用的中央银行存款（S121）。

4.58 其他存款不包括可转让定期存单和可转让存款凭证。它们被归类为债务证券（AF3）。

4.59 其他存款可按货币被分为以本币计价和以外币计价的其他存款。

专栏4.3 保证金存款[a]

保证金指为弥补实际或潜在债务而支付的现金或抵押存款。要求提供保证金反映了交易对手的风险，是金融衍生工具市场的标准做法（也可参见下面金融衍生工具部分）。保证金的分类取决于它们是否会被偿还。

可偿还保证金包括用来防止交易对象出现违约风险而交付的现金或其他抵押品。保证金仍然归存款单位持有。尽管对保证金的使用可能有限制，但如果存款单位保留所有权的风险和收益，如收入或对持有收益和损失的风险暴露，其仍然属于偿还资金。在结算时，可偿还保证金（或超过衍生工具合同负债部分的可偿还保证金）要退还给存款人。在有组织的市场中，可偿还保证金某些时候被称作初始保证金。

可偿还保证金支付是存款交易，而非相关的金融资产间（如金融衍生工具）的交易。如果由其他存款性公司签发，现金形式支付的可偿还保证金被归类为存款；如果不是由其他存款性公司签发，现金形式支付的可偿还保证金被归类到其他应收/应付款。当可偿还保证金存款是非现金资产（如债券）时，不记录任何交易，因为经济所有权没有发生变化。

不可偿还保证金的支付是相关的金融资产（如金融衍生工具）的交易；该支付减少了相关金融资产产生的金融负债，对应分录是另一个金融资产（可能是通货或存款）的减少。不可偿还保证金的接收被记录为相关金融资产的减少；

---

[103] 金融公司持有受损存款为限制性存款。
[104] 外汇互换是在中央银行和中央银行以外的存款性公司之间的合同。中央银行要求存款性公司存入外汇以获得在中央银行的存款，同时承诺在日后可以进行逆交易。即使存款账户允许转让，但存款持有者不能在互换协议持续期进行支付。外汇互换协议不归在贷款类别。

对应分录是另一种金融资产（可能是通货或存款）的增加。

在一些国家，可偿还和不可偿还保证金被记录在同一账户，并且这两者可能很难区分为两种形式。必须对有关实际制度安排（如付款单位和支付工具的类别的确认）进行审查。关键是保证金是否是可偿还的，或者保证金的支付是否代表了所有权在金融合同交易双方之间发生了有效转移。

---

[a] 也可参见 MFSMCG，段落 4.39~4.43。
[b] 也可参见 MFSMCG。

（e）结构性存款

4.60 结构性存款通常将存款与金融衍生工具或一篮子金融衍生工具结合。金融衍生工具或一篮子金融衍生工具通常嵌入在存款中。在投资者开始支付本金的情况下，嵌入金融衍生工具的不可转让的金融工具被归类为存款。

3. 债务证券

4.61 债务证券（AF3）是作为债务凭证的可转让金融工具。[105] 如果金融资产的法定所有权通过交付或背书可以很容易地从一个部门转移到另一个部门，则该金融资产是可转让的。债务证券（如股权性证券）作为可转让工具通常是用于在有组织的交易所或场外交易（OTC）市场。对于可转让的债务证券来说，不必存在真实的交易。

4.62 债务证券包括票据、债券、可转让存单、商业票据、债权证、资产支持证券和通常在金融市场交易的类似的工具。

4.63 票据通常是短期债务证券，其赋予了持票人在特定日期无条件地获得固定金额回报的权利。票据按一定的贴现率在有组织的市场上发行和交易，其贴现率取决于利率的高低和期限的长短。短期证券有国库券、可转让存单、银行承兑汇票和商业票据。

4.64 债券和债权凭证通常是长期债务证券，其赋予了持有者无条件的权利：（a）收取固定支付或合约规定的可变支付；（b）在约定日期收取固定金额作为本金偿还；（c）同时有（a）和（b）。大多数债券都归入此类。

4.65 债务证券由常住的非金融和金融公司、一般政府和非居民发行。它们作为其金融资产组合的一部分，通常可以由任何常住的机构部门和子部门以及非居民

---

[105] 另见《证券统计手册》（由国际清算银行、欧洲中央银行和IMF共同出版）。《证券统计手册》处理证券统计的编辑和陈述的概念框架。

持有。

(a) 债务证券的主要特征

4.66 债务证券，作为在二级市场上交易的可转让金融工具，拥有以下所有或几乎所有特征：

（a）债务证券发行的日期。
（b）首次发行时投资者购买债务证券的发行价格。
（c）预先确定的按合同规定最终支付本金的赎回日或到期日。[106]
（d）赎回价格或票面价值，是发行者在到期日支付给持有者的金额。
（e）原始期限，从发行日期到合同规定的最终付款期或到期日。
（f）剩余期限，从参照期到合同规定的最终付款期或到期日。
（g）发行者向债务证券持有者支付的票面利率。票息在债务证券存续期内可能是固定的或者随着通货膨胀、利率或资产价格的变化而变化。票据和零息债务证券没有票面利率。
（h）发行者支付票息给证券持有者的票息日期。
（i）发行价格、赎回价格和票面利率可能以本币或者外币计价（或结算）。
（j）债务证券的信用评级，是指单个债务证券的信用等级。信用级别由公认机构评定。

4.67 债务证券包括金融资产和负债，它们可以根据到期日、持有与发行部门和子部门、币种和利率类型等不同分类来描述。

(b) 按原始期限和币种划分

4.68 债务证券可根据原始期限划分为两类：（i）短期债务证券（AF31）；（ii）长期债务证券（AF32）。短期债务证券的原始期限在一年以内或者是一经要求立即付款的，而长期债务证券的原始期限在一年以上或者没有固定到期日的。分类是基于发行时约定的到期日进行的。

4.69 债务证券可以以本币或外币计价。应该进一步对以各种外币计价的债务证券进行划分，并可根据各种外币对国民经济的相对重要性变化而变化。

4.70 本金和票息均和外币挂钩的债务证券被划分为以外币计价的债务证券。双重货币债券指的是票息和本金的支付按不同的币种计价的债务证券。

(c) 按利率类型划分

4.71 债务证券可根据利率类型进行划分。债务证券可分为三类：固定利率、

---

[106] 到期日可能伴随着债务证券转换成股票。在这种情况下，可兑换性意味着持有者可将债务证券兑换为发行者的普通股。可交换性意味着持有者可将债务证券交换为发行人以外的公司股。没有固定到期日的无期证券被归类为债务证券。

浮动利率和混合利率的债务证券。

固定利率债务证券

4.72 固定利率债务证券包括：

（a）以面值发行和赎回的平价债务证券。

（b）除零息债券（见下文）外的折价或溢价发行的债务证券，如短期国库券、中期国库券、商业票据、本票、承兑汇票、背书票据和可转让存单。

（c）高贴现债券，利息较低、以面值大幅折价发行的债券。

（d）零息债券，通常是无票息的一次性支付债务证券。债券折价出售，并且本金到期偿还，或有时分批赎回。零息债券可通过从固定利率债务证券中"脱离"票息的方式产生，也就是说，将票息从证券的最终本金中分离出来，并且独立地交易。

（e）本息分离债券（STRIPS）或者剥离型债务证券，即债券的利息支付和本金部分被分离，或"剥离"，可以单独出售。

（f）永久的（未标明日期的）、有赎回权（可赎回的）、有回售权的债务证券和有偿债基金条款的债务证券。

（g）可转换债券通常被归类为固定利率的债务证券，持有者可选择将其转换成债券发行公司的股票，此时可转换债券将被归类为股票。

（h）可交换债券是一种内嵌期权的固定利率证券，隐含着有权在某个未来的日期和约定条件下将证券转换为债券发行公司以外的公司（通常是发行者的子公司或持有股票的公司）的股票。

4.73 固定利率债务证券可能还包括认股权证债券、次级债券、支付固定收入但在解散时持有者无法参与公司剩余价值分配的非参与优先股[107]和合订证券工具等债务证券。

浮动利率债务证券

4.74 浮动利率债务证券的利率和/或本金与下列有关：

（a）一般商品和服务的价格指数［如居民消费价格指数（CPI）］；

（b）利率；

（c）资产价格。

4.75 浮动利率债务证券通常被归类为长期债务证券，除非它们原始期限少于1年，或者规定在一定条件下需要立即偿还。

4.76 通胀关联型债务证券和资产价格关联型债务证券包括以通胀挂钩型债券和商品挂钩型债券发行的债务证券。商品挂钩型债券的票息和/或本金与商品的价格相关联。利息与另一债务人的信用级别挂钩的债务证券应被归类为指数挂钩债

---

[107] 优先股也被称为首选股、首选股份或参与和未参与优先股股票。

证券，因为信用评级不会根据市场状况持续变化。

4.77 对于利率关联型债务证券，合同的名义利率和/或赎回价值按照本币浮动。也就是说，在发行日发行者不知道偿付的本金和利息额。

4.78 一种特殊的利率关联型债务证券是浮票息据（VRN）。它随参照指数变化而变化，浮动范围取决于发行者的信用风险变化。

4.79 指数关联型证券是票息金额（利息）或本金或两者同时和某一指数（如价格指数或商品价格）相关联的金融工具。这些证券被归类为浮动利率债务证券。

混合利率债务证券

4.80 混合利率债务证券在它们存续期内既有固定的又有浮动的票面利率，并且它们被归类为浮动利率债务证券。它们包括的债务证券具有以下特征：

（a）同时具有固定票息和浮动票息；

（b）在某一个参考时点之前实行固定票息（或浮动票息），然后从该参考时点起至到期日变为浮动票息（或固定票息）；

（c）票息支付是债券存续期内事先预定好的，但不是个固定值，这被称为阶梯式债务证券。

（d）银行承兑汇票

4.81 银行承兑汇票一经承兑，便作为金融资产处理，即使资金要过一段时间后才兑现，并且被归为债务证券。银行承兑汇票由金融公司对汇票进行承兑，是在约定日期支付约定数额的一种无条件承诺。银行承兑汇票必须是可交易的。银行承兑汇票代表的是持有者的无条件债权和承兑金融公司的无条件负债。金融公司的对应资产是对其客户的债权。

（e）私募

4.82 债务证券还包括私募。私募是指发行者直接出售债务证券给少数投资者。这些债务证券的发行者的信用水平不是由信用评级机构评估，并且证券通常不会转售或重新定价，所以私募的二级市场并不成熟。然而，大部分私募符合可转让性的标准，并且被归类为债务证券。

（f）存托凭证

4.83 存托凭证（DRs）允许非常住机构单位在另一个市场上以一种更容易被该市场投资者接受的形式推出其股票或债券。常住的存款性公司先购买标的证券，然后以更容易被投资者接受的通货形式发行凭证。在发行后，DRs 可以在投资者之间、股票交易所或者场外交易所自由交易。DRs 根据它们背后的基础金融工具进行分类，即分为股票型证券或债务证券。这是因为"发行者"（存款性公司）不将标的证券放进其资产负债表，仅仅是充当一名中介商。

（g）证券化

4.84 证券化是指票息和本金的支付是以特定资产或其未来收入流为支撑的债务证券的发行。各种资产或未来收入流可能被证券化，包括：

（a）金融资产，如住宅和商业抵押贷款、消费贷款、企业贷款、政府贷款等，保险合同，信用衍生品；

（b）非金融资产；

（c）未来收益。

4.85 资产或未来收入流的证券化是一个重要的金融创新，带动了新金融公司在债务证券创新、营销、发行方面的广泛使用。证券化要考虑不同的方面。从公司考虑：资金价格比银行渠道更低；能有效减少监管资本要求；能转移各类风险，如信用风险或保险风险；资金来源更多元化。

4.86 债券市场内和债券市场间的证券化计划各不相同。这些计划可以被分为两大类。

（a）涉及从事资产证券化的金融公司，原始持有者作为抵押所提供的资产发生了转移，这是一种真实交易。

（b）涉及从事资产证券化的金融公司，仅仅是信用风险发生了转移，通过信用违约互换（CDS），初始所有人保留资产，转移信用风险。这被称为合成证券化。[108]

4.87 关于证券化计划（a），成立证券化公司来持有证券化资产或其他已经被初始持有者证券化了的资产，并发行由这些资产做抵押的债务证券。

4.88 建立一个从事资产证券化的金融公司很有必要，不论这个公司是否通过发行债务证券积极地管理投资组合，而不是简单地像信托一样消极地管理资产或持有债务证券。当资产投资组合的合法拥有者是一家金融公司，其发行债务证券并支付利息给投资者，且拥有完整的账户，该公司作为金融中介被归类在除保险公司和养老基金外的其他金融中介中（S125）。

4.89 从事资产证券化的金融公司与仅为持有特定的金融资产与负债投资组合而创建的实体之间是有区别的。如果后者与母公司同为一国的常住单位，则将它与母公司合并处理；如果该实体是非常住单位，那应该把它视为一个独立的机构，归类为专属金融机构和贷款人（S127）。

4.90 关于证券化计划（b），资产的原始所有者或保护买方通过信用违约互换的形式，将与由多元化基础资产组成的资产池有关的信用风险转移给证券化公司，

---

[108] 见欧洲中央银行2008年12月19日第24/2009条例，关于从事证券化交易的金融工具公司资产和负债的统计数据（ECB/2008/30）（OJ L 15, 20.1.2009, p.1）。OECD工作组对证券的金融统计工作反映在Chaviox - Mannato, M（2001）中。

但自身保留资产。发行债务证券获得的收入被投作存款或其他安全的投资（如AAA级债券），存款获得的利息及信用违约互换的溢价，用于支付所发行债务证券的利息。如果发生违约，资产抵押债券的持有者拥有的本金减少——次级债务将受到初次"打击"等。票息和本金的支付也可能从债务证券投资者转向原始所有者以弥补违约损失。

（h）资产支持证券

4.91 资产支持证券（ABS）是本金和/或利息的支付要以特定金融或非金融资产池产生的现金流为支撑的债务证券。[109] ABS通常由从事资产证券化的金融公司发行，并且持有者对标的资产没有剩余索取权。它们常常按不同的级别发行，该级别根据从资金池产生的现金流获得本金和/或利息偿还的优先情况而定。ABS包括：

（a）住房抵押贷款证券（RMBS）和商业抵押贷款证券（CMBS），通常其原始期限为长期，并有抵押贷款池支持。

（b）抵押债务凭证（CDO），由更多元化的金融资产池作抵押，包括一些RMBS、CMBS和/或其他CDO。

（c）贷款抵押债券，通常被管理得很好，并且由大中额贷款组成的投资组合作抵押，通常在二级市场出售和购买。

（d）其他ABS，由其他资产池（如信用卡应收账款、贸易应收账款、助学贷款或一项业务或整个业务部门收入流等资产池）作抵押。

（e）资产抵押商业票据（ABCP），在ABCP项目背景下发行的原始期限为短期的票据。这种项目往往由银行发起，并通常利用获取的票据收入为应收款项融资、消费信贷、金融及非融资租赁和部分长期资产支持证券提供资金，这通常是来自各种不同的发起人（包括非金融公司）。

（f）抵押担保凭证（CMO），是由大型住宅抵押贷款池获得的特定现金流作抵押的债券。

（i）资产担保债券

4.92 资产担保债券是由金融公司发行或完全由金融公司担保的债务证券。此外，这些债券还能以抵押贷款资产池或政府债务资产池中的抵押物做担保。资产担保债券的发行由特殊的法律框架管理，并且受到审慎监管。[110] 如果金融公司发生发行违约或担保违约事件，债券持有者不仅拥有对金融公司的普通债权，同时还拥有对担保池的优先债权。

---

[109] 债务的期限通常与抵押品的种类相匹配。
[110] 例如，欧洲议会第575/2013号规定和理事会2013年6月26日关于信用机构和投资公司的审慎要求，以及修订欧盟第648/2012号规定（所谓的CRD IV的一部分取代了资本需求指令），建立了对资产担保债券的处理规则。担保池主要是抵押贷款、信用等级高或向一般政府提供贷款。类似的债务证券交易计划包括：德国抵押债券；法国不动产担保债券；意大利抵押担保债券；法国抵押贷款债券和公共部门债券；葡萄牙抵押贷款债券和公共部门资产担保债券；西班牙抵押债券和公共部门担保债券。

4.93 无论资产质量如何，资产的发行者或所有者均需承担无条件偿还本金和利息的义务，这一点资产担保债券和资产支持证券存在区别。资产仅是作为保护债券持有者权益的抵押品，以防止发行者不履行债务。因此，担保的抵押品并不是从资产所有者角度用来降低债券发行方面的信用风险。

专栏4.4 证券借贷、回购协议和买入返售/卖出回购

证券借贷是出借人（证券的卖方或现金接受者）将证券临时转移给借用人。证券借用人可能需要提供现金或证券形式的资产作为抵押品给证券出借人。交易双方的法定所有权已经转移，以确保所借证券和抵押品可以被出售或出借。

证券回购协议是一种以债务证券或股票换取现金或其他支付工具，并承诺在未来某一约定日期或相机决定的到期日以固定价格回购同一或类似证券的安排。买入返售/卖出回购是涉及现货交易和远期交易结合的综合回购协议。

有现金抵押品的证券借贷、回购协议和买入返售/卖出回购是有相同经济效应的不同术语：即都是涉及以证券作抵押获得贷款或存款的协议的担保贷款，存款性公司在这样的协议下出售证券。

证券借贷、回购协议和买入返售/卖出回购作为抵押品提供的证券，经济所有权没有发生变化，因为出借人依然是证券（通过票息和股息的转嫁机制，即所谓的"创造股息"）收益的受益人，承担着证券价格变动的所有风险或收益。

证券回购协议、证券借贷（现金抵押品）或买入返售/卖出回购下资金供应和接受不涉及任何新债务证券的发行。中央银行以外的存款性公司对其他机构单位的资金供应被视为贷款；如果它包括吸收存款公司的负债并被包含在一国广义货币的范围内，则应属于存款。这些不同操作的特征如下表所示。

特征	证券借贷		回购协议		买入返售/卖出回购
	现金抵押物	无现金抵押物	特定证券	一般抵押物	
交换的一般方式	借出证券，并且约定借用人将返还给出借人		出售证券，承诺根据协议条款进行回购		证券的现货出售和远期购买
交换的主体	用证券交换现金	用证券交换其他抵押物（如果有的话）	用特定证券交换现金	用一般抵押物交换现金	用现金交换证券
退还给供应商	证券		现金		现金
退还的方式	费用		回购利率		现货和期货之间的价差（通常等于回购利率）

如果证券借贷不涉及现金供应（用一种证券交换另一种证券，或一方提供

无抵押的证券),则没有发生贷款、存款或证券交易。但是,回购下的现金保证金追缴通知应列入贷款类。

除抵押品是黄金外,黄金掉期与证券回购协议是类似的。黄金掉期是以黄金交换外汇存款,并协议在未来约定日期以约定的黄金价格再做反向交易,这种交易被归类为抵押贷款或存款。

回购协议的例子

回购协议或类似交易的双方同意以债券或其他金融工具换取等量现金,并且约定可以进行逆交易。这样的交易有时被称为出售债券换取现金抵押物,然而统计上是以现金贷款换取债券形式的抵押物。债券仍在原始持有者的资产负债表上,原始持有者保留所有的收益和风险(包括债券的利息索取权)。当回购到期时,现金的借用人将会返回比他原始收到的金额更多的现金——区别在于在合同期间现金使用产生的利息。利息应该被记录在现金借用人和现金出借人资产负债表中相应的金融工具下。

卖空(也称为"空头"或"做空")是指卖出从第三方借来的资产(通常是证券),并打算在日后买回该指定资产返还给出借人。[a]卖空者希望通过资产价值下跌来获得收益,在这种情况下他们高价卖出,再低价回购。相反地,如果资产价格上涨,卖空者将受损。经纪人可以使卖空更为便利,他们收取费用,安排有证券的客户("出借人")将证券借给另一个客户("卖空者")。然后卖空者在市场中卖出证券(给"购买者"),出借人仍持有法律上和经济上的所有权,并且可在任何时间向经纪人索要证券。然后经纪人将划转完全相同的证券,他通常可以从他客户持有的大量证券池中获得这些证券。

当卖空债务证券或其他资产时,证券出借人(证券的原始持有者)和证券卖空的购买者都是法律和经济上的所有者,都有受证券的风险和收益的影响。为避免重复统计,卖空方应该记录一个负的证券资产,交易账户应反映从卖空方到买入方的一个销售过程,这是资金从买入方流动到卖出方的一个对应过程。在收入分配账户中,卖空者支付给出借人的利息或其他收入,记为卖空者的负的应收收入,同时买入者和出借人都记录对应的利息或其他收入。

证券和逆向回购协议的卖空案例

一名证券交易员,他虽然不持有某一特定的证券,但预计该证券价格会下跌,可以先卖出证券,期望以后低价买回。这就是所谓的"卖空"。卖空者必须交付证券给购买者;为此,他必须借入证券,可能是通过逆回购协议购入。因为证券可能仍在原始所有者的资产负债表上,并且同时出现在新的所有者的资产负债表上,卖空者必须记录一个负持有来避免重复计算。

---

[a] 卖空交易也适用于回购协议。

(j) 永续债券

4.94 永续债券（或永续年金）是没有到期日的债券，它们有无限存续期。发行者永远支付债券票息，并且不用赎回本金。

4.95 永续债券是一种年金，从固定日期开始定期支付，然后无限期地延续下去。有时也被称为永续年金。永续债券的价值是有限的，因为较远的未来预期收入只能换算成较低的现值（未来现金流的现值）。不同于典型债券，因为本金不用偿还，因此本金没有现值。假设支付在当期期末开始，永续债券的价格仅仅是适当折现率或收益率下的票息总额，即：

$$PV = A/(1+r)^1 + A/(1+r)^2 + \cdots + A/(1+r)^\infty$$
$$PV = A/r$$

4.96 PV = 永续债券的现值，A = 定期付款额，r = 收益率、折现率或利率。

4.97 一个永续债券面值为 1000，每年提供的年息 A 为 80，贴现率为 10%，则永续债券的价值推导如下：

$$PV = A/(1+r)^1 + A/(1+r)^2 + \cdots + A/(1+r)^\infty$$
$$PV = A/r$$
$$= 80/0.1 = 800$$

4.98 一个关于永续债券的例子便是英国财政部发行的公债。加拿大在 19 世纪 70 年代末发行了一些永续债券。大部分永续债券是由银行发行的次级债券。它们中的大多数是可赎回的，但是第一次赎回日距发行日的时间不短于五年（一个赎回保护期）。

(k) 拆分证券

4.99 拆分证券是将本金和票息付款分割为一系列零息债券的一种证券，且这些零息债券的到期日依票息付款日和本金偿还日的不同而不同。该证券又称本息分离证券。拆分使得投资者能以不同于原有证券混合现金流的方式获得特定的现金流。拆分证券的发行者可以不是原发行者，下面是拆分证券的两个例子：

（a）即使没有募集到资金，但发行者或机构（如拆分经销商）按发行者的意愿将原有证券的支付分拆后单独销售。

（b）第三方获得原始证券，用其作支撑发行拆分证券。然后募集到新的资金，此时产生了一种新的金融工具。

4.100 金融公司购买债券或类似工具，剥离票息支付，将其未来现金流量出售给不同的投资者，即将单独本金（PO）债权出售给一个投资者，同时将单独票息（CO）债权出售给一个或多个其他投资者。PO 和 CO 投资者基于转递而获得债券的现金流。分离债权的发行者（金融公司）将已分离和出售的现金流记录为负债

（记在债务证券项下）。金融公司同时作为 PO 和 CO 的购买者及创建者。

4.101 PO 和单独利息（IO）也可通过一种特殊的 CMO 形式，即抵押贷款池证券化来创建。IO 投资者从抵押贷款池定期利息支付中收到现金，而 PO 投资者收到定期支付的本金部分。PO 和 IO 的现金流和收益率，类似于其他由抵押贷款作支撑的转递证券，反映了贷款的支付模式。

4.102 当原始证券发行者创建 PO 和 CO，他舍弃原来的证券或让它们留在一个存储库（如结算或清算机构等）"休眠"，直到证券被重新发行或被赎回。拆分的证券取代原来的证券，从而避免对发行者负债的重复核算。

(1) 结构化债务证券

4.103 结构化债务证券通常将单个或一篮子债务证券和单个或一篮子金融衍生工具结合。这种嵌入的单个或一篮子衍生金融工具通常不能从债务证券中分离出来单独交易。有嵌入金融衍生工具的金融工具应被视为债务证券。

4.104 结构化债务证券的例子有：

（1）信用关联票据（CLN），是嵌入了信用违约互换（CDS）的债务证券，允许发行者将其他资产的信用风险转移到投资者身上。如果一个或多个指定的违约事件发生，CLN 的本金相应减少。

（b）结构化浮票息据（VRNs），不同于一般的浮动利率债券，其支付利率是通过参考某独立的利率指标如伦敦银行间同业拆借利率（LIBOR）而定期重置。该结构化发行的债券包含了一种衍生工具，它允许调整票息利率来满足投资者的利率预期，例如，可能存在利率上下限或利率分档。

（c）浮票息据（VRNs），具有浮动利率债券的一般特点，除了其参考指标的范围是随着时间推移或随着发行者信贷风险变化而变化外，其收益也不是固定的。VRNs 的票据持有者往往有卖出选择权，可以在任何利息支付期间以票面价格将其卖回给 VRN 发行方。

4.105 根据结构化证券的特点可以设立 5 个标准，概括如下（见表 4.9）：

表 4.9　　　　　　　　结构化债务证券的特点

		本金的风险程度			
		保本	部分保本	高风险，但受初始损失保护水平的限制	高风险
投资回报	合成转换 反向转换 动态分配 周期性封顶 目标回报 合成展示				

续表

		本金的风险程度			
		保本	部分保本	高风险,但受初始损失保护水平的限制	高风险
参与	直接的平均的可变化的增持的				
票息种类	可变的固定的最小值				
赎回种类	可随时支取的自动赎回的				

（a）本金的风险程度可以分为：（i）无论标的金融工具的收益如何，到期保本归还；（ii）面临损失，但损失部分必须小于全部本金；（iii）高风险，但受初始损失保护水平的限制；（iv）高风险。

（b）根据投资回报的不同可以区分出六种不同种类的结构化证券：（i）"合成转换"，即投资者获得一张票息，外加基础本金的潜在增值；（ii）"反向转换"，投资者收到票息并且面临着基础本金贬值风险；（iii）"动态分配"，在投资的存续期内根据算法和动态规划对投资进行分配；（iv）"周期性封顶"，投资回报是基于基础本金的定期测量回报的总和；（v）"目标回报"，一旦达到一定的投资回报率投资就会中止；（vi）"合成展示"，与直接投资基础本金类似的投资。

（c）不管回报是基于以下哪种情况，参与都反映了其特点：（i）基于最初和最后的基础水平，它不包括投资项目10%以上的拉平价格，并且参与率在定价基准日已经被设定；（ii）基于投资项目10%以上的定期拉平价格，参与率在定价基准日已经被设定；（iii）未在定价基准日设定，而是依基础本金的变化而定；（iv）以大于1的比率随基础本金的变化而变化。

（d）票息种类可能是：（i）浮动的，依基础本金的变化而定；（ii）固定的，在定价基准日已设定；（iii）在定价基准日设定的，超出本金数额的最小回报。

（e）在以下情况下，投资者应当赎回投资：（i）发行者要求立即支付；（ii）预先约定的事件发生了（自动偿付）。

4.106 以本金风险程度为基本标准，并以投资回报率及参与情况为二级标准，可以分成以下四类结构化债务证券，每种证券描述如下。

4.107 保本型产品，主要特征是从投资者的角度保护投资者的原始资本。此类产品对债务证券提供全面亏损保护，同时对权益性证券而言拥有升值潜力。投资者通常放弃部分权益性证券的升值能力以换取本金保护。在此情况下，债务证券与一个或多个选择权相结合的产品也应归于债务证券。

4.108 增值型产品，是为了获得最大投资回报而设计的产品。相应地，本金并不能完全得到保护，此类产品有限规避风险或完全不规避风险。此类产品相对于本金保护型产品拥有更多的收益空间，但是不能保证投资本金的完整回收。某种程度上，收益增强型产品会部分面临基础投资下跌至缓冲地带以下的风险，此类产品通常将债券和看涨或看跌期权相结合。此类产品同样属于债务证券。

4.109 参股型产品，其价值来源于各类不同的债券。以不同的基础证券为标准，将这些参股型产品分为债务证券、股权型证券、投资基金份额等类别。

4.110 杠杆型产品，将基础证券投资与期货或期权进行捆绑，相对原始投资存在更高的风险。尽管原始投资的预期风险相比杠杆类产品较小，杠杆类产品还是应被归为债务证券。

(m) 被排除在债务证券以外的金融资产

4.111 不可转让的金融工具（如债务凭证）应被归为贷款而非债务证券。

4.112 信用违约互换（CDS）应归为金融衍生工具而非债务证券。

4. 贷款

4.113 贷款（AF4）包括以下所有金融资产：
(a) 债权人直接将资金借给债务人时产生的金融资产；
(b) 以不可转让单据作为凭证的金融资产。

(a) 贷款的主要特点

4.114 贷款的特点主要体现在以下方面：
(a) 贷款条件由发放贷款的金融公司确定，或者由借款人与贷款人双方直接或通过经纪人协商。
(b) 借款人通常占据贷款的主动权。
(c) 贷款是一种必须到期偿还并支付利息给债权人的无条件债务。

4.115 贷款可以是所有常住部门和国外部门的金融资产或负债。按照惯例，中央银行以外的存款性公司通常将短期负债记录为可转让存款，而不是贷款。

(b) 按原始期限、币种和贷款用途进行分类

4.116 贷款根据原始期限可划分为两类：
(a) 短期贷款，是指原始到期日在一年或一年以下的贷款，或债权人要求偿还的贷款（AF41）。
(b) 长期贷款，是指原始到期日超过一年的贷款（AF42）。

4.117 为了分析便利，贷款可按计价币种分为：（a）以本币计价的贷款；（b）以外币计价的贷款。

（c）贷款类型

4.118 贷款包括：
（a）可转让存款账户的透支，透支额被视为贷款，而不是负的可转让存款；
（b）其他活期账户的透支，例如，非金融公司及其所属子公司之间的集团内部余额，但不包含在存款性公司分类下中央银行以外的存款性公司的负债余额；
（c）对应银行承兑汇票的贷款；
（d）抵押贷款；
（e）消费信贷，如周转贷款或分期贷款；
（f）为履行特定义务而作为担保的贷款；
（g）一般资源账户的贷款项目中反映的对 IMF 的金融债权，包括借款总安排（GAB）和借款新安排（NAB）下的借贷，这些应该被包括在 IMF 的储备头寸中。

（d）贷款与存款的区别

4.119 原则上，所有被用于直接为第三方支付的金融工具都应该被列为可转让存款，不管指定的工具是支票账户、活期账户、经常账户、转账账户，还是往来账户等。

4.120 可转让存款不包括在贷款分类中，因为贷款不能用于为第三方支付。

4.121 区分其他存款（如不可转让存款）和贷款更加困难。其他存款（AF29）或贷款（AF4）的区分要根据文件中指定的工具特点和各国区分两者的惯例而定。其中一个区别就是——属于存款而不属于贷款——债务人｛主要是存款性公司［包括中央银行（S121）和中央银行以外的存款性公司（S122）］，以及某些情况下的中央政府（S1311）｝提供一种标准化不可转让合约给一般大众（作为债权人），允许债权人自由配售和撤回资金。

4.122 按照惯例，让渡给中央银行以外的存款性公司的短期贷款都应归为存款。[1] 这个惯例主要是为了分析上的需要，如各级政府的储蓄存款及中央银行以外的存款性公司之间的非货币黄金互换。

4.123 中央银行以外的存款性公司之间的基金配售也记录为存款。

4.124 债权人（金融资产的持有者）和债务人（负债的发行者）账户中的金融工具应该使用相同的分类。金融公司间提供资金的，双方应当使用相同的类别记

---

[1] 在编制"从谁到谁"的金融账户和资产负债表时，给予中央银行以外的存款性公司的贷款都应该归类为存款，而来源于货币统计的数据不能这样拆分为存款和贷款。

录为其他存款或贷款。[112]

(e) 贷款和债务证券的区别

4.125 贷款（AF3）和债务证券（AF4）之间的区别是，贷款是不可转让的金融工具，而债务证券是可以转让的金融工具。可转让金融工具是指这些工具通过交割或背书可以轻易地将法定所有权从一个主体转移到另一个主体。可转让工具可以在有组织的市场或其他市场上进行交易。

4.126 贷款交易发生在单一债权人和单一债务人之间，以单个文件作为凭证（银团贷款有多个债权人）。与此相反，债券包含了大量的相同文件，这些文件共同构成了借款总额。

4.127 在贷款的二级市场，可能会出现两种情况：
(a) 如果市场报价比较频繁，那贷款将被重新归类为债务证券。[113]
(b) 如果贷款只交易一次，并且没有下级市场，那么它不会被重新分类，继续视为贷款。

4.128 金融公司大部分情况下提供标准化贷款，其特征为金融公司决定贷款合同的条件，借款人只能接受或者拒绝，典型例子是个人住房贷款。此外，非标准化贷款的条件通常取决于债权人与债务人之间的协商结果。这个重要的特征有助于区分非标准化贷款与债务证券。对于公共债券发行，由借款人通过咨询银行或者主要经理人后设定发行条件，而对于私人债券发行，由借款人与贷款人共同协商决定发行条件。

案例4.1 贷款销售的记录
(由葡萄牙中央银行和欧洲中央银行提供)

4.129 这个案例主要介绍作为一项救助过程中的贷款销售。贷款销售的主要目的是使中央银行以外的存款性公司的资产负债表变得"干净"。根据贷款的销售价格，可能会出现两种选项：
(a) 以"市场价格"（公允价格）销售的贷款。
(b) 以不同于"市场价格"的价格销售的贷款，这将对购买机构和售出机构的净贷出（＋）/净借入（－）产生相反的影响。这意味着只有贷款的定价高于"市场价格"，售出机构才能通过销售贷款获得收益。[114]

4.130 销售机构（中央银行以外的存款性公司）和购买机构的原始资产负

---

[112] 银行间头寸应被归类为可转让存款的一部分。
[113] 如果贷款被多次出售，它应被重新归类为债务证券，它的价值从名义价值变为市场价值。其在贷款和债务性债券之间的转换又会导致资产的变化，随后作为债券要对其重新估计。
[114] 详见欧盟统计局（2013）第5章，金融注销部分。

表反映了从 $t(0)$ 到 $t(1)$ 期期初，贷款出售之前所设定的资产和负债状况，其中一般政府经过了"金融注销"处理。假设贷款的名义价值为1300.0CU（CU是货币单位），贷款的"市场价格"（公允价格）为800.0CU。

4.131 根据 SNA2008，贷款以名义价值记录在作为销售机构的中央银行以外的存款性公司的资产负债表内。贷款的市场价格（公允价值）等信息记录在其财务会计报表（商业账户）中。

$t(0)$ 期期初到 $t(1)$ 期期初原始资产负债表

中央银行以外的存款性公司（卖方）				一般政府（买方）			
金融资产		负债及净值		金融资产		负债及净值	
通货和存款（AF2）	X			通货和存款（AF2）	Y		
贷款（AF4）	1300.0						
		600.0	股权（AF51）		0	股权（AF51）	
		$X+700.0$	净值（B90）		Y	净值（B90）	

情形1：以"市场价格"（公允价值）出售贷款

4.132 假设中央银行以外的存款性公司以"市场价格"（公允价值）即800.0CU出售贷款给一般政府。双方的金融账户会计分录交易明细如下表所示。

交易

中央银行以外的存款性公司（卖方）				一般政府（买方）			
金融资产的变动		负债及净值的变动		金融资产的变动		负债及净值的变动	
通货和存款（F2）	800			通货和存款（F2）	−800.0		
贷款（F4）	−800.0			贷款（F4）	800.0		
		0	净贷出（+）/净借入（−）(B9)			0	净贷出（+）/净借入（−）(B9)

重估价

4.133 下表显示了中央银行以外的存款性公司作为贷款（500.0CU）销售方所导致的亏损以及作为贷款（500.0CU）购买方的一般政府所获得的收益。假设获得的收益以及导致的损失直接在这两个机构单位的所有者权益中体现。

中央银行以外的存款性公司（卖方）				一般政府（买方）			
金融资产的变动		负债及净值的变动		金融资产的变动		负债及净值的变动	
贷款（F4）	−500.0			贷款（F4）	+500.0		
		−500.0	股权（AF51）			500.0	股权（AF51）
		0	净值的变动（B90）			0	净值的变动（B90）

第4章 金融资产和负债

$t(0)$ 期到 $t(1)$ 期的期末资产负债表

中央银行以外的存款性公司（卖方）				一般政府（买方）			
金融资产		负债及净值		金融资产		负债及净值	
通货和存款（AF2）	$X+800.0$			通货和存款（AF2）	$Y-800.0$		
				贷款（AF4）	1300.0		
		100.0	股权（AF51）			500.0	股权（AF51）
		$X+700.0$	净值加股权			Y	净值（B90）

在这种情况下，对两个机构的净值没有影响。贷款的销售使资产和负债在两个机构之间重新配置。

情形2：以高于"市场价格"（公允价值）的价格出售贷款

4.134 假设中央银行以外的存款性公司以1000.0CU的价格将贷款出售给一般政府，这个价格高于"市场价格"（公允价值）800.0CU。该一般政府200.0CU的资产就由此转移到中央银行以外的存款性公司手中，即1000.0CU与市场价格（公允价值）800.0CU之间的差额。下表显示了两个机构之间交易的资本账户和金融账户的会计分录。

交易

中央银行以外的存款性公司（卖方）		一般政府（买方）	
资产的变动	负债及净值的变动	资产的变动	负债及净值的变动
资本账户			
	200.0　应收资本转移（D9r）		−200.0　应付资本转移（D9p）
200.0	净贷出（+）/净借入（−）(B9)	−200.0	净贷出（+）/净借入（−）(B9)
金融账户			
通货和存款（F2）　1000.0		通货和存款（F2）　−1000.0	
贷款（F4）　−800.0		贷款（F4）　800.0	
	200.0　净贷出（+）/净借入（−）(B9)		−200.0　净贷出（+）/净借入（−）(B9)

重估价

4.135 下表显示了两个机构所获得的收益和导致的损失的会计分录。假设获得的收益以及导致的损失都能在这两个机构单位的权益中有所体现。

除中央银行外的存款性机构（卖方）		一般政府（买方）			
金融资产的变动	负债及净值的变动	资产的变动		负债及净值的变动	
贷款（AF4） −500		贷款	+500.0	+500.0	净值和股权的变动
	−500 股权（AF5）			+500.0	股权（AF5）
	0 净值的变动			0	净值的变动

$t(0)$ 期期末到 $t(1)$ 期期末资产负债表

中央银行以外的存款性公司（卖方）		一般政府（买方）			
金融资产	负债及净值	金融资产		负债及净值	
通货和存款（AF2） $X+1000.0$		通货和存款（AF2）	$Y-1000.0$		
		贷款（AF4）	1300.0		
	100.0 股权（AF51）			500.0	股权（AF51）
	$X+900.0$ 净值（B90）			$Y+200.0$	净值（B90）

在这种情况下，两个机构的净值都受到影响，相当于资本从一般政府转移到了中央银行以外的存款性公司。与前面的情况相似，出售贷款使资产和负债在两个机构之间重新配置。

（f）贷款、商业信用与商业汇票之间的区别

4.136 商业信用是指由货物和服务交易的卖方和买方之间直接产生的信用关系。当货物与服务的支付时间同货物所有权转移的时间或服务提供的时间不是同一时间，商业信用就产生了。

4.137 商业信用有别于贸易融资，贸易融资属于贷款。此外，商业汇票是指以客户为付款人，向货物和服务供应者签发的。随后供应商拿该汇票去金融公司进行贴现，汇票就成为第三方金融公司对客户的债权。

（g）融资租赁

4.138 融资租赁是指根据合同作为资产法定所有者的出租人将经济所有权传递给承租人，承租人承担经营风险，并将资产运用于生产性活动而获得经济利益。在融资租赁中，出租人可以视为向承租人提供获得资产所需的贷款。据此，租赁的资产将出现在承租人而不是出租人的资产负债表中，相应的贷款将视为出租人的资产和承租人的负债。

4.139 融资租赁应该区别于其他类型的租赁，因为融资租赁过程中，资产的风险和回报从其法定所有者（出租人）转移到使用者（承租人）上。其他类型的租赁有：(a) 经营租赁；(b) 资源租赁；(c) 其他合同、租赁和许可证。

专栏 4.5 融资租赁和经营租赁

租赁有两种基本形式：融资（金融）租赁和经营租赁，两种租赁形式的主要差异在国际会计准则（IAS）第 17 条中有所陈述。

融资租赁是指租赁资产的所有权附带的所有风险和收益实际上从出租人转移到承租人身上的一种融资方式。通过签订合同和移交租赁资产，出租人转移了他对租赁资产的经济所有权，但法定所有权只有在承租期满，承租人支付完最后一笔分期款项后才实现转移。在融资租赁中，类似于贷款，在资产的整个生命周期承租人可以使用该租赁资产。

具有以下几个特征的租赁通常被归为融资租赁：

(a) 承租人在租赁期满后获得法定所有权；

(b) 承租人有权在租期结束时合理地以足够低的价格取得租赁资产的法定所有权；

(c) 租赁期限占资产大部分的经济寿命；

(d) 在初期，租赁所支付的现值大体上接近于资产总值；

(e) 如果承租人撤销租赁，因撤销所导致的出租人的损失由承租人承担；

(f) 资产残值的剩余价值所带来的收益或损失归于承租人；

(g) 承租人拥有以远低于市场租价的租金继续租赁的选择权。

然而，这些特征并不能确凿地说明是否所有的风险已经被转移。例如，承租人在租赁结束后以当时的公允价格取得该资产，则出租人承担了与该资产所有权有关的实质性风险。融资租赁也称作金融租赁、资本租赁或全部回收租赁，着重强调其动机是对资产的融资收购。会计实务也是以相同方式来识别融资租赁的。

融资租赁的处理是为了规避法律安排，以反映这类安排的经济实质，即对于金融租赁下的资产，将其视为使用者购买和拥有的资产来处理。例如，如果一家银行将一架飞机出租给一家航空公司，同时该公司被视为取得了该飞机的经济所有权，那么该飞机将作为航空公司资产负债表中的一项资产列出，而贷款作为一项负债记录。

经营租赁是指租赁资产的所有附带风险和收益都属于出租人的一种租赁形式。在这种情况下，租赁资产的经济所有权和法定所有权均属于出租人，承租人仅享有资产的使用权。合同期满，租赁资产归还于出租人。在经营性租赁中，承租人对租赁资产的使用时间通常少于它的有效使用期限。

融资租赁和经营租赁在税务处理上有明显的区别。融资租赁提供者在合同生效后直接给承租人开具发票。发票包含了全部的义务：每份合约的本金加租金（在整个合同期间按复利计算）及所有增值税（VAT）（租赁资产的增值税、增值税发票、增值税利息）。基于此，承租人就会把租赁资产，如一件设备纳入其资产负债表中。相应地,这件设备会被记为资产,而长期租赁承诺则被记为债务。此设备应计提折旧。如果租赁资产是使用者有权扣税的固定资产,则发票将是增值税全额抵扣的基础。

在经营租赁中,承租人每月都会收到一张其租赁债务的发票。发票反映了净值和增值税。净值包括本金的偿还和相应租期的利息。在这种类型的租赁中,承租人的资产负债表不会发生变化。承租人每月的租赁发票会被记录为费用,并且反映在损益表中。租赁的资产将会记录在出资人的账户上。如果这是一个使用者可以进行增值税抵扣的项目,则根据每月的发票,将按每月分期付款计算的增值税进行抵扣。

表4.5.1概述了融资租赁和经营租赁的本质区别:

表 4.5.1　　　　　　　　融资租赁和经营租赁的本质区别

序号	特征	融资租赁	经营租赁
1	税务处理	类似商品贸易	类似服务贸易
2	财务方面	长期贷款	长期租赁
3	法律所有权	出租人	出租人
4	经济所有权	承租人	出租人
5	使用者的税收节减	折旧和利息	租金
6	使用资产的风险	承租人	出租人
7	租赁期	可选择	超过75%的资产经济寿命
8	增值税开票	租赁交易成立时开具,金融资产的总价值+利息增值税	针对单次租金,每期租金都需要纳税,净租金+增值税
9	租赁合同期满后的所有权转让	待全部付款后,承租人为所有者	合同期满后,承租人有权以市场价格购买资产
10	租赁的合理形式	使用者想成为资产的所有者	使用者不拥有租赁的资产,出租人承担全部风险

资料来源:国际会计准则(IAS)。

(h) 信用卡

4.140　信用卡作为支付或购买的一种便捷手段,也是融资的一种手段。如果信用卡持卡人在每月账单周期内还清了信用卡上的全部支付额,通常其不用承担融资费用。如果信用卡持卡人在月结的基础上仍持有欠款,则必须对该未偿还余额支付利息,包括当月账单周期之前产生的新的支付余额。

4.141　信用卡并不是金融工具,而是一种融资支付手段。所有的信用卡未偿还余额及发生的利息或逾期费等各种支付都应列为贷款。

(i) 贷款参与

4.142 贷款参与是指两个或两个以上的投资者（通常是金融公司）通过银团贷款——由银团或者一个团体作为牵头公司及一个或以上其他债权人参与共同发放贷款——或者通过购买另一债权人发起的未偿还贷款，共同向同一借款人贷款。每个集团成员记录其所提供的贷款参与金额。

4.143 贷款参与应当根据债务人和其他债权人的经济部门进行分解。根据法律规定确定贷款参与者的借方/贷方关系。如果贷款参与是基于分配的原则（最常见的类型），则每个参与者对债务人有直接债权。如果贷款参与基于不分配的原则，则单个债权人与债务人的原始合同仍然不变，但最初的债权人对每一个购买贷款参与权的买家承担责任。

4.144 某一家金融公司可能专门从事发起贷款，并将其出售（通常在发放不久）给另一家打算持有贷款到到期日的金融公司。建议将这些金融工具界定为贷款。

(j) 汇票与承兑汇票

4.145 汇票是由一方（出票人）书面签发的，要求付款人在即期或定期或在未来某一确定时间，向持票人无条件支付一定款项的命令。汇票，有时也被称为商业票据或简单称为票据，主要运用于国际贸易中，但也可用于国内贸易。汇票通常也被称为即期汇票或者远期汇票，它取决于是见票即付还是在既定的未来某个时间付款。汇票是一项支付命令，而不是一项支付承诺。当它被票上指定的一方（即付款人）接受和"承兑"——签字并盖章[115]时，汇票就成为一张本票，并被认定为承兑汇票。[116]

(k) 排除在贷款以外的金融资产

4.146 贷款不包括：
(a) 商业信用和预付款（AF81），它们与贸易融资贷款不同。
(b) 非居民的不动产（如土地、建筑）所有权产生的金融资产或负债。它们被归为其他股权（AF519）。

(l) 不良贷款

4.147 当出现以下情况时，贷款即被视为不良贷款：应付利息或本金逾期90天及以上；或者根据协议90天及以上的应付利息被资本化、再融资或者延期；或

---

[115] 传统上讲，盖章和签名是必需的，但现代票据不一定要盖章。
[116] 票上注明以银行为付款人的普通支票也是银行汇票，由于是即时支付，所以有时被称为即期汇票。银行通过按约支付对该支票进行"承兑"。

者应付利息逾期不足 90 天，但债权人有充分理由（如债务人申请破产）怀疑利息不能完全支付。

4.148 有时未收回的贷款被列入债权人资产负债表中作为备忘项目，这类贷款被称为"不良贷款"。

4.149 不良贷款的定义取决于不同国家在确认贷款为不良贷款时的惯例，一旦某贷款被列为不良贷款，它（或任何重置贷款）应保持原有分类直到收到支付或将本金核销或者以后来的贷款取代了原有的贷款。

案例 4.2 不良贷款的记录

4.150 一般政府和金融公司部门的不良贷款应该被记录为备忘项目。借给国外的贷款或从国外借入的贷款，如果重要的话，也应被记录为备忘项目。

4.151 表 4.10 描述了不良贷款的头寸、交易和其他流量。其他流量是指重新分类和冲销。

表 4.10　　　　　　　　不良贷款的记录

头寸	存量	交易	重新分类	核销	存量
	$t-1$	从 $t-1$ 到 t 期间			T
名义价值					
贷款	1000	200	0	-90	1110
正常贷款	500	200	-50		650
不良贷款	500		50	-90	460
贷款损失准备金担保部分	400		70	-90	380
贷款损失准备金未担保部分	100		-20		80
市场等价物价值					
不良贷款	375		24	-51	348
= 名义价值	500		50	-90	460
- 贷款损失准备金	125		26	-39	112
贷款损失准备金未担保部分	100		-20		80

4.152 案例描述了在 $t-1$ 期一笔名义价格为 1000 的未偿还贷款，其中 500 为正常贷款，500 为不良贷款。贷款损失准备金担保了不良贷款的绝大部分即 400，而另外的 100 没有被担保。该表的第二部分对不良贷款的市场等价物价值给出了详尽的补充信息。它由不良贷款的名义价值和贷款损失准备金之间的差额推导而得。在 $t-1$ 时期，假设不良贷款名义价值为 375。从 $t-1$ 期到 t 期，部分贷款被重新分类（从"正常或尚未被担保"到"不良"；反之亦然）或者被核销（后者需要特定的条件）。流量反映在表中相应的列上。贷款损失准备金的名义价值和市场等价物价值也在表中有所呈现。

4.153 对贷款损失准备金的评估必须在机构单位所适用的会计准则、法律状况和税务规则的框架下开展,这可能会导致贷款损失准备金在数量和持续时间上产生多样化的结果。会使不良贷款很难在主账户上记录,而是将其记录在备忘条款中。除了贷款、正常贷款或不良贷款的名义价值外,最好是将市场等价物价值记录在备忘条款中。

4.154 建议设立两个与不良贷款相关的备忘项目。第一个是贷款的名义价值,包括产生的利息和服务费用。第二个是这些贷款的市场等量值。最接近于该市场等量值的是所谓公允价值,即"近似于当事人之间进行市场交易而产生的价值"。可以利用可比较工具进行的交易或利用现金流贴现的现期价值来建立公平价值,有时也可以从债权人的资产负债表中得到公平价值。当缺乏公平价值数据时,备忘项目只能利用一种次优方法确定,即名义价值减去预期贷款损失。

5. 股权和投资基金份额

4.155 股权和投资基金份额(AF5)是指对清偿了债权人全部债权后的公司或准法人公司的剩余价值具有索取权。

4.156 它们可分为两个子类:(a)股权(AF51);(b)投资基金份额或单位(AF52)。

4.157 股权和投资基金份额被视为同一金融工具类别,主要有以下原因:
(a)它们代表了持有者对公司净资产的债权。
(b)它们的所有权通常以股份、股票、单位、存托凭证、参股证或其他类似的文件为凭证。这种所有权不会产生固定金额的负债,也不会使持有者具有获得固定或预定收入的权利。
(c)从持有者角度看,投资基金份额或单位在许多方面都与权益性证券有相似之处。

(a) 股权

4.158 股权(AF51)是一种金融资产,它表示对清偿了债权人全部债权后的公司或准法人公司的剩余价值具有索取权。它不包括投资基金份额或单位(AF52)。

4.159 法人权益的所有权通常以股份、股票、存托凭证、参股证或其他类似的文件为凭证。股份和股票具有相同的含义。

4.160 股权可以分为:(a)上市股票(AF511);(b)未上市股票(AF512);(c)其他股权(AF519)。

(b) 权益性证券

4.161 权益性证券是金融工具类别 AF5 和子类别 AF51 的一部分。权益性证券是可转让金融工具：包括上市股票（AF511）和未上市股票（AF512）（见表4.11）。

表4.11 股权与投资基金份额（AF5）

股权（AF51）			投资基金份额/单位（AF52）	
权益性证券		其他股权（AF519）		
上市股票（AF511）	未上市股票（AF512）		货币市场基金份额/单位（AF521）	非货币市场投资基金份额/单位（AF521）

(c) 上市股票

4.162 上市股票（AF511）是指在交易所上市的权益性证券。这里的交易所可以是一个公认的证券交易所，也可以是其他有组织的二级市场。上市股票被称为挂牌股票。上市股票在交易所中存在报价，则意味着可以得到股票当前的市场价格。

4.163 上市股票也可能会很少交易或根本不交易，如少数股东公司，股票交易所通常分为主板市场、二级市场、三板市场。在一些市场，通常是三板市场上交易不频繁，所以价格不一定每天都能获得，只可在特定时间获得，比如，在交易发生或头寸被估值时（可能是定期发生，如每月底）。[117]

4.164 除了定期支付上市费用外，上市公司必须满足一些必要要求，如满足最低资产要求，以及上市时和上市后定期公布具体财务信息。

(d) 未上市股票

4.165 未上市股票（AF512）是指未在交易所上市或者注册的权益性证券。它们涉及未挂牌股票。未上市股票也可被称为私募股权。风险资本通常采用这种形式。由于未上市股票可能没有可观测的价格，因此可能会用到其他估价方法（见第5章）。

4.166 未上市股票可以被分为以下几种类型：

（a）资本股票使持有者成为公司的联合所有人，有权分配红利和清算时的净资产。

（b）可赎回股票指股本已被赎回，但持有者仍作为联合所有人，保留获得分红后剩余利润分配的权利，在清算时获得多余资产（净资产减去注册资本）的分配。

（c）红利股（有时被称为创始人股、利润股、股份分红等），不属于注册资

---

[117] 还有其他类型的交易平台如场外交易等。在这些交易场所交易的股票也可以是数量较大并且十分重要，但它们可能并不足以正式上市。

本，持有者不是联合所有人。所以，持有者无权获得注册资本的返还，也无权要求注册资本的收益及股东大会投票权。然而，持有者有权获得注册资本分红后剩余利润的分配，以及清算时的剩余资产。

（d）参与优先股，它赋予持有者参与公司解散时剩余价值分配的权利。持有者也有权参与或接受除固定比例分红以外的额外股利分配。这种额外的股利通常与普通股股息成一定比例。在清算时，参与优先股的股东有权与普通股股东一起参与剩余收益分配，以及收回他们购买股票时所支付的金额。

（e）股票的主要特征

4.167 股票的主要特征是：它们是股东对公司净资产的债权；在交易所挂牌上市或者不上市；在特定的发行日期以特定的发行价格发行，但通常没有规定到期日；通常以本国货币发行。

剩余索取权

4.168 股东对发行股票的机构单位的资产有剩余索取权。

交易市场、上市和退市

4.169 上市股票在证券交易所上市（挂牌）。如果一个公司的股票可以在市场或者证券交易所进行交易，则可以认为该公司上市或挂牌了。一般情况下发行公司需要申请上市，但是在一些国家，证券交易所可以直接让公司上市。例如，某公司股票已经通过非正式渠道交易活跃。

4.170 正规的股票注册是其在股票交易所交易的先决条件。初始上市的要求通常包括：
（a）近几年的财务报表历史数据；
（b）在绝对量和相对量（发行股本的比例）上，都有足够数量的股票对社会大众公开发行；
（c）经批准的招股说明书，通常考虑了独立评估机构的意见。

4.171 一个公司可以通过二次上市或者更复杂的双重上市的方式在多个市场上市。

4.172 权益性证券通常是在一个市场上主上市，在其他市场二次上市。多重上市（多次股票登记）能够使发行者获得更广泛的投资者。尽管当前有多重上市的机制，但这种方式更加复杂和昂贵。即使上市公司只在一家证券交易所注册，其仍然可以接入多个交易平台来扩大权益性证券市场。二次上市可以直接上市权益性证券，也可以上市存托凭证。

4.173 双重上市使公司在两个不同市场上对等上市。一般通过创设一个包含两个控股公司的所有权结构来加以实现，两个公司分别在不同的交易市场上市。两个公司各持有该集团 50% 的股权。实行双重上市主要是为了满足不同国家的上市公司合并后要在两个不同国家的上市的需要。另外，双重上市可以使一个新上市公司在更大的市场上获得资本。

4.174 双重上市的公司有特殊的公司组织要求。两个上市公司的股东有平等的投票权和股息获取权，有合适的管理架构对此加以保证和支持。

4.175 "黑池"平台上进行的交易是交易方不愿别人看到的交易。此类交易通常在股票交易所外进行。

4.176 退市是指公司股票从证券交易所撤出的行为。退市主要发生在一个公司停业、宣告破产、无法满足证券交易所的上市规则，或因并购或收购产生的准公司和非公司企业。退市也可以是主动的。

发行时间

4.177 发行时间是指一个公司向公众发行股票的日期。如果是首次发行，则被称为首次公开募股（IPO），简称"募股"或者"发行"；否则被称为后续报价。

4.178 发行未上市股票，发行日期为资本缴足的日期。

4.179 在首次公开募股中，发行者有可能会获得承销机构的帮助，关于确定股票发行类型、最佳发行价格及上市时间，也能帮助公司向个人和机构投资者报价。

4.180 发行代表公司股份、能在交易所交易的分配凭证，能够为 IPO 提供便利[118]。当基础股票登记时，这些凭到期并按 1∶1 的比例转化为股票，且不用支付额外资金。

4.181 广泛使用的"绿鞋"机制（或超配机制）允许发行者在新发行股票供不应求时，卖出超额的股份。这种做法对保证流动性，以及稳定新股上市后的股价起到重要的作用。

发行价格

4.182 股票的发行价格是指发行时点上报给市场的价格，也可称为公开报价。

4.183 当股票通过首次公开募股上市时，承销商先确定每股股价，这个价格称为发行价。随后的报价也在这个特定价格基础上给出。

4.184 首次公开募股的股票发行价格是基于资本募集金额和股票发行数量而计算得到的。新股（二次发行）的发行价格一般接近于现行市价。当股票开始交易，它的市场价格可能高于或低于发行价格。

---

[118] 分配证书可能是在二次发行时发行。

无到期期限

4.185 股票没有具体的到期日。[119] 公司（和其股票）在概念上是永久的，但它们可以通过法定程序、法庭颁令或者股东自愿行为而被解散。破产也可导致"公司死亡"，债权人可以通过法律程序要求公司解散和清偿债务。

货币计价

4.186 由于股票是在本国证券交易所交易，它们的价格通常是用本币（发行的货币）来表示。[120]

4.187 金融投资者可能持有本币股票和外币股票的投资组合。

可转让性

4.188 股票的显著特征——同债务证券相似——就是可转让性。可转让性与金融工具的法律形式有关。如果法定所有权很容易通过交付或者背书从一个单位转移到另一个单位，那么该金融资产是可转让的。有些股票虽然在法律上可转让，但事实上，它们可能没有可买卖的流通市场。因此，可转让性与市场化并不是一回事：当市场上已有或者将有买家和卖家时，该金融资产是具有市场的。

(f) 普通股和优先股

4.189 普通股（或一般股）和优先股的区别在于它们所拥有的权利以及发行时的前提和条件。将一只股票定义为普通股还是优先股取决于该股票的持有者是否享有对公司资产的优先受偿权。例如，优先股可以优先于普通股获得股息偿付和清偿，但同时其又具有债务证券属性。

普通股（或一般股）

4.190 普通股（或一般股）可以给持有者带来以下权利：

(a) 参与公司总方针的制定。普通股持有者有权参加股东大会并发言和投票（表决），持有者能够针对公司经营目标、方针决策、股票分割进行投票，也能选举公司董事会。

(b) 在股票增发时可以优先认购。一些普通股股东可以获得优先购买权，保证他们能够在发行更多股份时保持原有的股权比例。

(c) 利润分配权。普通股股东的分红是不固定的，因此，他们的回报是不确定

---

[119] 然而有些德国参与凭证（一种参与凭证）有规定的到期日。它们主要在欧洲国家发行，如德国、奥地利、瑞士等。

[120] 一些公司在境外证券交易所发行股权（如美国存托股），但它们完全与发行公司所在国的国内货币挂钩，因此，它不属于"外国货币"（详见 BPM6，段落 11.50）。有少数情况股票会以本国货币以外的货币发行，如欧元在非欧元区的其他欧盟成员国发行。

的，取决于收益、企业再投资和市场有效估值和卖出股票的能力。

4.191 普通股（及股权证书）[121] 可以是无记名股票。无记名股票的认购人是匿名的，因此，对于发行者来说该股东是未知的。记名股票的认购人将被记录在该公司的股权登记上。

4.192 优先股是一种记名股票，它给予持有者特定权利，如向董事会提名候选人的权利。通常优先股也赋予股东可修改公司章程的特殊权利。

4.193 递延股很少或基本没有投票权，在公司破产的情况下，在所有普通股和优先股股东被偿还付清前其持有者不能从公司收到任何收益。

4.194 普通股是有别于优先股的。在公司破产的情况下，普通股投资者得到的权益在优先股股东、债券持有者和债权人等之后。

优先股

4.195 优先股（或优先份额、优先股票、参与优先股）通常比普通股排名更靠前。它们有比普通股更高的投票权（有时高达每股两票）或者根本没有投票权。[122]

4.196 当优先股不含投票权时，持有者无权在股东大会上投票。这通常以更高的分红或在公司清算时更多的剩余价值来补偿。

4.197 优先股赋予其持有者优先股息权，即获得比普通股股东更高的优先股利。优先股可以转换成普通股，也可以在清算时拥有优先受偿权。

4.198 与普通股相同，优先股代表公司的部分所有权，通常拥有固定的股息，尽管公司在缺乏足够的经济能力时可以不支付这笔股息。

4.199 优先股可以被分为：
（a）累计优先股或非累计优先股，这取决于应付股利是否是累计的。
（b）参与优先股或非参与优先股，这取决于在公司解散时是否拥有参与剩余价值分配的权利。这类股票也属于权益性证券，不管收入是固定的还是根据公司计算。非参与优先股被归类为债务证券。
（c）可转换优先股或可交换优先股，这取决于是否可以被转换为指定数量的普通股或债券。
（d）可赎回或可收回优先股，根据公司或持有者的请求，在指定日期或一段时间内以固定价格赎回或收回的股票。
（e）永续优先股、重定息或固定浮息优先股、付息优先股，这类优先股都根据

---

[121] 普通股股权证书通常具有有限的投票表决权。
[122] 一般情况下，优先股没有投票权，除非其没有收到一定数量的股息支付，在这种情况下，优先股获得了特别投票权。

不同分配方式决定。

（f）拆分以及结构化优先股是基于普通股或其他金融工具投资组合的股票。

股东权利和认股权

4.200 股东根据其持有股票的类别享有不同的权利。这些权利包括：（a）董事会选举等事宜的投票权；（b）享受公司收益分配的权利；（c）购买公司发行的新股份（认股权）；（d）在公司资产清算中的索偿权。

4.201 然而，股东对公司资产享有的权利次于公司债权人的权利。同时，普通股股东的权利次于优先股股东的权利。

4.202 对于不同的股东，他们所拥有的投票权的权重是不同的，投票权一般是按照股东所持普通股数量或名义价值按比例分配。除非公司组织章程另有规定，否则，每一份普通股股票有一票投票权。

4.203 根据公司的组织章程、股票发行的条件或依据股东协议，可以授予特定股东（或某类股票）特定权利。一个公司还可以对公司资本划分独立分类的股票，使其拥有附加的特定权利。

4.204 一个公司也可能发行无投票权股票，假定公司发行了有投票权股票，发行无投票权股票就没有资本比例限制。

4.205 股票发行者利用认股权赋予现有股东以参与新股发行的机会，以保证他们的股权不被稀释。为了使新股更具吸引力，他们还会让现有股东拥有以低于市场价的价格购买新股的权利。认股权是一种特殊的保证，并当作一种金融衍生工具来处理。

4.206 当一个公司发行新股后，认股权将会：

（a）使股东（普通股股东或优先股股东）在某个特定日期获得一定的认股权。在某一特定时期内，上述权利可以在股票交易所中独立交易。只有享有认购权的股东才可以购买新股。这些以临时上市证券的形式存在的可交易权利也被称为未缴股款的股份权利。它使现有股东获得用优惠价格认购股票的机会，从而获得额外收益。

（b）没有任何权利购买新股的股东除外。

红利股

4.207 红利股是指将公司储备转化为股本（股票），并按照现有的所有权比例向所有的股东发行的新股票。这只不过是公司将公司储备进行资本化。股东获得新股，持股数量增加，但现有的所有权/持股比例不会发生变化。

4.208 由于基础金融资产的总量没有发生变化，发行红利股不构成股东和公司之间的金融交易。股东拥有的对公司的债权仍然和以前一样——发行红利股对结果没有影响。

4.209 红利股发行的目的主要是为了提高市场上股票的流动性，因此，发行股票的总市值有可能上升，总市值的变化被记录为持有收益。这也是企业回报股东且不必缴税的一种方式，一般在现金股息已经支付后进行。

（g）股票中的其他金融工具

4.210 可转换优先股是一种公司固定收入型证券，它允许持有者在特定的一段时期后或者在一个特定的日期将股票转换成公司的权益性债券。

4.211 股权证书（或原始资本证书）是一种由储蓄银行或其他非有限责任公司或公共有限公司等金融机构发行的股票。它们可以是上市的（主要是储蓄银行发行的股权证书），也可以是未上市的。

4.212 资本发展证书或者发展资本证书（CCDs）主要是运用于风险资本融资。资本发展证书是信托公司以未上市股票为形式发行的证券，它是可以引导投资资金流向具有长期潜在增长性的部门及活动的权益性债券。这种金融工具的收益率取决于每项项目的最终结果，而不是利率和本金偿还保证。资本发展证书类似于美国特殊目的收购公司、加拿大收入信托机构、澳大利亚基础设施基金，以及英国专业基金市场等发行的金融工具。每个资本发展证书都代表其持有者有收取股息、参与资本削减和份额赎回、出售或处置股份等权利。

4.213 股息再投资计划（DRIPs）和直接投资计划（DIPs）是公司股东对公司可变资本进行再投资的一种方式。这些计划由公司提供，允许投资者将股息进行再投资，在股息发放日购买公司额外的股票或股票份额。

（h）股票分割与反向分割

4.214 股票分割是公司分割已发行股票，降低股份，增加市场流通股票数量，目的是增加股票流动性和可获得性。例如，1∶2的拆分，每一个持有一份股票的股东，给予额外的一份股票。因此，如果一个公司在分割前有1000万份流通股，分割后它将会有2000万份流通股。

4.215 股票分割也会影响股票价格。股票分割后，由于流通股的数量增加了，股票的价格将会下降。在1∶2拆分的例子中，股票的价格将会减半。尽管流通股的数量以及股票的价格都发生了变化，但总市值不变。

4.216 公司通常在股价过高或超过类似公司股价时进行股票分割。主要目的是增加股票对散户的供给，同时公司基础价值不变。

4.217 另一种股票分割是反向分割。一般这个过程用于当公司希望提高股价以便取得市场更多尊重或防止公司退市（许多证券交易所在股票价格低于某个值后会安排退市）。例如，在1∶5的反向分割中，1000万价格为0.5CU的流通股将分割为 200 万价格为 2.5CU 的股票。在这两种情况下，公司的市值均为 500 万 CU。

4.218 股票分割或者反向分割不构成交易。

（i）股票回购

4.219 公司可以通过股票回购而购回自己的股份，又名股票再购回或股票回购。

4.220 股票回购是一项金融交易，即上市公司支付现金给现有股东以换取公司流通在外的部分股份。也就是说，以现金交易来减少发行在外的股票数量。公司或注销这些股票，或把它们留作随时可重新发行的"库藏股"。

4.221 很多上市公司出于不同的目的持有不同数额的本公司股票（如为了给市场提供流动性）。持有这些股份通常要严格遵守金融市场监管局或证券交易所的规定和报告义务。只有当被购回的股票是原先就已经被清偿或被注销时，才可以记录为发行在外的股票数量的减少（例如，记录为企业官方资产负债表中的名义资本或发行资本的减少，和/或其在证券交易所中的总市值的减少）。然而，一个公司发行在外的股票总量和它已支付的注册资本可能很难区分。

4.222 值得注意的是，股票回购的两种不同记录方式会导致其在证券统计和国民账户中有所差异。在证券统计中，只记录股票回购的回购总量；它们不像上市公司一样记录多次购买和售出股份后的净值。

（j）存托凭证

4.223 存托凭证是一种证券，表明对在其他经济体内上市的证券拥有所有权。在一个交易所上市的存托凭证代表了对另一个交易所上市证券的所有权。存托凭证广泛用于使股票在发行地以外的司法管辖区中进行交易的情况。

4.224 存托凭证代表的是在其他经济体发行的证券所有权；对存托凭证的所有权可以被当作是对支持它们的基础性金融工具（债务或股本证券）的直接所有权。因此，可能的时候，存托凭证应以"穿透"发行金融机构的方式记录，也就是说，持有者是对基础证券发行者拥有的权利。

4.225 这些凭证应该归属于最初的（或基础）证券发行者的常住国，而不是发行凭证的金融机构所在国。例如，美国存托凭证（ADRs）是发行存托凭证（ADR）基础证券的非美国机构单位的负债，而不是发行存托凭证（ADR）的美国金融机构的负债。

4.226 存托凭证在其他国家以全球存托凭证（GDRs）、欧洲存托凭证（EDRs）及国际存托凭证（IDRs）的形式存在。

4.227 全球存托凭证是在公司所在国以外的一个或多个市场上使用的证券。与美国存托凭证相比，全球存托凭证的基本优势在于它允许发行者可以同时在两个或两个以上市场上募集资金，从而增加了股东基础。它还通过结构的灵活性扩大了参与程度。一个全球存托凭证可以代表一家公司一份或者多份股票（或不到一份股票）。存管银行在发行国持有股份。全球存托凭证的持有者与普通股股东拥有相同的权利，但是通常没有投票权。有时，存管银行可以代表持有者投票。全球存托凭证一般在欧洲证券交易市场如伦敦证券交易所上市。美国存托凭证和全球存托凭证通常以美元计价，但也可以用其他货币计价，如欧元。

4.228 金融中介不应该报告为发行买卖存托凭证而持有的非居民发行的证券。如果金融机构在发行存托凭证时未持有基础证券，那么应该报告持有负的基础证券。

4.229 有四种类型的存托凭证工具可供公司选择：

（a）非参与型存托凭证，它是由一个或多个存管银行根据市场需求发行的，但没有与公司签订正式协议。在大多数情况下，非参与型存托凭证被认为已经过时了，由于公司难以控制且隐性成本较高，非参与型存托凭证已不再发行。

（b）参与型存托凭证，它由一个公司指定的存管银行，在存款协议或服务合同的条件下发行。参与型存托凭证为金融机构提供了工具可控性、在交易所上市的灵活性和增加资金的能力。参与型存托凭证有三个级别。一级参与型存托凭证计划是公司进入资本市场最简单的方法，它一般在美国场外交易市场和美国以外的交易市场上进行交易。在这种情况下，公司并不需要遵守美国通用会计准则（GAAP）或者接受美国证监会（SEC）的披露。实质上，一级参与型存托凭证计划使公司不必改变目前报告程序就能进行公开交易的。公司如果希望在美国证券交易所上市或者筹集基金，就应该使用二级或三级参与型存托凭证计划。这种级别的参与型存托凭证同样也可以在美国以外的一些交易所上市。每种级别需要不同证券交易委员会的登记和报告，而且必须遵守美国通用会计准则（GAAP）。同时，公司必须满足其所选择的交易所的上市要求。这两种高级别的参与型存托凭证通常会增加存托凭证的知名度和吸引力。

4.230 除了这三个级别的参与型存托凭证可公开交易外，公司还可以通过私募参与型存托凭证进入美国和美国以外的市场。通过私募参与型存托凭证，公司可以通过向美国大型机构投资者出售该存托凭证以筹集资金，从而可以避免在证监会注册。

(k) 极端案例

4.231 参与凭证表明了参与权。许多国家对这种金融工具几乎没有法律限制。根据其具体特征的不同，参与凭证可以被归为股票或者债务证券。区分参与凭证可以基于以下标准：（a）参与凭证持有者的债权是附属的；（b）参与凭证持有者的报酬与公司盈利有关；（c）所提供的资本是无期限的，或者说是长期的。基于以上标准，大多数参与凭证被认为是股票。[123]

4.232 私募股权是由不在股票市场公开交易的公司股本构成，如风险资本。它被归类于未上市股票（AF512）或其他股权（AF519）。

4.233 股份合作制实体的内部成员股拥有股票的一些特点。这类股份还赋予持有者请求赎回资金的权利，尽管这种权利可能受到一定的限制。这种股票通常被归类为债务证券。

4.234 但是，如果满足以下条件之一，则将会被归类为其他股权：(a) 该公司有权无条件拒绝赎回；(b) 当地法律、法规或公司章程，对赎回实施禁令。

4.235 股份合作制实体（包括合作银行和信用合作社）的股票通常是不可转让的金融工具，应该归类为存款。但是也存在这种情况，即信用合作社发行的股权证书被归为股权。

4.236 信用合作社是一种由其社员所有并经营的合作金融机构。每个社员在每年股东大会上拥有一张投票权。股东（社员）既是信用合作社的客户，也是其所有者。董事会由股东自愿提名并选举产生。

4.237 信用合作社的所有权通常对任何居民组织或公司开放，并且只有一个公共的股票账户。股票在撤销所有权时是可退回的。经董事会决定后，可根据信用合作社的收入对股票持有者进行分红。

4.238 信用合作社的成员可以将他们的储蓄存在不同的账户中。但是账户（合法）形式必须是存款账户或股票账户等。因此，信用合作社的股票被视为存款或者其他股权。

专栏4.6　与股权相关的操作

合并与收购

合并是两个或两个以上的公司同意合并为一个实体的行为。而收购是指一个公司或公司集团被另一个公司或公司集团购买的行为（尽管购买者可能不会购买所有股份）。

企业通过合并和收购进行重组，会引起金融资产和负债的出现和消失。当一个企业被一个或更多企业吸收而不再具有独立法律实体时，该企业所有的金融资产和负债，包括股票和其他股权，都应从国民账户体系中移除。该部分在资产负债其他物量变化账户下被记录为部门分类和结构的变化。

然而，对企业股票或者其他权益的购买，作为合并或者收购的一部分，应

---

[123] 德国参与凭证（Genußscheine）是参与凭证的一种，它主要在欧洲国家发行，如德国、奥地利、瑞士等。它有时有明确的时限规定。

被记录为购买方和之前所有者之间的金融交易。

由于收购或成立新公司而被替代的现有股份，在新股发行的同时，被记录为赎回股份。被兼并企业和第三方之间的金融资产和负债保持不变，并全移交给兼并企业。

在合并、收购、强制更换管理层或其他重组操作的背景下，经常因为技术原因而产生临时或中介股。中介股一般只存在几个月，并被用于处理复杂的股权交易和转换。

当一个企业被合法地拆分为两个或两个以上的机构单位时，新的金融资产和负债（金融资产的出现）在资产负债物量其他变化账户下被记录为部门分类和结构的变化。

私有化和国有化

私有化一般指公共公司或准公司的控股权从国营单位转移到非国营所有者的处理过程。私有化收益不属于政府税收，而是属于金融交易，其对于政府赤字和盈余没有影响。由于私有化不改变净资产，只是改变政府资产负债表中的资产［股权（F51）而不是通货和存款（F2）］构成。因此，私有化收益将被记录为金融账户总量。

间接私有化

私有化可能在更为复杂的制度安排下进行。例如，一家国有企业的资产被国有控股企业或者另一家政府控股的国有企业出售，那么部分或全部的收益应上缴给政府。

在所有情况中，通过间接私有化出售资产所得支付给政府的收益均应被记为金融交易，不管是出现在政府账户还是政府的一个分支机构账户中，同时控股公司的股份和与资产部分清算相对应的其他权益都减少。所有控股公司获取的所有私有化收益，代表资产再投资形式的政府收入。

国有公司也可以扮演重组代理的角色。这种情况下，销售收益不是交给了政府，而是保留在重组代理机构中，目的是把资本注入到其他公司中。

当重组方作为政府的直接代理人时，不管其法律地位如何，它的主要功能是重组和改变公共控股公司的所有权状态，并完成资金由一个单位向另一个单位的融通。此单位类别通常是一般政府部门。

但是，当重组方是一个控制若干子公司的控股公司，并且只有较少的一部分经济活动是如前所述，代表政府为了公共政策目标而从事资金融通时，这个控股公司按其主要经济活动被分类为金融公司部门，而代表政府开展的交易将通过政府重新进行规划。

国有化一般是政府部门收购非国有所有人的对公司或准公司的控股权。国有化通常使用现金、存款或者其他债券融资工具来购买股份：政府按市场价格或十分接近的价格（参照从事相同经济活动的企业的市场价值进行测算）购买企业部分或全部股份。

即使原始所有者可能会拒绝接受报价或进行价格谈判，但交易双方最终会达成一致。购买股份是金融交易，应该被记录在金融账户。

除此之外，政府可能会通过拨款或没收的方式获得公司的所有权：这种资产所有权的改变不是通过双方协商达成交易的结果。通常不会付款给所有者，或者支付金额不能反映资产的公允价值。收购资产的市场价值与提供的所有补偿之间的差额作为无偿没收被记录在资产物量其他变化账户中。

股权投资

政府单位与其控股公司或准公司之间与其股权投资相关的流量的处理方式与任何公司和它的所有者之间的流量处理方式相同：股权投资从投资者到被控股单位；控股单位进行收益的分配。

重要的是要区分公司所有者退股和股权投资的收益，尤其是股息收入。企业收入的定期分配，被记录为公司的股息支付或记录为准公司的收入提取。给股东的大额且非定期的支付被记为所有者退股。

区分政府给国有企业的付款何时是政府支出，何时是收购资产的金融交易，以及国有企业给政府的分红何时是政府收入，何时是金融交易，这是十分有必要的。

资本输入

政府对资本化或再资本化中受益企业的支付（其中对后者的处理是长期的），经常被称为"资本输入"；它们不是补贴。

这样的资本输入是资本转移或股权收购，或是两者结合。两者的区别如下：为了积累、应付特殊或未来亏损的支付，或者以公共政策为目的的支付被记录为资本转移。特殊损失是在一个核算期间内被记录在公司业务账户中的巨额损失，这种损失经常发生在公司正面临金融危机的威胁（拥有资金为负，偿还能力存在缺口等），而资产负债表中的资产向下重估的情况下。而政府作为股东能有效预期并以股息或持有收益的形式获得足够回报率的支付称为股权收购。在如何使用所提供的资金方面，公司必须享有很大程度的自主权。如果私人投资者的资金是资本输入的一部分，这种支付有可能是收购股权的凭证。

在许多情况下，由政府单位支付给国有企业的款项被作为对损失的补偿。只有当具有充足的证据体现企业未来收益率，且具有支付股利的能力时，政府支付才能够被当作权益所得。

> 当资本输入增加了投资单位的自有资金时，投资者在投资单位中的股权也会得到提高。这对于一个100%控股的国有企业是自然而然的，权益即为它们自有资金的价值。股权的增加并不作为判断资本输入本质的准则。相反，当输入被记录为资本转让时，它在重估价账户中登录（同时，在资本账户中登录）；当输入被记录为股权增加时，它在金融账户中登录。

(1) 排除在股票以外的金融资产

4.239 股票不包括：

(a) 用于出售但不占用发行份额的股份。它们没有被记录。

(b) 可兑换为股票（可转换债券）的信用债券和贷款债券。在转换之前，它们被归类为债务证券（AF3）。

(c) 在法人合伙公司中，拥有无限责任（无限合伙人）的合伙人的股权。它们被分类在其他股权（AF519）的子项下。

(d) 一般政府或中央银行对国际组织和超国家组织的资本投资（IMF配额除外），尽管它们也是由多个国家中央银行提供给货币联盟中央银行（如欧洲中央银行）的合法金融资源。它们通常被归类为其他股权（AF519）。

(e) 红利股发行；按持股比例向股东发行新股，而不是现金支付股息。这类股票既不改变企业对股东的负债，也不改变每个股东在企业中持有资产的比例，并不构成金融交易。股票分割发行也不被记录。

4.240 贷款债券被分类为贷款。它是以普通股或优先股作为抵押物的担保贷款。类似于标准化贷款，贷款债券有固定利率，可以担保也可以不担保。如果贷款债券在特定条件下可以按预定的转换率直接转换为股票，则此类担保贷款债券被称为可转换贷款债券。不可赎回的可转换无担保贷款债券也是如此。

4.241 与股权挂钩的票据（ELNs）［与股权挂钩的工具（ELIs）中的一种］属于债务证券，与固定利率的债务证券不同的是，与股权挂钩的票据的票息或者兑付价格是以单只股票、一篮子股票（上市或未上市的）或者某个权益指数（基础股票）的收益为基础。这意味着，与股权挂钩的票据主要是为了在到期时收回初始投资的本金，其股息由基础股票的变化决定，这与固定利率的债务证券不同。它们也不同于结构化凭证，与股权挂钩的票据一般是本金保障型的金融工具。

4.242 一个与股权挂钩的票据可以由一个看涨期权和一个零息债券构成。看涨期权提供基础股票收益给票据购买者，而零息债券提供本金保障。零息债券能够对本金提供保障，它不定期支付利息，在一段时间后由折价变为面值。零息债券对面值的折价部分可用于购买对基础股票的看涨期权。

4.243 与股权挂钩的票据的清偿取决于到期时股票价格是否超过指定界限，

即执行价格。股票价格超过执行价格时，投资者可以获得一笔基于股票挂钩工具存续期内所获利息的现金偿付；否则，投资者将获得预先商定的现金或基础股票数量。

4.244 在某一特殊情况下，股权挂钩票据的本金也可能存在风险。有一种与股权挂钩的票据为逆向可转换与股权挂钩的票据，利息有保障，并且只要上市公司股票价格不低于某一临界水平，其本金也能得到保障。该界限一般定为初始股票价格的60%~80%。当基础参照股票价格下跌至界限以下，逆向可转换股权挂钩票据持有者的本金将不再获得保障。

4.245 实际上，如果跌破至界限以下，本金会随着标的股票价格浮动。这大致等同于推动与股权挂钩的票据持有者将票据转化为企业股权（因为它是逆向可转换的），尽管转换交易并没有实际发生，投资者也没有企业剩余权益索取权。因此，卖方在票据到期时不再需要向投资者支付全额本金，实际本金回报额取决于股票价格的下跌程度。

(m) 其他股权

4.246 其他股权（AF519）包括除了上市股票（AF511）和未上市股票（AF512）以外的所有形式的股权。

4.247 其他股权包括：
(a) 企业内除股票以外的所有形式的股权：
(i) 被普通合伙人认购的法人合伙公司的股权；
(ii) 有限责任公司的股权，公司所有者为合伙人而不是股东；
(iii) 投资于普通或有限合伙人（作为独立法人）的资本；
(iv) 投资于合作社（作为独立法人）的资本。
(b) 一般政府对国有企业的资本投资，该类资本不被分成股份，且凭借特别立法，国有企业被认定为独立法人。
(c) 一般政府对中央银行的资本投资。
(d) 一般政府对国际组织或超国家组织的资本投资（IMF 配额除外），尽管它们也是以股份形式依法组成的公司（如欧洲中央银行）。
(e) 由各国中央银行提供给欧洲中央银行的金融资源。
(f) 对金融和非金融准公司的资本投资。此类投资数额应该等于现金或实物投资减去任何股本退回。
(g) 非常住单位对国内常住单位的金融债权；反之亦然。

(n) 投资基金份额或单位

4.248 投资基金是一种通过将投资者的资金集中起来用于金融或非金融资产投资的集合投资操作。这些投资者将获得基金份额并由此将其风险分散到基金内的不同工具上。

4.249 投资基金包括共同基金和单位信托基金。当采用公司结构时投资基金发行的是股票，当采用信托结构时发行的是基金份额。投资基金份额指的是共同基金发行的股票，而不是指共同基金所持有的股票；它们可以是开放式的、半开放式的或者封闭式的。

4.250 投资基金份额或单位（AF52）是由投资基金发行的；它们仅仅在公司或准公司的所有债权人被偿付后对剩余价值有索偿权。投资基金份额或单位可以上市，也可以不上市。在不上市的情况下，投资基金份额可要求即付，偿付价格应与该基金份额在投资公司自有资本中所占的份额一致。金融公司自有资本会定期根据不同部分的市场价格进行重估价。

4.251 投资基金份额或单位可以划分为：（a）货币市场基金份额/单位（AF521）；（b）非货币市场投资基金份额/单位（AF522）。

货币市场基金份额或单位

4.252 货币市场基金发行货币市场基金份额或者单位。货币市场基金主要投资于剩余期限少于一年的货币市场工具，通常是可转让的，且经常被当作存款的近似替代品。

非货币市场投资基金份额或单位

4.253 非货币市场投资基金份额或单位代表对非货币市场投资基金价值的部分索取权。非货币市场投资基金份额或单位由投资基金发行。它们主要用于投资长期金融资产或房地产。通常不可转让，也不能当作存款的替代品。

4.254 未上市的非货币市场投资基金份额或单位通常可要求即付，偿付价格应与该基金份额或单位在该金融公司自有资金中所占份额相一致。

开放式和封闭式（非货币市场）投资基金份额或单位

4.255 根据资本基数是否可变，投资基金也可以被划分为开放式和封闭式基金。

4.256 开放式投资基金能够持续地或在某特定时间段（短期）内发行和赎回基金份额（见表4.12）。开放式投资基金被平分成份额或单位，份额或单位的价格变化与基金资产净值（NAV）变化成正比。[124]

4.257 每当实行一项新的投资，新发行份额或单位的价格应与当前价格一致。每当赎回份额或单位时，赎回价格也应与当前价格相一致。这样就不会产生对份额或单位的供给或需求，它们直接反映基础资产。

---

[124] 金融工具分类（CFI）标准（证券和相关金融工具）将开放式基金定义为：长期向公众出售新的股票，并根据需求赎回流通在外的股票，从而使流通资本增加或减少。

4.258 资产净值是指基金资产价值减去其负债价值。计算资产净值的方法根据基金类型的不同而不同，并且受制度限制。定价是基于每股资产净值。

4.259 开放式投资基金的份额或单位往往没有固定的期限。投资者一般直接向基金公司购买基金份额。相比之下，封闭式投资基金在一开始时便发行全部的份额或单位，通常在证券交易所挂牌，随后在投资者之间进行交易。

4.260 开放式投资基金份额或单位有具体的到期日。在投资者能够持有份额或单位直至到期日的条件下，它们通常可以提供资本担保。

4.261 封闭式投资基金份额或单位发行数量有限，（有时）也会有指定的到期期限，如5~7年（见表4.12）。称其为封闭式基金是因为一旦发行期满，将不会再发行新的份额或单位，同时份额或单位在基金清算之前通常是不能赎回的。

表4.12 开放式投资基金和封闭式投资基金的特征

特征	开放式投资基金	封闭式投资基金
对资本市场开放性	发行开始后仍向新资本开放	发行开始后将不对新资本开放
发行与赎回	份额或单位（通常）由基金直接赎回	份额或单位（通常）在交易所交易（证券交易所）
定价	一般按前一个交易日的收盘价格交易	可在交易日内任何时间交易
定价基础	按其资产净值出售（减去销售费用）	受供给和需求影响，与资产净值相比可能存在溢价或折扣
基金资产	通常拥有上市证券	能够持有未上市证券
到期期限	通常没有规定的到期期限	通常对到期期限不作出规定，但是一般将资产清算时间当作基金到期日；份额只能在清算完成后被赎回，一般为数年后

4.262 封闭式基金只可以在基金发行的某一特定时期内公开认购。[125] 投资者可以在首次公开发行时对基金计划进行投资。而在发行期过后，投资者可以从二级市场的经纪人、做市商或其他投资者手中购买股票以获得封闭式基金份额。相反，开放式基金的所有交易最终都围绕发行或赎回份额或单位进行（现金交易或证券交易）。一些封闭式基金会提供定期回购操作，投资者可以按基于资产净值的价格将份额或单位卖回给投资基金。

4.263 如果对封闭式投资基金份额或单位的需求很高，交易价格可能会高于其资产净值。当需求较低时，交易价格则会低于其资产净值。如果需求较高，该基金可能会再次发行份额或单位，尽管可能会对份额或单位的价格产生影响。

4.264 另外，也存在一些中间情形，特别是对冲基金，其既不属于开放式基金，也不属于封闭式基金，并且经常按月或者按季度进行认购和赎回。

---

[125] 私募股权基金是封闭式基金。

专栏 4.7　非货币市场投资基金类型

独立的部门或子部门的模块化数据通常会被放在一起，例如，非货币市场投资基金子部门（S124）。首先应确定该子部门所覆盖的机构单位的范围。然后要收集各种类型的非货币市场投资基金数据，如房地产基金、交易所交易基金等数据。此专栏概述了不同类别的非货币市场投资基金，它们的源数据可以被收集。

房地产基金

大部分房地产基金是封闭式基金。房地产基金经常使用有限合伙人、私人有限公司或股份有限公司的法律形式。

房地产基金拥有特殊的法律结构。其中的一个例子就是不动产投资信托（REIT）。不动产投资信托是一家拥有并大多数情况下经营不动产的公司。不动产投资信托投资于包括购物中心、写字楼、公寓楼、仓库和酒店在内的多种产业。部分不动产投资信托也投资金融房地产。其股票通常在证券交易所交易。

为取得不动产投资信托资格，公司必须将其大部分资产和收入与不动产投资相绑定，并且必须将主要的应税所得以股利的形式分配给股东。不动产投资信托主要有两种类型：股权不动产投资信托，其对不动产产权进行投资，并拥有其所有权；抵押型不动产投资信托，其投资于抵押贷款。

持有者可以通过在公开市场上直接购买股票，也可以通过投资专门从事房地产投资的投资基金来投资不动产投资信托（REIT）。许多不动产投资信托都伴随着股息再投资计划（DRIPs）。这是股东向企业进行再投资的方法。在股利发放日，投资者可以通过向企业购买额外的股票或份额进行再投资。

在许多国家，不动产投资信托不被当作基金，并且它们并不总是属于适用于投资基金的监管框架。

交易所交易基金

交易所交易基金（ETFs）属于指数基金，其通常被积极地管理以求精确地反映指数变化。

交易所交易基金可以基于任意国家和地区的小盘股公司、独立行业及行业组合。交易所交易基金可以与政府、公司、高收益率债务证券及不同期限的票据相关联。一些交易所交易基金是基于商品指数和产权市场；另一些交易所交易基金则关注特定个人或群体的利益，如环保概念或宗教群体。存在以下几种交易所交易基金：杠杆交易所交易基金，其按给定的指数支付报酬；反向交易所交易基金，其收益与目标指数的变动成反比；杠杆反向交易所交易基金。

与封闭式基金的份额或单位相比，交易所交易基金的市场交易价格在其资产净值附近小幅波动。这是因为交易所交易基金的结构允许多数市场参与者以"一篮子"基金基础资产赎回交易所交易基金份额。当交易所交易基金的市场价格大幅偏离其资产净值时，这一特性可以引起潜在的套利获利，封闭式基金份额或单位的市场价格一般高于或低于其资产净值的10%~20%，而交易所交易基金的市场价格与其资产净值一般相差1%以内。

基金的基金

基金的基金是用于投资其他基金的投资基金。其策略为持有其他投资基金份额或单位构成的证券投资组合，而不是直接投资股票、债券或其他证券。基金的基金具有不同的类型，如共同基金的基金、对冲基金的基金、私募股权基金的基金或投资信托基金的基金。[a]

专项基金

专项（投资者）基金覆盖所有类型的基金，它可以从各类特定条款中获得豁免，如关于投资领域、风险分散、禁止向投资基金账户增加贷款及禁止出售不属于投资基金自身持有的金融工具（卖空）等有关规定。

对冲基金

对冲基金是一种不受约束的投资基金，其通常涉及一系列较高最低投资额、轻监管、范围广泛的资产投资策略。对冲基金在许多方面不同于"传统"投资基金：

（a）与传统投资基金相比，对冲基金通常从事更广泛的投资和交易活动，投资对象更广，包括证券、商品和房地产。

（b）对冲基金通过多头或空头头寸来预测基础资产的未来走势。

（c）大部分对冲基金投资策略以不受外部市场影响获得正投资回报为目的。

（d）对冲基金经理通常将其自有资金投资于它们所管理的基金，使它们的利益与基金投资者的利益绑定在一起。

（e）对冲基金的投资者通常要支付管理费，主要用于基金的运营成本和基于基金绩效所支付的费用。

（f）对冲基金通常向有限的已达到监管机构设置的标准的被认可的或有资格的投资者开放。

（g）假如对冲基金在其他方面达到要求，也可以将全部或部分对冲基金投资于其他对冲基金。

识别一只对冲基金，必须满足以下条件：要有基金的公开招股书和有关规定、基金条例、认购文件、投资合同以及市场文件或类似的声明。对冲基金不像传统共同基金那样受到监管严格，因此获取对冲基金的数据具有一定的难度。

风险投资基金

风险投资基金是指将第三方投资者的金融资本主要投资于对标准资本市场或银行而言风险过大的企业。

大部分风险投资基金固定期限为 10 年，也可以适当延长数年。投资者在基金还未开始筹集资金时先给予提供资金的承诺，随后当风险投资基金开始进行投资时，基金可以随时"唤来"这些资金。当募集完所需的资金后，该基金将封闭，并且开始其长达 10 年的存续期。

间隔投资基金

间隔投资基金同时具备开放式基金和封闭式基金的特性。间隔投资基金单位的持有者可以在事先规定的时间间隔内要求赎回全部或部分其持有的份额。间隔通常以一个季度为基础。间隔投资基金在规定的时间内向新资本开放，能够在任意时间交易，并且由基金直接赎回。

证券化基金

证券化基金发行资产证券化产品，其被归为投资基金份额或单位。证券化单位授予其持有者以下累积的或单独的权利：(a) 获得定期收益报酬的权利；(b) 赎回资产证券化份额面值的权利；(c) 基金结束或清算时，在支付完定期收益和全部其他支出及费用后，获得与投资者所持份额比例相称的总剩余价值的权利。[b]

特殊目的政府基金

从基金的债务性质来看，特殊目的政府基金通常称为主权财富基金，更适合被分为垄断性金融机构而非投资基金。从基金的债务性质来看，投资基金应该被分类为金融公司。

---

[a] 在计算和分析相对于其他部门及金融公司子部门的资金流量时，基金的基金将从非货币市场投资基金中剔除出去。

[b] 资产证券化基金存在发行债券而不发行资产证券化单位的情况。

6. 保险、养老金和标准化担保计划

4.265 保险、养老金和标准化担保计划（AF6）分别构成了保险公司、养老基金和标准化担保发行者的保险专门准备金。

4.266 保险、养老金和标准化担保计划交易涉及投保人预付一笔或一系列款项，用于保障投保人在遭受突发事件后可获得一笔或一系列赔偿的权利。

4.267 保险、养老金和标准化担保计划包含 6 个子类别：

（a）非寿险专门准备金（AF61）；
（b）寿险和年金权益（AF62）；
（c）养老金权益（AF63）；
（d）养老金经理人的养老基金债权（AF64）；
（e）非养老保险金权益（AF65）；
（f）标准化担保代偿准备金（AF66）。

（a）非寿险专门准备金

4.268 非寿险专门准备金（AF61）是非寿险投保人对非寿险保险公司的未满期保费及未决索赔专门准备金的金融债权。

4.269 非寿险的未满期保费及未决索赔的专门准备金交易涉及风险（如意外事件、疾病或火灾）和再保险。

4.270 未满期保费是指已经向保险公司已支付但尚未到期的保费。保费通常在保单承保期期初支付。按照权责发生制，保费在保单期满时赚取，因此期初付款视为预缴款或预付款。

4.271 未决索赔是已发生但还未受理的保险索赔，包括赔偿金额还有争议或已经发生但尚未报告的索赔事件等。未决索赔有对应的未决赔付准备金，指在事件已经发生但尚未受理的情况下，保险公司根据该事件导致的预期支出所确定的金额。

4.272 保险人也可以确认其他的专门准备金，如平准准备金（可用来引导保险公司应对预期外大额索赔而预留的基金）。但只有在有事件引起负债的情况下，才将这些确认为负债和对应资产。否则，平准准备金则是保险人的内部会计分录，代表了用于赔偿非正常大灾损失的储备，不代表有关保单持有者的现有索赔要求。

4.273 关于再保险，直接承保人和再保人的交易需作为独立交易单独记录。一方面，作为保单发行者的直接承保人和客户之间存在交易；另一方面，保单持有者和再保人之间也存在交易，这两个交易不能合并，都需要单独记录。再保险的特殊金融交易发生于再保人和直接承保人之间，也就是说，此过程中存在再保险专门准备金交易和（再保险）分出公司的金融债权交易。

4.274 根据再保险合同规定，再保险专门准备金是属于直接承保人的金融资产，是直接承保人对再保人的债权；其不应与直接承保人自有的以专门准备金形式存在的负债合并。

4.275 再保险专门准备金属于非寿险专门准备金。其可按保险类型（非寿险、寿险和养老金）或准备金类型（未满期保费、未决索赔和保险准备金）进行更进一步的分类。

4.276 在再保险合同下，直接保险人要向再保人支付流动资金，而直接保险人自留一部分作为担保保险债务的抵押品，此部分金融资产即为再保人对赔付公司（直接承保人）的金融债权。此类债权以短期或长期的无明显承保风险转移的再保险合同为建立基础。在合同初始时应该对资产或负债进行确认和测算。此类债权通常被归类为贷款（AF4）。

（b）寿险和年金权益

4.277 寿险和年金权益（AF62）是寿险投保人和年金受益人对保险公司的金融债权。

4.278 寿险和年金权益通常在保单到期时向保单持有者提供收益，或者在保单持有者死亡时向受益人提供补偿，因此是独立于股东基金的。以年金形式存在的准备金以通过保险精算计算出的债务现值为基础，支付未来所得直到受益人去世。

4.279 人寿保险和年金权益交易由增加项减去扣减项构成，以将保险公司投资基金的名义持有所得或损失与资产物量其他变化区分开来。

4.280 金融交易的增加项由以下构成：（a）当前会计期间内，实际的保险费所得；（b）根据保险单持有者权利，投资收入减去服务费用后的保险费增补；（c）保费预付和未决索赔。

4.281 扣减项由以下构成：（a）因养老保险或类似保险合同而持有的保单金额；（b）依据保险单，在到期前解除契约的支出。

4.282 企业为其员工投保的集体保险，受益者为员工而不是雇主，因而员工被认为是保单持有者。

（c）养老金权益

4.283 养老金权益（AF63）是现有的雇员（未来养老金领取者）和以前的雇员（现有的养老金领取者）对（a）雇主；（b）雇主指定的到期支付养老金的基金（作为雇主与雇员所签的报酬协议的一部分）；（c）寿险（或非寿险）承保人所拥有的金融债权。

4.284 养老金权益的交易由增加项减去扣减项构成，以将养老金基金投资的名义持有所得或损失和资产物量其他变化区分开来。

4.285 金融交易的增加项由以下构成：（a）在当前会计期间内，雇员、雇主、个体经营者或以其他以个人或住户为单位的机构对养老金计划应付的实际缴款；（b）估算的雇主应付社会缴款；（c）养老金费用增补，即养老金计划投资获得的归属于所参与住户的收入，减去管理期间的服务费用。

4.286 扣减项由以下构成：（a）以定期支付或其他收益形式支付给退休员工

或其家属的社会福利；(b) 支付给退休员工的各种社会福利的总和。[126]

4.287 SNA2008 附表中介绍了各类养老金计划的权益。附表对比了住户养老金权益和社会保险体系（包括社会保障）内所有养老金计划的期初、期末存量，以及期间内能对期初和期末情况差异作出解释的交易和其他经济流量（SNA2008，段落 3.474.ff）。

4.288 养老金权益并不包括政府主导的未备资定额福利雇员养老金计划（S13 除去 S1314）和社会保障养老基金（S1314）的权益。其交易没有被完全记录，其存量和其他流量并不在标准账户中，而是记录在社会保险养老金计划附表中。此类权益并不是中央政府、州政府、地方政府或社会保障基金部门的负债，也不是预期受益人（居民或国外的非居民）的金融资产。

(d) 养老金经理人的养老基金债权

4.289 对于定额福利基金，雇主可能与第三方签订合约，让它为自己的雇员管理养老基金。如果雇主一直对养老金计划的条款有决定权，并负责基金的亏损，保留基金的盈余，此时，雇主叫作养老金经理人，在养老金经理人指导下进行工作的单位叫作养老金代管人。如果雇主与第三方的协议是雇主将基金的风险与亏损责任全部转移给第三方，同时第三方享有基金的盈余权利，此时，第三方既是养老金经理人，又是养老金代管人。

4.290 养老金经理人与养老金代管人不同时，由于亏损责任与盈余权利都属于养老金经理人，则养老金经理人的养老金债权就记在此标题下（AF64）。（如果养老基金从其持有的养老金权益那里得到的投资收入大于必须增加的养老金权益，则记录为负的，差额应付给计划的养老金经理人。）

(e) 非养老保险金权益

4.291 净缴款超出福利的部分代表了保险计划对收益人负债的增加。这一项在使用收入账户时作为调整项。作为负债的增加，它也反映在金融账户中。该项目发生的可能性很小，出于实用的原因考虑，此类非养老金权益变动可包括在养老金权益的变动中。

(f) 标准化担保代偿准备金

4.292 标准化担保代偿准备金（AF66）是标准化担保的持有者对担保发行机构的金融债权。

4.293 标准化担保下与代偿相关的准备金是预付的净费用和用于满足标准化担保下未偿付代偿要求的准备金。像已支付保险费用和预付款的准备金一样，标准

---

[126] 由于养老金权益从一个养老金计划转让给另一个计划，增加项或扣减项可能也会出现。

化担保下的代偿准备金包括未满期保费（保费）和未决代偿（债权）。

4.294 标准化担保是大量发行的担保，发行总额一般较小，有固定的发行体系。标准化担保协议中包含三方：借款人（借方）、出借人（贷方）和担保人。借款人或出借人应和担保人签订合同，以确保当借款人不履行债务时，担保人对出借人进行偿付。如出口信贷担保和学生贷款担保。

4.295 尽管无法估算某个特定借款人出现债务违约的概率，但是通常会估计在一批相似的借款人中将会违约的人数。与非寿险承保人相似，商业保险的担保人都期望获得担保金，加上由担保金和各项准备金所得的财产性收入，能够抵付违约金和其他相关费用，并有盈余。因此，相似的非寿险的处理方式适用于标准化担保。

4.296 标准化担保包括对不同金融工具的担保，如存款、债务证券、贷款和贸易信贷等。它们通常由金融公司和政府单位提供，金融公司包括但不局限于保险公司。

4.297 当一个机构单位提供标准化担保时，机构单位通过收取费用和产生负债来满足担保代偿。担保人账户的债务价值与现存担保的预期代偿现值相等，即担保人预期从违约借款人处收回的全部净补偿。这一负债被称为标准化担保下的代偿准备金。

4.298 这些准备金的对手方部门是潜在债权人。

4.299 担保可能具有多年期限。费用可能按年支付或提前支付。原则上，费用应体现为担保生效后每年收取一定的金额，同时随着担保期变短，负债会减少（假设借款人按期支付）。因此，年金应该随着按照负债减少的方式而降低的费用被记录。

4.300 标准化担保计划的本质是汇集许多相同类型的担保，尽管它们时间周期长短不一，起始时间和结束时间也不完全一样。

4.301 净费用等于应收费用减去管理费用和其他成本。这些净费用可能由经济体中的某部门支付，由归类担保人的部门接收。不管费用是由出借人还是借款人支付，标准化担保计划下的代偿均由担保人支付，由担保下的金融工具出借人接收。金融交易指的是新担保的支付费用和现存担保下代偿之差。

案例4.3 标准化担保的会计处理

4.302 标准化担保下的代偿准备金由预先支付的净费用和满足标准化担保下未偿付条件的代偿准备金两项构成。标准化担保下的代偿准备金交易，记录于部门账户中，与非人寿保险准备金相似，包括预付费用和未决代偿。

4.303 假定100元的（标准化）（F4）5年期贷款，利率12%。每年贷款违约的可能性（根据本金和利息）为 5%。这意味着，每 20 笔还贷交易中会有 1 笔违约。进一步假设，所有贷款都进行了担保。

4.304　表 4.13 显示，表格第二列为年利率 12% 的条件下的贷款净现值。假设贷款违约可能性为 5%，共有 20 笔贷款，表中第五列为参与担保的贷款值，该列与贷款的净现值列一致。每年应支付的全部费用在表格第九列。它包括每年初的负债价值和 20 元的金融服务年费。第 5 年末，共计收取 459 元，包括 360 元的累计负债价值和 100 元的金融服务费用。利息作为支出的一部分，在非寿险中利息记为附加费。

表 4.13　　　　　　　　　按年支付的标准化担保

	贷款净现值（NPV）	NPV×20	违约可能性（每年百分比）	担保价值	利息	包括利息的担保价值	金融服务费用	收取费用
1	2	3	4	5	6	7	8	9
1月1日 01	57	1135	5	57				
第一年		136			7	7	64	20	77
1月1日 02	64	1271	5	64				
第二年		153			8	8	71	20	84
1月1日 03	71	1424	5	71				
第三年		171			9	9	80	20	91
1月1日 04	80	1594	5	80				
第四年		191			10	10	89	20	99
1月1日 05	89	1786	5	89				
第五年		214			11	11	100	20	109
12月31日 05	100	2000	5	100				

4.305　会计分录（从贷款获批和担保准备金到担保代偿）如表 4.14 所示。

表 4.14　　　　　　　　　发放标准化贷款

借方（非金融公司）		贷方（银行）		担保人（担保银行）	
金融账户					
金融资产净获得	负债净发生	金融资产净获得	负债净发生	金融资产净获得	负债净发生
F2（+2000）	F4（+2000）	F2（−2000） F4（+2000）			

4.306　一个债权人向债务人提供期限为 5 年的（标准化）贷款（20×100 = 2000）。借方和贷方的会计分录中都应记录这笔金融交易（F2 为通货和存款交易）。

发放标准化贷款

4.307　保证人以 77 的价格出售一笔担保，价格涵盖了第 1 年风险和金融服务费用。负债价值为57，应付/应收利息为7，而金融服务费用为20。

4.308 当提供一笔担保时，即F65中的交易发生时，负债的净发生额（担保单位）等于预期损失的净现值。接收担保的部门（批准首次贷款的部门）的资产负债表中相应地加入等值的资产。假定担保的受益人是出借人，一般认为担保是其资产。由此可知，这反映了出借人资产和净价值的高估。当贷款以名义价值记录时就会发生这种情况。应用于贷款提供者账簿的一些准备金信息应该作为可获得的备忘项目或附加项目，以允许分析师对资产"高估"情况进行评估。

4.309 担保的预期损失净现值在年初时为57，在年末时为64。第1年没有发生还贷，因此贷款的实际还款额减去期望还款额是-64（见表4.15）。

发放标准化担保
（a）现金记入F2（77），相应的账目记入F65（77）；
（b）利息（扣除折扣）：F65（7）和D44（7）；
（c）P1/P2（20），对应的记入F65（-20）；
（d）F65（-64）和D71（64）。

表4.15　　　　　　　发放标准化担保——第1年

借方		贷方		担保人	
（非金融公司）		（存款性公司）		（担保银行）	
用途	来源	用途	来源	用途	来源
生产账户					
			(c)P2(+20)		(c)P1(+20)
收入再分配账户					
			(b)D44(+7)	(b)D44(+7)	
		(d)D71(+64)			(d)D71(+64)
净贷出(+)/净借入(-)					
		B9(-77)		B9(+77)	
金融资产净获得	负债净发生	金融资产净获得	负债净发生	金融资产净获得	负债净发生
金融账户					
		(a)F2(-77)		(a)F2(+77)	
		(a)F65(+77)			(a)F65(+77)
		(b)F65(+7)			(b)F65(+7)
		(c)F65(-20)			(c)F65(-20)
		(d)F65(-64)			(d)F65(-64)

4.310 在第2年初，担保人以84的价值出售担保，包括了当年的风险和金融服务费用。负债价值为64，应付/应收利息为8，金融服务费用为20。担保预期损失净现值在年初时为64，而在年末时为71。由于已经归还100的贷款，而本年还贷的预期是71；还款额减去预期还款额是29（见表4.16）。按期还款不产生资产。

(a) 现金 F2（84），对应地记入 F65（84）；
(b) 利息（扣除折扣）：F65（8）和 D44（8）；
(c) P1/P2（20），对应地记入 F65（-20）；
(d) 实际债权：F2 和 D72（100）；
(e) 预期债权：F65（-71）和 D71（71）。

表 4.16　　　　　　　　　　　发放标准化担保——第 2 年

借方		贷方		担保人	
（非金融公司）		（存款性公司）		（担保银行）	
使用	来源	使用	来源	使用	来源
生产账户					
			(c) P2（+20）		(c) P1（+20）
收入再分配账户					
			(b) D44（+8）	(b) D44（+8）	
			(d) D72（+100）	(d) D72（+100）	
			(e) D71（+71）		(e) D71（+71）
净贷出（+）/净借入（-）					
			B9（+17）	B9（-17）	
金融资产净获得	负债净发生	金融资产净获得	负债净发生	金融资产净获得	负债净发生
金融账户					
		(a) F2（-84）		(a) F2（+84）	
		(a) F65（+84）			(a) F65（+84）
		(b) F65（+8）			(b) F65（+8）
		(c) F65（-20）			(c) F65（-20）
		(d) F2（+100）		(d) F2（-100）	
		(e) F65（-71）			(e) F65（-71）

标准化担保存续期和其终止

4.311　假定未来三年中发生相同的交易。在接下来三年的每年初，担保人分别以 91、100 和 109 的费用出售担保，包括每年风险和金融服务费用。负债价值分别为 71、80 和 89；应付/应收利息为 9、10、11；金融服务费用每年 20。担保的预期损失净现值在每年初为 71、80 和 89，在每年末为 80、89、100、每年还款额 100，而预期还款额为 80、90 和 100。因而，实际还款额减去预期还款额为 20、11 和 0。按期还款时不产生资产。

标准化担保激活

4.312　当标准化担保在其存续期激活（在案例中，为 1 年期限），借方对贷方的债权同时生效。这种债权不能被归类为金融交易，因为它不在机构单位之间通过共同协议规定参与互动。因贷方注销或减值产生的坏账被记录在资产物量其他变化账户中（同样适用于借方）。贷方应对将金融资产从其资产负债表中移除作出解释，同样，借方应对相应的负债移除作出解释。

4.313 再进一步，担保的剩余价值将会被转移给担保人，作为资本（经常）转移的交换。最后，担保人需要为贷款损失对贷方进行补偿。

标准化担保和一次性担保

4.314 标准化担保与一次性担保应该根据两个准则加以区分：（a）标准化担保的特点是它的每笔担保流程和风险都是相似的；（b）担保人能够以可得数据为基础评估平均损失（见专栏4.1）。

4.315 相比之下，一次性担保是独特的（自成一体），而担保人也不能获得关于索赔风险的可信赖的评估。发放一次性担保是偶然事件，并不被记录。

在明确的财务困境下政府批准的一次性担保

4.316 在一些特殊情况下，政府为明确陷入财务困境的公司提供一次性担保（如企业的自有资金为负），担保被代偿的可能性非常高，这种一次性担保在批准时就已经做好了最后代偿的准备。

4.317 紧急救助期间的政府担保被当作企业财务困境下的一次性担保，例如，当企业由于意外事故导致现金流或资产交易状况不乐观，企业不能履行其债务或还债困难时。这一般会导致在政府担保初始时记录一笔资本转移，这笔资本被用于偿还企业债务；或如果能够估算出较为准确的企业无法偿还的债务金额，这笔资本就被用于偿还这部分债务，这笔资本为政府预期损失。

4.318 激活一次性担保的方式和激活债务让渡的方式相同。原始债务已经偿付，在担保人和出资人之间缔结新债务。债务让渡是有利于违约债务人资产转移的记录。资产转移被金融交易抵消，而金融债务由企业转移给政府。

4.319 激活担保后债务不一定能够立即偿付。按照权责发生制原则，应当在担保被激活且债务被完全偿付时记录所偿付债务额。担保人是新的债务人，而担保人的还本支出和承担债务的应付利息应在实际支付时被记录。因此，当担保代偿只针对会计期间涉及的债务服务，并且为现金代偿时，用于代偿的资金需要记录为一次资本转移。但是，当代偿为分期代偿，例如连续三次，并且预期未来会继续时，代偿将记为债务让渡。

4.320 当初始债务人偿还担保人，且偿还资金已经被记录在过去的担保索赔中，担保人将这部分资金记为收益。但是，当担保人转变为债务人时，应检验这项收益是否为超级股利。超级股利是与目前股利及收入水平有极大相关性的股利。

4.321 超级股利检验被用于鉴定股利是否过大。为此引入可分配收入的概念：企业可分配收入等于企业收入，加上所有应收账款，减去所有应付账款并减去与企业养老金计划相关的养老金权益调整。因此，可以查看近期股利占可分配收入的比例，并评估当前企业公布的股利水平是否与过去实际相符合，这一比例允许在一定范围内波动。如果企业公布的股息水平超出往年的数额比较大，那么超出额应被视为金融交易，特别是企业所有者权益的退出。

7. 金融衍生工具和雇员股票期权

4.322 金融衍生工具和雇员股票期权被分为两个子类：（a）除了雇员股票期权外的金融衍生工具（AF71）；（b）雇员股票期权（AF72）。

4.323 金融衍生工具（AF71）是与某种特定金融工具或特定指标或特定商品挂钩的金融工具，通过金融衍生工具特定的金融风险本身就可以在金融市场上交易。金融衍生工具的价值来自标的项目的价格，即参考价格。参考价格可能涉及商品、金融资产、利率、汇率、其他衍生工具或是两个价格的差。衍生工具合约也可能指的是一种指数，或一篮子价格，或其他项目（如排污权交易或天气状况）。

4.324 金融衍生工具被用于多种目的，包括风险管理、套期保值、在市场间套利、投机和雇员补偿等。金融衍生工具通常不交易原始资产，而是使另一方将特定金融风险（如利率风险、通货、股票和商品价格风险、信用风险等）卖给更愿意或更适合承担或管理这些风险的其他实体。因此，金融衍生工具又被称为次级资产。

4.325 除雇员股票期权外的金融衍生工具（AF71）包括期权、远期、互换、远期利率协议和信用衍生品。

4.326 在某些情况下，金融衍生工具可以按工具分类（期权、远期和作为特殊期权或远期的信用衍生品），也可以按市场风险分类（货币互换、利率互换等）。

专栏 4.8　金融衍生工具中存量和流量的记录

金融衍生工具允许在金融市场上对特定风险本身（如利率、外汇、价格或信用状况的变动）进行交易。SNA2008要求，若金融衍生工具具有市场价值或能在市场中获得补偿，即合同的一方可以通过进行另一个反向合同而实现风险的有效逆转，则其头寸、交易和其他流量都应被记录。

金融衍生工具的当前市场价值表明了一方对另一方的债权价值。这一市场价值应被记录在资产负债表中。

其被记录为资产还是负债由市场价值决定，合同有效期内价值可能在正价值（资产）和负价值（负债）之间变动（同样的衍生工具也由此可以被记录为资产或负债）。互换合同在合同初始期，其市场价格也有可能为零。

金融衍生工具一般以市场价值总额记录在资产负债表中，除非企业会计条例要求将其记录在资产负债表外。在企业会计中，如没有更多其他信息，报告单位的衍生工具拥有正价值时被归类为剩余资产，拥有负价值时被归类为剩余负债。

金融衍生工具合约的市场价值变化可以被单独记录，也可以从资产负债表中衍生而来。市场价值变化主要受三个因素的影响：

◆ 基础工具变化导致的重估价。当衍生工具合约被交易时，衍生工具市场价值一般为零，除期权外。合约估价时，如果对合约潜在变量的估计值与合约交易时这些变量的预期值有较大差距，一般会导致衍生工具市场价值趋向于远离零。

◆ 金融衍生工具的交易。因为衍生工具的市场价值等于未来支付现金流的净现值，所以任何与合约有关的支付都会影响市场估价。

◆ 合约持有量的变化。合约交易数量越多，市场头寸总量也就越高。

这些因素的相对重要性会根据市场状况发生变化。外币头寸通过期末外汇汇率转化为本币。

出于统计目的，金融衍生工具被视为独立金融工具，与合同中所依附的基础工具相区分开来。因此，被记录于资产负债表中的衍生工具头寸与基础金融工具无关，它们也不反映合同成交的账面金额。

(a) 期权

4.327 期权是一种可以在有组织的市场中交易或场外交易（OTC）的赋予期权购买者如下权利（但不是义务）的合约，即期权持有者可按事先约定的价格（执行价格），在某一时期（美式期权）或在某一日期（欧式期权），向期权发行者（期权卖方）购买（看涨期权）或出售（看跌期权）某一金融或非金融资产（基础工具）。期权产生了众多的品种，并且被用于套期保值策略（如看涨套利）和投机策略（如蝶式套利）。这些简单的期权已经衍生出更独特的、具有复杂支付结构的期权。

4.328 期权购买者支付权利金（期权价格）以获得期权卖方的承诺，即以约定的价格出售或购买特定数量的基础工具，或向期权持有者支付合同价格和现价之间的差价。按照惯例，这一承诺被视为期权持有者的金融资产，期权卖方的负债。当期权购买者行使期权合约中的相关权利时，期权卖方必须执行承诺。

4.329 理论上，权利金包含了服务费，应该单独记录。但是，由于缺乏详细的数据，不应设定过多的假设来区分这笔服务费。

4.330 认股权证是一种期权，并且应该被归类于金融衍生工具。认股权证是一种可交易工具，它使持有者有权在规定的时间内按规定的条款从认股权证的发行者（通常是某一公司）处购买一定数量的股票或债券（SNA2008，段落11.119）。

4.331 认股权证包括：

（a）看涨或看跌认股权证，它们的发行以某种基础金融工具（股票或交易所交易基金）或指数为基础。

（b）一篮子看涨或看跌认股权证，它以一篮子两个或两个以上基础股票为基础发行。

（c）多头股票挂钩工具，它给予投资者在发行时以流通股价的一定折扣购买基础股票的权利。如果基础股票的股价超过了执行价格，则投资者有权在认股权证期满时进行现金结算，结算金额为执行价格乘以购买的认股权证数额。如果基础股票股价低于执行价格，则投资者可获得一定数额的基础股票或等额的现金。

（d）牛熊证（CBBC）会对基础股票的表现进行追踪，并且不要求投资者支付全部价格以获取实际股票。它们通常分为牛证或熊证，具有固定的到期日，允许投资者对基础股票保持看涨或看跌的状态，并且当基础股票表现与投资者预期相反时可以提前终止。

4.332 认证股权通常依附于优先股（或债务证券），允许发行者支付更低的股利或利率。和私募股权交易一样，它们被用于提高债券收益，并且使它们对潜在投资者更具吸引力。认证股权通常是可拆分的，并且可独立于股票或债务证券进行交易。当认证股权伴随优先股发行时，股东在获得股利前可能需要拆分和出售认证股权。

专栏4.9 期权处理

（a）期权特征

期权，包括上市期权或场外期权，是一种权利而非义务，即期权购买者可在某一时期内（美式期权）或在某一日期（欧式期权），以事先约定的价格（执行价格）向期权发行者（期权卖方）购买（看涨期权）或出售（看跌期权）某一金融或非金融资产（基础工具）。为获得此权利，期权购买者需支付一笔权利金（期权价格）。

利率期权可以用作对冲利率风险。它们涉及一些基础工具，如固定收入证券或期票形式的债务证券。它们代表了以特定价格购买或出售一定票面数额的债务证券的权利。货币期权可以用来对冲外汇汇率风险；它们是以特定汇率定价的外币。用于对冲股权风险的股票期权的标的物是个股或股票指数。

通常会影响期权价格的四个因素为合同价格和基础工具价值之间的差额、基础工具的易变性、合同的剩余期限，以及市场利率。缺少可观测的市场价格时，可以利用 Black-Scholes 期权定价公式大概地计算期权价值，这一公式纳入了这四个因素。

合约结束时，期权市场价值等于之前支付的权利金。但是，随着参考价格发生变化并且越来越接近到期日，期权市场价值也会发生变化。在期权存续期内，期权购买者始终拥有金融衍生工具的执行权——交割基础金融工具或者进行支付；期权卖方拥有相对应的债权。如果执行期权对于买方不利，期权可能就此失效。

(b) 期权的利率风险和其他价格风险识别

期权购买者可以积极地管理期权价格风险。可以利用期权期间的盈利/亏损简图进行风险管理。以债务证券的价格为例，假定一个投资者以 100 的价格购买一定数量的该金融工具，因为他预期该金融工具的价格会上升，同时利率会下降，随着资产价值上升（或利率下降），他的证券头寸将进入盈利区间 [图 4.9.1 (a)]。如果资产价值下降（利率上升），则将进入损失区间。这项投资是一个非对冲头寸，获得收益或损失可能性相同。

为规避利率波动风险，如果投资者预计资产价格上升，则购买看涨期权（认购期权长仓），使投资者具有以特定的执行价格购买债务证券的权利 [图 4.9.1 (b)]。依据债务证券价格 [扣除权利金（=1）] 的变化，交易将会进入"赚钱"（盈利区），而当资产价格下降时他的损失仅限于前期支付的权利金。与无担保状态比，这只期权的吸引力在于资产价格下降时期权仅承担有限的风险，而资产价格上升时期权具有无限的获利机会。权利金（=1）成本应被考虑在内。

相比之下，看涨期权卖方（认购期权短仓）与投资者状况相反 [图 4.9.1 (c)]。当资产价格下降时，期权权利金即为其收益，而当资产价格上涨时，其潜在损失是无限的。

资产价格下降的情况下，投资者会购买看跌期权（认沽期权长仓）。如图 4.9.1 (d) 的收益/损失简图所示，当资产价格上升时，期权买方损失权利金。当资产价格按预期方向变化时，其收益将会是无限的。然而，若资产价格下跌，期权卖方（认沽期权短仓）将会产生损失，而其损失仅限于期权买方所支付的权利金 [如图 4.9.1 (e) 收益/损失简图所示]。

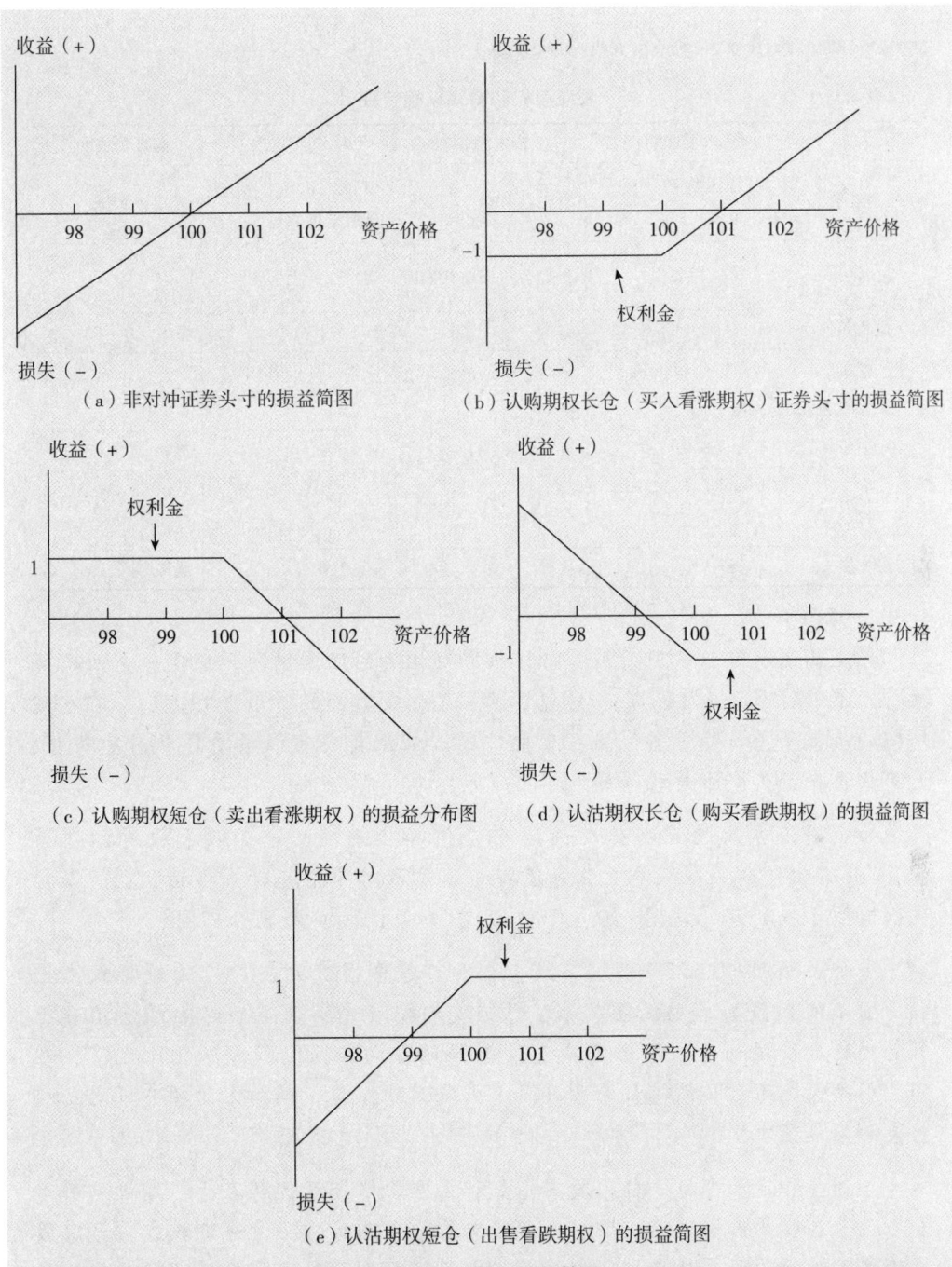

图 4.9.1 期权损益简图

持有期权的收益或损失是有限的还是无限的取决于期权类型和资产价格（利率）的变化情况。看涨期权购买者从资产价格上升中获利，同时出售者承受损失。但是，在资产价格下跌的情况下，看涨期权购买者的风险和出售者的收益仅限于权利金。相比之下，当资产价格下跌，看跌期权购买者获取收益，而出售者蒙受相应损失。在资产上升的情况下，看跌期权购买者的风险和出售者的收益也仅限于权利金（见表4.9.1）。

表4.9.1　　　　　　　　　　看涨期权和看跌期权特征

	买入看涨期权	卖出看涨期权	买入看跌期权	卖出看跌期权
权利	以特定价格获得基础股票的权利	获得权利金	以特定价格出售基础股票的权利	获得权利金
义务	支付权利金	按执行价格执行期权	支付权利金	按执行价格执行期权
盈利条件	$M > (B+P)$	$M < (B+P)$	$M < (B+P)$	$M > (B+P)$
收益	$G = M - (B+P)$		$G = -(M-(B+P))$	
最大收益	无限	$G = P$	无限	$G = P$
亏损条件	$M < (B+P)$	$M > (B+P)$	$M > (B+P)$	$M < (B+P)$
损失		$V = M - (B+P)$		$V = -[M-(B+P)]$
最大损失	$V = P$	无限	$V = P$	无限

注：M＝市场价格；B＝基础工具价格；P＝权利金；G＝收益；V＝损失。

损益简图也可以被用于解释与货币期权相关的汇率风险。假定，企业已经按特定汇率［货币1（CU1）/CU2］购买了一定数额的货币2（CU2）。在CU2增值的情况下，其处于盈利区；反之亦然。外汇交易可以被看作非对冲头寸，具有收益或损失概率是相等的。

为规避汇率风险，企业在预期CU2汇率上涨时，会购买期权（CU2看涨）。此期权使企业在汇率上涨时获得与不采取对冲措施时一样的收益，而损失则仅限于权利金［见图4.9.1（b）和图4.9.1（c）损益分布图］。

若企业预期CU2汇率将会下跌，企业可能会通过购买CU2看跌期权来止损。图4.9.1（d）损益简图展示了作为期权持有者的企业如何在CU2汇率上升时损失期权权利金，而当汇率变动与预期方向相同时获利。相比之下，在CU2下跌情况下，如果期权卖方并没有采取对冲措施，则卖方的损失风险是相当大的，如图4.9.1（e）所示。

与利率和货币期权一样，股票指数和股票价格期权优势在于，期权购买者会积极管理股票价格风险，即当预期股票价格上涨时购买看涨期权或当预期股票价格下跌时购买看跌期权。例如，如果已经预期到股票市场的下跌，应购买看跌期权以保护股票投资组合。

(c) *SNA2008* 中对期权价格风险的处理

期权的市场价值等于合约成立时支付的期权价格。这决定了在期权未被执行的情况下，期权购买者的最大损失和期权卖方的最大收益。对于场内交易期权，通常根据各交易日确定的公布价来进行估价。对场外交易（OTC）期权，通常按可获取的市场价格数据进行估价。另外，期权价值可以利用期权定价模型（如之前提过的 B – S 期权定价公式）计算，也可由做市商决定。

期权买方应付的权利金通常取决于购置成本，并计入负债。同样地，期权卖方在期权存续期内有相对应的应收款项。如果执行期权对买方不利时，期权可能会直接失效，买方不会有违约金。

表 4.9.2 是看涨期权的会计处理，$t(0)$ 表示获得期权的日期而 $t(1)$ 表示期权被执行或终止的日期。在获得期权时，期权的权利被记录为金融资产（除雇员股票期权外的金融衍生工具 AF71），期权买方所支付的期权权利金为 $p(0) \times q$，同时记入期权卖方的负债（见表 4.9.2）。（在此，产生的交易成本和其他费用并没有被单独处理，其原本应该被记录在相应的生产和收益账户内）。

表 4.9.2 看涨期权的会计处理

期权买方		期权卖方	
金融账户			
金融资产变动	负债变动	金融资产变动	负债变动
F21 = – $p(0) \times q$		F21 = + $p(0) \times q$	
F71 = + $p(0) \times q$			
资产负债表			
金融资产	负债	金融资产	负债
AF21 = A21 – $[p(0) \times q]$		AF21 = A21 + $[p(0) \times q]$	
AF71 = A71 + $[p(0) \times q]$			AF71 = A71 + $[p(0) \times q]$

注：F21 和 AF21：货币；F71 和 AF71：除雇员股票期权外的金融衍生工具。

若基础资产的价格超过执行价格，期权（美式期权）会被执行，因为可用相对较低的价格购买基础资产，并在现货交易市场以相对较高的价格出售。看涨期权拥有者获得的收益等于基础资产的当前市场价格和执行价格之间的差价。在这里期权权利金也应考虑在内。在允许期权买方执行期权后，期权权利金将会在重估价账户中进行撤销。交易并未实际发生。但是，期权卖方和买方确认持有收益或持有损失（见表 4.9.3）。

表 4.9.3 看涨期权的会计处理

期权买方		期权卖方	
重估价账户			
金融资产变动	负债变动	金融资产变动	负债变动
K11 = – $p(0) \times q$	B103 = – $p(0) \times q$	B103 = – $p(0) \times q$	K11 = – $p(0)) \times q$
资产负债表			
金融资产	负债	金融资产	负债
AF21 = A21 – $[p(0) \times q]$	AF21 = A21 + $[p(0) \times q]$		
		B103 = BG – $[p(0) \times q]$	B103 = BG – $[p(0) \times q]$

注：AF21：现金；K11：重估价；B103 或 BG：持有收益或持有损失。

对于期权的清算（或出售），清算收益（出售价格）与期权价值之间的差额被记录为期权的持有收益。

收益和损失表现在期权价格变化上，按日结算并记录在期权买方和卖方的"保证金"账户上。尽管实际没有执行合约，但是存在按期权价格执行的义务。期权市场价值的变化被记入重估价账户和资产负债表内。

购买看涨期权的处理过程：$t(0)$ 表示购买期权的时间，而 $t(2)$ 表示期权被执行或终止的时间，$t(1)$ 显示在期权存续期内的更新。

在 $t(0)$ 购买期权时，按所支出的期权权利金金额 $p(0) \times q$ 将期权权利记入期权买方资产和期权卖方负债。期权买方和期权卖方的预付款（应付/应收）被抵消了（见表4.9.4）。

表 4.9.4　　　　　　　看涨期权的会计处理

期权买方		期权卖方	
金融账户			
金融资产变动	负债变动	金融资产变动	负债变动
F71 = +p(0)×q			F71 = +p(0)×q
		F89 = +p(0)×q	F89 = +p(0)×q
资产负债表			
金融资产	负债	金融资产	负债
AF71 = A71 + [p(0)×q]			AF71 = A71 + [p(0)×q]
		AF89 = A89 + [p(0)×q]	AF89 = A89 + [p(0)×q]

注：AF21：现金；F71 和 AF71：除雇员股票期权外的金融衍生工具；F89 和 AF89：其他应收/应付账款。

在 $t(0)$ 到 $t(1)$ 期间，（未兑现的）收益或损失反映在重估价账户中，而在 $t(1)$ 时反映在资产负债表中（见表4.9.5）。因而，看涨期权买方的持有收益在价格上涨时上升，看跌期权买方的持有收益在价格下跌时上升。期权卖方所得与其相反。除了持有收益以外的期权权利金都反映在资产负债表内。

表 4.9.5　　　　　　　看涨期权的会计处理

期权买方		期权卖方	
重估价账户			
金融资产变动	负债变动	金融资产变动	负债变动
K11 = [p(1) − p(0)]×q	B103 = [p(1) − p(0)]×q	B103 = [p(1) − p(0)]×q	K11 = [(1) − p(0)]×q

续表

期权买方		期权卖方	
资产负债表			
金融资产	负债	金融资产	负债
AF71 = A71 + $[p(0) \times q]$ + $[p(1) - p(0)] \times q$	B103 = BG + $[p(1) - p(0)] \times q$	B103 = BG + $[p(1) - p(0)] \times q$	AF71 = A71 - $[p(0)] \times q$
	AF89 = A89 + $[p(0) \times q]$	AF89 = A89 + $[p(0) \times q]$	

注：AF21：现金；F71 和 AF71：除雇员股票期权外的金融衍生工具；F89 和 AF89：其他应收/应付账款；K11：重估价；B103 和 BG：持有收益或持有损失。

若价格超过执行价格，期权将被执行。看涨期权买方支付权利金和获得 $[p(2) - p(0)] \times q$ 的收益（见表4.9.6）。

表 4.9.6　　　　　　　　　　看涨期权的会计处理

期权买方		期权卖方	
重估价账户			
金融资产变动	负债变动	金融资产变动	负债变动
K11 = $[p(1) - p(0)] \times q$	B103 = $[p(1) - p(0)] \times q$	B103 = $[p(1) - p(0)] \times q$	K11 = $[p(1) - p(0)] \times q$
财务账户			
ΔA	ΔL	ΔA	ΔL
F21 = $-p(0) \times q$	F21 = $+p(0) \times q$		
	F89 = $-p(0) \times q$	F89 = $-p(0) \times q$	
资产负债表			
金融资产	负债	金融资产	负债
AF21 = A21 - $[p(0) \times q]$		AF21 = A21 + $[p(0) \times q]$	
AF71 = A71 + $[p(0) \times q]$ + $[p(2) - p(0)] \times q$	B103 = BG + $[p(2) - p(0)] \times q$	B103 = BG + $[p(2) - p(0)] \times q$	AF71 = A71 + $[p(0) \times q]$ + $[p(2) - p(0)] \times q$

期权买方的期权到期后，期权权利金将被摊销并从重估价账户中确认终止。对于期权清算（或出售），期权清算收益（出售价格）和市场价值之间的差额作为持有收益。

(d) 利率上限协议的价格风险（利率上限、下限和上下限）

利率上限、下限和上下限的特点

利率上限（对冲上升的利率）是买方和卖方之间的一种合约协议，即在特定时间间隔内，若参考利率超过执行利率，利率上限购买者可要求利率上限出售者支付约定的利率上限（执行利率）和约定的参考利率之间的差额。作为回报，购买者必须支付约定的利率上限权利金（在上限合约期初时，按比例或按年贴现）。因为在每一个参照利率决定日，利率上限都是一个个独立的期权权利，所以上限协议相当于一系列单个期权，其交付周期越来越长。决定利率的日期被称为"展期日"，并且必须与上限权利金分开单独计算。获得的总的利率上限期权价格（权利金）为全部的单个期权的权利金之和。

与利率上限相对应的是利率下限（对冲下降的利率）。利率下限是买方和卖方之间的一种合约协议，即在特定时间间隔内，利率下限出售者承诺向购买者支付约定利率（执行利率）和特定的参考利率之间的差额。作为回报，购买者承诺支付权利金。

根据期权所依附的基础金融工具是贷款（对冲上升的利率）还是存款（对冲下降的利率）来确定术语"上限"和"下限"的使用，或者从购买者的角度出发，称为看涨或看跌。

这些基于绩效的期权权利金以期权定价模型为基础进行计算。

假定符合期权特征的利率上限协议具有不同的提前期。应支付的上限权利金由单个期权的权利金总和来计算。若购买者已经将权利金支付给出售者，那么期权购买者不再承担更多的义务。这相当于，购买者只需在任何"展期日"对其执行利率的上限或下限与当前利率（如伦敦银行间同业拆借利率）进行简单比较，并且根据是否对自己有利而选择是否执行期权。相反地，利率上限或下限的出售者获得权利金，并且在购买者要求时，必须履行潜在的义务。因而，在上限和下限的任何约定期内，补偿支付都有可能发生。

利率上限、下限和上下限的相关风险

与期权一样，利率上限和下限也具有不对称的风险。根据市场趋势，上限和下限的利率风险（持有损益）可以是无限的或有限的。上限购买者通过利率下跌获利（债券价格上升），同时卖方不得不承受损失。当利率上升时，买方损失仅限于权利金，权利金为卖方收益。

相比之下，当利率上升（债券价格下降）时，下限购买者获利，而卖方承受相应的损失。因此，买方收益相当于卖方损失，反之亦然。当利率下降（债券价格上升）时，看跌期权买方的损失和买方的收益仅限于权利金。

上限（利率上限）和下限（利率下限）组合被称为"上下限"。

SNA2008 中关于上限、下限和上下限价格变化风险的会计处理

利率上限协议在会计系统内被视为期权。相应地，购买或出售上限和下限也与其他期权一样，在获得期权并支付权利金时，权利金必须被记为金融资产或负债（金融衍生工具 AF71）。如果没有立即支付权利金，而是采用分期付款方式，则买方必须记录相关债务。相应地，卖方必须记录相关金融资产。

在上限、下限和上下限中，通常在期末进行支付。除了权利金以外，从利

率上限协议卖方处获得的报酬应记为应收账款。

独立的子期权随着时间终止，所以存续期内，价格变化风险不断降低。因此，权利金通常按比例结算。在每个固定日期（展期日），一部分利率上限协议到期终止并支付报酬款项。在展期日，股票期权的总权利金应该被排除在外。或者，支付或收到的权利金也可会被记录为应收或应付账款。

（b） 远期

4.333 远期是双方同意按合约规定的价格（执行价格）在特定日期交换约定数量的标的资产（金融或非金融）的金融合约。

4.334 期货是在有组织的交易场所交易的远期合约。[127] 期货和其他远期合约通常（不总是）以现金或其他金融工具的准备金来结算，而不是以标的物的实际交割来结算，因此可脱离标的物单独估价。常见的远期型合约包括：互换和远期利率协议（FRAs）。

4.335 远期和期权的不同之处在于：

（a）在合约初期，远期合约通常没有预付款并且市场价值为零；就期权而言，当合约签订时就支付了权利金，并且一开始期权合约的价值就是按这个费用来评估的。

（b）在远期合约存续期内，随着市场价格、利率或汇率的变化，远期合约在一方（作为资产）取正值，而在另一方（作为负债）取相应的负值。这种情况将在双方间转换，取决于基础金融工具、大宗商品等项目的市场价格相对于合约中执行价格的变化情况。这些特性使得对资产交易和负债交易进行区分有些不切实际，同时也毫无意义。与其他金融工具不同，远期交易通常是记录资产负债轧差净值。就期权而言，买家永远是债权人而卖家永远是债务人。

（c）在到期日，远期合约的赎回是强制进行的，而对于期权，买家有权决定是否行使权利。当到期日它们"赚钱"时，有些期权会被自动行权。

专栏4.10 期货的处理

期货

期货是有市场价值的远期合约，因为它们是可交易或可平仓的。它包括在特定的日期以特定的价格承诺交割一定数量的基础工具，基础工具可以是某种商品、某种货币或某种有价证券，或是一篮子以上项目。基础金融工具也可以是一个指数。

---

[127] 远期也可以被抵消。

期货具有以下几个特征：指定标准基础金融工具、合约数量、到期日及安全执行和最终结算的有关规则；在期货交易所交易，供应和购买通过证券交易所的清算系统进行；每个结算合约中支付现金保证金（初始押金）以保障结算风险，收盘后或合约结束后返还保证金。此外，期货交易买卖双方承诺遵守保证金制度，每日盈亏（追加保证金）自负。

期货可以规避利率、股价和汇率的风险。根据可观测的风险的特征，分为利率期货、股指期货和外汇期货。

期货的经济风险

期货交易的经济风险基本上是无限的、对称的。期货的盈利/亏损简图中说明了这一点。期货交易的两种头寸是多头和空头。买入期货即多头头寸；出售期货则是空头头寸。两种头寸的盈亏情况如图 4.10.1 所示。

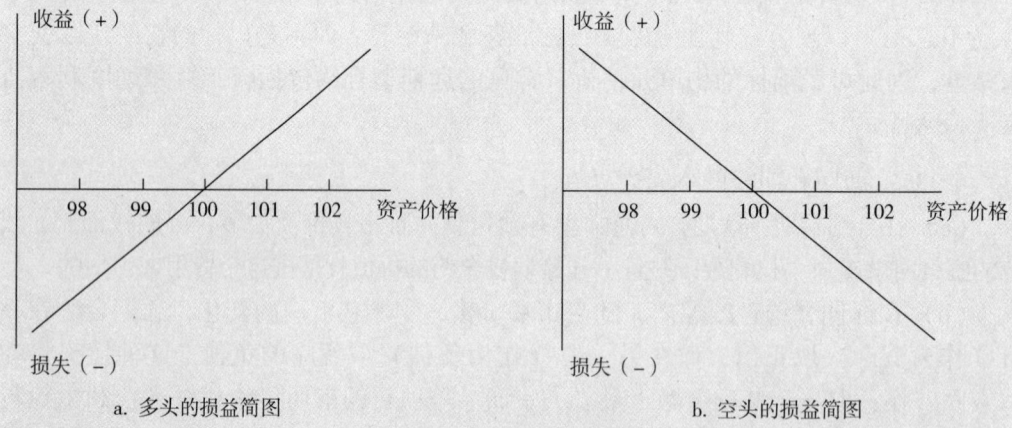

图 4.10.1　期货损益简图

利率期货的风险（持有损益）可作如下解释。利率期货的买方受益于利率的下跌（证券价格上涨），而卖方不得不承担相应的损失。相反，利率上升时利率期货的卖方获益（证券价格下跌），买方亏损。买方的收益乃对应于卖方的损失；反之亦然。

在利率期货存续期内，如果利率下降，相应期货价格上升，则买入期货的持有收益上升，利率期货随之被抛售。根据对称性原则，如果利率上升，持有亏损增加。在利率期货存续期内，如果利率上升，相应期货价格下降，则卖空持有收益上升，利率期货随之被买入。

持有损益是根据期货价格差值计算的。例如，以期货价格的 92.7% 卖出 15 份 3 个月期限以货币 1 计价的期货，每份 100 万 CU1，且 3 个月后以期货价格的 91.8% 的价格相应买入。

在期货的存续期内，期货的价格下降（由于 LIBOR 的上升），使得随后的购买（回购）价格更低，从而获得持有收益，它可以根据公式 $G = [P(T) - P(0)] \times Q$ 计算。在时间 t 的期货价按公式 $P(T) = 0.918 \times 3$ 个月/12 个月得出，在时间 0 的期货价为 $p(0) = 0.927 \times 3$ 个月/12 个月。供给量或需求量为 $q = 15$ 份期货，对应每 100 万 CU1 每份期货合同。

因此，期货的收益是：

$$G = (0.2295 - 0.23175) \times (-15 \times 1000000) \text{ CU1} = 33750 \text{ CU1}$$

如果在期货存续期内，期货的价格上升（由于 LIBOR 的下降），随后以更高的价格买回，将会导致持有损失。例如，在同样的假设下，94% 的期货价格将带来的损失 $G = (0.235 - 0.23175) \times (-15 \times 1000000) \text{ CU1} = -48750 \text{CU1}$。

SNA2008 中期货的价格风险处理

在合约签订时，期货的市场价值为 0。相比之下，基础工具的价格变化以及由此而支付的保证金会被作为交易记录在资产负债表中。

保证金被分为可返还和不可返还两部分（可偿还保证金和不可偿还保证金）。可返还部分本质上是初始保证金，而不可返还部分对应着追加保证金。可返还部分被记录为预付款（F89），而不可返还部分记录在金融衍生工具（F71）。除非可返还保证金是用现金支付的，不然会被归入担保方（清算所）的资产负债表中。然而，若以有价证券作抵押物，所有权没有改变，不记录为交易。

下例（见表 4.10.1）中，在 $t(0)$ 时点从交易商处买入期货，并将初始保证金（im），$im \times q$，支付给清算所（F21）。既然初始保证金用于可退还保证支付，那么它就应该被作为预付款（F89）记录在金融账户下。

表 4.10.1　　　　　　　　　　期货的会计处理

交易商		清算所	
金融账户			
金融资产的变动	负债的变动	金融资产的变动	负债的变动
F21 = $-im \times q$		F21 = $+im \times q$	
F89 = $+im \times q$			F89 = $+im \times q$
资产负债表			
金融资产	负债	金融资产	负债
AF21 = A21 $- (im \times q)$		AF21 = A21 $+ (im \times q)$	
AF89 = A89 $+ (im \times q)$			AF89 = A89 $+ (im \times q)$

注：im：初始保证金；F21 和 AF21：通货；F89 和 AF89：其他应收/应付账款。

假设期货在 $t(1)$ 时的价格为 $p(1)$，低于初始价格 $p(0)$，差价将被记录为持有损失。清算所要向交易员支付等额的追加保证金（见表 4.10.2）。

表 4.10.2　　　　　　　　　　期货的会计处理

交易商		清算所	
金融账户			
金融资产的变动	负债的变动	金融资产的变动	负债的变动
$F21 = -[p(1) - p(0)] \times q$		$F21 = +[p(1) - p(0)] \times q$	
$F71 = +[p(1) - p(0)] \times q$			$F71 = +[p(1) - p(0)] \times q$
重估价账户			
金融资产的变动	负债的变动	金融资产的变动	负债的变动
$K11 = -[p(1) - p(0)] \times q$	$B103 = -[p(1) - p(0)] \times q$	$B103 = -[p(1) - p(0)] \times q$	$K11 = -[p(1) - p(0)] \times q$
资产负债表			
金融资产	负债	金融资产	负债
$AF21 = A21 - (im \times q) - [p(1) - p(0)] \times q$		$AF21 = A21 + (im \times q) + [p(1) - p(0)] \times q$	
$AF71 = A71 + [(p(1) - p(0)] \times q - [p(1) - p(0)] \times q$	$B103 = BG - [p(1) - p(0)] \times q$	$B103 = BG - [p(1) - p(0)] \times q$	$AF71 = A71 + [p(1) - p(0)] \times q - [p(1) - p(0)] \times q$
$AF89 = A89 + (im \times q)$			$AF89 = A89 + (im \times q)$

注：im：初始保证金；F21 和 AF21：通货；F71 和 AF71：金融衍生工具；AF89：其他应收/应付账款；K11：重估价；B103 和 BG：持有损益。

如果期货在 $t(1)$ 的价格高于在 $t(1)$ 的价格，差价将被计为持有收益，交易商向清算所支付追加保证金（见表 4.10.3）。

表 4.10.3　　　　　　　　　　期货的会计处理

交易商		结算所	
重估价账户			
金融资产的变动	负债的变动	金融资产的变动	负债的变动
$K11 = [p(2) - p(1)] \times q$	$B103 = [p(2) - p(1)] \times q$	$B103 = [p(2) - p(1)] \times q$	$K11 = [p(2) - p(1)] \times q$
资产负债表			
金融资产	负债	金融资产	负债
$AF21 = A21 - (im \times q) - [p(1) - p(0)] \times q$		$AF21 = A21 + (im \times q) + [p(1) - p(0)] \times q$	

续表

交易商		结算所	
AF71 = A71 + [p(1) − p(0)] × q − [p(1) − p(0)] × q + [p(2) − p(1)] × q	B103 = BG − [p(1) − p(0)] × q + [p(2) − p(1)] × q	B103 = BG − [p(1) − p(0)] × q + [p(2) − p(1)] × q	AF71 = A71 + [p(1) − p(0)] × q − [p(1) − p(0)] × q + [p(2) − p(1)] × q
AF89 = A89 + (im × q)			AF89 = A89 + (im × q)

注：im：初始保证金；F21 和 AF21：通货；F71 和 AF71：金融衍生工具；AF89：其他应收/应付账款；K11：重估价；B103 和 BG：持有损益。

如果期货在 $t(3)$ 的价格高于在 $t(2)$ 的价格，它会导致额外的交易收益，这将被记录到保证金科目（见表4.10.4）。

表4.10.4　　　　　　　　　　　期货的会计处理

交易商		清算所	
重估价账户			
金融资产的变动	负债的变动	金融资产的变动	负债的变动
K11 = [p(3) − p(2)] × q	B103 = [p(3) − p(2)] × q	B103 = [p(3) − p(2)] × q	K11 = [p(3) − p(2)] × q
资产负债表			
金融资产	负债	金融资产	负债
AF21 = A21 − (im × q) − [p(1) − p(0)] × q		AF21 = A21 + (im × q) + [p(1) − p(0)] × q	
AF71 = A71 + [p(1) − p(0)] × q − [p(1) − p(0)] × q + [p(2) − p(1)] × q + [p(3) − p(2)] × q	B103 = BG − [p(1) − p(0)] × q + [p(2) − p(1)] × q + [p(3) − p(2)] × q	B103 = BG − [p(1) − p(0)] × q + [p(2) − p(1)] × q + [p(3) − p(2)] × q	AF71 = A71 + [p(1) − p(0)] × q − [p(1) − p(0)] × q + [p(2) − p(1)] × q + [p(3) − p(2)] × q
AF89 = A89 + (im × q)			AF89 = A89 + (im × q)

注：im：初始保证金；F21 和 AF21：通货；F71 和 AF71：金融衍生工具；AF89：其他应收/应付账款；K11：重估价；B103 和 BG：持有损益。

如果在 $t(3)$ 时卖出期货合约，交易商将初始保证金和收益记入贷方（见表4.10.5）。

表4.10.5　　　　　　　　　　　期货的会计处理

交易商		清算所	
金融账户			
金融资产的变动	负债的变动	金融资产的变动	负债的变动
F21 = (im × q) + [p(3) − p(1)] × q		F21 = −(im × q) + [p(3) − p(1)] × q	

续表

交易商		清算所	
$F71 = -[p(3) - p(1)] \times q$		$F71 = +[p(3) - p(1)] \times q$	$F89 = -(im \times q)$
$F89 = -(im \times q)$			

资产负债表

金融资产	负债	金融资产	负债
$AF21 = A21 + [p(3) - p(0)] \times q$		$AF21 = A21 + [p(3) - p(0)] \times q$	
	$B103 = BG + [p(3) - p(0)] \times q$		$B103 = BG - [p(3) - p(0)] \times q$

注：im：初始保证金；F21 和 AF21：通货；AF89：其他应收/应付账款；B103 和 BG：持有损益。

(c) 互换

4.336 互换是交易双方协议在未来某时点根据预先确定的规则，对基于约定数量的名义本金产生的支付现金流进行交换的一种合约。最常见的种类有利率互换、外汇互换和货币互换。

4.337 利率互换是基于名义本金交换不同性质的利息支付（固定利率计息或浮动利息计息，两种不同浮动利率计息，一种货币采用固定利率计息，而另一种货币采用浮动利率计息，等等）。结算通常是净现金支付，等于合约中规定的适用于名义本金的两种利率的现期差额。

4.338 外汇互换（包括所有远期合约）是指以商定的汇率交易约定数量的外汇。

4.339 货币互换是指交换与利息支付相关的现金流量以及到期时按商定汇率交换本金。

互换的统计处理

互换的基本结构

4.340 互换都是基于相同的基本结构。双方，也称作对手方，同意交换指定数量的基础资产，也就是"名义物"，区别于实物现金交换，即"实物"。一个互换可能涉及一个交换、两个交换、一系列的交换或者是无名义物的交换。在双方名义物的交换中，对手方因对基础资产的使用而彼此相互支付。基本结构的说明如下：第一个对手方为了使用第二个对手方的资产而定期支付固定价格（互换票息），同时，第二个对手方为了使用第一个对手的资产而定期支付浮动价格。

4.341 互换的实施依赖于金融中介机构（互换交易商），它对双方用户都充当对手的角色。互换商的收益来源于对互换票息的买卖价差。

4.342 与典型互换相关的现金流如图4.1所示。

（a）图4.1（a）显示了名义物的初始交换，这一过程是可选择的，并不是所有互换都存在；

（b）图4.1（b）显示了定期费用支付情况；

（c）图4.1（c）显示了名义物再交换，像初始交换一样，并不是所有的交换都强制要求，也是可以选择的。

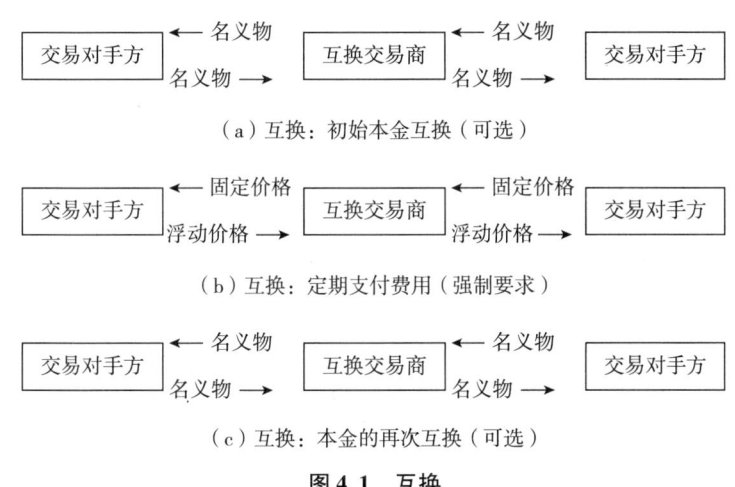

图4.1 互换

利率互换

4.343 利率互换中，可交换的名义物采用一定数量现金的形式，即名义本金。交换的名义本金在货币数量和涉及的同种币种上是明确的。另外，定期使用费用，即利息，也为同种货币，只需要在周期性结算日结算利息支付差额。

4.344 在最常见的利率互换形式中，交易对手间进行固定利率贷款和浮动利率贷款互换。按照市场惯例，互换的购买方（买方）是指在固定/浮动利率互换中持有多头头寸的固定利率利率支付者，互换的供应方（卖方）是指在固定/浮动利率互换持有空头头寸的浮动利率支付者。

4.345 在固定/浮动利率互换开始之日，该互换合约执行"平价期权"，交易双方进行面值互换（或"平价交换"或"等价交换"），这是因为交易双方没有初始现金交易。因此，在合同初始日，利率互换对交易双方而言，既不是一项资产，也不是一项负债。然而，在合同初始日之后，任何市场利率的变动都会导致合约价值变得对一方有利，对另外一方不利。

4.346 例如，固定/浮动利率互换中市场价格的下跌（以互换合约中固定利率表示）将使现有互换合约成为持有多头头寸一方（支付固定利率的一方）的负债，成为持有空头头寸一方（支付浮动利率的一方）的资产。相反，固定/浮动利率互换中市场价格的上升，将会使多头头寸（买方）一方获益，使空头头寸（卖方）一方受损。

4.347 例如，某非金融公司运营一份 5 年期、金额 5000 万 CU 的贷款用于支持部分项目建设花费。贷款年利率为固定利率 8%。所以每年支付的利息为 400 万 CU。利息是每年支付，而本金需在第 5 年末偿还。

4.348 一家金融公司想要将这 5 年的年息（固定利息支付）——400 万 CU 互换为成浮动利率的年利息。金融公司可以按 6% 的固定利率借入 5 年期的贷款，因此，它收到的 400 万 CU 利息可以支持借入本金为 400 万 CU/0.06 = 6667 万 CU 的固定利率贷款。这就是互换中的名义本金金额。

4.349 金融公司可以构建如下利率互换：

（a）金融公司按 6% 固定利率借入 5 年期本金 6667 万 CU，同时按伦敦同业拆借利率（LIBOR）将等额本金借出。我们假设伦敦同业拆借利率（LIBOR）为 5%。该方案下净现金流量情况如表 4.17 所示。

（b）第 1 年初没有净现金流。第 5 年末，短期投资的本金用来偿还 6667 万 CU 的贷款。

（c）剩下了什么？就是赚得的利息收入（$0.01 \times LIBOR \times 6667$ 万 CU）和固定利率贷款的 400 万 CU 利息费用之间的差值现金流。金融公司每年从融资项目中得到 400 万 CU，因此它已经将固定利率支付转换成与伦敦同业拆借利率有关的浮动利率支付。

（d）要做到这些还有一个更简便的方法。金融公司可以找一个互换交易商，并约定名义本金为 6667 万 CU 的 5 年期、以伦敦同业拆借利率（LIBOR）支付的互换合约。

表 4.17　　　　　　　固定/浮动利率互换的现金流　　　　　　单位：万 CU

年份	初始	1	2	3	4	5
互换（总额和净现金流）						
以 6% 的固定利率借入 6667	+6667	−400	−400	−400	−400	−(400+6667)
以 LIBOR 浮动利率（最初是 5%）借出 6667	−6667	$+0.05 \times 6667$	$+LIBOR(2) \times 6667$	$+LIBOR(3) \times 6667$	$+LIBOR(4) \times 6667$	$+LIBOR(5) \times 6667 + 6667$
净现金流	0	$-400 + 0.05 \times 6667$	$-400 + LIBOR(2) \times 6667$	$-400 + LIBOR(3) \times 6667$	$-400 + LIBOR(4) \times 6667$	$-400 + LIBOR(5) \times 6667$
固定/浮动利率互换						
净现金流	0	$-400 + 0.05 \times 6667$	$-400 + LIBOR(2) \times 6667$	$-400 + LIBOR(3) \times 6667$	$-400 + LIBOR(4) \times 6667$	$-400 + LIBOR(5) \times 6667$

4.350 两种方案效果是相同的，都是基于 LIBOR 的一系列远期合约。远期价格分别是 $0.01 \times LIBOR1 \times 6677$ 万 CU、$0.01 \times LIBOR2 \times 6677$ 万 CU 等。另外，协商的远期价格在任何一年里都不会是 400 万 CU，但是远期价格的年息现值将是相同的。

表 4.18 支付模式是怎样的？

1. 初始支付是基于第 1 年的 LIBOR 为 5%				
FC	➡	0.08 × 5000 万 CU = 400 万 CU	➡	NFC
FC	⬅	0.05 × 6667 万 CU = 333 万 CU	⬅	NFC
FC	➡	净现金流 = −67 万 CU	➡	NFC
2. 第二次支付是基于第二年的 LIBOR，假设 LIBOR 在第二年增加到 7%。				
FC	➡	0.08 × 5000 万 CU = 400 万 CU	➡	NFC
FC	⬅	0.07 × 6667 万 CU = 467 万 CU	⬅	NFC
FC	⬅	净现金流 = 67 万 CU		NFC

注：FC 表示金融公司，NFC 表示非金融公司。

4.351 第 3 年及以后的互换价值取决于长期利率水平。假设利率变动到 6%，那么金融公司将发行的票面利率为 6% 的债券将按票面价值交易。在这种情况下，互换价值为 0。但是如果长期利率仍然保持在 7% 的水平，一张 3 年期的债券价值（现值）将是 $400/1.07 + 400/(1.07)^2 + (400 + 6667)/(1.07)^3 = 6492$ 万 CU，那么互换的价值将是 $6667 − 6492 = 175$ 万 CU。

4.352 我们如何知道这个互换的价值是 175 万 CU 呢？通过以下方法：

（a）该金融公司能进行一个新的为期 3 年的互换交易，在这个互换交易中，本金相同，即 6667 万 CU，同样支付 LIBOR 浮动利率。

（b）作为回报，它每年收到固定利率为 7% 的利息支付，也就是 $0.07 × 6667 = 467$ 万 CU。

4.353 新互换的现金流抵消旧互换的现金流，但它 3 年产生了 67 万 CU 的额外收益。这个额外的现金流的价值是 $67/1.07 + 67/(1.07)^2 + 67/(1.07)^3 = 175$ 万 CU。普通利率互换没有初始成本或初始价值（现值 =0），但是它们的价值随着时间的推移和长期市场利率的变动，围绕零利率浮动。交易一方收益而另一方遭受损失。

会计处理

4.354 基于表 4.17 中的名义数量和现金流的会计处理展示如下。此外，LIBOR 的变化显示在表 4.20 至表 4.24 中。在每个交易周期的初始有一个协议来确定 LIBOR 的值：第 1 年为 5%，第 2 年为 7%，等等，并在每年末交换支付（净值），中间没有互换交易商。基于现金流，每年交易的净现值会在这年的年初计算出来（见表 4.19）。

表 4.19 基于利率变动的交易与净现值 单位：百万 CU

年份	初始	1	2	3	4	5
LIBOR		0.05	0.07	0.07	0.06	0.05
净现金流	0	−4 + LIBOR (1) × 66.67	−4 + LIBOR (2) × 66.67	−4 + LIBOR (3) × 66.67	−4 + LIBOR (4) × 66.67	−4 + LIBOR (5) × 66.67
交易（净值）	0	−0.67	0.67	0.67	0.67	0.67
交易净现值	0	−2.89	2.26	1.75	0.00	−0.64

4.355 在互换合约（与非金融公司进行固定/浮动利率互换的多头）的起始日期，合约对于任何一方都不是资产。

4.356 第1年末的首次付款是基于第1年 LIBOR 为 5% 来确定。在这种情况下，金融公司，作为与非金融公司交易的固定利率支付者，持有互换多头头寸。金融公司的现金流是 -67 万 CU，净现值是 -289 万 CU。互换现金流，即利息支付，将导致如下会计分录：

（a）对于金融公司，增加其净借入头寸（B9）会导致现金流出（F21）。同时，由于其负净现值，持有损失将被记录在重估价账户（F71，作为金融衍生工具；B10，由于名义持有收益/损失而引起的净现值变动）。

（b）以作为交易对手的非金融公司而言，相应科目必须予以记录，即现金流入在金融账户中记录，利息收入在经常账户中记录，持有收益在重估价账户中记录。

表 4.20　　　　　　　　　在第 1 年末的交易

使用/资产变动		来源/负债及净值变动	
金融公司（S12）	非金融公司（F11）	非金融公司（F11）	金融公司（S12）
经常账户			
D41　0.67		D41　0.67	
B9　-0.67	B9　0.67		
金融账户			
		B9　0.67	B9　-0.67
F21　-0.67	F21　0.67		
			F71　2.89
		B10　2.89	B10　-2.89
重估价账户			
资产总变动	资产总变动	负债总变动	负债总变动
D41　0.67		D41　0.67	
			F71　2.89
F21　-0.67	F21　0.67		
	F71　2.89	B1　2.89	B10　-2.89

4.357 第 2 年基于 7% 的 LIBOR 利率，将产生 67 万 CU 的净支付，互换的净现值将增长到 226 万 CU，金融公司的持有收益记录为增加。记账分录如下：

表 4.21　　　　　　　　　在第 2 年末的交易

第 2 年末	使用/资产变动	来源/负债及净值变动	使用/资产变动	来源/负债及净值变动
	金融机构（S12）		非金融机构（S11）	
经常账户		D41　0.67	D41　0.67	
	B9　0.67			B9　-0.67

续表

第 2 年末	使用/资产变动		来源/负债及净值变动		使用/资产变动		来源/负债及净值变动	
金融账户	F21	0.67	B9	0.67	F21	−0.67	B9	−0.67
重估价账户			F71	5.15			F71	5.15
			B10	5.15			B10	−5.15
第 0~2 年资产负债表的变动	资产总变动		负债总变动		资产总变动		负债总变动	
	F71	2.26					F71	2.26
			B10	2.26			B10	−2.26

4.358 第 3 年，一笔金额 67 万 CU 的互换再次按 7% 的 LIBOR 利率执行。由于互换有效期缩短，互换的当前价值是 175 万 CU。记账分录为：

表 4.22   在第 3 年末的交易

第 3 年末	使用/资产变动		来源/负债及净值变动		使用/资产变动		来源/负债及净值变动	
	金融公司（S12）				非金融公司（S11）			
经常账户			D41	0.67	D41	0.67		
	B9	0.67					B9	−0.67
金融账户	F21	0.67	B9	0.67	F21	−0.67	B9	−0.67
重估价账户			F71	0.51			F71	0.51
			B10	−0.51			B10	0.51
第 0~3 年资产负债表的变动	资产总变动		负债总变动		资产总变动		负债总变动	
			D41	0.67	D41	0.67		
	F21	0.67			F21	−0.67		
	F71	1.75					F71	1.75
			B10	1.75			B10	−1.75

4.359 第 4 年，以 6% 的 LIBOR 进行支付导致第 4 年末的净互换为 0，互换的价值相同。在经常账户和金融账户中没有会计分录。互换的净现值的减少反映在重估价账户。

表 4.23   在第 4 年末的交易

第 4 年末	使用/资产变动		来源/负债及净值变动		使用/资产变动		来源/负债及净值变动	
	金融公司（S12）				非金融公司（S11）			
重估价账户			F71	1.75	F71	1.75		
			B10	−1.75			B10	1.75

第4年末	使用/资产变动		来源/负债及净值变动		使用/资产变动		来源/负债及净值变动	
第0~4年资产负债表的变动	资产总变动		负债总变动		资产总变动		负债总变动	
			D41	0.67	D41	0.67		
	F21	0.67			F21	−0.67		

4.360 截至第5年末，LIBOR利率进一步降至5%，导致−67万CU的现金流和−67万CU的净现值（这与第5年末最终付款额的现值相等）。应当注意的是，在期末，互换的净价值将再次等于0。

表4.24　　　　　　　　　　在第5年末的交易

第5年末	使用/资产变动		来源/负债及净值变动		使用/资产变动		来源/负债及净值变动	
	金融公司（S12）				非金融公司（S11）			
经常账户	D41	0.67					D41	0.67
	B9	−0.67			B9	0.67		
金融账户	F21	−0.67	B9	−0.67	F21	0.67	B9	0.67
重估价账户			F71	0.64	F71	0.64		
			B10	−0.64			B10	0.64
资产负债表 t=0 至 5 的变动	资产总变动		负债总变动		资产总变动		负债总变动	
			F71	0.64	F71	0.64	B10	0.64
			B10	−0.64				

4.361 将互换支付作为金融交易处理意味着经常账户交易将被列为一种金融交易（衍生工具F71），而其中所涉部门的净贷出/净借入是不变的。金融交易要么导致金融资产的交换（对金融公司而言），要么导致资产负债表的两边同时扩大（对非金融公司而言），但不会改变平衡项目。

4.362 然而，利率变动会导致互换合约为正净现值或负净现值，这将在重估价账户中记为持有收益或持有损失。

货币互换

4.363 在货币互换中，本金的计价货币是不同的，因此通常（但不总是）需要交换。举例说明，假设一个金融公司（交易对手方A）能够以9%的固定利率借入7年期的货币1（CU1），以1年期LIBOR的浮动利率借入7年期的货币2（CU2）。另外，一个非金融公司（交易对手方B），可以以1年期LIBOR的浮动利率借入7年期的货币2（CU2）。当货币互换时，金融公司需要以浮动利率借入货币2（CU2），非金融公司需要以固定利率借入货币1（CU1）。

4.364 图4.2显示了在现金市场的初始借款和在互换开始时名义本金的初始

交换。

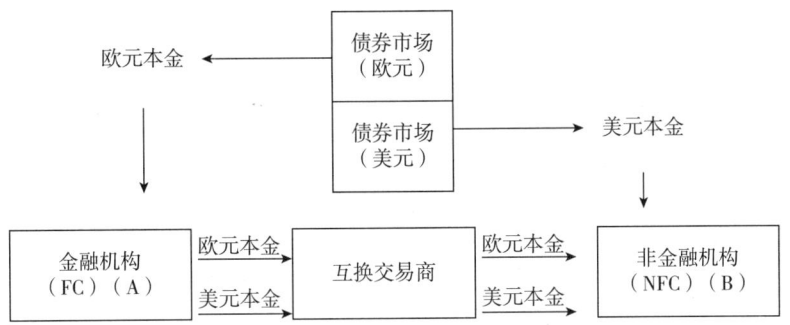

图 4.2 货币互换与现金市场交易（初始借款和名义本金的交换）

4.365 图 4.3 显示了在资金市场的债务还本付息和互换中的利息支付交换。[交易商以货币 1（CU1）向金融公司支付固定利率 9.45%，收到以货币 2（CU2）计价的浮动利率 LIBOR，同时，交易商支付给非金融公司以货币 2（CU2）计价的浮动利率 LIBOR，同时获得以货币 1（CU1）计价的 9.55% 的固定利率。]

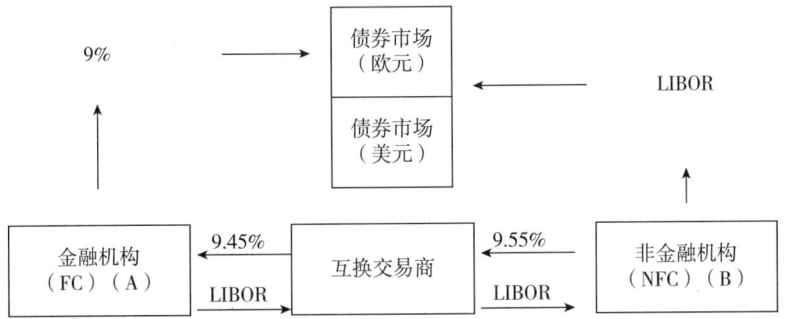

图 4.3 货币互换与现金市场交易（债务还本付息与互换支付）

4.366 图 4.4 显示了互换到期时名义本金的再交换及现货市场借款的偿还。

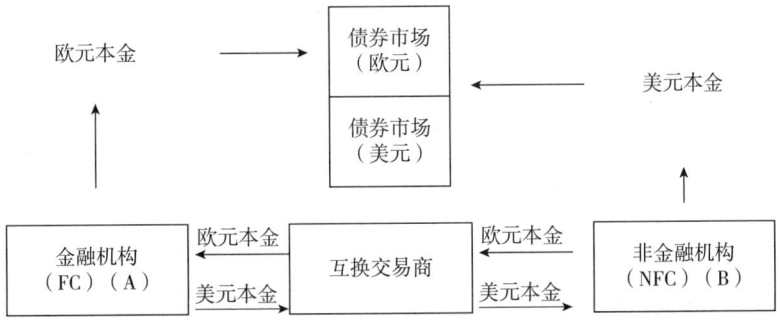

图 4.4 货币互换与现货市场交易（实物偿还与名义本金的再交换）

(d) 远期利率协议

4.367 远期利率协议（FRAs）是协议双方为保护自己不受利率变化的影响，就某一永不交换的名义本金在规定的结算日应支付的利率达成协议的一种安排。远期利率协议以净现金支付结算。实际发生的支付只是远期利率协议商定的利率和结算日现行市场利率之差。

专栏4.11 远期利率协议的处理

远期利率协议的特点

远期利率协议（FRAs）是交易双方单独协商的利率期货（场外交易）。与利率期货不同，远期利率协议是非标准化的，因此不在证券交易所交易。为保护它们不受利率风险的影响，双方就某一永不交换的名义本金在规定的结算日应支付的利率达成协议。实际发生的支付只是远期利率协议商定的利率和结算日现行市场利率之差。

表4.11.1 远期利率协议和利率期货的比较

	远期利率协议	利率期货
标准化基础工具	无基础资产	3个月期FIBOR（法国银行同业拆借利率）存款或者特定债务证券
合同金额	高于最低金额	固定值
到期日期	最高3年	固定值
抵押物	不需要保证金	初始保证金和变动保证金

远期利率协议的经济风险

如期货一样，远期利率协议的利率风险（持有损益）理论上是无限、对称的。在结算日（期初），针对固定的远期利率协议利率和协定的当时市场利率（比如LIBOR）之间的差异进行赔偿支付。远期利率协议的买方将从利率上升中获利，而卖方须承担损失。相反地，当利率下降时，远期利率协议的卖方将获利，而买方将遭受损失。买方的获利正是卖方的损失；反之亦然。

持有损益产生于结算时固定的远期利率协议利率和当时的市场利率之间的利率差异。利息应该将在合同期末支付，名义本金额是按结算日的市场利率折现计算的。如果在结算日的参照利率高于远期利率协议利率，远期利率协议的买方收到来自对方的结算支付。相反，如果在结算日的市场利率低于远期利率协议利率，赔偿支付给远期利率协议的卖方。

远期利率协议利率是由提前期（lead time）和合同总期限决定的。对于1/7FRA而言，提前期是1个月，合同总期限是7个月。其中有6个月（合同期限减去提前的时间）的远期利率协议利率应该是6.73%。假设1个月后的LIBOR利率是8%，高于远期利率协议利率，卖方将该日应付金额的贴现值支付给买方。如果1个月后的LIBOR利率为6.55%，买家将该日应付金额的贴现值支付给卖方。

国民账户体系内远期利率协议的价格变动风险的处置

在金融账户，会计分录都必须按照价格从 $t(0)$ 到 $t(1)$ 变动在重估价账户中予以记录。如果利率发生变化，远期利率协议将呈现正值或负值——由远期利率协议利率和基准利率之间的差额的净现值计算。它们必须被记录在重估价账户。如果参照利率上升超过远期利率协议利率，远期利率协议的买方将获得利率差现值的持有收益；反之亦然（见表4.11.2）。

表 4.11.2   远期利率协议的会计处理

买方		卖方	
重估价账户			
ΔA	ΔL	ΔA	ΔL
K11 = [$p(1)$ $-p(0)$]×q	B103 = [$p(1)$ $-p(0)$]×q	B103 = [$p(1)$ $-p(0)$]×q	K11 = [$p(1)$ $-p(0)$]×q
资产负债表			
A	L	A	L
AF71 = A71 + [$p(1)-p(0)$]×q	B103 = [$p(1)$ $-p(0)$]×q	B103 = [$p(1)$ $-p(0)$]×q	AF71 = A71 + [$p(1)-p(0)$]×q

注：AF71：金融衍生工具；K11：重估价；B103：持有损益。

在提前期（lead time）结束后，通过比较利率，对远期利率协议利率和参照利率之间的息差现值进行支付。如果参照利率高于远期利率协议利率，卖方必须支付给买方。相反，如果参照利率比远期利率协议利率低，卖方必须向买方支付息差的现值（见表4.11.3）。

表 4.11.3   远期利率协议的会计处理

买方		卖方	
金融账户			
ΔA	ΔL	ΔA	ΔL
F21 = [$p(1)-$ $p(0)$]×q		F21 = -[$p(1)$ $-p(0)$]×q	
F71 = -[$p(1)$ $-p(0)$]×q		F71 = +[$p(1)$ $-p(0)$]×q	
资产负债表			
A	L	A	L
AF21 = A21 +[$p(1)$ $-p(0)$]×q		AF21 = A21 -[$p(1)$ $-p(0)$]×q	
	B103 = [$p(1)$ $-p(0)$]×q		B103 = [$p(1)$ $-p(0)$]×q

注：F21 和 AF21：通货；AF71：金融衍生工具；K11：重估价；B103：持有损益。

（e）信用衍生品

4.368 信用衍生工具是以交易信用风险为主要目的的金融衍生工具，是为了交易贷款和证券的违约风险而设计的。信用衍生工具可采用远期类或期权类合约形式，并且与其他金融衍生工具一样，它们通常根据标准化的法定条款来拟定，并涉及抵押品和保证金程序，这些抵押品与保证金程序有助于市场估价。通过交付一定的费用，信用风险从风险卖方（保护买方）转移到风险买方（保护卖方）。

4.369 发生违约时，风险买方支付给风险卖方相应金额。信用衍生品也可以通过违约方的证券交付来结算。

4.370 信用衍生产品的种类有信用违约期权、信用违约互换和总收益互换。信用违约互换指数作为已经交易的信用衍生指数反映信用违约互换溢价的变动。

4.371 信用违约互换是信用保险合同，当发生以下情况时，用于赔付债权人的亏损：

（a）信用事件发生，与涉事单位有关而与特定债务证券或贷款无关。引起涉事单位担忧的信用事件可能是违约，也可能是由于某种原因（如债务重组、违反契约或其他）使本该支付的到期债务无法偿还。

（b）一个特定的债务工具（通常是债务证券或贷款）面临违约。对于互换合约，债权人作为信用违约互换的买方、风险的卖方，支付一系列附加费用（保险费）的给担保人、风险买家。

4.372 相关单位或债务工具没有发生违约，风险卖方继续交付保险费直到合同结束。如果发生违约，风险买方补偿风险卖方的损失，并且风险卖方停止支付保费。

（f）不包括在金融衍生工具内的金融工具

4.373 金融衍生工具（除雇员股票期权）（AF71）的类别中不包括：

（a）基础金融工具，它是金融衍生工具的基础。

（b）将一个或一篮子债务证券与一个或一篮子金融衍生工具结合的结构化债务证券。这里的金融衍生工具与债务证券不可分割，且它的初始投入本金比嵌入式金融衍生工具的预期收益要多。相对于预期收入而已投入的本金较小、有一定风险的金融工具被列为金融衍生工具。某一金融工具，其债务证券部分和金融衍生工具部分是相互独立的，应分别进行相应的分类。

（c）根据所涉及的机构单位的不同，与金融衍生工具相关的可偿还保证金的支付被归类在其他存款（AF29）或贷款（AF4）项下。然而，不可偿还的保证金支付，在合约存续期间可能会减少或抵消资产或负债头寸，视为合约的结算，被归为金融衍生工具的交易。

(d) 次级工具，在市场上不可交易且不能被抵消。

(e) 黄金互换，它与证券回购协议具有相同性质。

（g）雇员股票期权

4.374 雇员股票期权（AF72）是雇主与雇员在某日（授权日）签订的一种协议，根据协议，在未来约定时间（含权日）或紧接着的一段时间（行权期）内，雇员能以约定价格（执行价格）购买约定数量的雇主股票。行权日是行使期权的日期，它不能早于含权日，也不能晚于行权期结束日。

4.375 雇员股票期权交易按股票期权的价值记入金融账户，作为以股票期权代表的雇员报酬要素的对应方。期权的价值应分布于整个授权日与含权日期间；如果缺乏详细的数据，它们应在含权日记录。此后，如果它们是可交易的并被实际交易，交易应在实际行权日记录，或者在含权日和行权日之间记录。

案例4.4 雇员股票期权的处理（由日本银行提供）

4.376 这个例子中，假设一个公司在时间0（授权日）授予其员工雇员股票期权。期权可在时间2（含权日）和时间5之间执行，执行价格为30。为了更好地说明，我们假定所有的员工将继续为公司工作直到时间5；满足任何附着在期权上的附加条件（如履行标准）；并且在时间5的期末行使期权（行权日）。

时间	0	1	2	3	4	5
	授予日		生效日	执行日	执行日	执行日或失效日
		授予日1年后	2年后	3年后	4年后	5年后

4.377 在时间为0时，假设每份期权的公允价值是20，执行价格是30。该公司的员工数量假定为5，使得期权的总价值为100（20×5）。每个服务期的公允价值为50，是总价值除以生效日之前的预期服务期数量（两期）。为简单起见，该期权的价值从时间0到时间5，将稳定在20。

4.378 SNA2008记录交易如下。在时间0和1，公司在收入形成账户中确认员工报酬50，并且住户在初始收入分配账户中记录50。报酬在两个服务期产生。

4.379 该交易也被记录在金融账户。在这个例子中，假定尚未到生效日，该分录被记录为其他应收/应付款。[128] 在资产负债表中，其他应收/应付款数额在两个服务期后（时间1的期末）累积到100。

---

[128] 欧盟统计局（2004）。

4.380 在时间2，当期权变为可行权时，金融账户和资产负债表中的其他应收/应付款的金额被"雇员股票期权"替换。

4.381 当期权在时间5实际执行时，股价预计将为50，这与期权的稳定价值为20、执行价为30是匹配的。居民部门记录购买公司股票250，通过支付它们自己的钱150（30乘以5），以及换取金融账户中的雇员股票期权100。该公司记录发行股票250，通过从雇员股票期权中扣除100，并从住户部门收到通货和存款150。

表4.25　　　　　　　　　　雇员股票期权的记录

	住户		公司	
	使用/金融资产的变动/金融资产	来源/负债和所有者权益的变动/负债和净值	使用/金融资产的变动/金融资产	来源/负债和所有者权益的变动/负债和净值
时间0 授权日				
第1期（时间0~1）				
收入形成账户				
雇员报酬				50
初始收入分配账户				
雇员报酬		50		
金融账户				
通货和存款				
雇员股票期权				
期权				
其他应收/应付款	50			50
资产负债表				
通货和存款	150			
雇员股票期权				
期权				
其他应收/应付款	50			50
第2期（时间1~2）				
收入形成账户				
雇员报酬				50
初始收入分配账户				
雇员报酬		50		
金融账户				
通货和存款				
雇员股票期权				
期权				
其他应收/应付款	50			50

续表

	住户		公司	
	使用/金融资产的变动/**金融资产**	来源/负债和所有者权益的变动/**负债和净值**	使用/金融资产的变动/**金融资产**	来源/负债和所有者权益的变动/**负债和净值**
资产负债表				
通货和存款	150			
雇员股票期权				
期权				
其他应收/应付款	100			100
时间 2 含权				
第 3 期（时间 2~3）				
收入形成账户				
雇员报酬				
初始收入分配账户				
雇员报酬				
金融账户				
通货和存款				
雇员股票期权	*100*			*100*
期权				
其他应收/应付款	*−100*			*−100*
资产负债表				
通货和存款	150			
雇员股票期权	100			100
期权				
其他应收/应付款				
第 4 期（时间 3~4）				
收入形成账户				
雇员报酬				
初始收入分配账户				
雇员报酬				
金融账户				
通货和存款				
雇员股票期权				
期权				
其他应收/应付款				
资产负债表				

续表

	住户		公司	
	使用/金融资产的变动/**金融资产**	来源/负债和所有者权益的变动/**负债和净值**	使用/金融资产的变动/**金融资产**	来源/负债和所有者权益的变动/**负债和净值**
通货和存款	150			
雇员股票期权	100			100
期权				
其他应收/应付款				
时间 5 行权				
第 5 期（时间 4～5）				
收入形成账户				
雇员报酬				
初始收入分配账户				
雇员报酬				
金融账户				
通货和存款	*−150*		*150*	
雇员股票期权	*−100*			*−100*
期权	*250*			*250*
其他应收/应付款				
资产负债表				
通货和存款			**150**	
雇员股票期权				
期权	**250**			**250**
其他应收/应付款				

注：非金融交易（使用和来源）用正常字体，金融交易用斜体（金融资产净获取和负债的净发生额），资产负债表项目用**黑体（金融资产和负债）**。

8. 其他应收/应付账款

4.382　其他应收/应付账款（AF8）是金融资产/负债，与之相对应的是一组金融或非金融交易，此类交易的实际发生和相应的收付存在时间差。

4.383　其他应收/应付账款包括各类金融债权的交易，一般是由商品或服务交易、分配交易或二级市场金融交易中的提前或推迟支付所引起的。

4.384　其他应收/应付账款金融交易包括：（a）商业信用和预付款（AF81）；（b）不含商业信用和预付款的其他应收/应付账款（AF89）。

（a）商业信用和预付款

4.385 商业信用和预付款（AF81）是由商品或服务提供商对客户授信（允许延期付款）及对正在进行或尚未开展的事件提前支付（通常为客户对尚未获得的商品或服务提前支付）而引起的金融债权。

4.386 当商品或服务的支付与商品所有权的转移或服务的提供不在同一时间发生，则产生了商业信用和预付款。如果支付行为发生在所有权变更之前，则为预付款。

4.387 已经发生了但尚未支付 FISIM（间接测算的金融中介服务）被包含在相应的金融工具（通常是利息）中，预付保费被包含在（非寿险）保险专门准备金（F61）中。这两种情况下都不会在 F81 中进行记录。

4.388 此类别包括以下几方面：
(a) 商品或服务已经交付但尚未支付所产生的金融债权；
(b) 应收账款代理公司认可的商业信用（被认定为贷款的除外）；
(c) 建筑物累计租金；
(d) 与商品或服务有关的欠款，但非贷款。

4.389 商业信用（AF81）应当和基于商业票据形式的贸易融资、第三方提供的商业融资信用区分开来。

4.390 商业信用和预付款不包括贸易融资信用贷款。任何"出售"（如保理业务）通常导致对商业信用作为新的债权人和当前债务人之间的贷款被重新分类。

4.391 商业信用和预付款可按照原始期限分为短期或长期商业信用和预付款交易。

4.392 商业信用和预付款可以是所有常住部门和国外部门的资产或负债。

（b）不包括商业信用和预付款的其他应收/应付账款

4.393 不包括商业信用和预付款的其他应收/应付账款（AF89），是由于分配交易或二级市场上的金融交易与相应的收付存在时间差的原因而产生的金融债权。

4.394 这一类别包括由已发生的交易和实际支付的时间差引起的金融债权，比如：
(a) 工资和薪金；
(b) 税收和社会缴款；
(c) 分红；
(d) 租金；
(e) 证券的购买和出售；
(f) 与金融衍生工具有关的可偿还保证金的支付，它是机构单位（不包括中央银行以外的存款性公司）的负债。

4.395 应收/应付的利息应该与产生这些利息的金融资产或负债一起记录，而不应计作其他应收/应付账款。如果应计利息不被当作金融资产再投资进行记录，则应归入子类别。

4.396 然而，对于证券借贷费用和黄金贷款费用，按照惯例应记为利息，并在其他应收/应付款项下记录相应的科目，而不是与相关金融工具一起记录。

4.397 此子类别不包括：
（a）统计误差，是除商品和服务交易、分配交易或金融交易与相应的收付存在的时间差以外的。
（b）提早或推迟付款（含欠款），是由金融资产创造或负债赎回所引起的、不包括在其他应收/应付款中。应将其归类在相关金融工具类别中。
（c）记在其他应收/应付账款下的应付给政府的税收和社会缴款，应剔除掉无法收集到的部分，并表示为没有真实值的一般政府债权。

E. 金融资产和负债的其他分类

1. 按可转让性分类

4.398 金融债权可按其能否转让进行区分。如果债权的法定所有权通过转让或赠予随时能从一个单位转移到另一个单位，则这一债权是可转让的。虽然所有的金融工具都可能交易，但可转让工具是为了在有组织的市场和其他市场间而设计的。可转让关系到金融工具的法定形式，那些能够转让的金融债权叫作证券。有些证券也许是合法转让的，但事实上并不存在一个高流动性市场能随时买卖它们。

4.399 可转让性的必要条件：（a）可转换性或可偿还性，如果是金融衍生工具的话；（b）标准化的，被国际证券识别码（ISIN）证明具有可替代性和合格性；（c）资产所有者不保留对前任持有者的追索权。

4.400 证券和金融衍生工具是可流通金融工具。证券包括债务证券（AF3）、上市股票（AF511）、未上市股票（AF512）及封闭式投资基金份额或单位。金融衍生工具通常不被归为证券，即便其是可转让的金融工具。然而，上市的金融衍生工具，如认股权证，有时被认为是证券。

2. 按收入类型分类

4.401 金融交易可以按它们所产生的收益类型划分。收入与相应金融资产和负债之间的关联有助于计算收益率。

4.402 表 4.26 中列出了金融资产和负债按类别、子类别及明细进行的详细分类及相应的收入类别。其中货币黄金和特别提款权、存款、债务证券、贷款和其他应收/应付款会产生利息；股权主要支付股利、留存收益或从准公司获得收入中的收益。投资基金份额或单位的持有者或者保险专门准备金的持有者获得投资收益。与购买金融衍生工具相关的报酬不记入收入，因为没有投入本金。

表 4.26　　　　　　　　　　　金融交易按收入类型分类

金融交易类别、子类别和明细	代码	收入类型	代码
货币黄金[a]和特别提款权	F1	利息[b]	D41
通货和存款	F2		
通货	F21	无	
可转让存款	F22	利息	D41
其他存款	F29	利息	D41
债务证券	F3	利息	D41
贷款	F4	利息	D41
股权和投资基金份额	F5		
股权[b]	F51	公司分配的收益	D42
		对国外直接投资的再投资收益[c]	D43
上市及未上市股票	F511	股利	D421
	F512	对国外直接投资的再投资收益	D43
其他股权	F519	从准公司获得收益	D422
		对外国直接投资的再投资收益[c]	D43
投资基金份额/单位	F52	集体投资基金份额持有者应得的投资收益	D443
保险、养老金和标准化担保计划	F6	保单持有者应得的投资收益	D441
		养老金权益下的应付投资收益	D442
金融衍生工具和雇员股票期权	F7	利息（特定情况下）	D41
其他应收/应付账款	F8	利息（大部分的账户都不是计息账户）	D41

注：[a]货币黄金包括金块和未分配黄金账户。金块没有对应的负债科目，但未分配黄金账户对应的负债是存款，可能会产生利息。
[b]按照惯例，股票、黄金贷款和黄金互换的出借费用被列为利息。
[c]再投资收益——只有直接投资股权才有再投资收益。

3. 按利率分类

4.403 金融资产和负债产生的利息可按利率类型划分为固定利率、浮动利率或混合利率。

4.404 对于固定利率金融工具，在金融工具存续期内或者数年间，合同中的按货币计价的名义利息是固定的。从债务人的角度看，自初始日起就知道利息支付和本金支付的时间和价值。

4.405 对于浮动利率金融工具，利息/本金都与利率、商品和服务的一般物价指数（如 CPI）或某一资产价格有关。该参考价值随市场状况而波动。

4.406 混合利率金融工具在存续期内同时拥有固定利率和浮动利率，其被列为浮动利率金融工具。

4. 按到期日分类

4.407 为了分析利率、资产收益率、流动性和偿债能力，有必要将金融资产和负债按照到期日进行分类。

4.408 短期金融资产或负债是按债权人的要求偿付，或期限小于 1 年。长期金融资产或负债期限为 1 年以上（包含 1 年），或没有规定期限。

4.409 金融资产或负债的原始期限是指从发行日期到合同约定的最后支付日。金融资产或金融负债的剩余期限是指从参考日期到合同约定的最后支付日之间的那段时间。

4.410 原始期限的概念有助于理解债券发行活动。因此，债务证券（AF3）和贷款（AF4）按照原始期限分为短期和长期债务证券以及短期和长期贷款。

4.411 剩余期限与债务状况和债务偿债能力分析相关。

5. 按币种分类

4.412 许多金融资产或负债的类别、子类别和明细可以按计价货币来分类。

4.413 金融资产或负债以本币计价是指以该国家或货币联盟内作为法定货币的货币计价。所有其他的货币均为外币。

4.414 以外币计价的金融资产或负债包括以一篮子货币计价的金融资产与负债（如 SDRs）和以黄金计价的金融资产或负债。本币和外币之间的区别对于通货和存款（AF2）、债务证券（AF3）和贷款（AF4）划分特别有用。

4.415 结算货币不同于计价货币。结算货币指的是每次结算的时候，都将金融工具（如证券）的头寸和流量转换成该货币进行结算。

专栏 4.12　国际财务报告准则下的金融资产与负债及金融工具

致力于 SNA1993 更新工作的工作组和委员会参考了《国际财务报告准则》（IFRS）的设计与实施。使政府会计实务和国际统计标准协调一致的国际合作成果还有 BMP6，以及即将发布的 MFSMCG 和 GFSM2013。OECD/IMF 公共部门核算协调特别小组，聚集了各国政府和国家会计师，做了大量有价值的工作。国际会计准则和统计准则的协调一致将在最大程度上使同一源数据，并可以用作不同目的，从而提升宏观经济统计的可靠性，减轻了企业的报告负担。

国际会计准则委员会（IASB）的《财务报告起草和表述框架》与统计准则相关联。这一框架于 1989 年 4 月被国际会计准则委员会批准，并于 1989 年 7 月出版，随后于 2001 年 4 月被国际会计准则委员会（它对该标准负责）采用。该框架阐述了供外部用户使用的财务报表起草和陈述所需的相关概念，包括：(a) 财务报告的目标；(b) 判断财务报告中信息有用性的定性标准；(c) 构成财务报表的要素的定义、确认与计量；(d) 资本与资本保全的概念。2010 年 9 月国际会计准则委员会批准了《金融报告概念性框架 2010》。

与财务状况计量直接相关的要素是资产、负债和所有者权益。其定义如下：(a) 资产是指由于过往活动被某一实体所控制的资源，其产生的未来经济收益将流向该实体；(b) 负债是某一实体由于过往活动所引起的现时义务，其结算预期会导致经济资源从该实体流出；(c) 所有者权益是指某经济实体的资产扣除所有负债后的剩余权益。

《国际财务报告准则》（IFRS）下的金融工具记账是非常复杂的。本专栏聚焦于当前还在实施的修订版 IAS32、修订版 IAS39 及 IFRS7。ISA32（金融工具：表述）从发行者的视角对金融工具进行分类，分成金融资产、金融负债和权益性工具；对相关利息、股息、损益进行分类；并介绍了金融资产与负债相互抵销的情形。该准则中的"原则"部分对 IAS39"金融工具：确认与计量"中有关确认与计量金融资产和金融负债的原则进行了补充，并对 IFRS7"金融工具：披露"中有关披露信息的原则进行了补充。

按 IFRS 分类的各种金融工具中，资产负债表中的资产类别一般包括现金及现金负债报表；债务工具；贷款及预付款；股权工具；衍生工具；有形（固定）和无形（如商誉）资产，税收资产和其他资产。[a]在负债方，主要类别有债务（对于银行来说主要是存款）、准备金、衍生工具、税收和其他负债、资本和留存收益。债务可能会按照交易对手和金融工具进一步细分，然而准备金与退休金或类似债务是分开显示的。资本及储备被分割成认缴资本、股本溢价、准备金和留存收益。

对于国民账户，资产负债表项目主要按金融工具的类型划分，并按照流动性级别进行更细程度的划分。尽管一些债务（如准备金）在 SNA2008 中并不总是被视作负债，但大多数国民账户中的工具种类与《国际财务报告准则》下的资产负债表项目相对应。

SNA2008	宽泛的国际账户分类
货币黄金和特别提款权	
货币黄金	其他金融资产和负债
储备黄金	
未分配黄金账户	
特别提款权	债务工具
通货和存款	
通货	债务工具
存款	
债务证券	
短期	债务工具
长期	
贷款	
短期	债务工具
长期	
股权和投资基金份额	
股权	
上市股票	
未上市股票	股权
其他股权	
投资基金份额/单位	
其中：货币市场基金份额/单位	
保险、养老金和标准化担保计划	
非寿险专门准备金	
寿险的年金权益	债务工具
养老金权益	
标准化担保计代偿准备金	
金融衍生工具和雇员股票期权	
金融衍生工具	
远期协议	其他金融资产和负债
期权	
雇员股票期权	
其他应收/应付账款	
商业信用和预付款	债务工具
其他	

[a] 基于 IAS 草案中欧洲银行监管委员会提出的银行业统一的、合规的资产负债表。欧洲银行业监管局成立于 2011 年初，并接管委员会现有的所有责任和任务。

第 5 章
估价和应计利息

参考：
SNA2008，第 12 章，资产其他变化账户；第 13 章，资产负债表
BPM6，第 3 章，核算原则；第 7 章，国际投资头寸；第 9 章，金融资产和负债其他变化账户
MFSMCG，第 5 章，存量，现金流量和核算规则
GFSM2014，第 6 章，支出；第 9 章，金融资产和负债的交易
HSS
ESA2010，第 6 章，其他流量
欧盟统计局，ESA95 政府赤字和债务手册（2002）
欧盟统计局，政府赤字和债务手册：ESA95 的实施（2013）

A. 引言

5.1 本章提供了 SNA2008 框架中金融资产和负债估价的概览。它定义和描述了不同的估价原则，其账户记录估价变化及资产负债物量其他变化。此章还介绍了应计利息的处理。

5.2 本章与 IMF 的 BPM6 第 3 章、第 7 章和第 9 章及 MFSMCG 的第 5 章有些重复。本手册和上述两本指南及 SNA2008 保持一致。

B. 资产负债表

1. 定义

5.3 资产负债表是在某一特定时点编制的、记录一个机构单位或一组机构单位所拥有的资产价值和承担的负债价值的报表。资产负债表可以针对机构单位编制，也可以针对机构部门或经济总体编制。

5.4 资产负债表左方显示非金融和金融资产,右方显示负债。资产负债表中的平衡项称为净值(B90)(见表5.1)。

表5.1 资产负债表是显示资产、负债和净值的一种方式

资产	负债和净值
非金融资产	
生产资产	
固定资产	
存货	
贵重物品	
非生产资产	
自然资源	
合约、租约和许可	
商誉和营销资产	
金融资产	负债
货币黄金和特别提款权	货币黄金和特别提款权
通货和存款	通货和存款
债务证券	债务证券
贷款	贷款
股权和投资基金份额/单位	股权和投资基金份额/单位
保险、养老金和标准化担保计划	保险、养老金和标准化担保计划
金融衍生工具和雇员股票期权	金融衍生工具和雇员股票期权
其他应收款	其他应付款
	净值

2. 金融资产负债表

5.5 在金融资产负债表的左方显示的是金融资产,在其右方显示的是负债。金融资产负债表中的平衡项称作净金融资产(NFA)。一个居民部门或其子部门的金融资产负债表可以是合并或未合并的。国外部门的金融资产负债表按照定义进行合并。

5.6 按规则,*SNA*2008中的会计分录是未合并的,因此居民部门或其子部门的金融资产负债表是在未合并的基础上列示的。未合并的金融资产负债表显示部门或子部门各机构单位所有的金融资产和负债,包括部门或子部门内部相互持有的资产或负债。

5.7 合并后的金融资产负债表剔除了同一部门或子部门内持有的金融资产和负债。

5.8 "从谁到谁"的金融资产负债表(按债务人/债权人划分的资产负债表)是金融资产负债表的一种延伸,它额外显示了按债务人部门细分的金融资产和按债

权人部门细分的金融负债。因此，它提供了关于债权债务关系的信息，并与按债务人/债权人划分的金融账户一致。

5.9 交易引起了资产负债表在期初和期末的变化。同时，期初和期末资产负债表的变动也可能是其他流量导致的，而这些流量不是通过机构单位之间的共同协议达成的。与资产和负债相关的其他流量被划分为资产和负债的重估价和不是由交易引起的资产负债物量的其他变化。重估价将记录在重估价账户，物量变化将登记在资产负债物量其他变化账户。

3. 资产负债表的平衡项

5.10 涵盖非金融资产、金融资产和负债的资产负债表的平衡项叫作净值（B90）。净值是全部资产（生产、非生产、金融）和负债之间的差额。它必须与净金融资产加以区分，净金融资产是指金融资产和负债的差额。

5.11 自有资金是指净值与资产负债表中作为负债的股权和投资基金份额（AF5）的价值总和。

5.12 资产负债表中所记录的资产和负债（存量）都是按照合适价格进行估价的，通常按资产负债表编表日的市场价值，或对于某些项目按照名义价值进行估价。资产负债表是为居民机构部门与子部门、国民经济总体和国外部门编制的。国外部门资产负债表的编制方法和居民机构部门与子部门资产负债表一样。它涵盖了所有非居民单位对居民单位持有的金融资产和负债头寸。*BPM6* 将这一账户称作国际投资头寸表（IIP），不过 IIP 是站在居民单位对非居民单位的角度编制的。

4. 债务

5.13 债务包括一个部门单位的所有负债（参见 *SNA*2008 中的定义），不包括股权和投资基金份额、金融衍生工具和雇员股票期权。在编制统计报表时，这些债务的总额作为部门单位的总负债头寸列示。

5.14 股权和投资基金份额被排除在外，因为它们不需要偿还本金和利息（见表5.2）。像任何逾期行为一样，虽然金融衍生工具合约要求逾期偿付，这让它看起来像是一种债务，但其没有预先约定必须支付的本金。而且，金融衍生工具或雇员股票期权不产生利息。

5.15 净值或净金融资产没有发生变化时，债务也可能发生变化。例如，债务会随着非金融资产或金融资产的存量减少而减少。

表 5.2　　债务、净值和自有资金

资产	负债和净值		
非金融资产 　生产资产 　　固定资产 　　存货 　　贵重物品 　非生产资产 　　自然资源 　　合约、租约和许可 　　商誉和营销资产			
金融资产 　货币黄金和特别提款权 　通货和存款 　债务证券 　贷款 　股权和投资基金份额 　保险、养老金及标准化担保计划 　金融衍生工具和雇员股票期权 　其他应收款	特别提款权 通货和存款 债务证券 贷款 股权和投资基金份额 保险、养老金及标准化担保计划 金融衍生工具和雇员股票期权 其他应付款	债务（=除股权、投资基金份额、金融衍生工具和雇员股票期权以外的负债） 特别提款权 通货和存款 债务证券 贷款 保险、养老金及标准化担保计划 其他应付款 金融衍生工具和雇员股票期权	
	净值	股权和投资基金份额净值	自有资金

专栏5.1　一般政府债务

以市场价值和名义价值估价的债务的定义

对于一般政府债务的发行，通常通过以下两种方法估价：

◆ 以市场价值估价的政府债务；
◆ 以名义价值估价的政府债务。

一般政府债务的这两个概念是基于相同的定义。不过，它们在金融工具覆盖范围、应计利息的处理、所用的估价方法以及合并程度方面有所区别。[a]

SNA2008 和 ESA2010 中没有对以市场价值估价的一般政府债务进行具体的定义，但对机构部门、负债及它们的估价规则有普遍适用的条款。GFSM2001

和《公共部门债务统计指南》（PSDSG）对以市场价值估价的政府债务提供了定义。这个定义涵盖了记录在核心账户中的政府机构单位的所有债务负债（不包括股权、投资基金份额或单位以及金融衍生工具），如特别提款权、通货和存款、债务证券、贷款、保险、养老金和标准化担保计划，以及其他应付款。

在每个核算期结束时，应该按照市场价值对政府债务存量进行记录。这里的市场估价方法特别针对债务证券，因为名义价值估价方法一般用于通货、存款、贷款和其他债务工具。政府债务存量可通过合并方法或不合并方法计算特定金融资产的总值或净值得到。这种计算方法主要依据可以获取的有效资产负债表数据，以及用合并方法计算的债务工具的交易对手信息。以市场价值估价的政府债务反映了在资产负债表编表日、在市场交易中获得这些债务工具的价值。它等于债务产生时的价值加上后续经济活动产生的流量，如交易（如应计利息或本金和利息的支付）和资产物其他变化，加上汇率和其他价值变化，包括市场价格的变动。

以名义价值估价的债务是从债务人的角度计算的债务价值：根据合同规定的条款，在任何时候，它都是债务人应该向债权人偿还的数额。它等于债务产生时的价值加上后续经济活动产生的流量，如交易（如应计利息或本金和利息的支付）和资产物量的其他变化，加上汇率和除市场价格变动外的其他价值变动。当一般政府债务从市场价值转为名义价值估价时，所有因市场价格变动引起的累计价值变动都要扣除。其中不包括以外币计价的债务工具由于汇率波动而产生的重估价。

政府债务的延伸测量

以市场价值和名义价值估价的政府债务未包含以下两类政府负债。第一种情况是，扩展的公共部门核算体系所认可的负债，如由已发生的事件所产生的可预期但不确定的未来准备金。社会保障养老金计划并不包括在内。此外，政府单位为其职工实行的未备资（定额福利）养老金计划，它通过政府现有来源支付，也没有特定储蓄，一般是不包含在内的；其他或有负债，如一次性担保，也不包含在内。[b]第二种情况是，在其他核算体系下被视作政府部门附属机构，但在国民核算中超出一般政府部门范围的企业实体所承担的负债同样不包含在内。两类合理的修正案在 SNA2008 以及 ESA2010 均有描述。

按金融工具和债权人范围或部门分类的一般政府债务

表 5.1.1 显示了按金融工具和债权人范围或部门分类的政府债务。通货、存款与以硬币、可转让存款和以其他存款形式存在的政府负债价值相一致。可转让存款不可能由政府提供，因为它是可便捷转换为通货或通过支票和其他形式转让的存款。其他存款包括定期存款、储蓄存款、储蓄卡和储蓄凭证在内的存款。两种存款分类都包含回购协议形式的短期负债。

表 5.1.1　按金融工具和债权人范围或部门来分类的政府债务

组成部分	描述
按金融工具分类的一般政府债务 　通货与存款（AF2） 　短期债务证券（AF31） 　长期债务证券（AF32） 　短期贷款（AF41） 　长期贷款（AF42） 　[货币黄金和特别提款权（AF1，如适用）] 　保险、养老金和标准化担保计划（AF6） 　[金融衍生工具和雇员股票期权（AF7）] 　[其他应付款（AF8）]	按票面价值计算的（EDP 债务），以通货和存款（AF2）、债务证券（AF3）和贷款（AF4）形式存在的经过合并的一般政府总债务；短期的定义是指原始到期日为 1 年或更短，长期的定义为原始到期日为 1 年以上。 以名义价值估价的政府债务对 EDP 债务所覆盖的金融工具进行了扩展，包含股权和投资基金份额/单位（AF5）/金融衍生工具和雇员股票期权（AF7）之外的所有债务工具；它包括应计利息。以市场价值估价的政府债务基于债务工具的市场价值来估价。
按债权人分类的一般政府债务 　居民债权人 　　中央银行（S121），中央银行以外的存款性公司（S122）和货币市场基金（S123） 　　其他金融公司（S124～S129） 　　其他非政府常住机构（S11、S14、S15） 　非居民债权人（S2）	由中央银行（S121），中央银行以外的存款性公司（S122）和货币市场基金（S123），其他金融公司（S124～S129）和其他常住债权人 [常住非金融公司（S11），债务发行国的住户（S14）和为住户服务的非营利机构（S15）] 和非居民债权人（S2）持有的债务。

注：SNA2008 的第 3.197 段提到"然而，作为一种规则，SNA 中的分录并没有被合并"及"对金融机构和一般政府而言合并可能是最具相关性的"。因此，合并政府债务和未合并政府债务都应该被考虑到。

短期债务证券包括由财政部优先发行的初始期限为 1 年或 1 年内的汇票、其他短期票据和债券。短期证券一般具有很高的流动性，金额较大，并在银行、其他金融公司和大型投资者之间的货币市场上进行交易。

其他政府单位可能也会发行短期工具，有时称为商业票据或欧洲商业票据。长期债务证券包括以下所有类型的债务证券，如债券、票据及由各级政府分支机构发行的、原始到期日 1 年以上的国库券。

贷款包括政府单位向中央银行以外的存款性公司、其他金融公司及国外部门的短期和长期借款，还包括债务承担中贷款的虚拟交易，以及涉及金融租赁的虚拟贷款。

按债权人部门对政府债务进行分类可以提供谁在向政府融资的信息。国内债权人可以细分为中央银行和中央银行以外的存款性公司，其他金融公司以及其他（非政府）居民机构。

表 5.1.2 是按政府子部门、原始到期日、剩余到期日和币种细分的经合并的一般政府债务。

表 5.1.2 按子部门、到期日和计价币种划分的一般政府债务

组成部分	描述
按子部门划分的政府债务 　　中央政府债务 　　州政府债务 　　地方政府债务 　　社会保障基金债务	中央政府（S1311）、州政府（S1312）、地方政府（S1313）及社会保障基金（S1314）债务。每种情况中，子部门债务的定义是指各个子部门所持金融工具的负债，主要是通货和存款、贷款以及债务证券，不包括同属一个子部门或属于政府其他子部门的单位所持金融资产对应的负债。
按初始到期日划分的政府债务 　　满 1 年 　　超过 1 年 　　　　由可变利率工具调节	原始到期日是发行债务和债务清偿之间的时间。存款被视为到期限为零。对于分批次发行的长期债券，所有批次的债券都视为拥有相同的原始到期日。
按剩余期限划分的政府债务 　　满 1 年 　　超过 1 年	剩余到期日是指报告日到债务清偿日之间的时间。存款被视为拥有零剩余到期日。
按货币种类划分的政府债务 　　本国货币 　　外国货币	以外币计价的政府债务可能会受汇率变化的影响。

注：[a]请参考欧盟使用的方法，其按照票面价值（尽管也被称为名义价值）对政府债务，即所谓的 EDP 债务（超额赤字程序）或马斯特里赫特债务（Maastricht debt）进行估算。名义价值和票面价值是不一样的（见下段 5.35）。对 EDP 债务的计算是根据欧盟的《功能条约》关于超额赤字程序的第 12 条附加协议来计算的（过去是根据 1992 年的《马斯特里赫特条约》的附加协议来计算）。《功能条约》和《第 479/2009 号欧盟理事会条例》（EC）（OJ 145, 10.6.2009, P.1）一起，参考 ESA 中的核算准则对政府、政府债务和其他集合名词进行了定义。

[b]GFSM2013、GFSM2014 和 PSDSG 在其对债务的定义中包含了这些负债。

C. 存量与流量之间的关系

5.16　如表 5.3 所示，基本的会计恒等式将期初资产负债表和期末资产负债表中特定类型的资产存量价值联系在一起。

5.17　非金融资产、金融资产和负债的存量或头寸是指在其某个特定时间点上它们的价值水平。流量是指两个连续时间点间的头寸差额，它包括核算期内机构单位间的交易、重估价和资产负债物量的其他变化。

5.18　对于金融工具，存量和流量的关系可以描述为：

$$存量_t - 存量_{t-1} = 流量_t$$

5.19 存量$_t$是核算期 t 末发行者或持有者的金融工具存量,而存量$_{t-1}$是核算期 $t-1$ 末发行者或持有者的金融工具存量。

表 5.3　　　　　　　　　　基本会计恒等式

某特定类型资产的期初存量价值		
（+）	交易	该资产在核算期内发生的交易中获得的价值总额
（-）		该资产在核算期内发生的交易中处置的价值总额
（-）		固定资本消耗（如果适用）
（+）	资产物量其他变化	资产物量的增加
（-）		资产物量的减少
（+）	重估价	在核算期内由资产价格变动引起的名义持有收益价值
（-）		在核算期内由资产价格变动引起的名义持有损失价值
等于该类资产的期末存量价值		

5.20 流量$_t$是指在核算期 t 内金融工具的总流量。它包括交易、重估价和资产负债物量的其他变化。

$$流量_t = 交易_t + 重估价_t + 物量其他变化_t$$

5.21 交易$_t$指核算期 t 内金融工具的净发生（发行减赎回）或净获得（获得减处置）。

$$交易_t = 净发生_t^{[129]} = 发行_t - 赎回_t 或$$
$$净获得_t = 获得_t - 处置_t^{[130]}$$

5.22 重估价$_t$指的是在核算期 t 内,因金融工具的价格水平变动而导致的存量变化。重估价由资产或负债的价格变化和/或汇率变化产生。[131]

5.23 资产和负债物量的其他变化$_t$是指除交易和重估价外,核算期 t 末与核算期 $t-1$ 末存量的所有其他变化。

D. 估价原则

5.24 资产负债表中的每一项都按编表日获取的价格进行估价。资产和负债按资产负债表编表日市场上可观测的价格进行估价。

5.25 当没有可观测的市场价格,如近期市场中未发生资产交易,则需对资产负债表编表日在市场上获取该资产的价格进行估算。

---

[129] 也可以使用"净发行"这个词。
[130] 处置并不是指销账;销账应该被看作是资产负债物量的其他变化,而不是交易。
[131] 汇率的变化仅适用于以外汇计价的债务证券;它们根据发行企业常住国的货币来计价。

5.26 大部分金融资产和负债、现有的房地产（建筑物和其他地下建筑物）、现有交通设备、作物和牲畜及最新生产的固定资产和货物都能获取市场价格。

5.27 依靠自己产生的非金融资产应按照基本价格[132]估价，如果得不到基本价格，就以类似产品的基本价格估价，如果没有类似产品，则按成本估价。

5.28 除了可观测的市场价格，以可观测价格或发生的成本为基准进行估算外，非金融资产的价值还可依据以下方法估算：
（a）重估价和资产存续期内累计获得减处置；
（b）现值，即未来经济收益的贴现值。

5.29 现值 PV 的计算公式为：

$$PV = FV / (1 + 贴现率/100)^n$$

FV 是终值，n 是期数（通常为年）。

现值
（贴现值）
以6%的贴现率为例

距现在的年份	支出或收到的金额	现值（今天的价值）
0	$1000	$1000.00
1	$1000	943.40
2	$1000	890.00
3	$1000	839.62
4	$1000	792.09
5	$1000	747.26
6	$1000	704.96
7	$1000	665.06

终值 ⬆

$PV = FV / (1 + rate)^n$
其中：
PV是现值；
FV是终值；
$rate$是贴现率；
n是期数。

5.30 以市场价值估价是金融工具头寸（和交易）估值的主要原则。市场价值是自愿交易的双方基于商业考虑的基础上获得或处置金融资产时形成的价格，不包括佣金、手续费和税。在决定市场价值时，交易双方将应计利息考虑在内。

5.31 名义价值估价反映最初的借款总额，加上所有后续的借款，减去偿还额，再加上应计利息。名义价值是指债务人欠债权人的未偿金额，它由未偿本金和应计利息组成。名义价值和票面价值不同。

（a）以外币计价的金融工具的本币名义价值包含了因汇率变动引起的持有损益。以外币计价的金融工具的价值应按资产负债表编制时的市场通行汇率转换成本国货币价值。所使用的汇率应当是货币交易中买入即期汇率和卖出即期汇率的中间值。

（b）对于像债务证券这种和狭义指数挂钩的金融工具而言，名义价值也包括由

---

[132] SNA2008 的第2.63段对基本价格进行了定义。

该指数的变动引起的持有损益。[133]

（c）在任何特定时点，市场价格变动引起的重估价可能造成金融工具的市场价值偏离其名义价值。影响市场价格变动的因素有：市场利率的变化等一般市场状况，债务证券发行者信用评级的变化等特定情况，以及市场总体流动性和该债务证券的市场流动性变化。

（d）因此，以下基本方程可以适用：

市场价值＝名义价值＋市场价格变化引起的累计重估价。

5.32　对于一些非金融资产，在资产预期寿命内，其初始购买价的重估价降为零。在任何特定时点，这种资产的价值等于当前的购买价减去累计损耗。大部分固定资产按当前购买价减去固定资本累计损耗记录在资产负债表中；这被称为折余重置成本。所有在用固定资产减记后的价值总额被称为净资本存量。资本存量总额包括固定资本的累计损耗。

E. 金融资产和负债的估价

1. 存量的估价

5.33　被归为可流通金融工具的金融资产和负债，如债务证券和权益性证券，以市场价值估价。不可流通的金融工具通常以名义价值估价。金融资产和负债的对应方具有相同的估值。这些价值不包括佣金、手续费和税。佣金、手续费和税被记录为交易提供的服务。

（a）货币黄金和特别提款权

5.34　货币黄金（AF11）根据在有组织的黄金市场中产生的价格估价。由于货币黄金的价格通常用美元报价，其价值受由汇率与黄金本身价格变动引起的名义持有损益影响。

5.35　特别提款权（SDRs，AF12）的价值由国际货币基金组织每日决定，相对于本国货币的汇率可从外汇市场获得。由于特别提款权代表一篮子货币，其以本币计算的价值（和产生的持有损益）会随着篮子中货币对本币汇率的变化而变化。

（b）通货和存款

5.36　通货（纸币和硬币，AF21）以通货的名义价值估价。

---

[133] 基于特定的资产如稀有金属或石油来编制的物价指数被称为窄基指数。消费者物价指数是典型的宽基指数；这种指数被认为会随着时间推移而变化。

5.37 存款（可转让存款 AF22 以及其他存款 AF29）以名义价值记录在资产负债表中。

5.38 外币通货和存款以资产负债表编制日通行的买入即期汇率和卖出即期汇率的中间值转换成本币价值。

5.39 结构性存款，即嵌入金融衍生工具的存款，名义持有损益由期初金融投资与赎回价值之间的差异反映的价格变化引起。

5.40 存款产生的利息作为同步再投资的存款，被记录在金融账户里。

(c) 债务证券

5.41 债务证券产生应计利息；它们以市场价值（"全价"）进行记录。"全价"就是包括所有从近期票息支付以来的应计利息的债务证券价格。这与"净价"不同，"净价"是不包括应计利息的债务证券价格。[134]

5.42 短期债务证券（AF31）以市场价值估价。短期债务证券名义持有损益的产生方式和长期债务证券一样。然而，由于到期日相对较短，短期债务证券因利率变动产生的持有收益要比相同票面价值的长期债务证券少很多。

5.43 如果得不到市场价值，并且假设没有出现高通胀或高名义利率的情况，市场价值在以下情况下接近名义价值：
（a）按面值发行的短期债务证券；
（b）短期已贴现债务证券。

5.44 对于长期债务证券，（AF32）无论是定期支付利息的债券，还是仅支付少量或不支付利息的高贴现或零息债券，都以市场价值进行估价。

5.45 当长期债务证券（如公债）以溢价或折价发行时（包括高贴现和零息债券），其发行价和面值或到期赎回价之差衡量了发行者在该债务证券存续期间必须支付的利息。这种利息被记录为长期债务证券发行者应付和债务证券持有者应收的财产收入，它是在债务证券存续期内指定期间由债务证券发行者实际已支付的任何票息利息的补充。

5.46 应计利息被连续记入收入账户和金融账户，并被债务证券持有者同步再投资到债务证券中。所以，它也作为资产的获取记录到金融账户里，增加到现有资产中。因此，由应计再投资利息的累积而引起的长期债务证券市场价值的渐增反映了本金余额的增长，即资产规模的增长。从本质上讲，这是总量或者数量的增长，而非价格增长。它不会给长期债务证券的持有者带来收益，也不会给发行者带来损失。随着接近到期日时间的不断变化，债务证券会发生质的变化；必须要明白的是，因为应计利息的累积而导致它们价值的增长，这并不属于价格的变化，不会产

---

[134] 见案例 5.5。

生持有收益。

5.47 长期固定利率债务证券的价格也会变化，但是，它的价格是随着市场利率变化的相反方向变动的。越接近到期日，给定利率变化对长期债务证券价格的影响越小。市场利率变化，而非总量变化，导致了长期债务证券价格的变化。因此，它们导致了债务证券发行者和持有者名义持有的变化。利率上升，债务证券发行者产生名义持有收益，债务证券持有者则产生等额的持有损失；利率下降，则反之。

5.48 浮动利率债务证券的票息或未偿付本金（或两者同时），与商品和服务的一般价格指数［如居民消费价格指数（CPI）、利率（如 EURIBOR、LIBOR 或债券收益率）］或资产价格相关联。

（a）当票息金额和/或未偿付本金与一般或广义价格指数关联时，除核算期内支付的利息外，由于相关指数变动而引起的该核算期期初到期末未偿付本金价值的变化也视作应计利息。

（b）如果到期应付金额的指数化含有持有收益的动机（通常是那些基于单一、定义面较窄的指数化），基础指数发生的任何有别于原期望路径的变化，都将导致持有损益（在工具存续期内通常不会消失）的产生。

案例 5.1 作为负债的债务证券的市场价值与名义价值的对比[135]

5.49 案例说明债务证券头寸的市场价值和名义价值之间的关系，和不同类型债务证券应计利息和利息支付的记录方法，即：（a）按面值发行的固定利率债券；（b）折价发行的固定利率债券；（c）零息证券；（d）两种类型的指数关联债券。

5.50 每年初（或上年末）通行的市场利率由每年初（或上年末）债务证券的（年度）应计利息与市场价值的比乘以 100 近似推算得来。

（a）按面值发行的固定利率债券

5.51 在第 1 年初按面值（1000）发行的固定利率债券，5 年到期后一次付清，并在其存续期内的每年末支付固定票息（100）。债券全年产生的利息，被视作对债券的再投资进行记录，每年末，在票息支付前，其名义价值从 1000 提高到 1100。虽然现行的市场利率可能改变，但是现有的固定利率债券的票息支付不会变化。

5.52 发行时，名义价值和市场价值都是 1000。每年末，债券发行者向债券持有者支付应计利息 100。债务人在年末支付的 100 票息被视为债券的（部分）兑现，其名义价值由 1100 降至 1000。

5.53 为了说明市场价值与名义价值之间的关系以及与它们相关的流量的记

---

[135] 请见 HSS。

录，表 5.4 列示了：（a）债券存续期第 1 年的存量和流量（交易和重估价）；（b）债券存续期第 1 年的市场价值和相关流量；（c）债券存续期的年度存量和流量。

表 5.4 按面值发行的固定利率债券

发行价：1000；年度票息支付：100；原始期限：5 年；赎回价：1000
在债券存续期内的存量与流量

	第 1 年初	第 1 年末	第 2 年末	第 3 年末	第 4 年末	第 5 年末
年末的名义价值						
票息支付前	1000.0	1100.0	1100.0	1100.0	1100.0	1100.0
票息支付后		1000.0	1000.0	1000.0	1000.0	1000.0
应计利息		100.0	100.0	100.0	100.0	100.0
票息支付		−100.0	−100.0	−100.0	−100.0	−100.0
市场价值	1000.0	969.0	1025.3	1054.2	982.1	1000.0
利率（每年）	10.0	10.3	9.8	9.5	10.2	10.0
因市场价格变化引起的累积重估价		−31.0	25.3	54.2	−17.9	0.0

5.54 表 5.5 显示了下列情况在采用四式记账法下的会计分录：
（a）在第 1 年初，一般政府发行债券和住户获得债券；
（b）在第 1 年期间，住户的应收利息和一般政府的应付利息；
（c）年末，一般政府向住户支付利息（票息支付）。

5.55 债券的发行和获得为一般政府带来 1000CU 的通货和存款的增长及 1000CU 的债务证券负债的增加。对于住户而言，通货和存款减少了 1000CU，而作为金融资产的债务证券增加了 1000CU。

5.56 住户的应收利息导致收入账户的来源方有一笔 100CU 的会计分录，在金融账户的其他应收账款上有一笔相应的会计分录。对于一般政府来说，会计分录为收入账户的费用增加 100CU，金融账户的其他应付账款增加 100CU。这些交易使住户的净借出增加 100CU，而一般政府的净借入增加 100CU。

5.57 一般政府对住户的利息支付记录为通货和存款，以及应收账款减少 100CU，当一般政府收到 100CU 的通货和存款时，减记相应数额的应付账款。

表 5.5 按面值发行固定利率债券第 1 年的会计分录

货币单位：（CU）

住户（S14）	一般政府（S13）	交易/平衡项	一般政府（S13）	住户（S14）
使用			来源	
		主要收入账户的分配		
	(b) +100	财产收入（利息（D41））		(b) +100

续表

住户（S14）	一般政府（S13）	交易/平衡项	一般政府（S13）	住户（S14）
使用		交易/平衡项	来源	
资产变动			负债变动	
		资本账户		
+100	-100	净借出(+)/净借入(-)		
		金融账户		
		净借出(+)/净借入(-)	-100	+100
+100	+900	总计	+1000	
(a) -1000 (c) +100	(a) +1000 (c) -100	通货和存款（F2）		
(a) +1000		债务证券（F3）	(a) +1000	
(b) +100 (c) -100		其他应收/应付款（F8）	(b) +100 (c) -100	
		重估价账户		
持有收益			持有损失	
-31		债务证券	-31	

5.58 资本账户和金融账户显示住户的净借出为+100，而一般政府的净借入为-100。为了完成累积账户体系的分录，由于债券市场价值从1000减少到969引起的住户的（负的）持有收益（资产方的持有损失）被记录为-31，而一般政府则记录相应的持有损失（负债方的持有收益）。

(b) 折价发行的固定利率债券

5.59 第二个例子是，到期清偿的5年期固定利率债券折价发行（低于票面价值，900），存续期内每年支付固定票息73.6，由于存在折价，相当于10%的利率水平。该债券每年产生两种利息：(a) 73.6的票息；(b) 年度贴现，第1年为19.2。第1年末，产生92.8的利息，但是有73.6的应计利息支付给债券持有者。这减少了未偿付本金，名义价值从992.8降到919.2。100的应计贴现只在第5年末作为赎回价格的一部分支付。

5.60 如前例所示，表5.6显示：(a) 债券存续期内第1年的存量和流量；(b) 债券存续期内第1年的市场价值和相关流量；(c) 债券存续期间的年度存量和流量。

表 5.6　　　　　　　　　　　折价发行的固定利率债券

发行价格：900；年度票息支付：73.6；赎回时的贴现支付；原始到期日：5 年；赎回价格：1000

债券存续期间的存量和流量	第 1 年初	第 1 年末	第 2 年末	第 3 年末	第 4 年末	第 5 年末
年末的名义价值						
票息支付前	900.0	992.8	1012.4	1032.4	1052.8	1073.6
票息支付后		919.2	938.7	958.7	979.1	1000.0
应计利息		92.8	93.2	93.7	94.1	94.5
票息支付		-73.6	-73.6	-73.6	-73.6	-73.6
市场价值	900.0	887.1	958.5	1006.5	958.6	1000.0
利率（每年）	10.0	10.5	9.7	9.3	9.8	9.5
因市场价格变化引起的累积重估价		-32.1	19.8	47.8	-20.5	0.0

（c）零息债券

5.61　第三个例子，按照定义，零息债券是在存续期内不用支付票息的债券。该债券的赎回价格为1000，发行价为620.9。后者是第 5 年末的最终支付，按现行的市场利率10%的（年度）贴现率贴现得到的现值。

5.62　发行后，这种债券唯一需要记录的交易，就是它在整个存续期中的应计贴现和到期时本金的支付。市场利率的变化对债券市场价值的影响方面与前面两个例子相同，而且期限越长，影响越大。

表 5.7　　　　　　　　　　　零息债券

发行价格：620.9；隐含报酬率：每年10%；原始到期日：5 年；赎回价格：1000

债券存续期内的存量和流量	第 1 年初	第 1 年末	第 2 年末	第 3 年末	第 4 年末	第 5 年末
名义价值	620.9	683.0	751.3	826.4	909.1	1,000.0
由折价引起的应计利息		62.1	130.4	205.5	288.2	379.1
市场价值	620.9	658.7	772.2	873.4	892.9	1,000.0
利率（每年）	10.0	9.4	8.8	8.6	9.3	9.1
市场价格变化引起的累积重估价		-24.3	20.9	47.0	-16.2	0.0

5.63　表 5.7 显示：(a) 债券存续期内第 1 年的存量和流量；(b) 债券存续期内第 1 年的市场价值和相关流量；(c) 债券存续期每年的存量和流量。债券存续期末，记录一笔价值1000 的交易，对应620.9 的本金偿还和379.1 的应计利息支付。

（d）与指数挂钩的债券

（Ⅰ）与居民消费价格指数（CPI）挂钩

5.64　第四个例子，CPI 指数挂钩的债券，本金为1000，5 年后到期清偿，并且每年支付 50（5%）的票息。债券存续期内的预期通货膨胀被假定为过去 12 个月的通货膨胀。CPI 的变化将通过预期赎回价（按现行市场利率贴现）的变化来影响证券的市场价值。在前三个例子中，相同的市场利率和市场条件适用于与指数挂钩的债券。发行时，CPI 在过去的 12 个月中增长了 5.5%。这种债券按面值发行，其名义价值和市场价值均为 1000。

5.65 表 5.8 显示：（a）债券存续期内第 1 年的存量和流量；（b）债券存续期内第 1 年的市场价值和相关流量；（c）债券存续期内的年度存量和流量。正如表 5.8 所示，债券的名义价值与可观测通货膨胀同比例增加，而它的市场价值也反映了预期通货膨胀及与市场利率的逆向关系（和其他例子中显示的一样）。由于债券与广义指数挂钩，由指数化引起的债券价值的变化被记作应计利息，即记为交易而非重估价，市场价值的变化则被记为重估价。

表 5.8　　　　　　　　与居民消费价格指数（CPI）挂钩的债券

发行价格：1000；每年的票息：50；原始期限：5 年；赎回价格：1000；与 CPI 指数挂钩
债券存续期的存量和流量

	第 1 年初	第 1 年末	第 2 年末	第 3 年末	第 4 年末	第 5 年末
年末名义价值						
票息支付前	1000.0	1120.0	1184.2	1240.9	1294.5	1344.3
票息支付后		1070.0	1134.2	1190.9	1244.5	1294.3
应计利息		120.0	184.2	240.9	294.5	344.3
由于票息		50.0	50.0	50.0	50.0	50.0
由于指数化		70.0	134.2	190.9	244.5	294.3
市场价值	1000.0	1079.1	1169.7	1237.3	1205.8	1294.3
利率（年）	10.5	11.1	9.8	8.6	8.6	7.7
市场价格变化引起的累积重估价		9.1	35.5	46.4	-38.7	0.0
CPI（12 个月的变化，百分比）	5.5	7.0	6.0	5.0	4.5	4.0
居民消费价格指数（以第 1 年为基准）	100.0	107.0	113.4	119.1	124.5	129.4

（Ⅱ）与黄金价格挂钩

5.66 最后一个例子，与黄金价格挂钩的 5 年期债券，本金为 1000，且每年支付 100（10%）的票息。预期的赎回价格将反映市场上通行的黄金价格。黄金价格的变化将通过债券预期赎回价格（按市场通行利率贴现）的变化来影响证券的市场价格。和上述四个例子中相同的市场利率和市场状况适用于这类与指数挂钩的债券。在发行时，以本币计价的黄金价格是 1000/盎司。该债券按面值发行，其名义价值和市场价值均为1000。

5.67 表5.9显示：(a) 债券存续期第1年的存量和流量；(b) 债券存续期内第1年的市场价值和相关流量；(c) 债券存续期的年度存量和流量。债券的名义价值反映了黄金价格和应计利息的变化。债券的市场价值也反映了黄金价格和应计利息的变化。在其他例子中，市场价值和市场利率呈反向变动。另外，名义价值和市场价值的不同源于市场价格变化引起的重估价。由于债券和一组狭义指标挂钩，由黄金价格变化引起的债券价值变化被记录为重估价而非交易。

表5.9　　　　　　　　　　　与黄金价格挂钩的指数型债券

发行价格：1000；年度票息支付：100；原始到期日：5年；赎回价格：1000，与黄金价格挂钩
债券存续期内的存量和流量

	第1年初	第1年末	第2年末	第3年末	第4年末	第5年末
年末的名义价值						
票息支付前	1000.0	900.0	1050.0	1100.0	1150.0	1200.0
票息支付后		800.0	950.0	1000.0	1050.0	1100.0
应计利息		100.0	100.0	100.0	100.0	100.0
票息支付		−100.0	−100.0	−100.0	−100.0	−100.0
市场价值	1000.0	837.2	986.7	1054.2	1026.8	1100.0
（年）利率	10.0	11.9	10.1	9.5	9.7	9.1
累积重估价						
由黄金价格变化引起		−200.0	−50.0	0.0	50.0	100.0
由市场价格变化引起		37.2	36.7	54.2	−23.2	0.0
黄金价格（每金衡制盎司的本国货币）	1000.0	800.0	950.0	1000.0	1050.0	1100.0

(d) 贷款

5.68 无论贷款是否为不良，资产负债表中记录的借方和贷方数值都是包括应计利息在内的名义价值。

5.69 贷款产生的利息应记录在金融账户中，同时贷款债权人将其重新投资到贷款中。因此，它也作为资产的获得记录到金融账户里，增加到现有资产中。因此，由应计利息的积累引起的贷款价值的逐渐增长反映了未偿本金的增加，也就是资产规模的增加。它在本质上是数量或物量的增加，而不是价格的增长。它不对贷款的债权人产生任何持有收益，也不对债务人产生持有损失。

(e) 股权和投资基金份额或单位

5.70 上市股票（AF511）以它们的现价来估价。资产方和负债方采用相同的

价值，尽管股票和其他股权从法律层面来说并不是发行者的负债，而是在公司清算价值中对股份的所有权，且该清算价值事先是未知的。

5.71 上市股票的当前价格是最近完成的股票交易价格。

专栏5.2 股票价格与股价指数

股票价格，买方出价，卖方要价与差价

股票一经上市，其股份将在有组织的股票市场进行买卖。这些买卖形成有组织的交易系统，其中，在竞价的前提下，任何股票的价格都由供求法则来确定。股价因供求变化而波动。然而，影响某一只特定股票需求的因素是多方面的。基础技术分析尝试找出导致价格变化的市场情况，甚至试图预测未来的价格水平。股票价格根本上是由盈利预期驱动的，然而市场情绪（看涨、看跌、羊群效应）也会影响股票价格。

股票的当前价格是最近完成交易的价格，不一定是当时股票的买卖挂单价。在市场交易日，除非特别要求实时报价，股票报价通常会被延迟15~20分钟。而且，股价变化频繁且迅速，所以最后价格可能并不是最新的。交易当日通常也会列示股票的最高价和最低价。这些（最高价和最低价）是一天内股票被买卖的最高和最低成交价。

股票报价也可能包括股票的竞价信息。买方出价是任一经纪公司（做市商）在特定时间愿意为某只股票付出的最高价格，如同一场拍卖。卖方要价是任一经纪公司在特定时间愿意接受的卖掉某只股票的最低价格。价差是指被交易股票的买价与卖价的差值。

股票价格指数

股票价格指数可以按不同方式进行分类："世界"或"全球"股价指数（或者股市指数）包括公司（通常是大型的）和企业集团，无论它们的注册地或交易地所在。有两个示例，即MSIC国家指数和标准普尔全球100指数。

"国家"指数体现了某一国的股市行情，同时，间接地反映了投资者对该国经济状况的投资情绪。最常被引用的股价指数是那些由该国最大的证券交易市场上的大型公司组成的国家指数，如美国的标准普尔500指数、日经225指数、德国DAX指数、俄罗斯RTSI指数和英国富时100指数。通过涵盖经济体中几乎每一个公开交易的上市公司的股票，这个概念可以被延伸到交易以外。更多专业化指数的存在是为了追踪特定经济部门、一定规模公司或以特定方式管理公司的表现。

另一个是价格收益和总收益指数之间的区别（简单来说就是"价格"和"收益"指数）。一些指数是价格指数（英国富时指数），另一些是回报指数

（德国 DAX 指数），还有一些具有两者的特征（欧洲 Stoxx）。一些指数，如标准普尔 500 指数，有多个版本。这些版本根据指数成分的加权方式和红利计算方式的不同而不同。例如，标准普尔 500 指数有三种版本：（a）价格回报，只考虑成分股的价格；（b）总回报，包括红利再投资；（c）净总回报，包括减去代扣所得税之后的红利再投资。

指数也可按照决定其价值的方法来分类。在价格加权指数中，决定指数值时只考虑每个成分股的价格。因此，单个证券价格的变动可能严重影响该指数的值，而与该公司占总体规模的相对大小无关。相比之下，市价加权指数或资本加权指数则需要考虑公司规模。因此，一个大公司股价的相对较小的变动可能对股票指数产生强烈影响。在市场份额加权指数中，股价以股票的份额加权，而不是以其总价值加权。修正的资本加权指数是资本加权和等量加权的混合。它与资本加权类似，但有一个主要区别：最大股票群被设置了其占总股票指数权重的百分比上限，其余的权重被均匀分配给未超限的股票。

5.72 未在有组织的市场上交易的未上市股票的价值（AF512）应参照下述内容之一进行估价：

（a）适当的上市股票价值；

（b）自有资金的价值；

（c）通过运用适当的市场价格计算市盈率的方式，对机构单位的近期平滑收益进行预期利润的折现。

5.73 在进行以上评估时，需要考虑上市与未上市股票之间的差异，尤其是它们的偿债能力，以及企业及其分支机构在其经营期间的资本净值积累情况。

5.74 采用的估算方法取决于可用的基本统计信息。例如，未上市股票的并购活动数据也可以纳入计算。如果未上市公司的自有资金价值的转移（按其名义资本的平均比例计算）与具有上市股票的类似企业有着相似的变化趋势，则其资产负债表价值可以使用一个比值加以计算。该比值为未上市公司自有资金价值与已上市公司自有资金值的比率：未上市股票价值 = 相似已上市股票市场价值 × （未上市公司自有资金）/（相似已上市公司自有资金）。如果未上市公司自有资金的价值变化趋势与其不同，或者如果已上市公司不能代表未上市公司，则不能应用该比值进行计算，且自有资金价值会被高估。

5.75 股价与自有资金的比率可能随业务类型的不同而变化。理想的方法是根据业务类型来计算未上市股票的当前价格。已上市与未上市公司可能还存在其他差异，而这些都会对估价方法产生影响。

专栏 5.3 未上市股票估价

如果金融工具未在市场交易或很少进行交易，那么就应当估算与其等价的市场价值。这个价格也被称作公允价值，其定义方式如下："公允价值是等价物市场价值。它被定义为知情且自愿的当事双方在公平交易中交换资产或清偿负债的金额。"（*SNA*2008，第 3.157a 段。也可参见 *BPM*6 第 3.88 段）。

国际统计标准中推荐的估价方法

对于未上市股票，即没有在股票交易所上市的权益性证券，其估价方法有很多。这些估价方法可以按以下类别来区分：（a 类）按最近交易价来估价；（b 类）按公司的会计数据来估价；（c 类）基于一个或者一组可比较的公司的价值来估价。[a]

*SNA*2008 与 *BPM*6 将评估未上市股票的方法分为六种。这些方法基于以下内容：

(a) 最近成交价格（a 类）；
(b) 基于会计数据的资产净值（NAV）（b 类）；
(c) 通过将未来的预期利润折现得出现值或市盈率（P/E）（b 类）；
(d) 市值或市净率（P/B）估价法（c 类）；
(e) 自有资金账面价值法（OFBV）（c 类）；
(f) 总价值的分配（c 类）。

估价方法的实施

国际统计标准未规定任何一种估价方法。鼓励灵活选择估价方法，且评估方法未分优劣。评估人员可以根据可用数据及各经济体的市场环境，决定选择何种估价方法。有些方法，如市盈率（P/E）和市净率（P/B）是资产评估人员常用的方法，而 OFBV 法则是由统计学家们发展起来的，试图在不同的国家及会计标准之间达成统一的账面价值定义。

运用市净率（P/B）方法，需要用到以下会计数据（资产负债表的头寸）。股票账面价值的生成如下：账面价值＝股本（普通股或优先股）＋CS（资本公积）＋RE（留存收益）。股票交易数据将会与账面价值数据相匹配。市净率则是由一个企业的市场价值除以它的账面价值，其公式为：**市净率＝市场价值/账面价值**。

采用 OFBV 法对未上市公司与上市公司自有资金价值进行比较：未上市公司股票价值＝相似[b]上市公司的股票市值×（未上市公司自有资金）/（相似上市公司自有资金）。股票价格与自有资金比值会因不同业务类型而变化。因此，根据未上市股票所属类型来计算当前价格更可取。上市公司和未上市公司存在的其他差异可能会对选择估价方法有影响。

流动性、控制性和负资产价值

与上市股票的估价相比，未上市股票的估价也许要从流动性、控制性和负资产价值角度对其加以调整。某些特定因素可能会对未上市股票的估价产生重大影响：

（a）比起上市股票，未上市股票的典型特征是具有更低的流动性。较低的流动性往往会对价值产生消极影响，如果影响很大，就需要考虑在内。

（b）未上市公司通常只有很少的所有者，通常只有一个。而当一名投资者获得企业的控股权时，往往需要支付控制权溢价。由于该控制权溢价一般会分担给所有股东，因此该企业的所有股权都应该按照同样的价格进行估价。

（c）估价方法可能会产生负头寸，并不符合股票的有限责任这个定义。例如，由于收益的波动性经常为负值，P/E 法通常会产生负的市场估价。BPM6 允许在国际投资头寸中包含负的外商直接投资（FDI）股权头寸，但是各个国家的实际情况可能不同。

---

[a] 其他股票的价值应该等于单位资产减去负债。未上市的投资基金份额或单位应该根据上述的未上市股票估价方法之一来估价。

[b] 此语境中的"相似"是指涉及同类型经济活动的上市公司的股票。

5.76 准公司的其他股权由它们的资产减去负债的差额来估价。对于准公司而言，它们没有股本，且所有股权都是"其他股权"。因此，它们的净值转换过来等于零。而对于其他单位而言，最适合的估价方法应该从上述未上市股票的估价方法当中选取。

5.77 拥有发行份额或单位的公司可能额外拥有其他股权。

5.78 投资基金份额或单位（AF52）按照市场价值估价。由于所有数据都必须根据市场价值提供，所以上市与未上市投资基金份额或单位之间的差别并不具有相关性。

5.79 开放式基金通过资产净值（NAV）估价，而封闭式投资基金份额或单位更适合使用市场价格估价。

(f) 保险、养老金和标准化担保计划

5.80 非寿险专门准备金记录的总额（AF61）包括已付未满期保费，加上未决索赔准备金。后者代表在赔付清算中需要偿付的现值总额，包括争议索赔以及赔付准备金来涵盖已发生但尚未申报事件的赔付。

5.81 寿险和年金权益（AF62）记录的总额代表满足所有预期未来赔付的准备金和未满期保费。

5.82 养老金权益（AF63）记录的总额取决于养老金计划的类型。

5.83 在定额福利养老金计划中，向参与员工允诺的养老金福利水平是由事先商定的方案决定的。该定额福利的养老金计划的负债等于承诺福利的现值。

5.84 在定额缴款计划中，支付的福利取决于养老金计划获得的资产绩效。定额缴款计划的负债是基金资产的现行市场现值。养老基金的净值始终为零。

5.85 为满足偿付诉请，标准化担保计划（AF66）中记录的提前偿付的净费用和准备金的价值，等于预期赔付减去所有预期补偿的价值。

专栏5.4 养老金权益的概念

养老金权益（或者养老金负债）的概念共有三种：

(a) 计划终止时债务（ADL）。这种养老金权益或义务包含在应计权益基础上未来需支付养老金的现值。应计养老金权益是由当前参保的在职人员已经支付的社会缴款及现有养老金领取者剩余的养老金权益产生的，不包括在职或未入职人员本年度之后的应计权益。因此，这一概念的时间范围在一定程度上是受限的。

(b) 当前参保人口债务（CWL）。CWL中，养老金计划会持续支付补贴直到最后一个参保人死亡。但是，不包括新缴存人。这个概念涵盖了ADL和当前参保人因未来缴款而产生的应计养老金权益的现值。

(c) 开放系统债务（OSL）。除了CWL，这种负债方式也包括了加入养老金计划的新员工的养老金现值。该方式认为养老金计划将继续在相对较长的时间内按照相同的规则运行。OSL的现值可以在一个无限的时间范围内加以计算。但是通常在实践中人们会选择200年这个时间范围。

养老金权益的计量（如所谓的ADL）是国民核算体系的一部分。从这方面来看，它们对于经济与政策分析都有帮助。它们提供了某个养老金计划终止时的成本预估值。为衡量家庭财富（资产和或有资产），它们同样给出了有价值的统计信息，用来理解家庭财富及与储蓄和消费相关的头寸和流量情况。另外，到期应计养老金权益有助于对各种类型的养老改革进行评估，例如，在为既有权益维持当前体系的同时，为新缴存人或新缴款设立新的养老金体系。

然而，到期应计养老金权益并非一个用来衡量财政可持续性的适当指标。它们可以被看作一定数量的资源，需要在今天就预留出来以作为到特定年份的养老金权益的全部资金。在该年之后应计权益不被计入。因此与OSL等其他负债概念相比，ADL的时间范围是被限制的，ADL只代表了OSL的一部分。此外，ADL在估算时无须加入未来社会缴款的净现值。为评估财政可持续性，将（未来）养老金义务与对应的未来养老金相关资产进行对比是非常关键的。

（g）金融衍生工具和雇员股票期权

5.86 金融衍生工具（AF71）应该以其市场价值记入到资产负债表中。如果无法获取市场价格，如场外交易（OTC）期权,[136] 则应基于买断或抵消合同所需的金额或应付费用进行估价。

5.87 对于期权，无论该期权是买入期权还是卖出期权，期权卖方被认为已经承担了相应的债务，表现为购买期权持有者权利的成本。

5.88 期权与远期合约的市场价格可以在正（资产）与负（负债）头寸之间切换，这取决于标的项目的价格变化。因此，它们对买卖双方来说，既可能是资产，也可能是负债。某些期权与远期合约采用保证金支付的方式运营，其利润与亏损按日结算；在这种情况下，资产负债表中的值将为零。

5.89 雇员股票期权（AF72）是通过授予股权的公允价值来估价的。公允价值由授予日等价交易的期权市场价值计算得出，而在其不可用的情况下，则使用期权定价模型（参见案例 4.5 中关于雇员股票期权的处理）。

（h）其他应收/应付款

5.90 商业信用和预付款（AF81）和其他应收/应付款（AF89），都是由于交易划分的时间差产生的，如税收、社会缴款、股息、租金、工资和薪金及金融交易，对债务人与债权人双方来说，都按名义价值估价。其他应收/应付款（AF89）中的应付税金和社会缴款应该将无法征收的部分及政府声明没有价值的部分除外。

5.91 其他应收/应付款产生的利息也应纳入计算。

2. 金融交易的估价

5.92 金融交易以交易价记录，即发生在居民单位之间或居民单位与非居民单位之间的，基于商业考虑而创建、清偿、交换或承担的金融资产和（或）负债，并以本国货币为结算单位的价值。

---

[136] 场外交易并没有统一的估价方法。IAS/IFRS 给出了几种可供选择的方法："在一个活跃市场上的公允价值最好的体现就是报价。如果一个金融工具市场并不活跃，一个估价实体通过使用一种估价技术来衡量公允价值。使用估价技术的目标是，获得在估值日当天基于一般商业考量的无关联双方进行交易的价格。估价技术包括评估知识丰富的、有交易意愿的无关联双方进行的交易，可能的话参考另一个非常相似的金融工具的公允价值、现金流量贴现分析法和期权定价模型法。如果有一个市场参与者经常使用给金融工具定价的估价技术，且该技术被证明能够提供实际市场交易价格的可靠信息，估价实体则采用这种技术。被选择使用的估价技术最大化地利用市场投入，并尽可能少地利用特定市场实体的投入。该技术考虑了所有市场参与者在定价时会考虑的因素，并和通行的为金融工具定价的经济方法保持一致。估价实体定期调整估价技术，并使用可观测到的同样的金融工具的现行市场交易价格（例如，不进行修正和重新包装），或根据任何可获得的市场数据来检验该技术的有效性。"（IAS39 第 48A 段）

5.93 金融交易及其金融或非金融对手的交易按同样的交易价值记录。预期存在三种可能：

(a) 以本币支付的金融交易：交易价值等于作为支付手段的交易金额；

(b) 以外币支付的金融交易，并且对应交易并未以本币（作为支付手段）进行：交易价值等于作为支付手段的交易金额转换成本币的价值，汇率按偿付发生时通行的市场汇率执行；

(c) 金融交易和与其对应的交易都不使用现金（或者通过其他支付手段）结算：交易价为所涉及的金融资产和/或负债的当前市场价。

5.94 交易价值是指特定的金融交易及其对手交易。在概念上，交易价值有别于市场报价、公允市场价格，或任何用来表达一类相似甚至相同的金融资产和/或负债的一般价格。但是，例如，如果金融交易的对手交易是一种转让，并且金融交易不仅出于纯粹的商业考虑，那么交易价则按其涉及的金融资产和/或负债的现行市场价值估算。

5.95 交易价不包括服务费、手续费、佣金和因交易服务而产生的其他费用，这些被记录为服务支付。金融交易税也应除外，并作为产品税中的服务税处理。当一个金融交易涉及一项新负债的产生，交易价等于产生的负债金额，但不包括任何预付利息。同样，当负债偿清时，债权人和债务人的交易价需与负债的减少额一致。

(a) 债务证券

5.96 债务证券的交易按交易中涉及的机构单位商定的实际价格估价。在正常情况下，其市场价值是指在自愿交易双方之间，获得或处置债务证券时，不包括佣金、手续费和税收的价格。

5.97 当发行者在市场上通过承销商或其他中间人卖出债务证券，并且以更高的价格卖给了最终投资者时，金融资产与负债应以投资者的支付价进行记录。而投资者支付金额与发行者收到金额之间的差价作为发行者支付给承销商的服务费处理。

5.98 债务证券发行以其发行价记录。当债务证券折价或溢价发行时，发行者在销售时获得的收入而非面值将作为实际发行价记录在账户中。发行价和赎回价之间的差额被作为在债务证券存续期间的累计利息（债务证券溢价发行时为负值）处理。

5.99 高折价或零息债券视为折价发行的债务证券。在债券存续期内会产生利息，并作为对债券的再投资处理。

5.100 与指数挂钩的债务证券（除与外币挂钩的债务证券）被作为浮动利率债务证券处理。如果指数化适用于本金或票息（或同时适用），则该债务证券应被归类为浮动利率债务证券。

5.101　在二级市场上的债务证券交易按交易所报价或市场价记录。

5.102　到期的债务证券将按赎回价记录，其中包括赎回溢价，不包括彩票支付和储蓄溢价，这部分应被记录为利息。

5.103　债务证券转股票应作为债务证券出售和股票购买处理。交易价值来自债务证券转让的市场价值，这可能意味着股票的持有收益或损失，记录在重估价账户中。

(b) 股权

5.104　股票交易根据该交易涉及的机构单位之间的实际协商价格进行估价。在正常情况下，其市场价值指的是当这些金融工具在买卖双方独立自愿的情况下发行、赎回、被购买或出售时，扣除佣金、手续费与税后的价格。

5.105　新股按其发行价记录，发行价通常等于名义价值加上发行溢价。

5.106　流通股的交易以交易价格记录。当交易价未知时，它近似于上市股票的交易所报价或市场价，以及未上市股票的等价物市场价值（参见专栏 5.3 未上市股票的估值）。

5.107　期票股利股票是指发行者以期票代替现金股利分配的股票，其估值取决于该分红方案的隐含价格。

5.108　SNA2008 下不记录分红股票的发行。发行分红股票不会形成股东和公司间的金融交易，因为基础金融资产的总额不会发生改变。然而，分红股票的发行会导致公司股票的总市值发生变化，这一市值的变化被记录在重估价账户中。

5.109　股权的交易价值为股东转让给企业或准企业的资金总额。在某些情况下，承担企业或准企业的负债也可发生资金转移。

(c) 投资基金份额或单位

5.110　开放式基金用资产净值（NAV）估价，而封闭式基金份额更适合用市场价格来估价。

5.111　交易也可从各自的头寸数据中计算得到。在这种情况下，交易价通常由报告期期初和期末的加权平均价格估算得到。

5.112　投资基金份额或单位的交易需包含基金的净贡献值。

(d) 金融衍生工具和雇员股票期权

5.113　期权的二次交易及在交割前平仓的期权都涉及金融交易。某个期权交割前，可以选择执行或不执行该期权。在执行期权的情况下，期权卖方可向期权买方支付标的资产通行市场价格与执行价格之间的差价，或者期权买方可按执行价格购买或出售标的金融或非金融资产，该资产以通行市场价格记录。标的资产的通行市场价格与执行价格的差价在以上两种情况下都等于期权的清算价值，即到期日的期权价格。在期权未被执行的情况下，没有交易发生。然而，期权卖方的持有收益和期权买方的持有损失（在两种情况下均等于合同议定的支付溢价）记录在重估价账户中。

5.114 金融衍生工具的记录包括合约中的所有交易和结算的净值。建立衍生工具合约时的相关交易也需要记录。但是在很多情况下，签订衍生工具合约的双方不会出现一方向另一方支付的行为；在这种情况下，合约建立的交易价值为零，金融账户中也不需作任何记录。

5.115 为安排期权、期货、互换和其他衍生工具合约而向券商或其他中介机构支付或收取的任何明确佣金，在相应账户中都视为服务的支付。互换交易双方不被看作为对方提供服务，但是因安排互换交易而向第三方支付的任何费用都应该被记入服务支付。在互换协议中，本金金额是已交换的对应现金流量，并被记录为标的工具中发生的交易，而其他交易流量（佣金除外）则记录在金融衍生工具和雇员股票期权（AF7）中。尽管向期权卖方支付的溢价在概念上可以视为包含服务费用，但实际中通常很难区分服务要素。因此，会将总价记为买方获得的一项金融资产及卖方产生的一项负债。

5.116 如果合约不包含本金交割，最初就不会有交易记录。简单来说，就是在当时创造了一笔初始价值为零的金融衍生工具。相应地，互换交易的价值将等于：

（a）本金数额，即将被重新交易数额的预期未来市场价格和合同约定价格间差额的当前市场价值；

（b）其他支付，则是合同约定的未来流量的当前市场价值。

5.117 金融衍生工具在一定期间内出现的价值变化记录在重估价账户中。

5.118 资本的后续再交易将根据互换交易条款和条件进行，这意味着交换时价格与该资产的通行市场价不符。互换交易合约双方的对应支付条件将在合约中列出。市场价与合约价之间的差额等于资产/负债在到期日的清算价值，并且应该被记录为类别 AF7 中的交易（金融衍生工具及雇员股票期权）。总之，金融衍生工具及雇员股票期权中发生的交易必须符合互换交易合约发生期间损益的整体重估价值。这个处理方法类似于交割前的期权。

5.119 对于机构单位来说，互换交易或远期利率协议在有资产净值（NAV）的情况下，会记录于金融衍生工具及雇员股票期权中的资产端。若互换交易存在净负债值，则它也会被记录在资产端，以避免资产与负债端不平衡。相应地，负的净支出也会增加净收入；反之亦然。

F. 重估价

1. 不同类型持有损益的概念

5.120 非金融资产的名义持有收益是指因资产价格随时间发生变化而对资产所有者产生的收益价值。金融资产的名义持有收益是指该项资产在交易（包括利息随时间发生的自然增长）和资产物量其他变化之外发生的价值增加。负债的名义持有收益是该项负债在交易或其他物量变化之外发生的价值减少。负的名义持有收益被称作持有损失。正的持有收益，不管是特定资产价值的上升所引起，还是特定负债价值的降低而引起，都会增加有关单位的资产净值。相反，无论是特定资产价值下降引起的还是特定负债价值提高而引起的持有损失会减少有关单位的资产净值。

5.121 除了资产价值的绝对变化外，还有必要了解如何将该价值变化与总体通货膨胀指标相比较。如果在给定期间里某资产价值的上升幅度超过一般价格水平，那就意味着，该资产在期末比它在期初可以用来交换更多数量的（为一般价格指数所覆盖）货物、服务和资产。保持交换完全相同数量之货物服务的价值增加称为中性持有收益。一段时期的中性持有收益（损失）是指在不发生交易和资产物量其他变化情况下，一笔资产为保持其能够交换到与期初相同数量的货物服务而增加（减少）的价值。

5.122 同一资产在给定时期内发生的名义持有损益和其中性持有损益之间的差额称为实际持有损益。如果该资产价值上升速度比中性持有收益快，那就存在实际持有收益；如果慢于总体价格增长速度，或者根本没有增长，那么，该资产的所有者就要记录一项实际持有损失。实际持有收益（损失）是指一段时期内在不发生交易和资产物量其他变化前提下，一项资产价值增加（降低）超过中性持有收益的数额。

5.123 重估价账户上的平衡项是名义持有损益引起的资产净值变化。它被界定为一个机构单位全部资产和负债之正负名义持有收益的代数和。正如名义持有收益被分解为中性和实际持有收益一样，由名义持有收益引起的净变化也可以分解为由中性持有损益引起的资产净值变化和由实际持有损益引起的资产净值变化。后者是一个对分析大有益处的项目。

2. 名义持有损益的重估价

5.124 对资产负债所有者在某一核算期内累积的名义持有损益进行重估价，反映的是资产负债价格水平和结构的变化。

5.125 价格上升意味着重估价为正或持有方存在持有收益，价格下降则意味着重估价为负或持有方存在持有损失。重估价也包括由于汇率变化而导致的外币资产价格的变化。

5.126 重估价账户记录的名义持有损益是指资产或负债的增加，不管该损益是否已实现。如果有关资产被出售、赎回、使用或另外处置，或者有关负债被偿还，就意味着一项持有收益实现了。未实现的持有收益是指发生在那些核算期末仍然持有的某项资产或仍未偿付的某项负债的持有损益。已实现收益通常被理解为产生于整个资产持有期或负债未偿期的收益，无论该时期是否与核算期一致。但是，在 SNA2008 中持有损益按权责发生制原则记录，尽管已实现和未实现损益的区分在某些情况下有用，但是并不会体现在项目分类和账户中。

5.127 区分四种不同情况（SNA2008，段落 12.81）：

（a）在整个核算期内一直持有的资产：核算期内应计的重估价等于期末资产负债表价值减去期初资产负债表价值，减去核算期内因应计利息（如果有的话）引起的交易额和物量的其他任何变化。如果这些资产的价值是在编制资产负债表时获得，它们则是估算价值。这是未实现的重估价（持有损益）。

（b）核算期期初持有并在此期间内出售的资产：应计的重估价等于处置价值减去期初资产负债表价值，减去出售前的核算期内因应计利息（如果有的话）引起的交易额和物量的其他任何变化。这是已实现的重估价（持有损益）。

（c）核算期内购置并且到期末仍持有的资产：应计的重估价等于期末资产负债表价值减去购置价值，减去购置后的核算期内应计利息（如果有的话）引起的交易额和物量的其他任何变化价值。这是未实现的重估价（持有损益）。

（d）核算期内购置并予以处置的资产：应计重估价等于处置价值减去购置价值，减去购置日与处置日之间的核算期内因应计利息（如果有的话）引起的交易额和物量的其他任何变化价值。这是已实现的重估价（持有损益）。

5.128 编制情况（b）到（d）的重估价需要收集交易数据。推导出来的交易通常只能用来计算情况（a）的重估价。

3. 作为累积重估价的资产价格

5.129 以下方法是从综合账户体系中推导出作为累积重估价的资产价格。

5.130 金融资产和负债的价格可以从重估价账户中推导出来，作为累积重估价。它们对评估价格变化对特定金融资产和负债的影响很有意义。

5.131 资产价格不仅涵盖债务证券或股权和投资基金份额的价格，还包括住宅和商业地产或土地的价格。价格变动既可通过监测股票或住宅等特定资产的单一价格来观测，也可通过某一资产价格指数来观测。股票价格或住宅价格被用于监测单一资产价格。资产价格综合指数通过住户或其他居民部门所持资产的份额为权重对标的资产指数进行加权来构建。

5.132 像土地或股票这类具有可变当期价值的（非金融和金融）资产和负债，其持有损益是可观察的。对于具有固定当期价值的金融资产和负债（根据定义，价格 p_t 和 p_{t-1} 一样），其名义持有收益总是为零。这涉及通货和存款、贷款及其他应收/应付款等金融工具。

5.133 资产价格的变动可从资产负债表中分离出重估价部分进行推导。利用连接期初和期末资产负债表的基本会计恒等式，期末资产负债表中特定类型资产存量的价值 A_t 相当于期初资产负债表中该类特定资产存量价值 A_{t-1} 加上交易价值 T_t，减去固定资本消耗 D_t，加上其他物量变化 O_t 和重估价 R_t（在核算期 t 内）。

$$A_t = A_{t-1} + T_t - D_t + O_t + R_t$$

然而，如果 A_t 已知，那么核算期 t 内的重估价 R_t 可推导为：

$$R_t = A_t - A_{t-1} - T_t + D_t - O_t$$

与核算期 $t-1$ 中的资产存量相关联，可表述为：

$$100 \times R_t / A_{t-1} = 100 \times (A_t - A_{t-1}) / A_{t-1} - 100 \times (T_t + O_t - D_t) / A_{t-1}$$

G. 资产负债物量其他变化

5.134 资产负债物量其他变化是资产和负债数量或物理特征的变化，或者分类变化。[137]

5.135 导致资产负债数量或物理特征变化的原因有：
（a）由于自然灾害、政治事件或所有权证据损毁导致的意外破坏。
（b）因某些非自然灾害原因（如火灾、损坏或盗窃）造成的损失。
（c）无偿没收，是指政府或其他机构单位以纳税、罚款或类似的征款以外的理由，占有包括非居民单位在内的其他机构单位的资产，却不给予全额补偿。
（d）因债务注销引起的金融债权的变化。因为不存在双方认可的协议，所以这不是金融交易。例如，债权人认识到，由于债务人破产或清算，再也不能收回一笔金融债权，并将该债权从其资产负债表中注销。这种由债权人认可的不可回收债权应记录为资产物量其他变化。与此相应地，负债也必须从债务人的资产负债表上注销，以保持经济总体账户的平衡。[138]

5.136 分类的变化包括部门分类和机构单位结构变化，以及资产分类的变化。
（a）机构单位从一个部门到另一个部门的再分类或其结构的变化可能引起再分配，并可能导致某些金融资产的出现或消失，这些应记录为资产物量其他变化。

---

[137] 资产负债物量其他变化可能也包含由于估价方法的改变而导致的变化。当源数据的可获得性受限，导致估价方法的改变并不能运用到整个数据期时，数据序列的断层可以在"其他变化"中反映。
[138] 由减值导致的金融债权变化应反映在再估价账户中，该减值反映了可交易金融债权的实际市场价值。

(b) 当一个公司被一个或更多其他公司兼并而不再以一个独立的法律实体存在时,收购公司对被兼并公司的所有以债务证券形式存在的金融资产将从国民核算体系中消失。被收购公司与第三方之间以债务证券形式存在的金融资产保持不变并传递给收购公司。

(c) 类似地,当一个公司在法律上被分成两个或更多机构单位,任何可能以债务证券形式出现的新的金融资产(金融资产出现)被记为资产物量其他变化。

5.137 资产分类的变化,例如,将债务证券转换为股票,或反过来将股票转换成债务证券,应记录为两笔金融交易。债务人和债权人之间认可的协议(债务取消或债务豁免)使得债务工具(贷款或债务证券)被注销,被记录为债权人和债务人之间的交易。

专栏 5.5　债务重组[a]

债务重组(也称为债务重整)是指债权人和债务人两方(有时有第三方参与)对现有债务偿还条款进行更改的事项安排。债务重组的类型包括债务豁免、债务展期、再融资、债务转换、提前偿还和债务承担。

债务重组的类型

债务重组的四种主要类型如下:

(a) 债务豁免:债权人通过与债务人的契约安排减免一定数量的债务或解除所有债务。

(b) 债务展期或者再融资(或者债务交换):对所欠金额的条款或条件进行变更,可能会(也可能不会)导致债务负担现值的减少。包括改变债务工具类型的交易(如贷款转换成债券),但不包括债务豁免交易。

(c) 债务互换,即债权人将债务权益转换为具有经济价值的某物(而不是同一债务人的另外一项债务)。包括债权转股权、债务转房产、债务转自然资源,[b]以及债务预偿或债务现金回购。

(d) 债务承担是指新债务人承担起之前债务人对债权人的未偿债务并负起债务再偿还的责任。债务承担是债权人、前债务人和新债务人之间的三边协议。相对债权人而言,新债务人取代之前的债务人并承担偿还责任。在协议确定后,原本应由前债务人承担的债务由新债务人承担。这种情况尤其会发生在新债务人对前债务人作出债务担保且该担保要求被兑现之时。在特殊情况下,债务承担包含了非金融资产的转让。由政府组织的债务承担就是一个例子,涉及从债务承担中获益单位[通常是管理公共基础设施(如铁路)、公共交通等的公营公司]的固定资产转让到承担债务的政府机构。这也可能涉及其他非金融资产,如土地。

其他类型的债务重组指债务取消、拒付债务和债务核销。

(a) 债务取消是指债务人与债权人的双方协定,取消(或者"免除")债务人对债权人所欠的部分或全部未清偿债务。取消债务的结果是,债务人的负债及债权人的相关资产都不复存在了。

(b) 拒付债务是债务人单方取消债务,这种情况不太可能发生在公营公司。

(c) 当债权人单方意识到主要由于债务人破产导致该债务无法回收时,可以进行债务核销。债权人将债权从资产债务表的资产方移除。

债务承担和债务取消的会计处理

由双方协定的债务承担和债务取消所对应的交易是资本转移。

因此,当政府承担一个公营公司的债务或者取消它对公营公司的债权,对应交易记录于金融账户中的资本转移,更准确地说,是另一种资本转移(D99),也即一般政府支出,对借出(入)款项净额(B9)有着负面影响。

在很多情况下,一般政府发起债务承担或债务取消。公营公司接受此种行为,而且这家公司后来仍然存在的事实,被称为双方协定。

当负债从债务人的资产负债表中被实际移除时,必须对债务承担和债务取消进行记录,并且记录在政府资产负债表中做相应的分录。

此外,债务承担或是债务取消必须同时记录:特别是当之前债务约定内容中预设的连续还款日期并不相关时。

应记录的数额——资本转移支出——是被承担或取消的未偿还债务总额。特别是,债务承担包括非金融资产转移时,同一时间记录的资本转移等于非金融资产转移的价值。

在双方协定的处理中有三个例外。在这些情况下,债务承担或债务取消对政府的借出(入)款项净额没有影响。

(a) 准公司债务

如果公营企业是营利性准公司,一般政府对这类准公司债务的承担或取消不会记录为资本转移。对应的交易必须记录为金融交易(股权交易)。

然而,这当且仅当准公营公司不会一直亏损到需要政府永久支持的程度。在后一种情况下,一般的规则将适用于记录通过资本转移实现的债务承担或债务取消。

(b) 公营公司私有化前的运营

当政府取消或承担公营公司债务,"作为短期内实现私有化进程的一部分",对应的交易不是资本转移,而是股权交易。私有化意味着通过处置股份及其他股权放弃对公营公司的控制权。

该规则仅在充分确定私有化会在短期内（少于1年）发生时适用。任何情况下，私有化计划本身的存在并不足以用来考虑将债务承担/取消"作为短期内实现私有化进程的一部分"。

此外，债务承担或取消产生的流动被记录为一项金融交易，直至私有化收益的限额。按照一般规则，政府承担或取消超过此限额的，应记录为政府的资本转移支出。

(c) 债务注销

唯一可能导致一般政府取消对一家公营公司索赔的情况是在取消索赔之前该公司被清算。清算应该从经济角度来评估，例如，即使该公司继续合法存续，但如果它已经丧失了其金融实质和主要经济功能就被视为已清算。注销的坏账记录为金融资产物量其他变化。

---

[a] 请参见 BPM6，附录2《债务重组和相关交易》；关于金融统计的机构间特别工作小组编写的《外部债务统计：编辑和用户指南》（草案）第8章"债务重组"；欧盟统计局（2013），第7章"债务"中的交易和担保。

[b] 一些被称为债务互换的协议相当于债务豁免，债权人得到债务国承担多项开发、环保等费用的承诺。这些交易应被视为债务豁免，因为需要的配套资金不是提供给债权人。

H. 应计利息

5.138 利息是投资收益的一种形式，它是某种类型金融资产（存款、债券、贷款和其他应收款）的所有者因将其金融资产交由其他机构单位支配而应得的投资收益。特别提款权持有和分配所得的收益也包括在内。不是所有与金融资产相关的资金流动都是利息。部分资金流动可能是佣金或手续费，即服务收费，并归类为金融服务。

1. 应计利息的记录

5.139 利息按权责发生制记录，也就是说，根据未偿还债权人的金额，利息的记录随着时间的推移不断累积。在权责发生制原则下，未偿本金随着利息的产生而增加，也就是说，应计利息是本金的一部分。因此，通常所说的利息支付，是减少债务人现有负债的金融账户交易，在利息未产生前，不做任何会计分录。

5.140 金融工具的应计利息是，在未偿本金未减少的情况下，债务人在给定的时间内有义务支付的金额。[139] 应计利息是一种收益,也是一种金融交易(好比应计利息被立即再投资于债务中),即使在利息已产生但尚未支付的情况下。当实际支付应计利息后,交易反转(发生债务偿还)。

专栏5.6 欠款

在记录权责发生制原则下,当款项显示"逾期"支付且实际未支付时,债务拖欠或欠款(应计利息和本金)会增加。当债务人错过偿还利息或本金时,就会发生这种情况。债务工具通常不会改变,债务拖欠仍在未偿还债务工具的未偿还金额中,直至债务偿清。

当发生欠款时,如果原始合同规定了金融工具特征的变更,则该变化应作为一个重新分类,记录在资产物量其他变化账户中。

知道欠款数额可以提供重要信息。在评估企业或政府单位的流动性或偿付能力时,欠款信息是至关重要的。因此,在可行且重要的情况下,每个类别的债务都应划分为欠款和不欠款项。

根据权责发生制原则,当债务被清偿后,需对债务的偿还情况进行记录(如何时偿还债务,何时对债务偿还约定进行更改,或债务何时被债权人豁免)。当发生拖欠时,不应记录为任何交易,但应在同一工具中继续显示欠款直至欠款偿清,且不作为"其他应收/应付账款"。

另外,债务逾期的总额应该作为备忘指标体现在资产负债表中。

当发生欠款时,如果原始合同规定了金融工具特征的变更,则该变化作为一个重新分类,记录在金融资产及负债账户的其他变化中。重新分类适用于原始合同仍有效,但是里面的条款(如利率或偿还期限)变更了的情况。如果合同被重新商订或金融工具的性质从一种变为另一种(如从债券转换为股权),其后的变化将被记录为新的交易。

欠款不仅发生在当现有债务工具的原定还款计划被错过时,也会在产生新债务的情况下出现。如果合同约定的项目(如员工赔偿、社会捐助、商品和服务的使用,以及社会福利)到期未付,就会产生一项新的债务(其他应付款)并且从拖欠开始就被认为是欠款。

在现金收付制下记录意味着,在发生拖欠时,欠款通常不会被记录,因为当时没有涉及现金的流动。然而,如果欠款稍后被支付,则涉及现金流动,欠

---

[139] 例如,一只固定利率债券以100CU的价格发行,在其存续期内每年支付固定的10CU的票息。应计利息就是10CU,即使实际上没有支付票息。(应支付票息时刻,债券发行人负债增加,到票息被支付那刻,债务减少。)利息被认为是该债券的再投资,将其名义价值从100CU提高到110CU。每年末债务人支付的票息是该债券的(部分)赎回,将其名义价值从110CU降低至100CU。

款被记录下来。另外，欠款可能未被支付，但是在某一时间点，会被正式认定为固定期限的合同债务，也应该被记录。这通常适用于合同义务已过期的债务，而不是逾期债务。总之，欠款可以以现金支付或通过发行债务作交换，并且该还款可能与逾期未付的债务或其他逾期未付的契约承担有关。所有这种情况，欠款的支付应该在现金收付制下记录。

2. 不同类型金融资产的应计利息

（a）存款、贷款和应收/应付账款

5.141 存款、贷款和应收/应付账款的应收和应付利息是由核算期内每个时点的未偿本金的适用利率所决定的。大多数金融工具在其存续期内都有固定利率；一些金融工具对利率的变化有明确的规定。不同时期的应计利息应该根据相应的利率来计算。

5.142 应付给金融机构的贷款利息额与应从金融机构获得的存款利息额都含有一个加价的成分，这是对金融机构发放贷款、接受存款所提供的服务的隐性支付。

5.143 因此，将实际支付或收到的利息划分为服务部分和国民账户概念下的利息（SNA 利息）是恰当的。实际支付给金融机构或从金融机构实际收到的款项（称为银行利息）需要加以划分，以便国民账户体系的利息和服务费用可以分别记入国民账户体系中。

5.144 借款者向金融机构支付的 SNA 利息要少于银行利息，差别在于应付服务费的估计值；而存款者应收的 SNA 利息要高于银行利息，差别同样也在于应付服务费。服务费的价值在金融机构的生产账户中记录为服务的销售，同时在其客户的账户中记录为使用。

案例 5.2 贷款应付利息的记录

5.145 这个案例演示了不同类型贷款的应计利息的记录，包括递增利率贷款、零利率贷款和延迟付息贷款。

5.146 首先，该案例介绍了 SNA2008 中对贷款利息进行记录的相关方法论原理。其次，该案例讨论了方法论原理在一些特殊案例中的应用：（a）贷款存续期内利率固定的贷款；（b）利率递增的贷款；（c）利率递增且某一时段利率为 0 的贷款；（d）应计利息延迟支付的贷款。

方法原则

5.147 贷款作为金融资产包括：（a）债权人直接向债务人借贷资金时产生的金融资产；（b）以不可转让单据作为凭证的金融资产。国民经济账户体系根据名义价值记录贷款，也就是债务人欠债权人的未偿还金额，它由未偿还本金和所有应计利息组成。

5.148 由于金融资源（如贷款）是连续使用的，利息也应该被连续记录。利息的产生被记录为一项金融交易。它代表债权人对金融资产的额外获得和债务人发生的等额负债。当债务消除时，即当其被付清、展期或被债权人豁免时，将记录债务偿还（本金数额，包含所有应计利息）。

5.149 为了确保在 SNA 中对贷款（或非交易性债务工具）的应计利息记录的一致性和对称性，有必要在金融工具的存续期内按照贷款合同里明确规定的利率（或总偿还金额）来计算每个核算期的应计利息。该项统计记录显示了在持续的基础上债务人所欠债权人的实际债务。此外，它确保了无论是在金融层面还是经济层面，同样贷款结构的应计利息记录的一致性。

四种不同特点的贷款

5.150 表 5.10 显示了 5 年期、到期时需偿还的本金为 100、内部回报率为 5% 的四种贷款的不同特点。贷款的差异在于每年的约定利率。每年的应计利息在年末支付。

5.151 表 5.10 所示的例 1 为固定利率贷款，例 2 为利率递增贷款。例 3 是例 2 的一个变形，因为这种贷款首先是零利率。零利率时期有时候是指一个宽限期或者一个免息期。然而，例 3 中的贷款合同是这样规定的，如果贷款在实行零利率期间被偿还，则只需偿还本金。例 4 与其他例子不同的是前两年的应计利息和第 3 年的应计利息在第 3 年一起支付。在前两年提前偿还的情况下，本金和尚未支付的应计利息都要偿还。

5.152 这些例子不包括对金融机构提供服务的隐性支付的加价成分。它们从债务人的角度来进行展示。

表 5.10　　　　　　　　　　四种不同特点的贷款

	例1	例2	例3	例4
	固定利率	利率递增	利率递增，前两年不需支付利息	固定利率，前两年利息在第 3 年支付
期限（年数）	5	5	5	5
本金	100.0	100.0	100.0	100.0
利率：第 1 年	5.0%	0.5%	0%（无利息）	5%（在第 3 年支付）

续表

	例1 固定利率	例2 利率递增	例3 利率递增，前两年 不需支付利息	例4 固定利率，前两年利息 在第3年支付
第2年	5.0%	2.0%	0%（无利息）	5%（在第3年支付）
第3年	5.0%	6.0%	6.1%	5.0%
第4年	5.0%	7.7%	8.5%	5.0%
第5年	5.0%	10.0%	12.0%	5.0%
内部收益率（IRR）	5.0%	5.0%	5.0%	5.0%

例1 固定利率

5.153 这是一种最常见的贷款合同。第1年向债务人提供本金，记录为贷款交易（F4）。在同一时期内，按5%计算利息并记录为应付利息交易（D41），相应的未偿还债务增加记录在 AF4（应计利息）。因为应计利息在年底支付，贷款交易的未偿还债务又会相应地减少（F4——已付利息）。在第1年底，贷款期末（AF4）负债价值与本金相同（100）。

年份	现金流量	贷款（AF4）				贷款（AF4） （期末余额）	应付利息（D41） （权责发生制）
		总计	本金	应计利息	已付利息		
1	95.0	100.0	100.0	5.0	−5.0	100.0	5.0
2	−5.0	0	0	5.0	−5.0	100.0	5.0
3	−5.0	0	0	5.0	−5.0	100.0	5.0
4	−5.0	0	0	5.0	−5.0	100.0	5.0
5	−105.0	−100.0	−100.0	5.0	−5.0	0	5.0

同样的逻辑适用于其他年份。到期一起偿还本金和当年应计利息。

例2 利率递增

这种情况意味着不同利息的记录。然而，如例1所述的机制同样适用。

年份	现金流量	贷款（AF4）				贷款（AF4） （期末余额）	应付利息（D41） （权责发生制）
		总计	本金	应计利息	已付利息		
1	99.5	100.0	100.0	0.5	−0.5	100.0	0.5
2	−2.0	0	0	2.0	−2.0	100.0	2.0
3	−6.0	0	0	6.0	−6.0	100.0	6.0
4	−7.7	0	0	7.7	−7.7	100.0	7.7
5	−110.0	−100.0	−100.0	10.0	−10.0	0	10.0

例3 利率递增（某一时段利率为0）

5.154 这个案例显示了利率递增的贷款，但是利率在开始的两年是零。除了头两年利率为零导致其应计利息为零,和例 2 中描述的记录方法是类似的。[140]

年份	现金流量	贷款（AF4）				贷款（AF4）（期末余额）	应付利息（D41）（权责发生制）
		总计	本金	应计利息	已付利息		
1	100.0	100.0	100.0	0	0	100.0	0
2	0	0	0	0	0	100.0	0
3	-6.1	0	0	6.1	-6.1	100.0	6.1
4	-8.5	0	0	8.5	-8.5	100.0	8.5
5	-112.0	-100.0	-100.0	12.0	-12.0	0	12.0

例 4　应计利息的延期支付

5.155　第四个例子显示的是前两年应计利息和第 3 年应计利息一起支付的贷款,即利息的偿还被延迟或推后了。应付利息交易（D41）需每年记录,并且增加到要偿还的债务余额中（F4——应计利息）。由于头两年没有支付利息,贷款的期末余额（AF4）增加了。由于利息的积累使得总债务有所增加,所以第 2 年和第 3 年的应计利息要高于第 1 年。在第 3 年,累积的利息被完全清偿,未偿还债务又回到了本金价值 100。剩余年份的会计处理与例 1 中一致。

年份	现金流量	贷款（AF4）				贷款（AF4）（期末余额）	利息应付（D41）（权责发生制）
		合计	本金	利息应计	利息已付		
1	+100.0	+105.0	+100.0	+5.0	0	+105.0	+5.0
2	0.0	+5.3	0	+5.3	0	+110.3	+5.3
3	-15.8	-10.3	00	+5.5	-15.8	+100.0	+5.5
4	-5.0	0	0	+5.0	-5.0	+100.0	+5.0
5	-105.0	-100.0	-100.0	+5.0	-5.0	0	+5.0

证券借贷和黄金贷款费用

5.156　证券和货币黄金是金融工具,无现金抵押的证券借贷和黄金贷款的费用反映了将金融工具交由另一个机构单位支配的付款。与证券借贷（权益性证券和债务证券）和黄金贷款有关的费用视为利息处理。按照简化惯例,非货币黄金贷款的费用也视为利息。

5.157　虽然在某些情况下,证券借贷费用起初是支付给托管人（用于支付全部或部分托管费用）,但是原则上,所有的费用都应支付给证券的所有者。然后,在另一个交易中,证券的所有者支付部分或全部费用给托管人（作为托管服务费用）。

受损债务的应计利息

5.158　未偿还本金依然是债务人的法律债务,所以利息应该继续累积直到债

---

[140] 在宽限期内不应计利息,除非有特殊的情况发生。IMF（2003）,第 2.28 段;欧盟统计局（2003）。

务偿清（如通过偿还债务或债务人和债权人达成双边协议）。然而，对于一些分析，从原始收入中剔除预期实际不会支付的利息将会更有用。因此，当受损债务的应计利息显著且可被量化时，债权人提供相关的补充信息将非常有用。元数据能够提供界定受损债务所采用方法的信息，这一点也很重要。

5.159 根据权责发生制原则，拖欠的票息或到期未偿还本金应继续在同一工具中显示直至债务清偿。如果原始债务合同对欠款规定了一个不同的利率，则使用约定的利率。该约定利率可在原始债务利率基础上增加违约金利率；如未规定，对于从债务合同中产生的欠款，应计利息的利率应与原始债务的利率相同。如果该金融工具逾期时，其期限和特征自动改变，或贷款分类发生变化，这些变动应在金融资产和负债其他变化账户中记为重新分类（可参见专栏5.5）。若合同经重新协商修订，则产生交易，且被记录为一项新工具。如果某项交易是通过赊购发生的，而债务人在购买时约定的时间未能偿还债务，发生的任何额外费用都应视为利息，并不断累积直到债务清偿。

5.160 当一次性担保的债务成为受损债务时，担保人应承担相关的债务。从债务生效开始，应计利息也成为担保人的负债。担保人需要支付贷款利息和其担保单位的其他利息欠款。若担保人没有承担债务，则应计利息是原债务人的负债，由担保人支付的部分应根据担保人和原债务人合同规定进行划分。在大多数情况下，担保人对原债务人具有债权，原债务人有偿还债务的义务。在其他情况下，对债务人的债权可以增加现有的股本参与（一个母公司对其子公司的债务担保将会改善其子公司的资产负债表，因此也会提高这个母公司在其中的股权）。如果担保人没有取得对原债务人的债权，从担保人到原债务人的一项资本转移将被记录，尤其是当担保人是政府单位时。

不包括隐含金融服务费用的存贷款利息

5.161 金融中介机构向存款者提供的利率通常要低于它们向借款人收取的利率。金融中介机构利用赚取的利差来抵扣费用并维持经营收益。这种经营机制是对直接向客户收取服务费的一种替代。这种利润的处理（FISIM）和计量在第3章有介绍。

5.162 FISIM 的计算受到金融公司惯例及贷款和存款惯例的限制。非间接测算的金融中介服务则记录为非金融企业应收账款。FISIM 是对服务的收费并且与明确的金融服务收费记录在一起。原始收入账户记录纯利息，它剔除了金融中介机构收取的隐性服务费。向金融中介机构支付的实际利息包括服务费，在计算投资收益的利息时应予以扣除。

5.163 同样，从金融中介机构获得的实际利息被视为已扣除服务费，所以在计算作为投资收益的利息时应加上获得服务的价值。纯利息根据代表纯借贷成本的参考利率计算得来。段落3.33 对参考利率的概念及其应用进行了阐述。银行收取的实际利息对某些特定分析目的是有用的（如债务可持续性分析），应作为一项备忘指标。

5.164 虽然出借自有资金不是金融中介活动，但也会产生金融服务并且可能包含服务费。主要以自有资金提供金融服务的注册放款机构属于金融公司，因此会产生隐性收费的金融服务。贷款人收取的服务费可以计算为借款人应付利率和参考利率之差乘以贷款金额。那些以向各类客户（除家人、朋友外）提供贷款作为主营业务并承担债务人违约金融风险的非注册企业，也会产生隐性收费的金融服务。

5.165 高通胀引起利率测算和解释的特定问题。一个明显的例子是以本币计价的金融工具的利率水平明显高于那些以外币计价的工具。因此，本币计价的工具的名义利率包括了对本金货币价值的购买力损失的补偿。然而，高通胀对会计核算的影响不只局限于利率的计量。事实上，当期末价格变成期初价格的好几倍时，以现行价格为基础的整体交易度量概念都会产生问题。SNA2008 第 19 章附录 B 为在通胀情况下的数据编制和展示提供了指导，它涵盖了货物和服务账户，收入和金融账户以及资产负债表。

(b) 债务证券

债务证券利息的界定和测算

5.166 界定和测算交易的债务证券的利息并不简单。尽管债务人有义务根据债务工具初期所确定的期限和条款来解决这些问题，但是从二级市场购买债券的持有者可能并不了解，甚至不关心发行时的利率。有三种方法来界定和测算交易债务工具的利息（*BPM*6，第 11.52）。

(a) 利息等于债务人必须支付给债权人的除了偿还原始本金之外的数额。在债务工具的整个存续期内，其应计利息都由最初约定的条款所决定。应计利息由原始到期收益率确定。证券发行时设立的有效收益率用于计算每个时段的应计利息金额。这种方法也被称为债务人方法。

(b) 利息是一项收入，该收入来源于在任何时间点对工具的市场价值中隐含的未来应收款进行的贴现。这种方式下的应计利息反映了当前的市场条件和预期。在任何给定时点，应计利息都由当前到期收益率确定。计算应计利息的实际利率随不同时段证券市场价格的变化而变化。这种方法也被称为债权人方法。

(c) 利息是一项收入，该收入来源于购买金融工具时付出的成本中隐含的贴现率。利用此方法所得的应计利息反映了获得债券时的市场条件和预期。利息由债务工具获得时的剩余到期收益率确定。只有当证券在二级市场被再次出售时实际利率才会改变。这种方法也被称为购买法。

债务人方法和债权人方法

5.167 怎样记录债务证券应计利息的问题取决于使用哪种计算方法：债务人方法或债权人方法。[141] 它反映了经济核算中长期存在不一致性。账面价值会计核算和报告遵循以下方法，即债务人应该报告未偿还债务的到期利息和应计利息。然

---

[141] 它们的特点是以历史/合同为基础和以现行市场利率为基础。

而，资产持有者在收入来源于债务证券的情况下不单独记录利息。相反地，他们使用净收益概念，它由到期利息和应计利息组成，包括或扣除当期摊销的债务证券资产的期间购置成本。这意味着在一个经济体的机构部门中，应付和应收利息是不相等的。

5.168 基于国际统计标准的机构部门账户解决了这个不一致性。首先，债券应根据市场价格估值；其次，应计利息既可用债务人方法也可用债权人方法测算。

5.169 在国际统计标准下（包括 *SNA*2008 和 *BPM*6），利息根据上述债务人方法记录。根据该方法，应计利息（和其他流量，如重估价）是从债券发行者的角度来进行定义的。根据市场利率计算的利息可作为补充项目，它对分析收益率尤为重要。

5.170 使用债务人方法的基本原理是，债务人（证券发行者）在证券到期前不会兑付，而且从债务人角度来看，将利息总额视为在证券存续期内持续累积是合理的。

5.171 值得注意的是，债务证券在金融账户中的交易和资产负债表中头寸的估值和记录不依赖于测算和记录应计利息时采用的方法。债务证券的购买和处置以交易价格记录，头寸则以市场价值或公允价值记录。

5.172 在债务人方法下，如果债券以固定利率发行，应付和应计利息的利率在债券发行时就已固定。也就是说，如果债务人发行了 100 债务证券，其原始期限为 10 年，固定利率为 10% 且每年付息，那么在接下来 10 年中每年的利息支付都为 10。这种方法的论据是，因为利率已经在合同中规定，所以利息支付不随市场利率的变化而变化。以固定利率发行债务证券主要是因为借款人决定以这种方式融资。在该方式下，借贷成本在债务工具整个存续期内是已知的。如果债务人借款更倾向于利率随市场利率变动，则借款应按照浮动利率进行。

5.173 在债权人方法下，按通行市场利率确定债务证券需支付的利息。该方法提出的论据是，债务证券的利率不是固定的，而是随市场行情而波动；随着市场中利率的变化，债务证券的价格以及相应的收益随之改变。因为利率是基于该时期内市场通行的可观测利率，所以不存在固定利率。由于利息流量是一段时期内产生的，在此期间利率总是不断波动，所以现行利率的平均值更适用于同期债务证券。

5.174 如果债务证券的价值在其存续期内保持不变，这两种方法之间就没有区别。然而事实上，债务证券的市场价值在存续期内会发生变动，而且由于它们经常在二级市场上被买卖，因此，按债务人方法记录的重估价、已实现持有损益不同于按照债权人方法所做的相应记录，正如案例 5.3 所阐述的一样。

5.175 不论是使用债务人方法还是债权人方法，编制准确的账户都要依赖逐笔数据的可得性。

案例 5.3　债务人法与债权人法记录的应计利息

5.176　假设一个零息债券在第 1 年的 1 月 1 日发行。该债券于第 3 年的 12 月 31 日到期，赎回价值是 100。发行时的贴现（利息）率是 10%。因此，发行时债券的价值是 75.13。市场利率保持在 10%，直到第 2 年的 1 月 1 日上升为 15%。利率的变化导致债券价格从 82.64（=100/1.10²）跌到 75.61（=100/1.15²）。市场利率则保持不变，直到债券到期。

5.177　表 5.11 显示了零息债券存续期内名义价值、贴现引起的应计利息、市场价值及因市场价格变化引起的重估价的情况。它还显示了债务人账户（收入、财务和重估价账户及资产负债表）中的会计分录。债权人会在账户的相反方向记录相应的分录。

5.178　由于第 1 年的市场利率没有变化，债务人法和债权人法下记录的会计分录相同。

5.179　根据债务人方法，利息是持续产生的，其中第 1 年利息为 7.51，第 2 年为 8.26（尽管年初利率的上升），第 3 年为 9.09。重估价可由剩余法推导出来，以确保流量等于存量的变动（第 2 年，11.35 − 8.26 = 3.09；第 3 年，13.04 − 9.09 = 3.95）。

5.180　根据债权人方法，第 2 年初市场利率的上升完全反映在重估价上［市场价值由 82.64 变为 75.61（= 82.64 − 7.03）］，而第 2 年产生的利息总金额为 11.34（=75.61×0.15）。因为第 3 年的市场价值没有变化，所以不记录重估价，而应计利息为 13.04（86.96×0.15）。

表 5.11　债务人法和债权人法记录的应计利息，零息债券存续期间的存量和流量

	第 1 年初	第 1 年末	第 2 年初	第 2 年末	第 3 年末	总计
零息债券的特点						
不包括应计利息的名义价值	75.13	75.13	75.13	75.13	75.13	
（+）贴现产生的应计利息		7.51	7.51	7.51	7.51	
				（+）8.26	8.26	
				15.77	9.09	
					24.86	24.86
（=）名义价值	75.13	82.64	82.64	90.91	100.00	
（+）由于市场价格变化引起的重估价			−7.03	−3.95	0.00	
（=）市场价值	75.13	82.64	75.61	86.96	100.00	

	第1年初	第1年末	第2年初	第2年末	第3年末	总计
债务人法						
应付利息		7.51	7.51	7.51 +8.26 15.77	7.51 8.26 9.09 24.86	24.86
债务证券负债的重估价				-7.03	3.09	3.95
债务证券的负债	75.13	82.64	75.61	86.96	100.00	
债权人法						
应付利息		7.51	7.51	7.51 11.34 18.85	7.51 11.34 13.04 31.89	31.89
债务证券负债的重估价				-7.03	0	0.00
债务证券的负债	75.13	82.64	75.61	86.96	100.00	

5.181 对于折价或溢价发行的债券，赎回价格和发行价格的差额构成了债券存续期内逐期累积的利息，这与票据相同。

5.182 票据和类似债务证券的利息按票据的折扣来进行测算，也就是票据到期向其持有者支付的总额和发行时收到的金额之差。

5.183 零息债券持有者在证券存续期内没有获得收入的权利，而只能在特定时点得到一个固定的金额作为本金的偿还。当零息债券发行时，它们以低于其到期赎回时的价格出售，这反映了债券存续期的利息成本。零息债券赎回价值和发行价之差代表证券存续期内持续累积的利息。

5.184 为了和BPM6保持一致，建议将所有与指数挂钩的债务证券（除了那些与外币挂钩的债券）归类为可变利率债务证券。如果某一债务证券的指数适用于本金和票息，则将其归类为可变利率债务证券。

作为负债的债务证券应计利息的编制

5.185 以下章节介绍了不同类型债务证券应计利息的编制。为了界定和测算利息，需对不同类型的安排进行区分。

a. 已知现金流量的债务证券

5.186 对于发行和赎回价格相同的债务证券（按面值发行），证券存续期间的应计利息总额由周期性票息支付确定。如果票息是固定的，应计利息可按照复利方法将票息分配到相关周期进行计算。

5.187 某些债务证券，如短期汇票和零息债券，其债务人没有义务向债权人做任何支付直至债务到期。实际上,债务人的债务通过一次支付偿还,既包括最初借贷资金金额,也包括整个债务存续期内累积的应计利息。这种类型的工具是经过贴现的,因为最初借贷的金额少于偿付的金额。合同期末需偿付的金额与原始借贷金额之差即为利息,其必须分摊在合同开始到到期日之间的各个核算期内。每一期的应计利息记录在原始收入账户,并在金融账户中,以同等金额记录为债务人对同种工具负债的增加。

5.188 稍微复杂的案例包括同样需要定期支付票息的贴现工具。在这种情况下,应计利息是定期应付收入额加上由于赎回价与发行价的价差而产生的每期应计利息。从折价(发行价格和赎回价之间的差额)摊销中获得的应计利息可通过加总报告期内每日摊销额计算得出。虽然摊销率可以按月或者按季度计算,但按日计算摊销有利于将折价摊销分配到独立的报告期内。

5.189 在一些案例中,债务证券是溢价而不是折价发行的。确定应计利息的方法和折价发行的工具是一样的,除了溢价(赎回价格和发行价格之差)被视为负的利息收入。

5.190 本息分离证券(债券的登记利息和本金分开交易(STRIPS))的应计利息有其特殊性。没有原发行者授权的第三方发行的非正式本息分离证券,所以,本息分离证券是新的工具,是本息分离证券发行者的一项负债。原始债券继续按照合同规定的条款计息。本息分离证券根据发行时确定的利率计息。官方本息分离证券(由原始发行者通过授权给指定的拆分债券经销商来发行)仅仅改变了原始工具的持有权,因而本息分离证券保留了原始发行者的直接义务。所以,官方本息分离证券的利息根据标的证券的利率,而不是根据本息分离证券时的通行利率来计算。

5.191 起初,合同双方确定债务人所有必须以本币计价的未来现金流。这些工具的利息是债务人需支付的所有债务总和与债权人出借给债务人的本金之差。未偿本金和用来计算应计利息的利率会在一开始就被知晓。

5.192 本节描述了三个案例:(a)按面值发行的固定利率债券;(b)折价发行的固定利率债券;(c)零息债券(可参见案例5.1)。

(Ⅰ)按面值发行的固定利率债券

5.193 第1年初按面值(1000)发行的固定利率债券,5年到期后偿付,并在期间的每年末支付固定票息100。

5.194 债券全年的应计利息视作对债券的再投资予以记录,在票息支付前,其名义价值从1000上升到年末的1100。尽管当前市场利率可能会改变,但是现有的固定利率债券的票息支付额不会随之改变。

5.195 在发行时,名义价值和市场价值都等于1000。每年末,产生100的利息,并由债券发行者支付给债券持有者。年末债务人支付的100票息被视作债券的(部分)赎回,其名义价值从1100降到了1000。

表 5.12　　　　　　　　　按面值发行的固定利率债券

发行价格：1000；年票息支付：100；原始到期日：5 年；赎回价格：1000，债券存续期间的存量和流量						
	第 1 年初	第 1 年末	第 2 年末	第 3 年末	第 4 年末	第 5 年末
年末名义价值						
票息支付前	1000.0	1100.0	1100.0	1100.0	1100.0	1100.0
票息支付后		1000.0	1000.0	1000.0	1000.0	1000.0
应计利息		100.0	100.0	100.0	100.0	100.0
票息支付		-100.0	-100.0	-100.0	-100.0	-100.0

（Ⅱ）折价发行的固定利率债券

5.196　在第二个案例中，一只 5 年期到期偿付的固定利率债券以折价（低于票面价值，900）发行，并在其存续期内每年支付 73.6 的固定票息。由于折价，这相当于利率为 10%。债券每年产生两种类型的利息：（a）73.6 的票息；（b）年度贴现，第 1 年计算为 19.2。

5.197　在第 1 年末，产生 92.8 的利息，但只有 73.6 的应计利息支付给债券持有者。这减少了未偿本金余额，即名义价值从 992.8 降到了 919.2。100 的累积贴现只在第 5 年末作为赎回价的一部分支付。

表 5.13　　　　　　　　　折价发行的固定利率债券

发行价：900；年票息支付：73.6；赎回时折价支付；原始期限：5 年；赎回价格：1000，债券存续期间的存量和流量						
	第 1 年初	第 1 年末	第 2 年末	第 3 年末	第 4 年末	第 5 年末
年末的名义值						
票息支付前	900.0	992.8	1012.4	1032.4	1052.8	1073.6
票息支付后		916.3	934.3	954.2	976.0	1000.0
应计利息						
由票息产生		73.6	73.6	73.6	73.6	73.6
由折价产生		19.2	38.7	58.7	79.1	100.0
票息支付		-73.6	-73.6	-73.6	-73.6	-73.6

（Ⅲ）零息债券

5.198　第三个案例是零息债券的发行，按照定义，在其整个存续期内不支付任何票息。债券的赎回价为 1000，发行价为 620.9。这种债券在其发行后只有存续期内的累积贴现和到期本金偿付交易才被记录。与上述两种情况一样，市场利率的变化会影响债券的市场价值，且债券的期限越长这种影响越大。在债券存续期末，将记录一笔 1000 的交易，对应 620.9 的本金偿付和 379.1 的应计利息支付。

表 5.14　　　　　　　　　　　　零息债券

发行价：620.9；隐性收益率：每年10%；原始到期期限：5 年；赎回价：1000，债券存续期内的存量和流量

	第1年初	第1年末	第2年末	第3年末	第4年末	第5年末
名义价值	620.9	683.0	751.3	826.4	909.1	1000.0
贴现利息		62.1	130.4	205.5	288.2	379.1

b. 外币计价的固定利率工具

5.199　期初，未来现金流量由相关外币决定。外币计价的固定利率工具的利息记录也很直接。利息根据上述（a）所描述的公式进行定义，和第一个案例的唯一不同之处在于，使用外币作为记账单位。

5.200　以外币表示的利息需按照利息产生期间的市场汇率中间价转换成国内货币单位。用来计算本币应计利息的未偿本金和利率在期初是已知的。本金和票息均与外币挂钩的债务工具视为按外币计价。

c. 与指数挂钩的工具

5.201　指数机制将票息和/或本金支付与各方协定的指标挂钩。指标值事先是未知的。对于本金指数化的债务证券，指标值可能只在赎回时才能知道。这样一来，在赎回前，利息流是无法确定的。为了在参考指标值明确之前确定应计利息，我们必须使用一些近似的测算。鉴于此，区分以下三种协议将会很有意义：（a）仅对票息指数化；（b）仅对本金指数化；（c）票息和本金均指数化。

5.202　如果只有票息和指数挂钩时，指数化带来的所有金额都视为票息期内累积的利息。很有可能数据在报告期内的时候已编制，票息支付的日期已过，因而指数值也成为已知。对于一些报告期，该报告期的一部分可能包括（票息支付日已过的）全部或部分票息期。对于涵盖票息期的报告期部分，应计利息利用指数化后按比例分配的日票息进行计算。对于其余的报告期，在此期间的指数变化可以用来计算应计利息。

5.203　如果本金与指数挂钩时，应计利息的计算将会变得不确定，因为赎回价值是未知的；在某些情况下，到期日可能是未来的几年后。我们可以采用以下两种方法来确定各核算期内应计利息。

（a）本金指数化引起的某核算期内的应计利息可计算为，未偿本金价值由于相关指数变动而引起的核算期期初到期末的变化。

（b）应计利息可以通过发行时的固定收益率来确定。在这样的情况下，利息就是发行价格和市场最初预期债务人必须支付所有款项之间的差；这一金额记录为该工具存续期内累积的利息。这一方法将发行时的到期收益记录为收入，该到期收益融入了工具产生时所预计的指数化结果。基础指数的任何有别于最初预期路径的偏差都会导致持有损益的产生，且损益通常在工具存续期不会消失。

5.204　第一种方法（利用指数变动）具有简便易行的优势，利息包括了相关

指数变动引起的各核算期内本金价值的所有变化和波动。如果指数出现了较大波动，这一方法可能会产生负的利息，即使发行时和当期的市场利率是正的。同时，利息的波动和持有损益相似。第二种方法（发行时固定收益率）避免了此类问题，但将来实际的现金流可能会与最初预期的有所不同，除非事先市场预期与实际完全相同。这意味着该工具存续期内的利息可能会不等于发行价与赎回价之差。

5.205 如果对本金的指数化是建立在一个覆盖较广的指数（如消费者价格指数）之上的，第一种方法效果较好，因为这样的指数随着时间的变化相对平稳。然而，当本金的指数化综合了利息收入和持有收益两种动机（如商品价格、股票价格或黄金价格），第一种方法可能会产生有悖直观的结果。因此，如果指数化包含持有收益的动机（通常是那些基于单一、定义面较窄项目的指数化），我们会倾向于第二种方法，否则应使用第一种方法来测算应计利息。

5.206 对于票息和本金均以外币指数化的债务工具，可将其作为外币计值的债务工具来处理；这些工具的利息、其他经济流量和存量的计算都应该根据与外币计价工具适用的相同原理进行。利息的累积应该贯穿整个期间，以外币作为记账单位，并以市场汇率中间价将其转换为本币。同样，未偿付本金额的估价应该使用外币作为记账单位，并在国际投资头寸中以期末汇率确定整个债务工具（包括所有应计利息）的本币价值。汇率波动和/或利率变化引起的债券市场价值变化被作为重估价处理。

5.207 如果票息和本金均以一个覆盖较广的指数进行指数化，一个核算期内的应计利息可以通过加总下面两项得到：由票息指数化得到的归属于该核算期的金额和由于相关指数变动引起的本金价值从核算期期初到期末的变化。如果票息和本金均以狭义指数进行指数化，则任一核算期的应计利息都可通过固定发行时的到期收益率来确定。

5.208 指数化机制将票息和/或本金支付与各方协定的指标挂钩，指标值事先是未知的。所以，利息额在发行时无法知道。对一些工具来说，利息只有在赎回时才能被确定。指数化工具包括和这些指数挂钩的工具，如利率、消费者价格指数、股票交易指数、商品价格或汇率。与指数挂钩的债务工具就是兑付与某一参照物相挂钩的工具，该参照物通常随时间推移而改变以应对市场压力。其余所有债务工具都应被归类为固定利率。如上所述，本金和票息都是与外币挂钩的债务工具，在确定其利息和其他经济流量时，可将其作为以该外币计价的债务工具来归类和处理。所有其他类型的与指数挂钩的工具，包括部分与汇率挂钩的工具（如只有本金或票息与汇率挂钩的工具），都被视作以本币计值的债务工具来记录利息和其他经济流量。

5.209 案例5.1描述了两种与指数挂钩的债券：
（a）与居民消费价格指数（CPI）挂钩的债券：消费者价格指数的变化，会通过改变债券预期赎回价格（按当前市场利率贴现）而影响其市场价值。

(b) 与黄金价格挂钩的债券：黄金价格的变化，会通过改变债券预期赎回价格（按当前市场利率贴现）而影响其市场价值。

d. 嵌入金融衍生工具的债务证券

5.210 对于嵌入衍生工具的债务证券（如买入期权、卖出期权或股权转换期权），其应计利息的核算和没有这些特征的证券相同。对于期权执行前的任何时期，应计利息都不会受期权的影响。当内嵌的期权执行时，证券将被赎回，同时应计利息被终止。

案例 5.4　不同类型债券的应计利息

5.211 表5.15显示了四种不同类型的债券，它们都是期限为5年，本金100到期偿付，原始到期收益率为5%，不同之处在于每年末支付的票息。例1显示的是票息固定的债务证券，例2是票息递增的贷款。例3是例2的一个变形，其前两年票息为零。

5.212 例1到例3均隐含假设在证券存续期内市场利率没有发生变化。例4是例3的一个变形，变化之处在于证券存续期内市场利率发生变化导致证券市场价值的相应变化。本案例是从债务人的角度出发提供统计记录。

表 5.15　　　　　　　　　　四种不同类型的债务证券

	例1	例2	例3	例4
	固定票息	递增票息	前两年票息为零的递增票息	前两年票息为零的递增票息，且市场利率是变动的
到期日（年）	5	5	5	5
本金	100.0	100	100.0	100.0
利率：第1年	5.0%	0.5%	0%	0%
第2年	5.0%	2.0%	0%	0%
第3年	5.0%	6.0%	6.1%	6.1%
第4年	5.0%	7.7%	8.5%	8.5%

例1　固定利率的债务证券

5.213 第1年，证券以票面价值发行，记录为一种债务证券交易（F3）。在同一时期，按5%的原始到期收益率累积的利息记录为应付利息交易（D41），未偿债务的相应增加记录在F3（应计利息）。每年末的票息支付会使负债减少。第1年末债券的期末余额（AF3）负债方显示的价值与本金额（100）相同。

年	现金流量	合计	债务证券（F3）		票息支付	债务证券（AF3）（期末余额）	应付利息（D41）（权责发生制）
			本金	应计利息			
1	+95.0	+100.0	+100.0	+5.0	−5.0	+100.0	+5.0
2	−5.0	0.0	0.0	+5.0	−5.0	+100.0	+5.0
3	−5.0	0.0	0.0	+5.0	−5.0	+100.0	+5.0
4	−5.0	0.0	0.0	+5.0	−5.0	+100.0	+5.0
5	−105.0	−100.0	−100.0	+5.0	−5.0	0.0	+5.0

5.214 同样的逻辑适用于其他年份。到期时，本金与当年票息一起偿还。

例2 票息递增的债务证券

5.215 这种情形意味着不同利息额的记录。然而例1中的机制同样适用。按5%的原始到期收益率计算的复利记录为应付利息交易（D41）。应计利息和票息支付之差记录为标的证券的再投资/再赎回（F3的交易）。

年	现金流量	合计	债务证券（F3）		票息支付	债务证券（AF3）（期末余额）	应付利息（D41）（权责发生制）
			本金	应计利息			
1	+99.5	+104.5	+100.0	+5.0	−0.5	+104.5	+5.0
2	−2.0	3.2	0.0	+5.2	−2.0	+107.7	+5.2
3	−6.1	−0.6	0.0	+5.4	−6.0	+107.1	+5.4
4	−7.7	−2.3	0.0	+5.4	−7.7	+104.8	+5.4
5	−110	−104.8	−100.0	+5.2	−10.0	+0.0	+5.2

例3 票息递增（第一阶段为零息）的债务证券

5.216 这种情形显示了票息递增的债务证券，但是前两年票息为0。与例2中的记录相似。

年	现金流量	合计	债务证券（F3）		票息支付	债务证券（AF3）（期末余额）	应付利息（D41）（权责发生制）
			本金	应计利息			
1	+100.0	+105.0	+100.0	+5.0	0.0	+105.0	+5.0
2	0.0	+5.3	0.0	+5.3	0.0	+110.3	+5.3
3	−6.1	−0.6	0.0	+5.5	−6.1	+109.7	+5.5
4	−8.5	−3.0	0.0	+5.5	−8.5	+106.7	+5.5
5	−112.0	−106.7	−100.0	+5.3	−12.0	+0.0	+5.3

例4 票息递增（第一阶段为零息）且市场利率不断变化

5.217 例4中，除了市场利率的变化导致证券市场价值的变化外，其他情况与例3相同。利息的记录遵循与例3中相同的原则。

年	现金流量	合计	债务证券（F3）		票息支付	债务证券（AF3）（以名义价值计算的期末余额）	应付利息（D41）（权责发生制）
			本金	应计利息			
1	+100.0	+105.0	+100.0	+5.0	0.0	+105.0	+5.0
2	0.0	+5.3	0.0	+5.3	0.0	+110.3	+5.3
3	−6.1	−0.6	0.0	+5.5	−6.1	+109.7	+5.5
4	−8.5	−3.0	0.0	+5.5	−8.5	+106.7	+5.5
5	−112.0	−106.7	−100.0	+5.3	−12.0	+0.0	+5.3

5.218 市场价值的变动隐含着其他的经济流量。它们可以根据当年的债务证券交易 F3（上表中计算的）与证券市场价值变化之差来进行计算。

年份	债券（AF3）（以市值计算的期初余额）	债务证券［债务证券交易（F3）］	其他经济流量	债务证券（AF3）（以市值计算的期末余额）
1	+0.0	+105.0	+5.0	+110.0
2	+110.0	5.3	−12.3	+103.0
3	+103.0	−0.6	+4.6	+107.0
4	+107.0	−3.0	+2.2	+106.2
5	+106.2	−106.7	+0.5	+0.0

票息支付的影响：全价和净价

5.219 净价不包括由票息引起的应计利息。债务证券按照固定的时间表[142]向持有者支付票息。当支付票息时，债务证券的全价将下降，结果，其价值将呈现锯齿状走势。这是因为在这一时点（刚刚收到票息支付）上，少了一项未来现金流量。

5.220 为了排除票息支付的影响，应从全价中减去票息支付日的应计利息，以得到净价。应计利息的计算取决于天数计算约定、票息利率及距离上次付息日的天数（债务人方法）。

5.221 天数计算约定被用来计算债务工具的应计利息。虽然利率通常以年化利率（参照期为 1 年）来表示，但票息支付周期一般更短（月度、季度等）。

5.222 日计数分数（DCF），表示为计息期的天数除以参照期（通常取 360 天或 365 天）的总天数，用于决定该时期内的应计支付额。不同的约定（或规则）决定了计息期和参照期天数如何计算。遵循何种协定通常取决于市场类型、地点和/或金融工具结算使用的货币。

---

[142] 有一些例外情况，例如零息证券。

案例 5.5　债券的"全价"和"净价"

5.223　为阐明票息支付的影响，采用案例 5.1 [例（b）] 中描述的那个例子。在这个例子中，一个 5 年期到期还本的固定利率债券折价发行（低于票面价值，以 900 的价格发行），在其存续期内每年支付 73.6 的固定票息，且由于折价发行，该债券相当于有一个 10% 的实际利率。

5.224　该债券每年累积两种利息：（a）73.6 的票息；（b）每年的贴现，第 1 年计算为 19.2。在第 1 年末，已经积累 92.8 的利息，但只有其中的 73.6 被支付给债券持有者。这使未偿本金金额减少，其名义价值从 992.8 降到 919.2。100 的累积贴现则仅在第 5 年末作为赎回价的一部分一次性支付。

5.225　"全价"是债务证券包含最近一次票息支付以来累积的所有利息的价格。把这与"净价"（债务证券不包括应计利息的价格）相比较。表 5.16 分别展示了某债券的市场价值（全价），不包含由票息产生的应计利息的市场价格（净价），以及由票息产生的累积应计利息。图 5.1 反映了债券净价的平滑轨迹和全价的锯齿形轨迹。

表 5.16　5 年期固定利率债券的"全价"和"净价"

时间点	市场价值 ("全价")	市场价值不包含由票息产生的应计利息 ("净价")	由票息产生的累积应计利息
第 1 季度初	900	900	0.0
第 1 季度末	915	897.1	−17.9
第 2 季度末	930	893.8	−36.2
第 3 季度末	950	895.3	−54.7
截至第 4 季度末	960.7	887.1	−73.6
第 4 季度末 = 第 5 季度初	887.1	887.1	0.0
第 5 季度末	900	882.1	−17.9
第 6 季度末	920	883.8	−36.2
第 7 季度末	935	880.3	−54.7
截至第 8 季度末	958.5	884.9	−73.6
第 8 季度末 = 第 9 季度初	884.9	884.9	0.0
第 9 季度末	905	887.1	−17.9
第 10 季度末	940	903.8	−36.2
第 11 季度末	980	925.3	−54.7
截至第 12 季度末	1006.5	932.9	−73.6
第 12 季度末 = 第 13 季度初	932.9	932.9	0.0

续表

时间点	市场价值（"全价"）	市场价值不包含由票息产生的应计利息（"净价"）	由票息产生的累积应计利息
第13季度末	937	919.1	-17.9
第14季度末	947	910.8	-36.2
第15季度末	950	895.3	-54.7
第16季度末	958.6	885	-73.6
第16季度末=第17季度初	885	885	0.0
第17季度末	910	892.1	-17.9
第18季度末	937	900.8	-36.2
第19季度末	970	915.3	-54.7
第20季度末	1000	926.4	-73.6

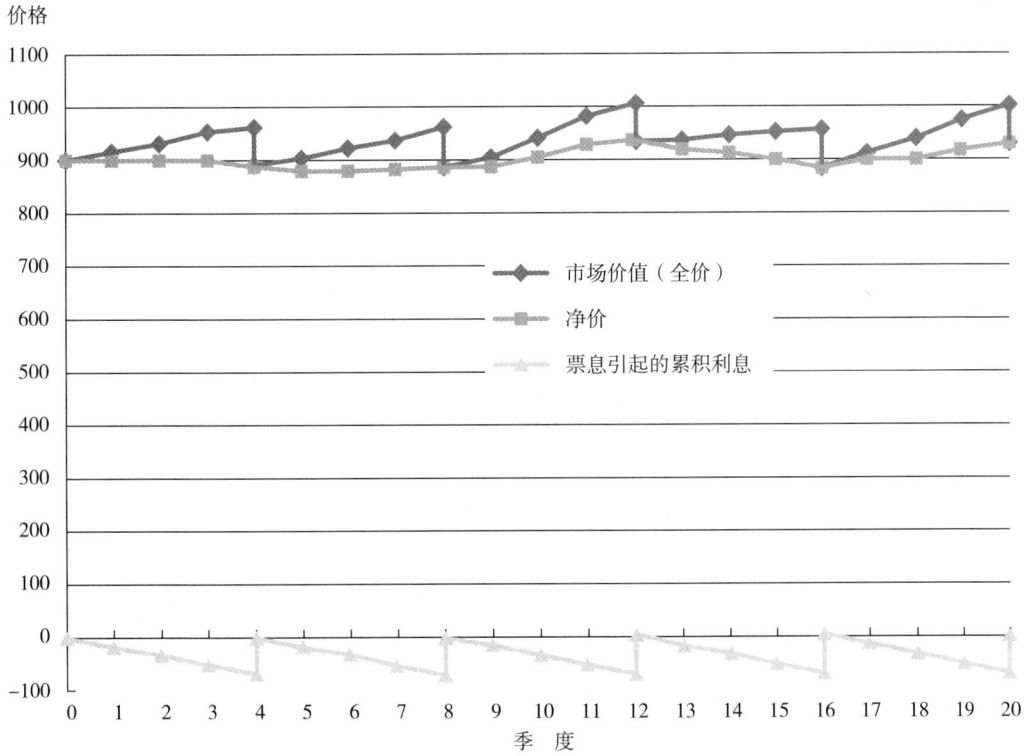

图 5.1　5 年期固定利率债务证券的"全价"与"净价"（票息支付的影响）

5.226　应计利息按以下公式计算：

应计利息 = 本金额 × 利率（每年）× DCF

$100 = 8000 \times 0.05 \times 90/360$

5.227　净价更能反映由发行者风险和利率结构变动导致的价值变动。其曲线图比"全价"更为平滑。净价还可以被用来区分应计利息（基于票息率）和重估价。

5.228 基于净价对债券报价是市场惯例。当某一债券被交易或赎回时，应将应计利息加到基于净价的债券价值上，以反映其市场价值，即全价。

5.229 因此，基于分析目的，许多用户更倾向于净价。然而，在机构部门账户和资产负债表体系背景下，对交易、其他流量和存量进行详细的债权/债务关系分析时，将应计利息包含在内较为合适。

（c）利率互换和远期利率协议

5.230 由互换协议（如利率互换和远期利率协议）引起的应付款应以金融衍生工具交易记录于金融账户，而不是以利息记录于财产收入账户。

（d）融资租赁

5.231 融资租赁是作为购买资产融资的另一种方法。这是约定资金从借方流向贷方的一项合同：出租方购买资产，承租方签订合同支付租金，使得出租方能在合同期内收回所有或近乎所有的费用，包括利息。

5.232 出租方被视作按照所购买资产相同的价格借出一笔贷款给承租方，这笔贷款在租赁期内被逐步偿还。因此，承租方每期支付的租金也视作由两部分组成：本金支付和利息支付。该虚拟贷款利率由租赁期内支付租金总额与该资产的购买价格所确定。在租约期内，随着本金不断偿付，代表利率的租金份额逐渐减少。承租方的初始借贷，连同随后的本金偿还，记录在租赁双方的金融账户中。

5.233 利息支出被作为利息记录在各自的初次分配收入账户和金融账户。如果出借方不是金融机构，付款仅拆分成本金和利息支出；如果出借方是金融机构，利息则要进一步被拆分成 SNA 利息和服务费（FISIM）。

（e）其他金融工具利息

5.234 利息还包括银行透支收取的利息，给超过最初约定时间的存款所支付的额外利息和向彩票债券持有者的支付。

（f）机构部门的应收/应付利息

5.235 如上所述，金融工具可以分为"附息金融工具"和"其他财产附息金融工具"。附息金融工具主要是特别提款权、存款、贷款、债务证券及其他应收/应付账款。

5.236 设计一个简化的机构部门综合账户体系，该体系按金融工具与部门编制应收/应付利息。利息在部门初始收入分配账户和初始收入与经常转移外部账户中的来源和使用方分别体现。

5.237 表 5.17 中的矩阵表示：每行是附息金融工具的应收和应付利息，每列表示一国经济的机构部门和国外部门。所有居民部门和国外部门的应付利息总和等于应收利息总和，每种金融工具都是如此。非金融机构、金融机构、一般政府、住户（包括为住户服务的非营利机构）及国外部门，各个部门的列项数据显示了它们通过金融工具产生的利息支出与收入。净利息收入定义为应收利息与应付利息之间的差额。

5.238 表 5.17 中阴影单元格的数据被记入各金融工具以及各部门的合计数。这有助于加强表格的一致性并有助于数据误差最小化。

表 5.17　按机构部门和金融工具划分的应收/应付利息

支出（应付利息）							交易	收入（应收利息）						
合计	非金融公司	金融公司	一般政府	住户	NPISHs	经济总体	国外		非金融公司	金融公司	一般政府	住户	NPISHs	经济总体	国外	合计
							应付利息/应收利息								
							特别提款权								
							可转让存款								
							其他存款								
							短期债券								
							长期债券								
							短期贷款								
							长期贷款								
							商业信用和预付款								
							其他应收/应付账款								
							净利息收入（=应收利息－应付利息）								

注：黑色区域表明原则上不适用。

第 6 章
从投融资表到"从谁到谁"的金融账户及资产负债表

参考：

SNA2008：

第 3 章，存量、流量和核算规则

第 4 章，机构单位和部门

第 10 章，资本账户

第 11 章，金融账户

第 12 章，资产账户的其他变化

第 13 章，资产负债表

第 27 章，与货币统计和资金流量的联系

BPM6：

第 3 章，核算原则

第 4 章，经济范围、单位、机构部门和住所

第 5 章，金融资产和负债分类

第 9 章，金融资产和负债账户的其他变化

MFSMCG

GFSM2014

HSS

A. 引言

6.1 本章以两大编制小组为目标。第一个编制小组由国家统计局或中央银行等统计机构组成，该小组目前尚未编制按机构部门分类的标准金融账户和资产负债表，但计划按此编制。这些统计机构被称为"基础编制者"。第二个编制小组包含目前已在编制标准金融账户和资产负债表的统计机构，并计划将其扩展到"从谁到谁"的形式。这些统计机构被称为"高级编制者"。

6.2 由于欠缺能力、资源、专有知识或数据来源等原因，许多国家没有编制按机构部门分类的标准金融账户和资产负债表。可以根据现有的数据源，选择一定

的金融资产、负债和机构部门作为编制起点。通常可获得的数据来源于货币和金融统计、国际收支和国际投资头寸统计及政府财政统计,并以证券发行数据作为补充。

6.3 本章讨论了编制按机构部门分类的标准金融账户和资产负债表的问题。首先讨论包含了一组限定的金融资产和负债类别的投融资表(TFI)。从资产的角度看,存款、贷款或证券等金融工具都是金融投资的形式。从负债的角度看,贷款或债务证券及权益性证券等债务工具都是融资的形式。通过发行股票筹集股本是借款的替代形式。

6.4 逐步扩展投融资表:可以分为六个常住机构"部门"、"子部门"和国外部门(见表6.4),也可以包含所有金融资产和负债类别。这些扩展将会在步骤一到步骤三中说明。六个常住机构中"部门"根据不同的货币政策目的进行分类,把金融公司部门(S12)分成三个金融"子部门":(a)货币金融机构(MFIs);(b)保险公司和养老基金(S128和S129);(c)其他金融公司子部门(S124~S127)。此外,三个非金融公司常住"部门"也被考虑在内:(a)非金融公司(S11);(b)一般政府(S13);(c)住户,包括为住户服务的非营利机构(S14和S15)。国外部门是第七个部门。表6.4也列示了这种分类与五个常住机构部门存在的标准分类之间的偏差。

6.5 第四步按机构部门对资本账户进行了整合,并将资本账户与相应的金融账户合并。纳入储蓄和非金融投资后可以全面描述由于交易产生的资产和负债的积累。

6.6 第五步和第六步描述了如何从按机构部门编制标准金融账户和资产负债表升级到部分的"从谁到谁"账户,最终升级到机构部门账户的综合体系。

6.7 依上述步骤按机构部门扩展金融账户和资产负债表体系,将允许编制者和使用者:

(a)将其与定期分析一个经济体中所有非金融部门的投资行为结合起来,可以监测广义货币及其构成。在此背景下,货币被视为是短期金融投资中最重要的要素。广义货币的完整部门明细表及其构成可以进行更加全面的分析。

(b)将金融分析扩展至非金融部门持有的所有金融资产,其中,广义货币通常占绝大部分。观察各个要素,可以对金融投资内部的替代情况进行分析,如短期和长期金融投资之间的替代或者债务证券、上市或未上市股票和投资基金份额或单位等长期金融工具之间的替代。

(c)将货币金融机构提供的信贷放在非金融部门总体借款需求和融资结构的背景下,识别非金融部门融资工具及其相对重要性。尤其是,资产负债表对非金融部门、非金融公司、一般政府、住户和为住户服务的非营利机构的负债或债务,以及各种金融工具及其合约到期进行了详细的结构分析。

(d)监控所有资产类别在按机构部门编制的重估价账户中反映的资产价格变化(源于持有损益)。资产价格大致上与作为存量变化组成部分的累积价格变化挂钩,允许对各机构部门的持有损益进行评估。

(e) 从金融资产负债表或各类非金融部门的累积账户中获得金融稳健指标,以便进行金融稳定性分析。非金融部门(金融)财富和债务的变化情况可以反映资产和负债之间的不匹配,这对于融资的可获得性和成本具有重大影响,进而会对投资和消费产生影响,最终影响价格变动。

(f) 实现货币与金融、国际收支、资本市场和政府财政统计提供的高频金融数据的一致性。通过提供更多交叉验证和平衡的机会提高了数据的质量和一致性。

(g) SNA2008 在数据编制和列示详细程度方面的灵活性使其框架可以满足评估金融脆弱性和风险的其他分析工具的要求。其中一个工具是 IMF 的资产负债表法,该方法提供了按到期日和币种列示的对手方所持金融资产和负债头寸的明细表。

B. 投融资表

1. 投融资表及其数据来源

6.8 编制部门的金融账户和资产负债表的起点是,选定的金融交易和资产负债表项目的一组"简化"(季度)数据——TFI。

6.9 如表 6.1 中阴影区域所示,TFI 只涵盖一部分金融交易和资产负债表的数据。这些交易数据是以主要金融资产和负债为形式的金融资产(金融投资)净获得或者负债(融资)净产生。资产负债表数据是所选金融资产和负债的相应存量。

表 6.1　　SNA2008 中作为金融账户和资产负债表子集的投融资表

交易	其他流量[a]		存量
经常账户			
货物和服务的生产,收入的产生、分配、再分配和使用			
累积账户			资产负债表
资本账户	重估价账户	其他资产物量变化账户	非金融资产
非金融资产的净收入、储蓄和资本转移	非金融资产、金融资产和负债的持有损益	重分类和其他物量变化	金融资产负债表
金融账户			
主要金融资产的净获得和主要负债的净发生额[b]			主要金融资产 | 主要负债

注:[a] 其他流量的两个要素在 TFI 中通常不单独处理。
[b] 从这两个总量中求得的平衡项不等于 SNA2008 下的净贷款/净借款。

6.10 存量和交易之间变化的差额是"其他流量",包含重估价和资产负债物量其他变化。这个阶段难以获得这两个要素各自的数据,因为投融资表的编制依赖的是一组有限的源数据。

6.11 货币金融机构、中央银行(S121)和中央银行以外的存款性公司(S122)通常都可以获得源数据。如果把货币市场基金份额或单位(F521)定义为广义货币的组成部分,则货币金融机构还包括货币市场基金(S123)。[143] 非货币市场投资基金(S124)、保险公司(S128)或养老基金(S129)等金融公司(S12)的其他子部门也可以获得金融源数据,但是,保险公司和养老基金以外的其他金融中介机构(S125)、金融辅助机构(S126)及专属金融机构和贷款人(S127)等其他的金融公司子部门并不一定能获得金融源数据。来自这些机构单位的源数据通常作为月度或季度资产负债表数据进行收集。政府财政统计、国际收支和国际投资头寸统计及证券发行统计通常作为补充源数据。

6.12 政府财政统计数据根据 GFSM2013 的核算框架进行收集和编制。该手册描述了一个特定的宏观经济统计体系(GFS 体系),旨在支持财政报告、分析、透明度。

6.13 在国际收支和国际投资头寸统计背景下收集的数据指 SNA2008 中国外部门与 BPM6 中所述的国际账户之间的关系。对于常住单位和国外部门之间的交易、其他流量和存量的记录,可以把国外单位作为经济体中的另一个部门进行记录。

6.14 本质上,证券被金融工具类别 AF3(债务证券)、AF511(上市股票)和 AF512(未上市股票)涵盖。

6.15 收集和编制这些统计数据的方法在 IMF 和本手册的"前言"中提到的其他国际组织发布的相关手册中已经进行了说明。

(a) 对于货币和金融统计而言,这些手册指的是 MFSMCG(IMF)、《ESA95 金融账户编制数据来源和方法手册》(欧盟统计局)和《货币金融机构和市场统计部门手册》(欧洲中央银行)。

(b) 对于政府财政统计而言,这些手册指的是 GFSM2014 和 PSDSG(IMF);

(c) 对国际收支和国际投资头寸统计而言,这些手册指的是 BPM6 和《外债统计:编制者和使用者指南》(IMF 发布)。

(d) HSS 为相应的头寸和流量统计提供了概念性框架。

6.16 本阶段不考虑从非金融公司、住户和为住户服务的非营利机构直接收集的源数据。

---

[143] 见 MFSMCG 表 2.2。

2. 投融资表的组成要素

6.17 根据上述数据来源，投融资表的要素本质上包括两组常住部门和六个金融工具类别的总量数据。

6.18 假设国民经济由两组主要部门构成，即非金融部门和金融部门（S12）。非金融部门包括非金融公司（S11）、一般政府（S13）、住户（S14）与为住户服务的非营利机构（NPISHs）（S15）；金融部门（S12）包括货币金融机构（S121～S123）、保险公司和养老基金（S128和S129）及其他金融公司（S124～S127）等。

6.19 以非金融部门的主要融资和投资活动为重点，本文涵盖了 SNA2008 中定义的大部分负债和金融资产类别。这些负债和金融资产类别是：

（a）通货和存款（F2）；
（b）债务证券（F3）；
（c）贷款（F4）；
（d）上市股票（F511）；[144]
（e）投资基金份额/单位（F52）；
（f）非寿险专门准备金（F61）、寿险和年金权益（F62）和养老金权益（F63）等特定的金融工具。

从本质上讲，这些工具有的是通过金融部门传递到非金融部门，有的是在证券市场上交易的。

6.20 在编制与累积账户和资产负债表相关的机构部门账户体系的初级阶段，很难取得可靠、及时和较为详细的个人部门和金融公司子部门数据，以及未上市股票（F512）、其他股权（F519）、金融衍生工具和雇员股票期权（F7）或其他应收/应付账款（F8）等金融工具数据。

6.21 金融资产和负债的余额构成了综合性金融账户和资产负债表框架的存量。金融交易反映了本季度的融资和金融投资决策。余额的变化不仅是这些交易的结果，也是资产与负债的重估价和物量其他变化的结果，如贷款核销或减记，以及金融资产和负债类别与机构部门重新分类。[145]

6.22 非金融部门金融投资和融资的要素见表6.2。作为金融资产的通货和存款（F2）被分成通货（F21）、可转让存款（F22）和其他存款（F29）。其中，可转让存款和其他存款又进一步细分为存放在货币金融机构的存款和存放在其他机构单位（特别是中央政府和国外部门）的存款。

---

[144] 在许多国家，只纳入上市股票会具有误导性，因为会遗漏大部分［未上市股票（F512）和其他股权（F519）的形式］权益融资。

[145] 由于源数据有限性导致的时间序列的结构性中断也会反映在余额变化上。

6.23 金融投资的其他要素有债务证券（F3）、上市股票（F511）、投资基金份额/单位（F52）和（作为其中一项的）货币市场基金份额/单位（F521）。债务证券的金融投资按照原始到期期限分为短期债务证券（F31）和长期债务证券（F32）。

6.24 对非寿险专门准备金（F61）、寿险和年金权益（F62）及养老金权益（F63）的投资主要是由住户（S14）通过保险公司（S128）和养老基金（S129）持有。

表 6.2　　　　　　　　　　　　　　非金融部门的投融资表

交易和头寸

主要金融资产（金融投资）	SNA2008 代码	主要负债（融资）	SNA2008 代码
总计		总计	
通货和存款	F2	贷款	F4
通货	F21	按照原始到期期限发生的贷款	
存款		非金融公司	
可转让存款	F22	短期	
存放在货币发行公司		长期	
存放在其他机构单位		一般政府	
其他存款	F29	短期	
存放在货币发行公司		长期	
存放在其他机构单位		住户及 NPISHs	
		短期	
		长期	
		贷款来源于	
		货币金融机构	
		其他金融公司	
		国外部门	
债务证券	F3	债务证券	F3
短期		发行于	
长期		一般政府	
		短期	
		长期	
		非金融公司	
		短期	
		长期	
上市股票	F511	上市股票	F511
投资基金份额/单位	F52	非金融公司发行的上市股票	
其中：货币市场基金份额/单位	F521		

续表

主要金融资产（金融投资）	SNA2008 代码	主要负债（融资）	SNA2008 代码
非寿险专门准备金	F61		
寿险和年金权益	F62		
养老金权益	F63	养老金权益 发行于 非金融公司 一般政府	F63
		（其他）存款 　中央政府发行的（其他）存款ª	F29
平衡项			

注：国外部门提供的贷款也列示其中。

ª 中央政府单位可能在特殊的情况下发放存款。

6.25 在负债端，交易和头寸的数据可以由非金融公司（S11）、一般政府（S13）和包括为住户服务的非营利机构（S15）在内的住户（S14）这几个非金融部门分别收集。

6.26 贷款（F4）按照由货币金融机构（S121~S123）提供的贷款、其他金融公司（S124~S129）提供的贷款和国外部门（S2）提供的贷款进行列示，并按债务人和原始到期期限进行了细分。

6.27 债务证券（F3）也按照债务人部门［非金融公司（S11）和一般政府（S13）］和原始期限进行了细分。额外的融资工具是指由非金融公司发行的上市股票（F511）。最后，中央政府发生的存款和养老金权益（F63）也包含在负债这一栏中。

6.28 在只提供选定的一组季度金融交易和资产负债表项目数据时，投融资表是折中的方案。但是，由于投融资表按照主要金融资产和负债类别及时提供了非金融部门融资和金融投资行为的重要信息，因此对于分析很有帮助。

6.29 金融投资净额大体上可以用金融投资（金融资产或金融资产交易）减去融资（负债或负债交易）来确定。由于上述金融工具并不全面，所以资产负债表和金融账户的平衡项与金融资产净额（NFA）或 SNA2008 中定义的净借出/净借入（B9）存在偏差。

6.30 因此，用完整和综合部门账户体系的方式解释平衡项是没有用的。

3. 非金融部门中与广义货币有关的金融投资[146]

6.31 在进行一国经济或一个货币联盟的货币政策分析时可以使用投融资表中

---

[146] 另见 SNA2008 第 27 章。

反映的金融交易和头寸数据。可以把金融投资分析扩展到各种非金融部门持有的包括广义货币在内的金融资产。

6.32 将非金融部门总体金融投资的发展情况与广义货币的发展情况进行比较具有特别的意义。

6.33 专栏 6.1 显示的是与金融工具和机构部门有关的货币层次中的广义货币结构（*MFSMCG* 的专栏 6.1）。

专栏 6.1　广义货币及其持有者和发行者：基准部门和负债[a]

广义货币持有者
 其他金融公司
 州和地方政府
 非金融公司
 住户和为住户服务的非营利机构

广义货币中立者
 中央政府（持有的本币通常包含在广义货币中）
 非常住者（持有的本币通常包含在广义货币中）

广义货币负债和广义货币发行者
 常住存款公司发行的广义货币
  本国货币
   可转让存款[b]
    活期存款（通过支票、转账指令或类似方式可转让）
    银行本票
    旅行支票（如果用于和常住者进行交易）
    通常以其他方式用来付款的存款[c,d]
   其他存款
    不可转让储蓄存款
    定期存款
    外币存款（可转让存款中包含的外币存款除外）
    其他存款[e]
  货币市场基金份额
  债务证券
   存款单
   商业票据
   其他[f]
 常住存款公司以外的部门发行的广义货币

中央政府发行的本币
　　外币（适用于外币作为交换媒介广泛流通的国家）
　　可转让存款
　　　　中央政府或者邮政系统接受的可转让存款
　　　　存款性公司以外的单位发行的旅行支票
　　　　其他[h]
　　中央政府或邮政系统接受的其他存款
　　债务证券
　　　　国库券
　　　　商业票据
　　　　其他[j]

[a] 在大部分国家"常住存款性公司发行的广义货币"项下的通货、可转让存款和其他存款都包含在广义货币中。将常住存款性公司发行的货币市场基金份额和债务证券（或其中的特定子类别）包含在广义货币中的国家较少。"常住存款性公司以外的部门发行的广义货币"项下的通货、存款和债务证券类别适用于广义货币定义的国家更少。

[b] 可能包括外币存款。

[c] 可能包括一些或所有可转让的外币存款。

[d] 包括储蓄和贷款协会、房屋互助协会、信用合作社等机构发行的股份或出具的类似存款证明，能提供自动汇款服务，即为避免透支而将储蓄账户余额转账到可转让存款账户的储蓄账户、存款卡或其他可转让存款账户的电子货币和其他未分类的其他存款。

[e] 包括储蓄和贷款协会、房屋互助协会、信用合作社等机构发行的股份或出具类似的不可转让存款证明、包含在广义货币中的回购协议、可立即赎回但不可转让的活期存款和其他类别存款。

[f] 常住存款性公司发行的符合广义货币定义的其他债务证券（如储蓄证或现金证、有效二级市场上交易的银行承兑汇票）。

[j] 包括存款性公司以外的单位发行的电子货币和移动支付货币。

[h] 包括中央政府发行的债务证券，如储蓄证。

6.34 由于广义货币与一个经济体中常住非金融部门的大部分金融投资相对应，包含在广义货币中的金融投资和其他金融投资（如其他短期投资、长期投资）两者在原则上存在很大的可替代空间（见表6.3）。

表 6.3　　　非金融部门的投融资表（按原始到期日和金融工具划分）

交易和头寸

(1) 与货币负债相关的短期金融投资（本质上是广义货币）
对常住货币金融机构的通货（F21）
对常住货币金融机构的可转让存款（F22）
对常住货币金融机构的部分其他存款（F29）
常住货币金融机构发行的货币市场基金份额/单位（F521）
常住货币金融机构发行的（按原始到期日属于短期的）债务证券（F31）
(2) 其他短期金融投资
对非货币金融机构和国外部门的短期金融投资
(3) 长期金融投资
其他存款（F29）
债务证券（按原始到期日属于长期的）（F32）
上市股票（F511）
非货币市场投资基金份额/单位（F522）
与保险和养老金有关的金融投资
非寿险专门准备金（F61）
寿险和年金权益（F62）
养老金权益（F63）
(4) 融资
从货币金融机构获得的贷款（F4）
非金融公司
短期
长期
一般政府
短期
长期
住户及为住户服务的非营利机构
短期
长期
下列部门发行的债务证券（F3）
非金融公司
短期
长期
一般政府
短期
长期
从其他金融公司和国外部门获得的贷款（F4）
非金融公司发行的上市股票（F511）
中央政府发行的存款（F29）
养老金权益（F63）
平衡项

注：按类别、子类别和子头寸划分的金融工具明细表有时候和 SNA2008 中的标准金融资产和负债明细表有所差异。短期和长期金融投资概念的划分也是如此，它与 SNA2008 中按照原始到期日的划分也不相符。例如，把货币市场基金份额/单位等金融工具归类为短期投资，而把非货币市场投资基金份额/单位、上市股票、非寿险专门准备金、寿险和年金权益以及养老金权益归类为长期金融投资。

6.35 短期金融投资主要与非金融部门持有的广义货币有关。广义货币可以涵盖常住货币金融机构和一些常住中央政府单位的所有货币负债。

6.36 长期金融投资被称为是对不属于广义货币的其他存款（F29）、长期债务证券（F32）、上市股票（F511）、非货币市场投资基金份额/单位（F522）及与保险和养老金（F61~F63）有关的投资。[147] 其他存款（F29）和债务证券一样，属于有息金融工具，但是流动性较低。与保险和养老金有关的金融投资主要是投向保险公司和养老基金。它们和上市股票及非货币市场投资基金份额/单位一起构成住户长期金融投资的重要组成部分。

4. 融资和债务总量

6.37 发放给非金融部门的融资与其负债有关。主要构成要素是贷款和债务证券（这两个要素均按照非金融部门和原始到期日细分）及上市股票。

6.38 TFI 数据能够为每一个非金融部门（一般政府、非金融公司和住户及为住户服务的非营利机构部门）编制债务总量。债务由表 6.2 所示的所有负债构成，不包括非金融公司发行的上市股票。

6.39 TFI 还把货币金融机构提供的信贷置于非金融部门融资的整体借款需求和结构背景之下，并按非金融部门确定主要融资工具及其相对的重要性。

6.40 值得一提的是，TFI 中的余额能够对与各种金融工具及其细分为长期和短期的合同到期日有关的各个非金融部门的负债和债务进行详细的结构分析。表 6.3 所述的金融投资也是如此。

6.41 TFI 对非金融部门使用的各种类型的融资进行了区分，如通过贷款、债务证券和上市股票等进行的融资。一般政府债务主要包括贷款、债务证券和作为负债的中央政府存款。公司债务、债务证券和贷款的构成要素可以和非金融公司发行的上市股票一起用于编制杠杆比率。

6.42 这些数据可以按照负债类别和原始到期期限对一国经济中的融资模式进行跨部门分析；数据能够反映提供融资的是货币金融机构、其他金融公司还是其他部门或子部门，可以披露是否存在向金融公司借款转向证券发行的问题。[148] 但是，不得不考虑的是，在一国经济中，就融资工具和机构部门而言，不是所有的融资方式都可获得。

---

[147] 非寿险专门准备金（F61）被视为长期金融投资。
[148] 应该注意的是，考虑到通过未上市股票、其他股权或公司间贷款等方式进行的其他类型融资，投融资表中所示的融资可能并不全面。

5. 非金融部门投融资表的后续工作

6.43　为使所有短期金融投资要素与广义货币相一致，应对 TFI 进行后续完善。

6.44　后续工作主要与将其他存款（F29）分成广义货币的组成部分和非组成部分有关。需要将非金融部门持有的货币金融机构发行的通货、货币市场基金份额/单位和短期债务证券区分开。

6.45　对于债务证券、上市股票和非货币市场投资基金份额/单位而言，还需要常住者和常住部门持有情况的数据，但是这些数据有时无法获得。

C. 逐步扩展投融资表

6.46　对机构部门金融账户和资产负债表可以按照分步法逐步进行编制。以非金融部门季度投融资表为基础，可以按照以下四个方面对该表进行扩展：
（a）更详细的部门分类；
（b）所有金融资产和负债类别；
（c）常住非金融公司和住户之间的以及非金融公司和住户之间的金融资产和负债（如商业信用和公司间贷款）；
（d）一组更详细的累积账户（除了按机构部门划分的金融账户之外，还包括资本账户、重估价账户及资产和负债物量其他变化账户）。

6.47　以上扩展形成了 SNA2008 中的标准金融账户、重估价账户以及资产和负债物量其他变化账户。账户按照五个机构部门进行了标准细分。不过，针对账户使用者的不同需求，进一步细分金融公司部门和一般政府部门对其可能会很有帮助。

6.48　按照分步法，一个关键要点可能是提供各非金融部门金融投资和融资行为的更加详细的数据。因此，可以通过以下方式扩展投融资表：
（a）按照常住非金融部门［非金融公司（S11）、一般政府（S13）、住户和为住户服务的非营利机构（S14 和 S15）］细分金融投资和融资两部分。
（b）将三个金融公司子部门［货币金融机构（S121～S123）、保险公司和养老基金（S128 和 S129）及其他金融公司（S124～S127）］和国外部门（S2）纳入 TFI 表，将其扩展至七个部门。
（c）为金融资产和负债的余额、交易、重估价和物量的其他变化增加足够详细的数据，使该表变成一个充分整合和及时的机构部门账户体系，该部分体现债务人和债权人部门之间、本国经济和国外部门之间的"从谁到谁"的关系。

1. 将投融资表扩展至七个部门

6.49 将广义货币整合到投融资表中体现了货币金融机构和其他常住部门［非金融部门、保险公司、养老基金和其他金融公司（S124～S127）］之间交易和头寸方面的经济关系。

6.50 这就要求将一国经济部门的分类进行扩展，而不仅是细分为五个常住机构部门。将金融公司部门分成三个子部门的同时，住户和为住户服务的非营利机构这两个部门放在一起列示。考虑到正在热议的有关住户收入和财富再分配的问题，分别列示这两个部门可能更具有分析意义。

（a）七部门法

6.51 七部门法如下所述。假设该国经济由六个常住"部门"组成：

（a）三个非金融部门［非金融公司（S11）、一般政府（S13）、住户和为住户服务的非营利机构（S14 和 S15）］。

（b）金融公司（S12）的三个子部门，即货币金融机构（S121～S123）、保险公司和养老基金（S128 和 S129）及其他金融公司（S124～S127）。

6.52 第七个部门是国外部门（S2）。

6.53 货币金融机构包括中央银行（S121）、中央银行以外的存款性公司（S122）和货币市场基金（S123）。

6.54 保险公司和养老基金部门将保险公司（S128）和养老基金（S129）结合在一起。其他金融公司部门由非货币市场投资基金（S124）、保险公司和养老基金以外的其他金融中介机构（S125）、金融辅助机构（S126）及专属金融机构和贷款人（S127）组成（见表6.4）。

6.55 将投融资表扩展至七个部门实现了广义货币以及投融资表中所列示的其他主要金融资产和负债部门数据的全覆盖。

6.56 按照此方向对投融资表进行扩展使数据实现横向平衡，因为这种方法可将所有常住部门或包含在国外部门中的所有机构单位都囊括在内。同时，各工具间余额及金融交易也能够实现数据的横向平衡。

表 6.4 根据 *SNA2008* 划分的部门和子部门及按七部门法建议的金融公司子部门分组

部门和子部门	*SNA2008* 代码
经济总体	S1
非金融公司	S11
金融公司	S12

续表

部门和子部门			SNA2008 代码
货币金融机构	中央银行		S121
	其他货币金融机构	中央银行以外的存款性公司	S122
		货币市场基金	S123
除货币金融机构、保险公司和养老基金（ICPF）以外的金融公司	非货币市场投资基金		S124
	保险公司和养老基金以外的其他金融中介机构		S125
	金融辅助机构		S126
	专属金融机构和贷款人		S127
保险公司和养老基金（ICPF）	保险公司		S128
	养老基金		S129
一般政府			S13
住户和为住户服务的非营利机构			S14
			S15
国外部门			S2

6.57 表 6.5 显示的是投融资表中包含的按部门和按金融工具类别划分的主要金融资产和负债。总数列显示的是各类金融工具的总持有和总发行，以及主要金融资产和负债交易和头寸的平衡关系。每个部门列示的是持有的资产或发生的负债及该部门的金融资产净额。表 6.5 中各个单元格的数据加总就是金融工具和机构部门总数。

6.58 这些恒等式确保表内的一致性，有助于将数据中的错误减少到最低。由金融资产存量减去金融负债存量、金融资产交易减去金融负债交易得出净数额，便为平衡项。它们与金融资产净额和净借出/净借入不一致，因为投融资表的这一步扩展尚未涵盖所有金融工具。

表 6.5　　　　　　　　　　　　　　七部门法

	主要金融资产交易 主要金融资产							主要金融负债交易 主要金融负债							
合计	国外	经济总体	住户及NPISHs	一般政府	保险公司和养老基金	除货币金融机构以及ICPF以外的金融公司	货币金融机构	交易（F）和头寸（AF）	非金融公司	货币金融机构	除货币金融机构以及ICPF以外的金融公司	保险公司和养老基金	一般政府	住户及NPISHs	经济总体	国外	合计
								通货和存款（F2）								

续表

合计	国外	经济总体	住户及NPISHs	一般政府	保险公司和养老基金	除货币金融机构以及ICPF以外的金融公司	货币金融机构	非金融公司	交易（F）和头寸（AF）	非金融公司	货币金融机构	除货币金融机构以及ICPF以外的金融公司	保险公司和养老基金	一般政府	住户及NPISHs	经济总体	国外	合计
									债务证券（F3）									
									贷款（F4）									
									上市股票（F511）									
									投资基金份额/单位（F52）									
									保险和养老金（F61~F63）									
									平衡项									

注：阴影区域表示不适用的单元格。

货币金融机构包括中央银行（S121）、中央银行以外的存款性公司（S122）和货币市场基金（S123）。货币金融机构与保险公司和养老基金（ICPF）以外的金融公司包括非货币市场投资基金（S124）、保险公司和养老基金以外的其他金融中介机构（S125）、金融辅助机构（S126）及专属金融机构和贷款人（S127）。

2. 纳入所有金融资产和负债类别

6.59 增加投融资表中尚未涵盖的一些金融工具数据。这些金融工具的源数据无法直接获得，如非金融部门发放的贷款（F4）、未上市股票（F512）、其他股权（F519）、金融衍生工具和雇员股票期权（F7）及其他应收/应付账款（F8）的数据。最后，投融资表中还应当包括货币黄金和特别提款权（SDRs）（F1）的数据。

6.60 针对尚未涵盖的一些金融工具数据，制订额外的数据收集计划。纳入SNA2008中所有金融工具将满足数据的纵向平衡，然后可以求得净借出/净借入（B9）和按机构部门划分的金融资产（AF）。

（a）货币黄金和特别提款权

6.61 货币黄金和SDRs（F1）是对外资产的一部分。对外资产（或储备资产）是由国家货币当局持有和直接控制用于直接融资和调节国际收支失衡。只有中央银行或中央政府可以持有这些资产；它们必须是对非常住者的债权。[149]

---

[149] 另见第4章。

6.62 货币黄金包括作为金融资产和（中央银行或中央政府持有的）作为储备资产的部分储备黄金。储备黄金是纯度不低于99.5%的金币、金条或金锭。货币黄金的购买作为货币当局资产的增加入账，货币黄金的出售作为货币当局资产的减少入账；对应项作为国外部门的资产减少或增加入账。

6.63 SDRs是IMF创立并分配给会员国的储备资产，用于补充现有储备资产。SDRs既不是通货，也不是对IMF享有的债权。SDRs是对IMF成员可自由使用通货享有的潜在债权。SDRs的持有者可以通过两种方式用它们持有的SDRs交换通货：

（a）通过成员之间自愿交换；

（b）IMF指定持有大量外部头寸的成员从持有少量外部头寸的成员那里购买SDRs。

6.64 持有SDRs是一种负债，而持有储备黄金不是，因此，SNA2008建议，将货币黄金和SDRs的交易和头寸作为单独的交易子类别（F11和F12）或者头寸子类别（AF11和AF12）列示。

6.65 关于货币黄金和SDRs的数据可以从中央银行或中央政府及IMF获得。

（b）通货、存款和贷款

6.66 通货（F21）主要由中央政府或中央银行发行。中央银行以外的存款性公司的主营业务是从机构单位吸收存款［如可转让存款（F22）和其他存款（F29）］和/或存款的近似替代品，为自身利益发放贷款和进行证券投资。存款也可能是中央政府单位的负债。

6.67 大部分数据都可以从这些机构的资产负债表和现金流量表上获得。它们是货币和金融统计数据的组成部分。

6.68 贷款（F4）总体上是由金融公司和非金融公司以及国外部门发放。

（c）债务证券和权益性证券

6.69 将通过证券［债务证券（F3）和包括上市股票（F511）与未上市股票（F512）的权益性证券］进行的融资和金融投资纳入统计范畴并详细列示，是货币政策和金融稳定框架下进行详细分析的前提条件，这样做揭示了作为金融资产和负债的证券的部门构成及投资组合的潜在优势和缺陷。[150]

6.70 综合证券表的复杂性取决于金融工具的分类方式（按照子类别、头寸和子头寸及按债权人和债务人的住所、部门和子部门进行的分类）。将这些分类方式结合起来就可以得到大量的时间序列，特别是在数据需要作为头寸和流量列示时。因此，按照证券子类别、部门和子部门进行选择至关重要。

---

[150] 见 HSS。

6.71 建立证券数据库（SBS 数据库），收集和编制详细的证券发行和持有情况统计数据。[151] 证券数据库（SBS 数据库）是一个存储关于个别证券信息的微型数据库，为方便服务各种需求，这个数据库的统计数据应可以灵活编制。证券数据库（SBS 数据库）可以涵盖各种类别的金融工具，如债务证券（F3）、上市股票（F511）、未上市股票（F512）、投资基金份额/单位（F52）和金融衍生工具及雇员股票期权（F7）。信息应详细描述所存储的金融工具数据及其各种特殊属性。

6.72 属性的选择因数据库目的不同而各异。对统计应用有用的属性包括：国际证券识别号（ISIN）；发行者名称、住所和部门或子部门；发行日期；赎回日期；证券种类；计价货币；发行价格；赎回价格；未偿金额或市值；票息付款和日期。

6.73 从证券数据库（SBS 数据库）产生的统计数据可以分为三个阶段：[152]

（a）第一阶段：从同一来源收集和/或购买有关个别证券的数据，如中央银行、政府机构、商业数据提供商和作为托管人的证券交易所（数据输入）。

（b）第二阶段：将从不同来源收集到的关于个别证券的数据添加到数据库，合并后存储。然后进行完整性、合理性和一致性检查，如果发现错误，对观察数据进行修正（数据质量管理）。

（c）第三阶段：根据各种分类标准存储个别证券的有关数据。

6.74 可以将证券数据库（SBS 数据库）中的证券发行统计数据与常住持有者（按部门和子部门划分群组）和非常住持有者的证券持有情况统计数据联系起来。为此，被调查者（如持有者或托管人）提供的数据与存储在证券数据库（SBS 数据库）中的数据按单个证券联系起来。通常使用国际证券识别码[153]进行关联，同时也参照有关债务证券持有者和持有情况的信息：

（a）按住所、机构部门和子部门，也按大型、复杂金融或非金融集团划分的持有者；

（b）以通货表示的持有金额。

6.75 目前关于证券持有情况的报告计划主要基于两类可以获得此类信息的媒介——托管人和直接报告人：

（a）绝大部分情况下，证券持有情况数据从常住托管人（以及证券集中保管人）那里逐笔收集获得。而从非常住托管人那里收集关于常住者的证券持有情况数据也很有必要，从中可以得到按发行者住所进行细分的持有情况。但是，通常不报告常住部门在国外（由非常住部门发行）的证券持有情况。因此，直接报告者应通过报告它们在国外的投资组合以完善常住托管人报告。

（b）直接报告者提供按照金融工具类别、到期日、发行者住所等进行细分的持

---

[151] 作为示例，见 Giron, C.、Jellema, T.、Mink, R. 和 Silva, N.（2011）。

[152] 另见第 7 章第 7.121 节。

[153] 所有债务权益和权益性证券可以有一个国际证券识别号代码，每个机构单位也可以有一个唯一的法人实体识别号。

有情况逐笔统计数据。应该考虑到，获得高响应率并定期作出可靠报告的困难性。

6.76 为证券发行和持有情况统计建立综合编制体系，以及提供按金融工具类别、币种、到期日、发行国家和部门或子部门细分的及时高频率数据是一项长期的且耗资巨大的工程。欧洲中央银行体系（ESCB）认为，从金融资产负债表数据开始，一个新建立的体系需要数年时间才可以用于定期编制证券统计。

（d）未上市股票和其他股权

6.77 未上市股票（F512）和其他股权（F519）的数据可以通过各种来源收集。[154] 这些数据通常包含在金融公司、非金融公司、一般政府和国外部门的资产负债表中。但是，要获得未上市股票和其他股权存量的详细细分数据通常比较困难。

6.78 关于非金融公司未上市股票和其他股权的数据，通常其覆盖面不全和质量较差。要改善这些数据，就意味着要开展调查和问卷工作，为这些子类别收集和编辑全面的存量和流量数据。编制者可以根据调查情况，获得规模和行业一致的公司的未上市股票和其他股权的估计数值。虽然这项工作很有价值，但它往往成本较高且耗时较长（见专栏6.1）。

（e）保险、养老金和标准化担保计划

6.79 监管部门通常每年都会收集有关保险、养老金和标准化担保计划（F6）的资产负债表数据。这些数据包含不同类型的保险和养老金业务，如非寿险、寿险（单位挂钩的和非单位挂钩的）、再保险、定额福利养老金和定额缴款养老金。

6.80 此外，统计部门会制定新的数据收集计划以及时获取报告机构的存量和流量数据的估计值。考虑到目前监管数据频率低、及时性不足、不够详细和缺乏协调，这些新的数据收集计划预计会改善保险公司和养老基金的部门账户。

（f）金融衍生工具和雇员股票期权

6.81 根据 SNA2008 规定，金融衍生工具（F71）和雇员股票期权（F72）属于新的金融工具的子类别。金融衍生工具包括期权、期货和信用衍生工具。

6.82 在按照机构部门编制综合金融账户和资产负债表体系时，需要收集有关金融衍生工具和雇员股票期权的数据。例如，国际收支和国际投资头寸表，它收集的是作为一个整体而不是分成上述两个子类别的金融衍生工具数据。同样的收集体系也适用于货币和金融统计。不过，银行所采用的会计规则导致数据的覆盖面通常是不全面的。

6.83 从这些来源获得的金融衍生工具数据通常都是净值。其他来源的数据可能是总值（没有扣除金融资产和负债的相应头寸或交易）。

---

[154] 对于未上市股票，由于证券数据库中包含的相应数据可能不完整，各种数据来源必须用于相互验证。

6.84 通过结合来自监管渠道的会计数据和来自收支平衡表、货币和金融统计及政府财政统计的数据，就有可能为金融公司编制数据。对于非金融公司进行金融衍生工具交易的数据，主要的数据来源是调查或问卷，包括常住公司和非常住公司之间的交易和来自交易对手部门的数据。

(g) 商业信用和预付款

6.85 商业信用和预付款（F81）数据的收集相当具有挑战性。大部分数据都可以从金融公司和非金融公司的资产负债表上获得。但要获得商业信用和预付款的跨境交易和头寸数据，则需要制定专门的收集计划。

(h) 囊括所有金融资产和负债类别的七部门法

6.86 表6.6显示了 SNA2008 规定的金融资产和负债的所有交易和头寸。"合计"列显示了金融交易总数，也显示了每个金融工具类别的持有和发行总数。各个部门列示了该部门的金融交易、持有的金融资产或发生的金融负债和净金融资产。该表各个单元格内的数据总和就是金融工具和机构部门金融资产交易总数。

6.87 表6.6中的分类方式确保表内的一致性，有助于将数据中的错误减少到最低。净数额作为平衡项，它用金融资产交易减去金融负债交易以及金融资产存量减去金融负债存量得出。

6.88 表中的平衡项包括净借出/净借入（B9）和净金融资产（NFA），它们都是从表6.6中所示部门金融账户和金融资产负债表获得，该表囊括了所有金融工具类别。

3. 整合储蓄和非金融投资

6.89 进一步扩展投融资表的目的是纳入储蓄和非金融投资。这一步实现了（金融和非金融）投资和融资［净储蓄（B8n）、应收资本转移（D9r）减应付资本转移（D9p）和负债净发生］的全覆盖。

6.90 除对外经常项目差额（B12）外，非金融投资还包括资本形成总额、存货变化（P52）、贵重物品获得净值（P53）和非生产性资产获得净值（NP）。

6.91 原则上，该方法意味着金融账户和资本账户的合并（见表6.7）。对这些与交易有关的积累账户有一项严格要求：对于每个部门和作为一个整体的国民经济而言，投资必须等于融资。

表6.6 囊括所有金融资产和负债类别的七部门法

	金融资产交易和金融资产							交易(F)利头寸(AF)	金融负债交易和金融负债						
合计	国外	经济总体	住户及NPISHs	一般政府	保险公司和养老基金	除货币金融机构以及ICPFs以外的金融公司	货币金融机构	非金融公司		非金融公司	货币金融机构	除货币金融机构以及ICPFs以外的金融公司	保险公司和养老基金	一般政府	住户及NPISHs	经济总体	国外	合计
								货币黄金和特别提款权(F1)							
								通货和存款(F2)							
								债务证券(F3)							
								贷款(F4)							
								上市股票(F511)							
								未上市股票(F512)							
								其他权益(F519)							
								投资基金份额/单位(F52)							
								保险、养老金和标准化担保计划(F6)							
								金融衍生生工具和雇员股票期权(F7)							
								其他应收/应付账款(F8)							
								平衡项(B9)							

注：阴影区域表示不适用的单元格。
货币金融机构包括中央银行(S121)、中央银行以外的存款性公司(S122)和货币市场基金(S123)。货币金融机构与保险公司和养老基金以外的金融公司包括非货币市场投资基金(S124)、保险公司和养老基金以外的其他金融中介机构(S125)、金融辅助机构(S126)和专属金融机构和贷款人(S127)。

表 6.7 合并资本账户和金融账户的七部门法

	资产变化								交易和平衡项	负债和净值变化							
合计	国外	经济总体	住户及NPISHs	一般政府	保险公司和养老基金	除货币金融机构以及ICPFs以外的金融公司	货币金融机构	非金融公司		非金融公司	货币金融机构	除货币金融机构以及ICPFs以外的金融公司	保险公司和养老基金	一般政府	住户及NPISHs	经济总体	国外	合计
									净储蓄（B8n）									
									对外经常项目差额（B12）									
									资本形成总额（P5g）									
									存货变化（P52）									
									贵重物品的获得净值（P53）									
									非生产资产的获得净值（NP）									
									应收资本转移（D9r）									
									应付资本转移（D9p）									
									由储蓄和资本转移引起的净值变化（B101）									
									净借出（+）/净借入（-）（B9）									
									货币黄金和特别提款权（F1）									
									通货和存款（F2）									
									债务证券（F3）									
									贷款（F4）									
									股权与投资基金份额（F5）									

续表

	资产变化								交易和平衡项	负债和净值变化							
合计	国外	经济总体	住户及NPISHs	一般政府	保险公司和养老基金	除货币金融机构以及ICPFs以外的金融公司	货币金融机构	非金融公司		非金融公司	货币金融机构	除货币金融机构以及ICPFs以外的金融公司	保险公司和养老基金	一般政府	住户及NPISHs	经济总体	国外	合计
									未上市股票（F512）									
									其他股权（F519）									
									投资基金份额/单位（F52）									
									保险、养老金和标准化担保计划（F6）									
									金融衍生工具和雇员股票期权（F7）									
									其他应收/应付账款（F8）									

注：阴影区域表示不适用的单元格。

货币金融机构包括中央银行（S121）、中央银行以外的存款性公司（S122）和货币市场基金（S123）。除保险公司和养老基金以外的金融公司包括非货币市场投资基金（S124）、保险公司和养老基金以外的其他金融中介机构（S125）、金融辅助机构（S126）、专属金融机构和贷款人（S127）。

6.92 这种账户的扩展取决于机构部门是否可以获得非金融账户数据。

6.93 收入、储蓄和消费等非金融数据可以进一步补充投融资数据,这有利于深入分析金融发展和非金融发展之间的联系,这种联系也和收入与财富效应中反映的货币政策传导过程有关。

6.94 然而,真实变量和金融变量的全面整合需要机构部门完成一套完整的非金融账户数据。

6.95 非金融投资减去由储蓄和资本转移引起的净值变化,或者金融资产净获得减去金融负债净发生可以求出净贷出(+)/净借入(-)。从资本账户和金融账户分别求得的两个平衡项不应该有差异。

> **专栏6.2 统计误差**
>
> SNA2008 的设计在原则上是不会导致统计误差或偏离核算一致性的范围。这适用于国内生产总值(GDP)或净借出(+)/净借入(-)等平衡项。
>
> 一个国民账户综合体系有两大重要的统计功能:第一,作为一个确保在不同但是相关的统计领域中所用定义和分类一致性的概念性框架;第二,作为确保取自不同统计来源数据的数值一致性的会计框架。出于成本考虑,基于国民账户的初级统计质量往往不够高,这反映在统计误差中,需要国民账户展示时解决这一问题。对统计差异进行适当处理是国民核算日常工作的组成部分。
>
> 就部门账户而言,净借出(+)/净借入(-)之间的差异在评估资本账户和金融账户的质量(数据在"水平线上"或"水平线下")上发挥着突出的作用。净贷出(+)/净借入(-)可以用非金融投资减去由储蓄和资本转移引起的净值变化,或者用金融资产的净获得减去金融负债的净发生(B9)求得。理论上,从资本账户和金融账户分别求得的两个平衡项之间不应该有差异(纵向一致性)[a]。
>
> 出现误差的原因主要有两个。第一个原因是缺少足够的和足够一致的初级数据;第二个原因是编制国民账户涉及的机构之间缺乏协调。
>
> 关于改善初级数据统计,可以把资源投入到改善数据调查、问卷形式、抽样策略和包括处理缺失数据在内的操作技术等。虽然这种方法很有价值,但它往往成本较高,且耗时较长。即使运用复杂的数据收集方法,覆盖面差异、估值和记录的滞后性还是会导致不同估计数值之间的差异持续存在。此外,统计工作还会或多或少地依赖行政数据来源,而且不能确保这些数据正好能满足统计人员的需要。
>
> 和改善初级统计同等重要的是报告质量的发展。统一的质量报告可以专注于修订国民账户框架内个别变量的可靠性等级,或者专注于统计误差的调整列示。

尽管许多国家在目前的国民账户实务中显示出净贷出/净借入的统计误差，检查统计误差分布在（净）储蓄、累计账户平衡项甚至在账户的多个构成要素当中是否会更好，这是值得做的一项工作。这将使资本账户（存货变化、贵重物品获得减处置和非生产性非金融资产获得净值）和金融账户（其他应收和应付账款）中一些统计上不太可靠的变量分组，放入"剩余融资"和"剩余投资"，从而有助于更好地展示投融资的经济分析。

编制国民账户使用的数据来源通常视数据编制机构不同而不同。在许多情况下，国家统计局会制作国民收入和生产数据。中央银行会根据货币发行、证券发行和国际收支平衡表数据编制金融账户，政府机构会产生中央政府数据和其他政府数据。所有这些机构都可以按照特定的统计方法或明细对各自的数据进行很好的编制。尽管如此，所涉及机构之间还需要协调和合作，讨论差异的列示，以便减小差异。

处理统计差异本质上有两个选择。一个选择是在账户中分别列示差异。如果这样做，通常要将其附在国民核算人员觉得最不准确的变量之后。目的是让使用者知道所发布数据的可靠程度。在美国的国民账户中，采用了这样一个程序，根据该程序，对差异进行明确的标识和说明。储蓄和投资编制和公布了两套数据：一是美联储公布的资金流量表中；二是经济分析局公布的国民收入和产品账户中。

第二个选择是根据 SNA2008 核算框架检查数据，对可能出现错误的地方作出尽可能正确的判断并相应地修改数据以消除差异。可以将差异分散到特定部门或子部门内的特定变量中，并随附一份质量报告，说明调整情况。第二种方法意味着，在初期阶段，将差异从平衡项移到一个总量，或者进一步分成资本账户和金融账户的不同总量。

---

a 可以看到其他差异，例如，期初和期末头寸变化与交易总和之间的差异，资产物量的其他变化和重估价之间的差异（存量-流量不一致性），或者会计分录与其对应方报告的数据之间的差异（对应方不一致性，如 A 对 B 的一项应付款与对应的 B 对 A 的应收款不符）。

4. 部分"从谁到谁"的账户

6.96 投融资表只显示部分"从谁到谁"信息，它主要与存款和贷款有关，存款和贷款不在市场上交易，因此容易根据对应交易部门识别。例如，货币金融机构进行的资产负债表统计，通常会提供有关国民经济中常住的各个部门和子部门所获得存款和所发生债务的数据。

6.97 但是,常住部门对非常住货币金融机构持有的存款和发生的贷款通常不包括在资产负债表统计中。

6.98 其他机构部门目前只能获得不完整的"从谁到谁"信息。大部分这种信息仍局限于一般政府和国外部门。将来,更多的"从谁到谁"数据可以从逐条统计的数据库中获得。

D. 趋于机构部门账户综合体系

1. 用于进行经济、金融和货币分析的机构部门账户

6.99 机构部门账户综合体系一般被认为是一项重大成就,它对于需要对经济和货币发展情况进行全面评估的经济学家和政策制定者而言很大的帮助。这样一个账户体系的主要特征是将几乎所有的金融、非金融流量和存量的信息整合在一个核算框架内。虽然这样一个账户体系必然比其所依据的原始统计数据略晚一些才可以获得,但是,一致的账户框架可以为交叉核对原始统计数据和了解整体经济的发展情况提供有用的参考。

6.100 账户体系既可以为机构部门分析宏观经济发展提供更多更详细的资料,还可以为补充和整合其他实时的统计信息提供一个综合的框架。

6.101 特别是,账户体系加强了以下分析:
(a) 通过比较各种收入来源(与劳务相关的和与劳务无关的,包括应收股利和利息)及净财富相关变化(金融交易和住户资产持有损益),有助于分析消费和住房投资等对于住户需求而言的重要要素;
(b) 有助于分析非金融公司的生产、收入、投资和融资;
(c) 有助于分析按机构部门划分的货币资产和其他金融工具之间的组合变化。

2. "从谁到谁"关系背景下的金融流量和存量

6.102 SNA2008 中关于机构部门账户的标准展现形式显然不是为了显示跨部门的联系而设计,因为这种展示历来的重点都是回答"谁做了什么",而不是回答"谁和谁做了什么"。

6.103 但是,SNA2008 提供了一个综合框架,可以按照"从谁到谁"的方式产生有关金融交易、其他流量和资产负债表的季度数据,因为其根本原则确保了可以反映一个经济体和其部门的经济金融活动之间的联系。

6.104 虽然 SNA2008 是编制国民账户的国际公认标准,但是该体系在数据编制和展示中不能凸显"从谁到谁"的原则,这或许也是这些统计数据还没有得以更

广泛运用的原因之一。

6.105　因而，促进金融头寸和流量"从谁到谁"的统计及 SNA 体系部门账户的实施，是填补在近期全球金融危机期间发现的最值得关注的数据空白之一的关键。

6.106　"从谁到谁"原则基础下形成的综合框架，使某些问题得到明确的解答，比如，谁在给谁融资？融资金额有多大？用哪种金融工具融资？关于收入分配，该框架还允许探究谁在向谁支付收入（如利息）及谁从谁那里获得收入。

6.107　收集、编制和展示"从谁到谁"金融流量和存量是分析的需要，也是统计的需要：

（a）"从谁到谁"统计信息在很大程度上充实了监测货币传导机制的方法。因为各部门各种金融资产、负债的价格和利息变化在该过程中发挥了主要作用，分析工作的重心也放在了不同机构部门间存量—流量的调整。在这方面，"从谁到谁"统计信息使分析金融资产、负债和作为金融流量和存量的平衡项如何随着决策而变化成为可能。

（b）在缺乏原始统计数据的情况下，这样做有利于确定初始数据集是包括多个数据来源、一个数据来源，还是没有数据来源。非金融公司向住户提供的商业信用，就是没有数据来源的数据集的一个例子。

6.108　考虑"从谁到谁"统计信息的复杂性，录入数据的提供者和编制者的负担会相当大。在此背景下，有必要按照第 7 章强调的那样，新建额外的数据来源。

6.109　SNA2008 第 27 章以两个三维表格为基础解释了资金流量账户的详细流量。一个表格记录了按资产类别和债务人部门交叉分类的资产交易；另一个表格记录了按负债类别和债权人部门交叉分类的负债交易。当然，也可以专门为资产负债表项目设计相应的表格。

6.110　MFSMCG 中也建议使用类似的表格追踪来源部门和使用部门之间的交易及交易中使用的金融资产（见第 8 章）。在该表中，资产交易的部门横向展示，按债务人部门细分的资产类型纵向展示。这一章还描述了如何在不同经济政策领域使用该表。

6.111　GFSM2014 重点关注了收集这些交易对手信息的另一个重要原因。一些金融资产和负债，如最具代表性的存款、债务证券、贷款和其他应收/应付账款，均要求债务人支付利息。而利息不断累积，增加了债务人需要偿还债务的总金额。因为这些资产和负债的价值包括所有的应计未付利息，所以需要交易对手信息来对应计利息进行适当归集。

3. "从谁到谁"框架

6.112 "从谁到谁"框架可以详细展示通过金融工具进行的融资和金融投资。它有许多作用。从广义来看,"从谁到谁"框架可以分析一个经济体内部机构部门和子部门之间的关系,也可以分析这些部门、子部门与非常住者(甚至按国家和部门进一步细分的)之间的关系。这种分析揭示出资产和负债的部门构成,也揭示出投资组合的潜在优势和缺陷。

6.113 该框架可以对许多问题作出回答,比如,谁在给谁融资?融资金额有多大?用哪种金融工具融资?还可以澄清许多问题,比如,住户持有的债务工具表示对哪些其他常住部门享有的债权?非常住者持有的金融工具表示对哪些常住部门享有的债权?或者,从金融工具发行者的角度,住户或金融公司持有的诸如一般政府发行的债务证券有多重要(以及由哪些子部门持有)?非常住者持有的一般政府发行的债务证券有多重要?

6.114 按"从谁到谁"框架或按照债务人/债权人[155]划分的金融工具债务持有情况展示表示的是不包含任何交易对手部门或住所信息的、未经合并的金融工具持有情况展示的扩展,见表6.8。

6.115 表6.8显示了按债务人(发行)部门划分的债务证券或权益性证券等金融工具头寸(或在交易情况下的净获得)的细分(因此显示了证券所属部门享有债权)和按债权人(持有)部门划分的证券头寸或交易的细分(显示了获得证券的部门)。因此,这种展示可以提供有关债务人/债权人关系的信息,与"从谁到谁"框架一致。

表6.8　"从谁到谁"方法(未合并)

按住所和常住部门划分的发行者	按住所和常住部门划分的持有者	常住者				非常住者	所有持有者	
		非金融公司	金融公司	一般政府	住户和NPISHs			
常住者	非金融公司							发行者常住性
	金融公司							
	一般政府							
非常住者								
所有发行者								
		持有者常住性						

6.116 作为一个汇总表,该表将发行和持有证券的常住机构单位汇总到主要

---

[155] SNA2008 第27章使用的是"资金流量"一词。

机构部门。表6.8呈现了作为这些金融工具持有者和发行者及常住者与非常住者之间的关系。

6.117 常住机构单位被分组成各个部门（非金融公司、金融公司、一般政府、住户和为住户提供服务的非营利机构）。根据该表的编制目的，作为发行部门和持有部门的常住机构部门可以进一步细分成更多的子部门。

6.118 可以按照下列方式设计表6.8，即显示在一定时期内常住机构单位和非常住机构单位发行和持有的期初头寸、期间交易与其他流量（重估价与资产负债物量其他变化）及期末头寸。

6.119 对于常住者而言，建议展示关于证券持有的未合并数据。这意味着应该报告它们的部门内头寸、交易、重估价与资产和负债物量其他变化（斜线填充的灰色单元格）。

6.120 非常住者（对作为发行者的常住部门）持有的证券展示为国外部门资产负债表中的头寸（国际投资头寸表）、国外部门金融账户中的金融交易（国际收支平衡表的一部分）和国外部门累积账户中的重估价或资产物量其他变化（表6.8非常住者一列中交叉线填充的单元格）。非常住者（对应作为持有者的常住部门）的证券发行反映在交叉线填充的一行中。

6.121 如表6.8所示，非常住者发行的并由非常住者持有的证券未包括在内（黑色单元格）。从一国经济总体的角度而言，这些持有是不相关的。一般而言，住户和为住户服务的非营利机构不发行这种金融工具。

6.122 对于（作为头寸或流量的）每种类型的证券，"从谁到谁"框架有两个维度：
（a）债务人/发行者的住所和所属部门或子部门；
（b）债权人/持有者的住所和所属部门或子部门。

6.123 "从谁到谁"框架要求涵盖细分证券、债务人/发行者和债权人/持有者[156]的三维表格。该表格显示了按债务人部门和债权人部门交叉分类的头寸、交易和其他流量情况。

6.124 作为一个示例，表6.9是债务证券交易的"从谁到谁"展示。表6.9和表6.8属于同一类表格，比如，在第四列中展示住户和为住户服务的非营利机构持有（处置净额）275的债务证券；这种持有反映了它们对非金融公司（65）、金融公司（43）、一般政府（124）和国外部门（43）享有债权的增加。

---

[156] "从谁到谁"框架的时间序列角度可以视为第四维度。

表6.9 债务证券"从谁到谁"的金融交易（未合并）

按住所和常住部门划分的发行者	按住所和常住部门划分的持有者	常住者					非常住者	所有持有者
		非金融公司	金融公司	一般政府	住户和NPISHs	所有常住者		
常住者	非金融公司	30	23	5	65	123	24	147
	金融公司	11	22	2	43	78	28	106
	一般政府	67	25	6	124	222	54	276
	所有居民	108	70	13	232	423	106	529
非常住者		34	12	19	43	108		108
所有发行者		142	82	32	275	531	106	637

6.125 表6.9显示，例如，作为在该报告期内的交易结果，非金融公司发行了（赎回净额）147的债务证券，如第一行所示。它们以这种形式对其他非金融公司的负债增加了30，对金融公司的负债增加了23，对一般政府的负债增加了5，对住户和为住户服务的非营利机构的负债增加了65，对国外部门的负债增加了24。相反，住户和为住户服务的非营利机构不发行债务证券。

6.126 表6.9还呈现了常住部门的部门内债务证券持有交易（双边框单元格）。例如，非金融公司发行了30的债务证券，这些证券正由同一部门的其他机构单位持有。当部门内交易合并在一起时，这些交易不包括在内。如果把每个常住部门的交易合并，则该表只会显示各常住部门之间的交易及常住部门与国外部门之间的交易，但是不显示同一常住部门内部的交易。[157]

6.127 非常住者发行并由常住者持有的债务证券交易在"非常住者"一行呈现，数额是108。常住者发行并由非常住者持有的债务证券交易在"非常住者"一列呈现，数额是106。非常住者发行并由非常住者持有的债务证券交易未囊括在内（黑色单元格）。

6.128 表6.9还显示，按照定义，常住者（对应常住者和非常住发行者）持有的债务证券的所有交易（531）和非常住者（对应常住发行者）持有的债务证券的所有交易（106）等于常住者（对应常住者和非常住持有者）发行的债务证券的所有交易（529）和非常住者（对应常住持有者）发行的债务证券的所有交易（108）。总数是637。表6.10按时间序列格式呈现了表6.9的内容。

---

[157] 按发行人合计的总数仅指发行和赎回；按持有者合计的总数指的是二级市场上的发行、赎回和交易。

表 6.10　　债务证券"从谁到谁"的金融交易（按时间序列格式）

交易	t	$t+1$	...	$t+n$
债务证券净获得				
非金融公司				
发行者：非金融公司	30			
金融公司	11			
一般政府	67			
所有常住者	**108**			
非常住者	**34**			
所有发行者	**142**			
金融公司				
发行者：非金融公司	23			
金融公司	22			
一般政府	25			
所有常住者	**70**			
非常住者	**12**			
所有发行者	**82**			
一般政府				
发行者：非金融公司	5			
金融公司	2			
一般政府	6			
所有常住者	**13**			
非常住者	**19**			
所有发行者	**32**			
住户和为住户服务的非营利机构				
发行者：非金融公司	65			
金融公司	43			
一般政府	124			
所有常住者	**232**			
非常住者	**43**			
所有发行者	**275**			
所有常住者				
发行者：非金融公司	123			
金融公司	78			
一般政府	222			
所有常住者	**423**			
非常住者	**108**			
所有发行者	**531**			

续表

交易	t	t+1	...	t+n
非常住者				
发行者：非金融公司	24			
金融公司	28			
一般政府	54			
所有居民（=所有发行者）	**106**			
所有持有者				
发行者：非金融公司	147			
金融公司	106			
一般政府	27			
所有居民	**529**			

6.129 可以为头寸、重估价和资产物量其他变化编制类似表格。

6.130 债务证券"从谁到谁"表格的复杂性是由债务证券（按子类别、头寸和子头寸细分）和债权人与债务人（按住所、部门和子部门细分）选择的细分情况决定的。

6.131 将这些细分项合并在一起的结果是产生大量"从谁到谁"的关系，尤其是在需要将数据作为头寸和流量展示时。因此，债务证券子类别、部门和子部门的选择显得至关重要。

4. "从谁到谁"账户

6.132 编制"从谁到谁"账户需要利用交易对手的信息。[158] 基本原则是：在涉及两个机构单位的任何流量或存量信息时，应该从能最高效获取信息的单位收集信息。例如，有关除中央银行以外的存款性公司向储户支付利息的信息就应该从少量金融机构而不是大量住户那里获取。交易对手信息的价值相当于是在商品与服务及生产账户中利用商品余额去填补缺口。在季度背景下，缺口更有可能出现，交易对手信息就显得尤为重要。

6.133 要考虑的一个因素是，如果数据提供者没有足够的信息或权限，它们可能不能够完全收集到交易对手的机构分类数据。

6.134 金融账户和金融资产负债表通常包含在完整的部门数据中。资产负债表和/或交易数据一般能从金融公司收集到。如果交易对手方将每笔交易、每项资

---

[158] 应该注意的是，应该对债权人和债务人采用同样的编制原则，如估价、记录时间和分类等，这些原则会导致初级统计中出现差异。

产或负债也都按机构部门进行分类，那么不仅对于金融公司本身，对所有编制数据的部门都能提供充分的基础数据作为依据。

6.135 此外，国际收支和国际投资头寸数据显示非居民和居民（非金融公司）之间的交易、资产和负债。还应该注意金融公司部门和收支平衡表数据中未包含的金融交易和存量性资产、负债，如住户在公司中所占权益以及在非金融公司之间的直接融资关系。

5. 交易者原则与债务人/债权人原则[159]

6.136 债务证券或权益性证券的金融交易可以分为两类。第一类，证券的发行和赎回，通常只涉及债务人（或发行者）和一个债权人（持有者）。第二类，二级市场交易，涉及三个机构单位：交易证券的两个债权人和作为债务人的机构单位。有时，例如在假设是一项债务的情况下，三个机构单位可能是两个债务人和一个债权人。

6.137 三方的介入使记录二级市场交易更加复杂，因为发行者与卖方之间的头寸和发行者与买方之间的头寸始终都在变化。

6.138 作为证券持有者（债权人）的两个机构单位之间的金融交易，如原持有者机构单位 A 和与 A 分属不同部门（子部门）的新持有者机构单位 B 之间发生的证券所有权变动，可记录为以下两种之一：

（a）两个债权人之间的证券所有权变动，重新分类后记入债务人的资产负债物量其他变化账户中，反映债权人现在在不同部门这一事实。通过这种方法，将二级市场交易作为重新分类调整的单笔交易记入账户。

（b）债权人 A 对债务人所享有债权（证券）的废止和债权人 B 对债务人所享有债权（证券）的产生。通过这种方法，二级市场的资产交易记作两笔交易。

6.139 第一种方法突出债权人之间的契约关系（交易者原则），而第二种方法强调债权人和债务人之间的契约关系（债务人/债权人原则），见图 6.1。

(a) 交易者原则

6.140 交易者原则强调的是在所涉及的交易者账户中反映金融资产的所有权变动（或者假设是一项债务的情况下债务人的变动），而不是在债务人（或者债权人，如果一个机构单位承担另一个机构单位的负债）账户中反映金融资产的所有权变动。

6.141 因此，根据交易者原则，记录一项证券的所有权变动而不考虑债务人

---

[159] 第 5 章解释了记录应计利息时采用的债务人/债权人法，该方法不同于本节所述的"从谁到谁"核算背景下的债务人/债权人原则。

的参与。

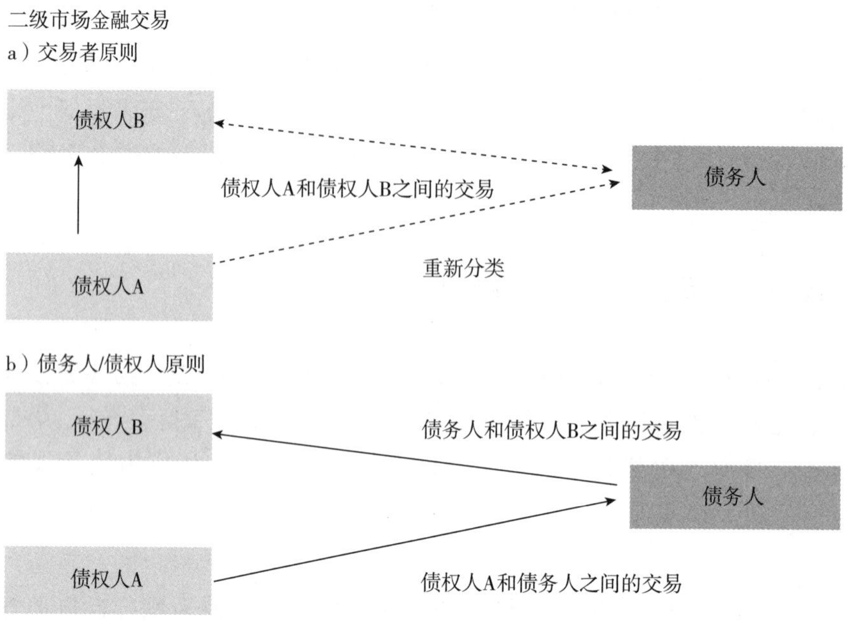

二级市场金融交易
a）交易者原则

```
        债权人B  ←----------------┐
          ↑                       ↓
          │    债权人A和债权人B之间的交易    债务人
          │                       ↑
        债权人A  -----------------┘
                   重新分类
```

b）债务人/债权人原则

```
        债权人B  ←----------------┐
                 债务人和债权人B之间的交易
                                  ↓
                                 债务人
                                  ↑
        债权人A  -----------------┘
                 债权人A和债务人之间的交易
```

图 6.1　交易者原则和债务人/债权人原则

6.142　例如，当一个住户从一家金融公司购买由一家非金融公司发行的债务证券时，如表 6.11 所示，根据交易者原则，只记录一个证券交易（金融公司和住户之间的交易），作为证券发行者（非金融公司）的债务人账户中不体现所有权变动情况。

表 6.11　按照交易者原则记录住户从金融公司获得的债务证券

金融资产	负债	金融资产	负债
住户		非金融公司	
(−) 通货			(+) 对住户负债的其他变化
(+) 债务证券			
金融公司			
(+) 通货			(−) 对金融公司负债的其他变化
(−) 债务证券			

6.143　为了体现债务人账户中对应债权人部门的变动情况，在债务人非金融公司的资产物量其他变化账户中记录债权人的重新分类。许多二级市场证券交易都有必要进行这种重新分类，这对于分析而言没有帮助。因此，尽管在不考虑债务人/债权人关系的情况下记录交易和头寸是可行的，但是，在"从谁到谁"框架背景下不建议采用交易者原则。

6.144　采用交易者原则需要每个交易的数据，包括以下信息：
（a）交易者（持有者 A 和持有者 B）；

(b) 涉及证券的类别和价值；

(c) 发行者。

6.145 收集每个交易的数据会带来相当大数量的详细统计信息，需记住任何特定日期的证券交易量。托管人或者证券交易所都可以获取交易双方的信息。[160] 如果不能获得交易数据，则只能识别证券持有者的头寸。因此，统计数据收集系统通常不提供关于交易的详细信息，反而依赖头寸数据。[161]

(b) 债务人/债权人原则

6.146 债务人/债权人原则强调的是在两个交易者的账户中反映两个机构单位之间的交易，也允许将债权人变动记入债务人的金融账户（或者，假设是一项债务的情况，允许将债务人变动记入债权人的金融账户）。

6.147 因此，当一项证券的所有权发生变动时，债务人/债权人原则将这两种联系作为金融交易进行记录。当一家金融公司向一个住户出售由一家非金融公司发行的证券时，非金融公司的金融账户记录向住户发行的证券及向金融公司进行的相应偿还。涉及3家机构单位的金融交易如表6.12所示进行记录。

表 6.12　按照债务人/债权人原则记录住户从金融公司获得的债务证券

金融资产	负债	金融资产	负债
住户		非金融公司	
（-）通货		（+）通货	
（+）对非金融公司的债务证券			（+）对住户的债务证券
金融公司			
（+）通货		（-）通货	
（-）对非金融公司的债务证券			（-）对金融公司的债务证券

6.148 一个常住或者非常住机构单位（债务人）向另一个（常住或者非常住）机构单位（两个债权人）出售所发行证券，这显然符合 SNA2008 定义的交易（自愿参与者之间的经济价值交换）。不能将其定义为从买方或者卖方角度进行的重新分类。

6.149 资产持有者和负债发行者之间会计处理的对称性要求发行者将该事件作为一次性交易进行处理（一次同时发生的赎回和新发行，相当于零净发行）。

---

[160] 但是，在许多情况下，交易者无法得到的结果是关于与经纪人和其他中间人进行的交易的数据，而不是与证券的"最终"所有者进行的交易。

[161] 一些经济体的确按照 BPM6 针对投资组合要求的按净资产或净负债直接采集交易数据。从实践角度看，采集这些数据很有挑战性。

6.150 发行者在发行一项证券时所接受的明确或隐含的条件进一步证明了这种方法的合理性。证券发行要求债务人将证券所有者记入债务人负债登记册时，两个债权人会告知债务人所有权的变动情况，通过记录该事件，债务人承认二级市场交易。如果是不记名证券（没有登记要求），不管会发生多少次二级市场交易，发行者都会默许二级市场交易，并在到期时偿还持有者。通过债务人，二级市场交易得以再次进行，反映出债务人明确或隐含地认可该交易。

案例6.1　按照债务人/债权人原则对债务证券的详细记录[162]

6.151 在特定的时间点，头寸数据通常可以和债务证券持有者（债权人B）的信息及债务人的信息一起获得，但是无法获得关于出售债务证券交易者（债权人A）的信息。

6.152 然后使用剩余法，用期初头寸和期末头寸之差减去任何其他流量，可以求出交易：

$$交易_t = 头寸_t - 头寸_{t-1} - 重估价_t - 物量的其他变化_t$$

6.153 依据可以获得的头寸信息，这种方法符合债务人/债权人原则。表6.13对此加以说明。在 $t-1$ 时，债权人B对债务人1持有的债务证券头寸为10，对债务人2为20。这些头寸在 t 时，对债务人1变为12，对债务人2变为10。假设当期未发生重估价或物量的其他变化。依据这一假设，债权人B对债务证券的净获得对债务人1是+2，对债务人2是-10。

表6.13　　　　按照债务人/债权人原则进行的详细记录

债务人（发行者）	债权人（持有者）	债权人A	债权人B	合计
债务人1	1. 上期末头寸	5	10	15
	2. 本期净获得	-2	2	0
	3. 本期重估价	—	—	—
	4. 本期物量的其他变化	—	—	—
	5. 本期末头寸	3	12	15
债务人2	1. 上期末头寸	15	20	35
	2. 本期净获得	10	-10	0
	3. 本期重估价	—	—	—
	4. 本期物量的其他变化	—	—	—
	5. 本期末头寸	25	10	35

---

[162] 另见 HSS（第二部分）。

续表

债务人（发行者）	债权人（持有者）	债权人 A	债权人 B	合计
合计	1. 上期末头寸	20	30	50
	2. 本期净获得	8	−8	0
	3. 本期重估价	—	—	—
	4. 本期物量的其他变化	—	—	—
	5. 本期末头寸	28	22	50

6.154 按照债务人/债权人原则，债权人 B 对债务人 1 的债务证券净获得（+2）记为对债务人 1 新发行债务证券的获得。相应地，债务人 1 被视为已经赎回债权人 A 持有的债务证券 2。

6.155 与之相应，债权人 B 须记上 −10 的净获得（处置），而债务人 2 则记录为债务证券的赎回。债务人 2 新发行的 10 债务证券则被视为已由债权人 A 购买。

6.156 注意：实际上，债务人和两个债权人之间在该期间内未发生任何交易。更确切地说，是虚拟了四笔交易（每个债务人和两个债权人中的一个进行一次交易），这四笔交易替代两个持有者在二级市场实际进行的债务证券交易。这样做的目的是保存交易数据和"从谁到谁"头寸数据之间的变化联系。

6.157 按照债务人/债权人原则记录的交易案例如图 6.2 所示。

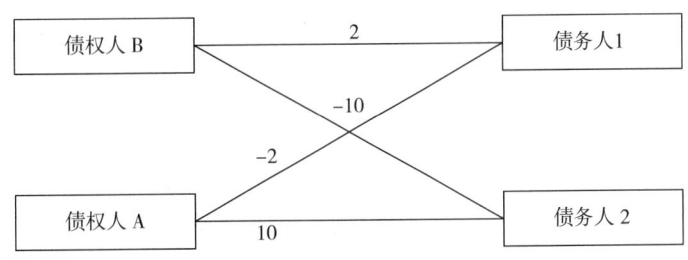

图 6.2 按照债务人/债权人原则的交易

6.158 采用债务人/债权人原则所需信息包括：（a）证券数据库（SBS 数据库），可以识别每次债务证券发行（债务人和初始债权人的信息）；（b）证券数据库（SBS 数据库）和相应的证券持有统计数据之间的联系，该联系持续追踪债权人债务证券头寸的变动情况，并包含每个债务人的个人信息。

E. 多维度累积账户和资产负债表体系

6.159 到目前为止所描述的累积账户和资产负债表体系主要是二维体系。累积账户和资产负债表是有限的，因为它们不体现或者只是部分体现交易、重估价和物量其他变化及资产负债表头寸的交易对手部门。也就是说，尽管它们显示哪些部门正在获得金融资产，它们正在交易什么金融资产，但是，它们不识别发行那些资产的部门。同样，尽管它们可以识别净借入部门，也显示这些部门怎么借入，但是，这些账户不显示哪些部门获得过和持有这些借入工具。这同样适用于重估价和资产物量其他变化。因此，它们无法提供经济体中各流量的全貌。

6.160 为了充分了解金融流量和存量，重要的是，不仅要知道一个部门利用哪些类型的负债为其活动融资，还要知道是哪些部门正在提供融资。此外，通常还有必要分析一个部门中子部门之间的金融交易，如金融公司或一般政府等。

6.161 多维度账户体系包含专门为整体国民经济或者特定机构部门设计的，按金融工具、债务人和债权人部门细分及"从谁到谁"详细列示。

6.162 为了编制"从谁到谁"账户，必须收集针对各机构部门所持有或发生的存款、贷款、证券，包括其他权益在内的股票等金融工具的交易对手信息。

6.163 遵循"从谁到谁"这一原则，信息应该从最可靠的统计来源获得，从各机构单位使用的核算体系获得数据，并根据资本市场获得的统计信息予以修正。

6.164 通常情况下，无法获得每季度非金融公司和包括住户以及为住户服务的非营利机构在内的交易对手的详细信息。可以从其他金融统计数据中获得部分"从谁到谁"信息。

6.165 "从谁到谁"账户允许追踪各机构部门之间的债务人/债权人关系，因为它们通常显示债务人部门和债权人部门交叉分类的交易、其他流量和资产负债表头寸。图6.3将列示对于一种金融工具而言，五个常住部门和国外部门之间"从谁到谁"交易的流入和流出。

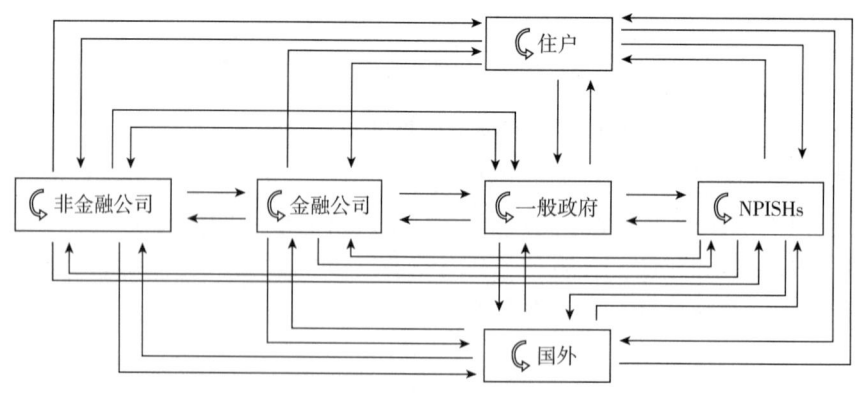

注：常住部门内的箭头表示部门内部交易。根据定义，对于国外部门而言，不显示这些交易。

图6.3 对于一种金融工具而言，五个常住部门和国外部门之间"从谁到谁"的交易

6.166 为了获得"从谁到谁"账户，必须根据四式记账原则编制数据。这种列示可以分析谁在为谁提供融资、多大金额及使用哪种工具。对于收入分配，这种列示还可以追踪谁在向谁支付利息等（谁在从谁那里获得利息等收入）。

6.167 这样一种四式记账会计制度的普及催生了"从谁到谁"账户体系。对于这样一个体系而言，必须详细说明五个维度：账户类型（资产负债表、交易账户、重估价账户和资产物量其他变化账户）、工具类别、债务人部门、债权人部门和具体时期或时间点。

6.168 对于某个具体时期或时间点而言，一个四维线性方程体系被认为是列示"从谁到谁"金融账户的适当方式。

6.169 例如，只看一种类型的账户，即金融账户的某一段时期，将一国经济体 $e(k)$ 内属于部门 $s(l)$ 的常住债务人 $D(j)$ 和该国经济体 $e(k)$ 内属于部门 $s(m)$ 的常住债权人 $C(m)$ 在一个时期 t 内进行的一笔金融交易 $F(i)$，描述为：$F(i) = F(i)_t[D(j)_{e(k),s(l)}, C(m)_{e(k),s(m)}]$。

1. 决定"从谁到谁"账户复杂性的构成要素

6.170 一个具体时期或时间点的"从谁到谁"账户体系，其复杂性是由上述账户体系的四个维度决定的：

(a) 账户的类型；
(b) 金融工具类别或子类别；
(c) 债务人部门或子部门；
(d) 债权人部门或子部门。

6.171 将存量、交易、重估价和资产物量其他变化这四种类型的账户，和八个工具类别、五个常住部门及国外部门合并在一起，理论上会产生 $4 \times 8 \times 6 \times 6 = 1152$ 个需要编辑的单元格。将工具类别的数量增加到 16 个，并把部门数量增加到 13 个，这样就意味着有 10816 个单元格需要编辑（见表 6.14）。

表 6.14　一整套"从谁到谁"金融账户需要编辑的单元格数量

机构债务人和债权人部门/子部门的数量	金融工具的数量			
	2	3	8	16
2	32	48	128	256
3	72	108	288	576
6	288	432	1152	2304
8	512	768	2048	4096
13	1352	2028	5408	10816

2. 金融工具的具体特征

6.172 一个完善的"从谁到谁"金融账户体系，即使国外部门及最终的一些非金融部门被作为合并部门处理，也因为其自身的各种维度而非常复杂。但是，一些金融账户的具体特征存在着某些限制，这些限制有助于在一定程度上降低金融账户体系的复杂性。例如，货币黄金和 SDRs 交易仅发生在这些金融资产的持有者——作为各自货币当局的中央银行或中央政府和国外部门之间。

6.173 通货交易要么是货币当局的通货发行，要么是通货持有者之间的交易。中央银行通常以纸币的形式发行通货，而中央政府通常发行硬币。国内或者国外部门流通中的通货都被所有货币持有部门用作进行金融或非金融交易的一种工具，而且还被用作一种价值储藏。存款交易通常涉及作为债务人的常住和非常住信用机构，还涉及作为存款持有者的所有常住或非常住部门。在某种程度上，中央政府也会发生存款。

6.174 债务证券与股票和其他股权的交易通常发生在作为发行机构和债务持有者的金融公司或非金融公司之间。但住户和为住户服务的非营利机构也享有发行证券的合法权利。以住户为例，可以发行债务证券为购买住房融资。一般政府发行债务证券。

6.175 所有部门通常都是这些工具的持有者，其中，债务证券、上市股票和一些类型的投资基金份额或单位在二级市场交易。最后，根据定义，寿险专门准备金交易发生在作为投保人的住户和保险人之间。保险人可以是一家公司，但也可以是一个政府单位。这些限制显示在表 6.15 的带阴影单元格里。

表 6.15   由于金融工具的具体特征而产生的限制
（如带阴影单元格所示）

合计	S2	S1	S14/S15	S13	S12	S11	交易	S11	S12	S13	S14/S15	S1	S2	合计
金融资产净获得								负债净发生						
							货币黄金和特别提款权[a]							
							通货和存款							
							债务证券							
							贷款							
							股权和投资基金份额							
							保险、养老金和标准化担保计划							
							金融衍生工具和雇员股票期权							
							其他应收/应付账款							

注：常住机构部门是：S11——非金融公司；S12——金融公司；S13——一般政府；S14——住户；S15——为住户服务的非营利机构。S1 指的是经济整体，S2 指的是国外部门。

[a] 通常只有货币当局持有这些资产；货币当局可能是中央银行或者中央政府。

6.176 表 6.16 呈现了金融工具 $F(i)$ 在一个时期内在常住部门（S11～S15）、国民经济（S1）和国外部门（S2）之间所有可能发生的金融交易。矩阵中呈现的交易中，每行单元格表示债务人部门向债权人部门的流量或存量，每列单元格表示从债权人部门到债务人部门的流量或存量。

6.177 部门内金融交易呈现在矩阵的主对角线单元格中。对国外部门有一个限制，在该表中不再将国外部门进一步分成机构部门。此外，国外部门被当作一个部门，按照定义予以合并。

表 6.16　金融工具 $F(i)$ 在五个常住部门和国外部门之间"从谁到谁"的交易

			债权人							
	Fn		S1						S2	合计
			S11	S12	S13	S14	S15	合计		
债务人	S1	S11	S11_S11	S11_S12	S11_S13	S11_S14	S11_S15	S11_S1	S11_S2	S11_S
		S12	S12_S11	S12_S12	S12_S13	S12_S14	S12_S15	S12_S1	S12_S2	S12_S
		S13	S13_S11	S13_S12	S13_S13	S13_S14	S13_S15	S13_S1	S13 – S2	S13_S
		S14	S14_S11	S14_S12	S14_S13	S14_S14	S14_S15	S14_S1	S14_S2	S14_S
		S15	S15_S11	S15_S12	S15_S13	S15_S14	S15_S15	S14_S1	S15_S2	S15_S
		合计	S1_S11	S1_S12	S1_S13	S1_S14	S1_S15	S1_S1	S1_S2	S1_S
	S2		S2_S11	S2_S12	S2_S13	S2_S14	S2_S15	S2_S1	S2_S2	S2_S
	合计		S_S11	S_S12	S_S13	S_S14	S_S15	S_S1	S_S2	S_S

6.178 一个机构部门或国外部门的金融交易账户是未合并金融交易账户的延伸。此外，该账户还显示按债务人部门对金融资产净获得进行的细分和按债权人部门对金融负债净发生进行的细分。因此，该账户提供了关于债务人/债权人关系的详细信息，这些信息与按债务人/债权人编制的金融资产负债表等其他账户一致。

6.179 但是，如果是二级市场上的金融交易，该账户不提供关于购买或者出售金融资产的机构单位的信息；也就是说，按照债务人/债权人编制的金融账户没有全面回答一个核算时期内谁在为谁提供融资这一问题。

6.180 一个部门或国外部门的"从谁到谁"金融资产负债表是未合并金融资产负债表的扩展。此外，该账户还显示按债务人部门对金融资产进行细分和按债权人部门对负债进行细分。因此，该账户提供关于债务人/债权人关系的信息，这些信息与按债务人/债权人编制的金融交易账户一致。

6.181 获得"从谁到谁"金融交易账户和金融资产负债表后可以编制其他"从谁到谁"流量账户。对于重估价而言，这些信息通常很有价值，因为这些信息可以量化特定部门的各种资产价格对其他部门的影响。[163]

---

[163] 应该协调不同金融性和非金融性机构单位资产负债表中的估价核算准则。

3. 作为债务人和债权人的两个机构单位之间的金融交易

6.182 对于两个机构单位之间的许多金融交易而言,债务人和债权人通常都是交易者。例如,一家存款性公司(债权人,S122)向一家非金融公司(债务人,S11)发放了一笔贷款(F4)。存款(F21)的转让引起了存款性公司金融资产的净获得和非金融公司负债的净发生。

非金融公司(S11)	
金融资产	负债
(+)可转让存款(F21)	
	(+)贷款(F4)

存款性公司(S122)	
金融资产	负债
(-)可转让存款(F21)	
(+)贷款(F4)	

6.183 同理,例如一个中央政府部门(作为债务人,S1311)发行了债券(F32),该款债券最初被住户(债权人,S14)获得。

中央政府(S1311)	
金融资产	负债
(+)可转让存款(F21)	
	(+)长期债务证券(F32)

住户(S14)	
金融资产	负债
(-)可转让存款(F21)	
(+)长期债务证券(F32)	

6.184 这些交易记入常住机构单位或国外部门的金融账户。如果一项交易及其对应交易都是金融交易,它们会改变相关单位的金融资产和金融负债总额或者金融资产和金融负债组合的总额。因此,有金融交易作为对应项的金融交易将导致:(a)交易者双方的金融资产和金融负债同时增加或减少;或者,(b)双方之间金融资产的交换(见表6.17)。交易方可能是常住机构单位,也可能是非常住机构单位。

表 6.17   有交易对手的金融交易

金融资产和金融负债同时增加

住户(S15)	
金融资产	负债
(+)可转让存款(F21)	(+)贷款(F4)

一项金融资产与另一项金融资产的交换

存款性公司(S122)	
金融资产	负债
(-)可转让存款(F21)	
(+)贷款(F4)	

金融资产和金融负债同时减少

住户(S15)	
金融资产	负债
(-)可转让存款(F21)	(-)商业信用(F9)

一项金融资产与另一项金融资产的交换

存款性公司(S122)	
金融资产	负债
(+)可转让存款(F21)	
(-)商业信用(F9)	

一项金融资产与另一项金融资产的交换

住户（S15）	
金融资产	负债
（−）可转让存款（F21）	
（+）股权（F51）	

一项金融资产与另一项金融资产的交换

存款性公司（S122）	
金融资产	负债
（+）可转让存款（F21）	
（−）股权（F51）	

一项金融资产与另一项金融资产的交换

住户（S15）	
金融资产	负债
（−）可转让存款（F21）	（−）商业信用（F9）
（+）债务证券（F3）	

金融资产和金融负债同时增加

存款性公司（S122）	
金融资产	负债
（+）可转让存款（F21）	（+）债务证券（F3）

6.185 另一个例子是非金融公司回购上市股票。假设一个住户持有上市股票（见表6.18）。

表 6.18　　　　　　　　涉及上市股票的"从谁到谁"金融交易

非金融公司从住户那里回购上市股票

住户（S15）	
金融资产	负债
（+）可转让存款（F21）	
（−）非金融公司发行的上市股票（F511）	

非金融公司（S11）	
金融资产	负债
（−）可转让存款（F21）	（−）住户获得的上市股票（F511）

6.186 交易通常涉及一项金融资产与另一项金融资产的交换，而不涉及通货或可转让存款的交换。例如，此类业务包括：未上市股票转换成上市股票，其他存款转换成可转让存款，或者长期债务证券转换成上市股票。这些交易引发了是将这些转换当作金融交易还是资产物量的其他变化进行处理的问题。在一个"从谁到谁"账户体系内，这样一种转换应当作为两项金融交易进行处理，如未上市股票的赎回和上市股票的发行。

4. 二级市场金融交易

6.187 "从谁到谁"金融账户还可以反映二级市场经济活动及其影响。二级市场金融交易主要涉及证券（债务证券、上市股票或投资基金份额）或金融衍生工具，这些工具的所有权可以在没有债务人的直接参与下发生变动。这些类型的交易导致在交易者双方的贷方记账，也同时在借方记账。举例来说，一个住户购买先前由一家非金融公司持有的中央政府债券。

表 6.19　　　　　　　　　涉及债务证券的"从谁到谁"金融交易

中央政府发行长期债务证券

非金融公司（S11）	
金融资产	负债
（-）可转让存款（F21）	
（+）中央政府赎回的债务证券（F31）	

中央政府（S1311）	
金融资产	负债
（+）可转让存款（F21）	（+）一家非金融公司获得的债务证券（F31）

非金融公司将中央政府发行的长期债务证券出售给住户

非金融公司（S11）	
金融资产	负债
（+）可转让存款（F21）	
（-）中央政府发行的债务证券（F31）	

中央政府（S1311）	
金融资产	负债
（-）可转让存款（F21）	（-）一家非金融公司转让的债务证券（F31）
（+）可转让存款（F21）	（+）一个住户获得的债务证券（F31）

住户（S15）	
金融资产	负债
（-）可转让存款（F21）	
（+）中央政府发行的债务证券（F31）	

6.188　中央政府发行长期债务证券体现在表 6.19 第一部分所示的金融账户中。非金融公司向住户出售债务证券体现在表 6.19 的第二部分中。

6.189　在"从谁到谁"金融账户框架中，相应的二级市场交易涉及两笔交易：第一笔是非金融公司（债务证券的出售者）和作为债务人（债务证券的赎回者）的中央政府之间的交易；第二笔是住户（债务证券的购买者）和债务人（债务证券的新发行者）之间的交易，以此体现中央政府账户中的所有权变动情况。

5. 三维账户体系中的货币变量

6.190　一个累积账户和资产负债表的三维体系，如 *SNA*2008 中所示的按金融公司部门与金融资产和负债类别以及按交易对手的细分，使识别矩阵中的货币总量成为可能。因此，可以在尽可能广泛的金融框架下对货币发展情况进行分析，该分析使它们更容易地与生产和收入账户中记录的经济发展情况联系起来。

6.191　货币总量包括广义货币存量和广义货币存量变化。它们反映在通过运用某些核算恒等式求得的所谓的广义货币对手方的编制上。所有国家都计量货币发行情况。通常认为货币增长与经济活动的发展有关；而且从长期来看，它与通货膨胀的发展有关；或者货币增长包含事关金融稳定的有价值信息。广义货币可能有许多定义；一个国家广义货币定义的选择可能是一个实证问题，它取决于哪种测算方式与国民经济的发展密切相关。

6.192 可以编制一个三维体系来识别相关的持有者、发行者和金融资产，以及在持有者中区分金融和非金融部门，因为它们的货币持有对经济活动和通货膨胀可能会有不同的影响。国外部门被假设是货币中性。中央政府也是如此。作为货币变量的金融资产被认为包含由中央银行发行的通货、存在中央银行和中央银行以外的其他存款公司的流动存款和货币发行部门发行的可出售的短期债务工具（初始期限都不超过一年）及货币市场基金份额/单位。同样，货币的对手方也在该三维框架中得到识别，如国内信用和货币发行者对外资产净额。[164]

（a） 货币发行部门与货币持有部门

6.193 中央银行（S121）、中央银行以外的存款性公司（S122）和货币市场基金（S123）子部门包括了那些可以将中央银行货币政策传递到经济的其他机构部门的金融中介机构。因此，参照广义货币标准将金融公司子部门定义为小组。该小组称为货币金融机构（货币发行部门），可能包括也可能不包括货币市场基金，这取决于广义货币是如何定义的。相应地，货币持有部门通常涵盖除货币金融机构和中央政府以外的所有常住机构部门。[165]

（b） 合并要素

6.194 消除常住货币金融机构之间合计的金融交易、其他流量和资产负债表头寸可以得到合并呈现。由于记录实务有诸多限制，货币金融机构内流量和存量总和可以不必是零。

6.195 合并呈现也指《存款性公司概览》，其扩展版本是根据 IMF 的国际金融统计标准化报告格编制的《金融公司概览》。（另见第9章。）

6.196 大部分 IMF 成员国都使用标准化报告格式（SRFs）向 IMF 报告货币数据。标准化报告格式的好处是：（a）提高了货币数据的跨国可比较性；（b）考虑到标准化报告格式中的定义和概念都是参考 MFSMCG，因此，货币数据质量更高；（c）提高了货币数据的及时性。目前有 137 个国家使用标准化报告格式进行货币数据报告，其中有 33 个国家还使用标准化报告格式进行其他金融公司的数据延伸报告。

---

[164] 另见 *MFSMCG* 对货币持有部门、发行部门和中性部门的定义（如第 6.193 段）。
[165] 另见 *MFSMCG* 第 6 章对货币持有部门、发行部门和中性部门的定义。

第7章
分机构部门编制金融账户、其他流量账户和资产负债表的数据来源

参考：
SNA2008：
第18章，账户的阐述和呈现
第27章，与货币统计和资金流量的联系
BPM6
MFSMCG
GFSM2014
HSS

A. 引言

7.1 第7章详细说明了机构部门用于编制金融账户、其他流量账户和资产负债表的各种数据源。来自这些数据源的数据需要纳入这些账户中。首先，这些数据来自不同的机构部门，并按各金融公司子部门及特定金融工具类别汇总，如证券或贷款。

7.2 编制机构部门账户需要使用各种统计数据源，其中大部分数据源是为其他目的（构建模块）而建立的。这些构建的模块通常是源于货币与金融统计、国际收支平衡表和国际投资头寸统计或政府财政统计中的高频数据。如果数据收集足够及时和详尽，高级账户系统也可以整合公司资产负债表或住户调查中证券持有量的数据。

7.3 可以通过专门设计的统计问卷调查来收集数据。但大部分源数据是为监督、管理或税收的目的而建立，而不是出于统计或编制金融账户、其他流量账户、资产负债表的需求。例如，由中央银行或监管机构在其货币政策和/或监督职能的范围内收集的中央银行以外的存款性公司资产负债表数据。这同样适用于其他源数据，如为国民经济中财政或结构性政策分析服务的政府财政统计或国际收支平衡表和国际投资头寸统计。

7.4 因此，机构部门的金融账户、其他流量账户和资产负债表可视为各种统计数据源构建模块的产物，也可视为建立在诸如 SNA2008 之类的国际统计标准下，以方法论为框架的账户综合体系。

7.5 使用统计资料作为编制账户和资产负债表的构建模块意味着这些账户被看作是"方法论的上层建筑"，其为各类金融统计的标准化起到极大的促进作用。例如，修订货币与金融统计来完善修订机构单位的部门划分，从而提高金融资产负债的定义及明细，调整源数据所采用的估值方法。

B. 金融数据的采集

1. 引言

7.6 金融数据源通过三种不同方式采集：
（a）直接从各机构单位采集数据；
（b）通过机构单位的交易对手间接采集数据；
（c）从工具—工具微观数据库中采集。

7.7 用于编制机构部门账户的统计数据通常是直接从机构自身或代表其客户的托管人处采集。

7.8 金融数据最好按未合并格式从直接数据源采集。最好是根据金融工具类别和交易对手单位采集交易、其他流量和存量数据。这将使每一个部门和工具类别按照机构单位将交易、其他流量和存量数据细分成为可能：
（a）在同一部门或子部门内；
（b）其他常住部门；
（c）国外部门。

7.9 金融数据主要包括：
（a）货币与金融统计数据；
（b）国际收支平衡表和国际投资头寸表的统计数据；
（c）政府财政统计和其他非金融部门的统计数据等。

（a）货币与金融统计

7.10 从分析角度考虑，需单独列出三大金融部门，即货币金融机构（MFIs）、保险公司和养老基金及其他金融公司。对于金融公司部门来说，将非货币市场投资基金从其他金融机构中分离出来也是很有用的。

7.11 从货币金融机构的资产负债表中获取的源数据一般有存款、贷款、债务证券和股票的详细数据,并根据原始期限、币种和交易对手部门来划分。这些数据可以用来编制货币总量和广义货币供应量的主要交易对手数据。

7.12 从监管当局可及时获取包括保险公司、养老基金[166]和其他金融机构(如非货币市场投资基金)的资产负债表数据。但不能获取监管范围外金融公司的相关数据,这部分数据只能通过中央银行或国家统计局调查采集。

7.13 可以通过证券数据库(SBS 数据库)采集各机构部门债务证券和权益性证券的发行和持有的统计数据。此外,可以通过交易对手部门采集数据,作为直接从金融公司采集数据的补充。例如,金融公司向一般政府、非金融公司或国外部门发放贷款的数据可以从借款方获取,以补充从金融公司自身采集的数据。

(b) 国际收支平衡表和国际投资头寸统计

7.14 对于机构部门账户框架下的国外部门,有必要单独列出其季度数据。其基础源数据来自国际收支平衡表和国际投资头寸的统计数据,应与常住部门的数据集完全一致。按金融工具对国际收支平衡表和国际投资头寸数据进行分类时,应考虑其功能方法的转换。[167]

7.15 可以不断加强和完善国际收支平衡表和国际投资头寸明细项,例如,分别列出借方和贷方数据,以及提供按地域细分的主要交易对手。

7.16 国际投资头寸及其明细项的变化反映了国民经济的金融资产负债数据。除了国际收支平衡表,价格和汇率波动引起的金融资产负债估值的变化,以及国外资产和未偿还的负债余额的变化都对国际投资头寸相关统计数据产生直接影响。

(c) 政府财政统计和其他非金融部门的统计

7.17 非金融公司、住户以及为住户服务的非营利机构几乎没有可用的季度数据来源,一般政府及其子部门有可能编制详细的季度账户。

7.18 政府账户一般是按月或按季度编制,提供了与政府活动及头寸有关的重要信息,有利于财政政策和货币政策的分析。政府账户是机构部门账户的一个主要组成模块,为分析政府财政具体发展情况提供了关键信息。这些月度、季度数据对财政预测和监控特别有用,有利于提高包含年度数据在内的政府账户数据的质量和时效性。

7.19 为了更好地理解政府财政月度统计数据与政府非金融账户和金融账户季度统计数据之间的联系,需要分析收入、支出、净贷款/净借款和金融对手方之间的关系。在多数情况下,月度或季度的现金数据需要转化成基于权责发生制下的数据。政府的金融交易、其他流量和资产负债表项目之间的联系也需要如此处置。

---

[166] 此类数据可能只是年度数据,有 9 个月的时滞,且只包含资产负债表数据。

[167] 参见表 7.1 (SNA2008 中的表 26.6)。

2. 直接从机构单位采集数据

7.20 直接从机构单位采集的数据主要指常住金融公司和一般政府的资产负债表数据。

7.21 货币与金融统计指为货币政策提供支持的按月或按季度从货币金融机构采集的数据。数据的采集通常是由中央银行或监管机构在货币政策和/或监督职能的范围内进行。

7.22 为提供整个金融公司部门的全面统计数据，中央银行或监管机构也要采集其他金融公司的数据，如非货币市场投资基金、保险公司和养老基金的数据，有时也会从特殊金融中介机构采集数据，如从事资产证券化的金融公司等。

7.23 采集政府财政数据是为了进行预算监督和财政政策分析。预算数据一般是高频的，但其他政府财政数据及时性较差，缺乏全面性，特别是地方政府财政数据。

7.24 中央银行或国家统计局按月或按季度采集国际收支平衡表和国际投资头寸统计数据。这些数据通常是从包含跨境交易和常住非金融公司头寸统计的微观数据库中提取的。

7.25 对于非金融公司、住户以及为住户服务的非营利机构只能获得有限的金融数据，这些数据将直接从机构采集。

（a）货币与金融统计

7.26 对于编制机构部门金融账户、其他流量账户和资产负债表而言，最重要、最直接的数据来源是货币与金融统计。

7.27 货币与金融统计主要是指货币金融机构的资产负债表数据。货币金融机构包括中央银行（S121）、中央银行以外的存款性公司（S122）和货币市场基金（S123）。这些机构吸收存款、发行证券、发放贷款和投资证券的数据将被记录在相应的账户当中。完整的货币金融机构列表由中央银行维护及（可能）公布。

7.28 货币与金融统计通常由中央银行采集和编制，它提供了广义货币总量及其构成（纸币和硬币，以及货币金融机构发行的可转让存单和短期市场工具）、交易对手（特别是由货币金融机构发放的贷款和长期负债）等详细信息。货币总量和交易对手信息是从货币金融机构合并的资产负债表计算出来的。

7.29 源数据可以从月度或季度资产负债表中采集，将存量数据取差额，再根据汇率变动、其他重估价、重分类、资产和负债物量的其他变化进行调整得到交易数据。

7.30 货币与金融统计的某些概念与国民账户不是完全一致的。这些差异通常涉及应计利息、金融工具的分类和资产负债表项目的估值，尤其是处于负债方的科目。

案例 7.1 按照余额计算月度交易额

7.31 月度交易额通过月度余额的差额经其他流量调整后得到，这里其他流量包括重估价（汇率变动和其他重估价）及资产和负债的其他变化。

7.32 如果 L_t 代表 t 月的余额，E_t^M 代表汇率调整，V_t^M 代表其他重估价调整，C_t^M 代表重分类调整，O_t^M 代表 t 月末的资产和负债物量的其他变化引起的调整，那么 t 月的交易额 F_t^M 可以被定义为：$F_t^M = (L_t - L_{t-1}) - E_t^M - V_t^M - C_t^M - O_t^M$。

7.33 同样地，季末 t 月的季度交易额 F_t^Q 被定义为：$F_t^Q = (L_t - L_{t-3}) - E_t^Q - V_t^Q - C_t^Q - O_t^Q$，此处的 L_{t-3} 指的是 $t-3$ 月末（前一季度末）的余额，例如，C_t^Q 是季末 t 月的重分类调整。

7.34 对于每月可获得的季度序列数据，季度交易可以通过该季度的三个月度交易总和来推导。

中央银行统计

7.35 中央银行统计以内部核算和报表形式为基础，是为中央银行进行货币政策分析而建立和使用的。周期性统计公开形式包括每日、每周的统计数据和季度、年度的统计报告。对于金融账户、其他流量账户和资产负债表来说，值得关注的是公布的月度和季度资产负债表。根据 SNA2008，季度资产负债表可以按金融工具和机构部门进行分类。

7.36 如果有按交易价格记录的累积交易额（只要可采集）和按市场价格记录的存量数据，存量的变化可分为金融交易和其他流量变化（主要是重估价）。

中央银行以外的存款性公司统计

7.37 中央银行以外的存款性公司的季度或月度统计数据是季度金融账户和资产负债表的主要部分，这些数据按照金融工具、原始到期日、币种进行分类，也有部分数据是根据交易对手部门和常住地分类。可获得的数据集用于编制存款、贷款，以及（一定程度上）这些机构发行和持有的债务证券和权益性证券[168]的资产负债表头寸。

---

[168] 收集证券化数据也很重要。收集货币金融机构的资产负债表数据的方案可能会改变，或建立新的方案以收集从事资产证券化的金融公司（证券化运营的货币金融机构的惯常交易对手）的数据，这些是为了提供关于证券化运营和证券化贷款发展史的统计信息。关于资产证券化，见第 4 章。

7.38 交易数据并不是直接采集的,而是从调整后的存量数据中获取,以消除非交易对流量的影响。基于同样的考虑,还需要收集月度或季度的调整数据,这些数据可能涵盖除汇率变动以外的重分类和重估价数据。

> **专栏7.1 对接国民账户、企业账户和监管数据**
>
> 该部分关注的是广义上的国民账户:数据是根据 SNA2008 和相关手册进行测量和记录。不过,这对于解释国民账户、企业账户和监管数据之间的差异仍然十分有用。
>
> 国际统计标准在常住居民和非常住居民,以及不同机构部门之间做了明确区分,同时还严格区分了与资产和负债相关的交易和其他流量(重估价和其他变化)。
>
> 可以从统计体系的几个维度来观察统计标准,包括以货币政策为目的,采集和编制的综合机构部门账户,货币统计及金融公司和金融市场的其他数据。例如,货币统计和基于货币统计的货币总量,涵盖了资产负债表、交易和其他归为货币金融机构[a](针对本国而不是总部所在地的常住机构而言)的流量数据。这些数据不包括常住货币金融机构的国外分支机构的统计信息。此外,排除了货币金融机构的子公司(本身并不是货币金融机构)的数据信息,如租赁公司或消费信贷的提供者。该类主体实际上属于"其他"(非货币)金融中介机构,其统计数据不涉及交易和其他流量数据的混合,也不涉及隶属不同部门或具有不同常住性的机构单位。
>
> 以监管和金融稳定为目的的统计数据着重关注了被监督机构整体。由于金融集团、综合性大企业和跨国公司的特殊结构,相应数据要进行跨境合并,需包括外资银行分支机构的业务。或者进行跨部门整合,以涵盖子公司本身不是存款性公司或货币金融机构的信息。
>
> 信息的内容也略有不同。大体上,监管者按照部门特性和详细的金融工具来统计,但由于监管者十分关注如何衡量风险(如交易对手信用风险或市场风险),可能考虑到资产负债表表外信息或者担保数据,造成不同的部门分类。在货币统计或者国民账户中,估值、贷款是以总额记录,而监管数据以净值记录。
>
> 对于大型金融集团而言,以金融稳定为目标,所需数据至少要以季度为频率统计。这些数据可能和平时采集的货币金融机构和其他类型的金融机构的资产负债表数据关系不是十分密切。
>
> ---
>
> [a] 货币金融机构包含中央银行、中央银行以外的存款性公司及货币市场基金。

货币市场基金统计

7.39 货币市场基金的投资收益主要来源于货币市场工具,货币市场基金份额及可转让的债务工具,如短期国库券、存单和商业票据、银行存款及回报率接近货币市场工具利率的工具。货币市场基金份额在功能上有时类似于可转让存单。

7.40 对于货币市场基金,月度或季度的统计数据是为了编制各种资产负债表头寸,货币市场基金份额根据交易对手部门、常住地及金融资产和负债口径进行分类。

7.41 其他金融统计体系适用于非货币金融机构但同样受监管的金融公司,如保险公司、养老基金或非货币市场投资基金。对于其他的金融公司,也可能有特殊的数据采集计划,如从事于资产证券化的金融公司、特殊目的载体或金融附属机构。[169]

(b) 非货币市场投资基金统计

7.42 非货币市场投资基金作为共同投资计划(通过向公众发行基金份额融资)在金融或非金融资产中尤其重要。投资资金可以分为开放或者封闭(开放式投资基金或封闭式投资基金)。一些投资基金投资于其他基金("基金的基金")。其中对冲基金作为投资基金的一种,包含各种共同投资计划,通常具有最低投资门槛、宽松管制和多种多样的投资策略等特点。私募股权基金用于投资权益性证券,通常以有 10 年固定期限的有限责任合作企业形式存在(通常是每年扩展)。在成立之初,机构投资者对有限责任合作企业做了空头承诺,然后在整个基金期限内逐渐募集资金。

7.43 非货币市场投资基金被归在金融公司子部门(S124)。货币市场基金(S123)与非货币市场投资基金,以及相应的金融工具类别即非货币市场投资基金份额与货币市场基金份额之间有密切的关系。只有划归于这两类金融公司子部门的机构可以分别发行非货币市场投资基金份额和货币市场基金份额。非货币市场投资基金份额与货币市场之间的界限是由所选择的货币市场定义决定的。在多数情况下,这个界限是为满足现有的监管或者货币政策所需的定义而设定的。不符合货币市场标准的基金被定义为非货币市场投资基金,如投资于非流动性资产的基金。因此,在对货币市场和/或非货币市场投资基金进行比较时,需要考虑到可能存在不同的定义。

7.44 非货币市场投资基金的统计指的是向发行投资基金份额的实体机构收集统计数据。非货币市场投资基金也被称为共同基金、单位信托基金、投资信托基金

---

[169] 见 ECB 采用的相关规则和指导方针。

或可转让证券集合投资计划。

7.45 非货币市场投资基金的成立依据：（a）根据合同法成立（作为管理公司运营的共同基金）；（b）依据信托法成立（作为单位信托基金）；（c）根据某一法规成立（作为投资公司）；（d）根据其他类似效力的法律文件成立。

（c）保险公司和养老基金统计

7.46 保险公司和养老基金的统计数据由中央银行、监管机构或国家统计局采集。

7.47 随着人口老龄化加剧，保险公司和养老基金重要性日益增加，因此，有必要加强对这些机构的数据采集并提高采集频率。

7.48 季度数据通常只能采集到资产负债表的资产方数据，这些数据可按照保险公司和养老基金进行分类。

7.49 除了季度存量数据（季度交易信息可能不可获取），详细的年度资产负债表数据可以从家庭人寿保险和养老基金（在固定缴款、固定收益或混合计划中）细项中获得或估计最佳值。

7.50 完整年度资产负债表包含了保险公司负债方数据，但存在一定滞后。此外，仅为监管目的而采集的数据无法提供关于交易对手常住地及机构部门方面的详细信息。

7.51 交易数据只能取自于存量数据。此外，某些数据集可能难以获取，如按到期日划分的时间序列数据（尤其是债务证券）及非居民的地域和行业划分（尤其是债务证券、未上市股票、其他权益及人寿保险红利）。

7.52 保险公司和养老基金的主要负债是保险专门准备金或养老金权益，资产包括：

（a）金融投资，通常为上市证券和/或存款。

（b）应收账款，其中部分来自投保人、其他金融中介和再保险人。通常主要是再保险人的各种保险专门准备金份额（大多数情况下，显示为再保险机构资产负债表的负债方总和）。

（c）无形资产。除了商誉，某些国家的保险公司披露递延购置成本资产。一些或者全部购置成本可能在保单持续期进行摊销。对于寿险公司而言，这通常是更加重要的，因为其购置成本更高，需在更长的一段时间内进行摊销。为了支撑递延资产购置成本，保险公司必须证明被摊销的资产未来产生足够的收益。因此，递延购置成本资产是一种无形资产，是对未来收益的一种保障。一些寿险公司也会披露"商业价值"，它代表了预计将从已有的寿险业务组合中可获得所有未来收益的贴现价值。这是商誉的一个特例。保险公司一般不允许在其资产负债表中披露内部产生的寿险业务的未来利润价值，尽管这个"内在价值"经常作为补充数据显示。

寿险公司

7.53 与寿险公司赔付平准准备金对等的是未来分配基金（英国）或者未分配的可分配盈余（德国）。在有利的投资回报期间，一些利润不会立即作为保单红利进行分配，会留在未来分配基金。这样做是为了应对在未来可能较差的投资状况下，保障投保人的分红率，为投保人提供稳定的回报。因此，未来分配基金是寿险公司资本的一部分，能够吸收公司产生的风险。但未来分配基金不能转移给股东或用于吸收集团内部其他风险。

7.54 负债通常占资产负债表中的适当比例。由受监管的保险公司发行的债务通常是长期次级债，因此通常作为监管资本。

7.55 在特定年份赚取一定比例保费的观点对于寿险合同来说通常不具有参考意义，因为其合同具有期限较长的特点。事实上，很大一部分保费通常需要投资于未来，而不是覆盖当年的风险。因此，寿险公司一般不报告满期保费和未满期保费。

7.56 寿险公司的损益表显示：（a）一年中支付的赔偿；（b）一年中增加的人寿保险专门准备金。

非寿险公司

7.57 非寿险公司的专门准备金包括：（a）未决索赔/损失准备金；（b）未满期保费准备金。

7.58 未决索赔/损失准备金包括：（a）已经同意但尚未支付的赔付金额；（b）已知赔付，但保险人尚未同意的索赔金额；（c）赔付发生但没有报告（IB-NR）——已经发生但还未知，且保险人预计将在未来产生赔款的准备。这往往是主要债务，特别是涉及"长尾型"业务（通常是伤亡业务），如石棉沉滞症及环境责任是过去几年中超长尾型赔款的主要案例。

7.59 未满期保费准备金是指过去年度记录的保费的一定比例，因其涉及未来风险而被称为"未满期"。未满期保费准备金是在保费已经获得的情况下，预计未来赔款的准备。

7.60 一些非寿险公司可能有"赔付平准准备金"，作用是熨平不同年份间赔付额的自然波动。准备金额在有利的承保年份中被转移进平准准备金中，并在索赔额度特别高的年份被转移出来（如核巨灾或地震）。因此，赔付平准准备金是一种准备金而不是负债，但在 *SNA2008* 中是不被允许的。

7.61 对于非寿险公司的保费收入有三种定义：（a）总保费收入（GPW）：投保人实际支付的合同保费；（b）净保费收入（NPW）：总保费减去由保险人支付的再保险费；（c）净保费收益（NPE）：在会计年度，涉及风险承担金额的净保费。

7.62 例如，若在12月1日发行一种新的年度保险，净保费收入为1200个货币单位（CU），仅有1/12的保费（100CU）将在这个会计年度获得。剩下的11/12将会被转移至未满期保费准备金中，其在资产负债表中表现为负债。在下一个会计年度，剩下的1100CU将会被"获得"。因此在下一年，1100CU将从未满期保费准备金中转移至该年净保费收益。

7.63 非寿险公司的损益表显示"净已生索赔或损失"。总已生索赔包括：（a）这一年已付赔偿；（b）这一年增加的损失准备金。

7.64 净已生索赔为总已生索赔减去再保险人的份额。

7.65 因此，损益表不仅包含当年发生的索赔，也可能受到前一年索赔的"准备金进展法"的影响。通常来说，损益表中非寿险公司的损失调整费用（或索赔结算费用）与赔款放在一起，而不是与其他费用一起。在允许递延购置成本的国家中，损益表中的费用不包括当年的递延购置成本，但包括递延购置成本资产的摊销。

再保险公司

7.66 在直接保险公司和再保险公司之间的交易和头寸被记为完全独立的交易。直接保险公司一方面向其客户发行保单，另一方面是再保险公司的保单持有者，在其两种角色的交易和头寸之间没有合并。

7.67 在再保险公司和直接保险公司中发生具体的金融交易，即再保险专门准备金中的交易和与分出公司的金融债权交易。

7.68 再保险合同中的再保险专门准备金以再保险公司赔款的形式显示为直接保险公司的金融资产；且不与直接保险公司的以专门准备金方式存在的自有债务合并。

7.69 再保险专门准备金被归类为非寿险专门准备金。可以进一步按照保险的类型进行分类（非寿险、寿险和养老金）或者按照准备金类型进行划分（未满期保费准备金、未决赔付准备金和保险准备金）。

7.70 再保险人对直接保险公司（分出公司）的金融债权是再保险人拥有的与直接保险公司有关的金融资产。再保险合同中，直接保险公司必须向再保险公司支付流动资金，但可以保留其中一部分用来覆盖保险负债，这部分将作为抵押品成为再保险人的金融债权。这种债权建立在无显著承保风险转移的短期或长期的再保险合同基础上。在这类合同履行时需对资产或负债进行确认和计量。这类债权通常被划分为贷款（F4）。

养老基金

7.71 养老基金被定义为具有独立法律实体的资产池，以获得养老金收益为唯一目的。基金成员对于养老基金资产拥有法律上的收益权或其他合同约定的债权。

(d) 其他金融公司的统计

7.72 其他金融公司通常是处于监管范围外，对其数据信息的采集没有直接的采集系统。其他金融公司包括被归类为保险公司和养老基金以外的其他金融中介机构（S125）、金融辅助机构（S126），或者专属金融机构和贷款人（S127）。

7.73 目前已对金融公司部门中特定机构单位的分类进行了探讨。这些特定单位包括从事资产证券化的金融公司和其他机构，如特殊目的实体（SPEs）、导管公司和铜牌公司等。SNA2008把从事资产证券化的金融公司划分为保险公司和养老基金以外的其他金融中介机构（S125）子部门的一部分。

7.74 采集这类金融公司的数据对于实现货币政策目标十分重要。从事资产证券化的金融公司作为开展证券化交易的机构，发行债务证券，并在发行前收购资产，将其信用风险转嫁给投资者。从事资产证券化的金融公司根据合同法（如管理公司管理共同基金）、信托法（如单位信托基金）、公司法（如股份有限公司）或其他类似的法律成立。

7.75 从事资产证券化的金融公司有别于单独持有特定金融资产和负债组合的实体。如果该实体与母公司在同一个国家，当不能承受市场或信用风险时，将与母公司合并统计。

7.76 当这类实体建立在其母公司所在的经济领土之外时，即使这类机构很少或根本没有以实体形式存在，仍被认为是其注册地国家的常住机构。在这种情况下，它被视为东道国的金融公司的子部门专属金融机构和贷款人（S127）的一个独立机构单位。

(e) 国际收支与国际投资头寸统计

7.77 基于功能法，国际收支和国际投资头寸的统计，可分为直接投资、组合投资、金融衍生工具、其他投资和储备资产。与"从谁到谁"账户中的描述及建议相比，金融工具的分类较为粗略。

7.78 表7.1显示了在国际收支和国际投资头寸中运用的功能法和SNA2008中的金融工具分类法所得的数据概览。[170]

---

[170] 表7.1 与 SNA2008 中表26.6 是一致的。

表 7.1　　金融资产分类和功能类别之间的联系

SNA2008/MFSMCG	功能类别				
金融资产和负债分类	直接投资	组合投资	金融衍生工具（除储备外）和雇员股票期权	其他投资	储备资产
货币黄金					X
特别提款权				X[a]	X[a]
通货和存款					
通货				X	X
银行间头寸				X	X
其他可转让存款	X			X	X
其他存款	X			X	X
债务证券	X	X			X
贷款	X			X	X
股权和投资基金份额					
股权					
上市股票	X	X			X
非上市股票	X	X			x
其他权益	X			X	
投资基金份额/单位					
货币市场基金份额/单位	x	X			X
其他投资基金份额/单位	x	X		x	X
保险、养老金和标准化担保计划					
非寿险专门准备金	x			X	
寿险和年金权益	x			X	
养老金权益				X	
养老金经理人的养老基金债权	X			X	
非养老保险金权益				X	
标准化担保代偿准备金	X			X	
金融衍生工具和雇员股票期权					
金融衍生工具			X		X
雇员股票期权			X		
其他应收/应付款					
商业信用及预付款	X			X	
其他应收/应付款	X			X	

注：[a] SDR 资产是储备资产；SDR 负债是其他投资；X 表示适当的功能类别；x 表示被认为相对不常见的情况。

7.79　表 7.1 显示，货币黄金和 SDR 数据包含在储备资产中。SDR 资产是储备资产，SDR 负债是其他投资。通货和存款数据是其他投资和储备资产的主要部分。

其他可转让存款和其他存款也包含在直接投资中。

7.80 债务证券数据包含在直接投资、组合投资和储备资产中，股权和投资基金份额可能是直接投资、组合投资、其他投资及储备资产的一部分。

7.81 贷款数据包含在直接投资、其他投资和储备资产中，其他应收及应付账款数据是其他投资和储备资产的一部分。而区分跨境交易数据，或者保险、养老金及标准化担保计划头寸的数据较为困难，通常作为直接投资和其他投资的一部分。

7.82 在国际收支和国际投资头寸统计数据中，金融衍生工具和雇员股票期权数据被归在"金融衍生工具"这个特殊的功能类别；同时也属于储备资产。

7.83 直接投资数据分为股权资本、再投资收益及其他资本，主要是公司间贷款。另外两种类型均可按交易对手部门进一步分为货币金融机构和其他机构。组合投资数据分为股权数据和债务工具（债券和票据以及货币市场工具数据）。按交易对手部门的分类包含中央银行、中央银行以外的存款性公司和货币市场基金、一般政府和其他部门。其他投资数据提供了贷款、通货和存款、贸易信贷和其他资产或负债的数据，同组合投资数据一样也可按交易对手部门进行分类。

7.84 为了将国际收支与国际投资头寸数据完整地、一致地整合至国外部门账户，*SNA*2008 及 *BPM*6 对关于 *SNA* 的国外部门账户中国际收支账户和国际投资头寸的关系给予有关建议。参见 *BPM*6 附录 7，"*SNA* 国外部门账户与国际账户的关系"。

7.85 本书探讨的主要问题是对直接投资、组合投资和其他投资类型按工具进行有效的分类，这似乎不足以满足"从谁到谁"账户的目的。尽管某些金融工具可能很容易转移进国外部门账户，而大多数则不那么容易。值得注意的是，将直接投资和其他投资按照工具类型和原始到期日进一步分类，将有助于转化。此外，一些金融工具和部门的组合是主要的难点，如贷款、通货和存款以及其他金融资产或负债。特别是股权的交易和存量数据的子项既包含在直接投资和组合投资中，也包含在储备资产中，未分别加以明确。作为其他投资中的保险专门准备金的存量和交易数据也是如此。

（f）政府财政统计

7.86 政府财政统计是基于公共财政的官方统计数据，来源于政府单位独立的预算文件。通常从各个政府单位按月度、季度或者年度获取数据。

7.87 一般政府机构单位分为下列几个子部门：
（a）中央政府（通常是国家预算、预算外资金和国有企业）；
（b）州政府；
（c）地方政府；

(d) 社会保障基金[17]。

7.88 政府财政数据的缺点是政府账户的会计准则与私营部门使用的会计准则有所区别。例如，政府财政数据的记账完全或在某种程度上依赖于收付实现制而不是权责发生制。

7.89 在理想的情况下，政府财政统计数据应包括以下数据：
(a) 收入和支出（费用）；
(b) 金融性交易（金融资产净获得和金融负债净发生）；
(c) 资产和负债重估价；
(d) 资产和负债物量的其他变化；
(e) 资产负债表；
(f) 政府内部交易和头寸。

7.90 从这些财政指标中可以得出政府收入、支出（如非金融性交易）、金融性交易和资产负债表。它们的联系如下所示：

收入 – 支出（费用）
= 盈余（+）/赤字（–）[*SNA*2008（B9）中定义为净贷出（+）/净借入（–）]
= 金融资产净获得 – 金融负债净发生（B9F）
和
金融资产净获得 – 金融负债净发生 + 其他流量
= 政府净资产的增加

7.91 收入和支出数据可以更加详细（见 *GFSM*2001 的 5 位数字分类代码），从而得出总量数据以用于外部报告。

7.92 所有金融资产和负债类别的金融交易数据都可获取。通常从金融交易中获取足够的金融资产、负债及政府债务的统计数据。政府资产数据主要指金融财富；特别是与中央银行、中央银行以外的存款性公司、非金融公司和国外部门相关的。

7.93 此外，一些子项的分类可能包含通货和存款（通货、活期存款和其他存款）；债务证券（以初始期限和剩余期限划分的短期和长期证券）；股权和投资基金份额（上市股票、未上市股票、其他权益、投资基金份额）；以及其他应收/应付账款（贸易信贷、欠款和其他款项）。

7.94 资产负债表和重估价及资产和负债物量的其他变化应采集相同分类的数据。政府内部交易和头寸数据的分类与其他源数据相同，以便与一般政府数据的合并。

7.95 为了将属于一般政府部门的每个机构单位的源数据进行汇总，需要统计

---

[17] 主要是社会保障，在某些国家还包括公立医院。

所有政府实体的数据。国家统计局负责维护和发布所有政府单位的统计数据。根据国际统计标准，正确地划定一般政府机构部门是十分重要的。这个划定是基于特定的标准，通常与市场/非市场生产能力相关。政府单位被划分为非市场生产者。然而，要准确划分较小的地方政府单位可能难以实现。

7.96 因为实体的状态可能变化，例如兼并重组和清算，因此，有必要连续更新注册信息。

专栏7.2 政府财政数据的质量检测[a]

对政府财政数据质量检测可分为不同级别：
◆ 机构单位级别；
◆ 子部门级别；
◆ 一般政府部门级别。

原则上，三套不同的质量检测应包含完整性、合理性和一致性。

这些质量检测的应用可以通过一个实例说明，如由中央政府建立的社会保障基金的源数据集。这个机构单位汇集了由不同机构采集的不同源数据：通过机构本身直接采集的收入、支出和金融性交易数据、资产负债表、由其他政府单位间接采集的数据、来自证券数据库的证券发行和持有数据、由中央银行采集的金融数据。

对数据的完整性检测意味着通过比较不同的数据来源，发现特定项目数据是否完备，并努力得出一套基于可利用来源的完整账户集。

对数据的合理性检测，可以通过比较在一段时间内同一数据的变化并检测异常值。其他检测是指特定类别的报告数据对某些机构可能是不合理的（如由非中央政府的政府单位发行股票或募集资金），或其他不可能情况（获得由非政府单位发行的债务证券）。

对源数据的一致性检测主要有两种方法：

垂直一致性意味着一个机构单位的所有交易中所有支出/负债的变化条目与所有收入/资产的变化的总和是相等的。

存量—流量一致性意味着从开始至结束的整个记账期间账户应充分记录交易、资产和负债物量的其他变化、重估价等变化。

一致性检测的实施需要一整套存量和流量的数据。

在子部门级别的质量检测中，要求对所有社会保障基金的源数据进行加总。通过社会保障基金的内部交易和头寸数据，可以得出社会保障基金的合并数据。而这个阶段的统计工作可能产生错误和遗漏。因此，需要实施相应的质量检测，以对数据进行梳理。

应建立常规的月度或季度数据质量检测制度。这类检测可通过适当的统计数据库软件来实现。自动综合检测制度可以在机构级别显示错误或遗漏。这些错误和遗漏需要予以纠正，在特殊情况下，还需要与相关机构合作解决。

ª 同样的质量检查也适用于其他统计。

3. 通过交易对手部门间接地采集数据

7.97 直接采集数据资源成本较高，且不能保证报数单位总能按要求提供数据，尤其是住户部门。如非金融公司的资产负债数据虽然可获取，但数据的完整性和时效性差。在住户部门调查问卷中，数据的采集也存在类似问题。

7.98 因此，直接数据采集系统必须以交易对手部门提供的间接数据为补充。特别是以货币或财政政策为目标的统计信息采集，往往部分建立在"从谁到谁"账户基础上，因此是可靠的数据来源。

7.99 对于住户部门、为住户服务的非营利机构（NPISHs）、非金融公司，以及一些缺乏综合性直接数据收集系统的金融公司子部门来说，使用间接数据是很有必要的。

7.100 货币统计数据被视为从交易对手单位或部门获得的最详细的统计数据来源。货币金融部门吸收存款、发行债务证券及发放贷款的数据通常是可以获得的，相应地按交易对手部门、原始到期日和币种进行分类。

7.101 部分国外部门的数据可以从来自货币金融机构的资产负债表的交易对手信息中获得。这同样适用于政府财政统计数据。资产负债表中的金融资产数据可以与从货币统计机构获得的数据进行比对，或者比对政府部门的债务数据，如从中央银行以外的存款性公司获得的贷款。

7.102 这里举一个货币统计与政府财政统计比对的例子。货币统计通常提供贷款数据，按交易对手的债务部门进行分类，政府部门就是其中之一。同时，货币金融机构的此类资产在政府财政统计数据中显示为政府债务。虽然两个项目应该是相同的，但由于各种原因导致了它们经常不一致，比如交易对手实体在货币统计中没有被正确分类，或是政府实体报告的数据不完整。

7.103 统计政府在银行的存款时，记录时间也可能是个问题。这个数据均可从银行和中央政府的数据中获得，但是由于记录时间的差异，使得二者数据不一致。

7.104 考虑到维持货币统计一致的重要性，特别是与相关资金和交易对手部门报送口径的一致性，编制人员也可以使用货币统计数据中反映货币金融机构发放的贷款总额。这意味着货币金融机构贷款与一般政府贷款之间的差异可能要归咎于货币金融机构贷款与其他部门贷款统计的差异。在没有交易对手分类科目的情况下，货币金融机构提供的贷款总额将与货币统计数据保持一致，也应与政府财政统计保持一致。

7.105 这个进程很大程度上取决于每个数据源的质量以及由编制人员设计数据源体系的质量，否则就需要进行调整。

7.106 进行调整的部门可能是非金融公司部门，因为产生统计差异的主要原因就在于货币金融机构将作为贷款债务人的一般政府和非金融公司进行了错误的划分。

4. 非金融公司和住户部门的直接与间接数据

7.107 在提高机构部门账户质量和满足用户不断变化需求的背景下，关注的重点可能会转移到以前不太关注且账户未充分覆盖的领域，如在"从谁到谁"账户框架体系中的贸易信贷、公司间贷款或证券净获利。

7.108 更具体地说，因为对于非金融公司、住户和为住户服务的非营利机构没有直接数据采集体系，所以贸易信贷和公司间贷款的数据仍然是不完整的或质量较低的。

7.109 非金融公司的部门账户与为住户服务的非营利机构的账户，都具有特定的分析价值，因为这些部门的投融资行为在解释货币传导途径中起重要作用。在宏观审慎分析框架下，分析性和政策性问题与各种形式的公司融资和部门金融稳定性密切相关。

7.110 这些部门数据的采集和账户编制亟须改善。然而，到目前为止，可以获得主要的调查数据仅限于非金融公司、小团体（如中小型企业）以及住户部门。

7.111 常住部门的公司间贷款、贸易信贷和其他预付款占相当一部分的公司融资和金融投资。这同样适用于证券数据库中未包含的权益类资产。此外，住户和为住户服务的非营利机构的其他金融资产和负债数据也无法提供，如养老金负债。

7.112 一些如货币、国际收支和政府财政统计的数据可以间接获得。这些数据包括货币金融机构的存款和贷款、与国外部门的贸易信贷和一般政府贷款。

（a）非金融公司的数据

7.113 各国的非金融公司数据来源差异较大。鉴于非金融公司覆盖了大量行业，因此可以合理假设各国的数据质量也会相差很大。

7.114 非金融公司的源数据可能会被用于编制资产负债表以及提取金融性交易数据。从头寸中获取交易数据，包括所需资产负债明细，这对于统计者而言是个挑战。更具挑战的是要从资产负债表中评估市场价值，但实行的新型会计准则（IFRS）对公允价值的强调会使未来的统计工作难度有所下降。面对各种困难，统计人员会尽可能使用多个源数据。

（b）编制非金融公司金融账户和资产负债表的数据来源

7.115 非金融公司有四个基本的数据来源：
(a) 公开的企业资产负债表；
(b) 税收统计数据；
(c) 调查统计数据；
(d) 交易对手方的（间接）数据。

企业资产负债表数据

7.116 最基础的数据来源是每年公布的企业资产负债表。对于跨国公司而言，可能只能获得在全球的合并信息。而这些资产负债表的数据通常只是年度数据，且有所滞后。不过，随着大公司的高频资产负债信息时效性普遍提升，私营部门基于互联网建立的数据库日益增长，使得编制人员更易得到及时的、系统的信息。

7.117 然而，这些企业资产负债表通常不会显示太多的具体信息。如果能够从行业协会获得和使用其总量，资产负债信息可能会比单纯基于年度报告的信息更加详细。[172]

7.118 资产负债表数据通常在某些具体内容上的信息是有限的。一般来说，资产类别可被认定为尚未支付的认购资金、固定资产、流动资产、预付款项和应计收入。固定资产和流动资产可进一步细分子类别。固定资产包括无形固定资产和有形固定资产及金融固定资产。流动资产分为股票、应收账款、货币投资及持有的和存在银行的现金。一些金融工具根据原始到期日而不是根据其交易对手部门进一步划分。例如，股票不分为上市股票、未上市股票和其他股票；对于可加杠杆的上市公司还有其他数据来源（证券交易所信息）。

7.119 在负债方面，主要类别有归属于债权人的 1 年以内到期和 1 年及以上到期的债务（以原始到期日为主）。其他项目是关于债务和费用的准备金、应计和递延收入、资本及公积金。债务类别可以根据不同的金融工具和交易对手（如银行贷款）进一步细分，同时还将养老金和类债券的准备金分别列出。资本及公积金可以分为认缴资本、股份溢价账、公积金和利润。

7.120 表 7.2 提供了一些主要科目的概述，它们经常出现在企业的资产负债表数据库中。

---

[172] 然而，依然会存在数据缺失。例如，对于住户和为住户服务的非营利机构，公司的金融资产和负债是不提供的，如公司对住户的养老金负债。

表 7.2　　企业资产负债数据库中资产负债表和损益表的主要科目

资产	负债和权益
短期（流动）资产	负债
现金及现金等价物	短期（流动）负债
股票和其他货币市场工具	贷款
应收账款	贸易信贷
存货	长期（非流动）负债
长期（非流动）资产	长期债务（抵押贷款）
无形资产	其他非流动负债
有形资产	权益
金融资产	资本
	资本及公积金
	利润
损益账户	
营业收入	
经营费用	
财务收入	

7.121　资产负债表的数据可以满足许多用户开展公司部门结构分析的需求。然而，把数据转换成 SNA2008 金融工具类别相当麻烦，因为同时还要考虑到不同的分类和估值标准，并且有些可能不符合统计标准。此外，对于多数分析和统计人员来说，金融工具、期限和交易对手部门的详细信息极其有限。因此，在机构部门报表编制的过程中需要进行额外的分类。

税收统计数据

7.122　一些国家编制人员可获得税收统计数据。虽然每年只有一次，且存在至少有 1~2 年的滞后，但这些都是全国性合并的会计报表，都是可靠的数据来源。但这些数据来源以法律实体为基础，意味着在国内综合企业和其国外附属机构之间不可避免地存在重大的公司内部债权。此外，资产负债的详细程度可能与公开的企业资产负债表的详细程度是类似的——也就是说，这可能对于金融账目统计来说并不够详细。

7.123　基于税收的统计数据与企业的资产负债表数据（在前文中讨论过）结合使用，以提高覆盖率，并在复杂的跨国企业资产负债表数据中确保一定的国内覆盖率。

企业调查数据

7.124　只有提供更为详细和更及时的会计数据，非金融公司部门账户的质量才能显著地提升。数据最好是从结构化的企业调查中取得，这在集中化的统计机构中更为普遍。这些精心设计的调查可以像编制人员要求的那样详细、频繁（通常为季度）和及时。然而，对于详细信息的需求通常也要考虑到企业的负担，因此应重点关注资产负债信息。理想情况下，金融工具的详细信息将符合 SNA2008 的要求。这类调查在采集国内企业信息方面具有较大优势。

7.125 企业调查通常不可能收集全部非金融公司的信息，且受抽样和非抽样误差的影响，属于典型的分层抽样调查，有时会用于估计总体情况。而进行总体估计时，通常使用税收统计数据，尤其是对小公司而言。

7.126 调查数据的缺点是必须随机采集。较严重数据缺失可能导致样本的偏差和其他问题。在某些情况下，调查数据的另一个缺陷是不同行业的非金融公司部门覆盖范围有差异。例如，数据调查可能没有覆盖到某个服务业子部门，而该部门通常在发达经济中占较大比重。

交易对手信息

7.127 无论是否开展企业调查，非金融公司的一些数据都要从间接数据来源获取，如货币统计、国际收支平衡表和政府财政统计。对非金融机构部门而言，从货币金融机构持有的存款和获取的贷款是信息的重要来源。以交易口径计算的国际收支平衡和以头寸口径计算的国际投资头寸，以及与国外部门的贸易信贷常被用作反映部分国外贷款和存款的信息。同时，国际结算账户可以用于反映公司间贷款、预借款项、其他非市场债务及公司间股权的形式提供外国附属机构的交易和头寸情况。此外，来自政府或政府类企业的交易对手数据也可以作为数据来源。

7.128 证券数据库是非金融公司数据的重要来源，主要有两点原因：一是证券数据通常可以覆盖所有经济实体（而样本调查不能包括所有进入资本市场的公司）；二是可以提供（取决于其发展阶段）账面价值和市场价值下的交易和头寸信息，并根据汇率波动适时进行调整。由于发行债券和股票通常是非金融公司资产、负债的重要组成部分，证券数据库在对这个部门进行高质量评估过程中具有不可估量的价值。

7.129 各国可能实际使用或计划使用组合的上述 4 个潜在的非金融企业的源数据。表 7.3 整合了非金融公司数据的基本来源，以及它们的基本特征：频度、时效性、详细信息、主体和全面覆盖情况。

表 7.3　　　　　　　　　非金融公司的数据来源

数据来源/特征	公开可得的企业资产负债表	税收统计	调查统计	交易对手部门（间接）数据
频度	有代表性的，年度的；尽管随着私人部门数据库的增加，在互联网上高频信息日益普遍	年度的	可设计成季度	有代表性的，季度

数据来源/特征	公开可得的企业资产负债表	税收统计	调查统计	交易对手部门（间接）数据
时效性	滞后时间不同，从中等到较长时间的滞后（通常超过1年）。随着私人部门数据库的增加，信息的收集将变得更为及时	长时间的滞后（通常超过1~2年）	可以设计为有足够的滞后	有代表性的，滞后时间较短
详细信息	汇总的，以至于只能获取有限的内容信息	汇总的，以至于只能获取有限的内容信息	通过设计内容可以是非常详细的（考虑到问题回答负担）	金融工具具体的信息
主体	◆ 有代表性的，全球的，针对复杂的跨国企业 ◆ 国内的，针对其他企业，基于法律实体	国内的，基于法律实体	◆ 国内的合并企业 ◆ 国内的法律实体	表示国内的合并企业
全面覆盖情况	有代表性的，非全面覆盖	全面覆盖，针对法律实体	◆ 不全面覆盖，如果只是样本调查 ◆ 全面覆盖，如果有其他数据可以用来估计（如税收数据）	有代表性的，全面覆盖

(c) 编制非金融公司的金融账户和资产负债表

根据损益账户的数据编制金融交易

7.130 以非金融公司的基础企业概览为例，完整的信息应该尽可能地包括损益表和资产负债表。损益表的数据通常是经常账户数据的重要来源，它记录了非金融公司商品和服务的生产、销售、分配、再分配及收入的使用。组成要素如营业收入、增加值、毛利润和净营业利润可以从表7.4所示的数据中得到，追加投资和折旧数据也可以从中提取。其中的一些信息对编制金融性交易同样有用。

表7.4　　　　　　　　按会计科目分解的损益账户数据

序号	描述
1.	净营业额
2.	制成品和在制品库存的变化
3.	资本化的产品
4.	其他营业收入
S.*	总营业收入

第 7 章 分机构部门编制金融账户、其他流量账户和资产负债表的数据来源 | 451

续表

序号	描述
5.	物料和消耗品的成本
5. a	原材料和消耗品
5. b	其他外部费用
8.	营业税金及附加
T.*	增加值（S－5－8）
6.	人工成本
6. a	工资和薪金
6. b	社会保障成本
U.*	毛利润（T－6）
7.	非金融资产价值调整
7. a	无形和有形固定资产折旧
7. c*	其他价值调整和准备
V.*	净利润（U－7）
9/11	财务收入
12.	金融资产价值调整
13.	利息及类似费用
13. a*	金融债务的利息支出
13. b*	其他财务费用
W.*	财政收入的净费用（9/11－12－13）
X.*	日常活动税前利润或损失（V＋W）
16.	营业外收入
17.	营业外支出
Y.	所得税
21.	会计年度的损益（X＋16－17－Y）

7.131 由于详细的现金流量表通常难以获取，编制股票市场交易数据面临挑战。若不使用附加数据，那么资产负债表的衍生项目，如非金融净贷出/净借入或净值及其变化，难以编制及调平经常账户差额。损益账户通常提供了诸如已实现的收益和损失、外币重估价以及特殊资产和负债的溢价/贬值等详细信息。考虑到非金融公司部门中金融工具集中于有限数量的资产和负债，编制人员通常可使用该信息来对适当的类别进行分配调整。

7.132 企业财务数据的准确性和可靠性是由多种因素决定的。一方面是样本基础数据的采集，要求损益表数据对抽样率、样本误差、响应误差和非抽样误差等进行评估和监测；另一方面与对其他统计信息中间结果的确认和对统计数据差异的调查有关。

7.133 样本数据通常是自愿采集的，主要缺陷是没有覆盖服务业子部门，而服务业子部门通常在发达经济体占较大比重。此外，企业资产负债表数据的发布不够及时，有时还缺乏年度周期性，因而这些数据没有被用作编制国民经济机构部门账户源数据。如果积累了长时间的序列数据，对于结构性分析而言，年度的企业损益表数据就足够了。

为非金融公司编制国民经济机构部门账户

7.134 非金融公司在编制部门账户的时候，应该广泛地使用直接源数据和间接源数据。例如，交易事项可以通过使用非金融公司的资产负债表数据、损益数据以及其间接数据推导获得，如下：

（a）使用损益表来估计总数（或者一些与总数有关的明细数据）已实现和未实现的持有收益或损失，必须首先从资产负债表中调整的非常规交易差异来估计金融交易。如果有某种与持有收益或损失、金融资产和债务的增值或贬值关联的详细数据（如损益表或补充形式的调查计划），一些统计机构可以按照财务工具的准确性进行更进一步的调整。

（b）非金融公司部门是一个庞大而多样化的部门，每个季度会发生许多重大交易。不管编制时获得和选择资金来源是哪些，关于企业兼并的经济情报是非常重要的，因为兼并影响着非金融部门的资产与负债，但其带来的变化未必都是金融性交易（如与重组有关的结构变化）。这意味着为了消除其他变化（如重估价及资产和负债物量的其他变化）的影响，必须建立一套调整系统以推导交易信息。

（c）对已选的资产和负债，将其独立计算的市场估值整合起来，并将外币计价的资产和负债转换成本币，以估计资产负债表上的金融性交易。

（d）尽可能地使用交易对手的存量和流量数据。

7.135 使用大量的源数据时必须确保数据的一致性。由于源数据的记录时间不同，因此有必要对数据进行重新计算形成新的数据集。

专栏7.3 加拿大构建关于非金融公司金融数据的宏观经济估计
（由加拿大统计局提供）

背景

在加拿大，由资本和金融账户组成的季度资金流量账户（FFA），是20世纪60年代末发展起来的，资产负债表账户（包括金融资产和负债）是70年代初增加的。值得注意的是，尽管一直在改进账户质量，但非金融公司部门的估计值从一开始就可以从这两个账户提取。账户质量的提高最初源于企业调查工具和方法的改进，既包括直接从金融机构提取，也包括间接从非金融公司获取的数据（交易对手的数据）。

账户的广度和深度也随着时间的变化有所改善。20世纪80年代初，在对每个部门估计净值的基础上,非金融资产的估计被添加到未偿还的金融资产和负债中,由此产生了一套国家资产负债表账户(NBSA)。随后资产负债表数据按季度更新。21世纪初期,相关的金融资产负债转为以市场估价为基础。2012年全面修订的国民经济账户向所有国民经济部门添加了新公开金融工具(如上市公司和未上市公司的股权)的详细信息。同时资产账户其他变化项目也得以发展,特别是对资产净值变化的重估价显得尤其重要。

企业财务调查

编制公司部门账户,包括非金融公司(工业)的主要源数据是每个季度的企业财务调查。这项调查与集中商业登记相关,由加拿大统计局进行跨业务调查。

合并

企业财务状况调查以统计的企业为调查单位。对于复杂的企业来说,就是将法律实体与其相应的基层单位(通常是商业调查活动中使用的调查单位)进行选择性的合并;同时也意味着企业通常(但并不总是)基于它们的主要业务划分行业。对于简单的企业来说,调查对象就是法律实体。合并遵循的总体原则是将国内企业合并,这符合国民账户和国际账户的边界理念。

覆盖范围和基本方法

对金融机构/行业来说,除了控股公司以外,行业调查通常可以达到完全覆盖或接近完全覆盖。非金融公司行业的调查采用分层抽样调查的方法,为了覆盖全部此类企业,采取全部选取、部分抽样(有样本)和完全不选(无样本)进行划分。全部选取的类别,是为了完全覆盖那些最大的公司(包括主要的跨国公司和/或其国内附属机构)。对这个类别中缺失的机构,根据已经退出市场的公司的最后报告和同行业规模相近公司的变化情况,对其进行估算。部分抽样的类别,主要针对处于不同行业的大公司的滚动样本(一般来说是复杂的企业)。以类似于全部选取的方式处理缺省值,同时未抽样的部分就参照税收数据进行估计。完全不选的类别,在很大程度上是由小型公司(法律实体)组成,并使用税收数据估计;但是,就目前而言,它是使用与税收相关的数据进行估计的。企业调查以每年税收数据为基准。总的来说,这是一个稳健的方法。

需要着重注意的是,这项调查为统一估算非金融公司资产负债数据提供了关键的数据来源。平均而言,对非金融企业通过行业划分(这项调查中主要使用方法)比(部门间金融账户所使用的)用全体非金融企业的总体结构进行估计的效果更好。

调查内容和估值问题

最初的调查(1972年资产负债表被添加到损益表)是为了满足编制国民

账户和金融账户所设计的，(通过周期性再设计) 达到了对工具详细信息的基本要求。因此，可以认为基本符合 SNA2008 的要求。例如，当前工具详细信息极大地促进了贸易及非贸易的权益资产的划分。此外，这些详细信息一定程度上支持编制"从谁到谁"工具的详细信息。

资产和负债的估值，多年来一直基于标准的账面价值/购置成本（资产）。近年来估值方法一直在发展，随着企业采用了新 IFRS 会计准则，该准则建议对资产和负债使用当前（公允）价值。这本质上是一个进步，但它对编制人员以及其编制过程将是一个挑战。为此，企业调查工具于 2007 年适应了这一挑战，其在损益表的基础上加入一个综合变量。这个变量标志着该企业采用了 IFRS 准则，并为给一定期限内由资产负债的重估引发的其他未实现的收益/损失提供了数据来源。

调查计划

企业财务调查和一些补充调查计划一样，与损益表和资产负债表的收集是融为一体的。这使它不仅对构建 NBSA 和 FFA 非常有用，也是 SNA 的重要组成部分。特别是在编制金融交易时，允许用损益表数据对相应的资产负债表账户进行一阶差分调整。一致的部门账户有利于将金融交易与经常账户往来相关联起来。

对衡量金融交易情况的一个重要的补充调查计划是使损益表的收益与损失和相关资产与负债相匹配（以前称为已实现和未实现收益/损失分配及增值/减值）。不幸的是，这一调查计划只是为金融机构而设，而金融机构往往大量持有市场化有价证券。

过程和分析

对于非金融公司而言，已实现和未实现收益/损失（包括外国货币）及增值减值相关的调整被分摊到基于大额交易和外币科目的资产和负债上；基于权重的调整被分摊到相关的资产负债，基于企业重组及样本循环的统一变化将独立地进行逐笔登记。其他特殊调整也进行逐笔登记。调查区域将向金融账户编制人员提交本地制定的包含所有这种信息的文件，包括期初和期末资产负债表、金融头寸的变化及各种其他类型的分类调整。这极大地促进了非金融公司金融账户的编制。

金融账户程序及分析

生成非金融公司金融账户的初始步骤是处理调查结果，例如，(a) FFA 的金融交易；(b) NBSA 中与资产负债相关的股票市值。企业调查资料分行业提供给金融账户编制人员，他们还能得到更细的分析报道，以便进一步分析。与在 FFA 和 NBSA 的矩阵模型下进行的非金融公司部门估计值连贯性审查一样，接下来的步骤包括追索和融合交易对手数据（包括来自证券数据库的数据）、经济情报（如合并和收购）、外部源数据（如证券交易所数据，从私人部门数据库获得的公开数据等）。

举一个例子，数据替代是指用银行贷款负债替代全部非金融公司的实际贷款负债的调查方法，来调查借款的估计总量（包括已报告的和估算的记录）。这个过程提高了部门层面数据的准确性，也加强了"从谁到谁"账户的精度。金融账户编制人员进一步分析时可用同样的方法对其他数据进行调整，既可以在总体层面上做一些调整（如银行贷款），也可以在微观层面做其他调整（如合并和收购）。还要注意的是，对调查派生出估计量的调整需严格管理并保持在最低限度以内。

分析步骤和数据替代/调整按金融资产与负债部分分别做如下解释（尽管不是十分详细）。

非金融公司的非金融资产/资本获得；资本账户

因为与 SNA2008 的估值原则存在显著差异，企业财务调查当中的非金融资产数据仅用于参考。随着企业会计越来越适应 IFRS，这可能会发生变化，并将相关资产和负债转换为公允价值。

NBSA 矩阵中的非金融公司部门的非金融资产以非住宅结构（建筑和工程建设）及机械和设备为主。其他非金融资产包括建筑周围的土地、住宅房地产（分别为建筑物和土地）、研究与实验开发资本和软件及企业库存。所有产生的资产都是以永续盘存法（PIM）为基础并按行业分配到各部门。基于 PIM 的存量住宅部分按照住户部门估计使用的分类方法进行分配。土地的估计使用特定行业的基准土地结构比率（按位置和类型），该基准比率从 20 世纪 90 年代开始研究；同时，使用当前房地产指标进行向后和向前的估计。企业库存也来源于一个"流量汇总"的过程（面对调查数据），并几乎完全分配给这个领域。

FFA 矩阵中非金融公司资本账户的相关投资流量汇总更加明显，不像存量数据那样，在同一类别中公布详细信息，而是遵照类似上述存量的模式将投资构成进行分类。大部分投资流量数据来自调查，结果被嵌入 PIM 模型中，使得流量和存量数据保持连贯和一致（如价格变化）。部门储蓄的估计来自经常账户平衡项目，折旧则从 PIM 模型中产生，且资本转移进行独立计算。FFA 的资本账户明细是基于季度收入和支出账户编制，反映了加拿大宏观经济账户的融合性。

非金融公司部门金融资产——存量和流量

对金融总资产和基本金融资产详细信息的初始估计来自企业调查，然后在 FFA 和 NBSA 的建立过程中进行一系列的深入调整和数据替换。当调整被视为修正时（如在 FFA 中进行合并和收购的调整或在 NBSA 中进行市值调整），通常改变了调查派生的金融资产总量,而交易对手数据的替换通常不会改变金融资产总量。

存款资产是由吸收存款的机构根据交易对手数据所生成的。这些数据替换了对银行和其他金融机构实际信息的调查估计数据。某种程度上,交易对手的存量数据比流量数据的质量更高。标准的做法是保持调查派生的金融资产总量,抵消其他金融资产项下的调整项。

公司间投资(债务投资和权益投资),或是其他种类的资产,通常因兼并和收购活动而调整——包括国内交易头寸和跨境交易头寸,后者由国际账户编制人员提供。原则上,这些应该在企业财务调查的资料处理中进行反映,但若公司在几个季度里都不反映兼并和收购重组情况,这类调整就会有所不足。这种调整被视为修正,因此会改变调查派生的金融资产总量。

公司间投资、应收账款和其他工具通常对照加拿大国际收支季度表/加拿大国际投资头寸季度数据。这也反映了加拿大宏观经济账户的融合性。

其他类型的金融资产(如证券)规模相对较小,在很大程度上是基于调查结果的估计(加/减来自交易对手数据的替代调整项),在大多数季度对总体部门数据质量无显著影响。然而,这些资产会受到基于其他来源的仔细审查分析和双重的矩阵平衡,有时也做进一步调整。至于其他金融资产类别,将进行存量和流量的矩阵平衡调整。

因此,经过金融账户编制人员的事后分析,非金融企业的主要金融资产类别被认为质量良好。那就是说,衡量交易数据有一定挑战,相较于头寸,交易数据的准确性、可靠性在某种程度上更受到关注。

非金融公司的负债(包括股本)——存量和流量

对金融资产来说,总负债和股权的初始估计及基本的工具分类来自企业调查。分类账方面也随着 FFA 和 NBSA 的建立而进行一系列调整和数据替换。遵循与金融资产同样的程序(如上所述),当数据调整不能被完全抵消时,数据替换通常在其他负债类别中抵消。

非金融企业部门的负债在很大程度上是源于交易对手数据和证券数据库数据。基于企业财务调查的贷款债务估计(包括融资租赁)被主要来源于金融机构(包括调查和银行补充调查计划)的实际贷款资产明细所替代。这些贷款资产要(尽可能)调整资产头寸中扣除的津贴部分。然而,交易对手记录的存量数据质量比流量数据略好。

来自企业财务调查的债券和短期票据估计被相关的(a)新发行的证券和(b)证券头寸(包括纠正估值)所替代。这一过程提高了来自损益表中交易的收益/损失调整的精度,并产生了对头寸准确的市场估值。这些证券数据均来自涵盖了国内和国际发行的证券数据库。国际账户部门维护这些数据库。证券数据库的存量和流量数据被认为具有同样高的质量。

公司股本资金是非金融公司资金的主要来源，它也是衡量这个部门净资产的重要指标。测量是一个详细的评估过程，它区分了上市（交易）和未上市股权（非交易）：

◆ 交易股权，其中企业财务调查数据有部分需进行替换。来自证券数据库的新上市股票和未上市股票基本上是将流通股加上实缴资本盈余以一阶差分进行估计的。

◆ 申请的头寸，上市和未上市股票也有区别。上市股票的市场价值计算来自证券的数据库（整合股票市场信息）。对于未上市股权，大公司是按行业构建账面市场比率（基于上市股票）来盯住市场的。更具体地说，假设大型上市公司和其上市同行一样面临同样的市场形势，因而适用于类似的估值，这一假设决定了使用阈值的大小。

公司间的债务和股本负债与国际收支平衡表/国际投资头寸数据相核对。应付账款也是如此。其他类别的债务相对较小，在很大程度上是基于调查结果。值得注意的是，这些估值在多数季度并没有显著影响总体部门的数据质量，但要接受基于其他数据来源的分析性审查和双向矩阵平衡，有时也做进一步调整。像其相应的资产一样，其他类别负债也进行存量和流量的矩阵平衡调整。

上述由金融账户编制人员进行的分析、评估、调整和替代的过程提高了非金融公司主要类别的负债和权益的数据质量。然而，同金融资产一样，一般认为交易数据准确性、可靠性低于头寸数据。

金融账户的数据质量和完整性的题外话

基于构建账户的多年实践经验，加拿大统计局扩展并改进了金融账户，显然，完整的FFA和NBSA不仅对使用者更为有用，而且有利于显著提高部门估计的数据质量。

资本和金融账户增加部门账户（垂直的）的约束作为资产负债账户（水平的）约束的补充。这种同步的平衡方式常常能够发现异常，如低估或高估部门间资产负债的往来；在综合宏观经济账户中，它还为经常账户编制人员提供了一种反馈机制。

同样地，完整的资产负债表账户（包括非金融资产）可以生成净资产数据，有助于检测非金融资产和金融余额（有时称为金融净资产）数据的质量，提高了部门账户的数据质量。NBSA矩阵平衡也大幅改善，并可能进行调整，特别是参照相关的FFA资产负债类别进行调整，数据监测/分析的实践因此得以提高。此外，企业部门资产净值同样为潜在的数据缺口提供了清晰的信号（见下文自然资源参考）。

说句题外话，对 NBSA 而言，这个部门产生了三种衡量当前资产净值的措施：（a）企业权益的市场价值，由于其他部门将其作为资产持有因而被视为整个经济矩阵的负债；（b）资产净值等于总资产减去总负债，不包括公司权益的市场价值；（c）在第一、第二个措施中，未分配的企业剩余净值部分被用于计算国民净值（汇总国民机构部门净值估计的方法）。这里也有衡量股票账面价值的补充措施，用于特定目的的分析，且由调查派生的流通股加上实缴资本盈余以及留存收益和公积金组成。

存在的数据挑战和结束语

编制宏观经济非金融公司部门的金融统计数据仍然是一个颇为吃力的任务。数据质量随着时间的推移而变化，来源和方法也在持续改进。但如果编制人员不能正确理解、解释金融市场和财务会计新的发展，可能会对资产负债表和资金流量数据的编制起副作用，导致上述改进可能被部分抵消。

现在加拿大 FFA 和 NBSA 中非金融公司部门的整体数据质量通常被认为是良好的，但仍存在其他挑战。例如：

◆ 工具的细分及质量。有必要继续研究金融衍生工具及与固定收益养老金计划有关的负债。

◆ 数据差异。NBSA 中有一个估计自然资源租赁当前价值的计划。将非金融公司资产纳入其中，有利于提高资产净值与企业权益的市场价值的一致性。

◆ 混合账户。这一科目需要继续努力开发资产账户的其他变化。

（d）住户数据

微观调查数据

7.136 住户统计数据可以通过涵盖住户家庭财务和消费情况的调查来收集。该调查可提供不同收入和财富水平、不同的年龄、不同家庭负担的住户收入和财富数据。由于这类调查的成本很高，一般 3~5 年才进行一次。

专栏7.4 美国消费者财务状况调查和资金流量账户的数据使用（由美联储提供）

住户资产负债情况导致了近期的金融危机，其本身也深受此次金融危机的影响。金融危机发生之前，房产和股票价格的上涨导致了消费支出的强劲增长和债务的快速累积，使得更多的住户容易受到金融海啸的冲击。金融危机爆发后，房产和股票价格随即急剧下降，同时失业率上升、收入下降，导致了在宏观经济活动中占主导的消费支出大幅减少且后续增长乏力。对消费持续约束的一个常见解释是，希望部分住户避免回到危机开始时脆弱的资产负债状况。

显然，为了解最近的商业周期和持续复苏的缓慢步伐，需要了解住户资产负债表的演变过程。但是，可用于研究住户资产负债表的数据在一个或多个方面都有显著的局限性，如代表性、及时性、聚集程度、信息的历史记录和详细程度。这些局限性限制了我们全面跟踪掌握住户财务状况的变化过程，无法在发生重大变化时了解其变动。

美联储有两种广泛使用的住户资产负债表数据来源。一种是资金流量账户（FFA），按季度估算住户部门的总资产和总负债；另一种是消费者财务状况调查（SCF），每三年提供一份详细的关于美国具有代表性住户样本的财务和资产负债情况快报。

这两组数据是为了不同的目的而开发的。资金流量账户（FFA）提供对美国住户总体情况的及时评估，它是宏观经济预期的一个关键指标。消费者财务状况调查（SCF）提供了对住户财务状况丰富的异质性的具体观察，这是了解宏观经济活动中微观经济活动的关键。资金流量账户（FFA）从 2012 年第四季度起可供查询，但缺乏对住户资产负债表的微观数据。SCF 提供了某一时点上丰富的微观数据，但是因为它调查成本高且需要大量人力，每三年才开展一次且有两年的生成滞后（例如，最近的一次调查为 2010 年，但 2012 年后才可完成调查）。本文中所描述的项目，其主要思想是将两个数据库结合起来，创建一个及时、详细地反映住户资产负债表信息的数据库。

宏观经济数据

7.137 鉴于在许多国家或大多数国家（即使是统计系统发达的国家）开展这种调查的成本很高，这些微观数据并不是编制住户宏观经济资产负债表和金融交易数据的主要来源。相反，在许多国家，住户部门的估计值通常尽可能地使用交易对手数据及剩余衍生的资产和负债。这意味着住户部门估计值的构建既依赖于审慎的矩阵平衡过程（见第 3 节），又需要充分地分析在给定生产周期的金融账户。

7.138 住户部门金融账户和资产负债表账户的数据质量取决于以下因素：经常账户和非金融资产数据的可得性；高频率存量—流量交易对手信息和其他间接数据的可得性；在给定的模型约束条件下其他部门存量—流量数据的准确性和可靠性，此时通常会提取/平衡许多住户部门的资产和负债值。还需考虑到其他机构部门的覆盖范围和提取资产负债情况所采用的方法，以及其他机构部门之间有关资产和负债的金融交易情况。

专栏7.5 加拿大构建住户金融统计的宏观估计（由加拿大统计局提供）

背景

在加拿大，每季度的资金流量账户（FFA）（包括资本和金融账户）是在20世纪60年代末开发的，而资产负债表账户（包括金融资产和负债）是在70年代初新增的。值得注意的是，这些表从一开始就可用于住户部门的金融估计，并随着时间的推移数据质量也有所提高。质量提高得益于企业调查工具的改善，尤其对非金融公司和金融机构的调查，它们组成加拿大金融账户中约二十多个机构部门。这也反映出在金融账户模型框架下住户部门对其他部门数据质量的依赖。此外，由于行政和其他数据的改进，住户部门为了与交易对手条目相匹配，于七八十年代对评估数据进行了实质性的改进。

随着时间的推移，账户的广度和深度也提高了。20世纪80年代初，非金融资产的估计值加入未偿还的金融资产和负债表中，用于生成一套国家资产负债表账户（NBSA），附带评估每个部门的净资产。随后资产负债表数据按季度收集。在21世纪初期，相关的资产和负债转为以市场估价为基础。养老金资产账户是在2009年发展起来的，它提供了住户部门相关的养老金资产、金融性交易和收入的详细信息。2012年对国民经济核算的全面修订时，将为住户服务的非营利机构（NPISH）从住户部门中分离出来，并向所有机构部门增加新的工具详细信息（如上市及非上市公司股权）。完善资产账户中其他变化的修订工作还在继续，尤其是住户部门（最终投资者部门）的净资产变化的重估价方面。

住户部门非金融资产和资本的获得

住户部门非金融资产主要是住宅房地产及小部分的存量耐用消费品。住房结构是基于永续盘存法（PIM），并按使用类型和保有信息在住房部门中分配存量住房。流量遵照相关资本形成类似的过程，通过销售分类（一次性销售或多次销售）进行补充。用20世纪90年代开始研究的年度土地结构比率（按位置和类型）来估计土地价值，并结合当前使用的房地产指标对该估计值进行预测。相关流量也主要以新售数据为基础，后者可分为含土地或者不含土地分拆销售。资产负债表中的住户耐用消费品存量也使用永续盘存法（PIM）进行评估，但在资本账户中并不存在相对应的资本流量。

非金融资产同样也包括非法人农场及其他非法人商业资产。农场资产/投资包含资本和存货，这些数据基于农场人口普查数据（提供了法人/非法人农场的百分比）和高频率的农场调查。相比之下，非农场的非法人资产规模较小，在家庭资产中的份额也在逐渐降低。因此，这些资产的存量和流量估计值都是基于多种源数据。

住户部门金融资产——存量与流量

金融资产的估计非常依赖来自金融机构的季度和即时交易对手数据（来自银行的调查以及补充计划）。某种程度上，就交易对手数据而言，存量数据比流量数据的质量更高。存款资产建立在吸收存款类机构所提供的交易对手数据上。寿险资产和养老金资产组成部分（包括受政府资助以及不受政府资助的以雇主为基础的计划）等于其他机构部门对应的负债。同样地，投资资金资产大体上等于投资资金负债，但要先对其他部门中持有的被当作资产的部分进行调整。在债券市场中占据了主导地位的政府储蓄债券是以对应的政府部门负债为基础。

其他资产在很大程度上都是剩余衍生品，都需对其来源仔细的分析审查和矩阵平衡过程。因此，虽然交易数据质量比头寸数据更受关注，主要类别依然被认为具有很高的质量。企业股票包含了最多的准剩余资产，并分为两个子成分：上市股票——基于在部门矩阵中对资产和负债的可靠质量估计；以及未上市股权——主要是大型私营企业，且每年都要与相关数据进行比照。剩余的金融资产在规模上相对较小，它们构成一组质量较低的剩余资产衍生物。其他短期和长期债务证券在规模上微乎其微，因此，剩余资产衍生物不会对总体部门数据质量产生影响。其他金融资产类虽然规模较小，但是存量—流量运用到扇形矩阵工具中存在质量问题。

住户部门负债——流量和存量

住户部门的负债在很大程度上产生于来自金融机构的交易数据（来自银行的调查以及补充附表），并被认为具有较高的数据质量。就交易数据而言，存量数据质量略好于流量数据。它包括（按照比重大小顺序排列）：负债部分比重最大的抵押贷款（无论住宅或非住宅）；同样占相当大比重的消费信贷；其他贷款，包括作为交易对手条目的银行贷款及来自其他信息来源的其他组成成分。其他组成部分包括农业贷款及汽车租赁的直接估计值。非法人企业相关的应付贸易账款是剩余衍生品，但规模相当小。

与住户部门调查相关的住户资产负债表

在加拿大，住户的资产和债务调查（金融安全调查）在一些特殊的条件上可以实现。这些微观数据估计值最初是用于分析住户财富收入和年龄层次。值得注意的是，国家资产负债表账户（NBSA）对住户房地产存量的估计要与住户房地产资产的（可得的）微观数据进行对照，居民房地产价值的这两类估计值一度十分接近。在金融资产和金融负债方面，一系列资产和负债的微观数据和宏观数据可能有很大的不同（抵押贷款负债通常例外，这很可能反映其与基于调查的住宅房地产价值之间紧密的联系）。因此，国家资产负债表账户（NBSA）中住户部门估计只在对住户资产和债务（两类数据集之间的趋势更受关注）进行调查时可作参考，前提是调查的明细数据是可得的。

> **结论**
>
> 编制宏观经济住户部门金融统计是一项要求很高的任务。随着源数据和数据处理方法的持续发展，住户部门金融统计的质量也在逐步提高。然而，金融市场和财务会计的发展（包括金融账户矩阵中的住户部门估计）对资产负债表和现金流的数据产生不利冲击，如果编制人员对此不能准确理解和解释，则统计质量的提高将受到影响。随着时间不断推移，住户部门资产负债表的明细内容及组成账户（如资产账户的其他改变）也将不断扩展，并适应新的挑战。

5. 微观数据库收集的金融数据

7.139 从证券数据库和信用登记处收集金融数据是必要的。[173] 证券数据库覆盖证券发行和持有的数据，而信用登记则包含了货币金融机构授予非金融部门的数据，如一般政府、非金融公司、住户和为住户服务的非营利机构的贷款详细统计数据。

（a）证券统计

7.140 详细的证券统计是提高机构部门账户覆盖率和质量的一种重要工具，也是发展"从谁到谁"账户的重要工具。证券统计数据包括发行、赎回、二级市场交易的数据，流通的证券数量与证券价格信息。

7.141 证券包含上市及未上市的债务证券和权益性证券。一些投资基金份额或单位也被认为是证券。

证券发行统计

7.142 证券发行统计数据包含按证券的种类、币种、期限（债务证券）和利率分类的常住机构发行证券的存量与流量数据。非常住机构以本币发行的债券数据也将被收集。[174]

7.143 证券发行统计数据可能包含根据发行者的居住权、发行币种、发行部门或子部门划分的不同层次汇总的时间序列数据。债券的存量数据可以按市场价值和名义价值定价。

证券持有统计

7.144 证券持有统计数据可能是基于机构部门的资产负债表信息，也可能是

---

[173] 可能有其他可用的微观数据库，如企业会计数据。
[174] 常住企业在国外的发行行为更难追踪。

基于对存款或托管人统计数据。最直接的方法是将现有的证券数据库（SBS 数据库）和证券持有数据相衔接。

证券数据库（SBS 数据库）

7.145　在"从谁到谁"账户中，SBS 数据库变得尤为重要。SBS 数据库是能够储存单个证券统计数据发行上的微小数据库。数据库根据不同需求，灵活地编制一系列统计数据。[175]

7.146　存储在金融工具上的信息可以被分解为描述该工具特征的属性。属性的选择可能因数据库目的的不同而变化。为了统计数据的使用，这些属性可以包含：国际证券识别码（ISIN）；发行机构的名称、地址、部门和子部门；发行日期；赎回日期；证券类型；票面币种；发行价格；赎回价格；代偿数额或市场价值；票息支付和日期（见图 7.1）。这样的信息使证券的所有必要特性得以编译。

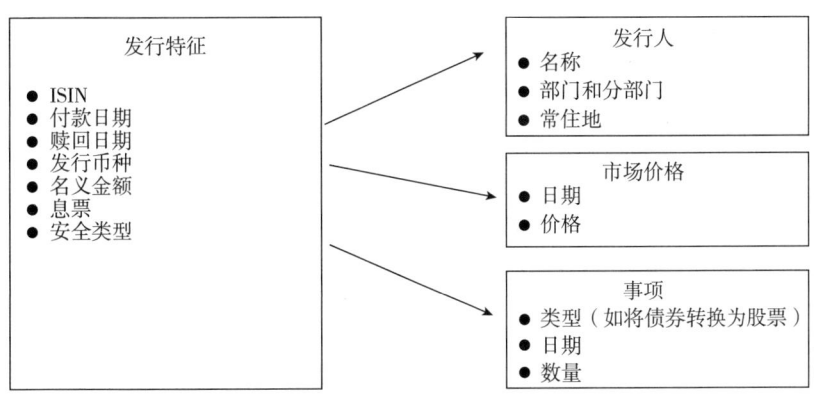

图 7.1　SBS 数据库中储存统计数据的属性

7.147　使用 SBS 数据库数据的一个例子是提取资产负债表中的重估值和其他变化的数据。最近的金融危机已经在很多方面改变了货币政策和财政政策分析的重点。最值得关注的是，资产负债表及其组成成分中利率的增长，无论这些变化因交易还是其他流量引起，都将推动了财富效应、杠杆行为、担保的价值和真实金融的循环反馈。

7.148　对了解流量胜于交易的兴趣已经引导编制人员开始发展统计基础设施，以区别其他流量的不同子类别，特别是由于重估价和其他因素引起的流量变化。

7.149　另一个使用 SBS 数据库数据的例子是按照剩余期限编制债券数据。因为资产负债表通常不足以编制这些数据，编制人员可以在 SBS 数据库的基础上，按部门和子部门的分类对机构单位发行和持有债券量进行编制。

7.150　从 SBS 数据库生成数据有三个阶段（见图 7.2）：第一阶段（输入）通

---

[175] SBS 数据库可能包括覆盖各种不同类别的金融工具的统计数据，如债务证券和权益性证券。SBS 数据库的比较著名的例子是欧洲中央银行系统（ESCB）建立的中央证券数据库（CSDB）。

常涉及从各种机构收集或购买单个证券统计数据,如中央银行、政府机构、商业数据提供商和证券交易所。第二阶段包括数据质量管理,将从各种机构收集的单个证券数据导入数据库,合并存储,然后进行完整性、合理性和一致性检查,当检测出错误时,应对数据进行更正。第三阶段是根据不同的分类标准存储单个证券数据。

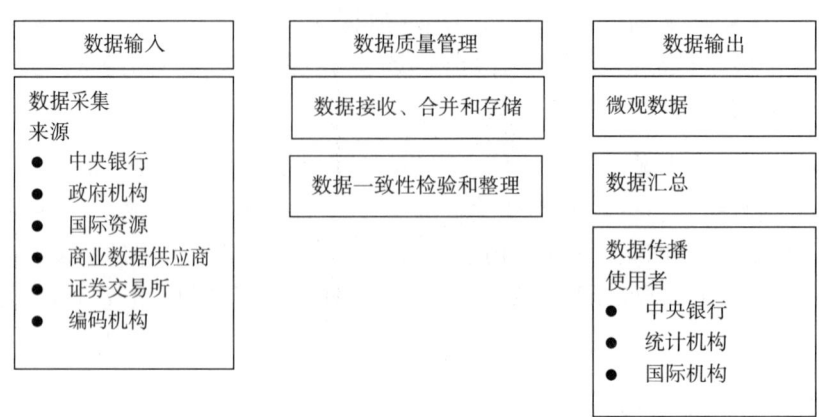

图 7.2　SBS 数据库的建立步骤

7.151　由于缺乏标准化,数据质量管理常常比较复杂。经验表明,不同的数据源经常使用不同的工具标识符、不同描述分类标准的工具特征、不同的数据格式和不同的估值标准。源数据往往缺乏可靠的数据来源,并且在质量的维护方面参差不齐,比如其属性可能已经过时,但不会被标记。当在 SBS 数据库中收集大量数据时,这些限制是一个主要的问题。

7.152　SBS 数据库的一个基本特性是能够支持对大量数据进行可靠的自动化处理,以编制统计汇总或其他类型的分析。更稳定的参考数据(标识符、关键属性和分类)的标准化水平在很大程度上决定了数据库及其下游统计分析过程中的质量和效率。参考数据的标准化反过来也依赖于源数据的标准化水平。

7.153　在大规模计算应用中特别需要标准化数据,因为其相对于单纯的信息披露,能够建立证券和发行者参考数据的标准,目标是使得这些数据通过国际公共基础设施为决策者、监管者和金融企业所获得。这样的基础设施很可能会降低 SBS 数据库的成本,并在某种程度上提升它们的价值,使所有感兴趣的各方对越来越复杂的金融市场进行及时的分析,尤其是在动荡的时期。

7.154　SBS 数据库能够扩展到按照部门和子部门划分的常住持有者持有的债券信息,也能扩展到非常住持有者。为了满足这个需求,由被调查者提供的信息应该在单个证券数据水平上与 SBS 数据库中存储的数据建立联系。这种联系常通过使用 ISIN 代码建立,也涉及债券持有者和持有数量的信息:

(a) 按常住地、机构部门及其子部门分类的持有者,或按大型复杂金融或非金融集团分类的持有者;

(b) 货币持有量。

7.155 至少有两类获取数据的渠道应该被区分：一种是根据原有数据而来，另一种是根据数据合并而来，如编制部门金融账户和资产负债表。

7.156 现在对数据持有的报告摘要主要基于两种方法：（a）管理者（与集中证券存放一样）；（b）直接提供者。在大多数情况下，数据来源于管理者的 SBS 数据基础。有关常住居民的债务证券持有数据也能被收集起来，包括从非常住居民管理者的数据，到常住居民发行者的持有数据也能被估算得出。

7.157 SBS 数据的直接提供者可以将数据按照不同类型进行划分：工具的类型、期限、发行者常住地等。在一些国家，公布常住居民对国外的证券持有数据，是法律规定的义务。但是，对于从某些特定部门或者子部门直接收集的数据而言，其数据覆盖面是有限的，如住户和为住户服务的非营利机构（NPISHs）。

7.158 在决定是否要建立一个 SBS 数据库时，需要全面考虑收益和成本。虽然被调查者和使用者也受影响，但大部分支持或者反对 SBS 数据库的都来自债券统计数据的编制者。收益和成本应当在全过程中考虑，特别是推进标准化时。

7.159 SBS 数据库的主要优点之一是数据的编制人员对证券统计进行分类，而不是数据的被调查者。这提高了数据精确度和一致性，同时也符合国际统计标准。为了达到统计的目的，特别是在对证券发行统计、政府金融统计和机构部门账户统计的需要，单个的 SBS 发行数据通常根据不同的统计分类标准进行汇总。SBS 数据库为生成不同的汇总数据提供了很好的灵活性，同时不需要收集更多的数据。此外，SBS 数据库能够生成存量、交易及其他流量数据。SBS 数据库也能够在细微的水平上对异常观察值进行高质量的检查。出现异常值可能由于分类错误，也可能是由金融创新所引起，那么就需要进一步调查，后者需要进一步的调查并对统计合并科目进行修订。

7.160 SBS 数据库对于被调查者更有好处，减少了向数据编制者报告的次数。被调查者不再需要将他们的内部数据写入统计报告，取而代之的是提供数据库中的每一只债券的相关信息。数据库对被调查者的不利影响是，数据标准需要和数据编制者的要求保持一致，虽然数据标准化也可以使被调查者受益，因为他们自身需要高质量的数据以在经营过程中最大限度地提高效率和降低运营风险。

7.161 从数据使用者的角度来看，他们可能对详细的非汇总数据或者是不同分类的交集数据更感兴趣，尤其是债务债券市场变得更为复杂和更加的全球化以来。SBS 数据库使得债务证券统计数据能够进行拆分。有时一组单只证券的面板数据能够分析出普通的发展状况。SBS 数据库也可以用来分析不同部门的金融状况、不同市场的规模或者不同种类证券的重要性。SBS 数据库能够让使用者追踪信用评级的变化、单只债券的价格和流动性及发行者。

7.162 同时，编制人员为建立和维护 SBS 数据库并使之满足使用者的需求，需要花费较大的成本。[176] 至今，SBS 的数据主要来自商业数据库。这些信息获得的成本是昂贵的，并且经常不是完整的或各数据源之间相互矛盾。数据库存储和处理的信息技术成本高昂，特别是需要广泛而复杂的"数据处理"以校正质量较差的数据或非标准化源数据。

7.163 从可操作和方法论的角度看，SBS 数据库的特点是它们的复杂性、数据量大、存储的统计数据和数据库管理成本将从受调查者转移到编制者。这需要使用人力资源、财力和信息技术资源。与报告机构签订合同明确报告期或进行调查时产生的行政管理费用，以及商业源数据的采购和传输管理成本。此外，SBS 数据库必须设定数据质量的最低水平，如对于证券的特别条目全覆盖。对从各种数据提供者那里收集的相应数据，进行手动的交叉检查也是必要的。最后，可能存在一些法律和合同的障碍，阻止数据在中央银行、数据部门和其他数据拥有者之间交换，也阻止同一机构内不同类型的用户之间进行数据交换。

（b）信用登记

7.164 虽然建立这样一个数据库可能是一个超长期目标，但可以通过现有（中央和私人）信用登记册采集贷款数据。

7.165 一些中央银行负责维护官方信用登记；货币金融机构和其他借贷机构提供数据，并提供面向私人的咨询顾问服务。

7.166 信用登记信息内容主要有三个用途：
（a）使银行监管者能够准确地评估被监督金融机构的信用风险，如评估信用的集中度与贷款方和借款方潜在或实际违约情况。
（b）通过协助信贷机构和其他贷款方评估潜在借款人的风险来支持金融性交易[177]。
（c）用于经济分析。经验表明，在改善数据覆盖范围和获取方式后，信用登记可以满足宏观审慎分析、研究、统计及市场和信用风险分析的需要。

7.167 由于法律的约束、不同经营目标及私人信用局之间的竞争[178]，现有的各种信用登记正向专业化发展：正面报告（新发贷款和未偿贷款）；负面报告（违约贷款）；贷款覆盖率［非金融公司贷款和住户的消费贷款或购房贷款（抵押贷款/非抵押贷款）］。

---

[176] 考虑高昂成本，建立 SBS 数据库的编制人员之间可能合作和分摊成本。高覆盖率的证券数据已被主要经济体的一些 SBS 数据库实现，如含欧元区在内的 OECD 国家。在考虑保密规则下，出于统计目的这样的数据集可以进行交换汇总数据。

[177] 通过对消费者行为建模和/或按贷款类型或借款人分类评估违约概率，许多私人信用局正在为它们的客户开发增值服务。信用登记局也可能为监管的目的发展信用风险模型。

[178] 私人信用局接收来自出借方的数据，并将这些数据存储在一个公共数据库中。所提供的数据必须是及时和准确的。报告的出借方可以访问信用登记局来获得信用申请者的综合信息。

7.168 不同国家的中央信用登记和私人信用局的范围和覆盖面（现有的）有很大不同。然而，信用登记受到越来越多的重视，随着信用登记的发展也形成了许多具体的经验。它们的覆盖面和质量可能逐步提升，也可以用于如宏观审慎分析、研究，并纳入货币和金融统计、国际收支统计和机构部门账户。

C. 机构部门账户编制

1. 构建模块的方法

7.169 编制一套完整的机构部门账户体系需遵循一个特定流程，该流程包含构建模块的使用。机构部门、子部门分组，甚至各个部门的源数据组合成模块，嵌入标准账户和"从谁到谁"账户。应用"源数据等级"，也就是说，最可靠的源数据应该是对于同一变量有多个数据可供参考的源数据。

7.170 构建模块包括详细的工具分类，以及在各种维度上，关于头寸、交易、重估价以及资产和负债物量的其他变化的"从谁到谁"信息，且尽可能与 SNA2008 标准保持一致。

7.171 采用七部门分类法，主要模块包括货币金融机构（S121~S123）、一般政府部门（S13）、国外部门（S2）、保险公司和养老基金（S128 和 S129），以及其他金融公司（S124~S127）中主要部分——非货币市场投资基金（S124）。

7.172 另一个重要的构建模块是证券统计数据。部门的构建模块提供所有金融工具的统计信息，而证券统计构建模块提供所有住户部门、子部门和国外部门有关证券发行和持有的综合数据。

7.173 每个构建模块有不同特征，给模块内部以及每个模块之间在估值和会计准则上一致性带来不同的挑战。然而，鉴于机构部门账户的融合性，构建模块的质量和一致性对账户的总体质量至关重要，尤其是家庭和非金融公司部门的账户。这两个部门的账户主要建立在各种构建模块提供的"从谁到谁"信息的基础上。

7.174 构建模块方法如图 7.3 所示。它显示了如上所述的六个模块[179]：

(a) 货币金融机构 [中央银行（S121）、除中央银行以外的存款性公司（S122）和货币市场基金（S123）]；

(b) 一般政府部门 [中央政府（S1311）、州政府（S1312）、地方政府（S1313）和社会保障基金（S1314）]；

---

[179] 根据七部门分类法，这六个模块覆盖的源数据是编制机构部门账户的基础。货币金融机构、保险公司和养老基金、其他金融公司、一般政府部门、国外部门的部门账户主要依赖于相应的直接源数据。非金融公司和包括为住户服务的非营利机构在内的住户账户编制主要来源于各构建模块和证券统计数据的"间接"数据。

(c) 国外部门（S2）；

(d) 保险公司（S128）和养老基金（S129）；

(e) 非货币市场投资基金（S124），除保险公司和养老基金外的其他金融中介机构（S125）、金融附属机构（S126）、专属金融机构和贷款人（S127）；

(f) 证券［主要是债务证券（F3），上市股票（F511）和未上市股票（F512）］。

7.175 图 7.3 中的箭头表明，"从谁到谁"数据可用于无直接源数据的若干部门以及子部门的账户构建。

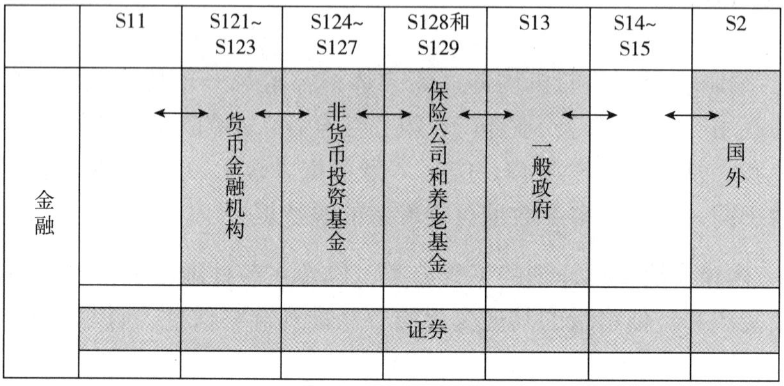

	S11	S121~S123	S124~S127	S128和S129	S13	S14~S15	S2
金融		货币金融机构 ↔	非货币投资基金 ↔	保险公司和养老基金 ↔	一般政府 ↔	↔	国外
				证券			

注：图中箭头表明"从谁到谁"数据是由主要构建模块提供的。非货币市场投资基金（S124）构建模块只为一部分子部门 S124~S127 提供数据。也可能存在对应其他金融公司的构建模块，如金融附属机构（S126）。

图 7.3 机构部门账户的主要构成模块

（a）构建模块的方法和相关手册

7.176 构建模块是编制部门账户的基础，存在各种手册从方法论和定义的角度指导如何设计构建模块。主要有四大手册：*MFSMCG* 对应货币金融机构账户（S12）构建模块，*GFSM*2013 对应一般政府账户构建模块，*BPM*6 对应国外部门账户构建模块，*HSS* 对应证券账户构建模块。

7.177 *MFSMCG* 主要处理货币金融机构构建模块。它也适用于其他子行业或子行业分类，如非货币市场投资基金或保险公司、养老基金。

7.178 然而，各种各样的数据不一致性既可以出现在同一构建模块内，也可以在不同构建模块之间。出现不一致的原因可能有，如报告表格只包含股票数据或只包含交易数据，或会计原则对记录的时间或交易存量的估值规定有分歧。

（b）消除与金融公司部门中构建模块相关数据的不一致性

7.179 中央银行机构部门账户的主要作用是提高货币政策分析力。

7.180 因此，机构部门账户与货币和金融数据统计保持一致至关重要，后者是广义货币月度和季度统计数据的来源。由于与货币政策分析相关，这些数据可以取代大部分与货币金融机构（S121～S123）有关的交易对手数据，特别是这些机构发放的贷款和吸收的存款。作为金融机构资产的一个重要部分，市场估值原则已经被引入会计准则中。正如 SNA2008 所表述的，货币和金融统计、金融账户和资产负债表之间相互关联，在原则和概念上达成一致，如机构单位的常住地和部门的分类，金融资产和负债的分类，金融资产、负债、交易和其他流量的记录和估值，以及数据的汇总和合并。

7.181 如果这种一般意义上的一致性没有实现，编制人员就会因机构部门账户偏离货币和金融统计数据而面临着沟通的挑战。这种沟通挑战最终表现为，在货币和金融统计上应用的估值方法可能遵循商业会计原则，而不是国民账户遵循的市场估值原则。

7.182 商业会计原则也同样适用于金融公司部门的其他构建模块，如非货币市场投资基金（S124）、保险公司和养老基金（S128 和 S129）。

7.183 从金融机构收集的资产负债表数据，特别是从除中央银行以外的存款性公司收集的数据（S122），通常特点是有大量详细的"从谁到谁"存款和贷款数据，有时也表现为大量债务证券数据。

7.184 偶尔可能出现以下质量问题：
（a）收集的月度或季度资产负债表数据以名义价值或购买价值进行估值，或未包括应计利息；
（b）数据调整：由于交易数据不是直接收集而是来源于股票变动，数据会通过消除重估价或资产和负债物量的其他变化而进行调整；
（c）根据"从谁到谁"原则，对从不同金融公司子部门收集的对应数据集进行比对时，出现重大差异。

7.185 为了克服这些不足，一套完整的流量数据（交易、重估价及资产和负债物量的其他变化）应被添加到资产负债表数据中，并基于"从谁到谁"（原则）按金融工具分类。这将最大限度减少估计的偏差，同时为数据整体质量的进一步检测奠定基础。

（c）关于由货币金融机构构建模块提供的数据的优先规则

7.186 机构部门账户可用于监测货币金融机构与其他金融公司、非金融部门及国外部门的相互关系，揭示金融和投资的更广泛的关系及它们与实体经济的相互作用（因此也充当着货币和经济分析之间的一座桥梁）。

7.187 为满足以上角色，机构部门账户应尽可能地与用于定期货币分析的货币金融机构统计数据保持一致，这一点至关重要。但是，由于来自机构部门账户的数据存在各种偏差，要保持完全一致性是不太可能的。

7.188 虽然交易数据通常符合 SNA2008 标准，但资产负债表数据和（暗含的）其他流量数据并非必须符合这项标准。例如，资产负债表数据可能无法准确涵盖权益性证券和债务证券的（累积）重估价。一个解决办法是使用货币金融机构统计提供的交易数据（从而保证交易数据的完整一致性），而其他来源的流量数据则采用估值方法。这会保证机构部门账户和货币金融机构统计在交易数据上完全一致，但资产负债表的数据和其他流量数据除外。

7.189 货币金融机构统计不总是遵循 SNA2008 标准的另一种情况是应收/应付账款数据。在货币金融机构统计中，其他应收/应付账款往往是剩余资产和负债的一部分，这个部分有一个完全不同的范围——包括当年的应计利息、利润或损失。

(d) 证券统计构建模块

7.190 如果数据收集和编制是基于 SBS 数据库和"从谁到谁"（原则），则证券构建模块是统计信息中的重要部分。该模块的构建方法很大程度上应遵循有价证券统计手册中列出的建议。

7.191 有关证券发行和持有的明细信息（包含 ISIN 编码）可用于弥补差异并支持市场估值原则在机构部门账户中的应用。

7.192 在缺乏证券数据库的条件下，有关机构部门发行和持有的证券数据由不同的模块整合而来，如图 7.3 所示。由住户包括为住户服务的非营利机构或非金融公司持有的证券，通常根据会计框架内的"开采"定义提取得到。

(e) 国外部门构建模块

7.193 国外部门构建模块得益于各种直接报告计划，它们包括从国际收支平衡表、国际投资头寸和常住单位在海外发行的证券（也可以在记入证券统计构建模块）中收集到的数据。

7.194 国外部门构建模块的一个优势是其关于资产负债表、交易和估值有详细的金融工具分类和"从谁到谁"信息，并严格遵循 SNA2008 的记录和评估原则。

7.195 国外部门的有效数据存在一个问题，即它主要按功能分类呈现。它与 SNA2008 对金融工具分类存在一定的差异。此外，在大多数情况下，通过交易部门获得的国外数据在分类上多少会受到限制。

7.196 纵向调整机构部门账户中的国外部门账户部分意味着需要消除所有净差错和遗漏未另分类。一种方法是调整金融账户以完全消除这些不平衡项。然而，增加的净差错和遗漏可能意味着需要全面的统计分析。

7.197 与其他国家的标准不一致被认为是这些差异的一个主要原因。一种消除方法是，保留数据的机密性的同时，在国家间交换对外直接投资或组合投资的微观数据。

(f) 一般政府构建模块

7.198　一般政府构建模块包含一套较为一致的金融和非金融数据，其中一些数据包含中央、州和地方政府及社会保障基金的"从谁到谁"信息。

7.199　该构建模块的主要挑战是政府财政统计和货币金融机构统计在金融工具分类、行业分类和净值方面的差异。为提高两个部门的协调性，即使在一个机构单位的层面上，也要调整数据。

7.200　虽然从货币政策的角度来看不重要，但由于数据的政治敏感性，机构部门账户和政府财政数据的一致性是至关重要的，并且这些数据通常用于管理目的。

7.201　在这种背景下，政府财政数据和机构部门账户之间的差异可能出于财政政策的考虑而无法被接受。另外，出于管理目的，政府数据通常根据国际统计标准仔细收集并谨慎审核。这使得政府财政数据的精确度是其他领域所不具备的。然而，管理数据通常遵循收付实现制原则，而统计数据或国民账户数据遵循权责发生制原则。

(g) 协调程序

7.202　构建模块方法的主要优势在于它把从各部门、子部门或子部门群组收集到的数据汇总到一个一致的框架——*SNA2008*中。在该框架内，个人数据源内部或数据源之间的不一致被展现出来并加以调整，这为质量检查程序及个人统计数据收集系统的长期改进提供结果反馈。

7.203　机构部门账户的编制基于上述主要构建模块，以及从构建模块方法之外的各部门及其子部门的补充数据收集计划中所获取的信息。其中包括金融公司子部门数据，如除保险公司和养老基金以外的其他金融中介机构（S125）、金融附属机构（S126）、专属金融机构和贷款人（S127）提供。许多国家收集企业资产负债表数据并开展住户调查。

7.204　每个数据集由于其各自特征或后期可得性可能需要建立额外的协调程序。

7.205　机构部门账户的协调应该基于"工具—工具"和"从谁到谁"（可用的话）来开展。这需要通过单独选择最相关的源数据来实现。在某些情况下，为了与基层统计数据源保持一致，诸如广义货币、住户债务、政府债务等重要政治性变量不应该调整。

7.206　对资产负债表头寸、交易、重估价及资产和负债物量的其他变化的调整应该同时进行。若调整后出现存量—流量不一致的情况，可能需调整交易和其他流量数据。因此，应当密切监测调整的幅度和必要性并定期记录在质量报告上。

7.207 比对发行方和持有方的未上市股票和其他权益的数据是协调程序的一个弱项。虽然一些持有者信息可以从各种各样的构建模块中获取，但是各种缺口仍需填补。这些金融工具的市场估值本身就是一个问题。根据 SNA2008 和其他手册中提出的建议，一种方法是基于可比较上市公司的一些比率，将自有资金的账面价值转化为市场价值。

2. 编制策略

7.208 在建立一个综合机构部门账户体系的背景下，工作重点应放在经常账户、资本积累账户、各类常住机构部门及国外部门的资产负债表之间的一致性上。这项工作应遵循三大原则：完整性、适用性和一致性。

7.209 完整性意味着账户的编制必须要使用综合的源数据。每一个机构部门需要被完整地描述。当源数据的覆盖面不够时，需要额外进行估计以得到有意义的总量数据。

7.210 适用性要求账户应遵循国际统计标准如 SNA2008 或 BPM6 提出的定义和会计标准。这些定义和会计标准可能会不同于原始数据来源中所使用的概念。为容忍这些偏差，使用的数据集可能不得不进行一些调整。例如，在证券发行统计中使用的是名义价值而不是实际价值。

7.211 一致性着重考虑会计框架里内涵的定义。这些定义给编制人员提供了额外的信息，从而全面提升了数据的质量。原始数据源同样要保证一致性。跨期一致性与公布数据的不同频率有关。

3. 数据平衡

7.212 账目需要在三个维度进行整合：横向的、纵向的、与存量或流量相关的，必须进行相应的数据平衡。

（a）横向平衡

7.213 横向平衡指的是对每一笔交易、重估价、物量的其他变化和资产负债表科目保持等价关系；当把所有常住部门与国外部门数据加总时，存量及流量会抵消。

7.214 为了使账目横向一致，总使用一定要跟总来源相等，而总资产（变化的）一定要跟总负债（变化的）相等。在这种情况下，所有交易和头寸需要横向地一致，即交易平衡，对于任何交易或者资产形式，机构部门所有使用/变化的资产总和一定要与机构部门所有使用/变化的负债总和相等。这种关系是全国性的，存在于所有国民部门的数据集。

7.215 举两个例子：

（a）对于非金融类交易类别中的"雇员报酬"，常住机构部门及国外部门应付金额（使用）总和一定要与所有常住部门应收金额（来源）总和相等。

（b）对于金融类交易类别中的"债务证券"，常住机构部门及国外部门发行的金额总量一定要与所有常住部门获得的金额总量相等。

7.216 横向会计限制的平衡可以被看作一个线性方程组。在这种情况下，平衡就是一个解出这个方程组的过程，其中一个必要条件是方程的数量至少和未知变量的数量相等。

7.217 对于上述的内容，举一个关于金融部门账户的例子来进一步解释：可以设定这样一个方程，所有长期债务证券的发行量与所有常住及非常住机构部门的发行量的总和相等。

7.218 针对除住户和为住户服务的非营利机构以外所有部门的长期债券（F32）发行量的方程（债务净发生额，I）可以表示成：

$I[F32(S1+S2)] = I[F32(S11)] + I[F32(S121\cdots S129)] + I[F32(S131\cdots S1314)] + I[F32(S2)]$

7.219 为解这个方程，n 个变量中至少要有 $n-1$ 个已知变量。如果恰好 $n-1$ 个变量已知，那么变量 n 可以通过求和或者作差解出。

7.220 如果已知变量少于 $n-1$ 个，解方程就需要收集更多的统计信息，我们可以通过估算一个部门的额外数据来完成。

7.221 另一个需要考虑的问题是，一个变量在很多情况下有多个时间序列数据可用。例如，由一般政府发行的长期债务证券的时间序列数据可以通过一个直接来源获得，即政府财政统计数据；也可以通过一个间接来源获得，将所有（交易对手）部门持有的一般政府发行的各种长期债务证券数加总；或者通过第三方来源——证券数据库获得。

7.222 在这个例子中，国民会计师必须决定将哪组序列"放入到方程中"[180]。在许多情况下，直接数据来源可能是最可靠的。但是，在挑选合适的数据之前必须进行合理性和一致性检查。

7.223 例如，全部常住机构部门和非常住机构部门持有的长期债务证券（F32）的存量或持有额（H）等于总的发行量（I）：

$H[F32(S1+S2)] = H[F32(S11)] + H[F32(S121\cdots S129)] + I[F32(S131\cdots S1314)] + H[F32(S14)] + H[F32(S15)] + H[F32(S2)]$

7.224 与之前有关债券发行的方程相比，这组数据集的质量可能相对低一些。

---

[180] 此处减少变量数以满足数量较少的方程组。注意减少变量和其他类似方式替代方程的增加。

但是，关于债券持有量的直接或间接数据是可获得的。直接数据可以通过金融公司和一般政府的账户获得，除了非金融公司和住户。非金融公司和住户的债券持有量数据只能通过交易对手信息的间接来源收集。

7.225 此外，与证券持有量数据相关联的 SBS 数据库将是编制所需数据的一个可靠来源。

7.226 如果方程的一些变量必须通过从总持有量中减去已知变量的方式获取，能够编制的可靠变量数据就更少了。但对住户长期债务证券持有量来说，必须通过计算总持有量和剩余部门持有量的差值而得出。

7.227 正如上文指出的，这一恒等式意味着长期债务证券的总发行量和总持有量是相等的。但是，如果两者不等，只能采用其中一个。如果采用了发行量的数据，就必须纠正某一部门的持有量数据。

（b） 纵向平衡

7.228 国民账户的编制也要尽量做到各机构部门的纵向一致性。在任何情况下，对一些关键机构部门而言，如金融企业、一般政府和国外部门，需要满足纵向一致性。而剩下的两个部门，住户部门（包括为住户服务的非营利机构）和非金融公司，即使它们具有较高分析价值，也许无法完全一致。在调整这些部门数据口径的过程中，纵向不平衡将大幅减少。

7.229 为了获得综合账户，编制工作必须扩展到"纵向平衡"，即在整个账户系统中使金融和非金融性交易保持恒等。这种平衡通常是通过调整资本账户和金融账户（B9）中的整体和部门的净贷出/净借入而获得的。

7.230 账户同时也需要保持纵向一致，对每一个常住部门和国外部门来说，所有负债的来源和变化之和等于所有资产的使用和变化之和。

7.231 这就需要消除一些部门的不对称性和使用特定的会计原则，如一般政府部门、金融公司及国外部门。数量相似但符号相反的统计差异可能仍然存在于住户和非金融公司中。

资本账户和金融账户净贷出/净借入之间的差异

7.232 在许多国家，机构部门账户的编制是由国家统计局和中央银行共同完成的。因此，边际误差主要表现为编制资本账户和金融账户时净贷出/净借入之间的差异。

7.233 如果从两个账户中提取的平衡项目的趋势朝不同方向运动，则这种统计误差的展现方式可能具有误导性。

7.234 根据 SNA2008，资本和金融账户要遵循一个理论框架，在这个框架下货币和金融变量从"真实"部门中独立出来（见表 7.5）。这种二分法反映在这两个账户中。资本账户（线以上账户）包括"真实"变量，如储蓄、净资本转移和非金融资产的获得。"金融"组成成分（线以下）在金融账户中表现为金融资产净获得和负债的净发生。

表7.5 各部门的资本和金融账户

资产的变化						交易	负债和净值的变化					
合计	国外	经济总体	非金融公司	金融公司	一般政府	住户和NPISHs		非金融公司	金融公司	一般政府	住户和NPISHs	经济总体	国外	合计
						Ⅲ.1 资本账户						
						总储蓄	228	14	−35	220	427		
						对外经常项目差额						−13	−13
						资本转移，应收账款	33	0	6	23	62	4	66
						资本转移，应付账款	−16	−7	−34	−8	−65	−1	−66
						储蓄和资本转移造成的净值变化	245	7	−63	235	424	−10	414
376		376	280	8	35	53	固定资本总额构成						
28		28	26	0	0	2	库存变化						
10		10	2	0	3	5	贵重物品的获得减处置						
0		0	−7	0	2	5	非生产/非金融资产的获得减处置						
0	−10	10	−56	−1	−103	170	净贷出（+）/净借入（−）						
						Ⅲ.2 金融账户							
						净贷出（+）/净借入（−）	−56	−1	−103	170	10	−10	0
483	47	436	83	172	−10	191	金融资产净获得						
						负债的净发生	139	173	93	21	426	57	483

7.235 来自两个账户的平衡项目"净贷出/净借入"都以具体数例呈现在表7.5中。如果在资本账户中，储蓄和非金融投资不相等，这意味着在金融账户中负债的净发生额和金融投资必然存在相应的差额。

7.236 根据当前的国家间惯例，统计差异显示在平衡项目净贷出/净借入中。

7.237 金融公司和一般政府所显示的差异通常较小，但住户和非金融公司的净贷出/净借入项目并非如此。

7.238 很难对可接受的统计差异水平给予指导意见［如国内生产总值（GDP）或国民总收入（GNI）的百分比］。在政治敏感性高的情况下，欧盟国家的一般政府部门的平衡项目净贷出/净借入（政府赤字/盈余）中，完全没有显示出差异性。这通常不适用于其他机构部门的净贷出/净借入。

导致差异的潜在原因

7.239 由于SNA2008没有考虑对其推荐的会计一致性的统计差异或偏离,统计差异和适当的处理工作就成为了国民会计师常规工作的一部分。

7.240 缺乏充分一致的源数据和参与编制国民经济核算的机构之间缺乏协调是导致差异的两个主要原因。

7.241 编制国民账户需要的源数据通常由不同的数据编制机构提供。在大多数情况下,国家统计局编制国民产出和收入账户数据,中央银行根据货币、证券发行量和国际收支数据编制金融账户数据,政府机构生成中央和地方政府的数据。根据特定的统计方法和详尽的分类,所有部门将能够良好地编制它们各自的数据。然而,相关机构需要更多的协调来讨论呈现的差异,以便在减少差异幅度上达成共识。

资本账户和金融账户间的调整

7.242 有必要对资本账户和金融账户净贷出/净借入差异产生的原因进行详细的阐述。

7.243 欧元区账户统计体系(EAA)由欧洲中央银行(ECB)和欧洲统计局共同编制,其中除了住户部门和非金融公司部门外,所有部门和国外部门的数据都进行充分调整。

7.244 在美国的国民账户中,通过实施一个程序来精确地定位和解释差异。在美联储发布的资金流量账户及经济分析局发布的国民收入和产出账户中,编制并呈现了与有关净贷出/净借入的两组指标集。差异的原因在这张表中显示。

7.245 采用类似的方法可以对资本积累账户的所有组成部分进行调整,并识别差异和指出差异产生的原因。以此为起点,如果有必要的话可以拓展至涵盖国民生产和收入账户的更多交易项目。

7.246 国民账户不可能会优于其组成部分的总和。因此,需要进一步提高和扩展编制国民账户的源数据。一个显著的例子是金融公司交易和流量数据的编制,这些数据通常来源于资产负债表信息。

7.247 类似地,国际收支数据原则上和SNA2008中的国外部门账户调整一致,但是需要更多的工作来实现口径相互一致。

7.248 对于非金融公司和住户,改进其直接源数据也是同等重要的,这些数据是建立在企业资产负债表统计和住户调查基础上的。

(c) 存量和流量的平衡

7.249 账户中的流量和存量也应保持平衡,这样可以使资产负债表中每项资产和负债科目的变化与由非金融性交易、金融性交易、重估价或资产物量的其他变化所引起的变化相等。

7.250 流量账户和资产负债表数据之间必须保持一致性。同时在整个编制过程中，交易对手部门数据合并时，"从谁到谁"数据也要保持一致。

4. 数据结构和数据处理

（a）收集初始数据

7.251 为了编制"从谁到谁"账户，源数据需要通过文件转移方式在组织单位间甚至各个相关机构间进行传输。为帮助数据传输，建立了一种普遍的方法：数据流使用特定的设施和信息，并且由一种传输代码支持，通过一种数据分类方案或数据结构定义（DSD）来描述国家账户数据和各种统计的源数据。统计数据的数据流和数据分类方案与机构账户数据库的设计密切相关，数据库的设计处于一种软件环境和相关的编制系统中。

7.252 对于源数据的传输，数据分类方案的结构有着多种维度，这些维度与多个统计领域中使用的核心是兼容的。[181]

7.253 在国民账户数据分类方案中，要设计不同的维度来区分存量、交易、重估价和物量的其他变化。为了保持"从谁到谁"账户的框架，需要指定关于债务人和债权人领域、部门和子部门的代码，从而充分展示机构部门账户系统。对各种活动和工具的维度也要求有相应的特征，如按到期日、计价币种、合并程度或者是使用的估值方法分类。

7.254 表7.6概述了国民账户数据分类方案应加以区别的维度。

表7.6　　　　　　　　　国民账户数据分类方案的例子

国民账户数据分类方案可能包括以下维度。[a]
- ◆ 频率是指序列报告期的频度，即月度、季度、年度。
- ◆ 报告领域是指跨国家或国际性的组织，或提供数据的国家。
- ◆ 调整指标记录了应用于时间序列的转变，如季节性调整、工作日调整。
- ◆ 维度工具，在 SNA2008 中分为产出（货物和服务）、收入、资产及负债。
- ◆ 账户类型，即数据类型，例如交易、重估价、资产和负债物量的其他变化及存量。
- ◆ 两个维度与到期日（原始到期日和剩余到期日、短期和长期）及金融工具的利率类型有关。
- ◆ 债务人领域和债权人领域维度代表各自的领域——跨国或国际组织或机构部门常住国。代码清单包含了标准的 ISO 国家清单和一些辅助码。
- ◆ 另外两个被定义的数据领域，一个是债务人部门；另一个是债权人部门。对于数据领域而言，分类是以 SNA2008 中的机构部门和子部门为基础的。为了完整识别债务人部门和债权人部门，必须指定两个领域代码及两个部门代码。

---

[181] 也可参照国民账户的数据结构定义部分。

续表

> ◆ 估值方法是指"市场价值",或类似"名义价值"的其他方法。
> ◆ 维度显示了统计来源,如国民账户、货币统计等。
>
> ᵃ 维度指的是那些统计概念,必须在两个不同的时间序列(如区域、部门或工具)有所区分。维度的数值来自相应的代码列表。一个时间序列的特征(命名)取决于其分类方案,也就是相应维度值的串联。属性也是统计概念,它表示的是额外的(通常是定性的)关于一个时间序列或序列组合的信息,但是并不是这个序列"核心"的一部分。属性的例子有"单位"、单位乘数、序列的标题等。

7.255 除了维度,描述传输时间序列数据的还有统计属性,如观察状况(正常值、估计值、预测值等);货币代码;单位(百万、十亿等);单位乘数、小数位数;传输数据的合并和组织程度。

(b) 数据传输、关键词系统、元数据

7.256 一些工具可以用于分析纳入国民账户数据库的数据。为了实现数据分析的目的,可使用关联表,将源数据(货币统计、国际收支和国际投资头寸统计、政府财政统计、证券统计等)的不同关键词转换成国民账户的关键词。

7.257 编制系统也需要整合一些附加工具,从而根据国民账户分类方案中的特定维度或维度集合来兼容各种金融数据的子集。例如,一种做法是对于特定的金融工具、部门、领域或者它们的各种组合,选择所有可用的时间序列。

7.258 为了降低复杂性,应该编制出更协调的数据集,例如,一个数据集中所有时间序列都被转换成共同频度。低频度时间序列,如存量和交易数据,有时可以通过线性转化,成为高频度序列,从而确保(线性)统计口径的一致性。

第8章
账户的呈现与披露

参考：
> SNA2008，第18章，账户的扩展与呈现
> BPM6，附录9，标准组成和部分其他项目
> MFSMCG
> GFSM2014
> HSS

A. 引言

8.1 这一章为国家统计局、中央银行和国际组织通过网站及媒体发布和披露国民账户和相关方法论提供指导。

8.2 对于已发布的数据，这些机构通常会制定允许自由访问和无偿再利用数据的政策。但数据的再利用通常要遵循特定的要求，如引用数据来源，或不能对数据进行修改。在国家统计局、中央银行和国际组织的网站上可以通过多种形式下载统计数据及元数据，绘制时间序列图表。

8.3 用户虽然能通过国家统计局和中央银行获取诸如国内生产总值（GDP）、私人部门消费、储蓄或债务之类的总量数据，但并非完全了解国民账户的详细编制过程。

8.4 本章涉及具有国际可比性的部门账户和资产负债表的基础模板和扩展模板。模板是向公众呈现和披露国民账户数据的工具，本章开篇将介绍这些模板。

8.5 本章的图表可用于反映非金融交易和非金融资产的相关数据，但主要用于金融存量和流量。

B. 统一的部门账户和资产负债表模板

8.6 针对近期全球危机中暴露的数据缺口问题，《G20应对数据缺口倡议》提出了许多建议，收录在IMF和金融稳定委员会秘书处发布的《金融危机和信息缺

口》的报告中。其中，第 15 条建议呼吁"从 G20 国家开始，探索有效策略推进更为全面的资产负债表分析法（BSA）、资金流量表和部门账户数据的编制和发布"。

8.7 第 15 条建议的目标是促进 G20 经济体及其他发达经济体国际可比的、详细的年度和季度部门账户的披露和报告。这将涉及改进部门账户编制的细节方面（子部门和资产），缩小数据缺口，以及"从谁到谁"基础上的金融存量和流量。

8.8 经济和金融数据跨机构小组（IAG）下成立了部门账户工作组。组员包括国际清算银行（BIS）、欧洲中央银行（ECB）、欧盟统计局、IMF（主席）、OECD 及联合国（UN）。在推进第 15 条建议的工作中，IMF 牵头进行全球性协商，建立了国际可比部门账户和资产负债表的基础模板及扩展模板，目前已取得了里程碑式的重要成果，通过讨论，工作组关于最终模板设置达成了以下共识：

（a）基础模板和扩展模板的框架；
（b）非金融交易账户的季度数据报告模板；
（c）金融资产负债存量和交易数据的季度数据报告模板；
（d）非金融资产存量数据的年度数据报告模板。

8.9 框架（a）提供了应报告的存量和交易的时间序列概览：

◆ 表 8.1 为非金融交易的季度模板（b）。季度时间序列数据来自部门经常账户和资本账户。

◆ 表 8.2 为金融资产和负债存量和流量的季度模板（c）。时间序列数据来自部门金融账户与资产负债表。

◆ 表 8.3 为非金融资产存量的年度模板（d）。

8.10 表格内浅灰色部分为基础要求，深灰色部分为扩展要求。

表 8.1　　　　　　　　　非金融交易的季度模板
经常账户和资本账户：部门和交易（季度，时效性为一个季度）

		经济总体	非金融公司		金融公司				一般政府	住户和NPISHs	国外
				其中：公营非金融公司		货币金融机构	保险公司和养老基金	其他金融公司	其中：公营金融公司			
		S1	S11	S11001	S12	S121+S122+S123	S128+S129	S124+S125+S126+S127	S12001	S13	S14+S15	S2
P.6（针对 S2）	货物和服务出口											
P.7（针对 S2）	货物和服务进口											
B.1g	总增加值/国内生产总值											
D.1	雇员报酬											
B.2g + B.3g	营业盈余总额和混合收入总额											

续表

		经济总体	非金融公司		金融公司				一般政府	住户和NPISHs	国外
				其中：公营非金融公司	货币金融机构	保险公司和养老基金	其他金融公司	其中：公营金融公司			
		S1	S11	S11001	S12	S121+S122+S123	S128+S129	S124+S125+S126+S127	S12001	S13	S14+S15	S2
D.2	生产和进口税											
	其中：											
	D.21（针对S1） 产品税											
	D.29 其他生产税											
D.3	补贴											
	其中：											
	D.31（针对S1） （-）产品补贴											
	D.39 （-）其他生产补贴											
D.4	财产收入											
	其中：											
	D.41 利息											
	D.4N 利息外的财产收入											
D.41g	FISM分配前的总利息											
B.5g	初始收入总额/国民总收入											
D.5	所得、财产等经常税											
D.61	净社会缴款											
D.62	实物社会转移外的社会福利											
D.63	实物社会转移											
D.7	其他经常转移											
	其中：											
	D.71 非寿险净保费											
	D.72 非寿险赔付											
	D.7N 非特定其他经常转移											
B.6g	可支配收入总额											
D.8	养老金权益变化调整											
P.3	最终消费支出											

续表

				经济总体	非金融公司		金融公司				一般政府	住户和NPISHs	国外
						其中：公营非金融公司	货币金融机构	保险公司和养老基金	其他金融公司	其中：公营金融公司			
				S1	S11	S11001	S12	S121+S122+S123	S128+S129	S124+S125+S126+S127	S12001	S13	S14+S15	S2
		其中：											
		P.31	个人消费支出										
		P.32	公共消费支出										
B.8g		总储蓄											
D.9		资本转移											
		其中：											
		D.91	资本税										
		D.9N	投资补助和其他资本转移										
P.5g		资本形成总额											
		其中：											
		P.51g	固定资本形成总额										
		P.52 + P.53	存货变动和贵重物品获得减处置										
P.51c		固定资本消耗											
NP		非生产资产获得减处置											
B.9		净贷出（+）/净借入（−）											

 = 基础模板

= 扩展模板

注：见表8.4。

表 8.2 金融资产负债存量和流量的季度模板

金融存量和流量：部门和工具（季度，时效性为一个季度）

	经济总体	非金融公司		金融公司													一般政府		住户和NPISHs			国外
		总量	其中：公营非金融公司	总量	货币金融机构				保险公司和养老基金			其他金融公司					其中：公营金融机构		其中：社会保障基金	总量	住户	NPISHs	
					总量	中央银行	其他存款性公司	货币市场基金	总量	保险公司	养老基金	总量	非货币市场投资基金	ICPF以外的其他金融中介机构	金融辅助机构和贷款人	专属金融机构							
	S1	S11	S11001	S12	S121+S122+S123	S121	S122	S123	S128+S129	S128	S129	S124+S125+S126+S127	S124	S125	S126	S127	S12001	S13	S1314	S14+S15	S14	S15	S2
F1 货币黄金和特别提款权																							
F11 货币黄金																							
F12 特别提款权																							
F2 通货和存款																							
其中：本币																							
F21 通货																							
F22 可转让存款																							
F221 银行间头寸																							
F229 其他可转让存款																							
F29 其他存款																							
F3 债务证券																							
其中：本币																							
F31 短期																							
F32 长期																							
1年以内（含）到期																							
1年以上到期																							
F4 贷款																							
其中：本币																							
F41 短期																							
F42 长期																							
1年以内（含）到期																							
1年以上到期																							
F5 股权和投资基金份额																							
F51 股权																							
F511 上市股票																							
F512 未上市股票																							
F519 其他股权																							

续表

	经济总体	非金融公司		金融公司										一般政府		住户和NPISHs			国外
		总量	其中:公营非金融公司	总量	货币金融机构			保险公司和养老基金		其他金融公司					其中:公营金融机构		其中:社会保障基金	总量	住户	NPISHs	
					总量	中央银行	其他存款性公司	货币市场基金	总量	保险公司	养老基金	总量	非货币市场投资基金	ICPF以外的其他金融中介机构	金融辅助机构	专属金融机构和贷款人	总量				
	S1	S11	S11001	S12	S121+S122+S123	S121	S122	S123	S128+S129	S128	S129	S124+S125+S126+S127	S124	S125	S126	S127	S12001	S13	S1314	S14+S15	S14	S15	S2
F52 投资基金份额/单位																							
F521 货币市场基金份额/单位																							
F522 非货币市场投资基金份额/单位																							
F6 保险、养老金和标准化担保计划																							
F61 非寿险专门准备金																							
F62 寿险和年金权益																							
F63+F64+F65 退休权益																							
F63 养老金权益																							
F64 养老金经理人的养老基金债权																							
F65 非养老金保险金权益																							
F66 标准化担保代偿准备金																							
F7 金融衍生工具和雇员股票期权																							
F71 金融衍生工具																							
F711 期权																							
F712 远期																							
F72 雇员股票期权																							
F8 其他应收/应付款																							
其中:本币																							
F81 商业信用和预付款																							
F89 其他应收/应付款																							

= 基础模板
= 扩展模板

注:见表8.5。

表 8.3 非金融资产存量的年度模板

非金融资产存量：部门和资产类型（年度，时效性为 9 个月）

	经济总体	非金融公司		金融公司				一般政府	住户和 NPISHs	国外
			其中：公营非金融公司	货币金融机构	保险公司和养老基金	其他金融公司	其中：公营金融公司			
	S1	S11	S11001	S12	S121 + S122 + S123	S128 + S129	S124 + S125 + S126 + S127	S12001	S13	S14 + S15	S2
AN1 生产性非金融资产											
AN11 固定资产 其中：											
AN111 住宅											
AN112 其他建筑和构筑物											
AN12 存货											
AN13 贵重物品											
AN2 非生产性非金融资产											
A21 自然资源											
其中：											
AN211 土地											
其中：											
AN2111 附着建筑和构筑物的土地											
AN212 矿物和能源储备											
AN22 合同、租约和许可											
AN23 商誉和营销资产											

= 基础模板
= 扩展模板

注：见表 8.19。

C. 与用户交流国民账户数据[182]

8.11 重要的是，应通过文字、表格和图形等有效、切实可行的方式向用户呈现和交流国民账户数据中的统计信息。

8.12 为了有效地交流国民账户数据，新闻稿、报告或文章应做到以下几点：

(a) 清晰地解读相关数据表格和图表；

(b) 运用实例解析数据；

---

[182] 国民账户数据的交流策略一般适用于所有数据集。

(c) 通过标题或图表快速吸引读者注意；

(d) 表述清晰，易于阅读，不要（过多地）使用专业的经济和统计术语；

(e) 易于理解、有趣味性和娱乐性；

(f) 鼓励包括媒体在内的其他群体恰当地使用国民账户数据以增强表达内容的影响力。

8.13 在准备相关材料之前，第一步是明确受众。同时还需密切关注有效的媒体发布渠道，如互联网及快速发展的社交网络。

8.14 国民账户数据的交流需要遵循官方统计基本原则。[183] 联合国网站上给出的原则包括：

(a) 相关性，公正性，平等获取；

(b) 专业性；

(c) 可靠性；

(d) 防止不当使用；

(e) 成本效益原则；

(f) 保密性；

(g) 依法性；

(h) 国内协调一致；

(i) 符合国际标准；

(j) 国际统计合作。

D. 文本使用

8.15 有效的文本表达主要包括以下三个要素：

(a) 结构（内容布局）；

(b) 风格（写作手法）；

(c) 内容（写什么）。

8.16 清晰合理的结构有助于提升交流水平。在写作之前要明确写作目的和内容，明确关键点及逻辑顺序。

8.17 正文的序言部分需简要介绍关键信息。每个段落一个观点，首句提出关键信息，用小段和文句补充更多信息。

8.18 针对不同的目标受众（专业或者非专业）来调整写作风格（正式或非正式）。作者需要考虑读者需要多少数据和详细信息，以及是否使用特定的国民账户术语和其他标准术语来表述，毕竟非专业的大众群体未必能理解这些术语。

---

[183] 联合国统计委员会于 1994 年采用这些原则，详见联合国统计局网站 http：//unstats. un. org/unsd/methods/statorg/FP - English. htm。

E. 图表设计

8.19 国民账户的表格和图表对文字部分起补充作用。表格的具体格式取决于读者的兴趣及表达的内容。虽然可以通过添加更多列以显示子部门或更多行以细分交易、其他流量和头寸，从而更详尽地介绍综合经济账户，但这会导致表格异常复杂、表述不清。因此，商品服务的生产和交易、金融交易和资产负债表的详细分析，以及目的性分析报告应附于附录中，而不是出现在正文中。

8.20 表格主要有两种形式：（a）正文中的简化表格，描述少数总量数据的结构性和趋势性特征（"文本表格"）；（b）附录中的表格，展示更多的详细信息以补充正文（"附录表格"）。

8.21 文本表格中的总量数据来自各种账户（金融的或非金融的）、各部门或者资产和负债的分类数据。

8.22 附录表格可以展示国民经济或一个机构部门的完整账户体系，如 *SNA*2008 附录 2 中的账户序列所示。子集是指所有或特定资产和负债的积累账户和资产负债表。

8.23 图表可用于描述国民账户数据。有用的图表能简单、快速地向读者传达所蕴含的信息。图表突出了数据的显著特征，能从一堆杂乱数据中勾勒出隐含的关联关系。此外，图表还便于不同数据集之间的直观比较。

1. 源于国际可比的非金融交易模板数据的展示（见表8.1）

8.24 按第一章的账户序列，不同账户的表格（生产账户，对外账户，生产、分配、再分配和收入使用账户以及资本账户）都可按交易类型进行绘制（见表8.4）。

表 8.4 基于账户序列的机构部门非金融交易数据展示表

使用/来源	国外	经济总体	非金融公司	金融公司	一般政府	住户和NPISHs
	S1	S11	S12	S13	S14 + S15	S2
生产账户						
产出						
中间消耗						
产品税减补贴						
总增加值（基本价格）						
国内生产总值（市场价格）						

续表

使用/来源	国外	经济总体	非金融公司	金融公司	一般政府	住户和 NPISHs
	S1	S11	S12	S13	S14 + S15	S2
收入形成账户						
总增加值/国内生产总值						
雇员报酬						
产品税减补贴						
其他生产税减其他生产补贴和进口补贴						
营业盈余总额/混合收入总额						
对外账户						
货物和服务出口（Ex）						
货物和服务进口（Im）						
对外货物和服务差额（$-Ex+Im$）						
初始收入分配账户						
营业盈余和混合收入（总额）						
雇员报酬						
产品税减补贴						
其他生产税减其他生产补贴和进口补贴						
财产收入						
利息						
其他财产收入						
国民总收入						
收入再分配账户						
国民总收入						
所得税和财产税等经常税						
社会缴款						
实物社会转移以外的社会福利						
其他经常转移						
非寿险净保费						
非寿险赔付						
其他						
可支配收入总额						
可支配收入使用账户						
可支配收入总量						
最终消费支出						
个人消费支出						
公共消费支出						

续表

使用/来源	国外	经济总体	非金融公司	金融公司	一般政府	住户和NPISHs
	S1	S11	S12	S13	S14 + S15	S2
养老金权益变化调整						
总储蓄						
对外经常项目差额						
资本账户						
总储蓄						
对外经常项目差额						
资本形成总额						
固定资本形成总额						
存货变动和贵重物品获得减处置						
固定资本消耗						
非生产非金融资产的获得减处置						
资本转移						
资本税						
其他资本转移						
储蓄和资本转移引起的净值变化						
净贷出（+）/净借入（−）						

2. 源于国际可比的金融资产和负债的存量与流量模板数据的展示（见表8.2）

8.25 以下段落举例说明用不同的表格形式（见表8.2）来展示国际可比的金融资产和负债的存量与流量数据：

◆ 无交易对手信息的表格可展示：(a) 债权人的头寸、资产净获得、重估价和资产物量其他变化；或 (b) 债务人的头寸、负债净发生、重估价和负债物量其他变化。它们是汇总表，其主要作用是将常住机构单位获得或发生的金融工具归集到主要的机构部门类别中。如以上模板所示，根据表格的目的，机构部门又可进一步细分为众多子部门。

◆ 有交易对手信息的表格可展示：(a) 常住和非常住债权人相对常住债务人的头寸、资产净获得、重估价和资产物量其他变化；或 (b) 常住和非常住债务人相对常住债权人的头寸、负债净发生、重估价和负债物量其他变化。表格反映了"从谁到谁"的方法，因为它展现了金融工具常住部门（债权人）与常住和非常住部门（债务人），以及非常住部门（债权人）与常住部门（债务人）之间的关系。

3. 无交易对手信息的表格

8.26 例如，表8.5可用于表现常住和非常住机构单位作为债权人所持有的金融工具头寸、交易及其他流量（重估价、资产和负债物量其他变化）的情况。

表 8.5　　　　　　　　　基于债权人常住性的表格（未合并）

债权人持有者＼债务人发行者	常住者					国外	合计
	非金融公司	金融公司	一般政府	住户和 NPISHs	经济总体		
	1	2	3	4	5	6	7
常住者　　1							常住发行者
非常住者　2							
合计　　　3							

（第3行1~5列为"常住持有者"区域）

8.27　常住机构单位被分为若干常住部门（非金融公司、金融公司、一般政府、住户和为住户服务的非营利机构），这些部门获得发行者发行的金融工具，且未按发行者常住性和常住部门分类（从表 8.5 第三行的 1～5 列的阴影区域可以看出）。[184]

8.28　另外，非常住者所获得的常住者发行的金融工具，在表 8.5 第一行第六列单元格（灰色阴影部分）中体现。

8.29　表 8.6 可用来体现常住和非常住机构单位作为债务人发行的金融工具的头寸、交易和其他流量（重估价、资产负债物量其他变化）。

8.30　从持有者来看，作为债务人的常住机构单位被分成若干常住部门，它们发行的金融工具由居民、非居民以及未按常住性或常住部门分类的持有者获得[185]（从表 8.6 第三行的 1～5 列阴影区域可以看出）。另外，非常住者发行的并由常住者持有获得的金融工具在表 8.6 第一行第六列单元格（灰色阴影部分）中体现。

表 8.6　　　　　　　　　基于债务人常住性的表格（未合并）

债务人发行者＼债权人持有者	常住者					国外	合计
	非金融公司	金融公司	一般政府	住户和 NPISHs	经济总体		
	1	2	3	4	5	6	7
常住者　　1							常住持有者
非常住者　2							
合计　　　3							

（第3行1~5列为"常住发行者"区域）

---

[184] 表 8.5 中包括常住性的分类，因为常住者发行并由非常住者获得的金融工具需要分别确定。
[185] 表 8.6 中包括常住性的分类，因为常住者持有并由非常住者发行的金融工具需要分别确定。

4. 基于债权人常住性的表格

（a）按到期日、币种及利率类型划分的金融工具

8.31 表8.7显示的数据为常住部门、常住金融公司子部门和非常住单位持有的金融工具，并按到期日进行细分。

8.32 建议根据原始到期日分为短期和长期。到期日分类的第四行表示所持有的所有到期日的金融工具。在数据可得的情况下，可以建立一个备忘项目，用于记录原始到期日为长期但剩余时间在1年及1年以内金融工具的持有情况。

8.33 根据原始到期日分为短期和长期的金融工具主要是贷款和债务证券。例如，表8.7中债务证券数据按持有者的常住性、持有者的常住部门和金融子部门、发行者的常住性及到期日进行分类。

表8.7 按持有者常住性、常住部门和常住金融子部门、发行者常住性及到期日分类的债务证券

发行者（根据常住性和到期日） \ 持有者	经济总体									国外	合计
	非金融公司	金融公司						一般政府	住户和NPI-SHs	备忘项目：公营公司		
		中央银行	中央银行以外的存款性公司	货币市场基金	非货币市场投资基金	保险公司	养老基金	其他金融公司[a]				
经济总体 原始到期日为短期												
原始到期日为长期												
备忘项目：原始到期日为长期，但剩余到期时间在1年及1年以内												
所有到期日												
国外 原始到期日为短期												
原始到期日为长期												
备忘项目：原始到期日为长期，但剩余到期时间在1年及1年以内												
所有到期日												

持有者	经济总体										国外	合计
	金融公司							一般政府	住户和NPI-SHs	备忘项目：公营公司		
发行者（根据常住性和到期日）	非金融公司	中央银行	中央银行以外的存款性公司	货币市场基金	非货币市场投资基金	保险公司	养老基金	其他金融公司[a]					
合计　原始到期日为短期													
合计　原始到期日为长期													
合计　备忘项目：原始到期日为长期，但剩余到期时间在1年及1年以内													
合计　所有到期日													

注：[a] 其他金融公司指除保险公司和养老基金以外的其他金融中介机构（S125），如 *SNA*2008（4.110 段）所列从事资产证券化的金融公司、证券和衍生工具交易商、从事贷款的金融公司、中央对手方清算机构以及专业金融公司；金融辅助机构（S126）；专属金融公司和贷款人（S127）。金融辅助机构包括（金融公司的）总部，专属金融机构和贷款人包括控股公司。或许有必要将这些机构分开列示。

8.34 根据持有主体，金融公司部门可细分为：(a) 中央银行；(b) 中央银行以外的存款性公司；(c) 货币市场基金；(d) 非货币市场投资基金；(e) 保险公司；(f) 养老基金；(g) 其他金融公司。[186]

8.35 从货币政策和金融稳定分析的角度来说，表格也需展现机构投资者对债务证券、权益性证券等金融工具的持有情况。通常认为机构投资者包括金融公司的一部分子集，即这些子部分为：(a) 投资基金（货币市场基金和非货币市场投资基金）；(b) 保险公司；(c) 养老基金。[187]

8.36 同样，可使用类似的表格来展示按币种（本币和外币）及按适用的利率类型（固定利率和浮动利率）分类的金融工具持有情况。

(b) 作为头寸、交易、重估价和资产物量其他变化持有的金融工具

8.37 表8.8可用于反映金融工具的头寸、交易、重估价和资产物量其他变化的存流量关系，金融工具由居民和非居民发行，由常住部门、常住金融公司子部门及非居民持有。

8.38 按市场价值，统计数据涵盖了上期末金融工具的头寸；本期金融工具的

---

[186] 其他金融公司指除保险公司和养老基金以外的其他金融中介机构（S125），如 *SNA*2008（4.110 段）所列从事资产证券化的金融公司、证券和衍生工具交易商、从事贷款的金融公司、中央对手方清算机构以及专业金融公司；金融辅助机构（S126）；专属金融公司和贷款人（S127）。金融辅助机构包括（金融公司的）总部，专属金融机构和贷款人包括控股公司。或许有必要将这些机构分开列示。

[187] 参见"机构投资者资产"数据集，OECD StatExtracts，可从OECD网站获取：http：//stats.oecd.org。

净获得、重估价和资产物量其他变化；本期末的头寸。其中，交易数据既可以净值形式（获得减处置）呈现，也可以以总额形式（总获得和总处置）呈现。

表 8.8　　　　　　按持有者常住性、常住部门和常住金融子部门及按
发行者的头寸、交易、重估价和资产物量其他变化的常住分类的金融工具

发行者（按常住性和按头寸、净获得、重估价和资产物量其他变化）	持有者	经济总体									国外	合计
		非金融公司	金融公司						一般政府	住户和NPI-SHs	备忘项目：公营公司		
			中央银行	中央银行以外的存款性公司	货币市场基金	非货币市场投资基金	保险公司	养老基金	其他金融公司[a]					
经济总体	上期末头寸												
	本期净获得												
	本期重估价												
	本期资产其他物量变化												
	本期末头寸												
国外	上期末头寸												
	本期净获得												
	本期重估价												
	本期资产其他物量变化												
	本期末头寸												
合计	上期末头寸												
	本期净获得												
	本期重估价												
	本期资产其他物量变化												
	本期末头寸												

注：[a] 其他金融公司指除保险公司和养老基金以外的其他金融中介机构（S125），如 SNA2008（4.110 段）所列从事资产证券化的金融公司、证券和衍生工具交易商、从事贷款的金融公司、中央对手方清算机构及专业金融公司；金融辅助机构（S126）；专属金融公司和贷款人（S127）。

5. 基于债务人常住性的表格

（a）按到期日、币种和利率类型分类的金融工具发行者

8.39　金融工具列为负债时，其统计数据可以按四个指标分类：发行者、到期

日、币种及利率类型[188]。

8.40 表8.9包含了两种分类：发行者和到期日。金融工具根据原始到期日分为短期和长期，长期金融工具进一步分为四个子类别。备忘项目表示原始到期日为长期，但剩余到期时间在1年及1年以内。

表8.9　　　　　　　　　按发行者/债务人及到期日分类的金融工具

发行者 到期日	经济总体					国外	合计
	非金融公司	金融公司	一般政府	住户	NPISHs		
原始到期日为短期							
原始到期日为长期							
1～2年（含）							
2～5年（含）							
5～10年（含）							
10年以上							
所有到期日							
备忘项目：原始到期日为长期，但剩余到期时间在1年及1年以内							

(b) 作为头寸、交易、重估价及资产负债物量其他变化而发行的金融工具

8.41 在金融工具发行方面，头寸和流量的详细情况尤为重要，如表8.8所示。表8.10显示了金融工具作为负债时的头寸和流量关系。按照市场价值，这些统计数据涵盖了上期末头寸、本期流量和本期末头寸。交易进一步细分为总额（总发行与总赎回）和净值（总发行减赎回）。

表8.10　　　　　　作为头寸和流量的金融工具（按发行者/债务人分类）

发行者 头寸和流量	经济总体					国外	合计
	非金融公司	金融公司	一般政府	住户	NPISHs		
上期末头寸							
净发行（总发行减赎回）							
总发行							
赎回							
本期重估价							
本期资产物量其他变化							
本期末头寸							

---

[188] 不是所有的金融工具都能按到期日细分。本手册第4章指出金融工具还可按流通性和收入分类，不过此处表格并未采用这些分类。

6. "从谁到谁"表格

8.42 对融资和金融（和非金融）投资行为的全面深入分析需要部门资金的来源和最终流向的详细信息，这样才能追踪金融资产在经济中的流动并掌握部门之间的金融关系。比如，对于决策者而言，不仅需要知道政府使用什么类型的负债（和金融资产）来弥补赤字，而且需要了解哪个部门（或国外部门）在为此提供资金。

8.43 对于金融公司（及监管部门）而言，不仅需要了解所获金融资产的组成成分，而且要明白这些金融资产代表哪个部门的债权。此外，有必要分析一个部门内子部门之间的金融交易（如中央政府与地方政府或社会保障基金之间的交易，或者中央银行与中央银行以外的存款性公司之间的交易）。

8.44 表8.11反映了"从谁到谁"的方法，即表现了金融工具中（如债务证券和权益性证券）作为持有者的常住部门与作为发行者的常住和非常住部门之间的关系，以及作为持有者的非常住部门与作为发行者的常住部门之间的关系。

8.45 对于一国经济来说，这反映了债务证券的头寸、交易、重估价及资产物量其他变化，由机构单位发行、居民（按部门分类）和非居民持有的债券按常住性和机构部门分类（如表8.11的阴影单元格所示）。

8.46 对于居民来说，金融工具持有情况最好用未合并的数据来呈现。这意味着要包含金融工具部门间头寸、交易、重估价及资产物量其他变化（如表8.11对角线阴影单元格所示）。

8.47 此外，表8.11并不包括由非居民持有、非居民发行的金融工具（黑色单元格），因为这与国民经济并不相关。

表8.11　　　　　反映"从谁到谁"方法的表格（未合并）

	持有者（按常住性和部门分类）	经济总体				国外	合计
发行者（按常住性和部门分类）		非金融公司	金融公司	一般政府	住户和NPISHs		
经济总体	非金融公司						常住发行者
	金融公司						
	一般政府						
	住户和NPISHs						
国外							
合计		常住持有者					

8.48 非常住部门持有的金融工具（常住部门作为发行者）体现为：国外部门资产负债表中的头寸（国际投资头寸），国外部门金融账户中的金融交易（国际收

支平衡表的一部分），国外部门积累账户中的重估价或资产物量其他变化（表 8.11 非常住部门一列中处于交叉线上的阴影单元格）。

8.49 常住持有者可按金融公司子部门和一般政府子部门进一步细分，非常住发行者可以按国别和/或部门进一步细分。

（a）按到期日、币种和利率类型分类的金融工具持有者和发行者

8.50 "从谁到谁"框架下的三维表格是在二维表格的基础上，对金融工具子类别（币种、到期日和利率）进行细分或加以组合。[189]

表 8.12 "从谁到谁"框架下按持有者常住性和常住部门、币种、到期日和利率及按发行者常住性和常住部门分类的金融工具持有情况

发行者按常住性、部门以及币种、到期日和利率分类			持有者按常住性和部门分类				国外	合计
			经济总体					
			非金融公司	金融公司和子部门	一般政府	住户和NPISHs		
经济总体	非金融公司	币种						
		到期日						
		利率						
	金融公司和子部门	币种						
		到期日						
		利率						
	一般政府	币种						
		到期日						
		利率						
	住户和NPISHs	币种						
		到期日						
		利率						
国外		币种						
		到期日						
		利率						
合计		币种						
		到期日						
		利率						

---

[189] 按币种和利率分类的标准超出了国民账户的框架，其数据需从其他来源获得。这些数据对于金融账户框架下编制工作不是必需的。

(b) 作为头寸、交易、重估价以及资产物量其他变化而发行和持有的金融工具

8.51 表 8.13 显示了由常住部门和非常住部门持有的、由常住部门和非常住部门发行的金融工具的头寸和流量关系。

8.52 按照市场价值，这些统计数据涵盖了上期期末头寸，本期交易、重估价和资产物量其他变化，以及本期期末的头寸，其中交易表现为净值（获得减去处置）。

8.53 像头寸和交易那样，重估价（持有收益或损失）和资产物量其他变化也可以用三维表格呈现，并按持有者和发行者的常住性和常住机构部门分类。如此详细的统计信息未来可由 SBS 数据库提供。

表 8.13 "从谁到谁"框架下金融工具的持有和发行：头寸和流量

发行者按常住性和部门及按头寸、净获得、重估价和资产物量其他变化分类		持有者 按常住性和部门分类	经济总体				国外	合计
			非金融公司	金融公司和子部门	一般政府	住户和NPISHs		
经济总体	非金融公司	上期末头寸						
		本期净获得						
		本期重估价						
		本期资产物量其他变化						
		本期末头寸						
	金融公司	上期末头寸						
		本期净获得						
		本期重估价						
		本期资产物量其他变化						
		本期末头寸						
	一般政府	上期末头寸						
		本期净获得						
		本期重估价						
		本期资产物量其他变化						
		本期末头寸						
	住户和NPISHs	上期末头寸						
		本期净获得						
		本期重估价						
		本期资产物量其他变化						
		本期末头寸						

续表

发行者按常住性和部门及按头寸、净获得、重估价和资产物量其他变化分类	持有者 按常住性和部门分类	经济总体				国外	合计
		非金融公司	金融公司和子部门	一般政府	住户和NPISHs		
国外	上期末头寸						
	本期净获得						
	本期重估价						
	本期资产物量其他变化						
	本期末头寸						
合计	上期末头寸						
	本期净获得						
	本期重估价						
	本期资产物量其他变化						
	本期末头寸						

（c）由金融公司部门的子部门发行和持有的金融工具

8.54 三维表格可用于说明金融公司的子部门或者分组情况，如货币金融机构（MFIs）或机构投资者，从而显示金融中介机构通过期限转换及资产转换等方式为其他部门提供金融资源的作用。

8.55 货币金融机构、保险公司、养老基金和其他金融公司的头寸和流量情况具有重要意义。扩展表格不仅能揭示（它们）对其他类型的金融中介机构和金融机构的日益扩大（收缩）的影响，而且可以从其交易对手及其持有或交易的金融工具类型来阐明其业务的本质。

8.56 表8.14在"从谁到谁"的框架下，对金融工具持有者按部门/子部门细分，为深入分析发行者和持有者之间的相互关系提供了支持。它反映了金融公司部门下五个主要子部门的金融工具持有情况。金融工具持有情况按照（原始）到期日细分，同时每一种到期日类别又按发行者的常住性和常住部门进行细分。此外，在数据可得的情况下，还可对表格进一步细化，比如按币种和利率类型分类。

表 8.14 在"从谁到谁"框架下按发行者的常住性和常住部门，以及按原始到期日划分的金融公司子部门的金融工具持有情况

持有者 按常住金融公司 子部门分类 原始到期日和 发行者	中央银行	中央银行以外的存款性公司	货币市场基金	非货币市场投资基金	保险公司和养老基金以外的金融中介机构	金融附属机构	专属金融机构和贷款人	保险公司	养老基金
贷款、债务证券									
短期									
常住者									
非金融公司									
金融公司									
一般政府									
住户和 NPISHs									
非常住者									
长期									
常住者									
非金融公司									
金融公司									
一般政府									
住户和 NPISHs									
非常住者									
备忘项目：原始到期日为长期，但剩余到期时间在 1 年及 1 年以内									
常住者									
非金融公司									
……									
非常住者									
股权和投资基金份额或单位									
常住者									
非金融公司									
……									
非常住者									
金融衍生工具和其他金融工具									
常住者									
非金融公司									
……									
非常住者									

8.57 出于金融稳定目的，还需对金融工具的持有情况作进一步细分，即按单个发行者细分。首先，将单个发行者发行证券的投资者按金融公司子部门（如货币金融机构、保险公司、养老基金和非货币市场投资基金）进行分类。其次，需要系统性相关投资者（如大型复杂金融机构，以及以集团为基础合并的非金融集团）的发行者—发行者数据。

（d）"从谁到谁"表格的扩展

8.58 对（金融公司）子部门进行交易对手的扩展分析，可阐明金融中介机构在调配金融资源，及向其他部门有效供给金融资源的作用，这可以通过债券到期或资产转移等适当方式来实现。因此，银行交易和头寸信息，以及与保险公司、养老基金相关的数据都具有重要意义。

8.59 进行扩展分析可揭示其他类型的金融中介机构和金融机构日益扩大（或收缩）的影响，且从交易对手及其交易的金融工具的角度阐明其业务的本质。因此，上述表格需进一步拓展，以展现金融公司部门子部门作为常住非金融部门（非金融公司、一般政府、住户和为住户服务的非营利机构）及非常住部门债权人的相关情况。如果表格要包括所有债权人/债务人关系，就会有很多单元格（其中很多都是空白单元格），因此，为便于理解和展示，这里仅扩展表格的一部分。

8.60 表8.15说明了如何显示金融公司部门中特定子部门的债务人和债权人的交易对手关系（如果适用）。这些交易对手按债权类型、常住性、债务人或债权人部门进行分类。在数据可得的情况下，表格能进一步细分，如币种和存款（债权人部门）、贷款（债务人部门），或保险、养老金和标准化担保计划（债权人部门）。

8.61 也可进一步扩展资产账户的其他变化情况以显示按机构部门、金融资产或负债及交易对手部门划分的持有收益或损失及资产物量其他变化。如此详细的统计信息未来可由 SBS 数据库或公司资产负债表数据库来提供。

表 8.15　按债权及债权人/债务人类型划分的金融公司资产和负债情况的"从谁到谁"（存量和流量）表格

金融公司的金融资产 按债权和债务人类型	货币金融机构	保险、养老金和标准化担保计划	其他金融公司
货币黄金和 SDRs			
货币黄金			
SDRs			
通货和存款			
通货			
可转让存款			

续表

金融公司的金融资产按债权和债务人类型	货币金融机构	保险、养老金和标准化担保计划	其他金融公司
常住者			
非常住者			
其他存款……			
债务证券			
短期			
非金融公司			
金融公司			
一般政府			
住户和 NPISHs			
国外部门			
长期……			
贷款			
短期……			
长期……			
股权和投资基金份额			
股权			
常住公司			
上市			
未上市			
其他股权			
非常住公司……			
投资基金份额/单位			
货币市场基金份额/单位			
常住者			
非常住者			
非货币市场投资基金份额/单位			
保险、养老金和标准化担保计划			
非寿险专门准备金			
寿险和年金权益			
养老金权益			
养老金经理人的养老基金债权			
非养老保险金权益			
标准化担保代偿准备金			
金融衍生工具和雇员股票期权其他应收/应付款			

续表

金融公司的金融资产 按债权和债务人类型	货币金融机构	保险、养老金和标准化担保计划	其他金融公司
商业信用及预付款			
其他应收/应付款			
通货和存款			
通货			
国内			
常住者			
非常住者			
国外			
常住者			
可转让存款			
按机构部门			
其他存款……			

注：货币金融机构包括中央银行、中央银行以外的存款性公司及货币市场基金。

7. 证券等金融工具的全球汇总表

8.62 鉴于近期的金融危机及其在经济和市场中的影响，急需掌握如债务证券和权益性证券等特定金融工具的全球总量数据。

8.63 在表8.16中，全球金融工具持有情况按五个指标进行分类：国别（或国家群体）、常住部门、币种、到期日及利率。

8.64 证券持有者的部门包括非金融公司、金融公司、一般政府、住户和为住户服务的非营利机构。这些部门持有的权益性和债务证券可按币种细分，债务证券还可按到期日和利率进一步细分。

表8.16 按国别、常住部门、币种、到期日和利率分类的金融工具持有情况

金融工具（按常住部门、币种、到期日和利率划分）	常住持有者											
	非金融公司			金融公司			一般政府			住户和NPISHs		
发行者常住国	币种	到期日	利率	币种	到期日	利率	币种	到期日	利率	币种	到期日	利率
A国												
B国												
C国												
……												
Z国												
所有发行者（全世界）												

8.65 表 8.17 是金融工具持有和发行情况的"从谁到谁"表格,按照持有者和发行者的国别和国家群体划分。基于国家的"从谁到谁"表格有利于国际间的比较,是国际组织所需要的。

8.66 这种全球汇总量的表格需要各国"从谁到谁"的数据,数据需经加总和协调。更详细的表格会按照部门、到期日、币种及利率对金融工具进行细分。

表 8.17　　　　　　　　按国别分类的金融工具持有和发行情况

发行者常住国 \ 持有者常住国	A 国	B 国	C 国	……	Z 国	所有持有者（全世界）
A 国						
B 国						
C 国						
……						
Z 国						
所有发行者（全世界）						

8.67 其他分类可以显示金融公司或中央银行以外的存款性公司持有的债务证券,这些证券是针对特定国家群体（如新兴国家和发展中国家）的债权。

8.68 金融工具持有情况可细分到子类别或子头寸,比如根据原始到期日（短期或者长期）或者主要币种等分类（见表 8.18）。币种有美元、欧元、日元、英镑及其他。

表 8.18　　　　　　　　按主要币种分类的金融工具持有情况

持有者常住国 \ 币种	币种				
	美元	欧元	日元	英镑	其他币种
美国					
欧元区					
日本					
英国					
其他国家					
所有持有者（全世界）					

8. 源于国际可比的非金融资产模板数据的展示（见表 8.19）

8.69 报表中非金融资产可按机构部门进行分类。表 8.19 将非金融资产分为生产性和非生产性非金融资产。生产性资产主要包括固定资产（住宅、其他建筑和构筑物）、存货和贵重物品。非生产性资产分为自然资源、合同、租约和许可、商誉和营销资产。

8.70 非金融资产的发行不在本手册讨论范围之内。

表 8.19　　　　　　　　按机构部门分类的非金融资产数据表

	经济总体	非金融公司	金融公司	一般政府	住户和NPISHs	国外
	S1	S11	S12	S13	S14 + S15	S2
AN1 生产性非金融资产						
AN11 固定资产						
其中：						
AN111 住宅						
AN112 其他建筑和构筑物						
AN12 存货						
AN13 贵重物品						
AN2 非生产性非金融资产						
AN21 自然资源						
其中：						
AN211 土地						
其中：						
AN2111 附着建筑和构筑物的土地						
AN212 矿物和能源储备						
AN22 合同、租约和许可						
AN23 商誉和营销资产						

9. 图

8.71　图的选择由数据类型决定，国民账户中最常用的图是时间序列图，显示不同时间点上的数据，横轴为时间，纵轴为数据值。时间序列图主要用于展示一定时期内变量的周期、趋势和季节变化特征。其他常用的图表类型还包括柱状图、饼状图、直方图和散点图。

8.72　对于"从谁到谁"数据，可以使用矩阵图、流程图或者网状图。

8.73　图 8.1（由奥地利国家银行提供）显示了如何利用部门账户分析最近的金融危机。图 8.1 显示了负债（融资）交易的"从谁到谁"数据，交易双方包括中央银行、中央银行以外的存款性公司和货币市场基金、其他金融中介机构、保险公司和养老基金、非金融公司、一般政府、住户部门（包括为住户服务的非营利机构）和国外部门。

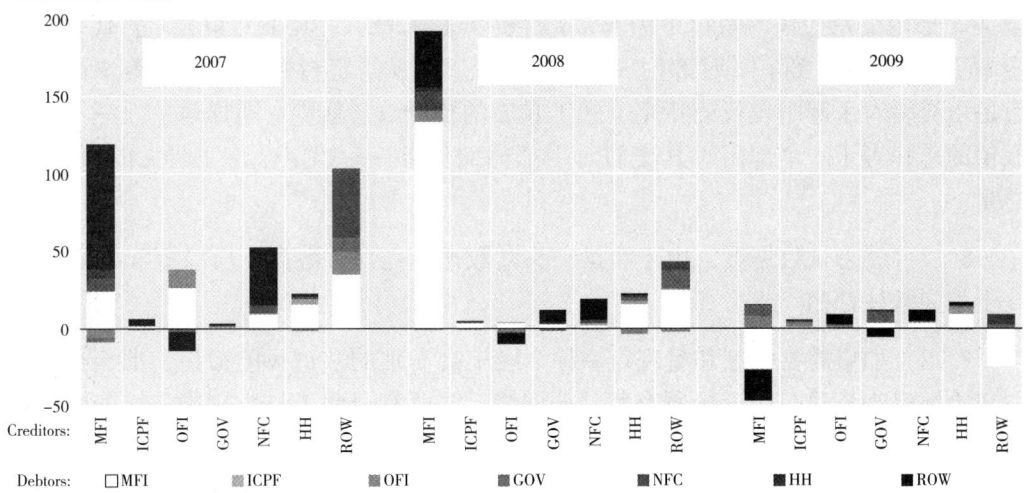

注：MFI 表示中央银行、中央银行以外的存款性公司和货币市场基金，ICPF 表示保险公司和养老基金，OFI 表示其他金融中介机构，NFC 表示非金融公司，GOV 表示一般政府，HH 表示住户部门（包括为住户服务的非营利机构），ROW 表示国外部门。

资料来源：OeNB。

图 8.1　通过奥地利部门账户分析近期的金融危机

8.74　澳大利亚统计局给出了流程图的案例。图 8.2 显示了 2010—2011 年澳大利亚常住机构部门与国外部门之间的净金融流量（交易）。箭头方向代表了从贷款人到借款人的净流量。

8.75　例如，图 8.2 中显示了从住户部门（包括为住户服务的非营利机构）净流向金融公司 213 亿，从非金融公司净流向金融公司 488 亿，从金融公司净流向一般政府 275 亿（数据单位：澳大利亚元）。[190]

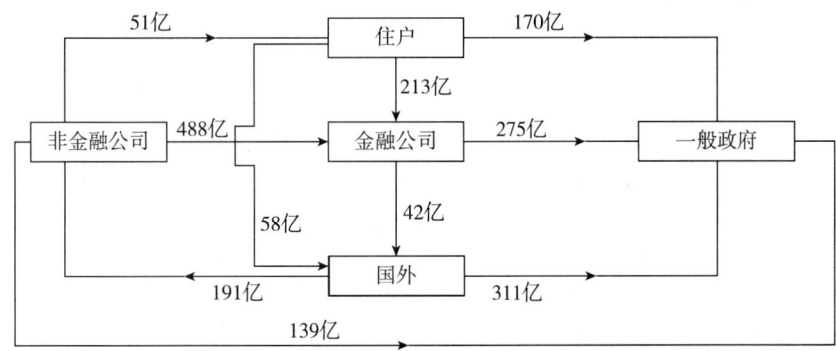

资料来源：澳大利亚国民账户：金融账户（5232.0）。

图 8.2　2010—2011 年部门间金融流量

---

[190] 参见网址：http：//www.abs.gov.au/ausstats/abs@.nsf/Lookup/by%20Subject/1301.0~2012~main%20Features~Inter-sectoral%20financial%20flows~265。

8.76 "从谁到谁"数据可用网络图进行显示。一般地，每个金融工具类别 k 下 N 个部门的双边风险敞口可用 $N \times N$ 阶矩阵 X_k 来表示，其中元素为 x_{ij}，代表一个金融工具类别 k 中部门 i 对部门 j 的风险敞口。任一给定行数值的总和等于部门持有的由交易对手部门发行的特定金融工具 k 的资产 $a_{i,k}$ 总量。同样地，任一给定列数值的总和等于一个部门对其交易对手部门的债务——特定金融工具 k 的负债 $l_{j,k}$ 总量。

8.77 就总量数据看，由于流量和头寸数据不是合并数据，所以矩阵 X_k 的对角线上均为常住部门。

8.78 如果需要编制和呈现每一种金融工具类别的双边风险敞口，那么可以用总风险敞口来构建一张连接所有部门的网络，如所有金融工具类别中连接各个部门的资产加负债。

8.79 图 8.3 为 1999 年第一季度和 2009 年第二季度两个季度末，欧元区部门和欧元区国外部门的跨部门资产负债表风险敞口网络图。图 8.3 中，节点的大小代表各部门的敞口大小；连线表示总的双边跨部门风险敞口，总额由所有金融工具类别加总得出；两个部门之间连线的粗细表示总体风险敞口大小。图 8.3 中一共有六个节点，涵盖了五个常住部门和国外部门。

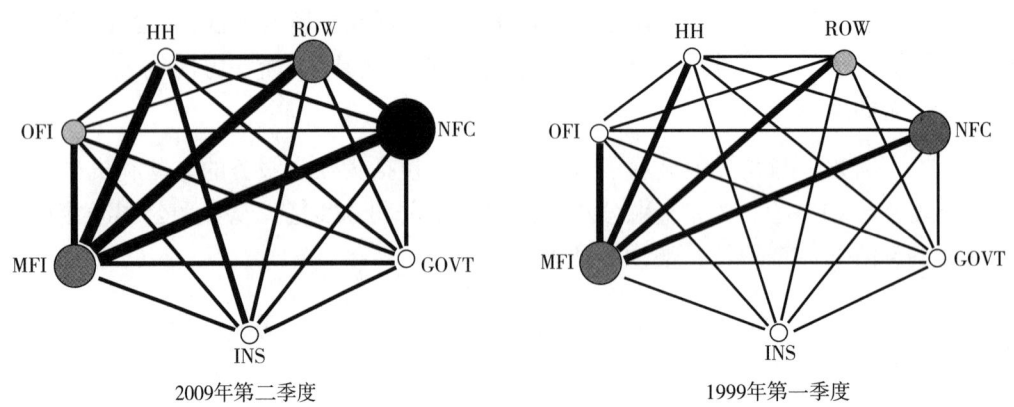

注：节点的大小说明了各部门的总风险敞口量（资产加负债）。连线的粗细显示两个扇区之间的总敞口量。
NFC 表示非金融公司；MFI 表示金融公司；OFI 表示其他金融机构；INS 表示保险公司和养老基金；GOVT 表示一般政府；HH 表示住户部门（包括为住户服务的非营利机构）；ROW 表示欧元区国外部门。
资料来源：Castrén, O. 和 Kavonius, I. K. (2009)。

图 8.3 欧元区部门和国外部门的跨部门资产负债表风险敞口图（1999 年第一季度和 2009 年第二季度）

8.80 图 8.4 显示了葡萄牙金融账户中所有部门的金融互联度。图 8.4 中对 2007 年和 2010 年机构部门间的资金流量（净值）进行了比较分析。其中，圆圈的直径大小代表每个部门金融存款的规模大小（浅灰色为正，深灰色为负），连线的宽度成比例地表示与部门间的关联度。

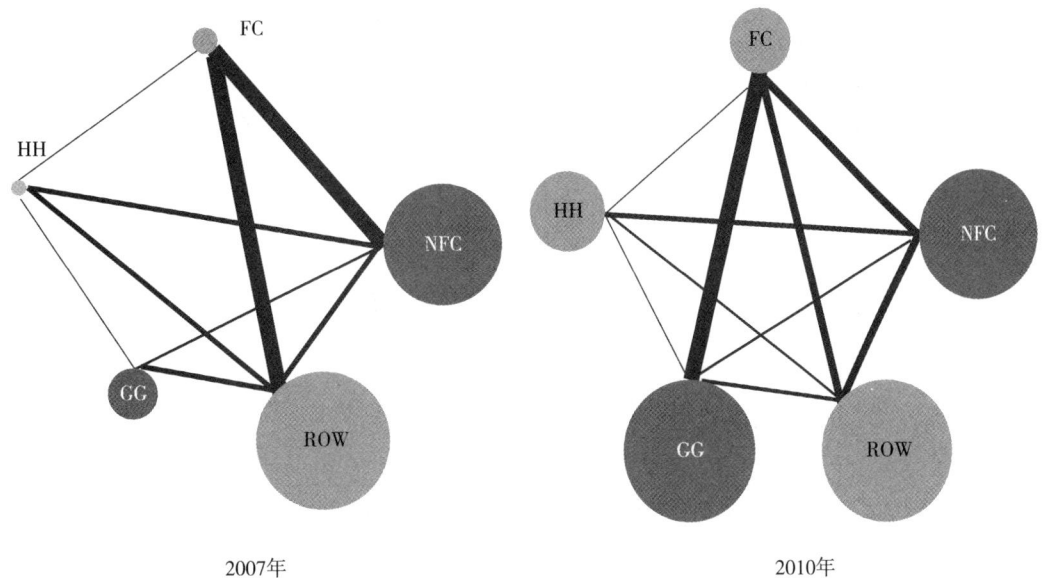

注：NFC 表示非金融公司，FC 表示金融公司，GG 表示一般政府，HH 表示住户部门，ROW 表示国外部门。
资料来源：Lima，F. 和 Monteiro，O.（2011）。

图 8.4　葡萄牙的资金流动情况（2007 年和 2010 年）

F. 国民账户统计数据的披露

1. 统计信息系统

8.81　统计信息系统和数据仓库为决策者、社会公众和市场参与者提供所需的统计数据。

8.82　统计信息系统的设计能满足广大用户的需求，既包括一次性用户（只搜寻一个特定数据的最新值或单个时间序列），也包括使用比较频繁的用户，如市场参与者、记者、分析人员和研究者。

8.83　统计信息系统的界面简单明了，不管用户是否具备技术信息系统或统计方面的知识，均能轻松访问大量的数字特征、函数和时间序列。

8.84　以欧洲中央银行（ECB）的线上统计数据仓库为例，主页的左边提供了各类统计数据（如国民账户）经济概念和各类专业报告（包括自有报告和数据组）的网络链接。

8.85　网站的其他部分还提供了与欧元区相关的指标信息，如通货膨胀率、货币供给总量 M3、以上年价格计算的 GDP、失业率及财政赤字等。图 8.5 显示的是欧元区一般政府债务（占 GDP 的百分比）的发展趋势。

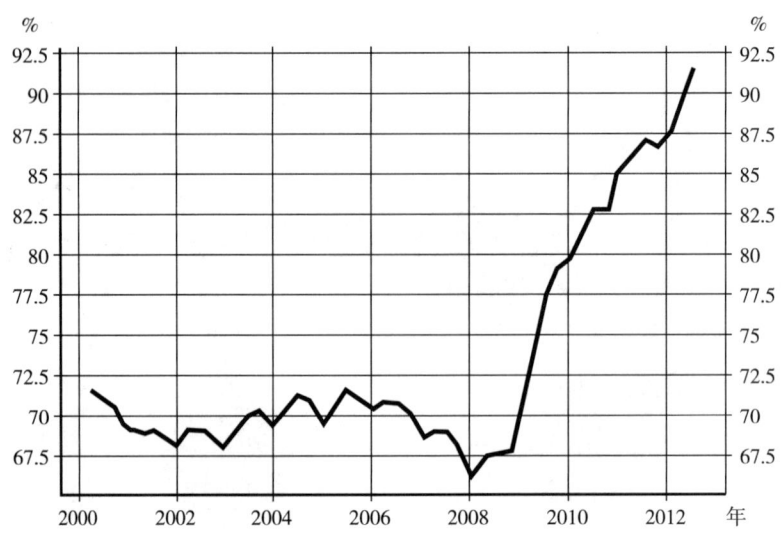

资料来源：欧洲中央银行体系（ESCB）、欧盟委员会（欧盟统计局）和国家数据。
参考日期：2012 年 11 月。

图 8.5　一般政府债务

2. 统计数据和元数据交换（SDMX）计划

8.86　七家重要的国际机构，包括国际清算银行、欧洲中央银行、欧盟统计局、IMF、OECD、联合国和世界银行，联合倡议推行统计数据和元数据交换（SDMX）计划，以建立统计信息的交换标准。该标准已成为一项 ISO 标准（开始为 ISO/ISO 技术规范 17369：2005，后修改为 ISO/TS 17369：2013）。它为统计数据和元数据的展示提供了信息模型和该模型的不同格式（SDMX – EDI 和几种 SDMX – ML 格式），同时提出一种推行 Web 服务的标准化方式，其中包括注册的使用方法。

8.87　SDMX 信息模型包含很多要素，如下所示：

（a）概念描述符。为理解统计数据，首先用户必须明白一些概念。例如，单看数据 1.2953 本身毫无意义，但当我们知道了它实际上是 2006 年 11 月 23 日美元兑欧元的当日汇率时，它就变得有意义了。

（b）组合结构。统计数据按不同级别分组：观测值级别（度量单一现象）、序列级别（度量现象随时间的变化，通常有固定间隔期）、组别级别（一组序列，常见的例子如同级组，即以不同频率度量的相同的序列集合）及数据集级别（如多个组构成以涵盖特定统计域）。上述概念描述符可附属于不同级别。

（c）维度和属性。有两种概念描述符，维度用于识别和描述数据，属性仅用于描述。

（d）关键字。维度按关键字分组，以识别特定的数据集合（如一个序列）。关键字值以固定频率附属于序列级别。依照惯例，对一个数据集合而言，频率是第一位的概念描述符,其他的概念按顺序分配。部分关键字可附属于组。

(e) 代码表。代码表定义维度中的所有可能值。表上每个值都有一个独立于语言的缩写(代码)和一个语言所特有的描述。属性仅用于描述数据而非识别数据,因此,属性既可表现为代码,也可表现为自由文本数值。

(f) 数据结构定义。数据结构定义(数据分类方案)指定一个概念集合来描述和识别一个数据集合。它表明哪些概念是维度(识别和描述),哪些是属性(仅描述),并基于组合结构(数据集、组、序列或者观测值)和状态(强制性或者有条件的)给予每一个概念附属级别。它也指定了哪个代码表为维度提供数值,哪个为属性提供数值(既可以是代码表,也可以是自由文本字段)。

8.88 SDMX-ML 信息模型用途广泛,因此定义了多种 XML 格式。通常情况下,以下两种格式较为常用:

(a) 结构定义格式。此格式被用来定义关键词族的结构(概念、代码表、维度和属性等)。

(b) 压缩格式。此格式被用来定义数据文件,这不是一般性的格式(是数据结构定义专用),但可以支持大型数据集的验证和交换。

专栏 8.1 国民账户的数据结构定义

2011 年初,欧洲中央银行、欧盟统计局、IMF 联合领导,并与 OECD 及 SDMX 秘书处共同参与了国民账户的数据结构定义构建工作。

SDMX 这一标准可提高国际组织和国家数据生产机构之间统计数据和元数据电子交换的效率。为国民账户数据传输确立 SDMX 标准的目的是,提供一个可使用的标准格式,以避免向不同国际组织传输同样数据时要使用不同的格式。IMF 已与欧洲中央银行、欧盟统计局广泛合作,为将 *SNA2008* 数据进行 SDMX 编码而准备草拟概念和代码表等工作(SDMX 编码结构就是一种数据结构定义,即 DSD)。

自一开始,领导组织一致同意使用构建 *SNA2008* 数据的核心方法概念来构建 DSD。这些核心概念——在 SDMX 术语中被称为"维度"——包括以下方面:

1. 参考地区(国家或者地区)
2. 参考机构部门
3. 存量和流量分录
4. 会计分录
5. SNA 项目
6. 功能性分类
7. 工具分类
8. 到期日
9. 金融工具的面值币种

10. 交易对手地区（比如国家或者地区）
11. 交易对手机构部门

根据 SDMX 信息模型，上述维度的各成分的组合提供了用于识别时间序列的唯一"关键字"。此模式的好处在于所有概念性有效时间序列都可通过通用方式进行交换，而无须采用特定报告方式。例如，IMF 对国外部门的国际收支平衡交易感兴趣，而欧洲中央银行则对欧元区国家的交易感兴趣，这两个时间序列可利用"交易对手区域"维度加以区分。

可以预见，在数据统计领域领先的国家今后会充分利用 SDMX Web 服务的相关功能来披露基于 *SNA2008* 的相关数据。欧洲中央银行、IMF 和 OECD 已经开始通过 SDMX Web 服务为其各自数据仓库中存储的数据提供机对机访问服务。需求组织可以通过 Web 服务直接从"供应"组织中"提取"数据，因此 SDMX Web 服务降低了数据报告的必要性。目前，许多数据生成机构都开始推行这种技术方式以更好地服务用户。

以 *SNA2008* 为基础的 DSD 的维度和属性（推荐）

维度名称	维度描述
频率	时间序列频率（如月度）
基准地区	报告国家代码（如葡萄牙）
调整指标	与时间序列相关的特定调整或者概念（如季度性调整）
流量存量分录	流量或者存量的变化性指标（如头寸）
国际收支平衡项目	外部统计项目分类
会计分录	与报告区域相关的存量或流量类型（如资产）
功能性类别	根据金融投资功能分类（如储备资产）
金融工具分类	金融工具的细分（如债务证券）
常住部门	报告区域的机构部门（如一般政府）
币种	金融工具发行或商品和服务发票的币种（如欧元）
到期日	金融工具的原始到期日及剩余到期日（如短期）
交易对手或伙伴的地区	交易对手的国别（如日本或国外部门）
交易对手部门	交易对手的机构部门（如一般政府）
测度的序列单位	用于报告时间序列的测度单位（如欧元）

维度定义时间序列，因此，为了唯一定义时间序列，每个维度需要一个有效的代码。

数据结构定义的属性

属性名称	属性描述	报告要求	附属级别
单位乘数	表示序列的测度单位是否代表千，百万……	M	序列

续表

属性名称	属性描述	报告要求	附属级别
小数	表示序列的准确水平	M	序列
观测状态	表示数值是否是正常数值，临时数值，预计值……	O	观测值
保密状态	表示观测值是否公开，受限，机密……	O	观测值
时间格式	指用于描述相关时期的格式	O	序列
编制机构	识别负责编制序列的机构	M	序列
报告财政年度期末	表示数据是否基于一个财政年度并描述这个财政年度	M	序列

属性进一步描述被维度定义的时间序列。在这种情况下，有些属性必须报告（M），有些则是选择性报告（O）。此外，属性可以附属于不同的级别，如观测值、序列（时间序列或同级组）及数据集等。

第 9 章
机构部门金融账户和资产负债表的运用

参考：
MFSMCG
GFSM2014

A. 引言

9.1 相对于货币与金融统计、国际收支平衡统计或政府财政统计，机构部门账户能更全面地揭示经济、金融和货币的发展情况。尤其是，机构部门账户为分析宏观经济发展提供了补充信息，同时为补充和组合其他更及时的统计数据提供了一个综合框架。由此而论，机构部门账户能综合地展现存流量关系（交易、重估价和其他流量），对于各种不同目的的分析都很有用。与此同时，机构部门账户也是实现不同源数据一致性的方式。

9.2 在本章中，将举例描述机构部门账户，特别是被用于政策分析和研究的金融账户和资产负债表。

(a) 货币和金融分析，包括监测货币资产，以及分析货币资产和其他金融工具之间的投资组合变动。

(b) 从市场与市场参与者两个方面分析国民经济中的融资结构。市场参与者是指常住金融公司、非金融部门和国外部门。其中，常住金融公司主要是指金融中介机构；非金融部门包括非金融公司、住户及为住户服务的非营利机构和一般政府（包含债务人或债权人）等。

(c) 对非金融公司的金融和非金融投资进行内部融资和外部融资分析，同时还包括对非金融公司的金融财富的估值变化分析。

(d) 对住户的消费、储蓄、投资和财富的分析。

(e) 宏观审慎和金融稳定分析。[191]

9.3 为了阐明机构部门账户在政策分析和研究中的作用，我们举了许多例子，

---

[191] 和其他类型的宏观经济分析方法相比，由于在表外项目和准备金方面信息的限制，机构部门账户在这些方面的用处还是相当有限的。然而，机构部门账户可以用作网络分析的一个起始点。

如美国资金流量账户、适用于欧元区的机构部门账户、IMF 资产负债表研究方法，以及机构部门账户在金融稳定分析中的使用。

B. 货币和金融分析

9.4 分析货币和金融发展的投资组合方法，可用于显示机构部门账户体系内货币、信贷及其他资产情况。机构部门账户可以用来监测货币变量及其组成部分，以及分析货币资产和其他金融工具之间的投资组合变动。货币被看作是短期金融投资最重要的组成部分，同时，对广义货币细分进行全面整合后，能进行更为全面的分析。

9.5 在通常情况下，按照流动性从高到低排列，负债可分为：包含通货的货币、可转让存款、短期债务证券和货币市场基金份额或单位（由货币金融机构发行）。金融资产包括贷款、债务证券（由货币金融机构获得）等各类信贷的总和。其他资产包括长期债务证券、股票和其他股权以及来自保险、养老金和标准化担保计划的权益。

1. 机构部门账户货币综合

9.6 机构部门账户框架允许将货币总量和其他短期金融资产进行联合分析，这些短期金融资产通常视为货币的替代品。而且，货币和信用的变动也能反映除常住货币金融机构以外的常住部门的长期金融投资及融资结构，特别是住户和非金融公司，以及一般政府和国外部门。因此，可监测这些部门金融财富投资组合的变化和资产价格与债务的变动。

9.7 在机构部门账户中，广义货币及其交易对手的报告来源于常住货币金融机构对其他常住部门的合并金融交易和资产负债表。相应的金融账户和资产负债表，按金融公司部门、金融资产和负债类别及交易对手划分，从而确定广义货币量。因此分析货币的发展时，应置于尽可能广泛的金融框架下进行，对在生产、收入和资本账户中记录经济发展而言，是更为容易的一种叙述方式。

9.8 货币金融机构包括中央银行和其他常住的中央银行以外的存款性公司。根据广义货币的定义，常住货币市场基金也作为货币金融机构或其他存款性公司。[192] 它们的交易对手是中央政府外其他常住部门。货币金融机构自身持有的货币被排除在外。广义货币既不包括非居民的负债，也不包括非居民持有的由常住货币发行机

---

[192] 见 *MFSMCG* 第 6 章。

构发行的货币。[193]

9.9 举例说明，货币的变量包括：（a）通货（由中央银行发行）；（b）货币金融机构持有的可转让存款；（c）货币金融机构持有的在3个月内到期赎回的存款（短期储蓄存款）；（d）货币金融机构持有的2年内到期的约定期限存款（短期定期存款）；（e）货币金融机构发行的回购协议、货币市场基金份额或单位和1年期及以下的债务证券。

9.10 表9.1中斜体字表示货币金融机构外的常住部门资产的金融交易，反映常住部门对货币金融机构的货币需求。广义货币存量以类似的方式在金融资产负债表中标明。

表 9.1　机构部门账户框架下的广义货币

债权类型和债务人（MFI） \ 债权人	非金融公司	金融公司 货币金融机构[a]	金融公司 其他金融公司	一般政府	住户和NPISHs	货币持有者（合计）	国外
通货和存款							
——短期[b]	*50*	60	*5*	*10*	*150*	*215*	60
——长期	10	20	0	0	30		10
债务证券							
——短期[c]	*10*	30	*5*	*5*	*20*	*40*	30
——长期	5	10	0	0	10		10
货币市场基金份额/单位	*5*	5	*2*	*0*	*20*	*27*	0
股权和非货币市场投资基金份额	0	5	5	0	5		2
金融衍生工具及雇员股票期权	2	10	10	0	0		10
其他应收/应付款	1	2	2	0	0		2
货币存量	*65*		*12*	*15*	*190*	*282*	
国内非货币性负债（合计）	18		17	0	45	80	
MFI的对外负债（合计）							124

注：[a]货币金融机构包括中央银行，中央银行以外的存款性公司和货币市场基金。除货币金融机构和中央政府外，货币持有部门均属于常住部门。

[b]短期存款包括可转让存款，货币金融机构持有的最长3个月的可赎回储蓄存款（短期活期存款）和约定期限最长1年或2年的存款（短期定期存款）。

[c]短期债务证券包括货币金融机构发行的1年期及以内的债务证券。

9.11 在表9.2中，斜体字显示广义货币的交易对手（国内信贷的组成部分）。国内信贷交易对手部分揭示了货币金融机构以各种方式给其他居民提供借款（包括获得其发行的证券）对广义货币的影响。这个交易对手部分包括货币金融机构资产的一部分，也就是给其他常住部门提供的贷款、获得的证券，以及其他类型的借

---

[193]广义货币不包含国外部门持有的货币变量，也不包含常住部门持有的境外存款或短期境外资产。

款。其他常住部门包括金融公司部门的其他实体（非货币金融机构）。

表 9.2　　　　　　　　　机构部门账户框架下广义货币的对手方

债权类型和债务人（MFI） \ 债权人	非金融公司	金融公司		一般政府	住户和NPISHs	货币持有者（合计）	国外
		货币金融机构ª	其他金融公司				
通货和存款		80					30
债务证券	60	40	10	40		110	60
贷款	60		6	20	120	206	45
货币市场基金份额/单位		5				0	
股权	5					5	
非货币市场投资基金份额/单位		5	10			10	5
保险、养老金和标准化担保计划			3	0		3	0
金融衍生工具和雇员股票期权	2	10	0	0	0	2	5
其他应收/应付款	0	2	0	0	0	0	5
国内信贷（合计）	127		29	60	120	336	
国外资产（合计）						150	
净国外资产（合计）						26(=150−124)	

注：ª 货币金融机构包括中央银行、中央银行以外的存款性公司和货币市场基金。

9.12　货币金融机构的另一部分资产，也就是对非居民的净负债，构成外部交易对手部分：货币金融机构的净外部资产（在资产负债表中）及其变化（对应于金融账户交易）。国外部门的交易和头寸（经过重新整理）与国际收支余额和投资头寸相一致。

9.13　货币金融机构对外净资产能概述与国外部门的交易，通过货币金融机构的账户体系与广义货币相联系。

9.14　国际收支平衡表可用于显示货币金融机构外其他常住部门与国外部门的交易是如何引起广义货币变化的。货币金融机构国际收支交易余额必须等于所有其他常住部门的国际收支余额，只是方向相反。（出于这个原因，在编制部门账户和资产负债表时，需要消除国际收支平衡表中的错误和遗漏，否则它们可能归入常住部门而不是货币金融机构。）

9.15　表9.3对这种关系进行了简化。

表 9.3　国际收支与广义货币外部对手方交易的联系

经常和资本账户	直接投资		投资组合			其他投资		金融衍生工具	错误和遗漏	与货币外部对手方的交易
	由国外常住单位（非货币金融机构）[a]	经济体中的非常住单位	资产（非货币金融机构）	负债		资产（非货币金融机构）	负债（非货币金融机构）			
				股权	债务工具					
−9	−6	4	−47	32	4	−32	23	−3	6	−28

注：[a] 货币金融机构（中央银行、中央银行以外的存款性公司、货币市场基金）外的所有单位。

2. 机构部门账户体系内的货币、信贷、金融投资与融资

9.16　机构部门账户将金融分析扩展到非金融部门持有的所有金融资产范围，其中，部分在广义货币有所体现。

9.17　对组成部分的研究能够分析金融投资的替代性，如短期和长期之间，或各种长期金融工具如债务证券、股权或投资基金份额/单位。部门数据能够具体体现各类部门（如非金融公司、住户和为住户服务的非营利机构、一般政府）的投资行为。

9.18　基于货币发行部门提供的数据以及其他金融工具的补充数据（如证券发行和持有），我们将货币和信贷纳入在一个表中显示一个经济体的机构部门以及国外部门的金融投资和融资（见表9.4）。

9.19　由货币发行部门提供的融资来源（613）被分解成短期（467）、长期（107）和其他融资（39）。

表 9.4　部分机构部门账户的广义货币和信贷

金融资产（或金融资产的变化）金融投资								头寸（或交易）	负债（或负债的变化）融资							
非金融公司	其他金融公司	一般政府	住户和NPISHs	货币金融机构	经济总体	国外	总量		非金融公司	其他金融公司	一般政府	住户和NPISHs	货币金融机构	经济总体	国外	总量
65	12	15	190	220	502	90	592	短期[a]	30	3	10	60	467	570	22	592
50	5	10	150	60	275	60	335	通货和存款					335	335		335
10	5	5	20	30	70	30	100	债务证券					100	100		100
5	2	0	20	5	32	0	32	货币市场基金份额/单位					32	32		32
				125	125		125	贷款	30	3	10	60		103	22	125
15	5	0	45	369	434	22	456	长期[a]	95	26	50	60	107	338	118	456
10	0	0	30	50	90	10	100	存款					70	70	30	100
5	0	0	10	180	195	10	205	债务证券	60	10	40		35	145	60	205
				126	126		126	贷款	30	3	10	60		103	23	126

续表

金融资产（或金融资产的变化）金融投资								头寸（或交易）	负债（或负债的变化）融资							
非金融公司	其他金融公司	一般政府	住户和NPISHs	货币金融机构	经济总体	国外	总量		非金融公司	其他金融公司	一般政府	住户和NPISHs	货币金融机构	经济总体	国外	总量
0	5	0	5	10	20	2	22	股权和其他投资基金份额/单位	5	10			2	17	5	22
				3	3		3	保险、养老金和标准化担保计划		3	0			3	0	3
3	12	0	0	24	39	12	51	其他	2	0	0	0	39	41	10	51
2	10	0	0	17	29	10	39	金融衍生工具和雇员股票期权	2	0	0	0	32	24	5	39
1	2	0	0	7	10	2	12	其他应收/应付款	0	0	0	0	7	7	5	12
89	29	15	235	613	975	124	1099	合计	127	29	60	120	613	949	150	1099

注：ªSNA2008将金融工具分为短期和长期到期日，仅针对债务证券和贷款。货币、特定类型存款及货币市场基金被认为是短期金融工具，其他金融工具被认为是长期金融工具。

9.20 广义货币可以由以下得出：

（a）货币金融机构对货币发行机构的短期金融投资——内部部门交易（左边的深灰色数据：95），以及世界其他国家的货币投资（90）；或

（b）未合并的短期融资数据（282 = 467 - 95 - 90）。

9.21 货币也可以直接显示为货币持有部门不同货币形式的金融投资，即通货和存款、短期债务证券及货币市场基金份额/单位（图中浅灰色：282 = 65 + 12 + 15 + 190）。

9.22 此外，在表9.4中，国内信贷（灰色阴影：336）显示为货币持有部门从货币金融机构获得的短期和长期贷款（206）、债务证券（110）、股权（15）及其他金融工具（5）。外部资产和负债是来自国外部门与货币发行部门的金融投资（124）和融资（150）（均为黑色阴影）。

9.23 虽然表9.4仅展现了一个经济体内融资和金融投资过程的一部分，但可以扩展为全部机构部门所有融资来源和金融投资去向。以非金融公司为例，其对非金融公司、非货币金融机构或一般政府的债务都可以作为融资来源。部门的金融投资也一样，其中权益扮演了相当重要的角色。将非金融投资、储蓄和净资本转移（资本账户）纳入以后，更能对机构部门的投资、融资和债务进行全面完整的分析。

C. 融资结构分析

9.24 尽管全球金融市场间联系日益增加，不同经济体之间的金融市场和包括组成部门或子部门的市场参与者的结构仍然存在差异。文献中经常将不同经济体系

融资结构简单区分为以银行为基础的融资结构和以市场为基础的融资结构。

9.25 以银行为基础的融资结构的特点是非金融部门的金融投资和融资主要通过金融中介机构提供。相应的金融工具大多是不可转让的，如存款和贷款或保险产品。

9.26 以市场为基础的融资结构的特点是金融投资和融资活动通过金融市场进行，可转让的金融工具可以在市场上交易，包括债务证券、权益性证券、金融衍生工具。

9.27 图9.1提供了这两种类型融资结构的概览。住户和非金融公司作为贷款人，通过两种方式向借款人提供资金，借款人主要包括非金融公司、一般政府和住户。第一种方式主要通过金融中介机构来实现，主要是中央银行以外的存款性公司、保险公司、养老基金和其他金融中介机构（如投资基金）。第二种方式是通过金融市场，如债务或权益性证券市场和金融衍生工具市场。图9.1中未考虑国外部门作为贷款人、借款人和金融中介的活动。

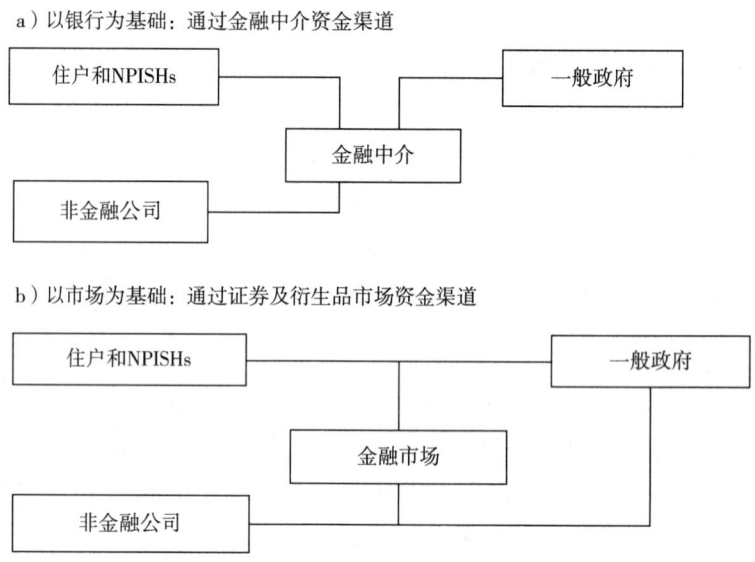

图9.1 以银行为基础和以市场为基础的融资结构

9.28 在评估金融系统的效率、金融稳定性和货币政策传导渠道方面，分析融资结构是很重要的。在评估金融系统的效率方面，分析融资结构可以很好地回答一些问题，例如，金融系统是如何分摊风险和承担风险，或者如何激励其提供和使用信息。为了达到金融稳定目的，探索融资结构与如银行危机、货币危机、资产价格泡沫和崩溃、传染或金融脆弱性的金融现象之间的关系可能是重要的。最后，考虑到货币政策和传导的传统模型——专注于金融可得性的"货币视角"或"信贷视角"，融资结构对决定货币政策传导渠道也很重要。

9.29 除了对以银行为基础和以市场为基础的融资结构的研究及比较之外，监测各常住机构部门，如货币金融机构、机构投资者、非金融公司、住户、一般政府和国外部门的金融投资和融资行为是十分有意义的，这能更详细地分析这些部门的资产、负债及各类按到期日、流动性和交易对手划分的金融工具相关的债务结构情况。

1. 货币金融机构和机构投资者

9.30 货币金融机构主要由中央银行、中央银行以外的存款性公司和货币市场基金组成。资产主要包括贷款和债务证券，负债主要包括通货和存款、债务证券和股权。在一个经济体的融资结构主要以银行为基础的时候，货币金融机构是金融公司部门的重要组成部分。

9.31 以市场为基础的融资结构则相反。在这种情况下，机构投资者在金融中介过程中起到显著作用，因为它们是可转让金融工具（如债务证券和权益性证券）的重要持有者。通常认为，机构投资者包括金融公司、除货币市场基金外的投资基金（如果货币市场基金不属于货币金融机构，则为所有的投资基金）、保险公司和养老基金。

9.32 金融中介机构的范围在不同国家可能会有所不同，如有的可能还包括从事资产证券化的金融公司、证券及衍生品的交易商、从事贷款的金融公司和专业化金融公司。

2. 公司融资

（a）储蓄、投资和融资

9.33 公司融资是指非金融公司以交易（活动）和头寸[194]表示的投资和融资。

9.34 要分析的问题包括资产负债表中杠杆率、流动性和信誉等指标是否对非金融公司的投资有重大影响。关注杠杆率，即债务权益比率，有两个方面的主张：第一，一个公司的财务结构在决定投资上没有任何作用（莫迪利安尼—米勒）；第二，因为资本市场不完善，杠杆率决定了公司的投资决策。还有一个问题就是非金融公司是否通过增加金融资产的净获得来应对权益重估。

9.35 首先要区分的是投资的融资资金是来自内部融资还是外部融资。内部融资是指非金融公司因为储蓄和资本转移而产生的净值变化。在表9.5的例子中，内部融资达到65，其中净储蓄是48，净资本转移为17（=33－16）。在这一段时间内，非金融公司也加大了外部融资，负债的净发生值为140。这样的外部融资可能是通过债务融资［债务证券、贷款和其他应付款（=53＝6+21+26）][195]、股权融资（=84）或者通过金融衍生工具和雇员股票期权（=3）来实现。

---

[194] 除非金融和非金融（交易）账户是完全纵向完整的，储蓄、投资和融资之间关系受差异影响。
[195] 出于分析的目的，金融工具、重估价、应计利息处理中债务的概念可能不同。

9.36 融资总额（=205），用于非金融资产和金融资产投资，即非金融投资（=134）与金融资产净获得（金融投资）（=71）之和。非金融投资主要是（净值）固定资本形成［固定资本形成总额减去固定资本消耗（=113=250－137）］。金融资产（金融投资）的净额包括通货和存款（=27）、债务证券（=7）、贷款（=19）、股权和投资基金份额或单位（=10）、金融衍生工具和雇员股票期权（=3）和其他应收款（=4）等方面的投资。

表 9.5　　　　　　　　　　非金融公司的储蓄、投资和融资

资产变化	交易	负债及净值变化
	融资	205
	储蓄和资本转移引致的净值变化	65
	净储蓄	48
	应收资本转移	33
	应付资本转移	－16
	发生负债的净额	140
	债务证券	6
	贷款	21
	股权和投资基金份额或单位	84
	金融衍生工具和雇员股票期权	3
	其他应付款	26
205	投资	
134	非金融投资	
250	固定资产形成总额	
－137	固定资本消耗（－）	
26	库存变化	
2	贵重物品获得净值	
－7	非生产/非金融资产获得净值	
71	获得金融资产的净额	
27	通货和存款	
7	债务证券	
19	贷款	
10	股权和投资基金份额或单位	
3	金融衍生工具和雇员股票期权	
4	其他应收款	

9.37 不仅反映在特定时期内进行融资和金融投资决策的交易，而且反映了资产、负债物量其他变化的重估价对非金融公司期初和期末资产与负债头寸变化的影响。

(b) 描述非金融公司融资结构的指标

9.38 用资产负债表中资产和负债头寸派生出的指标来描述非金融公司融资结构,[196] 这些指标实质上是杠杆率、流动性和信誉。根据表 9.6 所示的交易和头寸数据,我们可以定义以下几个指标:

(a) 托宾 q: 为公司的市场价值与非金融资产市场价值之比 [= 3482/2407 = 1.45 (表 9.6 中黑色阴影部分)];

(b) 公司资金缺口[197]: 为投资(包括非金融和金融:表中深灰色阴影部分)减去内部资金(深灰色阴影部分)(= 134 + 71 – 65 = 140)在融资或国内生产总值(GDP)中的百分比;

(c) 负债权益比率(= 2255/980 = 2.30)(表中淡灰色阴影部分);

(d) 资产负债比率(= 2255/3482 = 0.65);或

(e) 债务—净值比率(= 2225/88 = 25.3)。

表 9.6　　　　　　　　　非金融公司的交易、其他流量和头寸

资产变化					负债及净值变化			
P (0)	T (1)	OF (1)	P (1)	头寸、交易及其他流量	P (0)	T (1)	OF (1)	P (1)
				融资	*3133*	*205*	*144*	
				净值(内部资金)	–88	65	111	88
				负债(外部资金)	*3221*	*140*	*33*	*3394*
				债务	2182	53	20	2255
				权益	885	84	11	980
				金融衍生工具和 ESO	154	3	2	159
3133	205	144	3482	资产(投资)				
2151	134	122	2407	非金融资产				
982	71	22	1075	金融资产				

注:P (0) 和 P (1) 分别是在开始时 (0) 的头寸和结束时 (1) 的头寸。T (1) 和 OF (1) 在周期 1 期间的交易和其他流量。

(c) 非金融公司杠杆率、流动性和信誉

9.39 杠杆率作为一个健全的融资结构的关键指标,可由以下描述的三个比值来代替衡量:(a) 负债权益比率;(b) 资产负债比率(公司的市场价值);或 (c) 债务—净值比率。前两种计算方法取决于分母上股权的市场价值,而当股市波动较大时,则难以进行解释。

9.40 流动性问题是指流动性资产短缺影响到公司立即履行义务的能力。这种

---

[196] 非金融公司融资结构的分析受公司的结构和规模、公司活动类型、对金融市场开放程度及是否受非居民或一般政府控制等因素影响。

[197] 在美国资金流量统计中,金融缺口定义为资本性支出减内部融资和存货计价调整。

问题常在公司濒临破产或不愿支付的情况下出现。债务的币种和利率结构、期限结构、资产偿债能力是影响非金融公司脆弱性的重要决定因素。

(d) 不同的融资结构

9.41 非金融公司融资结构随着经济体、行业和公司规模的不同而存在很大差别。

9.42 小型和大型非金融公司融资模式的差异与融资约束条件可能表明，货币政策对不同规模的公司和传导机制有着不同的影响。例如，小型非金融公司通常比大型非金融公司面临更加严峻的融资问题。

9.43 金融市场创新可能有助于公司增加新的融资模式，其中，中央银行以外的存款性公司将在资产证券化、金融衍生工具、结构性融资和银团贷款等方面扮演新的角色。这些发展的贡献因素是金融市场的进一步国际化，如巴塞尔协议Ⅱ、巴塞尔协议Ⅲ协议监管发展，以及提高信息质量和及时性的技术发展。

3. 住户部门融资

(a) 住户部门的资产负债表和净值

9.44 对住户部门资产负债表及其组成的研究正在兴起，尤其是讨论它们的变动是源于交易还是其他流量因素，已经推动诸如财富效应、杠杆行为、抵押物的价值和真实财务信息循环反馈等成为周期性的研究热点。然而，参考和结合微观数据对于分析住户部门金融行为至关重要。

9.45 根据资产负债表监测住户净值变化情况，是机构部门账户综合体系的一大优势。它不仅涵盖了住户部门的非金融和金融财富等重要指标，而且涵盖了住户部门债务和储蓄。

9.46 交易（获得或出售资产）、重估价和物量其他变化会对住户部门的金融和非金融财富的规模和结构产生影响。养老金计划、社会保障计划、住房贷款和教育体系等不同安排方式，或许可以解释不同国家住户部门金融和非金融资产在规模和结构上的差异。

(b) 住户部门资产负债表的非金融资产部分

9.47 机构部门账户在收集和编制资产负债表非金融资产数据上存在困难。 *SNA*2008将非金融资产区分为生产和非生产两大类。

9.48 生产性非金融资产涵盖固定资产、存货和贵重物品。非生产性非金融资产是指自然资源、合同、租约、许可证或商誉。

9.49 非金融资产数据通常仅指住户住房财产,这涵盖所有住户房屋及房屋土地的价值。[198]

9.50 房屋财富占住户部门总财富的很大一部分(取决于国家的财富结构),对评估住户部门消费、投资、储蓄和投资组合决策至关重要。

9.51 图9.2是欧洲中央银行(ECB)定期发布的季度欧元区账户新闻稿。它通过不同资产类别说明住户净值的变化。[199]

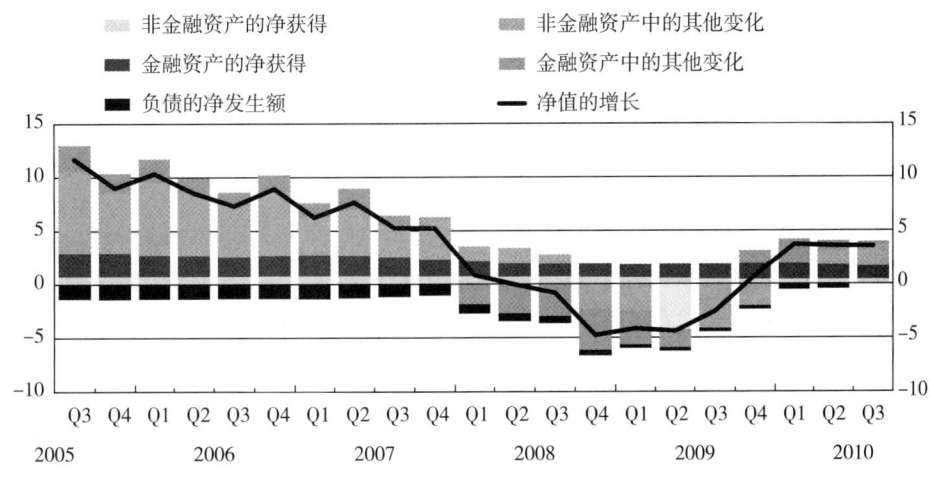

资料来源:ECB。

图9.2 住户部门净值增长和各类资产变化的贡献度(年度百分比变化和贡献度)

(c) 住户部门资产和负债重估价

9.52 资产和负债代表了机构部门账户综合体系的存量部分。金融交易反映了一定时期内融资和金融投资决策情况,其余额的变化受交易、重估价、资产和负债物量其他变化影响,如贷款冲销、机构单位或金融工具的重新分类。

9.53 机构部门账户可以监测资产价格的变化(衡量持有收益或损失)。重估价账户是反映资产价格变动的基础账户工具。

9.54 住户部门资产负债表数据能反映持有住房财产、与房屋价格或股票价格涨跌相关联的股权及投资基金份额/单位的持有收益或损失。

9.55 如图9.2所示,对住户部门财富或住户部门净值的变化有着更重大的影响,是住户部门资产的其他变化,而不是负债的其他变化。特别地,在美国和英国这种住户部门金融财富以权益性证券形式持有为主的国家,住户部门金融财富变化与股票市场指数存在一定的联系。

---

[198] 美国将耐用消费品归为非金融资产。根据 SNA2008,耐用消费品应当作消费品。
[199] 美国资金流量统计中,细分了住户净值的变化。

(d) 住户部门债务和储蓄

9.56 住户债务和储蓄两个指标可用于进一步分析住户融资。住户债务应显示为未合并且具有市场价值。贷款和其他应付款通常是唯一一处于负债方的金融工具。然而，应当考虑到的是，因住户部门通常持有大量的资产，住户净资产或净金融财富（金融资产减去负债）比住户债务指标更重要。

9.57 将住户部门的资本账户与金融账户相结合拓宽了分析的范围，为分析工作提供了更为广阔的研究视野，涵盖整个投资（包括金融投资和非金融投资）和融资（净储蓄、净资本转移、负债净发生）（见表9.7）。住户部门储蓄可以从表9.7中推导出来。它指的是总储蓄，包括净储蓄和固定资本消耗。[200] 由于各国固定资本消耗标准不够统一，应用总储蓄来比较，而不是净储蓄。

9.58 因此，可通过生产和收入账户的进一步整合来补充投融资分析。与实际变量的关联促进了融资和实际变量之间的相互关系研究，同时也指出了货币政策的传导过程，如对住户部门和其他机构部门的收入和财富效应的影响。

表 9.7　　　　　　　　　　住户储蓄、投资和融资

资产变化	交易	负债及净值变化
	融资	*261*
	储蓄和资本转移引致的净值变化	200
	储蓄	185
	应收资本转移	23
	应付资本转移	−8
	发生负债的净额	61
261	投资	
47	非金融投资	
80	固定资本形成总额	
−45	固定资本消耗（−）	
2	库存变化	
5	贵重物品获得减处置	
5	非生产/非金融资产获得减处置	
214	金融资产的净获得	

4. 政府融资

9.59 一般政府赤字、支出、收入和债务是用于财政政策分析的主要指标。各

---

[200] "总储蓄"的概念必须与资产负债表负债头寸加总得到的总负债区分。

国统计方法的差异与其部门划分标准有关。根据特定的分类标准，公营公司重新被划分为政府单位。此外，很多时候只能得到中央政府数据而非一般政府数据。

9.60 一般政府作为常住机构部门必须从公共部门中区分开来。[201] 一般政府部门包括符合以下主要经济功能的所有机构单位：或以非常便宜的价格为社区或住户部门提供货物和服务；或以转移支付的方式对收入和财富进行再分配。这两项活动的资金主要来源于税收或其他政府单位转移支付。公共部门包括一般政府、所有公共非金融公司和金融公司。

（a）政府赤字

9.61 一般政府赤字（或盈余）是由政府财政收入减去支出（费用）得到。它对应于一般政府的资本账户或是金融账户的余额项（净贷出（+）/净借入（-），B9）。原则上，这两个余额项之间没有差异。但是，在使用的数据来源和账户编制方法不同的情况下，可能导致这两个余额项产生差异。[202]

9.62 净贷出/净借入为负表示政府支出大于收入。这意味着需要借入新债（如出售政府债券），或需要出售金融资产（如降低银行存款），以产生的现金支持超出收入的支出部分。因此，政府净贷出（+）/净借入（-）也等于获得金融资产的净额与发生的负债的净额之差。两者都显示在金融账户中，详细揭示了政府如何满足自身借贷需求。

（b）政府债务

9.63 政府债务展现为未合并和合并的。通常参考的是合并一般政府总债务，如合并整体一般政府债务头寸及应用总头寸。SNA2008 要求一般政府债务按名义价值计算。[203]

9.64 以下金融工具被视为债务：SDRs、通货和存款、债务证券、贷款、保险、养老金、标准化担保计划和其他应付款。不包括股权和投资基金份额/单位、金融衍生工具和雇员股票期权。

9.65 "从谁到谁"账户角度来看，综合财政政策分析能解决这些问题：一般政府或其下属部门的财政投资和融资决策对应的是哪个部门？哪些公司（金融或非

---

[201] 在欧盟，所谓的"50%标准"与定性分析相结合一起决定哪些实体归类在一般政府里，但在 SNA2008 里，不存在明确的"50%标准"概念。

[202] 通常，金融账户及资产负债表的编制过程是独立于其他账户的。因此，虽然从理论上说，来自不同账户的净借入与净贷出数据应该相等，但在实践中所实际获得的数据结果却常常不同。出现差异，可能意味着在金融账户或其他任何能够影响资本账户平衡的账户中存在误差。按部门逐一核查这些差异，将有助于识别出最有可能发生误差的来源。例如，住户部门在净借入上存在较大差异，可能意味着一些住户部门成员的收入未被记录；非金融企业部门在净贷出上存在较大差异，则可能意味着花费在固定资产上的某些支出未被记录。但是，具体情况到底如何，还是应该进行逐项调查分析。可参见 SNA2008，段落 18.20。

[203] 在欧盟，一般政府债务需要在超额赤字程序下以《马斯特里赫特条约》规定给予公布。

金融，居民或非居民）股份是政府持有的？或者是国内外谁在持有政府债务？一般政府债务数据可以按持有者或债权人分类，可分为居民和非居民持有的债务。居民持有的债务可进一步细分为各机构部门持有的，如中央银行、中央银行以外的存款性公司、其他金融机构和其他居民。此外，一般政府债务也可以按照原始期限、剩余期限和币种划分出来。

（c）监测财政发展

9.66 一般政府指标通常用来监测机构部门账户综合体系中财政发展情况。因此，季度数据通常用于评估政府支出情况及财政收入的最新情况。这既有助于对本年内的政府财政进行持续的监测，也有利于对一般政府本年财政预测情况进行评估。虽然季度数据有时会有些变化，但其周期性模型还是合理稳定的。这意味着，年度同比的大趋势还是可以确定的，而且为更好地评估政府财政预测提供了可靠的数据指标。

9.67 季度模型的变化可能提示了政府财政在这个年度内的潜在变化，而这无法通过单个年度指标来推断。例如，上年度财政赤字指标无法揭示这个年度赤字是增加还是下降，也无法揭示年内是否存在转折点。

9.68 季度数据也有助于提高政府一般财政统计数据的质量和及时性，包括年度数据。例如，编制系统应该更自动化、稳健化，应当提前处理和记录新型交易，并在本年度提前较好地解决存在的潜在问题。

9.69 为了更好地理解季度宏观经济变量和季度政府财政收入的联系、支出和金融投资及金融数据在机构部门账户系统的关系，应当应用会计中的权责发生制。这意味着，就政府收入而言，它应当记入经济活动发生而产生支付税收义务的时期，而不是实际支付的时期。虽然权责发生制总体上得到遵行，但在实践中很难严格应用。例如，权责发生制很难应用在按年征收的税种的季度统计上。按权责发生制统计产生的偏差在一定程度上不可避免，这就增加了对政府账户和其他宏观经济变量之间关系的分析难度。

9.70 然而，机构部门季度核算体系需要通过探究一般政府季度财政收入、支出、赤字和债务的简况来分析一般政府与其他经济部门及国外地区经济发展之间的相互关系。

5. 跨境金融投融资

9.71 全球化和金融一体化更加重视跨境交易、其他流量和头寸数据的可靠性和及时性。

9.72 跨境交易、其他流量和头寸反映在相应的国外部门账户上。非居民（相对于居民部门而言）获得的金融资产和发生的债务从以下几个方面体现：国外部门资产负债表中的头寸（国际投资头寸表，IIP）、国外金融账户中的金融交易（国际收支平衡表中的一部分）、国外累积账户中资产重估价及资产物量的其他变化。

9.73 与国外资产负债表头寸相关的指标可以参考 IMF 联合证券投资调查（CPIS）和直接投资调查（CDIS）中涉及的资产和负债，或只参考外部债务数据中的负债。

9.74 CPIS 的目的是收集跨境证券投资组合（权益性证券和短期、长期债务证券）的存量信息。[204] CPIS 从 2001 年开始每年从超过 75 个国家收集其发行的特定金融工具年末证券投资组合头寸数据。

9.75 所收集的数据允许在各个不同水平的金融工具下，以"从谁到谁"形式呈现，并且显示不同发行国对应的资产持有者。除了要求的数据外，IMF 还鼓励报告其他有用的补充信息。CPIS 将证券按照持有的常住部门分为货币当局、银行、其他金融机构、一般政府和非金融部门，还可以显示证券币种明细。为应对金融危机期间爆发的数据缺口，CPIS 自 2013 年 6 月底到 2014 年 1 月期间采取诸多措施加强数据收集，包括半年度展开一次调查，每年 6 月底和 12 月底各报一次数据，加强向 IMF 提交数据和 IMF 分发数据的及时性，引入额外自愿报告国外债权部门和短期（负）头寸的数据。同时，还将引用 *BPM6* 的机构部门分类。

9.76 CDIS[205] 是由 IMF 发起的全球统计数据收集项目，联合跨机构合作伙伴，包括 OECD、欧盟统计局、ECB 和联合国贸易和发展委员会。联合直接投资调查（CDIS）从 2009 年底开始按年收集数据。参照期结束后的 9 个月后需提交原始数据，于 12 月发布。修订后更全面的数据在次年年中发布（有 18 个月滞后期）。2011 年底调查包括 100 个经济体调整后的数据。

9.77 CDIS 收集全面且一致的外国直接投资（FDI）年末头寸数据，包括直接投资者（对内直接投资）和投资经济体（用于对外直接投资）的相关数据。也包括单独的股权和债务头寸数据。此调查是收集不同国家信息，但没有对投资者的行业或接收者的行业进行细分。[206] CDIS 的目的是通过直接相关经济体以提高国际投资头寸中 IIP 统计的质量。

---

[204] 关于 CIPS 的相关信息以结果表（数据、元数据）可登录 http://www.imf.org/external/np/sta/pi/cpis.htm。
[205] 关于 CDIS 的相关信息以及结果表（数据、元数据）可登录 http://cdis.imf.org/。
[206] 然而，一些经济体将净债务报告数据划分为常住金融中介和常住公司，而不是金融中介。

> **专栏 9.1　外国直接投资**
>
> 外国直接投资（FDI）已成为国际经济一体化的一个关键因素。因此，定期分析 FDI 是许多宏观经济和跨境金融分析必不可少的部分。
>
> FDI 头寸是一类重要的对外或从外吸收的投资。其在国内生产总值中的占比，体现了全球化程度和经济体的相互依赖程度。
>
> 国际收支表的金融账户中的 FDI 交易显示了其所获得的净金融资产和所发生负债的净值，包括单独的股权工具数据和债务工具数据。
>
> 直接投资收益提供了直接投资者和直接投资公司的收益信息。直接投资收益来源于：(a) 已分配利润及未分配利润，后者被视为已分配或将再投资于该公司；(b) 公司间的贷款、贸易信贷和其他形式债务的利息。
>
> *BPM6* 的一个特征是进一步阐述了 FDI 的交易方法，在 *BPM6* 第 6 章，即使在不是共同持股的情况下，直接投资关系也延伸至具有共同直接投资者的附属公司。
>
> 由于特殊目的实体（SPE）或份额再被细分为新的金融公司子部门中专属金融机构和借款人（S127）的一部分，非金融公司和专属金融机构的金融活动会受到 FDI 的影响。

9.78　类似于其他机构部门的债务，一个经济体的外债定义为由居民承担的对非居民的外部债务总额，包括 *SNA*2008 所认定的作为金融工具的所有负债，但这里的金融工具不包括股权、投资基金份额/单位、金融衍生工具及雇员股票期权，因为它们不需要支付本金或利息。

9.79　从国际收支平衡表统计中得出的指标可能来自货物和服务（贸易）、收益、经常性转移和资本转移账户。用于货物、服务、收入和经常转移的账户用经常账户表示，用于资本转移的账户包含在资本账户中。

9.80　可能更为合适的是关注更广泛的概念，并将经常账户和资本账户中净贷出（+）/净借入（-）与国外部门结合（如在 GDP 中的占比）。该指标与从金融账户推导出的净贷出/净借入相对应。

D. 宏观审慎和金融稳定分析

9.81　机构部门账户用于宏观审慎和金融稳定分析，涉及从金融资产负债表或常住部门（特别是住户部门）交易账户中推导金融稳健指标。住户部门（金融）财富和住户部门债务变化可能表明资产与负债之间不匹配，这对成本和融资可得性有重要的影响，反过来，对投资和消费产生影响，最终对价格变化产生影响。

9.82 对于非金融公司来说，相较于上述其他宏观分析，使用机构部门账户来进行宏观审慎和金融稳定分析具有一定的局限性，因为关于公司集团结构、表外项目和准备金的信息十分有限。

9.83 考虑到 SNA2008 与金融稳定分析框架之间存在的概念差异，国民账户数据可以看作是公司集团汇总数据的补充。然而，该机构部门账户数据可作为网络分析的一个起点。

9.84 作为第一步，需要解释国民账户体系和公司集团之间不同的概念并比较各自的要素。

1. 国民账户体系方法和公司集团方法

9.85 基于 2008 年国民账户体系（以下简称 SNA 方法）的国民账户概念给出机构单位定义，其是根据住所和主要经济活动按部门和子部门汇总得出。虽然加总数据是未合并的（"从谁到谁"），但是，在不同的分析目的或政策目的案例中，无论是按部门还是按子部门，国民经济都运用的是整合数据。[207] 图 9.3 说明了这一点做法。

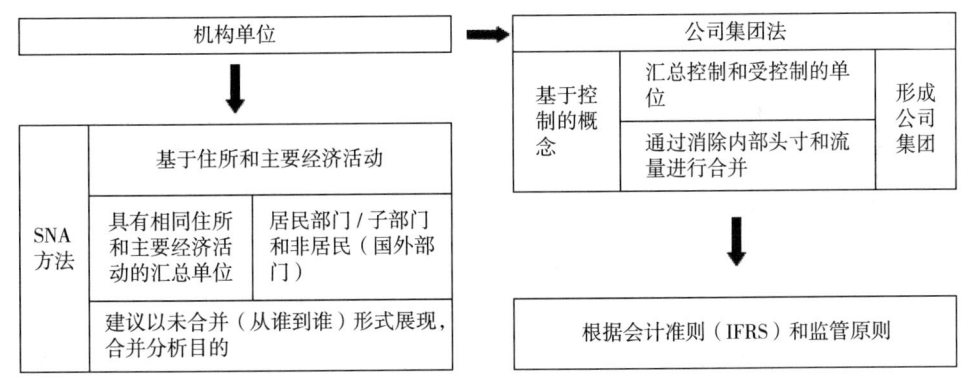

图 9.3 SNA 方法和公司集团法

9.86 机构单位的定义同样是理解公司集团方法的第一步。基于控制的概念，控制和被控制单位是汇总计算的，而且还要通过消除集团内部间头寸和流量后合并数据，最后形成一个公司集团的数据。

9.87 控制和被控制单元形成的公司集团（按 SNA 方法）通常分属于不同的经济体，也分属于不同的部门或子部门。因此，以 SNA 方法为基础而得到的汇总数据和以公司集团方法为基础得到的数据几乎是不可能调和的。然而，还有一个选择，就是把一个公司集团按不同的住所和分属的常住部门分成不同的小集团单位。

---

[207] 货币金融机构和一般政府数据通常是经过合并的。

9.88 按照国际会计准则（IFRS）和监管原则，不同的合并概念可使用其他修正的方法。

9.89 基于这两个不同的概念，表9.8进一步明确了不同的数据要求。由于货币政策分析和其他类型的宏观政策分析是基于国际统计标准（SNA方法），那么就需要根据机构部门来提供数据。用于金融稳定的数据需参考公司集团方法得出。

表9.8 基于货币政策和金融稳定目的的统计要求

要求	以货币政策为目的的 SNA 方法（国际统计标准）	以金融稳定为目的的集团公司方法
报告总体	货币金融机构，其他金融公司，非金融部门和国外部门	大型公司集团（金融、非金融）
住所	东道国方法	主要国方法辅以东道国方法
地理合并	未合并	主要是合并，辅以不合并
机构合并	未合并[a]	合并，包括属于同一集团公司的其他金融机构
计价	市场价值	市场价值/账面价值
工具划分	基本［根据 SNA2008，金融工具包括：通货和存款（F2），债务证券（F3），贷款（F4），股权和投资基金份额/单位（F5），保险，养老金和标准化担保计划（F6），金融衍生工具和雇员股票期权（F7），其他应收/应付款（F8）］	详细（如银团贷款、次级债、电子商务等）
期限	原始期限	剩余期限

注：[a]在一个国家领土内统计报告是允许合并的，MFI 合并国内办事机构，而不合并国外办事机构。

9.90 国际统计标准明确区分了居民与非居民，以及不同的机构部门；它们还对交易和与资产和负债有关的其他流量（重估价和其他物量变化）分别进行处理。这些标准在合并后的机构部门账户、货币统计、其他金融机构统计和为货币政策而编制的市场数据中反映出来。

9.91 例如，银行统计数据及从其中衍生的货币总量包括了货币金融机构的资产负债表、交易及其他（非交易性）流量统计。无论货币金融机构总部位置在哪，该机构都属于所在国的居民，但不包括货币金融机构国外分支机构，而且也不包括货币金融机构子公司的附属业务。例如，子公司不是货币金融机构，而是租赁公司或者消费信贷委托人，这些实体就是所谓的"其他"（非货币性）金融中介机构。统计数据不合并交易和其他流量，也不合并不同部门或住所地的机构单位。

9.92 用于宏观审慎和金融稳定目的的统计数据着眼于整个公司集团业务。跨国数据将合并包含在外国银行分支业务中，尽管内容信息有所不同，跨部门数据也会合并非银行（或货币金融公司的）金融子公司数据。虽然监管部门出于统计目的会使用部门间的差别和详尽的金融工具，但它们对风险测算（如信贷对手方和市场风险）更为关注。

9.93 与出于金融稳定目的进行的分类相比，在金融账户和资产负债表中金融资产和负债的分类更少一些。

9.94 出于金融稳定的目的，收集更详细的资产负债表数据、表外数据，如准备金和或有事项也是有意义的。

2. 应用于宏观审慎和金融稳定分析的 SNA 方法

9.95 *SNA*2008 的内容对弄清机构部门账户很有帮助：

（a）常住部门（一般政府、非金融公司、住户部门）和非常住部门的资产负债表头寸存在的内在缺陷；

（b）各部门所暴露的市场（如房地产市场）状况；

（c）一个经济体中金融和实体部门之间的联系。

9.96 机构部门账户为测算不同部门和子部门杠杆率的时间序列提供了一致的数据资源。关于资产负债表和网络风险的分析对宏观审慎目的特别有用；需特别注意由不同金融公司子部门汇总来的机构单位间相互关联而产生的脆弱性。具有高负债低流动资产的部门往往容易受到资产价格下降的冲击。

9.97 金融体系的稳健性关键取决于公司和住户部门债务水平的可持续性。从融资方面来说，公司债务和杠杆率是识别资产泡沫和债务危机的关键指标，[208] 在结合信贷增长、银行外部融资（非存款）和资产价格信息的基础上，有助于探测整个经济在杠杆方面的危险程度。

9.98 脆弱性的衡量表现为债务融资的超常增长（相对于收入变量），长期债务向短期债务的转换，投机活动（资产市场）的增加，金融公司的安全边际下降。利率突然显著地上升可能会导致债务冲销、不良贷款和债务拖欠的增加，再加上银行经营的传染性和随之而来的支付能力和信贷分配能力缺失，最终将导致系统性风险和金融危机。

9.99 从非金融方面来说，"以收入为基础的金融脆弱性指标"连同效率性和盈利性评估能够体现兑现承诺（如偿还债务）的潜在能力。资金缺口[209]的估量提供了业务的效率性和连续性的信息，即提供了机构内部现金流（自有资金）再生产和扩张能力的指标。实际上，它还提供了一套丰富的用于"压力测试"、情景分析和及时发现潜在不稳定压力的金融系统稳定性宏观经济模型信息。

9.100 综上所述，如图 9.4 所示：国民账户在编制某些宏观审慎指标（MPIs）和财务结构分析中起到了重要的作用，如债务与 GDP 的比率和非金融部门的财务健康状况。这其中也包括对主要金融工具的重要性、股权结构、金融和非金融公司集中方式的评估。

---

[208] 参见 Jaeger（2003）和 Teplin（2001）。
[209] 内部融资（储蓄）和投资是不同的。

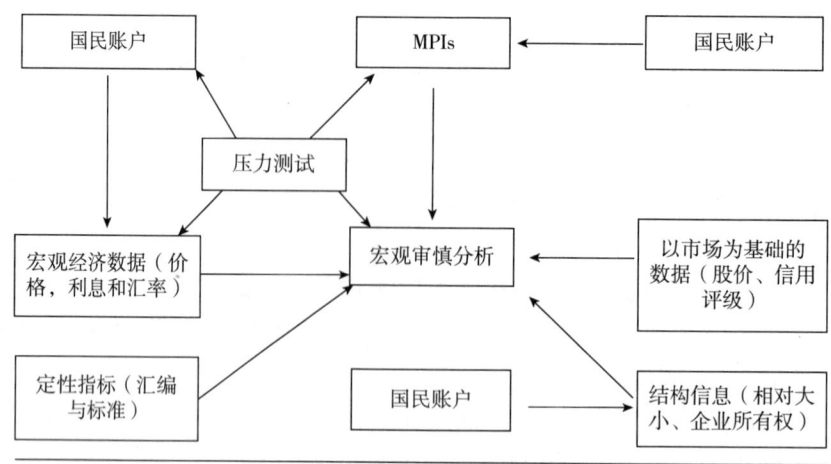

资料来源：Sundararajan, V. 等人（2002）（已修正）。

图 9.4　国民账户在宏观审慎分析中的运用

E. 季报部门账户的一些例子

1. 美国资金流量账户

9.101　美国资金流量账户提供了金融交易和各部门资产负债表的季度数据。[210] 它们将国民收入和生产账户（收入和资本账户）中的交易与金融交易（金融账户）结合，显示了各行业全部的资金来源和使用。

9.102　美国资金流量账户的悠久历史及对其持续的兴趣，反映了美联储的政策制定者对此的高度重视。但这个账户只是联邦当局庞大数据库中的一组数据，而且，过去半个世纪，资金流量账户在决策制定中的作用已发生改变。

9.103　50 年前，经济数据更新不太及时。国民账户才刚刚萌芽，关于生产、就业、物价、金融市场发展等专题报告才刚刚开始成形和使用。经济学家们开始建立经济统计模型，但估算所需的数据无法有效获取，就连统计技术和计算设备都没有得到广泛的使用。以现今的标准来看，当时金融市场并没有那么复杂，即便如此，同样难以理解和预测当时金融市场的趋势和周期性变化。

9.104　虽然当今经济信息更及时、更详细，资金流量账户季度数据仍然发挥重要作用。虽然该账户数据可能不是最为醒目的，但却是非常重要的：
（a）资金流量账户为其他形式获取的金融信息汇总提供了逻辑框架。
（b）账户为分析工作提供了必要的历史（背景）。所有经济学家都在寻找能判

---

[210] 可登录 http://www.federalreserve.gov/releases/z1/。

定未来发展的先行或"基本"的关系。虽然历史不会重演，但每一个账户反映出不一样的信息。

（c）通过该模型的广泛应用，金融账户数据提供了用于推导金融部门间或金融和实体经济变量间关系的一致性的时间序列数据。

（d）该账户数据经常提供一种视角，可以用来支持或反驳其他来源的相矛盾的信息。

9.105 在美国，货币政策的核心是在假定利率、汇率和财政政策发展路径的条件下分析经济现状、详细预测非金融和金融发展。显然，利率假定部分取决于在预测期货币政策的宽松或紧缩程度。在一般情况下，所做的预测会支持联邦公开市场委员会基于其通胀目标作出的相关决策。

9.106 要记住，预测是一群工作人员的预测：工作人员确定假设，政策委员会成员可能（并且经常）不同意假设和预期结果。尽管如此，整体经济的预测是决策过程的核心要素，因为它为委员会提供了讨论的基准。

9.107 这个过程也是在相同假设下的资金流量预测过程。它实质上描述了实体经济活动是如何融资，以及住户部门和公司的资产负债表头寸是如何改变的。

9.108 资金流量预测为工作人员及政策委员会政策分析提供了大量有用的工具。

（a）第一，资金流量预测提供了金融市场今后发展方式的标准化概述。但它不限制货币总量的增长或银行的发展。它还包含对债券、政府证券市场的活动的总体预测，消费金融、住户部门和公司资产负债表变化的概述。每一种要素的形成及未来预测都与通胀的发展趋势和各部门非金融经济活动有密切关系。

（b）第二，资金流量预测提供了评估信贷条件的可能变化及分析可能阻碍或不足以阻碍实体经济增长因素的机会。同样，要考虑利率风险扩散、企业和消费者债务违约率和银行及其他中介机构的条款和标准。虽然可以在没有资金流量预测的情况下考虑信贷因素，但是预测也提供了量化金融面影响的方法。

（c）第三，资金流量预测增加了预测中其他基本要素一致性的一种校验方法（许多方法中的一种）。可根据收入和盈利预期来预测借款情况，消费部分取决于资产负债表的相关因素，而企业投资预测需要考虑流动性约束。

（d）第四，资金流量预测为每月及每周金融资金流量信息预测打下基础，因为它介于两次政策委员会之间。

9.109 资金流量预测中的一些相互联系的事例有助于阐述下列事情：

（a）资金流量账户提供了预测期内公司融资需求的分析。公司借贷肯定是出于其自身利益，但也是国内债务的重要组成部分。对公司借款的决定因素进行分析，可以反映经济预测中的其他因素。

（b）资金流量预测也有助于推导预测住户部门财富。财富变化是了解美国经济增长动力的基础，尤其是财富对消费的影响。

9.110 近年来美联储一直与商务部经济分析局合作,将在资金流量账户、国民收入和生产账户、国际收支账户中的信息进行整合,然后推导出一套 SNA1993 的综合表格,即为综合宏观经济账户。

9.111 在美国,金融账户的编制对决策者有着相当大的价值已被证明。随着时间的推移,该账户的具体用途已在其频繁使用于解决紧要问题的过程中而改变。然而,在常态化处理债务扩张问题的情况下,资产负债表效应的重要性才被认识到。但是,账户的使用也有明显的局限性,当与其他任何工具一起使用时,数据的解读应十分谨慎,并且需经常借助于辅助资料。

9.112 建立和维护金融账户可以被看作是一项现在和未来完善政策制定的投资。编制者必须对修改数据和账目结构的必要性进行监控,使其保持作为主要客户的有效工具。

专栏9.2 从美国资金流量账户推导出的预测、住户净值和债务增长（由美联储提供）

预测

该账户是以货币政策为目的。整合了资金流量账户和其他宏观经济账户,为量化信贷条件变化对实际经济活动的影响提供可能。

资金流量的预测增加了对其他经济预测要素一致性的检验方式,因为资产负债表的情况、信贷的获得和其他外部融资是住户、公司和政府决定消费、生产的潜在因素。[a]

由于资金流量账户为整合独立的金融和非金融的预测信息提供了一个逻辑框架,我们使用账户的简化版本来构建联邦公开市场委员会金融预测。[b]

先收集以下预测数据,如 GDP、国际收支、银行贷款和存款、抵押贷款、消费信贷、债券和股票发行及联邦政府的借贷。将这些独立的预测放入资金流量框架中,可以校验彼此之间的一致性。使用资金流量框架预测的另一个好处是,提供了多年且一致的时间序列,有助于推导部门之间、金融和实体经济变量之间的关系。

住户部门净值

美联储有一个宏观经济模型,在这个模型中住户部门的消费是以消费的"生命周期"理论来建模的。根据这一理论,住户部门净值是解释和预测消费的关键变量。

未受信贷约束的住户部门被假定为随着时间的推移会平滑其消费。即在大体上,住户部门每年会花净值的百分之 $1/T$,其中 T 是它们离死亡剩余的时间。当然,这是从简化的生命周期理论角度来看的,可根据其他因素如遗赠动机来改变。然而，住户部门净值是这个等式中的一个关键因素，只能从每季度的资金流量账户中得到。

债务增长

政策决策者经常会关注的预测中的一个方面是国内非金融部门的债务增长，在过去的20年，债务平均水平增长了6%左右。

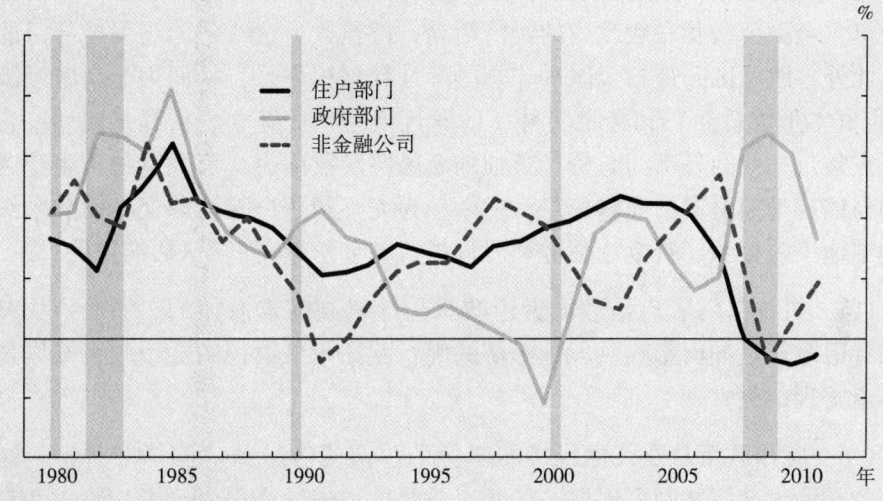

资料来源：美国资金流量表账户，2012年6月7日。

图9.2.1　美国国内非金融机构部门的债务增长

然而，当你按部门分解总债务增长率，如图9.2.1年度数据所示，会发现一幅更有趣的图。合并后的政府部门（图中灰线所示），包括联邦和州及地方政府，在经济衰退（图中阴影条部分）之前，债务增长加快，最高接近20%。相比之下，非金融公司债务增长（图中点状线所示）在经济衰退之前开始放缓，而在最近的一次经济衰退结束时萎缩，类似于20世纪90年代初的记载。另外，住户部门债务的增长（图中黑线所示）过去波动性相对较小，直到最近几年，住户部门债务有史以来第一次在资金流量账户中记录成萎缩，至今还未复苏。

---

[a] Teplin, A. (2001).
[b] McIntosh, S. H. and Ball Holmquist, E. (2012).

2. 欧元区季度账户

9.113　2007年5月，欧元区第一次发布了按机构部门整合的经济和金融季度账户（年度账户在一年前发布），[211] 欧洲中央银行几年前就已经发布了涵盖欧元区非金融部门的账户）。[212] 这些账户由欧洲中央银行和欧盟统计局（生产经常账户和资本账户）联合发起，整合了欧元区主要机构部门所有经济和金融交易数据，同时包括记载了金融资产和负债的资产负债表和重估价及资产及负债物量其他变化调整账户。

9.114 欧元区账户所提供的综合信息不仅包含住户部门（包括 NPISHs）、非金融公司、金融公司和一般政府的经济活动，还包含了这些部门与国外部门的相互交易。此外，欧元区账户与金融和非金融统计数据相联系，从而为非金融经济活动（如固定资本形成总额）和金融交易（如发行债券）的综合分析提供便利。它们还包含了完整且一致的各部门总资产负债的金融资产负债表，及大量关于生产性非金融活动与住户部门财富的完整信息。一个较为完整的账户能够以交易额和余额形式快速详细地反映存款、贷款、债券和股权投资基金份额/单位"从谁到谁"。

9.115 机构部门账户是遵循货币政策传导机制需求设计的。那么，欧洲中央银行的货币政策是如何影响欧元区经济的呢？欧洲中央银行的货币政策操作是通过哪些渠道实现的呢？

9.116 货币政策从欧元区经济的"货币"部门传送到"实体"部门。这个观点关注的是两大部门之间不同联系的相对重要性。通过货币供给影响收入和支出的货币政策理论指出了许多的"传导路径"，大体上是"直接影响"及"成本—资本路径"。

9.117 机构部门账户是在综合框架下展现欧元区经济、部门、交易和各种"传导路径"的一种分析工具。在此背景下，投资组合方法分析了在财富持有者支出决策下的欧洲中央银行货币政策。财富持有者支出决策与部门之间相应的资产流量，以及资产和负债的存量变化相关联。

9.118 "投资组合平衡方法"是最适合将机构部门账户和欧洲中央银行货币政策分析相结合的框架。在这种方法下，住户、金融和非金融公司及一般政府被视为经济体中的机构单位，并有效地管理自己的投资组合，即它们的股票资产和负债，包括货币（虽然货币作为交易媒介具有特定的功能和重要性）。[213] 这种管理包括股票结构、交易决策（金融和非金融，如获得资产的净额、发生负债的净额、生产、收入、消费或储蓄）和其他流量，尤其是价格的变化（如持有收益或损失）。资产负债表及交易和其他流量账户是反映这些活动的基础核算工具。

9.119 这种方法侧重于考虑财富持有者的金融或非金融投资决策，代表对货币这种有着自身特征（一种可以选择持有方式的资产）的财富处理的普遍性方法。

---

[211] 这些账户在 ESA95 的基础上编制的，有根据 ESA2010 编制和发表的行动计划，其与 *SNA2008* 要求一致。
[212] 详见 http://www.ecb.int/stats/acc/html/index.en.html。
[213] Backus, D., Brainard, W. C., Smith, G. and Tobin, J. (1980).

货币需求被看作是创造一个最佳投资组合中的决策，选择根据回报率和"流动性服务"之间权衡决定资产。这种方法包含了一定时间段内各部门持有资产和发生债务的全部交易。储蓄、净资本转移和净债务（融资）发生都用来获得非金融和金融资产（投资）。每个部门的投资与融资必须严格相等。

9.120 "投资组合平衡方法"可进一步用来监测利率结构和资产价格及资产负债中相应的收入和支出构成。资产价格可以从存量变化中的价格变化推导而来，因此有助于决定各部门的持有收益和损失。

9.121 虽然金融和非金融分析明显不同，但是"资产组合平衡的方法"仍对此予以忽略。因为部门的投资组合决定被认为是相互关联的，所以同时处理对非金融部门和金融部门的活动。然而，资产和负债仍然根据它们的经济用途、流动性、期限及可交易性和波动性等进行了划分。

9.122 欧洲中央银行货币政策通过两种方法对价格稳定风险进行分析：经济分析和货币分析。机构部门账户就是通过这种方式来强化分析的。该账户是一种可以对短期经济分析中的信息和货币分析中的信息进行交叉校验的工具。这种交叉校验使得货币政策可以在传统的预测范围上保持一个坚实的中期导向，从而有助于阻止过度政策行为和过度干预经济发展。

9.123 两种结构并非将信息割裂开来，也不会强硬地给其中任何一个分配指标。在这两种方法下寻找信息变量之间的互补性，是确保用于评估价格形成相关信息一致性和高效性的最好方法，从而为决策过程和传播提供帮助。

9.124 机构部门账户有助于评估利率变化对消费决策可能产生的影响，从而有利于深入理解货币政策传导过程，因此作为货币政策工具的适当校准。

专栏9.3 近期金融危机期间部门账户的编制

近期金融危机期间部门账户的编制能清楚地体现它们作为交叉检验统计数据来源一致性的工具的作用。这些账户是基于各种统计数据来源编制的。编制过程揭示了覆盖范围、价值评估和会计处理等方面的各种不一致性，并提供了对产生这种不一致性原因的深刻见解。

金融危机始于2007年夏季，在2008年加剧，最终在许多经济体中演变成经济衰退，给账户编制带来许多前所未有的困难。空前的金融交易规模增加了源数据的不一致性。同样，资产价格的大幅变动也导致了大量价值重估，加大了使其他经济流量数据保持平衡的难度。

在这些情况下，最为重要的是广泛地收集元数据，以完善编制过程。元数据应包括关于主要金融交易、资产和负债物量其他变化、数据修正及调整源数据等方面的信息。

在金融危机期间，大规模的交易和其他流量使分析特定的发展情况变得困难，而这种发展情况在前期往往是十分稳定的，展现出一定程度的平滑形状。

这与 2008 年短线买卖交易的情形也是一样的。这些交易在机构出售资产时产生，而这些机构并不是这些资产的合法所有者，例如，通过有价证券借贷，可根据不同的统计来源分别处理这些贷款。货币统计把这种短线买卖视为一项负债，而国际收支统计把它视为资产项下的存款（即使没有所有权，也会引起股市的负存量）。不同的处理方式会导致短期出售的资产和存款公司登记的负债项横向失衡。

在危机爆发前涉及的金额很高，流通量很大，意味着新的空头头寸将抵消到期空头头寸，对差异的影响很小。然而，在金融危机最严重的几个阶段，随着新的短线操作在一夜之间或多或少地消失，现有头寸的平仓凸显，造成巨大的差异。元数据的可获取性对于减少差异是至关重要的。

金融危机期间，元数据在提供大公司之间的并购或其他操作信息方面也十分有用。在编制账户时有一些新现象，如留存证券化——证券被发起人全部承购，以此获得回购融资。此外，大量交易开始显露，如政府大规模地干预陷入财务困境的银行。一般而言，融资和投资模式上会出现大幅变动，尤其是金融市场银行融资的急剧替换，大型住户投资组合向货币资产进行转移，随后被其他短期金融资产替代。这样一来，与银行有关的相关渠道将转移至其他形式的金融中介。

3. IMF 资产负债表分析法

9.125 与传统的交易数据审查方法相比，资产负债表分析法（BSA）更重视对一个经济体的部门资产负债表存量和总量数据、金融和非金融资产、负债和净值等方面的分析。

9.126 这种分析金融稳定性的方法包括机构部门方法，已被许多国家采用。这种方法的特别之处在于，它不仅重点关注经济体整体以及其他地区的经济活动和强度，同时也关注经济体内部以及各机构部门与子部门之间的关系。所涵盖的部门可以进一步划分为子部门，如金融机构子部门，如中央银行、中央银行以外的存款性公司和其他金融公司。

9.127 BSA 在资产负债表的错配方面提供了重要的视角，这些错配会使部门易受波动的影响，同时 BSA 能帮助确定各部门之间增加的溢出风险。像 IMF 和欧洲中央银行这样的机构强调 BSA 的优势在于对金融活动的监测与管理以及对金融稳定性的分析，包括对每个部门和子部门资产负债组合的质量和类别评估，识别金融系统中的薄弱点，测量部门金融风险敞口，映射各部门之间的关系以及评估金融震荡时期部门间的动态变化。[214]

9.128 资产负债表风险评估框架主要集中在四类资产负债表错配，这些都有助于在金融震荡时期确定某个国家、部门或子部门偿还债务的能力：

（a）期限错配，是指负债和流动资产期限存在差异，在市场拒绝延缓偿债或利率上升的风险加大时，各部门和子部门不能按合同约定进行承兑；

（b）货币错配，是指由汇率变动导致的资本损失；

（c）资本结构问题，过度依赖债务而非股本融资，使公司或银行不太能承受收益的波动；

（d）偿付能力问题，资产不足以支付债务，包括或有负债。

9.129 期限错配、货币错配和不良的资本结构会增加负面冲击，进而引发流动性风险或导致偿付能力风险。流动性问题一般都与短期账款还款来源不足有关。过度借贷或对低收益资产的投资也会引发偿付能力风险。然而，按 SNA2008 分类，资产负债表外承诺仍作为或有负债的形式存在。流动性问题和偿付能力问题可能是相互独立，但也可能相互关联，如偿付能力问题蔓延到流动性问题，或者相反，流动性问题引发对公司偿付能力的担忧。

9.130 从这个角度来看，当一个或多个部门对金融资产的需求下降时，可能引发金融危机。债权人会对国家赚取外汇偿还外债的能力、政府偿还债务的能力、银行体系应对存款外流的能力、或住户和非金融公司偿还贷款和其他债务的能力失去信心。[215]

9.131 表 9.9 是 BSA 矩阵的简化版本。因为 BSA 中的负债为部门合并数据，矩阵的对角线（阴影部分）所示的部门内持有量仍为空白。

9.132 该 BSA 是指国民账户体系的资产负债表，但仅限于对金融资产和负债头寸的分析。对于各种金融工具，它显示了该部门负债（债务人）发生和部门对应资产（债权人）获得。即它反映了 SNA 资金流量表的"细节"。

9.133 BSA 矩阵的部门分类包括一般政府、金融部门及其子部门、非金融公司、其他常住部门和国外部门。资产和负债以货币面值及期限（原始）分类在 BSA 框架下资产和负债分类中发挥重要作用。通常依照国民账户体系按类别对金融工具分类，但也建议在子类别下做新的分类，虽然有时无法得到相关数据。

9.134 主要数据来源是定期向 IMF 汇报的数据，包括货币统计的标准化报表。截至 2013 年 7 月，有 33 个国家报告了所有金融机构子部门（中央银行、其他存款公司和其他金融公司）的数据。报告只涵盖了 137 个国家（包括欧元区的各个国家）的中央银行和其他存款性公司。完成 BSA 框架的其他数据来源包括国际投资

---

[214] 参考最新发布的 IMF 全球金融稳定报告和 ECB 金融稳定评估。

[215] See Allen, M., Rosenberg, C., Keller, C., Setser, B. and Roubini, N.（2002）；Gray, D. F., Merton, R. C. and Bodie, Z.（2002）；and Mink, R.（2005）.

头寸数据（IIP）、居民消费价格指数（CPIS），以及季度外债统计（QEDS）和联合外债中心（JEDH）。

9.135 有三种不同的表格收集以下机构的数据：(a) 中央银行；(b) 中央银行以外的存款性公司；(c) 其他金融机构。金融资产和负债的数据收集按照国民账户体系中金融工具的主要分类进行，即按币种（本币和外币）和原始到期期限进行分类。

9.136 基本部门有：中央银行、中央银行以外的存款性公司、其他金融公司、一般政府（中央、州和地方政府的单独数据）、非金融公司（公共和私营非金融公司的单独数据）、其他住户部门（住户和为住户服务的非营利机构）及非居民。这些数据很好地反映了金融机构各部门之间、其他常住部门和国外部门之间的债权人/债务人关系。

表 9.9 金融资产和负债部门间头寸的简化资产负债表

负债的发行者 （债务人）	负债持有者 （债权人）	一般政府	金融公司 （包括中央银行）	非金融公司	国外	总计
	一般政府					
本币						
其他负债合计						
短期						
外币						
本币						
中长期						
外币						
本币						
	金融部门（包括中央银行）					
负债合计						
存款及其他短期						
外币						
本币						
股本（资本）						
	非金融部门					
总负债						
短期						
外币						
本币						
中长期						
外币						
本币						

续表

负债的发行者 (债务人)	负债持有者 (债权人)	一般政府	金融公司 (包括中央银行)	非金融公司	国外	总计
股本(资本)						
	国外					
所有外币	负债总计					
	短期					
	中长期					
	股权					

注:短期到期是指短期原始到期;中长期指长期原始到期。

第 10 章
货币和经济联盟内金融账户和资产负债表的编制

参考：

SNA2008

BPM6，附录3，区域性安排：货币联盟、经济联盟以及其他区域性报表

MFSMCG

GFSM2014

HSS

欧元区金融统计季报：来源和方法

A. 引言

10.1 本章主要介绍货币和经济联盟中金融账户和资产负债表的编制。定义了区域联盟的三种形式：货币联盟、经济联盟及关税联盟。[216] 货币联盟是指各经济体通过政府间具有法律效力的协定（如条约），制定单一货币政策，并采用统一货币取代国家货币所形成的联盟。经济联盟通过协调各国经济政策以促进区域经济一体化。关税联盟指成员国对非成员国采取统一的关税和其他贸易政策。B 节介绍货币联盟，C 节介绍经济联盟，D 节介绍关税安排。

10.2 B 节讨论与货币联盟有关的方法论问题。它们涉及了货币联盟金融账户和资产负债表的大量方法论问题和基础政策需求。特殊问题涉及货币联盟中央银行、储备管理和本币定义的处理，与经济联盟有关的问题大部分是与货币联盟相关问题的子集。

10.3 E 节介绍如何编制货币和经济联盟内的金融账户和资产负债表。货币和经济联盟内的金融账户和资产负债表的编制需要依靠各国的协助，而且联盟成员经济体需要一致遵守有关交易和资产负债分类的国际公认标准，并提供足够的基础数

---

[216] BPM6 附录 3 里关于区域性安排的内容：货币联盟、经济联盟和其他区域性安排对应于本文提到的不同种类的地区合作模式，即货币联盟、经济联盟和关税联盟。

据诠释说明其方法。[217]

B. 货币联盟

10.4 货币联盟是用统一货币取代国家货币的联盟。

1. 货币联盟的经济领土

10.5 货币联盟的经济领土包括：（a）货币联盟内成员经济体的经济领土；（b）货币联盟机构的经济领土。[218]

10.6 如果货币联盟和经济联盟含有相同的成员国，那么两者的经济领土也相同。如果货币联盟成员国少于经济联盟成员国，则货币联盟只涵盖其成员国的经济领土和货币联盟中央银行的经济领土。

10.7 加入货币联盟的经济体必须是中央决策机构的成员，定期参与货币政策的决策过程，并服从货币政策决定。参与货币政策决策过程包括在中央决策机构的成员中享有代表权和表决权，这有可能是轮流的。

10.8 在货币联盟中，货币联盟中央银行本身是一个拥有自有资产和负债的机构单位，视为货币联盟的居民、货币联盟成员经济体的非居民。作为国际的或超国家的金融机构，它充当货币联盟成员经济体共同的中央银行，可归为金融公司部门（S12）的中央银行子部门（S121）下。例如，区域性投资银行就可以划分为金融公司。

10.9 如果货币联盟中央银行总部设在某一个国家并在各成员国设立国家办事处则它的总部视为常住在该区域的独立单位，而不属于任何成员经济体。设立的国家办事处则视为其所在国的居民。

10.10 非金融机构如议会、经济联盟中的其他政治机构、法庭及其他法人和委员会由经济联盟设立相关机构并统一进行财政预算管理。这些机构代表经济联盟的利益，主要提供非市场服务，归为一般政府部门（S13）下的经济联盟机构（S1315）中。

10.11 对于货币联盟内的跨国企业，在确定各经营单位的居民地位以及在公司经营所在成员经济体之间分配企业活动时，可能遇到问题，从而为国家统计带来困难。在某些情况下，如果准许成立和监管企业的管辖权在货币联盟层面，则企业

---

[217] 例如，欧洲中央银行金融统计季报：来源与方法。
[218] 同样适用于其他形式的区域性安排，如经济联盟和关税联盟。

的地址或注册地不能轻易地划分到某一特定的经济体。同时，在其他情形下也会产生跨国企业居民地位的归属问题，因此，对于货币联盟（或经济联盟）内的跨国企业的处理应遵循 BPM6 中段落 4.41～4.44 所述的处理方法。

2. 集中型和分散型货币联盟

10.12 本章定义了两种类型的货币联盟。集中型货币联盟是指设有一个归各成员国政府所有的货币联盟中央银行，每个成员国的中央银行操作由货币联盟中央银行分支机构或代理机构负责实施。分散型货币联盟模式由货币联盟中央银行和各国中央银行组成，各国中央银行共同拥有货币联盟中央银行，同时也是所在国家的中央银行。

10.13 集中型货币联盟主要包括西非国家中央银行、中非国家银行和东加勒比中央银行。欧洲中央银行属于分散型货币联盟。

3. 储备资产及其管理

10.14 货币联盟的国际收支平衡表和国际投资头寸表中列示的储备资产，只能包括下列项目：(a) 表示对货币联盟非居民之债权的资产；(b) 符合 BPM 第 6 章所述标准。而且，储备资产在货币联盟层面和成员经济体层面的定义应相同；换言之，就国家数据而言，所有成员国的储备资产必须包含在货币联盟的储备资产中。

10.15 尽管分散型货币联盟（如欧洲货币联盟）的储备资产由货币联盟各国中央银行持有（资产实际记入其资产负债表），但在某些情况下，机构设置有时会限制货币联盟各国中央银行对该类资产的有效控制，即货币联盟各国中央银行只能交易经货币联盟中央银行同意的某些储备资产，如确保适当协调货币联盟各国中央银行间的储备活动。如果所有权没有向货币联盟中央银行转移，但货币联盟可动用货币联盟各国中央银行拥有的国外资产以满足国际收支需求，也就是说这些资产是货币联盟的储备资产，则货币联盟各国中央银行应在国际收支平衡表和国际投资头寸表中将其划分为储备资产，即使货币联盟各国中央银行因货币联盟层面的业务限制而不能完全控制其使用。

4. 货币联盟中的本币定义

10.16 某一货币联盟内发行的货币，即是该货币联盟的本币。从每个成员经济体的角度而言，即使该货币可能是非居民机构（货币联盟各国中央银行或货币联盟中央银行）发行的，但都应视为成员经济体的本币。因此，在货币联盟内，从国家角度而言，持有的本币可以是对非居民的债权。

纸币交易和头寸

10.17 对纸币交易和头寸的处理原则和国家数据的处理原则相同，非居民购买记为对外负债的增加（贷记），对应分录（如旅行）予以适当记录。从国家角度而言，持有货币联盟各国中央银行发行的货币联盟纸币，同样属于对外资产（尽管该货币按照 10.16 的原则划为本币）。

10.18 如果可以确定纸币发行者，如在非洲和加勒比地区货币联盟内，*BPM6* 附录 3 中的 A3.42 段所述方法可用于编制国际收支平衡表和国际投资头寸数据。

10.19 但是，如果不能确定纸币发行者，如目前欧洲货币联盟的欧洲纸币集中发行，无任何发行经济体信息，则不能在货币联盟成员中严格应用该方法，需要在国家数据中作近似处理。

C. 经济联盟

10.20 在统计意义上，经济联盟是由两个或多个经济体组成的联盟。经济联盟通过政府间的法律协定，在主权国家或辖区之间成立，旨在进一步促进经济一体化。在经济联盟中，与某一国家经济领土相关的某些法律和经济特征，是与不同国家或辖区所共有的。

10.21 经济联盟通过制定特定的经济政策，来进一步促进经济一体化。其政策包括：（a）商品和服务在经济联盟内自由流通，对非经济联盟经济体的进口采用共同税制（自由贸易区）；（b）资金在经济联盟内自由流通；（c）人（包括自然人和法人）在经济联盟内自由流动。

10.22 此外，经济联盟还成立了特定区域性组织支持经济联盟在（a）至（c）项中的职能。经济联盟内通常存在某种形式的财政政策和货币政策的合作与协调。

10.23 为了宏观经济的合作与协调，经济联盟制定了包括国际收支统计在内的特定数据要求，这有助于评估经济联盟内部市场整合度及与经济联盟外部经济体的交易份额等。

10.24 在经济联盟层面，经常账户、资本账户和直接投资账户均与经济联盟经济表现的监测相关。然而，由于不同货币继续共存，且各货币当局设定了货币变量、利率和汇率发展方面的货币政策目标，组合投资和其他投资类别在经济联盟层面的意义降低。例如，除货币联盟外的其他联盟的储备资产等于国家储备的加总（未经合并），该加总在联盟层面没有特定意义。

10.25 经济联盟的经济领土包括成员国或辖区的经济领土，以及由相同经济体或子集组成的、旨在管理经济联盟职能的区域性机构。

10.26　因此，属于经济联盟经济体居民的，必然是经济联盟居民，经济联盟领土定义范围内的区域性组织也是其居民。但是，所属经济体既不是经济联盟的成员经济体，也不是经济联盟成员的子集的区域性组织应视为经济联盟的非居民。

D. 关税安排

10.27　区域一体化可通过若干经济体之间的关税安排进行。一般而言，这些关税安排以对非成员经济体的共同关税为基础，在金融账户和资产负债表里不会产生特别的国际收支问题。但是，当关税联盟产生跨境流量时，如通过收入分成产生流量，国际账户中交易和头寸的记录受到关税联盟机构与管理安排的影响。

10.28　在关税联盟内，如南非关税联盟，各成员之间可能就关税课征、收取和分配达成某种合作。实施这些职能的方式和时间，对确定适当的记录方法非常重要。一项或全部职能可以分配给某一特定经济体，也可以集体分配给所有成员经济体，也可以分配给由成员成立的指定国际机构。更重要的是，为实现区域一致性和可比性，鼓励关税联盟内的经济体约定共同的、适当的统计记录方法。

E. 货币联盟的金融账户和资产负债表

1. 国民账户和货币联盟账户

10.29　SNA2008 的重点是一国经济体的账户。在货币联盟账户编制中存在的问题是：货币联盟能在多大程度上对（国家）常住居民机构部门账户进行汇总，以得到在将联盟视为整体的基础上给出概念性的等同结果。

10.30　货币联盟账户并不等同于各成员国转换为统一货币后的各国账户的总和，还需加上居民联合机构的账户。此外，跨境交易以及成员国之间的其他流量和头寸必须从国外部门账户中剔除。

10.31　在货币联盟账户中特别要注意的是，常住单位、国外部门账户、联盟内部交易净值、其他流量和头寸的定义。

10.32　当对国家 A 和 B 的国民账户进行汇总时，国外部门账户应包括国家 A 和 B 之间、与其他国家以及经济货币联盟内的机构单位之间的内部交易、其他流量和头寸。

10.33　货币联盟被视为单一经济体：联盟机构的账户被包括在内，只有常住机构与其他国家机构之间的交易、其他流量和头寸才被记入国外部门账户。

10.34　SNA2008关于货币联盟汇总的一个重要特征是常住机构部门账户不进行合并处理。这意味着，金融机构之间发生的交易反映的是交易账户中负债科目下的来源/变动项与资产科目下的使用/变动项的总和，而不是取净值，就可对联盟内各国的部门账户进行汇总，从概念上看该汇总值基本等同于国家的汇总数。

2. 货币联盟内国际收支和投资头寸数据的编制

（a）汇总国家数据并考虑联盟内部交易和头寸

10.35　编制货币联盟（或经济联盟）的国际收支平衡表与国际投资头寸表受国家层面数据采集的影响，对国家数据而言并不重要的存量与流量的地理分配问题，对编制货币联盟国际收支平衡表和国际投资头寸表却十分重要。通过对国家数据的简单汇总来编制货币联盟的国际收支平衡表和国际投资头寸表并不妥当。

10.36　其原因有几项。通过国家数据的简单相加来编制货币联盟国际收支平衡表和国际投资头寸表，会不恰当地夸大货币联盟的总存量与流量，因为它们包括了货币联盟成员国之间的交易与头寸（"内部"交易）。只对货币联盟成员国的净交易或头寸进行加总，虽然可解决这一问题，但只能提供净额汇总数据，因为只能显示净差额，因而不能在经常账户中将借方和贷方分开，也不能在金融账户中将资产与负债分开。此外，在实践中，由于双边数据不对称，很可能出现"内部"交易不能互相抵消的情况，最终导致汇总数据存在误差。

10.37　因此，编制货币联盟国际收支平衡表和国际投资头寸表时，通常要根据国家层面数据，汇总出货币联盟与其非居民之间的交易与头寸（称为"货币联盟对外数据"）。由于汇总数据来源于不同的经济体，货币联盟成员经济体需要一致地遵守有关交易和资产负债分类的国际公认标准，并提供足够的元数据诠释说明其方法。

10.38　有关"内部"交易和头寸的数据也十分重要。例如，就证券投资组合而言，货币联盟对非居民的负债，可能需要通过联盟内各经济体对非居民的证券负债总额减去其对货币联盟内其他经济体居民的同一证券的交易和头寸得出。其原因在于，一国的国际收支和国际投资头寸数据采集系统可能无法识别国内证券的非居民购买者和所有者是否是货币联盟内其他经济体的居民。在这种情况下，"内部"数据的不对称将会影响货币联盟国际收支和国际投资头寸数据的质量。

10.39　直接投资中，货币联盟不同经济体内的母公司与分公司或子公司之间的交易，被划为货币联盟内部交易。鉴于存在直接投资关系的实体在对外账户和国内账户中的处理方式不同，可能需要加强编制人员之间的密切合作。例如，货币联盟不同成员经济体内各实体之间的再投资收益，在各国的国际收支中记为跨境交易，但在货币联盟国内账户中不被记为交易。

（b）特定的内部交易和头寸

10.40 货币联盟中央银行资本的初始认购，在成员经济体的国际收支平衡表和国际投资头寸表中记为资产—其他投资—其他股权。货币联盟的所有成员经济体和货币联盟中央银行必须对该交易和头寸做相同分类处理。

10.41 向货币联盟中央银行转移储备资产所产生的债权应列为资产—其他投资，或列在其他股权项下，或列在通货和存款项下，具体需要视债权性质而定。如果货币联盟成员没有完全履行其向货币联盟中央银行转移储备资产的义务，货币联盟中央银行就会记录对该成员经济体的债权，对成员经济体该类债权，应在其国际收支和国际投资头寸表中归类为负债—其他投资—其他应付款—其他—中央银行（或一般政府）—短期。

10.42 货币联盟各国中央银行和货币联盟中央银行之间的债权和负债（包括因结算和清算安排而产生的部分）所对应的交易与头寸，在成员经济体的国际收支平衡表与国际投资头寸表中应列为中央银行项下的其他投资—通货和存款或贷款（具体视债权性质而定）。如果交易没有导致该货币联盟内部资产和负债发生变化，则应在国际投资头寸表相关分录的"其他调整"项下列示。这些债权和负债产生的报酬，在货币联盟成员经济体的国际收支平衡表中按全值记录为收益，在投资收益—其他投资项下列示。

10.43 铸币税是发行货币所产生的货币收入。货币收入在成员经济体和货币联盟中央银行之间进行再分配，如果不确认基础资产和负债头寸，则记为经常转移。

10.44 货币联盟中央银行利润分配应划分到成员经济体认购部分的金融资产收益。

3. 不同货币的数据转换

10.45 在货币（和经济）联盟账户中，资产负债的交易、其他流量和头寸必须以统一的币种表示。因此，将不同国别的货币数据转换成统一币种有以下几种方法：

（a）使用账户编制期间的市场通行汇率（或其平均数）。

（b）在整个编制期间使用固定汇率，固定汇率可以取一个阶段结束或开始时的通行汇率，或者整个阶段的平均汇率。所使用的汇率能影响某一成员国在联盟总量中的（固定）比重。

（c）计算连续周期内的指数，采用各成员国以本币记录的数据增长指数的加权平均数。通过比较各成员经济体初期的汇率转换额以确定权重。以基期作为基准，可以以此推导出其他观测期的水平。

10.46 对于方法（a），成员国在联盟总量的权重随它们各自货币平价而变化，因此，联盟总量水平受汇率波动而时刻变化。而对于比率，汇率波动对分子项和分母项的影响在很大程度上能够抵消。

10.47 对于方法（b），成员国的权重不会随时改变，这使联盟总量免受汇率波动的影响。然而，联盟总量水平受所选择的（固定）汇率影响，该汇率反映了特定时刻成员国货币平价。

10.48 方法（c）使联盟总量免受汇率波动的影响，同时联盟总量水平能有效反映每个时间段的货币平价。这样做是以可加性和其他会计约束为代价的。如果需要这么做，则必须将它们作为最后一步进行恢复。

10.49 货币联盟和经济联盟账户也可以通过采用将不同币种的数据转换为购买力标准（PPS）[219]的方法进行编制。上述方法（a）、（b）或（c）也可用相关的PPS 代替汇率进行编制。

专栏10.1 欧元区和欧元区成员国国内流通的货币

欧元区的流通货币

流通货币是指欧元区发行和流通中的货币（不包含由欧洲中央银行或欧元区各国中央银行自身持有的货币），也是欧元体系[a]中央银行和欧洲中央银行记录的总量。原则上，流通货币还包括欧元区居民持有外币纸币和硬币估算量。

货币持有量的部分相关信息是可以获取的。货币金融机构（MFIs）（除中央银行外）和邮局直接转账机构按月报送各自持有的欧元和非欧元货币。货币金融机构区分欧元和其他货币金额；邮局直接转账机构对此则不加区别进行报送（可能其持有的外币数额非常小）。中央政府按月报送持有的欧元货币（而非其他货币）。因数额较小，投资基金和汽车金融公司的统计数据没有显示报送机构持有的币种。更值得关注的是，从欧元区商业银行到欧元区外银行的纸币装运提供了一些关于欧元区外的欧元持有量信息。据推测，这些装运的货币涵盖了与非欧元区居民的大部分货币交易。与逃税相关的由旅客或人口迁移而带出欧元区的欧元数据并不重要。在任何情况下，这些都是难以精确测量的。

欧洲中央银行已经研发了一种在国际收支和投资头寸及欧元区账户内对欧元区外的欧元持有量进行估算的方法，[b]该方法采用两种不同计算方式进行加权平均。对欧元区外欧元持有量的估算由欧元发行量减去欧元区居民欧元持有量而得出。准则ECB/2011/23 的正式报告指出了2013 年3 月以来的纸币持有量。

---

[219] 购买力标准（PPS）是一种人为计算的货币单位。理论上，一个单位的购买力标准（PPS）可以在每个国家购买等量的货物和服务。然而，汇率的不同导致各国之间购买等量的货物和服务需要不同的本币数量。PPS 起源于PPP（购买力平价）指标，用于区分以本币计算的一国经济总量。PPS 是欧洲国家使用PPP 在不同价格标准下的国民经济总量下的数字形态。因此，PPP 指标可以被解释为PPS 相对于欧元的汇率。

因此，由欧元区企业而非货币金融机构（MFIs）、邮局直接转账机构、中央政府持有的欧元货币可以通过余量进行估计。估算欧元区外持有量的难度和邮局直接转账机构持有一定外币的可能性给常住机构单位（住户部门、非金融公司、除货币金融机构外的金融公司及中央政府外的政府机构）总持有量估算带来相当大的不确定性；区分每个部门的持有量更是不确定的。同时不确定的还有各部门所持有的外币纸币和硬币量。

欧元区各成员国的流通货币

欧元区金融账户使用的是准则 ECB/2002/7 和 ECB/2005/13 下的国家金融账户体系。然而，欧元区各成员国无法直接估量全国流通的欧元，因为这与各国中央银行的实际发行量或通过货币分配机制理论上分配的货币量毫无关系。2009 年以前，编制金融账户时没有考虑到作为货币分配关键的法定分配，而且各国中央银行的货币实际发行量记在账户的负债类科目下。由货币的法定分配产生的欧元体系内部头寸也没有相应的国民金融账户科目。

然而，2009 年以来，流通货币已作为一项负债记在欧元区各成员国国民金融账户中。这代表了该国中央银行发行欧元所产生的负债，也反映了该国的铸币税份额（"货币收入"）。各成员国关于货币的负债（由资本共享机制计算得出）和其居民持有欧元的估计量（见下文）之间的差额，将被记为存款性负债或对国外部门账户的债权。

目前还没有对各成员国（欧元区）居民货币持有量的详细调查。一些欧元区成员国通过采用与货币需求相关的解释变量来估算居民持有量。在使用回归方法估算纸币和硬币形式的国内欧元持有量时，变量"隔夜或短期回购协议存款"和居民消费支出是最有用的两个解释变量。

在各成员国分配欧元发行过程中也采用了一些国家提供的信息，这反映了 2002 年（或之后，取决于其加入欧元区的时间）现金转换前各国货币流通的经验，这些经验对于当前新的形势仍有作用。尽管各国统计人员估算了各国金融账户下的流通货币，但这些数据加总后得到的欧元体系整体发行量少于欧洲中央银行对非居民持有量的估计（当然也少于货币金融机构持有的数额）。没有自行估算的欧元区成员国按照资本份额机制的比例分摊余额。为确保一致性，各成员国之间流通货币分配是由欧洲中央银行和各统计人员所共同决定的。

现金转换前超出投入流通的一国货币的余额应记在其他应付款科目下（AF8）。（这偏离了欧元区货币统计的处理方式，该方式下记录在流通货币项下，因此在现金转换后一年内的都在货币总量中。）欧元区居民的外币纸币和硬币持有量也借鉴了各国的预测数据。

---

[a] 欧元体系包含欧洲中央银行及欧盟成员国中采用欧元的各国中央银行。

> b 欧元区货币统计包含全部欧元流通货币，但不包含货币金融机构自身所持有的货币。
> c 资本共享机制中并不包含硬币，但其仍被记录在国民金融账户中，其数量由各国中央银行裁定。在更早期，硬币实际上是作为中央政府的一项债务，但是为方便记录，硬币发行被记录为中央银行的一项债务，其对应项是政府的债权。在欧元区，硬币同样被视为欧元体系的一项债务，其对应项是政府的债权。

F. 联盟汇总报表的编制

10.50 编制货币或经济联盟国外部门账户的一种方法是从成员国国外部门账户中提取联盟内部头寸与流量。虽然这些头寸和流量应达到对应双方的平衡，但一般却做不到，因为这些头寸与流量没有相应地记入对方的国民账户科目中。

10.51 数据不对称使整个货币或经济联盟账户与国外部门账户无法匹配，需要对其进行调整。消除不对称性和保持账户的后续平衡可能会导致联盟汇总数据和各国账户总和之间存在更大的差异。

1. 货币联盟内货币金融机构的汇总资产负债表

10.52 货币联盟内货币金融机构的汇总资产负债表包括了货币联盟中央银行体系（货币联盟的各国中央银行和货币联盟中央银行）和货币联盟内所有其他常住货币金融机构资产负债表的汇总。

10.53 汇总资产负债表是通过对所有货币联盟国家和货币联盟中央银行的资产负债表进行汇总而得到的。类似地，货币联盟内所有国家的其他货币金融机构的资产负债表也是通过相加而汇总的。货币联盟中央银行系统和其他货币金融机构的汇总资产负债表是通过各资产负债表逐项相加，汇总为货币联盟货币发行部门的汇总资产负债表。它提供了合并资产负债表的基本原理。该方法也同样地适用于对交易的汇总。

2. 货币联盟内货币金融机构的合并资产负债表

10.54 合并资产负债表的出发点是货币联盟内货币发行部门整体的汇总资产负债表。货币发行部门的合并资产负债表提供了关于货币联盟货币发行部门以外的常住机构单位（如政府及其他所有货币联盟常住机构单位）和货币联盟的非常住机构单位资产与负债方面的统计数据。它是通过在货币联盟内扣除货币发行部门内部头寸而获得的。货币发行部门内部头寸净额并不仅限于存款和贷款，也涵盖了所有资产负债表科目，其中通过对方信息可以确定货币发行部门持有的负债总额。

10.55 例如，在发行货币的情况下，发行部门内的数额被取净值。按照惯例，货币联盟控股部门、中央政府或国外门可能持有的其余部分，全部划拨给货币联盟的货币持有部门，因此被纳入货币总量。货币市场基金份额/单位或发行部门发行的债务证券可能会出现类似的困难。

3. 货币金融机构数据作为联盟的机构部门金融账户和资产负债表的输入项

10.56 货币金融机构的资产负债表数据对编制联盟的各机构部门金融账户和资产负债表十分重要。然而，这些数据可能会以一种有限但很重要的方式背离 SNA2008 的定义和会计准则，这些定义和会计准则是机构部门账户的基础。

10.57 与 SNA2008 的最大出入的是有关对存款和贷款利息及证券估值的处理方式。将一些金融工具与 SNA2008 金融资产类别联系起来也有很大的难度。

10.58 为使会计信息能适用于统计目的，货币金融机构的资产负债表统计数据允许自行判定证券的估值，而 SNA2008 则建议在交易和头寸中使用市场价格。

10.59 一些资产负债表科目如"剩余资产"和"剩余负债"可能与 SNA2008 金融工具类别下的"其他应收/应付账款"不一致。除了应计利息外，这些科目还包括商业金融衍生工具，在某些情况下也包括当期损益，这些都属于资本和储备。

4. 不同统计数据来源的比较

10.60 将不同来源的信息汇总意味着要做出取舍。例如，货币发行机构资产负债表可能会显示其他（非货币）金融中介的存款量和贷款量，这些数据与其他（非货币）金融中介中对应的数据有一定差异。同样，政府财政数据可能会和货币发行机构与政府机构的头寸或交易的数据不一致。

10.61 编制者会选择他们认为更可靠的数据来源，同时必要时会对相应数据作出补偿性调整，尽管他们在实际操作中可能会受到限制，如需要优先使用政府财政数据。

10.62 虽然大部分金融账户数据可能基于货币发行机构的资产负债表和其他数据，但上文中提到的原因也会带来一定的差异。

10.63 也存在某些其他的限制，比如需要使非金融账户与金融机构、政府和其他地区的金融账户之间达到纵向平衡，以及使各类金融工具类别之间达到横向平衡。所有这些一致性要求可能意味着会进一步偏离货币金融机构最初提供的汇总和合并数据。

5. 部门资产负债表

10.64 在经济和货币联盟的账户中，部门资产负债表的编制不仅包括货币金融机构，也包括部门内所有其他金融机构。应当区分以下几个步骤：

（a）各成员国的部门资产负债表由所有联盟机构的资产负债表补充；

（b）由另一居民所持有的联盟居民的金融资产头寸（"内部头寸"）可以从国外部门账户中提取；

（c）金融资产内部头寸与相应的负债之间的差异产生的不平衡应均衡分配到不同部门。

10.65 部门资产负债表内的非金融资产是经济和货币联盟各成员国的非金融资产的总和。

（a）"从谁到谁"账户

10.66 在联盟账户中，"从谁到谁"账户是通过汇总国家数据及对内部交易和头寸重新分类为居民的流量或存量进行编制的。

（b）国外部门账户

10.67 经济和货币联盟的国外部门账户（国际收支和投资头寸数据）记录了联盟内常住单位与非常住单位间的金融资产和负债的交易与头寸。因此，经济和货币联盟的国外部门账户将联盟内正在发生或现存的交易和头寸排除在外。联盟内发生的交易被称为"内部交易"，联盟内各常住单位间的金融头寸被称为"内部头寸"。

10.68 当外国直接投资（FDI）企业作为非居民投资者拥有10%或以上的普通股或投票权（法人企业）或具备同等条件（非法人企业）时，被视为联盟的居民。在成员国国民账户中，外国直接投资企业的投资者可能来自另一成员国。相应的再投资收益则不记在账户内。

10.69 编制经济和货币联盟国外部门账户的一种方法是将有关来源方和使用方的内部交易从成员国的国外部门账户中提取出来。尽管这些对称的交易在理论上应该平衡，但实际上它们通常并不平衡，这是因为在各国账户中同一笔交易在交易对手双方的记录不对称。

10.70 数据的不对称会造成联盟经济账户与国外部门账户间的不匹配。因此，编制联盟账户需要对其进行调节与核对，可通过如最小二乘法或按比例分配等方法来实现。以货物为例，联盟内的贸易统计数据可按照支出类别摊销不对称。

10.71 消除不对称性并使账户保持后续平衡会进一步导致联盟汇总数据和各国账户相加所得数据之间存在差异。

专栏 10.2　欧洲货币联盟金融账户和资产负债表的编制

由各国中央银行或国家统计部门提供的国民金融账户数据对于欧洲货币联盟的金融账户和资产负债表（欧元区账户）的编制具有很大的帮助。

但是，欧元区账户并不仅仅依靠国民金融账户的数据。欧元区货币金融机构的资产负债表数据（货币统计的主要数据来源），欧元区投资基金各项资产与负债数据，从事资产证券化的金融机构、保险公司及养老基金；证券发行统计数据（发行、赎回及未偿贷款）；以及欧元区国际收支与投资头寸数据等多项数据来源也都有很大的作用。对于机构部门各级政府及其子部门，应按照具体部门法律框架编制数据然后再汇总到欧元区账户。因此，基于以下四个重要领域统计数据的欧元区账户数据基本保持稳定。

◆ 货币金融机构（MFIs）的资产负债表数据，特别是显示其与欧元区其他机构部门业务往来的数据。虽然无法根除分类可能产生的误差，但货币金融机构的资产负债表提供了欧元区其他部门的绝大部分金融资产与贷款融资的可靠信息。

◆ 欧元区常住借款者发行的证券。包括股票在内的此类（以及许多其他）证券的详细信息保存在欧洲中央银行证券集中数据库和国家证券数据库中。证券集中数据库包括关于发行部门、工具性质、价格及非挂牌股票估价等方面的信息。然而，仍然缺乏涉及证券持有者的主要信息。证券持有量的统计是欧洲中央银行非常重视的项目。一些成员国在通过证券托管者或其他有关债务证券和权益性证券的途径收集证券持有者的相关信息上已取得较好的进展。

◆ 一般政府部门的金融账户。欧盟法律（第 501/2004 号条例）要求每季度及时上报金融账户和资产负债表的相关信息。

◆ 欧元区国际收支和投资头寸。为完成国外部门（S2）账户的编制，有必要对账户做出一些调整。不过在欧元区的汇总下，这些数据来源都已十分完善和可靠。

对于欧洲中央银行账户使用者最感兴趣的两个部门——住户和非金融公司，在欧元区金融中介机构中占主导地位的货币金融机构及上文提到的其他部门和领域为其金融资产的积累提供了绝大部分融资需求和渠道。

以下领域的原始信息仍较为缺乏或薄弱，通常使用估计值来进行编制：

◆ 家庭融资，通过货币金融机构的除外；

◆ 家庭金融资产，对货币金融机构的债权、投资基金、保险和养老基金除外；

◆ 非金融公司融资，包括公司内部融资，通过货币金融机构和证券发行的除外；

◆ 非金融公司的金融资产，包括公司内部融资所产生的资产，对货币金融机构的债权除外；

◆ 金融公司的融资及投资，货币金融机构、投资基金，从事资产证券化的金融机构、保险公司和养老基金除外，从金融公司或证券数据库中能获取的信息也除外。

需要考虑正确区分欧盟及国内居民、欧盟居民和欧盟外居民的问题。其中的复杂之处在于，对一些交易和头寸账户的处理方式取决于它们是否属于内部或跨境：直接投资和相关收入的概念，以及对收入账户中未分配利润的处理都仅限于跨境业务。

因此，一个法国企业在德国的子公司的直接投资记入法国和德国的国民账户，而在欧元区的账户中，这笔直接投资应当重新分类。需要进一步考虑的问题是欧盟机构和其他机构的常住身份。欧洲中央银行是一个例外，在统计口径上它被视为欧元区的常住货币金融机构，虽然它不是任何一个成员国的常住单位，除了欧洲中央银行外，这样的机构无论其地理位置在哪，在国内和欧元区的统计上均被视为非常住单位。因此，这些机构和欧元区企业之间的金融交易与头寸被视为欧元区与其他地区的交易与头寸总量。（出于方便操作的目的，欧洲投资银行被视为欧元区的常住单位，尽管它位于卢森堡，但这并不影响其纳入非常住单位的统计类别。）

即便不考虑账户中的基本原则，在统计交易与国际收支、头寸的实际操作中，各种不同来源的数据也几乎不可能保持一致，因此，在整个欧元区的账户中实现完全一致是非常困难的。即使国家数据已保持一致，这些数据不经过进一步调整而直接汇总至欧元区账户也是不行的。

这是因为欧元区内的国际收支交易与投资头寸的数据都具有很大的差异。尽管国民金融账户内国内部门的金融交易可能会被强制等于国外金融交易（S2），其结果是欧元区成员国账户内其他地区净金融交易总额与它们国内部门的金融交易总额相等，欧元区国内部门的金融交易不应汇总到欧元区国际收支的金融账户。

在各国内部门的金融资产与负债及欧元区国际投资头寸上实现数据完全一致也是十分困难的。这是因为欧元区国际收支和投资头寸是基于欧元区外的交易和头寸编制的，也没有使用欧元区的交易与头寸数据（众所周知这些数据在各成员国中并不一致）。

参考文献

Allen, M., and others (2002): A balance sheet approach to financial crisis. IMF WorkingPaper, No. 02/210. Available from: www.imf.org/external/pubs/cat/longres.aspx?sk=16167.0.

Australian Bureau of Statistics (1999): The measurement of non-life insurance outputin the Australian national accounts. Paper presented at the OECD Meeting of National Accounts Experts, 21-24 September, Paris, France.

Available from: www.oecd.org/dataoecd/62/2/2681028.pdf.

Backus, D., and others (1980): A model of U.S. financial and non-financial economicbehavior. *Journal of Money, Credit, and Banking*, No. 12 (2) (May), pp. 259-293. Bank for International Settlements, International Monetary Fund and European CentralBank (forthcoming). *Handbook on Securities Statistics*.

Available from: www.imf.org/external/np/sta/wgsd/hbook.htm.

Bloem, A. M., C. Gorter and L. Rivas (2006): Output of central banks. Paper presentedat the fourth meeting of the Advisory Expert Group on National Accounts, 30 January-8 February, Frankfurt am Main, Germany.

Available from: http://unstats.un.org/unsd/nationalaccount/aeg/papers/m4cb.PDF.

Cagan, P. D. (1956): The monetary dynamics of hyper-inflation. In *Studies in the Quantity Theory of Money*, Milton J. Friedman, ed. Chicago: University of Chicago Press.

Castrén, O., and I. K. Kavonius (2009): Balance sheet interlinkages and macro-financialrisk analysis in the euro area. ECB Working Paper Series, No. 1124 (December).

Available from: www.ecb.europa.eu/pub/pdf/scpwps/ecbwp1124.pdf.

Chavoix-Mannato, M. (2011): Working party on financial statistics: Proceedings of theworkshop on securitization. OECD Statistics Working Papers, No. 2011/03. OECD-Publishing. Available from: http://dx.doi.org/10.1787/5kg3h0jssnq6-en.

Chen, B., and D. J. Fixler (2003): Measuring the services of property-casualty insurancein the NIPAs. *Survey of Current Business* (October), pp. 10-26.

Available from: www.bea.gov/scb/pdf/2003/10October/1003Insurance2.pdf.

Coleman, B. E., and J. Wynne-Williams (2006): *Rural Finance in the Lao People's Democratic Republic: Demand, Supply, and Sustainability*. Manila: Asian Development Bank. Available from: www.adbi.org/files/2006.rural.finance.lao.pdf.

Dippelsman, R. (2009): Recording of defined benefit pension schemes in macro-economicstatistics. Paper presented at the first European Central Bank/Eurostat workshopon pensions, 29 – 30 April, Frankfurt am Main, Germany.

Available from: www. ecb. int/pub/pdf/other/ecbeurostatworkshoponpen sions201002en. pdf.

European Central Bank (2008): Regulation (EC) No. 24/2009 of the European Central Bank of 19 December 2008 concerning statistics on the assets and liabilities of financialvehicle corporations engaged in securitization transactions (ECB/2008/30) (OJL 15, 20. 1. 2009, p. 1).

_____: *Financial Stability Review*. Frankfurt am Main.

Available from: www. ecb. europa. eu/pub/fsr/html/index. en. html.

_____: Handbook on quarterly financial accounts for the euro area: sources andmethods. Frankfurt am Main.

Available from: www. ecb. europa. eu/stats/pdf/eaa/Handbook_on_quarterly_financial_accounts. pdf.

European Council (1996): Council Regulation (EC) No. 2223/96 of 25 June 1996 on the European system of national and regional accounts in the Community (ESA95) (OJL 310, 30. 11. 96, p. 1).

Available from: http: //eur – lex. europa. eu/LexUriServ/Lex – UriServ. do? uri = CELEX: 31996R2223: EN: HTML.

European Parliament and Council (2013): Regulation (EU) No. 575/2013 of the European Parliament and of the Council of 26 June 2013 on prudential requirementsfor credit institutions and investment firms and amending Regulation (EU) No. 648/2012 (OJL 176, 27. 6. 2013, p. 1).

Eurostat (2001): *Handbook on Price and Volume Measures in National Accounts*.

Available from: http: //ec. europa. eu/eurostat/ramon/statmanuals/files/KS – 41 – 01 – 543 – _ – N – EN. pdf.

_____ (2011): *Manual on Sources and Methods for the Compilation of ESA95 Financial Accounts*. Second edition 2011 update.

Available from: http: //epp. eurostat. ec. europa. eu/cache/ITY_OFFPUB/KS – RA – 11 – 004/EN/KS – RA – 11 – 004 – EN. PDF.

_____ (2013): *Manual on Government Deficit and Debt: Implementation of ESA95*. Luxembourg.

Available from: http: //epp. eurostat. ec. europa. eu/cache/ITY_OFFPUB/KS – RA – 13 – 001/EN/KS – RA – 13 – 001 – EN. PDF.

Eurostat and European Central Bank (2011): *Technical Compilation Guide for Pension Data in National Accounts*. Eurostat methodologies and working papers.

Available from: www. ecb. int/pub/pdf/other/techn_comp_gd_pens_dt_nat_accts_201201en. pdf.

Financial Stability Board and International Monetary Fund (2009): The financial crisis and information gaps: Report to the Group of 20 finance ministers and centralbank governors (October). Washington, D. C.

Available from: www. imf. org/external/np/g20/pdf/102909. pdf.

Girón, C., and others (2011): Developing and implementing euro area accounts. Paperpresented at the IMF – OECD Conference on Strengthening Sectoral Position and Flow Data in the Macroeconomic Accounts, 28 February – 2 March, Washington, D. C.

Available from: www. imf. org/external/np/seminars/eng/2011/sta/pdf/euroarea. pdf.

Hood, K. K. (2013): Measuring the services of commercial banks in the national incomeand products accounts. *Survey of Current Business*, (February), pp. 8 – 19.

Available from: www. bea. gov/scb/pdf/2013/02%20February/0213_nipa – rev. pdf.

India, Ministry of Statistics and Programme Implementation (2001): Report of the National Statistical Commission (September).

Available from: http: //mospi. nic. in/Mospi_New/site/inner. aspx? status = 2&menu_id = 87. Inter – Agency Task Force on Finance Statistics (forthcoming). *External Debt Statistics: Guide for Compilers and Users.*

Available from: www. tffs. org/edsguide. htm.

International Accounting Standards Board (2010): The conceptual framework for financial reporting 2010 (September).

Available from: www. ifrs. org/News/Press – Releases/Documents/ConceptualFW 2010vb. pdf.

International Accounting Standards Committee (1989): Framework for the preparation and presentation of financial statements (July).

International Monetary Fund (2000): *Monetary and Financial Statistics Manual.* Washington, D. C. Available from www. imf. org/external/pubs/ft/mfs/manual/index. htm.

_____ (2001a): *Financial Organization and Operations of the IMF.* Pamphlet Series No. 45, sixth Edition. Washington, D. C.

_____ (2001b): *Government Finance Statistics Manual.* Washington, D. C.

Available from: www. imf. org/external/pubs/ft/gfs/manual/pdf/all. pdf.

_____ (2002): *The Coordinated Portfolio Investment Survey Guide.* Second edition. Washington, D. C.

Available from: http: //cpis. imf. org.

_____ (2003): *External Debt Statistics: Guide for Compilers and Users* (June).

Available from: www.imf.org/external/pubs/ft/eds/Eng/Guide/index.htm.

_____ (2006): *Financial Soundness Indicators: Compilation Guide* (March).

Available from: www.imf.org/external/pubs/ft/fsi/guide/2006/index.htm.

_____ (2008): *Monetary and Financial Statistics: Compilation Guide.* Washington, D.C. Available from: www.imf.org/external/pubs/ft/cgmfs/eng/pdf/cgmfs.pdf.

_____ (2009): *Balance of Payments and International Investment Position Manual.* Sixth Edition.

Available from: www.imf.org/external/pubs/ft/bop/2007/pdf/bpm6.pdf.

_____ (2010): *The Coordinated Direct Investment Survey Guide.* Washington, D.C. (March). Available from: www.imf.org/external/np/sta/cdis/index.htm.

_____ (2011): *Public Sector Debt Statistics: Guide for Compilers and Users.* Washington, D.C.

Available from: http://www.tffs.org/pdf/method/PSDS11fulltext.pdf.

_____ (2014): *Government Finance Statistics Manual 2014.*

Available from: www.imf.org/external/np/sta/gfsm/index.htm.

_____: Global financial stability report. Washington, D.C.

Available from: www.imf.org/external/pubs/ft/gfsr/.

_____ (forthcoming): *Balance of Payments and International Investment PositionCompilation Guide.*

Available from: www.imf.org/external/pubs/ft/bop/2007/bop6comp.htm.

_____ (forthcoming): *Monetary and Financial Statistics Manual and Compilation Guide.*

Jaeger, A. (2003): Corporate balance sheet restructuring and investment in the euro area. IMF Working Paper, No. 03/117 (June).

Available from: www.imf.org/external/pubs/cat/longres.cfm?sk=16536.0.

Kulshreshtha, A. C. (2006): Treatment of informal sector financial activities includingown moneylenders in the *SNA*. Paper presented at the fourth meeting of the Advisory Expert Group on National Accounts, 30 January – 8 February, Frankfurt amMain, Germany. Available from: http://unstats.un.org/unsd/nationalaccount/aeg/papers/m4Money LendersKulsh.PDF.

Lequiller, F. (2004): Recommendations on the measurement of the production of nonlifeinsurance. Paper presented at the First Meeting of the Advisory Expert Groupon National Accounts, 16 – 20 February, Washington, D.C.

Available from: http://unstats.un.org/unsd/nationalaccount/aeg/papers/m1%28p

%29insurance. PDF.

Lima, F., and O. Monteiro (2011): An integrated analysis of the Portuguese economy: The financial and the real economy. Banco de Portugal, *Supplement to the Statis tical Bulletin*, 2/2011, pp. 37 – 49.

Available from: www. bportugal. pt/en – US/Estatisticas/PublicacoesEstatisticas/Tumbnails %20List%20Template/sup – be%202 – 2011 – en. pdf.

McIntosh, S. H., and E. Ball Holmquist (2012): U. S. flow of funds accounts. Paper presentedto the National Association of Business Economists at the Economic Measurement Seminar, Arlington, Virginia, 31 July.

Available from: http: //nabe – web. com/ems2012/presentations/mcintosh_ems. pdf.

Mink, R. (2005): Selected key issues of financial accounts statistics. *IFC Bulletin*, No. 21 (July), pp. 6 – 24.

Available from: www. bis. org/ifc/publ/ifcb21. pdf.

Moulton, B. R., and E. P. Seskin (2003): Preview of the 2003 comprehensive revision of the national income and product accounts: Changes in definitions and classifications. *Survey of Current Business* (June), pp. 17 – 34.

Available from: www. bea. gov/scb/pdf/2003/06June/0603NIPArevs. pdf.

Nordin, A. (2006): The production of financial corporations and price/volume measurement of financial services and non – life insurance services. Paper presented at the fourth meeting of the Advisory Expert Group on National Accounts, 30 January – 8 February, Frankfurt am Main, Germany.

Available from: http: //unstats. un. org/unsd/nationalaccount/aeg/papers/m4Financial Services. PDF.

Organisation for Economic Co – operation and Development (1998): FISIM. Paper presented at the joint OECD/ESCAP meeting on national accounts, 4 – 8 May, Bangkok.

Available from: www. oecd. org/std/na/2664768. pdf.

―――――― (2009): *Measuring Capital: OECD Manual.* Second edition.

Available from: www. oecd. org/std/productivitystatistics/43734711. pdf.

Reinsdorf, M. B. (2009): Actuarial measures of defined benefit pension plan. Paper presentedat the first European Central Bank/Eurostat workshop on pensions, 29 – 30 April, Frankfurt am Main, Germany.

Available from: www. ecb. int/pub/pdf/other/ecbeurostatworkshoponpensions201002en. pdf.

―――――― (2011): Comment on the treatment of defined benefit pensions in 2008*SNA*. Paper presented at the meeting of the review group for the United Nations/European Central Bank *Handbook on Financial Production, Flows and Stocks inthe System of National Accounts*, 7 – 8 July, New York.

Reinsdorf, M. B., and D. G. Lenze (2009): Defined benefit pensions and household incomeand wealth. *Survey of Current Business* (August), pp. 50 – 62.

Available from: www. bea. gov/scb/pdf/2009/08%20August/0806_benefits. pdf.

Seskin, E. P., and S. Smith (2009): tions and presentations. *Survey of Current Business* (March), pp. 10 – 27.

Available from: www. bea. gov/scb/pdf/2009/03% 20March/0309 _ nipa _ preview. pdf.

Shrestha, M. (2012): tional accounts and balance sheets. *SNA News and Notes*, No. 34 (July). Available from: https://unstats. un. org/unsd/nationalaccount/sna/nn 34 – En. pdf.

Shrestha, M., and R. Mink (2011): An integrated framework for financial flows and positionson a from – whom – to – whom basis. Paper presented at the IMF – OECD conferenceon strengthening sectoral position and flow data in the macro economic accounts, 28 February – 2 March, Washington, D. C..

Available from: www. imf. org/external/np/seminars/eng/2011/sta/pdf/whom. pdf.

Sundararajan, V., and others (2002): Financial soundness indicators: analytical aspectsand country practices. IMF Occasional Paper No. 212 (April).

Available from: www. imf. org/external/pubs/nft/op/212/.

Teplin, A. M. (2001): The U. S. flow of funds accounts and their uses. *Federal Reserve Bulletin* (July).

Available from: www. federalreserve. gov/pubs/bulletin/2001/0701lead. pdf.

United Nations, Eurostat, International Monetary Fund, Organisation for Economic Co – operation and Development and World Bank (1993): *System of National Account* 1993. Sales No. E. 94. XVII. 4.

Available from: http://unstats. un. org/unsd/nationalaccount/docs/1993sna. pdf.

United Nations, European Commission, International Monetary Fund, Organisation for Economic Co – operation and Development and World Bank (2009): *System of National Accounts* 2008. Sales No. E. 08. XVII. 29.

Available from: http://unstats. un. org/unsd/nationalaccount/docs/SNA2008. pdf.

译者后记

党中央、国务院高度重视金融统计工作。习近平总书记在"十三五"规划建议的说明中首次提出，要"统筹负责金融业综合统计，通过金融业全覆盖的数据收集，加强和改善金融宏观调控，维护金融稳定"。2018年3月，国务院正式发布《关于全面推进金融业综合统计工作的意见》，成为推进金融业综合统计的纲领。2014年，联合国和欧洲中央银行出版了《国民核算手册：国民账户中的金融生产、金融流量与存量》，成为金融领域的SNA，把这本书介绍给中国读者，也是金融业综合统计工作的组成部分。

本书由人民银行调查统计司组织并翻译，是调统系统集体智慧的结晶。阮健弘司长和张文红副司长亲自审定、多次修改，杭州中心支行、福州中心支行、武汉分行、济南分行、南昌中心支行和成都分行先后参与翻译，成都分行还专门组建了一个小组。四年多来，调统部门的工作者利用业余时间，克服各种困难，作出大量努力。在译稿数不清的反反复复中，感受到的是两位司长的严谨和联合国专家的认真，光综合统计处修改完的稿子就来回了六七遍，每一遍都是长长的问题清单。但愿这样做能经得起读者的拷问。

本书前言和目录由计茜、杨维佳、潘明霞、凌健翻译，第一章由潘明霞、凌健、杨素霞、梁垂芳翻译，第二章由潘明霞、凌健、潘松权、吴伟、陈宏翻译，第三章由郭元绍、王艳华、周珝、李兰、吴伟、付志祥、梁垂芳、吴静颖翻译，第四章由潘明霞、肖青云、董建凤、任代滨、张杨、尹琳、李媛翻译，第五章由郭元绍、付秋虹、张梅翻译，第六章由张沥文、郭元绍、付秋虹、王冠琪翻译，第七章由潘明霞、郭元绍、周弘、高佳文翻译，第八章由常俨宁、钟莉莎、袁露萍、周弘、甘晓燕翻译，第九章由罗爱明、袁露萍、温建芳、潘明铭、施韬、杨雅婷翻译，第十章由郭元绍、袁露萍、温建芳、郁一彬、丁逸宁、唐威翻译。李夏炎、潘明霞对全部译稿进行了统撰和校订，阮健弘司长、张文红副司长、陈浩对全书所有章节进行了审定。要感谢联合国的Gordana Filipic、Patricia Enriquez Reyes、Johnson Gathia和Benson Sim，在他们的帮助下，本书得以高质量和顺利地出版。还要感谢邱琼、亓霞、李明、李炜楠、岳栋、温娇月、梁斌、徐璐涵、郭晶、廖雅萍、覃丽娟、黄海清、朱江、严春兰、陈宝泉、吴霞、吕峰、刘子瑞、潘亚柳、潘海艳、黄雯敏、马冰、李伟，他们对本书的翻译、出版亦有贡献。

由于译者水平有限，书中错误在所难免，不少地方还值得重新商榷、仔细推敲，恳请读者批评指正。

译者

2018 年 12 月